EDGAR J. HABSCHEID

Grenzüberschreitendes (internationales) Insolvenzrecht der Vereinigten Staaten von Amerika und der Bundesrepublik Deutschland

Untersuchungen über das Spar-, Giro- und Kreditwesen

Abteilung B: Rechtswissenschaft

Schriften des Instituts für deutsches und internationales Recht des Spar-, Giro- und Kreditwesens an der Johannes Gutenberg-Universität Mainz

Herausgegeben von

Prof. Dr. Walther Hadding und Prof. Dr. Uwe H. Schneider

Band 115

Grenzüberschreitendes (internationales) Insolvenzrecht der Vereinigten Staaten von Amerika und der Bundesrepublik Deutschland

Systeme und Wechselwirkungen
rechtsvergleichend auch zu anderen Rechtsordnungen, insbesondere der Schweiz

Von

Edgar J. Habscheid

Duncker & Humblot · Berlin

dig, das amerikanische (materielle und verfahrensrechtliche) Konkursrecht in seiner Struktur und hinsichtlich seiner internationalen Ausrichtung *en bloc* in einer dem deutschen Recht angenäherten Systematik darzustellen (Teil II) und die dort gewonnenen Erkenntnisse „sofort" für das deutsche Recht nutzbar zu machen (Teil III), so daß ein gesonderter rechtsvergleichender Teil überflüssig wurde.

Für die wissenschaftliche Betreuung danke ich Prof. Dr. Meinhard Heinze (Bonn), vor allem aber Prof. Dr. Dr. h. c. mult. Stefan Riesenfeld (Berkeley), ohne dessen Ratschläge und Förderung die Arbeit – so wie sie vorliegt – nicht hätte geschrieben werden können. Danken möchte ich auch meinem Vater Prof. Dr. Dr. h. c. mult. Walther J. Habscheid, der mir manchen guten Rat gegeben hat. Herrn Prof. Dr. Walther Hadding (Mainz) danke ich für die Aufnahme in die Schriftenreihe.

Frau Brigitte Wenisch, Würzburg, Frau Renate Peters, Dresden und ihre Tochter stud. jur. Ulrike Peters haben die Arbeit am Manuskript mit Hingabe übernommen. Hierfür sage ich herzlichen Dank.

Daß die Schrift ohne den ausgleichenden und verständigen Zuspruch meiner Frau Sophie kaum zustandegekommen wäre, möchte ich nicht verschweigen. Ihr gilt mein besonderer Dank. Ihr widme ich die Arbeit.

Die Arbeit war Ende 1996 abgeschlossen. Literatur und Rechtsprechung sind, soweit erreichbar, bis Anfang 1998 nachgetragen.

Über Anregungen und Kritik freue ich mich; diese erreichen mich unter der Anschrift: Rechtsanwalt Dr. Edgar Habscheid, Klarastr. 10, D-01099 Dresden.

Edgar J. Habscheid

Inhaltsverzeichnis

Einleitung

ERSTER TEIL

Zwei Modelle: Das schweizerische Rechtshilfemodell und das Universalitätsmodell des Entwurfs einer Insolvenzordnung 1992

ZWEITER TEIL

Das grenzüberschreitende (internationale) Insolvenzrecht der Vereinigten Staaten von Amerika

Erster Abschnitt

Konkurs im Inlande (USA) und Verletzung des Automatic Stay

DRITTER TEIL

Das grenzüberschreitende (internationale) Insolvenzrecht der Bundesrepublik Deutschland und die Einwirkung des US-Rechts

Erster Abschnitt

Insolvenzverfahren im Ausland, Vermögen in Deutschland

Zweiter Abschnitt

Insolvenzverfahren in Deutschland, Vermögen im Ausland (Auslandsbezüge deutscher Verfahren)

Dritter Abschnitt

Internationale Insolvenzaufrechnung, internationale Insolvenzanfechtung

Abkürzungsverzeichnis

A., A.2d	Atlantic / Atlantic Reporter
a.A.	anderer Ansicht
A.S.	Sammlung der eidgenössischen Gesetze
aaO	am angegebenen Ort
Abs.	Absatz
AcP	Archiv für die civilistische Praxis
Ala.	Alabama
All E.R.	All England Law Reports, 1936 ff.
Am.Bankr.L.J.	American Bankruptcy Law Journal
Am.J.Comp.L.	American Journal of Comparative Law
an.	analog
Anm.	Anmerkung
Ann.Surv.Bankr.L.	Annual Survey of Bankruptcy Law
arg.	argumentum (ex)
Ariz.	Arizona / Arizona Reports
Ariz.St.L.J.	Arizona State Law Journal
Ark.	Arkansas / Arkansas Reports
Art	Artikel
Aufl.	Auflage
ausl.	ausländisch
Bankr	Bankruptcy
Bankr.Dev.J.	Bankruptcy Developments Journal
BB	Betriebs-Berater
BC	Bankruptcy Code (i.S.v. 11.U.S.C. von 1996)
Bd	Band
bearb.v.	bearbeitet von
BF	Bundesfinanzhof
BG	Bundesgericht (Schweiz)
BGBl	Bundesgesetzblatt
BGE	Entscheidungen des schweizerischen Bundesgerichts
BGH	Entscheidungen des Bundesgerichtshofes
BGHZ	Entscheidungen des Bundesgerichtshofes in Zivilsachen
B.R.	Bankruptcy Reporter, Sammlung der Entscheidungen in Bankruptcy Sachen: der Bankruptcy Courts (zit.: B.R. (Bankr. S.D.N.Y.), der District Courts (zit.: B.R. (S.D.N.Y.)

Brook.J. Int'l L.	Brooklyn Journal of International Law
Brook.L.Rev.	Brooklyn Law Review
BT-Drs.	Bundestagsdrucksachen
Bus.Law	Business Lawyer
BVerfGE	Entscheidung des Bundesverfassungsgerichts
bzw.	beziehungsweise
Cal.	California / California Reports
Case W.Res.L.Rev.	Case Western Reserve Law Review
CEDIDAC	Centre du droit de l'entreprise de l'Université de Lausanne, Publications CEDIDAC Lausanne, 1985 ff.
cert.	certiorari
Cir.	Circuit (Court of Appeals (federal)
Colo.	Colorado / Colorado Reports
Colum.J.Transnat'lL	Columbia Journal of Transnational Law
Cong.	Congress
Conn.	Connecticut / Connecticut Reports
Conn.J. Int'l L.	Connecticut Journal of International Law
Conn.L.Rev.	Connecticut Law Review
D.	District Court (federal)
D.C.	District Columbia
D.S.C.	District Court South Carolina
DB	Der Betrieb (Zeitschrift)
Def.	Definition
Del.	Delaware
DePaul L. Rev.	DePaul Law Review
ders.	derselbe
DWiR	Deutsche Zeitschrift für Wirtschaftsrecht
E	Entwurf (Regierungsentwurf einer InsO von 1992)
E.	East (ern)
E.D.	East(ern) District (Court, federal)
EG	Einführungsgesetz
EGInsO	Einführungsgesetz zur Insolvenzordnung
EU	Europäische Union
EUÜ	Europäisches Übereinkommen über Insolvenzverfahren 3. 11. 1995
EWiR	Entscheidung zum Wirtschaftsrecht
f.	für
F.,F.2d, F.3d	Federal Reporter
F.Supp.	Federal Supplement
Fa	Firma
FAZ	Frankfurter Allgemeine Zeitung
ff	fortfolgende
FGG	Gesetz über die Angelegenheiten der Freiwilligen Gerichtsbarkeit

Fla.	Florida
Fn	Fußnote
FS	Festschrift
Ga.	Georgia / Georgia Reports
Ga.L.Rev.	Georgia Law Review
GBO	Grundbuchordnung
gem.	gemäß
GesO	Gesamtvollstreckungsordnung
GRUR	Gewerblicher Rechtsschutz und Urheberrecht
GVG	Gerichtsverfassungsgesetz
Harv. Int'l L.J.	Harvard International Law Journal
Harv.L.Rev.	Harvard Law Review
Haw.	Hawaii / Hawaii Reports
Hb	Halbband
h.M.	herrschende Meinung
Hous.J.Int'l L.	Houston Journal of International Law
Hous.L.Rev.	Houston Law Review
H.R.Doc.	House Document
H.R.Rep.	House Report
Hrsg.	Herausgeber
hrsg.v.	herausgegeben von
i.d.F.	in der Fassung
IBB	Israel British Bank
i.e.	im einzelnen
Ill., Ill. 2d	Illinois / Illinois Reports
Ind.	Indiana
InsO	Insolvenzordnung
Insolv. Hdb.	Insolvenzhandbuch
Int'l	International
Int'l & Comp. L.Q.	International and Comparative Law Quarterly
Int'l Creditors Rts & Rep.	International Creditors Rights & Insolvency Report
Int'l Law.	International Lawyer
Iowa L.Rev.	Iowa Law Review
IPR	Internationales Privatrecht
IPRax	Praxis des Internationalen Privat- und Verfahrensrechts (Zeitschrift)
IPRG	Bundesgesetz über das Internationale Privatrecht (Schweiz)
IZPR	Internationales Zivilprozeßrecht
IZVR	Internationales Zivilverfahrensrecht
J.	Journal
jap.	japanisch
J.Bankr.L. & Prac.	Journal of Bankruptcy Law & Practice

J.D.I.	Journal du Droit International
JuS	Juristische Schulung
JZ	Juristenzeitung
Kan.	Kansas / Kansas Reports
KO	Konkursordnung
KTS	Konkurs-, Treuhand und Sanierung / Konkurs-Treuhand und Schiedsgerichtswesen
Ky.	Kentucky
L.	Law
La.	Lousiana / Lousiana Reports
Law.	Lawyer
Lb	Lehrbuch
L.Ed.2d	Lawyer's Edition (der Entscheidungen des Supreme Courts)
LG	Landgericht
LZ	Leipziger Zeitschrift
Mass.	Massachusetts / Massachusetts Reports
McGill L.Rev.	McGill Law Review
Md.	Maryland / Maryland Reports
MDR	Monatsschrift für Deutsches Recht
m.E	meines Erachtens
Me.	Maine
Mich.	Michigan / Michigan Reports
Minn.	Minnesota / Minnesota Reports
Minn.L.Rev.	Minnesota Law Review
Misc., Misc. 2d	New York Miscellaneous Report
Miss.	Mississippi
m.Nw.	Mit Nachweis
Mo.	Missouri
Mont.	Montana / Montana Reports
Mü / Komm	Münchner Kommentar
N.	North
N.	Note / Nummer
N.C.	North Carolina / North Carolina Reports
N.D.	North Dakota / North Dakota Reports
N.E., N.E. 2d	North Eastern / North Eastern Reporter
Neb.	Nebraska / Nebraska Reports
Nev.	Nevada / Nevada Reports
New.Eng.L.Rev.	New England Law Review
N.H.	New Hampshire / New Hampshire Reports
N.J.	New Jersey / New Jersey Reports
NJW	Neue Juristische Wochenschrift
NJWRR	Neue Juristische Wochenschrift Rechtsprechungs-Report

N.M.	New Mexico / New Mexico Reports
Nr.	Nummer
Nw.	Nachweis
Nw. U.L.Rev.	Northwestern University Law Review
N.W., N.W. 2d	North Western / North Western Reporter
N.Y., N.Y. 2d	New York / New York Reports
N.Y.S., N.Y.S. 2d	West's New York Supplement
N.Y.U.L.Rev.	New York University Law Review
ObLG	(Bayer.) Oberstes Landgericht
Okla	Oklahoma
OR	Obligationenrecht (Schweiz)
Or.	Oregon / Oregon Reports
P., P. 2d	Pacific Reporter
Pa.	Pennsylvania / Pennsylvania State Reports
Pac.	Pacific
Pal.	Palandt, Kommentar zum BGB
Phila.	Philadephia
Pub.L.	Public Law (nach 1957 siehe Stat.)
Q.	Quarterly
Q.B.D.	Queen's Bench Division
R.	Rule / Report (s, er)
R.d.C.	Recueil des Cours
RabelsZ	Rabels Zeitschrift, Zeitschrift für ausländisches und internationales Privatrecht
Rdnr.	Randnummer
RefE	Referentenentwurf
Rep.	Report (s, er)
Rev.crit.dr.int.privé	Revue critique de droit international privé
RGBl	Reichsgesetzblatt
RGZ	Entscheidungen des Reichsgerichts in Zivilsachen
RIW	Recht der Internationalen Wirtschaft
R.I.	Rhode Island / Rhode Island Report
Rts	Rights
S.	South
SAG	Schweizerische Aktiengesellschaft – Zeitschrift (Zürich) seit 1990 SZW
S.C.	South Carolina / South Carolina Reports
S.Ct.	Supreme Court Reporter
S.D.	South Dakota / South Dakota Reports
SchKG	Bundesgesetz über Schuldbetreibung und Konkurs (Schweiz)
S.D.	Southern District (Court, federal)

S.E., S.E. 2d	South Eastern / South Eastern Reporter
Sess.	Session
SIRIB	Schriftreihe des Instituts für internationales Recht und internationale Beziehungen
SJZ	Schweizerische Juristen-Zeitung
S.R.	Senate Report
SR	Systematische Sammlung des Bundesrechts (Schweiz)
SSIR	Schweizer Studien zum Internationalen Recht
S.W., S.W. 2d	South Western / South Western Reporter
So., So. 2d	Southern Reporter
Stan.J. Int'l L.	Stanford Journal of International Law
Stan.L.Rev.	Stanford Law Review
Stat	United States Statutes at Large
Suffolk Transnat'l L.J.	Suffolk Transnational Law Journal
SZW	Schweizerische Zeitung für Wirtschaftsrecht (Zürich) (siehe auch SAG)
Tenn.	Tennessee
Tex.	Texas
Tex. Int'l LJ.	Texas International Law Journal
Tul.L.Rev.	Tulane Law Review
U.	University
u.	und
U.C.C.	Uniform Commercial Code
U.Chi.L.Rev.	University of Chicago Law Review
UFCA	Uniform Fraudulent Conveyances Act
UFTA	Uniform Fraudulent Transfer Act
UMKC L.Rev.	University of Missouri-Kanas City Law Review
UNCITRAL	United Nations Commission on International Trade Law
UN	United Nation
U.Pa.L.Rev.	University of Pennsylvania Law Review
U.Rich.L.Rev.	University of Richmond Law Review
Urt.	Urteil
U.S.	United States / United States Reports (Supreme Court)
U.S.C.	United States Code
U.S.C.A.	United States Code Annotated
U.S.C.S.	United States Code Service
u.U.	unter Umständen
v.	von / vom / versus
Va.	Virgina / Virgina Reports
Vand.L.Rev.	Vanderbilt Law Review
VEIPRA	Vorentwurf zum IPR-Gesetz (Schweiz)
vgl.	vergleiche
VglO	Vergleichsordnung

Vt.	Vermont / Vermont Reports
W.	West (ern)
Wash. & Lee L.Rev.	Washington & Lee Law Review
Wash., Wash. 2d	Washington / Washington Reports
W.D.	Western District (Court)
Wis., Wis. 2d	Wisconsin / Wisconsin Reports
Wis.L.Rev.	Wisconsin Law Review
W.L.R.	Weekly Law Reports (England, seit 1953)
WPM	Wertpapier-Mitteilungen
W.Va.	West Virgina / West Virgina Reports
Wyo.	Wyoming
Y.B.	Year Book
ZaöRV	Zeitschrift für ausländisches öffentliches Recht und Völkerrecht
ZEuP	Zeitschrift für Europäisches Privatrecht
ZfRG	Zeitschrift für Rechtsvergleichung (Wien)
ZGB	Zivilgesetzbuch (Schweiz)
ZH	Zürich
Ziff.	Ziffer
ZIP	Zeitschrift für Wirtschaftsrecht
zit.	zitiert
ZPO	Zivilprozeßordnung
ZR	Blätter für zürcherische Rechtsprechung
ZZP	Zeitschrift für Zivilprozeß

Einleitung

Das ausgehende 20. Jahrhundert steht justizpolitisch im Zeichen der Reform des Insolvenzrechts und der Herausbildung einer Regelung grenzüberschreitender Insolvenzen, wie sie von den Interessen einer weltweit operierenden Wirtschaft gefordert wird. Konkurse machen keinen Halt an nationalen Grenzen. Das Insolvenzrecht kann sich daher nicht länger damit begnügen, territorial wirksam zu sein. Wir leben, so das Thema eines im August 1992 in Tokio durchgeführten Symposiums, das sich auch mit unserem Thema befaßte, in einer „*Era of Globalization*".[1]

§ 1 Zum Thema der Arbeit

Das Thema der Arbeit ist also hochaktuell:

Am 1. Januar 1999 tritt in Deutschland ein neues Insolvenzrecht in Kraft:[1]

Die Insolvenzordnung vom 5. Oktober 1994[2] löst die Konkursordnung vom 10. Februar 1877,[3] die Vergleichsordnung vom 25. Februar 1935[4] und – im Bereich der früheren DDR – die Gesamtvollstreckungsordnung i.d.F. vom 23. Mai 1991[5] ab.

I. Die Reform im allgemeinen

Die Reform ist ein Jahrhundertwerk. Sie stellt die Einheitlichkeit des Insolvenzrechts wieder her: Einmal, indem sie das Nebeneinander der Konkurs – und Vergleichsordnung im Gebiete der alten Bundesrepublik und der Gesamtvollstrekkungsordnung in der ehemaligen DDR[5] beseitigt, dann aber auch, indem sie die Zweiteilung des Insolvenzrechts in das Konkurs – und das Vergleichsverfahren be-

1 Vgl. den Sammelband, The International Symposium on Civil Justice in the Era of Globalization, Edited by the Editorial Board of the ISCJ; Japanese Association of the Law of Civil Procedure, Tokyo 1993, hier insbes. 279 ff. mit Berichten von *Westbrook* / USA, *Hanisch* / Switzerland, *Takeuchi* / Japan, *Chen* / Taiwan, *Leonard* / Canada, *Mc. Pherson* / Australia, *Stürner* / Germany, *Woodland* / Europäische Union, *Schlosser* / Zusammenfassung.

1 InsO vom 5. 10. 1994 (BGBl I, 2866), EGInsO vom 5. 10. 1994 (BGBl I 2911).

2 BGBl I 2866.

3 RGBl I 351 i.d.F. vom 20. 5. 1988, RGBl I 6 / 2.

4 RGBl I 321, ber. 356.

5 BGBl I 1185.

endet. In der Erkenntnis, daß der „alte Konkurs" sich als „ein Wertevernichter schlimmster Art und obendrein das teuerste Schuldentilgungsverfahren"[6] erwiesen hatte, rückt das neue Recht die Sanierung in das Blickfeld – einmal Förderung der außergerichtlichen Sanierung[7], dann aber auch die Eröffnung „abweichender Regelung zum Zwecke des Erhalts des Vermögens, um so dem redlichen Schuldner die Gelegenheit zu geben, sich von seinen restlichen Verbindlichkeiten zu befreien" (so § 1 InsO). Das Verfahren soll nicht gleich mangels Masse scheitern, und es soll billiger werden. Die Gläubigerautonomie wird gestärkt, die Verteilungsgerechtigkeit erhöht, und schließlich wird der Verbraucherkonkurs geregelt und die Restschuldbefreiung eingeführt (vgl. hierzu §§ 287 ff InsO)[8].

Dieser sehr knappe Überblick zeigt, daß das neue Gesetz wohl zu den einschneidendsten Änderungen des deutschen Rechts in unserem Jahrhundert gehört. Es steht einmal – indem es am Grundsatz festhält, daß nicht nur Kaufleute in Konkurs fallen können – in der Tradition des deutschen Rechts. Andererseits – die Aufzählung der Neuerungen beweist es – ist Insolvenzverfahrensziel nicht mehr primär die Liquidierung des Vermögens des Gemeinschuldners. Vielmehr darf die Erhaltung der wirtschaftlichen Existenz nicht nur des Gemeinschuldners sondern auch des Unternehmens und damit die Sicherung von Arbeitsplätzen während des ganzen Verfahrens nicht aus dem Auge gelassen werden.

Die InsO ist ein mit deutscher Perfektion geschaffenes Gesetz. Sie umfaßt 335 Paragraphen: Ein gigantisches Gesetzeswerk, wenn man bedenkt, daß die Regelung der Schweiz mit den Art 159 - 317a SchKG auskommt, wovon die Art 159 - 189 SchKG das der Konkurseröffnung vorhergehende Zahlungsbefehlsverfahren betreffen.

II. Das internationale Insolvenzrecht

1. Abriß der Rechtsentwicklung

Insolvenzverfahren machen mit ihren Wirkungen nicht an Landesgrenzen halt. Der Gesetzgeber muß sich daher auch die Regelung internationaler Fälle angelegen sein lassen.

Das hatten bereits die „Väter" der KO erkannt. Sie legten dem deutschen Konkurs weltweite Geltung zu (Universalitätsprinzip), verwehrten jedoch – so jedenfalls die h.M. und die Rechtsprechung – ausländischen Insolvenzverfahren die Wirkung im Inlande (Territorialitätsprinzip)[9], bis der BGH in einer als „Wende" gefei-

6 So *Ernst Jaeger*, KO § 38 I.

7 Hier ist vor allem die Streichung des § 419 BGB zu nennen (Art 33 Nr. 16 EGInsO).

8 Vgl. die Einführung von *Bork* in: InsO – Gegenüberstellung InsO mit KO, EGInsO in Auszügen, 1995, IX ff.

9 Vgl. dazu unten § 62.

erten Entscheidung (BGHZ 95, 256) in praetorischer Rechtsfortbildung das Ruder herumlegte: Ausländische Insolvenzverfahren sollten grundsätzlich auch in Deutschland hineinwirken können.

Es war daher – nicht nur in Deutschland – klar geworden, daß das internationale Insolvenzrecht gesetzlicher Regelung bedurfte. So anerkennenswert der Schritt des BGH auch war: Er war nur eine Grundsatzentscheidung. Daß der Teufel im Detail – in den Einzelfragen – steckt, zeigen dann auch die folgende Diskussion und die instanzgerichtliche Rechtsprechung[10].

Während sich jedoch die Schweiz – als bisher einziger europäischer Staat – ein modernes internationales Insolvenzrecht in den Art 166 - 177 des Bundesgesetzes über das Internationale Privatrecht vom 18. Dez. 1987 gab[11], das am 1. Januar 1989 in Kraft getreten ist und mit 10 Artikeln eine pragmatische *Rechtshilfelösung* anbietet, brachten die deutschen Reformbestrebungen im Gesetzentwurf der Bundesregierung vom 15. April 1992 (Gesetzentwurf einer Insolvenzordnung – InsO)[12] in den §§ 379 - 399 eine doppelt so umfangreiche Lösung auf der Grundlage des *Universalitätsprinzips.*

2. Recht bis 31. Dezember 1998

Diese Lösung wurde jedoch nicht Gesetz. Bis zum 31. Dez. 1998 bleibt es also dabei, daß das durch den BGH inaugurierte Richterrecht, das in vielen Fällen, ausgehend von der Grundsatzentscheidung BGHZ 95, 256 noch gefunden werden muß, gilt. Und da nach Art 103 EGInsO das alte Recht noch für alle vor dem 1. 1. 1999 eingeleiteten (beantragten) Verfahren gilt, wird sich weiter Gelegenheit zu richterlicher Rechtsfortbildung bieten.

3. Recht ab 1. Januar 1999

Ab 1. Januar 1999 gilt Art 102 EGInsO, der in einem Artikel mit 3 Absätzen all das regeln will, wofür der Regierungsentwurf 1992 21 Paragraphen benötigte. *Leipold*[13] hat diese Entwicklung in einem Artikel mit der Überschrift „Miniatur oder Bagatelle: das internationale Insolvenzrecht im deutschen Reformwerk 1994" beschrieben.

Immerhin aber verankert Art 102 EGInsO das Universalitätsprinzip für ausländische Insolvenzen im Gesetzestext. Denn es heißt: „Ein ausländisches Insolvenzverfahren erfaßt auch das im Inlande befindliche Vermögen des Schuldners." Die folgenden Ausführungen des Gesetzes bleiben aber *rudimentär.*

---

10 Vgl. dazu unten §§ 62 ff.

11 SR 291.

12 BT-Drs. 12/2443.

13 Festschrift Henckel, 1995, 533.

Offenbar lag der Grund dafür, daß der deutsche Gesetzgeber hier „Angst vor der eigenen Courage" bekam – der Entwurf 1992 stellte ein Modell für eine Lösung nach dem Universalitätsprinzip dar – darin, daß die Kommission der Europäischen Union die Arbeiten an einem EU-Übereinkommen über Insolvenzverfahren zügig vorantrieb. Dieses Übereinkommen liegt nun vor[14]. Es steht zu hoffen, daß es bis zum 1. Januar 1999 ratifiziert sein wird. Ob jedoch mit dem Inkrafttreten dieses Übereinkommens eine Art Rechtseinheit in Europa wiederhergestellt werden wird – wie sie mit dem gemeinrechtlichen Konkurshandbuch des Salgado de Samoza (1641) „*Labyrinthus creditorum concurrentium ad litem per debitorum communen inter illos causatos*" einmal erreicht war – wird sich zeigen.

Allerdings wird dieses Konventionsrecht nicht für Länder außerhalb der Union gelten. Und innerhalb der Union würde es nicht zur Anwendung kommen „für Insolvenzverfahren über das Vermögen von Versicherungsunternehmen oder Kreditinstituten, von Wertpapierfirmen, die Dienstleistungen erbringen, welche die Haltung von Geldern oder Wertpapieren Dritter umfassen, sowie von Organismen für gemeinsame Anlagen" (Art 1 II). Hier würde also die „Miniatur" des Art 102 EGInsO gelten. *Leipold,* der sich auch mit dem Inhalt und den Problemen dieses Artikels auseinandersetzt, meint denn auch, da noch Zeit bis zum 1. Januar 1999 bleibe, gelte es, nachzudenken, ob – mit oder ohne europäisches Übereinkommen – eine Verbesserung möglich sei[15]. Es wird aber wohl so sein, daß der Gesetzgeber nun wieder auf die Rechtsprechung wartet.

4. Die aktuelle und die künftige Rechtslage

Und so wird es wohl dabei bleiben: Für alle Verfahren bis zum 31. Dez. 1998 gilt für das Internationale Insolvenzrecht Richterrecht, das sich an BGHZ 95, 256 ausrichtet. Ab 1. 1. 1999 gilt als autonomes Recht der Art 102 EGInsO. Dieser gilt insbesondere im Verhältnis zu den USA, da keine vertraglichen Abkommen bestehen.

Ab 1. Januar 1999 wird für die Europäische Union (voraussichtlich) das Europäische Übereinkommen über Insolvenzverfahren einschlägig sein. Dieses gilt jedoch nicht für die in Art 1 II ausgenommenen Materien; es gilt insbesondere nicht für den Bankenkonkurs und den Konkurs von Versicherungsunternehmen. Für diese Fälle und für „die übrige Welt" gilt Art 102 EGInsO. Doch da diese Regelung mehr als rudimentär ist, werden wieder die Gerichte aufgerufen sein, allfällige Lücken zu füllen. Wie das EU-Übereinkommen von 1995 findet auch das übrige Staatsvertragsrecht im Verhältnis zu den USA keine Anwendung. Das sogenannte Istanbuler Abkommen vom 5. Juni 1990 des Europarats[16] wird wohl weiterhin *lett-*

---

14 Es wurde am 23. 11. 1995 von 12 Staaten gezeichnet; abgedr., ZIP 1996, 979 ff., dazu auch *Balz,* ZIP 1996, 948 ff., vgl. auch unten § 93 I, 2.

15 Wie Fn 13, 548.

re morte bleiben, da es mit der Ratifizierung des EU-Übereinkommens 1995 – mit der gerechnet werden darf[17] – letztlich von diesem ersetzt wird[18].

Eine neue Entwicklung bahnt sich mit den UNCITRAL[19]-Modellbestimmungen vom 15. Dezember 1997 an.

Am 15. Dezember 1997 hat die UN-Vollversammlung Modellbestimmungen über grenzüberschreitende Insolvenzen beschlossen. Diese waren von der UNCITRAL Kommission erarbeitet worden. Es handelt sich hierbei um ein Muster[20] für künftige bilaterale oder multilaterale Konkursübereinkommen. Ferner sollen mit diesem „Modellgesetz" Erfahrungen gesammelt, d. h. die *Akzeptanz bei den einzelnen Staaten* – vor der Entscheidung für oder gegen eine Konvention – getestet werden[21]. Die Modellbestimmungen wenden sich dabei insbesondere an Staaten, die erstmals ein internationales Insolvenzrecht schaffen wollen oder die einer grenzüberschreitenden Abwicklung bisher zurückhaltend gegenüberstehen[22].

Beides läßt sich – im Verhältnis USA zu Deutschland und umgekehrt - allerdings nicht mehr sagen. An dieser Stelle festzuhalten bleibt nur, daß die Modellbestimmungen keine automatische Wirkungserstreckung auf ein anderes Land enthalten, sondern die ausdrückliche Anerkennung als notwendige Vorbedingung fordern (Art 12, 20), wobei dann im Falle einer Anerkennung zwar Prozesse / Handlungen „unterbrochen" werden, die Ausgestaltung der Unterbrechung sich aber nach dem Recht des anerkennenden Staates richtet. Daneben wird die rechtliche Stellung des ausländischen Representative nach der Anerkennung im Inlande akzeptiert (Art 24). Gleichwohl bleibt das Recht der Staaten, ein gegenständlich beschränktes Insolvenzverfahren vorzusehen, unberührt (Art 29).

Schon dieser Uberblick zeigt, daß sich im deutsch-amerikanischen Verhältnis kaum etwas ändern wird. Beide Staaten besitzen neben ihren Insolvenzgesetzen eine international aufgeschlossene gefestigte Rechtsprechung, die auf deutscher Seite in die ab dem 1. 1. 1999 geltende Regelung des Art 102 EGInsO eingegangen ist. Auch bleibt die künftige Akzeptanz dieses Modells in anderen Staaten abzuwarten. Bis zu einer Konvention ist es noch ein langer Weg.

5. Die vorliegende Darstellung konzentriert sich auf das Verhältnis Deutschland – Vereinigte Staaten von Amerika. Die Probleme, die sich hier bilateral stellen,

---

16 Istanbuler Abkommen vom 5. Juni 1990, European Convention on certain international aspects of Bankruptcy, Council of Europe, Nr. 136, dazu *Ingrid Metzger* (Diss. 1994), W. Habscheid, FS Matscher 1993, 164, 171 ff. m.w.Nw. über europarechtliche Bemühungen.

17 Vgl. *Balz,* ZIP 1996, 948, 955.

18 Vgl. EU-Übereinkommen 1995, dort Art 48 I und oben Fn 14.

19 United Nations Commission on International Trade Law.

20 Abgedruckt ZIP 1997, 2224 ff.

21 *Wimmer,* Die UNCITRAL-Modellbestirmmungen über grenzüberschreitende Insolvenzverfahren, ZIP 1997, 2220.

22 *Wimmer,* aaO, 2224.

sind derart komplex, daß sie einer grundlegenden Analyse bedürfen – vor allem deshalb, weil zum internationalen Insolvenzrecht der USA nur Teilarbeiten in deutscher Sprache vorliegen, wobei eine Aufarbeitung des amerikanischen Rechts in einer kontinentaleuropäischem Rechtsdenken entsprechenden oder doch angenäherten Systematik bisher noch nicht stattgefunden hat.

§ 2 Die Notwendigkeit einer Untersuchung Vereinigte Staaten – Deutschland

An Aufsätzen, Artikeln, Konferenzen zum Thema „Internationales Insolvenzrecht" fehlt es nicht.[1] Die Literatur ist unüberschaubar geworden.[2] Was jedoch fehlt, ist eine umfassende Darstellung, die das grenzüberschreitende Isolvenzrecht der USA dem Deutschlands gegenüberstellt, die beidseitigen Einwirkungen aufzeigt und miteinander vergleicht. Dabei gilt für Deutschland, wegen der grundsätzlichen Anerkennung von US-Insolvenzen (Universalitätsprinzip), daß der deutsche Richter und Anwalt US-amerikanisches Konkursrecht beachten muß.

Es gibt eine Anzahl von Aufsätzen und Artikeln, die punktuell – weil sie das Ergebnis auch zeitlich beschränkter Einzelstudien sind – auch auf amerikanisches Recht eingehen. Eine Gesamtschau fehlt jedoch.

Die vorliegende Arbeit ist das Ergebnis eines zweijährigen Studienaufenthalts an der Universität Berkeley, der Gelegenheit bot, das US-amerikanische Insolvenzsystem mit der überragenden Bedeutung des Richterrechts kennenzulernen – das alles auf der Grundlage eigener Erfahrungen als Rechtsanwalt mit der Gesamtvollstreckungsordnung der früheren DDR.

I. Trans-Border-Insolvency – keine „Lappalie"

In seinem Beitrag zur *Henckel-Festschrift* fragt *Leipold*[3] bereits in der Überschrift, ob der deutsche Gesetzgeber das internationale Insolvenzrecht als „Lappalie" ansehe.

---

1 An Tagungen seien nur genannt: International Symposium on Civil Justice in the Era of Globalization, Tokyo 1992, insbes. 279 ff, Tagung der Académie internationale de droit Comparé Montreal 1990, Tagung der Association internationale de droit judiciaire, Taormina 1995. Von den beiden letzten Tagungen liegen (bisher) nur Tagungsunterlagen vor.

2 Siehe das Literaturverzeichnis. Den Versuch einer – freilich unvollständigen – Darstellung des US-Rechts unternimmt *Breitenstein*, Internationales Insolvenzrecht der Schweiz und der Vereinigten Staaten, 1989.

3 533 ff.

1. „Lappalie" bei Territorialitätsprinzip (Japan?)

Von „Lappalie" könnte man sprechen, wenn es (noch) Rechtsordnungen gäbe, die sich konkursrechtlich völlig abschotten.

Hierzu heißt es in der Amtlichen Begründung zum E 1992[4]: „Beansprucht das ausländische Verfahren lediglich territoriale Wirkungen, so hat die Anerkennung keine Auswirkungen auf das inländische Vermögen des Schuldners". Das ist eine geschraubte Ausdrucksweise. Was gemeint ist, dürfte jedoch klar sein: keine Wirkungserstreckung der Insolvenz.

Japan gilt als „Muster"-Beispiel für ein solches Territorialitätssystem. Der japanische Konkurs will nicht ins Ausland wirken, und ausländische Konkurse sollen nicht nach Japan „hineingelassen" werden. So heißt es in Art 3 Abs. 1, 2 jap. KO:

„A bankruptcy adjudged in Japan shall be effective only with respect to the bankrupt's properties which exist in Japan.

A bankruptcy adjudged in a foreign country shall not be effective with respect to properties existing in Japan".

Kompromißloser läßt sich der reine Territorialitätsstandpunkt nicht definieren. Aber die Weltwirtschaftsmacht Japan kann es sich nicht leisten, diese „splendid isolation" aufrechtzuerhalten. Und auch hier ist es die Rechtsprechung, die beginnt, das Prokrustusbett der Territorialität aufzubrechen. Zwar liegt noch keine Entscheidung des Obersten Gerichtshofs vor, aber die Oberlandesgerichte zeigen sich immer weltoffener.

So hat das Berufungsgericht Tokyo durch richterliche Anordnung vom 30. Januar 1981 einem schweizerischen Konkursverwalter gestattet, in Japan belegenes Vermögen zu verwalten.[5] Und in dem Konkurs der Sanko-Reederei – mit einem Volumen von ca. 10 Milliarden DM – wurde dem Japanischen Konkursverwalter durch das Konkursgericht die Erlaubnis erteilt, in den USA ein Rechtshilfeverfahren zu beantragen, das dann auch stattfand.[6]

---

4 BT-Drs. 12/2443, 241.

5 Vgl. zum Ganzen *Makato Ito*, 9. Report for Japan in: *Fletcher,* Cross-Border-Insolvency: National and Comparative studies, 1992, 178 ff. Vgl. ferner: *Katsumi Yamamoto*, Japanisches Internationales Insolvenzrecht, in (Heldrich / Kono, Hrsg.), Herausforderungen des Internationalen Zivilverfahrensrechts, Tübingen 1994, 137 ff, *Koja Takeuchi*, Cross-Border Bankruptcy, Japanese Report wie Fn 1: International Symposium, 347 ff., *Yasuhei Taniguchi*, International Bankruptcy and Japanese Law, Stan. J. Int'l L., 449 ff. (1987); ferner *Tagashiva,* Intraterritorial Effects of Foreign Insolvency Proceedings: an Analysis of „Ancillary" Proceedings in the United States and Japan, 29 Texas International Law Journal, 1 – 38 (1994).

6 Siehe *Ito,* wie Fn 5; zu dem US-Verfahren: In re Sanko, Case No 86 B 102 91 (S.D.N.Y. 1986).

2. *Die Notwendigkeit eines internationalen Insolvenzrechts für eine Wirtschafts- und Handelsnation ist daher evident*

Kein moderner Staat der am Welthandel teilnimmt, kann sich konkursrechtlich abkapseln; er muß darauf Bedacht nehmen, daß die legitimen Interessen seiner Wirtschaft auch bei ausländischen Insolvenzen berücksichtigt werden, wobei er, im Sinne eines *do ut des*, es akzeptieren muß, daß die Interessen der ausländischen Wirtschaft auch bei einem Inlandskonkurs oder im Wege der Rechtshilfe zum Zuge kommen.

Überhaupt kennen Insolvenzen – bei der internationalen Verzahnung der Wirtschaft – wirtschaftlich keine Grenzen. Große Insolvenzen sind immer internationale Fälle. Um nur den Konkurs der Bank of Commerce and Credit International (BCCI-Bank) herauszugreifen. Er begann 1991[7]. „Hauptschauplätze" sind London, Paris, Brüssel, Luxemburg und New York. Aber auch tausende deutsche Bankkunden (hauptsächlich in Luxemburg) sind betroffen.

Die amerikanische Seite des BCCI Konkurses endete (vorläufig) US-pragmatisch. Zwar leiteten die Liquidatoren von BCCI ein Rechtshilfeverfahren gem. § 304 BC am 1. August 1991 in New York ein, um die Vermögenswerte von BCCI in den USA – immerhin 550 Millionen Dollar – in den Pool zur Befriedigung aller Gläubiger einbringen zu können. Am 15. Nov. 1991 wurde aber ein Federal Grand Jury-Verfahren gegen BCCI im Staate Columbia wegen massiver krimineller Verstöße gegen den sogenannten RICO-Akt eingeleitet. Nach dem Racketeer Influenced and Corrupt Organizations Act, 18 U.S.C. § 1963(a) werden im Falle einer Verurteilung von BCCI all ihre Vermögenswerte in den USA zugunsten des United States Government eingezogen. Um diesem Ergebnis „letztlich" vorzubeugen, kam es zwischen den Liquidatoren von BCCI und der US-Staatsanwaltschaft zu einer Schuldabsprache (plea agreement). Danach sollte „die Hälfte" (von den 550 Mio Dollar) zur Befriedigung der weltweit zerstreuten Gläubiger verwendet werden. Die andere Hälfte dagegen sollte vom US-Justizminister (Attorney General) an verschiedene Regierungseinrichtungen, mit der Möglichkeit, Opfer gem. § 1963(g) zu entschädigen, verteilt werden.[8] Die internationale Brisanz unseres Problems zeigt die Krise des internationalen Finanzsystems 1997/98 mit schneeballartig fortsetzenden Konkursen in Ostasien, welche die Gerichte gewiß noch beschäftigen werden.[9]

---

[7] Vgl. etwa FAZ vom 5. 8. 1991: „Die BCCI-Affäre weitet sich zum größten Bankskandal der Geschichte aus"; näheres: *Newman & Burrows,* Practice of Intern. Litigation, I-89, I 96.

[8] Vgl. zum Sachverhalt hier, *Petition of Smouha*, 136 B.R. 921, 924 (S.D.N.Y. 1992), *In re Interchemicals Co., Inc.,* 148 B.R. 263, 266 (Bankr. S.D. Tex. 1992).

[9] Beim Konkurs von Yamaichi Securities (24. 11. 1997) Tokyo, spricht man vom bisher größten Konkurs in Japan. Vgl. die Chronik, Kurseinbrüche, Konkurse, Rücktritte, in: FAZ vom 15. 1. 1998, S. 14. Vgl. auch FAZ vom 13. 1. 1998, S. 14: Perlgrine Investments (Hongkong) stellt Konkursantrag (mit Hinweis auf Geschäftsbeziehungen zur Deutschen Bank).

II. Das Verhältnis zu den USA insbesondere

1. Die Interdependenz

Die USA als größte Wirtschaftsmacht und Deutschland als dritte Wirtschaftsnation (und zweite Handelsmacht) dieser Welt sind vielfach miteinander verbunden. Amerikanische Unternehmen sind an deutschen beteiligt, deutsche an amerikanischen. Der Handel zwischen beiden Staaten hat steigende Tendenz.

Das bedeutet aber, daß bei einer Insolvenz in den USA deutsche Bürger und Unternehmen betroffen sein können, wie auch umgekehrt eine Insolvenz in Deutschland sich auf die USA auswirkt. Bei einem Verfahren in den Staaten wird sich der amerikanische Insolvenzverwalter fragen, wie er an das Vermögen deutscher Schuldner herankommt, und bei einer Insolvenz in Deutschland stellt sich dem Verwalter das selbe Problem im Verhältnis zu den USA. Diese letzte Fragestellung wird den deutschen (überhaupt deutschsprachigen) Juristen besonders interessieren.

2. Fälle

So hat es denn auch Fälle gegeben, die publik[10] geworden sind. *Der Herstatt-Konkurs* im Jahre 1974, wohl der spektakulärste Konkursfall im Nachkriegsdeutschland[11] stellte nicht nur die Frage, wie an das Vermögen der Herstatt-Bank in den USA heranzukommen war,[12] er brachte auch die Vereinigten Staaten dazu, 1978 ihr Konkursrecht zu reformieren und neben dem Comity-Weg ein besonderes Rechtshilfeverfahren einzuführen (§ 304 BC).[13]

Überhaupt gibt es fast kein größeres Insolvenzverfahren, das nicht seine Kreise bis in die USA zieht. Auf die Einzelfälle wird zurückzukommen sein. Denn sie bilden das Rückgrat dieser Arbeit. Umgekehrt zeitigen Konkursverfahren in den USA auch Wirkungen im Ausland. Hier seien etwa[14] genannt:

Der *Fairchild*-Fall (Baumgart v. Fairchild Aircraft Corp.).[15] Er betrifft ein Reorganisationsverfahren des texanischen Flugzeugherstellers Fairchild als Folge eines Flugzeugabsturzes in Düsseldorf-Lohausen; der – ebenfalls aus einem solchen Unglück hervorgegangene – *Lockerbie*-Fall,[16] und, um noch ein drittes Insolvenzver-

---

10 Die meisten Fälle werden ohne Publizität abgewickelt.

11 Zu den Problemen, die dieser Konkursfall aufgeworfen hat, vgl. *E.Habscheid*, Staatshaftung für fehlsame Bankenaufsicht, 1988.

12 Dazu *Spennemann,* Insolvenzverfahren in Deutschland – Vermögen in den USA, Düsseldorf 1981. Vgl. auch *W.Habscheid,* ZaöRV 50 (1990), 283 ff.

13 Dazu unten § 40 ff.

14 Siehe bereits oben I Ziff. 1 (Sanko-Konkurs), I Ziff. 2: BCCI-Fall.

15 Unten § 14 III.

16 Unten § 14 III 4.

fahren in Flugzeugsachen zu nennen, der *Piper-Aircraft*-Konkurs[17] (Flugzeugabsturz in Schottland). An ausländischen Insolvenzen seien erwähnt das Nachlaßverfahren der Finabank,[18] einer Schweizer Bank mit Vermögen in den USA, der schwedische Cunard-Konkurs,[19] das Hongkonger Liquidationsverfahren der Axona-Bank[20] und der Maxwell-Konkurs in England,[21] der ein paralleles Reorganisationsverfahren in New York nach sich zog.

Hier fällt auf, daß die eigentlich spektakulären Fälle fast immer „Bankkräche" sind. Auf diese Fälle wird bis zum 31. Dez. 1998 von Deutschland her Richterrecht, und ab 1. Jan. 1999 Art 102 EGInsO anzuwenden sein.

Vom Standpunkt eines US-Verfahrens aus aber gilt amerikanisches Recht.

III. Die Einbeziehung anderer Insolvenzmodelle

Die folgende Darstellung will das US-amerikanische dem deutschen Recht gegenüberstellen und die gegenseitigen Einwirkungen herausarbeiten. Dies soll jedoch nicht isoliert, sondern auf dem Hintergrund der europäischen Reformen und Reformbestrebungen geschehen.

Als zwei Modelle eines Internationalen Insolvenzrechts werden vergleichend insbesondere die schweizerische Regelung des Bundesgesetzes über das Internationale Privatrecht (Rechtshilfemodell) und der deutsche Entwurf einer InsO 1992 (Universalitätsmodell) einbezogen werden. Rechtsvergleichende Hinweise auf andere europäische Rechte können – schon diese aus Raumgründen – nur von Fall zu Fall erfolgen.[22]

IV. Zur Definition des grenzüberschreitenden (Internationalen) Insolvenzrechts

Aus dem Gesetz ergibt sich bereits, was unter grenzüberschreitendem (Internationalem) Insolvenzrecht zu verstehen ist und was der Gegenstand dieser Arbeit sein wird: Es handelt sich um *die Rechtsfragen, die sich in Insolvenzverfahren mit Auslandsberührung stellen,*[23] um die *Trans-Border-Insolvency,* wie man im anglo-

---

[17] Unten § 14 III 5.

[18] Unten § 44 II, 3.

[19] Unten § 49 IV, 2.

[20] Unten § 58.

[21] Unten § 59.

[22] Vgl. bezüglich die „Lösungsmodelle" *Hanisch,* in: Festschrift Nakamura, Tokyo 1996, 221.

[23] So die amtliche Begründung zum Entwurf 1992, BT-Drs. 12/2443, 233.

amerikanischen Rechtskreis treffend formuliert. Es geht also um die Beurteilung von Rechtsfragen zu den Problemlagen:

Insolvenzverfahren im Auslande – Vermögen im Inlande
Insolvenzverfahren im Inlande – Vermögen im Auslande.

Der *Schwerpunkt* der Regelungen des deutschen Internationalen Insolvenzrechts liegt auf der *ersten Variante*. Das Internationale Insolvenzrecht ist nationales Recht. Und dieses kann, wenn es um inländisches Vermögen eines ausländischen Gemeinschuldners geht, die sich ergebenden Rechtsfragen umfassend regeln. Im *zweiten Falle* bleibt die Rechtsmacht des inländischen Gesetzgebers faktisch beschränkt. Er muß, soweit Teile des ausländischen Vermögens nicht ins Inland gelangen – nur dann kann er „zugreifen“ –, sich letztlich darauf verlassen, daß das Ausland zur Kooperation bereit ist.[24]

Das Insolvenzrecht ist Verfahrensrecht und materielles Recht. Das Internationale Insolvenzrecht enthält daher sowohl internationalverfahrensrechtliche wie internationalprivatrechtliche Regelungen.

---

24 Zu den Rechtsschutzmöglichkeiten des ausländischen Representative, hier des deutschen Konkursverwalters, unten zweiter Abschnitt, §§ 40 ff.

ERSTER TEIL

Zwei Modelle: Das schweizerische Rechtshilfemodell und das Universalitätsmodell des Entwurfs einer Insolvenzordnung 1992

Zwei Modelle seien – weil sie zum Vergleich des US-amerikanischen und des deutschen grenzüberschreitenden Insolvenzrechts anregen und die Besonderheiten beider Regelungen deutlich machen – in diesem ersten Teil skizziert: Das schweizerische Rechtshilfemodell des Bundesgesetzes über das internationale Privatrecht und der deutsche Entwurf 1992 einer Insolvenzordnung, dessen 9. Teil „Internationales Insolvenzrecht (§§ 379 - 399)" nicht Gesetz geworden, aber als gelungenes Beispiel einer Universalitätslösung anzusprechen ist.[1]

Kapitel 1: Das schweizerische Rechtshilfemodell

Mit den internationalen Verflechtungen ihrer Wirtschaft, nicht zuletzt auch mit ihrem Bankensystem, das ausländisches Vermögen anzieht, ist die Schweiz ein Land, das für internationale Insolvenzen einen besonders wichtigen Schauplatz abgibt. Das Konkursrecht findet seine Regelung im Bundesgesetz über Schuldbetreibung und Konkurs (SchKG) vom 1. April 1889 (Art 159 - 335) in seiner heute geltenden Fassung, das einerseits in Art 197 bestimmt, daß *alle* pfändbaren Vermögenswerte des Gemeinschuldners die Konkursmasse bilden, andererseits aber in Art 50 vorsieht, daß der Schuldner mit ausländischem Wohnsitz, der in der Schweiz eine Niederlassung hat, dort wegen seiner Schulden betrieben werden kann, was bedeutet – denn der Konkurs ist eine Art der Betreibung (Vollstreckung) –, daß auch ein auf inländisches Vermögen beschränkter *Niederlassungskonkurs* möglich ist. Man hat darüber gestritten, ob damit die Regel „Universalitätsprinzip für schweizerische, Territorialitätsprinzip für inländische Vermögen" aufgestellt sei,[2] die herausragende Meinung ist jedenfalls von diesen Grundvorstellungen ausgegangen.[3]

---

1 Vgl. auch – generell zu Modellen eines internationalen Insolvenzrechts, *Hanisch*, Grenzüberschreitende Insolvenz: Drei Lösungsmodelle im Vergleich, in Festschrift für Hideo Nakamura (Hrsg. Heldrich und Uchida) Seibundo Tokyo 1996, 221 ff.

2 Vgl. dazu *Walder*, Die international konkursrechtlichen Bestimmungen des neuen IPR Gesetzes, FS 100 Jahre SchKG, Zürich 1989, 325 ff. und insbes. auch SJZ 1986, 51 ff., 54 ff.

§ 3 Das internationale Insolvenzrecht der Schweiz: Die Rechtsentwicklung

I. Die Rechtslage bis zum Inkrafttreten des IPRG

1. Die Rechtsprechung des Bundesgerichts

Dies gilt auch für die Rechtsprechung des Bundesgerichts, das einerseits dem schweizerischen Konkursverwalter das Recht zusprach, ausländisches Vermögen des Gemeinschuldners zu „admassieren"[4] (d. h. zur Masse zu ziehen), andererseits aber gegenüber ausländischen Verfahren betonte, daß sie – weil Zwang territorial begrenzt sei – grundsätzlich keine Auswirkungen auf die Schweiz hätten.[5] Aktuell geworden war die Problematik insbesondere bei Arrestbegehren ausländischer Gläubiger in inländisches Vermögen des ausländischen Gemeinschuldners. Nach Art 271 Nr. 4 SchKG kann nämlich inländisches Vermögen eines ausländischen Schuldners mit Arrestbeschlag belegt werden, was dem Gläubiger die Möglichkeit verschafft, bei Rechtsvorschlag (Widerspruch) des Schuldners vor dem Gericht der Arrestnahme oder dem des Wohnsitzes des Beklagten auf Feststellung seiner Forderung (Arrestprosequierungsklage) zu klagen.[6] Was hier wichtig und entscheidend ist, ist die Tatsache, daß der Gläubiger – mag er nun Inländer oder Ausländer sein, so einen inländischen Gerichtsstand erlangt, an dem er ein zur Leistungsvollstreckung führendes Urteil beantragen kann.

Dies war der Weg, den ausländische Gläubiger bevorzugten. Statt ihren Anspruch bei der ausländischen Masse anzumelden, verarrestierten sie Vermögen des ausländischen Gemeinschuldners in der Schweiz und erlangten so einen schweizerischen Gerichtsstand und ein schweizerisches Urteil. Diesen Weg ging auch der deutsche Gläubiger des deutschen Gemeinschuldners in BGHZ 88, 147, der zunächst Erfolg hatte, dann aber schließlich doch das Erlangte gem. § 812 BGB zur deutschen Masse herausrücken mußte.

Da bei der Arrestnahme der ausländische Schuldner auf der Antragsgegner-(Beklagten-)seite beteiligt ist, meldete sich zwangsläufig der ausländische Konkursverwalter für die Masse. Damit war der Streitpunkt klar: War der ausländische Konkurs – der, wie im Falle Deutschland, sich universale Geltung beilegte – anzu-

---

m. Nw. Mit dem Blick auf die USA: *Breitenstein*, Internationales Insolvenzrecht der Schweiz und der Vereinigten Staaten, Zürich 1990, *Schnyder*, Internationales Konkursrecht der Schweiz unter Berücksichtigung des US – amerikanischen Rechts, in *Heldrich/Kono* (Hrsg.) Herausforderungen des Internationalen Verfahrensrechts, Tübingen 1994, 119 ff.

[3] Vgl. die bei *Walder* (zu Fn 2) genannten.

[4] Dazu etwa *Nussbaum,* Das schweiz. internationale Insolvenzrecht SSIR 63, Zürich 1985, 7,8.

[5] Dazu: *Reiser,* Allgemeine Voraussetzungen der Anerkennung ausländischer Konkursdekrete in der Schweiz, Festgabe Schweiz Juristentag 1994, 319 ff.

[6] Dazu *Walder,* in Fritzsche / Walder, Schuldbetreibung und Konkurs nach schweiz. Recht, Bd. II, 3. Aufl. 1993, § 60.

erkennen, auch mit der Folge, daß der Verwalter für die Masse handelte, oder nicht? Und dann gab es Fälle, in denen der ausländische Verwalter versuchte, mit einer Anfechtungsklage inländisches Vermögen zur Masse zu ziehen oder die Kollokationsklage (Klage gegen den Verteilungsplan, Art 250 SchKG)[7] zu erheben.

Das Bundesgericht hat, wie *Volken*[8] ausführt, von 1897 bis 1984[9] am Territorialitätsprinzip für ausländische Insolvenzen festgehalten. Erst dann begann es, seine Gültigkeit in Zweifel zu ziehen. Aber seine Rechtsprechung blieb fallbezogen. In BGE 100 I a 18 begann es, den Territorialitätsgrundsatz in Zweifel zu ziehen; dennoch ließ es die Anfechtungsklage (§ 286 SchKG), die eine luxemburgische Masse erhoben hatte, nicht zu. Im Fall der British Israel Bank (BGE 102 III 74) lehnte es eine Arrestfähigkeit einer englischen Konkursmasse ab. Der Encordina – Fall (BGE 107 II 484) sah das Bundesgericht anerkennungsfreudiger: Der deutsche Konkursverwalter wurde zur Prozeßführung in einem von einem Konkursgläubiger in der Schweiz angestrengten Arrestverfahren zugelassen. In BGE 109 III, 112 durfte die bahamaische Konkursmasse, vertreten durch den Verwalter, den Verteilungsplan (Kollokationsklage) anfechten. Den Abschluß dieser Rechtsprechung[10] bildet BGE 111 III 38: Eine Genfer Bank hatte Arrest in der Schweiz in Vermögen genommen, das einer in Konkurs gefallenen Gesellschaft in Guernsey gehörte. Das unbeschränkte Recht zur Arrestnahme – also Nichtanerkennung der guernsey'schen Insolvenz – wurde bestätigt.

Das Bundesgericht sah sehr genau, daß der Weg zu einer wirksamen Unterbindung einer Ausplünderung der ausländischen Masse durch findige Gläubiger nur über eine Anerkennung des ausländischen Konkurses führen konnte (BGE 102 III 73), tat diesen Schritt aber nicht, letztlich auch deshalb nicht, weil die Exequaturfrage kantonalrechtlich geregelt war, das Gericht sich also nicht traute,[11] diese Frage richterrechtlich für die ganze Schweiz zu ordnen.

Immerhin: Der Gesetzgeber verstand die Hinweise des Gerichts. Andererseits sah er sich den Forderungen insbesondere der Wissenschaft nach einer international aufgeschlossenen Gesetzgebung gegenüber. Es lag auf der Hand, daß das System des SchKG, das noch aus einer Zeit stammt, als die Schweiz vornehmlich ein Agrarstaat war, nicht mehr aufrechterhalten und auch nicht mehr reformiert werden konnte. So kam es zu den Art 166 - 175 IPRG, mit denen sich die Schweiz ein

---

7 Zur Kollokationsklage siehe *Walder,* in Fritzsche / Walder, Schuldbetreibung u. Konkurs, Bd. II, 1993, insbes. § 49 IV.

8 In *Heini / Keller / Siehr / Vischer / Volken,* IPRG Komm. Schulthess, Zürich 1993, vor Art. 166 - 175 Rdn. 21 ff., dem ich im wesentlichen folge. Vgl. aber auch *Berti, in Honsell / Vogt / Schnyder,* IPR – Komm. 1996, (fürderhin: IPRG – *Berti*) Art 166 Vorb., sowie *Dutoit*, Commentaire de la loi fédérale du 18. déc. 1987, (fürderhin: *Dutoit*, 1996, Art 166 N. 1 ff.

9 BGE 23 II 1285, 32 I, 788, 35 I 811, 41 III 319, 54 III 28, 94 III 48.

10 Siehe (erneut) *Volken* (wie Fn 8), aber auch *W. Habscheid*, das neue schweizerische Internationale Konkursrecht, KTS 1989, 253 ff. (256).

11 Sonst war allerdings das Bundesgericht nicht immer so „zimperlich", vgl. *W. Habscheid*, Schweizerisches Zivilprozeß- und Gerichtsorganisationsrecht, N. 65 ff.

neues, modernes internationales Insolvenzrecht gegeben hat. Es ist seit dem 1. 1. 1989 in Kraft.

Dieses Gesetz beendet den Dualismus: Konkursrecht Bundessache – Anerkennung ausländischer Insolvenzen Kantonssache. Die Anerkennung – Exequierung – regelt sich fürderhin nach gesamtschweizerischem Recht.

2. Die schweizerische Tradition

Mit der, gesamthaft kooperationsfreundlichen Regelung des internationalen Insolvenzrechts im IPRG nimmt die Schweiz eine Tradition auf, die sich erstmalig – damals „avantgardistisch" – im vorherigen Jahrhundert zeigte, wenn auch auf staatsvertragsrechtlicher Ebene:

Hier sind zu nennen[12] die bilateralen Verträge, die nach wie vor in Kraft sind und dem gemeinen internationalen Konkursrecht vorgehen:

- *Übereinkunft zwischen der alten Eidgenossenschaft und der Krone Württemberg* bezüglich der Konkursverhältnisse und gleichen Behandlung der beiderseitigen Staatsangehörigen in Konkursfällen (Konkursvertrag) vom 12. 12. 1825 / 13. 05. 1826.[13] Der Vertrag erkennt – *grosso modo* – die beiderseitigen Konkurse an.
- *Übereinkunft zwischen den Kantonen* Zürich, Bern, Luzern, Underwalden *ob und nid dem Wald*, Freiburg, Solothurn, Basel Stadt und Land, Schaffhausen, St. Gallen, Graubünden, Aargau, Thurgau, Tessin, Waadt, Wallis, Neuenburg, Genf sowie Appenzell A.R. *mit dem Königreich Bayern* über gleichmäßige Behandlung der gegenseitigen Staatsangehörigen in Konkursfällen vom 11. 05. / 27. 06. 1834[14] und eine entsprechende Konvention mit dem *Königreich Sachsen*, die aber von weniger Kantonen akzeptiert wurde.[15] Sie geht in die gleiche Richtung wie die eidgenössisch – württembergische Übereinkunft.

Zu nennen war ferner der *Vertrag vom 15. 06. 1869 mit Frankreich*[16] der, obwohl er sich Übereinkunft über „den Gerichtsstand und die Vollziehung von Urteilen in Zivilsachen" nennt, den Konkursfall in Art 6 ausdrücklich einschloß.

---

12 Dazu *W. Habscheid*, KTS 1989, 255 / 56, dem ich folge.

13 Zuletzt angewendet: BGE 104 III, 69; 109 III 84, vgl. auch *David*, In Vergessenheit geratene Staatsverträge, SJZ 1983, 84. Der Übereinkunft nicht beigetreten: Schwyz und Neuenburg.

14 Dazu BGE 34 I 530 und BayObLG KTS 1982, 313

15 Abgedruckt sind diese Staatsverträge bei *Jaeger / Walder*, SchKG 11. Aufl. 1985, 752 ff.

16 Siehe Fn 14, SR 0.276.193.491. Der Vertrag ist auf den 1. 1. 1992 außer Kraft gesetzt worden. Er war der wichtigste bilaterale Vertrag im Konkurswesen (vgl. A.S. 1992, 200). *Volken*, (vor Art 166 - 175 Rdnr. 11) meint, mit der Außerkraftsetzung sei für die Schweiz die praktische Bedeutung der bilateralen Konkursverträge zu Ende gegangen.

Dieser Vertrag schloß den Zeitraum staatsvertraglich reziproker Regelungen bezüglich der Konkursmasse ab. Alle späteren schweizerischen Anerkennungs- und Vollstreckungsverfahren schließen den Konkursfall aus.

3. Der Fortschritt durch das IPRG

Es ist daher ein universaler Fortschritt, daß das IPRG eine allgemeine Regelung der Anerkennung ausländischer Insolvenzen darstellt. Allerdings gehen die genannten staatsvertraglichen Regelungen dem autonomen internationalen Konkursrecht des IPRG vor, denn Art 1 III IPRG enthält den ausdrücklichen Vorbehalt völkerrechtlicher Verträge.

II. Die Regelung des IPRG: ein neuer Konkursgrund

Das IPRG gibt der Schweiz ein klar konzipiertes internationales Insolvenzrecht. Zwar bleibt es für ausländische Insolvenzen beim Territorialitätsprinzip.[17] Aber an die Stelle einer territorialen Abschottung tritt die Rechtshilfe.

1. „Von der par conditio creditorum zur Rechtshilfe"

So hat *Volken*,[18] der maßgeblich bei den Vorarbeiten mitgewirkt hat, den Weg des neuen Rechts gekennzeichnet.

Gewiß ist die Idee der Insolvenzverfahren, im Konkursfalle das Vermögen des Schuldners als Konkursmasse gleichmäßig unter den Gläubigern zu verteilen (*par conditio creditorum*), die Leitidee des Konkursrechts schlechthin. Aber: unbestreitbar ist, daß dieser Grundsatz der Gläubigergleichbehandlung durch die Aufstellung von Listen *bevorrechtigter* Konkursgläubiger in Frage gestellt wird. Sind diese Konkursvorrechte bereits national zum „Wildwuchs" geworden, so sind sie international nur noch bedingt vergleichbar. Das aber kann eine Benachteiligung inländischer Gläubiger in ausländischen Verfahren zur Folge haben. Und dann divergieren die Zielsetzungen der nationalen Rechte: Soll es primär um die Liquidierung eines Unternehmens, das sich nicht behaupten konnte, gehen, oder aber vorrangig um Sanierung und damit um den Erhalt von Betrieben und wirtschaftlichen Existenzen? – dies vor allem auch zum Zwecke des Erhalts von Arbeitskräften.

Das IPRG versucht, angesichts dieser Probleme den Weg der *Rechtshilfe* zu gehen. Das Rechtshilfesystem der Art 166 ff IPRG will daher den Weg – und zwar einen eigenständigen Weg – einer „kontrollierten zwischenstaatlichen Zusammenarbeit"[19] beschreiten. Ein gegenständlich beschränkter, also nur schweizerisches

17 So die Botschaft des Bundesrats Ziff. 310.2.

18 Wie Art 166 Rdnr. 1 - 2.

Vermögen des Gemeinschuldners umfassender „Minikonkurs" soll dessen schweizerischen Aktiva realisieren, *aus Schweizer Sicht privilegierte Gläubiger* vorab befriedigen und den Überschuß dem ausländischen Hauptkonkurs zur Verfügung stellen. Diese zwischenstaatliche Kooperation steht aber unter der Kontrolle des nationalen Richters.

2. Die Anerkennung des ausländischen Konkursdekrets: ein fünfter Konkursgrund

Art 166 IPRG bestimmt in seinem Absatz 1:

Ein ausländisches Konkursdekret, das am Wohnsitz des Schuldners ergangen ist, wird auf Antrag der ausländischen Konkursverwaltung oder eines Konkursgläubigers anerkannt:

a) wenn das Dekret im Staat, in dem es ergangen ist vollstreckbar ist;

b) wenn kein Verweigerungsgrund nach Art 27 vorliegt, und

c) wenn der Staat, in dem das Dekret ergangen ist, Gegenrecht hält.

Art 170 betont, daß die Anerkennung des ausländischen Konkursdekrets für das in der Schweiz belegene Vermögen des Schuldners die konkursrechtlichen Folgen des Schweizer Rechts nach sich zieht. Es geht also nicht darum – das wäre Universalitätsprinzip – die Rechtswirkungen des ausländischen Konkurses in die Schweiz zu erstrecken, sondern darum, die schweizerischen Konkurswirkungen in einem gegenständlich beschränkten Mini- oder Parallel-[20] Konkursverfahren zur Geltung zu bringen. Damit tritt zu den klassischen *vier Gründen* der Konkurseröffnung nach dem Recht des SchKG ein fünfter. Die vier klassischen Fälle sind:

- *erstens*: Betreibung auf Konkurs eines Kaufmanns oder einer juristischen Person (Art 39, 159 SchKG), wenn das Zahlungsbefehlsverfahren nicht zur Befriedigung des Gläubigers geführt hat; hier hat der Richter gem. Art 171 SchKG den Konkurs zu eröffnen.

  Entsprechendes gilt bei der Wechselbetreibung nach Art 177, 179 SchKG;

- *zweitens*: hier und in den folgenden weiteren Fällen *ohne Vorverfahren*: Bei fraudulösem Verhalten des Schuldners, insbes. wenn er ohne bekannten Aufenthalt abwesend oder flüchtig ist, oder wenn er seine Gläubiger durch betrügerische Handlungen schädigen oder Vermögensgegenstände einer Pfändung entziehen wollte (Art 190 I, Ziff. 1 SchKG);
- *drittens*: im Falle der Zahlungsunfähigkeit des Schuldners. Hier sind als Fälle zu nennen: der Schuldner erklärt gegenüber dem Gericht seine Zahlungsunfähigkeit (Art 191 SchKG); ein Kaufmann stellt seine Zahlungen ein oder es wird ein

---

19 *Volken*, wie Fn 8; *W. Habscheid*, KTS 1989, 253 ff., 261 spricht von einem „schweizerischen Rechtshilfeweg" und betont, daß dieses System „alles andere als ein Durchbruch des Universalitätsprinzips" sei.

20 Es wird auch vom „Anschlußkonkurs" gesprochen, so etwa *Reiser* (wie Fn 5) 320.

Nachlaßvertrag verworfen oder Notstundung oder Nachlaßvertrag werden widerrufen (Art 190 I Ziff. 2, 3 SchKG); schließlich

- *viertens*: eine Erbschaft wird ausgeschlagen, und es kommt so zu konkursamtlicher Liquidation (Nachlaßkonkurs) (Art 193 SchKG).

Als fünfter Konkursgrund – hier aber für einen nur das schweizerische Vermögen erfassenden Minikonkurs –, kommt dann hinzu – „die Anerkennung eines ausländischen Konkursdekrets."

Mit Recht wird daher von Volken betont, daß dieses System den Grundsatz der Territorialität ausländischer Konkurse nicht in Frage stelle: die ausländische Insolvenz werde nicht in das Inland erstreckt, insbesondere sollen auf keinen Fall ausländische Konkursprivilegien und der ausländische Kollokationsplan (= Verteilungsplan) in die Schweiz erstreckt werden. Im Gegenteil: gerade um das zu verhindern und schweizerische Vorstellungen – etwa über Konkursprivilegien – zur Geltung zu bringen, erfolgt eine Nostifizierung des Konkursdekrets durch ein *inländisches*, in gewisser Weise aber dem ausländischen Hauptverfahren zuarbeitendes Hilfsverfahren.

Mit Recht betont *Volken*[21], die Grundidee des neuen Rechts sei eine mit dem System der internationalen Rechtshilfe vergleichbare zwischenstaatliche Zusammenarbeit in Konkurssachen.

Ein Problem, das, soweit ersichtlich, in der Kommentarliteratur noch nicht erörtert ist, sei hier angemerkt: Art 166 spricht von der Anerkennung eines ausländischen Konkurs*dekrets*. Wie aber ist es in den Fällen, in denen es – wie in den USA[22] – keines Gerichtsbeschlusses bedarf, um das Insolvenzverfahren zu „eröffnen", wo also der Insolvenzantrag eo ipso die Konkurswirkungen auslöst? *Berti*[23] spricht aber immerhin von einer hoheitlich verfügten Rechtsfolgeanordnung eines Gerichts oder einer Behörde. M.E. muß die *gesetzlich* angeordnete Rechtsfolge auf alle Fälle genügen.

§ 4 Das Konkursverfahren nach den Art 166 ff IPRG

I. Antrag und Zuständigkeiten

Das „Minikonkursverfahren" setzt einen *Antrag* voraus. Zur Antragstellung berechtigt sind die ausländische Konkursverwaltung und jeder Konkursgläubiger

21 Wie Fn 18, Art 166 Rdnr. 6 - 8, im Anschluß an *Gilliéron*, les dispositions de la nouvelle loi fédérale de droit international privé sur la faillite internationale; CEDIDAC 18, Lausanne 1991, 53; *Staehelin*, Die Anerkennung ausländischer Konkurse und Nachlaßverträge in der Schweiz, SIRIB Bd 45, Basel, 1989, 14.

22 Siehe unten § 23 I.

23 Zu Art 166 Rdnr. 8.

(Art 166 I IPRG). Auch ein einfacher Konkursgläubiger kann daher den Antrag stellen. Er wird das jedoch nur tun, falls er sich von dem Partikularkonkurs etwas verspricht. Da dieser nur den – in- oder ausländischen – „pfandversicherten“ und bestimmten „privilegierten“ Inlandsgläubigern dient (Art 172 IPRG), wird er jedoch in aller Regel daran kein Interesse haben.

Zuständig ist das vom kantonalen Prozeßrecht bestimmte Gericht am Ort des Vermögens in der Schweiz. Die örtliche Zuständigkeit ist so bundesrechtlich geregelt, die sachliche bestimmt das kantonale Recht.[1] Die in Art 29 IPRG aufgeführten Unterlagen sind beizufügen (Art 167 I). Befindet sich Vermögen an mehreren Orten, so ist das zuerst angerufene Gericht zuständig (Art 167 II). Handelt es sich um Forderungen des Gemeinschuldners – etwa bei einem Bankguthaben – so ist der Wohnsitz (oder Sitz) des Drittschuldners – also z. B. der Bank-Ort des „gelegenen“ Vermögens – ausschlaggebend.

II. Das Verfahren vor dem Anerkennungsrichter

1. Exequaturverfahren: die Prüfung der Anerkennungsvoraussetzungen

Das Verfahren ist ein Exequaturverfahren. Die Anerkennung wird ausgesprochen, wenn die in Art 166 IPRG aufgeführten Voraussetzungen vorliegen (oben I). Die vom Gesetz unter a - c des Art 166 IPRG genannten Bedingungen der Anerkennung setzen jedoch – das ergibt sich aus dem Eingangssatz – voraus, daß das ausländische Konkursdekret am Wohnsitz (oder Sitz) des Schuldners ergangen ist.

Das ausländische Konkursgericht muß also international zuständig gewesen sein. Diese internationale Zuständigkeit richtet sich nach Art 166 I, also nach Schweizer Recht. So einfach diese Regelung der Anerkennungszuständigkeit auch sein mag, sie kann doch Probleme aufwerfen. Dies gilt insbesondere beim Konkurs von Gesellschaften, deren statutarischer Sitz einerseits und Geschäftszentrum andererseits in verschiedenen Staaten liegen. Das Zürcher Kassationsgericht[2] mußte sich so mit der Anerkennung eines vom Amtsgericht Düsseldorf als dem Geschäftszentrum der Gesellschaft eröffneten Konkursverfahrens befassen. Ihren statutarischen Sitz hatte die Gesellschaft in den USA. Der Konkursrichter in Zürich hatte diesen deutschen Konkurs anerkannt, ein Gläubiger, der für eine Millionenforderung Arrest auf ein Bankguthaben der Gemeinschuldnerin gelegt hatte, wehrte sich jedoch dagegen und erreichte, daß das Kassationsgericht dem Konkurs aus Düsseldorf die Anerkennung versagte, weil auf den statutarischen Sitz abzustellen sei.

---

1 Der sachlich zuständige Richter ist mithin von Kanton zu Kanton verschieden: Aufzählung bei *Volken,* § 167 Rdnr. 15 - 16.

2 Fall IBC, Kassationsgericht ZH vom 2. 9. 1991, ZR 90 (1991) Nr. 45 mit Besprechung von *Schnyder* in SZW 1993, 194.

Der Fall, über den hier abschließend[3] nicht diskutiert werden kann, zeigt die auch unter dem IPRG fortbestehende Malaise des schweizerischen Rechts – jedenfalls nach der Praxis des Zürcher Kassationsgerichts – auf; nämlich, daß es einem Einzelgläubiger in der Schweiz immer noch gelingen kann, die Konkursmasse zu Lasten der anderen Gläubiger auszuplündern.[4]

Das Erfordernis, daß das Dekret im Erlaßstaat vollstreckbar ist, ist zweite Anerkennungsvoraussetzung. Die Benutzung des Wortes „vollstreckbar" bedeutet, daß die Konkurseröffnung endgültig geworden sein muß, daß sie also nach dem einschlägigen ausländischen Recht nicht mehr mit Rechtsmitteln in Frage gestellt werden kann.[5]

Es darf, dritte Voraussetzung, kein Verweigerungsgrund nach Art 27 IPRG vorliegen. Art 27 IPRG zählt die Anerkennungsverweigerungsgründe des Schweizer Rechts bezüglich ausländischer Entscheidungen abschließend auf: Fünf Gründe führen zur Versagung der Anerkennung:

2. *Der ordre public insbesondere*

An der Spitze steht die Beachtung des schweizerischen *ordre public*. Dies ist von Amts wegen zu prüfen (Absatz 1). Es folgen dann vier Gründe, die gewährleisten sollen, daß die anzuerkennende Entscheidung in einem fairen Verfahren zustandegekommen ist. Sie sind damit Ausfluß des verfahrensrechtlichen ordre public. Es sind dies: der Konkurseröffnungsbeschluß darf nicht ohne gehörige Ladung des Gemeinschuldners zustandegekommen sein; die wesentlichen Grundsätze des *schweizerischen* Verfahrensrechts, insbesondere das rechtliche Gehör, dürfen nicht verletzt worden sein, eine schweizerische Rechtshängigkeit darf nicht mißachtet worden sein, er darf nicht einer in- oder ausländischen gerichtlichen Entscheidung, die in der Schweiz anerkannt wird, widersprechen. Dies sind immerhin weitgehende, am schweizerischen Recht ausgerichtete Prüfungskriterien, ohne deren Erfüllung eine Nostrifikation der ausländischen Konkurseröffnung nicht erfolgen soll. Die Gleichsetzung der Anerkennung ausländischer Konkursdekrete mit der ausländischer Urteile in Zivilsachen rechtfertigt *Volken*[6] damit, daß es in beiden Fällen um Rechtshilfe in Zivilsachen gehe. Dem ausländischen Eröffnungsbeschluß komme so „die gleiche Funktion" zu wie einem gerichtlichen Urteil in Zivilsachen.

3 Eine Entscheidung des Bundesgerichts bleibt abzuwarten. Vgl. auch *Reiser,* wie § 3 Fn 5, 323, 324.

4 Dem wirkt jedenfalls in Deutschland BGHZ 88, 147 entgegen.

5 *Volken,* Art 166 Rdnr. 23.

6 Wie Art 166 Rdnr. 27.

3. Das „Gegenrecht"

Die Gleichsetzung des ausländischen Konkursdekrets mit einem ausländischen Urteil führt dazu, daß, vierte Voraussetzung der Anerkennung, der ausländische Staat „Gegenrecht hält" (Art 166 I, c IPRG).

Das Erfordernis der Reziprozität ist bei der Anerkennung ausländischer Gerichtsentscheidungen auch in der Schweiz höchst umstritten. Der Gesetzesentwurf sah die Gegenseitigkeit zunächst nicht vor und folgte so der h.M. in der Literatur,[7] die insbesondere darauf hinwies, der Grundsatz „bestmöglicher Gleichbehandlung" dürfe keine „Handelsware" sein. Dennoch hat der Bundesrat in seiner Vorlage das Reziprozitätsprinzip aufgenommen, wobei er insbesondere den Äußerungen der Kantone Rechnung trug. Das Parlament ist dem gefolgt.

Immerhin ist man bei der Beantwortung der Frage nach dem Gegenrecht nicht eng. Es kommt nicht darauf an, ob die Anerkennung im ausländischen Recht mit der schweizerischen Rechtslage „deckungsgleich" ist. Es wird anerkannt, daß verschiedene Techniken denkbar sind. Entscheidend ist, ob das ausländische Recht in der Lage und bereit ist, auf seinem Staatsgebiet befindliches Vermögen eines schweizerischen Gemeinschuldners in einem Sekundärverfahren zu erfassen und zu verwerten und den Überschuß der schweizerischen Hauptkonkursmasse zuzuführen.

So wird Gegenrecht zu Deutschland und den USA und Großbritannien bejaht, doch auch bei vielen Staaten – etwa Japan, Niederlande, Schweden, Österreich[8] – verneint.

III. Die Entscheidung über die Anerkennung und ihre Wirkungen

1. Die Reichweite der Anerkennung

Wird die ausländische Konkurseröffnung anerkannt, so zieht diese Entscheidung bezüglich des Vermögens des Gemeinschuldners, soweit es in der Schweiz belegen ist, die konkursrechtlichen Folgen des schweizerischen Rechts nach sich (Art 170 I IPRG). Die Entscheidung über die Anerkennung ist zu veröffentlichen und dem Betreibungsamt, dem Konkursamt, dem Grundbuchamt und dem Handelsregister am Ort des Vermögens sowie gegebenenfalls dem Bundesamt für geistiges Vermögen mitzuteilen (Art 169 IPRG). Diese Publikation soll die Konkurseröffnung allgemein bekannt machen. *Wo* die Veröffentlichung stattzufinden hat, bestimmt der Richter.[9] Auf alle Fälle ist so gesichert, daß jeder, den es angeht, wissen kann, daß

---

7 Nachweise bei *Volken,* Rdnr. 29 ff.

8 Einzelheiten mit Nachweisen bei *Volken* aaO, Rdnr. 34.

9 Ob der Anerkennungsrichter oder der Konkursrichter, die kantonal auseinanderfallen können, über die Publikation bestimmt, ist umstritten. Letztlich handelt es sich um eine Frage der sachlichen Zuständigkeit und damit des kantonalen Rechts, vgl. *Volken* Art 169 Rdnr. 3,4.

eine ausländische Konkurseröffnung nostrifiziert worden ist, insbesondere, daß das Vermögen des Gemeinschuldners *im Inlande*[10] dem Konkursbeschlag unterliegt.

Allerdings kann die Anerkennung des ausländischen Dekrets nicht weiter reichen als das Dekret selbst. So ist z. B. nach dem Recht der deutschen KO die Konkursmasse auf das Vermögen im Zeitpunkt der Eröffnung des Verfahrens beschränkt, während nach schweizerischem Recht auch das während des Konkurses hinzutretende Vermögen gem. Art 197 SchKG zur Masse zählt.[11] Das schweizerische Recht geht also nicht weiter als das nostrifizierte Dekret.[12]

2. *Die konstitutive Wirkung der Anerkennung*

Die Anerkennung wirkt als Exequaturentscheidung konstitutiv. Sie entfaltet also – mangels einer entgegengesetzten Gesetzesbestimmung – keine rückwirkende Kraft. Bis zu ihrem Erlaß gibt es im Inlande grundsätzlich keine Konkurswirkungen (siehe auch unten IV, 3).

Aus dem besonderen Konstitutivcharakter der Anerkennung ergibt sich, daß eine nur inzidente Anerkennung nicht zulässig ist. *W. Habscheid*, der sich für die Anerkennung als Vorfrage eines anderen Prozesses ausgesprochen und dabei auf die Verweisung in Art 167 auf Art 29 IPRG aufmerksam gemacht hatte,[13] dürfte wohl übersehen haben, daß *sinngemäße* Anwendung des Art 29 angeordnet ist. Abs. 3 des Art 29, der von der vorfrageweisen Anerkennung spricht, dürfte daher leer laufen. Anders als bei einem Urteil, dessen Anerkennung Wirkungserstreckung bedeutet, besagt die Anerkennung nach Art 166 ff IPRG, daß sie die Wirkungen des schweizerischen Konkurses hat.

IV. Eröffnung des Konkurses (Konkursgericht) und Durchführung des Konkurses (Konkursamt)

1. *Eröffnung durch das Konkursgericht*

Die Durchführung des Konkursverfahrens obliegt dem *Konkursamt* unter Aufsicht des kantonalen Konkursrichters. Es gelten die Vorschriften des SchKG (Art 197 SchKG). Bevor jedoch das Konkursamt mit seinem Verfahren beginnt, *muß*

10 Im Gegensatz zum ordentlichen Konkurs, der auch ausländisches Vermögen erfaßt (Art 197 I SchKG).

11 Nach der InsO (§ 35) zählt jedoch auch das nach Eröffnung des Insolvenzverfahrens erworbene Vermögen zur Masse.

12 *W. Habscheid,* KTS 1989, 258, so wohl auch *Volken*, Art 16 Rdnr. 24; *Volken,* aaO, bringt noch folgendes Beispiel: Sollte ein ausländisches Recht den Gemeinschuldner nicht vollumfänglich (so Art 197 I SchKG) in der Verfügungsbefragnis über das eigene Vermögen beschränken, so würde dies auch für den Schweizer Mini-Konkurs gelten.

13 KTS 1989, 259.

das Konkursgericht unverzüglich die Konkurseröffnung aussprechen, und dies dem Konkursamt zum Vollzug mitteilen (Art 176 i.V. 194 SchKG). Wie im ordentlichen Konkurs, so erfolgt daher auch beim Parallelkonkurs die Eröffnung des Konkursverfahrens durch *richterliche* Entscheidung. In den meisten Kantonen sind Anerkennungs- und Konkursrichter, zumindest personell, identisch. Anerkennung und Konkurseröffnung erfolgen dann *uno actu*. Sollte keine personelle Identität bestehen, so ist in der Praxis Gewähr dafür geboten, daß der Anerkennung die Konkurseröffnung sofort folgt.

Es ergeht also seitens des Konkursgerichts ein „*Eröffnungsentscheid*", gegen den die in Art 174 SchKG vorgesehenen Rechtsmittel zulässig sind.

Während – und das ist wichtig – die Konkursfolgen nach allgemeinem Recht erst mit der Eröffnung des Verfahrens durch den Konkursrichter eintreten, hat bereits die Anerkennungsentscheidung die Wirkungen des inländischen Konkurses (so ausdrücklich Art 170 SchKG).

2. Einstweilige Maßnahmen

Um aber von der Antragstellung an Verfügungen des Gemeinschuldners oder Zugriffe einzelner Gläubiger zu verhindern, kann das Anerkennungsgericht auf Begehren des Antragstellers sichernde Maßnahmen (gem. Art 162 - 165, 170 SchKG) anordnen; dies kann auch später durch das Konkursgericht geschehen (Art 170 i.V.m. Art 194 SchKG). So wird der inländische dem ausländischen Konkursbeschlag angenähert. Eine Lücke bleibt jedoch auf alle Fälle. Und diese Lücke können findige Einzelgläubiger nach wie vor nutzen.

3. Wirkungszeitpunkt und Wirkungen der Konkursanerkennung

Die von *W. Habscheid* aufgeworfene Frage, ob nicht die Anerkennung auch Anerkennung des ausländischen Gestaltungsakts „Konkurseröffnung" mit *ex tunc*-Wirkung sei, muß mithin verneint werden.[14] Denn es geht nicht um die Erstrekkung dieser ausländischen Entscheidungswirkung, sondern um die Eröffnung eines gegenständlich beschränkten Inlandskonkurses, für welchen die Anerkennung Konkursgrund ist. Dies folgt bereits (wie oben III 2. dargestellt) aus der Exequaturnatur des Anerkennungsaktes. Erst von der *Anerkennung* des Konkursdekrets an treten die – materiell- wie verfahrensrechtlichen – Wirkungen des Schweizer Konkursrechts ein.

- Das bedeutet: auch gepfändete oder mit Arrest belegte Vermögensgegenstände fallen in die Masse (Art 199 SchKG),
- anhängige Betreibungsverfahren sind erledigt (Art 206 SchKG),

14 KTS 1989, 258.

- Zivilprozesse werden „eingestellt", Verjährungs- und Verwirkungsfristen laufen nicht weiter (Art 107 SchKG),
- die Verzinsung persönlicher Forderungen gegen den Gemeinschuldner hört auf (Art 209 SchKG).

Vor allem aber: Das Konkursvermögen unterliegt der alleinigen Verwaltung und Verfügung durch die Konkursverwaltung (Art 197 ff SchKG); der Gemeinschuldner verliert seine Verwaltungs- und Verfügungsmacht.

Das *Konkursamt* ist es also, das das Konkursverfahren durchführt. Die Regelungen der Art 221 ff SchKG bezüglich des ordentlichen Konkursverfahrens werden jedoch im Hinblick auf den Rechtshilfecharakter des Hilfskonkurses nach dem IPRG und die Tatsache, daß es grundsätzlich nur um die Wahrung der Interessen der privilegierten Gläubiger geht, modifiziert: Es werden weder Gläubigerversammlung noch Gläubigerausschuß gebildet (Art 170 III IPRG). Das Konkursamt bleibt also stets Verwalter des Mini-Konkurses. Denn mangels Gläubigerversammlung entfällt die nach Art 237 SchKG bestehende Möglichkeit der Wahl eines anderen Verwalters.

4. Procedere des Konkursamts

Das Procedere des Konkursamts als Verwalter, das der „Erwahrung" und Verteilung der Masse dient, soll im einzelnen nicht dargestellt werden.[15] Vielmehr gilt es, folgendes zu unterstreichen:

V. Die begünstigten Gläubiger und der Verteilungsplan

1. Die teilnehmenden Gläubiger

Nicht *alle* Gläubiger des Gemeinschuldners werden erfaßt, sondern nach Art 172 IPRG nur:

a) die pfandversicherten Forderungen nach Art 219 SchKG
b) die gem. Art 219 IV 1. - 4. Klasse SchKG privilegierten Forderungen, deren Gläubiger in der Schweiz Wohnsitz haben.

Es geht also nicht um das Prinzip des *par in par creditorum*, sondern um die Befriedigung *bevorrechtigter* Gläubiger. Der Erlös aus der Verwaltung und Verwertung des Inlandsvermögens des Gemeinschuldners soll also *diese* Gläubiger salvieren.

Pfandversicherte Forderungen sind solche, die durch ein Pfandrecht (insbesondere ein Grundpfand) gesichert sind, Zurückbehaltungs- (Retentions-) Rechte ste-

---

15 Dazu *Volken*, Art 170 Rdnr. 24.

hen Pfandrechten gleich. Alle, nicht nur die in der Schweiz domizilierten pfandversicherten Forderungen nehmen teil.

Die privilegierten Forderungen der 1. - 4. Klasse des Art 219 IV SchKG sollen hier nicht im einzelnen aufgelistet werden, zumal da es schwierig ist, sie systematisch zu erfassen. Es ist wohl richtig, von einem „Wildwuchs“ zu sprechen, wobei soziale Erwägungen im Vordergrund stehen. Jedenfalls rangieren „alle übrigen Forderungen“ in Klasse 5; und diese Forderungen profitieren allenfalls mittelbar vom Verfahren, nämlich dann, wenn noch ein Überschuß verbleibt.

Das *nationale* Anliegen, die privilegierten Forderungen der Klassen 1- 4 des Art 219 SchKG zu schützen, ist dabei augenscheinlich: Nur die Gläubiger mit *Wohnsitz in der Schweiz*[16] werden begünstigt.

2. *Verteilungsplan (Kollokationsplan) und die Zuweisung eines Überschusses*

Ihn aufzustellen ist also Sache des Konkursamts als Konkursverwalter. Das Amt zieht zunächst das betroffene Vermögen zur Masse und erläßt den Schuldenruf (Art 232 I Nr. 2 SchKG), der sich – jedenfalls *primär* –[17] an die privilegierten Gläubiger richtet. Denn diese sind in den Verteilungsplan (*Kollokationsplan*) aufzunehmen. Sie werden entsprechend der Reihenfolge der Art 172 IPRG, 219 SchKG befriedigt. Bleibt ein Überschuß, so wird er – aber erst nach Anerkennung des *ausländischen* Verteilungsplanes des Hauptkonkurses – der ausländischen Verwaltung oder den berechtigten Konkursgläubigern zur Verfügung gestellt. Das schweizerische Anerkennungsgericht, das für die Anerkennung des ausländischen Plans zuständig ist, prüft dabei, ob Gläubiger mit schweizerischem Wohnsitz „angemessen berücksichtigt“ worden sind (Art 173 IPRG). Hier zeigt sich erneut der Schutzcharakter des Mini-Konkurses für schweizerische Gläubiger.

Lehnt das Gericht die Anerkennung ab, so ist ein Überschuß an die einfachen Konkursgläubiger in der Schweiz zu verteilen (Art 174). Man wird daher diesen Gläubigern ein Recht, sich beim Schuldenruf zu melden, zusprechen müssen.

Hier besteht also *eine zweite Kontrolle* des ausländischen Verfahrens – und zwar ausgesprochenermaßen zugunsten inländischer Gläubiger – durch den schweizerischen Richter. Auch die Verteilung wird geprüft.

Diese zweite Kontrolle ist jedoch nur erforderlich, wenn ein Überschuß verbleibt. Der Richter setzt darum der ausländischen Verwaltung, ggf. auch interessierten Gläubigern, eine Frist zur Vorlage des Verteilungsplans zum Zweck der Anerkennung. Wird er nicht fristgerecht vorgelegt, gilt der Plan als nicht anerkannt (Art 172 II IPRG).

---

16 Zum Wohnsitz nach Schweizer Recht Art 23 ZGB. Die Schweiz kennt nur einen Wohnsitz.

17 Siehe aber gleich nachfolgend bezgl. der einfachen Gläubiger.

VI. Klagen

1. Anfechtungsklage[18]

Der Konstituierung der Teilungsmasse dient – außer den Maßnahmen, welche die Verwaltung zu ergreifen hat – die Anfechtungsklage, mit der anfechtbar entzogene Vermögenswerte zur Masse zurückverlangt werden. Art 171 IPRG unterstellt sie den Art 285 - 292 SchKG, also stets inländischem Recht.

Natürlich kann die Konkursverwaltung Klage erheben. Art 171 I IPRG erteilt auch dem ausländischen Konkursverwalter und dazu „berechtigten Konkursgläubigern" die Klagebefugnis. Die Klage geht dabei immer auf Leistung an die schweizerische Masse.

Unter „berechtigten Konkursgläubigern" versteht das Gesetz auch Gläubiger des Hauptkonkurses, doch muß ihnen, analog Art 260, 263 III SchKG, der Anfechtungsanspruch von der Verwaltung zur Geltendmachung abgetreten worden sein.[19]

2. Kollokationsklage (Klage gegen den Verteilungsplan)

Nach Schweizer Recht kann der Gläubiger, welcher der Auffassung ist, nicht seinem Recht und Rang gemäß im Kollokations (= Verteilungs-)plan berücksichtigt worden zu sein, den Plan binnen 10 Tagen nach seiner öffentlichen Bekanntmachung oder Auflegung beim Konkursgericht im Wege der Klage (Kollokationsklage) anfechten (Art 250 SchKG). Verklagt wird die Masse, wenn geltend gemacht wird, die Forderung sei zu Unrecht abgewiesen, zu Unrecht nicht in vollem Maße berücksichtigt oder nicht ihrem Rang gemäß eingeordnet worden. Macht der Gläubiger geltend, ein anderer Gläubiger sei zu Unrecht aufgenommen oder zu hoch eingestuft worden, so ist der betreffende Gläubiger zu verklagen. Der Verteilungsplan ist – bei Obsiegen des Klägers – entsprechend zu ändern.

Allerdings: diese Kollokationsklage steht nur den bevorrechtigten Gläubigern i. S. v. Art 172 I IPRG zu.

VII. Anrechnung Hauptverfahren – Minikonkurs

Die an einem schweizerischen Parallelkonkurs beteiligten Gläubiger werden in aller Regel auch am ausländischen Verfahren beteiligt sein und hier teilweise Befriedigung erlangen. Soweit dies geschieht, ordnet Art 173 III IPRG die Anrechnung dieser Bezüge nach Abzug entstandener Kosten an. Mit Recht wird bemerkt,

---

18 Vgl. hierzu neuestens: *Chenaux*, Un survol de l'action révocatoire en droit international suisse, SJZ 92 (1996), 232 ff.

19 Dazu *Volken*, Art 171 Rdnr. 14.

daß diese Regelung nur selten aktuell werden wird. Sie soll daher hier nicht im einzelnen exemplifiziert und diskutiert werden.[20]

VIII. Nachlaßvertrag

1. Die Regelung des IPRG

Nach Art 175 IPRG gelten die für den Konkurs aufgestellten Regeln sinngemäß, wenn es sich um eine von einer ausländischen Behörde ausgesprochene Genehmigung eines Nachlaßvertrags- oder eines ähnlichen Verfahrens handelt. Das schweizerische Recht regelt den Nachlaßvertrag in dem Art 243 SchKG. Er entspricht – *grosso modo* – dem konkursbeendenden Zwangsvergleich nach der KO und dem konkursabwendenden Zwangsvergleich nach der VglO.[21] Das Bundesgericht hat die Zugehörigkeit des unter gerichtlicher Beteiligung und Bestätigung abgeschlossenen Nachlaßvertrages zum Insolvenzrecht mit der Formulierung unterstrichen, er sei „une forme d'exécution forcée... *une procédure de droit public apparentée à la faillite, à laquelle il se substitue généralement*".[22]

2. Nachlaßvertragsverfahren und ähnliche Verfahren

Die Bezeichnung „Nachlaßvertrag" ist genuin schweizerisch. Es muß also danach gefragt werden, ob das betreffende ausländische Verfahren[23] einem schweizerischen Nachlaßverfahren entspricht. Art 175 will alle ausländischen Verfahren erfassen, die dem schweizerischen Nachlaßvertragsverfahren gem. Art 293 ff SchKG entsprechen.

Entscheidend ist, ob der Vertrag unter gerichtlicher Beteiligung zustandekommt, wobei das ausländische Recht entscheidet, ob es den Vertrag durch eine gerichtliche Entscheidung „ratifiziert" oder lediglich mit einem Bestätigungsvermerk (bis zum „nihil obstat") versieht.

Es gibt natürlich auch ohne gerichtliche Mitwirkung geschlossene Verträge dieser Art. Sie wirken nur bürgerlichrechtlich, können also nicht Gegenstand einer Anerkennung nach Art 175 IPRG sein.

---

[20] Vgl. die Hinweise bei *Volken*, aaO, Art 172 Anm. 24 zu der Diskussion *Gilliéron-Staehelin.*

[21] Zu den einzelnen Arten des Nachlaßvertrages im schweizerischen Recht siehe *Ammon*, Schuldbetreibungs- und Konkursrecht 5. Aufl. 1993, 493 ff.: Ammon nennt als Arten: Stundungsvergleich, Dividendenvergleich und Liquidationsvergleich als Grundtypen, vgl. auch *Volken*, Art 175 Rdnr. 1 ff. m. Nw. Vgl. auch *Astrid Stadler*, Der schweizerische Nachlaßvertrag – KTS 1995, 539 ff.

[22] BGE 103 III 59 / 60, E. 3d; 105 III 95 E. 2b, 107 III 109 E. 3a.

[23] Über einzelne ausländische Verfahren dieser Art *Volken*, aaO, Art 175 Rdnr. 3 ff.

3. Die Regelung der Anerkennung

Sie folgt den Vorschriften der Art 175, 166 - 170 IPRG. Die Gläubiger mit Schweizer Wohnsitz werden angehört.

Die Anerkennung ist demnach auch hier eine Exequaturentscheidung. Ihre Hauptwirkung in der Schweiz ist die Sperrwirkung gegen Verfahren, mit denen einzelne Gläubiger versuchen, eine Einzelexekution in das Vermögen des Schuldners durchzuführen.

In der Literatur, ist der Standpunkt vertreten worden, die Anerkennung des Nachlaßvertrages – wobei man wohl hauptsächlich an dessen Vertragscharakter und weniger an die gerichtliche Mitwirkung und Approbation denkt – bedeute Ausdehnung der Bindungswirkungen auf die Schweiz,[24] was auf eine *ex-tunc*-Wirkung hinausliefe.

Aus den bereits zur Wirkung der Anerkennungsentscheidung generell angestellten Erwägungen, insbesondere dem Konstitutivcharakter der Anerkennung, [25] ergibt sich jedoch, daß dies nicht zutrifft: Von dem Zeitpunkt der Anerkennung an hat der ausländische Nachlaßvertrag als „forme d'exécution forcée" die Wirkungen eines schweizerischen.[26]

IX. Schlußbemerkungen – Gesetzeslücken

Überblickt man das im IPRG geregelte neue schweizerische internationale Insolvenzrecht, so ist seine Regelungsdichte – bei nur zehn Artikeln – beachtlich. Wie bereits mehrfach hervorgehoben, ist das schweizerische Modell jedoch kein Schritt zum Universalitätsprinzip im Konkurs: Internationale Rechtshilfe und Kooperation: *ja*, Wirkungserstreckung eines ausländischen Insolvenzverfahrens auf das Inland: *nein* – so könnte man das schweizerische Recht charakterisieren. Das ist gewiß ein Fortschritt.

Aber nicht nur ein Fortschritt, wenn man sich fragt, wie es unter der Herrschaft des neuen Rechts mit der der ausländischen Konkursverwaltung fallweise entgegenkommenden (früheren) Rechtsprechung des Bundesgerichts stehen wird.[27] Sie wird sich wohl so nicht aufrecht erhalten lassen.

---

24 So *Breitenstein*, 202; *Staehelin*, Die Anerkennung ausländischer Konkurse und Nachlaßverträge. SIRIB 45, Basel 1989, 180, 182 will das Exequaturverfahren in diesem Sinne verstehen, wohl auch *Hanisch*, Liber Amicorum Schnitzer, Genf 1979, 229 - 230 zu Art 170 VEIPRG.

25 Siehe oben III,2.

26 So wohl auch *Volken*, Art 175, Rdnr. 18 - 20, der meint, ggf. solle man wegen einer „positiven Tätigkeit" den Weg eines lokalen Nachlaßvertragsverfahrens nach Art 167 I IPRG, 293 ff SchKG gehen.

27 Oben § 3 I.

Vor der Exequierung ist das ausländische Insolvenzverfahren in der Schweiz wirkungslos. Fälle wie BGHZ 88, 147 werden also weiter möglich bleiben. Erst von der Antragstellung beim Anerkennungsgericht an kann man mit einstweiligen Anordnungen diese Zeitgrenze verengen.

Was der ausländische Konkursverwalter noch kann: Er kann Anerkennung verlangen. Alles andere ist Sache der Schweizer Behörden. Er kann also nicht mehr zugunsten der ausländischen Masse in der Schweiz „instrumentieren".[28] Anfechtungsklagen kann er zwar ausdrücklich noch erheben. Aber der Erlös aus diesen Klagen geht an die schweizerische Verwaltung.

§ 5 Der Niederlassungskonkurs

Nach schweizerischem Recht ist der Konkurs eine Betreibungsform, soweit der Schuldner zu den in Art 39 SchKG genannten, im Handelsregister eingetragenen Personen zählt (Kaufmannskonkurs). Art 50 I SchKG fügt an, daß im Ausland lebende Schuldner, die in der Schweiz eine Geschäftsniederlassung haben, wegen der für diese Niederlassung eingegangenen Verbindlichkeiten betrieben werden können. Also kann in der Schweiz – am Ort der Niederlassung – auch ein Konkurs stattfinden.

Dasselbe gilt für im Auslande domizilierte Schuldner, die in der Schweiz zur Erfüllung einer Verbindlichkeit ein Spezialdomizil gewählt haben. Auch sie können an diesem Orte auf Konkurs betrieben werden (Art 50 II SchKG).

I. Der Vorbehalt in Art 166 IPRG

Art 166 II IPRG spricht aus, daß der Schuldner mit Zweigniederlassung in der Schweiz einem Verfahren nach Art 50 I SchKG bis zur Rechtskraft des Kollokationsplans ausgesetzt bleibt. Der Fall des wahldomizilierten Schuldners ist also (Art 50 II SchKG) ausgeklammert. Nur der Niederlassungskonkurs ist gemeint.

Beide Verfahren – Anerkennungskonkurs und Niederlassungskonkurs schließen sich also nicht aus.

---

28 Die Frage ist, ob er noch „freiwillig" in der Schweiz „abkassieren" kann. Dieses Problem wird, soweit ersichtlich, bisher nicht behandelt. M.E. müssen zumindest schweizerisch-privilegierte Gläubiger ihn daran hindern können.

II. Abgrenzungsprobleme

1. Der Niederlassungskonkurs – Verfahren

Er ist an sich eine normale Betreibung auf Konkurs wegen Verbindlichkeiten, die mit Bezug auf die Niederlassung eingegangen worden sind.

Nach h.M.[1] erfaßt der Niederlassungskonkurs die mit der Niederlassung im Zusammenhang stehenden Aktiva und Passiva, sobald er auf dem vorgesehenen Wege, beginnend mit dem Zahlungsbefehl eines Gläubigers (Art 177 ff SchKG), vom Konkursgericht eröffnet wurde. Er ist daher ein gegenständlich beschränkter Konkurs.[2]

Es mag sein, daß das Niederlassungskonkursverfahren in der Schweiz bereits läuft und dann die Anerkennung des ausländischen Konkursdekrets beantragt wird. Denkbar ist aber auch, daß zunächst das Anerkennungsverfahren läuft und dann Niederlassungskonkurs begehrt wird. Die zeitliche Grenze – die Rechtskraft des Kollokationsplans nach Art 172 SchKG – ist weit gesteckt.

Immerhin gibt diese Zweigleisigkeit die Handhabe, durch frühzeitige Betreibung auf Konkurs Ausplünderungsversuchen einzelner Gläubiger in der Schweiz einen Riegel vorzuschieben.

2. Niederlassungskonkurs nach Art 50 SchKG und nach Art 166 I IPRG i.V.m. Art 50 SchKG

Volken[3] weist darauf hin, daß Art 50 I SchKG von *Geschäfts*niederlassung, Art 166 I IPRG aber mit seiner Verweisung auf Art 50 I SchKG von *Zweig*niederlassung spricht.

Er meint: Der Kaufmann, der seinen Wohnsitz im Schwarzwald habe, aber in Basel ein Gewerbe betreibe, habe dort eine Geschäftsniederlassung. Es komme für ihn nur der Niederlassungskonkurs des SchKG, nicht aber beide Konkursarten in Betracht. Hingegen sei es anders, wenn die Stadt im Schwarzwald Hauptzentrum (Sitz, Wohnsitz) der *geschäftlichen* Tätigkeit des Kaufmanns sei, er aber in der Schweiz auch in einer Zweigniederlassung tätig werde, dies sei der Fall des Art 166 IPRG und damit bestehe auch die Konkurrenz zwischen Anerkennungskonkurs und Niederlassungskonkurs. Ob diese „Feinarbeit“ teleologisch zutreffend ist, kann in diesem Bericht nicht diskutiert werden. Sie scheint jedenfalls allgemein akzeptiert zu werden.

---

1 *Volken,* Art 166 Rdnr. 38.

2 So die h.M. Selbstverständlich ist das nicht, denn an sich müßte auch für den Niederlassungskonkurs Art 197 SchKG gelten, der Konkurs erfaßt auch das ausländische Vermögen.

3 AaO Art 166 Rdnr. 37.

Bei einer selbständigen Tochtergesellschaft in der Schweiz ist ohnehin ein „normaler“ schweizerischer Konkurs angezeigt. Es fragt sich hier nur, ob und inwieweit die Muttergesellschaft Gläubigerin oder Schuldnerin der Tochter und umgekehrt ist.

III. Koordinationsfragen

Es ist also denkbar, daß zwei Konkursverfahren in der Schweiz ablaufen: Ein „normales“ Konkursverfahren als Niederlassungskonkurs, an dem nicht nur pfandversicherte und privilegierte Gläubige teilnehmen und ein Anerkennungs-Minikonkurs.

Volken[4] meint, in diesem Falle seien – bis zur Rechtskraft des Kollokationsplanes – die zur Niederlassung gehörenden Aktiva und Passiva auszusondern und im Niederlassungskonkurs abzuwickeln. Dieser würde also Vorrang haben. Für den Anerkennungskonkurs blieben dann nur die nicht der Niederlassung zuzuordnenden Aktiva- und Passivaposten.

Ist jedoch der Kollokationsplan des Anerkennungskonkurses rechtskräftig geworden, wird er ausgeführt. Ein späterer Niederlassungskonkurs müßte sich mit dem begnügen, was übriggeblieben ist.

Soweit ersichtlich, hat sich die Rechtsprechung mit diesen Koordinationsfragen noch nicht befaßt.

Kapitel 2: Das Modell des deutschen Entwurfs einer Insolvenzordnung 1992 (Universalitätsprinzip)

Die Entscheidung des IX. Zivilrechts des Bundesgerichtshofes vom 11. Juli 1985 (BGHZ 95, 256), mit der die Wende vom Territorialitätsprinzip für ausländische Insolvenzverfahren zum Universalitätsprinzip vollzogen wurde, gehört gewiß zu den „*grands arrêts*“ unseres höchsten Zivilgerichts. Die grundsätzliche Anerkennung ausländischer Insolvenzverfahren durch den BGH war eine praetorische Rechtsfortbildung, für welche die Zeit in einer Epoche des Zusammenwachsens der internationalen Wirtschaft reif war.[1]

---

4 Art 166 Rdnr. 38 - 39.

1 Vgl. oben §1 und unten §§ 62 ff.

§ 6 Rechtsentwicklung und Universalitätsprinzip

I. Die Konkretisierung des Universalitätsprinzips

Richterliche Grundsatzentscheidungen bedürfen der Konkretisierung. Die KO gab zur Universalität ausländischer Insolvenzen nichts entscheidendes her, und so mußte man auf eine richterrechtliche Klärung hoffen. Eine solche aber ist nur stückweise möglich: ein langer Marsch zu einem autonomen deutschen internationalen Insolvenzrecht also.

Daß die Bundesregierung die Aufgabe, die sich für eine Industrie- und Wirtschaftsnation in dieser Lage stellte, erkannte und mit dem Entwurf einer Insolvenzordnung 1992 auch eine Kodifizierung des internationalen Insolvenzrechts präsentierte (§ 379 - 399) bewies, daß sie sich – und den gesetzgebenden Körperschaften – diesen Wurf zutraute.

In der Tat besticht der Entwurf mit seinen 21 Paragraphen durch seine Prägnanz.[2] Ein Vergleich mit der Regelung des schweizerischen IPRG[3] und seinen dem internationalen Konkursrecht gewidmeten zehn Artikeln beweist, daß den Autoren des internationalen Teils des Entwurfs keineswegs die „Berufung zur Gesetzgebung" fehlte. Denn der Entwurf regelt die Materie in verständiger und knapper Diktion. Dabei ist gegenüber dem schweizerischen Gesetz zu bedenken, daß eine sinnvolle Anerkennung der ausländischen Verfahrenswirkungen im Inlande *per se* mehr Raum benötigt als die einem „aufgeklärten Territorialitätprinzip" verschriebene schweizerische Rechtshilfelösung.

Daß wegen der Bedenklichkeiten im Bundesrat dann die §§ 379 - 399 nicht Gesetz geworden sind, ist mithin zu bedauern. Denn da die Nachfolgeregelung des Art 102 EGInsO nun wieder das meiste offenläßt, werden die Details auch nach Inkrafttreten der InsO richterrechtlich bestimmt werden. Auch die zu erwartende europäische Regelung,[4] auf die der Bundesrat setzte, wird das Problem nur zum Teil lösen – selbst, was die Mitgliedstaaten der Union betrifft; denn das EU-Insolvenzübereinkommen soll nicht für Banken und Versicherungsgesellschaften gelten.

Der E 1992 wird daher keine Makulatur werden. Es ist vorauszusehen, daß die Rechtsprechung, vor die Entscheidung einer Einzelfrage gestellt, ihn zur Meinungsbildung heranziehen wird. Dasselbe gilt in noch stärkerem Maße für die Wissenschaft, die sich gerade für diesen Teil der InsO engagiert hatte.[5]

---

[2] Der Entwurf wurde zunächst als Vorentwurf vom Bundesministerium der Justiz ausgearbeitet und dann 1989 von einer Sonderkommission des Deutschen Rates für Internationales Privatrecht unter Vorsitz von Prof. Hans Stoll, Freiburg i.Br. beraten. Auf der Grundlage dieser Beratungen wurde dann der E. 1992 neunter Teil, Internationales Insolvenzrecht, erstellt (vgl. BT-Drs. 12/2443, 235).

[3] Vgl. oben §§ 3 - 5.

[4] Vgl. oben § 1.

II. Das Universalitätsprinzip

Der E 1992 schreibt die Entscheidung BGHZ 95, 256 fort.

1. Der Grundsatz

Er stellt zunächst in § 379 klar, daß das Insolvenzverfahren und seine Wirkungen dem Recht des Staates, in dem das Verfahren eröffnet worden ist (*lex concursus*) untersteht, soweit nichts anderes bestimmt ist.

2. Anerkennung

Daraus ergibt sich rechtslogisch, daß das ausländische Insolvenzverfahren mit seinen Wirkungen im Inlande grundsätzlich anerkannt wird und daß die Nicht-Anerkennung die Ausnahme ist.

§ 384 E 1992 stellt daher klar:

„Die Anerkennung der Eröffnung eines ausländischen Insolvenzverfahrens und der in diesem Verfahren ergehenden Entscheidungen ist ausgeschlossen:

1. wenn die Gerichte des Staates der Verfahrenseröffnung nach deutschem Recht nicht zuständig sind;

2. soweit sie zu einem Ergebnis führt, das mit wesentlichen Grundsätzen des deutschen Rechts offensichtlich unvereinbar ist, insbesondere soweit sie mit den Grundrechten unvereinbar ist".

Diese Regelung präzisiert die von BGHZ 95, 256 aufgestellten Anerkennungskriterien. Sie ist im wesentlichen wortgleich mit Art 102 EGInsO, so daß wegen der Einzelanalyse der Versagungsgründe – fehlende internationale Zuständigkeit und Verstoß gegen den *ordre public* - auf die diesbezüglichen Erörterungen verwiesen werden darf.[6]

Gegenüber Art 102 EGInsO anderslautend ist § 384 E 1992 allerdings insofern, als er klarstellt, daß Anerkennung – als Erstreckung der Insolvenzwirkungen – zweierlei beinhaltet: Anerkennung der Wirkungen der Eröffnung des Verfahrens und Anerkennung der in diesem Verfahren ergehenden Entscheidungen. Besonders die erste Frage wird uns im III. Teil zu beschäftigen haben.

III. Die Inzidentanerkennung

Der Entwurf hält daran fest, daß die Anerkennungsfrage durch den im konkreten Falle angerufenen Richter entschieden wird.[7]

---

5 Siehe Fn 2.

6 Vgl. unten §§ 64 ff.

1. Ein Fall

Erhebt also ein ausländischer Verwalter im Inlande gegen einen angeblichen Schuldner eine Zahlungsklage, so prüft der Prozeßrichter als Vorfrage nach, ob der ausländische Verwalter als Kläger zuzulassen ist. Das ist der Fall, wenn das ausländische Verfahren anerkannt wird.

Nun ist zwar zuzugeben, daß dies das tradierte System des deutschen Prozeßrechts ist – jedenfalls, was den Zivilprozeß betrifft (§ 328 ZPO). Art VII FamRÄndG beweist jedoch, daß bei der Anerkennung ausländischer *Gestaltungs*urteile mit ihrer *inter-omnes*-Wirkung auch der Weg einer Exequierung möglich ist – mit der Folge, daß die Entscheidung alle deutschen Gerichte bindet.

Die Inzidentanerkennung aber kann dazu führen, daß das eine Gericht die ausländische Insolvenz anerkennt, das andere nicht. Das aber ist gewiß mißlich.

2. Die Exequaturlösung

Da die Exequierung einer Gestaltungsentscheidung kein Fremdkörper im deutschen Recht ist, hatte ich folgendes zu erwägen gegeben:[8]

Die Entscheidung über die *Eröffnung eines Insolvenzverfahrens* ist eine Gestaltungsentscheidung und wirkt als solche *erga omnes*. Betraut man ein deutsches Gericht mit der Entscheidung über die Anerkennung, also auch über die Anerkennung der *erga omnes*-Wirkung, so wird diese durch seine Entscheidung auch für das Inland gegen jedermann erstreckt, und zwar rückwirkend.

Die Rechtsprechung beweist, daß die Gerichte der Bundesrepublik mit nur wenigen, dafür aber in der Regel schwerwiegenden Fällen internationaler Insolvenzen im Jahr befaßt werden. Weshalb also nicht in Anlehnung an §§ 3, 4 InsO bestimmen, daß örtlich und international für die Anerkennung jedes Gericht zuständig ist, in dessen Sprengel sich Vermögen des Schuldners befindet, wobei das erstangerufene Gericht die Zuständigkeit auch bezüglich anderer in Frage kommender Gerichte an sich zieht? Und dann könnte man zentrale Gerichte einrichten (ähnlich wie in § 387 II E).[9] Da es im wesentlichen um Rechtsfragen geht, könnte man sogar die sachliche Zuständigkeit der Oberlandesgerichte, mit Vorlagepflicht an den BGH im Falle der Abweichung von einer anderen OLG-Entscheidung oder einer Entscheidung des BGH, einführen.

Damit wäre die prinzipielle Frage durch *den Richter* entschieden und zwar in einem straffen, alle Rechtsgarantien bietenden und effizienten Rechtsschutz gewährenden Verfahren.

---

7 Vgl. die amtl. Begründung BT-Drs. 12/2443, 241.

8 KTS 1989, 593 (609 - 615).

9 So BT-Drs. 12/2443 zu § 387, 242.

Bestimmte Entscheidungen des *ausländischen Insolvenzgerichts* – wie etwa eine Herausgabeentscheidung, die ohnehin gesondert auf ihre Anerkennung zu überprüfen sind – auch wenn die Insolvenzeröffnung als solche anerkannt ist – könnten dann getrost –, wie in § 392 E 1992 vorgesehen – in einem nur zwei Parteien betreffenden Verfahren anerkannt werden.

Weshalb die „Väter" des Entwurfs diesem Exequaturvorschlag nicht näher getreten sind, ergibt sich nicht direkt aus der amtlichen Begründung. In der wissenschaftlichen Diskussion wurden insbesondere „praktische Einwände" erhoben, insbesondere, daß etwa ein Exequaturverfahren zu schwerfällig und zu langwierig sei[10] – ein Einwand, dem bezüglich der „Langwierigkeit" im EG-Bereich sicherlich Gewicht zukommt, da das Exequatur einer Rechtsvereinheitlichung eher abträglich ist und somit auch im EG-Insolvenzübereinkommen von 1995 nicht übernommen worden ist. Was aber den Einwand der „Schwerfälligkeit" angeht, so trifft er gewiß nicht zu: In Sachen *Kléber*[11] etwa lag das Exequatur durch das französische Exequaturgericht nach zwei Monaten vor, *und* die Rückwirkung (*ex tunc*) auf den Zeitpunkt der *ausländischen* Konkurseröffnung wurde erstmals von der *Cour de Cassation* anerkannt. Dies ist ein nicht zu unterschätzender Fortschritt und ein Lösungsansatz, der, gepaart mit vorläufigen Sicherungsmaßnahmen und einer zügigen Entscheidung durch das Exequaturgericht, sehr wohl attraktiv gewesen wäre.

Im übrigen vermag, wie dargelegt, ein Hinweis auf die deutsche Rechtsüberlieferung – die einer Exequierung entgegenstehe – nicht zu überzeugen, wenn man auf die Gestaltungsnatur der ausländischen Verfahrenseröffnung abstellt.

3. *Nochmals Inzidentanerkennung*

Natürlich liegt die Entscheidung, ob Inzident- oder Exequaturlösung, im Ermessen des Gesetzgebers, der auch systemwidrige Entscheidungen treffen kann und immer wieder trifft.

Nachdem nun die Inzidentlösung, die der BGH bereits in seiner Entscheidung vom 11. 7. 1985 verfochten hat, auch durch Art 102 EGInsO bestätigt wurde, ist es aber jetzt erforderlich, das deutsche grenzüberschreitende Insolvenzrecht im einzelnen auf dieser Grundlage zu ordnen.

---

10 Vgl. etwa, *Jacques Lemontey*, Bericht über das Übereinkommen über den Konkurs, Vergleiche und ähnliche Verfahren, in: Vorschläge und Gutachten zum Entwurf eines EG-Insolvenzübereinkommens, Tübingen 1988, 105 ff.

11 Entscheidung des *Cour de Cassation* vom 25. 2. 1986, abgedruckt in J.D.I.2, 1988, 425 ff. und Anmerkung von A. Jacquemont, aaO, 431 ff.

§ 7 Öffentliche Bekanntmachung des ausländischen Insolvenzverfahrens, Grundbuchrecht, Gutglaubensschutz

Das Unbefriedigende der dem E 1992 zugrunde liegenden Inzidentanerkennung ausländischer Insolvenzwirkungen ist die fehlende Publizität. Wie kann der Rechtsverkehr Kenntnis von dem ausländischen Verfahren nehmen, das tief in seine Interessensphären eingreift?

Das interne Recht (§ 111 I KO, § 22 VglO, § 6 GesO und ab 1. Jan. 1999 § 30 InsO) sieht daher vor, daß der Beschluß über die Eröffnung des Insolvenzverfahrens zu veröffentlichen ist. Damit wird auch – denn es ist der genaue Zeitpunkt bekanntzumachen, zu dem die Eröffnung erfolgt ist – für jeden Interessierten ersichtlich, ab wann die Wirkungen der Insolvenzeröffnung – insbesondere der Verlust der Verwaltungs- und Verfügungsmacht des Gemeinschuldners und ihr Erwerb durch den Verwalter – laufen. Ist das Verfahren im Auslande eröffnet, so kann zwar die ausländische Geschäftswelt – etwa in den USA – von diesem Zeitpunkt Kenntnis nehmen, wohl aber kaum der Rechtsverkehr im Inland. Dennoch sollen die Wirkungen des ausländischen Verfahrens von Anfang an auch im Inlande gelten.

I. Die öffentliche Bekanntmachung

1. Der Grundsatz

Daher sieht § 385 E 1992 eine öffentliche Bekanntmachung im Inlande vor.

Es heißt hier in Abs. 1, daß bei Vorliegen der Voraussetzungen für die Anerkennung das Insolvenzgericht auf Antrag des ausländischen Insolvenzverwalters den wesentlichen Inhalt der ausländischen Eröffnungsentscheidung und die Bestellung des Verwalters öffentlich bekanntzumachen hat. Die öffentliche Bekanntmachung erfolgt – wie die Bekanntmachung der inländischen Verfahrenseröffnung – in dem für amtliche Bekanntmachungen des Gerichts bestimmten Blatt, und sie kann wiederholt werden.

Der Antrag ist – so Abs. 2 – nur zulässig, wenn glaubhaft gemacht wird, daß die tatsächlichen Voraussetzungen für die Anerkennung der Verfahrenseröffnung vorliegen. Der Verwalter erhält eine Ausfertigung des Beschlusses, durch den die Bekanntmachung angeordnet wird und kann sich damit im Rechtsverkehr ausweisen.[1]

2. Das zuständige Insolvenzgericht

Die Bekanntmachung nach § 385 E 1992 wird durch das inländische Insolvenzgericht angeordnet, § 387 E 1992. Zuständig ist jedes Insolvenzgericht, in dessen

1 Vgl. BT-Drs. 12/2443, 242.

Bezirk Vermögen des Schuldners belegen ist. Um Konkurrenzen zu beheben, ist § 3 II InsO für entsprechend anwendbar erklärt. Ist also ein Insolvenzgericht mit der Sache befaßt, so werden alle anderen unzuständig.

Die Abs. 2 und 3 des § 387 E 1992 sehen eine weitere Konzentration durch Landesrecht vor. Danach kann dieses zur sachdienlichen Förderung oder schnellerer Entscheidung durch Rechtsverordnung für die Bezirke mehrerer Insolvenzgerichte *ein* zuständiges Gericht bestimmen. Und das Landesrecht kann diese Aufgabe auch den Landesjustizverwaltungen übertragen (Abs. 2). Darüber hinaus können mehrere Länder vereinbaren, daß die Gerichte nur *eines* Landes zuständig sein sollen (Abs. 3).

Das alles ist erfreulich, ermöglicht es doch eine größere Effektivität der Bekanntmachungsprozedur im Sinne einer „kleinen" vis attractiva.

3. Keine „Anerkennung"

Dennoch wird mit der Bekanntmachungsverfügung und ihrer Veröffentlichung keine Anerkennung im Rechtssinne ausgesprochen. Eine solche ist dem *Prozeßgericht* vorbehalten. Und dieses kann örtlich ein anderes Gericht sein.

Wenn also der Gemeinschuldner Vermögen in Augsburg, Frankfurt und Hamburg hat, kann der Verwalter etwa in Augsburg die Bekanntmachung erwirken. Es ist denkbar, daß er aufgrund seiner Legitimierung durch die Beschlußausfertigung den Augsburger Schuldner bewegen kann, freiwillig zu leisten. Wenn aber nun die Schuldner in Frankfurt und Hamburg nicht zahlen, bleibt ihm nichts anderes übrig, als sie dort zu verklagen. Es kommt also zu zwei Prozessen, bei jedem von ihnen hat der Richter die Anerkennungsfrage zu entscheiden. Die Veröffentlichung in Augsburg bindet die Gerichte in Frankfurt und in Hamburg nicht. Sie können auch – das ist eben der Nachteil gegenüber der Exequaturlösung[2] – gegensätzlich entscheiden.

§ 385 E ist daher unglücklich gefaßt, wenn er davon spricht, daß die „tatsächlichen Voraussetzungen" für die Anerkennung der Verfahrenseröffnung glaubhaft zu machen ist. Tatsächliche Voraussetzungen: das soll wohl besagen, daß eine rechtliche Überprüfung der Anerkennungsversagungsgründe des § 384 E nicht erfolgt. Der zuständige Insolvenzrichter wird also zu fragen haben, ob ein ausländischer Eröffnungsbeschluß vorliegt. Da dieser grundsätzlich anzuerkennen ist, wird er, wenn die Glaubhaftmachung erfolgt, die Bekanntmachung anordnen.[3] Sieht das ausländische Recht – wie in den USA[4] – vor, daß Konkurswirkungen bereits von

---

2 Oben § 6 III.

3 Er wird also z. B. auch nicht fragen, denn dies festzustellen wäre er überfordert, ob das betreffende Land überhaupt die Anerkennung seiner Insolvenzverfahren im Auslande für sich in Anspruch nimmt; vgl. BT-Drs. 12/2443, 241.

4 Unten § 13.

der Antragstellung an eintreten, es also keiner Eröffnungsentscheidung bedarf, so ist dies auch für den deutschen Richter bestimmend.

Allerdings wird man wohl auch dem Insolvenzgericht die Befugnis zusprechen müssen, die Bekanntmachung zu versagen, wenn das ausländische Verfahren *offensichtlich* nicht anerkannt werden kann.

II. Grundbuchrecht

Die Publizität im Grundstücksrecht wird durch die Eintragung im Grundbuch gesichert. Jeder, der ein rechtliches Interesse glaubhaft machen kann, ist in der Lage, sich ein Bild über die dingliche Rechtslage durch Einsichtnahme in das Grundbuch zu verschaffen (§ 12 GBO).

1. Eintragung der Verfügungsbeschränkung (formelles Grundbuchrecht)

Im internen Insolvenzrecht wird auf Ersuchen des Insolvenzgerichts der Konkurs – bzw. Insolvenzvermerk in das Grundbuch eingetragen (§§ 113, 114 KO, § 61 VglO, § 6 GesO, § 32 InsO); gleiches gilt für die Eintragungen im Schiff- und Luftfahrzeugregister (§§ 113, 114 KO, § 33 InsO).

Für ausländische Verfahren sieht § 386 E 1992 entsprechendes vor. Der ausländische Verwalter kann beim Insolvenzgericht des § 387 die Eintragung einer durch die ausländische Verfahrenseröffnung eingetretenen Verfügungsbeschränkung beantragen. Eingetragen wird auf Anordnung des Gerichts die Eröffnung des Insolvenzverfahrens[5] und die Art der Einschränkung der Verfügungsbefugnis, die von Land zu Land verschieden sein kann, im „Normalfalle“ aber Verlust der Verfügungsbefugnis des Gemeinschuldners und Übergang auf den Verwalter bedeutet.[6]

Der Eintrag erfolgt:

- bei Grundstücken, als deren Eigentümer der Gemeinschuldner eingetragen ist,
- bei den für ihn eingetragenen Rechten an Grundstücken und an eingetragenen Rechten, wenn nach der Art des Rechts und den Umständen zu befürchten ist, daß ohne die Eintragung die Insolvenzgläubiger benachteiligt würden.

---

5 Vgl. § 29 Abs. 1 S 2 GBO; BT-Drs. 12/2443, 242, es ist der ausländische Eröffnungsbeschluß vorzulegen.

6 Zumindest fragwürdig ist, inwieweit „Verfügungsbeschränkungen“ eintragbar sind, die über den Konkursbeschlag und den Übergang der Verfügungsbefugnis auf den Verwalter hinausgehen. Gedacht wird hier etwa an den Automatic Stay gem. § 362 des US-Bankruptcy Code (vgl. dazu § 29, § 30), der nicht nur den typischen Konkurs-Beschlag beinhaltet, sondern darüber hinaus auch zu einer Verfahrenskonzentration vor dem US-Konkursgericht führt (vgl. dazu unten §§ 15 - 18). Neben das typische „Verfügungsverbot“ träte damit auch ein „Prozeßverbot“ vor deutschen Gerichten.

Auch hier heißt es in Abs. 2, daß die tatsächlichen Voraussetzungen für die Anerkennung der Verfahrenseröffnung glaubhaft zu machen sind.[7] Gegen die Entscheidung ist die sofortige Beschwerde gegeben.

Abs. 3 ordnet für die Eintragung der Verfahrenseröffnung in das Schiffsregister, das Schiffsbauregister und das Register für Pfandrechte an Luftfahrzeugen an, daß die Regelung für Grundbucheintragung entsprechend gilt.

2. Gutglaubensschutz (materielles Grundbuchrecht)

§ 388 E 1992 regelt zwei Fälle:

Fall 1: Der ausländische Eigentümer eines Grundstückes in Deutschland oder der ausländische Inhaber eines im Grundbuch eingetragenen Rechts – z. B. einer Grundschuld – hat über sein Eigentum oder sein Recht verfügt. Bevor die Eintragung im Grundbuch erfolgt, wird über sein Vermögen ein Insolvenzverfahren eröffnet, das seine Verfügungsmacht aufhebt oder einschränkt. Die Frage ist, ob der Erwerber mit der Eintragung das Eigentum oder das Recht erwirbt.

Die Regel ist, daß der Berechtigte bei Eintritt oder Rechtsänderung – also der Grundbucheintragung – verfügungsbefugt sein muß,[8] sonst geht das Recht nicht über. § 878 BGB macht für Grundbuchrechte eine Ausnahme,[9] die § 388 I E 1992 auf unseren Fall für anwendbar erklärt. War die Einigungserklärung gem §§ 873 II, 877, 875 BGB bindend geworden und war der Eintragungsantrag beim Grundbuchamt gem. § 13 I GBO gestellt, hatte also der Erklärende das seinerseits erforderliche für die Eintragung getan, dann schadet die später eintretende Verfügungsbeschränkung nicht. Die später erfolgende Eintragung im Grundbuch leitet daher das Recht über.

Aus dieser Schutzfunktion des § 878 ergibt sich, daß der Insolvenzverwalter den vom mittlerweile in Insolvenz gefallenen Schuldner gestellten Eintragungsantrag nicht mehr zurücknehmen kann.[10]

Fall 2: § 388 E erklärt die Gutglaubensvorschriften der §§ 892, 893 BGB für anwendbar. Wenn also nach Eintritt der mit der Insolvenzeröffnung und damit der Verfügungsbeschränkung vor der Eintragung des Insolvenzvermerks ein Dritter gutgläubig vom Gemeinschuldner ein Grundstück oder ein im Grundbuch eingetragenens Recht erwirbt, so wird sein guter Glaube geschützt. Er erwirbt nur dann nicht, wenn er bösgläubig ist, wobei böser Glaube nur bei Kenntnis der Eröffnung des Insolvenzverfahrens anzunehmen ist. Ein Wissen darum, daß die Insolvenzer-

---

7 Vgl. oben I 2.

8 Vgl. dazu etwa BGHZ 28, 183.

9 *Jauernig*, BGB, § 878 Anm. 2.

10 Bestritten, wie hier: *Jauernig*, § 878 Anm. 2b, anderer Ansicht *Staudinger/Ertl*, § 879 Rdnr. 29.

öffnung in dem betreffenden Land eine Verfügungsbeschränkung nach sich zog, wird man nicht fordern können.

Auch für § 388 E gilt, daß die Regelung für Grundstücke und eingetragene Rechte entsprechend für eingetragene Schiffe und Schiffsbauwerke (§ 3 III, §§ 16, 17 des Gesetzes über Rechte an eingetragenen Schiffen und Schiffsbauwerken) und für Luftfahrzeuge (§ 5 III, §§ 16, 17 des Gesetzes über Rechte an Luftfahrzeugen) anzuwenden ist.

3. Vormerkung

Die Vormerkung zur Sicherung eines Anspruchs im Grundbuch, Schiffsregister, Schiffsbauregister und Register für Pfandrechte an Luftfahrzeugen macht den Anspruch konkursfest. Das gilt für die KO (§ 24), die GesO (§ 9) und für die InsO (jetzt § 106). Indem § 388 II E 1992 auf § 120 E (jetzt § 106) verweist, wird dem vormerkungsgeschützten Gläubiger die Durchsetzung seines Erfüllungsanspruchs gegen den ausländischen Insolvenzverwalter gewährleistet.

III. Leistung an den Schuldner

Eine weitere Gutglaubensvorschrift findet sich in § 389 des Entwurfs. Wenn im Inlande nach der Eröffnung des Verfahrens eine Leistung an den Schuldner erfolgte, so wird der Leistende frei – kann also nicht vom Verwalter in Anspruch genommen werden, wenn er zur Zeit der Eröffnung des Verfahrens gutgläubig war; Gutgläubigkeit liegt vor, wenn er die Eröffnung des Verfahrens nicht kannte. Er müßte also seine Gutgläubigkeit beweisen. Die Gutgläubigkeit wird vermutet, böser Glaube müßte dem Leistenden also nachgewiesen werden, wenn er vor der Bekanntmachung der Verfahrenseröffnung im Inlande gem. § 385 E geleistet hat.

§ 8 Verfahrensrechtliche und materiellrechtliche Wirkungen

Die Eröffnung des ausländischen Insolvenzverfahrens hat verfahrensrechtliche und materiellrechtliche Wirkungen. Und zwar sind nach § 379 E diese Wirkungen der *lex concursus* zu entnehmen. Diese Verweisung auf das materielle Recht ist dem internationalen Privatrecht bekannt. Eine Hereinnahme des ausländischen Verfahrensrechts in das deutsche Recht stößt jedoch auf den Vorbehalt, daß der deutsche Richter nach deutschem *Prozeßrecht* prozediert. Er wird darüber hinaus in der Zuständigkeitsordnung des GVG tätig.

I. Verfahrensrechtliche Wirkungen

1. Der Grundsatz

Es ist zwar der Standpunkt vertreten worden, daß ausländische Prozeß- und Gerichtsverfassungsregeln dort zu beachten seien, wo alle Angelegenheiten, die mit der Insolvenz zusammenhängen, an einem Gericht konzentriert werden (*vis attractiva concursus*), so daß etwa anhängige deutsche Prozesse an dieses ausländische Gericht zu verweisen seien und neue dort eingeleitet werden müßten.[1] Hierüber wird im einzelnen[2] noch zu sprechen sein. Hier genüge die Feststellung, daß eine derart weitgehende Interpretation nicht auf § 379 E gestützt werden kann. Die Regeln des GVG und die Zuständigkeitsvorschriften der ZPO und der Insolvenzgesetze bleiben unberührt.

2. Unterbrechung von Prozessen

Der Streit,[3] inwieweit durch die Eröffnung eines Konkursverfahrens im Ausland Prozesse im Inland unterbrochen werden, sollte durch § 391 E gesetzlich gelöst werden. Dort heißt es unmißverständlich, daß durch die Eröffnung eines ausländischen Insolvenzverfahrens jeder Rechtsstreit unterbrochen wird, der die Insolvenzmasse betrifft. Die Unterbrechung gilt also für Aktiv- wie für Passivprozesse. Sie dauert an, bis der Rechtsstreit von einer Person aufgenommen wird, die nach dem Recht der Verfahrenseröffnung zur Fortsetzung des Rechtsstreits berechtigt ist, oder bis das Insolvenzverfahren beendet ist.

Die Vorschrift des § 391 E wurde in die InsO nicht übernommen, so daß die Lösung der Frage – Prozeßunterbrechung im Falle eines Auslandskonkurses ja oder nein – weiterhin Rechtsprechung und Literatur überlassen bleibt. Die maßgebliche *gesetzliche* Regelung findet sich weiterhin in der ZPO: § 240. M.E. mit Recht, da die Prozeßunterbrechung nach deutschem Rechtsverständnis in die ZPO gehört, nicht aber in das Konkursrecht.[4] Dies steht im Gegensatz zum amerikanischen Recht, in dem der Automatic Stay (§ 362 BC) im Zusammenspiel mit der umfassenden *vis attractiva concursus* die Aufgabe der Konkursunterbrechung teilweise übernimmt und als konkursrechtlich zu qualifizieren ist.[5]

---

1 So etwa *Aderhold*, Auslandskonkurs im Inland, 302 - 305, wonach die *vis attractiva* konkursrechtlich zu qualifizieren sei [unter Hinweis auf *Hanisch*, Arbeiten zur Rechtsvergleichung, 18], so daß Verfahrenskonzentration in dem Land der Konkurseröffnung hinzunehmen ist. Der Verlust des (inländischen) Gerichtsstandes sei grundsätzlich „akzeptabel“, aaO, 305. Kritisch und mit Recht *ablehnend* zur vormals vorgeschlagenen *vis attractiva concursus* im EG-Entwurf von 1980, *Jahr*, in Vorschläge und Gutachten zum Entwurf eines EG-Konkursübereinkommens, 305 ff, 316.

2 Dazu unten §§ 71 ff., insbes. § 74.

3 BGH, KTS 1988, 317 = RIW 1989, 487; BGH KTS 1989, 113 = NJW 1988, 3096, dazu *E. Habscheid*, KTS 1990, 403 - 427.

4 Dazu eingehend unten § 72.

Hier wurde also ein systematischer „Fehler" in der InsO vermieden: Die Prozeßunterbrechung bleibt eine Frage des Zivilprozeßrechts.

3. Vollstreckbarkeit ausländischer Entscheidungen

Es gibt Rechtsordnungen – z. B. die USA[6] – in denen das Insolvenzgericht, insbesondere aufgrund der *vis attractiva concursus,* auch echte Rechtsstreitigkeiten entscheidet, für die nach deutschem Recht der ordentliche Richter zuständig ist. Dies gilt nicht nur in Bezug auf Passivprozesse sondern auch für Aktivprozesse des US-Verwalters[7] (trustee). Klagt er etwa auf Leistung an die Masse, so stellt sich dann die Frage, wie die „Nostifizierung" (Exequierung) einer solchen Entscheidung zu erfolgen hat, aus der dann nach den Vorschriften des VIII. Buches der ZPO die Zwangsvollstreckung stattfindet.

§ 392 E weist hierzu folgenden Weg: Der Verwalter muß den Erlaß eines Vollstreckungsurteils gem. §§ 722 II, 723 I ZPO beantragen. Dadurch, daß § 723 II ZPO nicht genannt ist, findet keine Anwendung der zivilprozessualen Anerkennungsvorschrift des § 328 ZPO (die noch das Gegenseitigkeitserfordernis enthält) statt. Vielmehr richtet sich die Anerkennung, die auch in diesem Verfahren *incidenter* auszusprechen ist, nach den §§ 379, 384 des Entwurfs.

Dies wäre eine Lösung gewesen, die klar gewesen wäre. Sie ist nicht Gesetz geworden. Die Antwort auf die Frage bleibt daher der Rechtsprechung vorbehalten.[8]

II. Materiellrechtliche Wirkungen

1. Verwaltungs- und Verfügungsmacht

Wenn – was die Regel sein dürfte – die Eröffnung des ausländischen Insolvenzverfahrens für den Schuldner Verlust oder Einschränkung der Verfügungsmacht und deren Übergang auf den Verwalter bedeutet, so wirkt dieser Eingriff in das materielle Recht des Schuldners auch im Inlande. Das ist die notwendige Folge der Anerkennung und sei auch hier unterstrichen.

2. Miete, Pacht

Im Insolvenzfalle kann sich international die Frage stellen, welches Recht auf ein Miet- oder Pachtverhältnis anzuwenden ist. Nach dem *internationalen Privat-*

---

5 Vgl. §§ 29, 30 und §§ 15 - 17.

6 Dazu §§ 15 - 18.

7 Vgl. auch neben § 15 - 18, § 29 II, 72 II.

8 Vgl. unten § 65.

recht unterliegen Miet- und Pachtverhältnisse über unbewegliche Gegenstände der *lex rei sitae* (vgl. Art 27, 28, 34 EGBGB). Der Entwurf (§ 380) überträgt diese internationalprivatrechliche Regelung auf das internationale Insolvenzrecht und trägt damit den besonderen Schutzbedürfnissen von Mietern und Pächtern Rechnung.

3. Arbeitsverhältnis

Dieselbe Gleichschaltung mit dem *internationalen Privatrecht* nimmt § 381 E für das Arbeitsverhältnis vor. In der Regel ist somit das Recht des Staates anzuwenden, in dem die Arbeit gewöhnlich verrichtet wird. Der Schutz der so dem Arbeitnehmer gewährt wird, kann ihm auch durch eine Rechtswahl nicht entzogen werden (Art 30 EGBGB).[9]

Die Regelungen bezüglich des Arbeitsverhältnisses und hinsichtlich von Miete und Pacht würden zwar m.E. – es handelt sich letztlich um Fragen des materiellen Rechts und damit im internationalen Kontext des internationalen Privatrechts – auch in gleicher Weise ohne besondere Formalisierung für die internationale Insolvenz gelten. Die gesetzliche Präzisierung in § 381 E aber hätte zur Rechtsklarheit beigetragen. Nachdem sie nicht Gesetz geworden ist, ändert sich jedoch die Rechtslage nicht, da die Fragestellung internationalprivatrechtlicher Natur ist.

4. Dingliche Rechte

Entsprechendes gilt für dingliche Rechte. Hier bestimmt § 390 I E, daß das Recht eines Dritten an einem Gegenstand – etwa ein Pfandrecht an einem Wertpapier, wobei die Wertpapiere zur Masse gehören sollen – von der Eröffnung des ausländischen Insolvenzverfahrens nicht berührt wird, wenn der Gegenstand (also in *casu* die Wertpapiere im Depot) sich zur Zeit der Verfahrenseröffnung im Inlande befinden.

Und wenn es dann heißt, daß die Eröffnung des ausländischen Insolvenzverfahrens auf Rechte an unbeweglichen Gegenständen, die im Inlande belegen sind, keine Wirkungen hat, die im deutschen Recht nicht vorgesehen sind (§ 390 II E) - wenn also z. B. aufgrund des ausländischen Rechts eine Generalhypothek entsteht oder zu bestellen ist, die das deutsche Recht nicht kennt[10] – so trifft dies erst recht auf inländische Grundstücke zu. Denn wir kennen in unserem System der dinglichen Rechte solche Belastungen nicht.

Man mag das als Einschränkung des Universalitätsprinzips sehen.[11] Richtiger wäre es m.E., eine Konkretisierung des *ordre public* – Vorbehalts anzunehmen.

---

9 Vorbild für beide Regelungen war der deutsch-österreichische Konkursvertrag, vgl. BT-Drs. 12/2443, 239.

10 Beispiel aus der amtl. Begründung BT-Drs. 12/2443, 244.

11 So BT-Drs. 12/2443, 244.

Der Grundsatz des *numerus clausus* der Sachenrechte gestattet nicht die Hereinnahme von Rechtsinstituten, die im Inlande unbekannt sind. Das aber ist wieder eine Frage des internationalen Privatrechts.

5. Insolvenzanfechtung

Im System wohl aller Insolvenzrechte spielt die Insolvenzanfechtung eine große Rolle. Insbesondere fraudulosen Vermögensverschiebungen kurz vor Eröffnung des Verfahrens muß ein Riegel vorgeschoben werden. Es soll vermieden werden, daß einige besonders gut orientierte Gläubiger sich zu Lasten der Gläubigergemeinschaft einen Vorteil sichern. Es muß Machenschaften des Schuldners vorgebeugt werden, der – „in letzter Minute" – Vermögenswerte verschiebt, um sie dem Insolvenzzugriff zu entziehen (vgl. etwa KO §§ 29 ff, §§ 129 ff InsO).

Die Regeln über die Insolvenzanfechtung gehen auf die *Actio Pauliana* des römischen Rechts zurück und gehören daher zum gemeinrechtlichen Erbe. Dennoch sind sie in Details national unterschiedlich.[12]

Angesichts dieser nationalen Nuancierungen eines allgemein anerkannten Rechtsinstituts konnte es nicht ausbleiben, daß die Frage der Anknüpfung der Insolvenzanfechtung im internationalen Kontext streitig war.[13]

§ 382 E will diesen Streit beenden, indem eine doppelte Anknüpfung vorschreibt: „Eine Rechtshandlung kann nur angefochten werden, wenn die Voraussetzungen der Insolvenzanfechtung nicht nur nach dem Recht der Verfahrenseröffnung erfüllt sind, sondern auch nach dem Recht, das für die Wirkungen der Rechtshandlung maßgeblich ist." Es müssen also die Voraussetzungen des ausländischen wie des inländischen Rechts gegeben sein.

III. Die Herausgabe des im Ausland Erlangten

1. Der Fall: Deutsche Insolvenz – Erlangung im Ausland

Den „Auftakt" zum Wandel in der Rechtsprechung zum internationalen Insolvenzrecht bildet die Entscheidung des BGH vom 13. 7. 1983.[14] Da das deutsche Konkursverfahren sich seit eh und je universale Geltung zugesprochen hatte, zur Konkursmasse also auch das Auslandsvermögen des Gemeinschuldners gehört, erhob sich die Frage: Darf ein Konkursgläubiger, der durch eine im Auslande zuläs-

---

12 Man vergleiche etwa das Schweizer Recht, Art 171, IPRG, Art 285 - 292, SchKG und das US-amerikanische Recht, unten §§ 32 - 36.

13 Vgl. *Hanisch*, Festschrift für Jahr (1993), 455, 472, wonach das Konkursanfechtungsrecht ausschließlich nach dem Recht des Konkurseröffnungsstaates zu bestimmen sei. Im einzelnen hierzu unten §§ 92 ff.

14 BGHZ 88, 147.

sige Einzelvollstreckung Vermögenswerte des Gemeinschuldners erlangte, diese behalten? Nach ausländischem Recht hatte er diese Vermögenswerte schließlich *legaliter* erlangt.

Der BGH hat diese Frage verneint. Da diese Vermögenswerte in die Masse gehörten, habe, vom Standpunkt des deutschen Rechts aus, der Gläubiger diese *sine causa* erlangten Werte an den inländischen Verwalter herauszugeben.

§ 383 E kodifiziert und verallgemeinert diese Rechtsprechung[15] und will sie so weiterer Diskussion entziehen.

Die Herausgabepflicht wird in Abs. 1 *generell* bejaht. Es soll also nicht darauf ankommen, ob der Gläubiger ein Inländer (bezogen auf den Wohnsitz) ist oder nicht, auch nicht darauf, was das ausländische Recht bestimmt. Also müßte auch bei einer Insolvenz in Deutschland ein französischer Gläubiger das, was er durch eine Vollstreckung in gemeinschuldnerisches Vermögen in den USA erlangt hat, dem deutschen Verwalter herausgeben. Ob diese rigide Lösung praktikabel ist – es müßte der Franzose regelmäßig in Frankreich verklagt werden – stehe hier dahin. Bei BGHZ 88, 147 handelte es sich um einen *inländischen* Gläubiger.

Immerhin: In der *théorie pure* des Universalitätsprinzips und des Prinzips der Gläubigergleichbehandlung läßt sich diese Lösung vertreten.

Absatz 2 des § 383 E bringt aber dann eine Ausnahme: Was der Gläubiger in einem räumlich-gegenständlich beschränkten Sonderinsolvenzverfahren erhalten hat, darf er behalten. Er wird jedoch bei den Verteilungen im deutschen Verfahren erst berücksichtigt, wenn die übrigen Gläubiger mit ihm gleichgestellt sind.[16]

2. *Geltung auch für ausländische Insolvenzverfahren*

Die allgemeine Formulierung des § 383 E führt über BGHZ 88, 147 hinaus. Hatte diese Entscheidung nur den Fall: Konkurs in Deutschland – Erlangtes im Ausland im Auge, so soll § 383 I E auch für ausländische Insolvenzverfahren gelten. Würde also bei einer Insolvenz im Auslande der ausländische Verwalter gegen einen Beklagten vor einem zuständigen deutschen Gericht auf Herausgabe von zur Masse gehörenden Werten klagen, die dieser in einem Drittstaat erlangt hat, so wäre der Beklagte nach §§ 812 ff BGB entsprechend zu verurteilen.[17] Das in einem räumlich gegenständlich beschränkten Insolvenzverfahren im Ausland Erlangte

---

15 Vgl. amtl. Begründung BT-Drs. 12/2443, 240.

16 Zum Sonderinsolvenzverfahren unten § 9 und zur amerikanischen Anrechnungsregel des § 508(a) BC, unten § 28.

17 Vgl. BT Drs. 12/2443, 241. Hier ist allerdings von einer Klage gegen einen *deutschen* Gläubiger die Rede. M.E. verlangt der Wortlaut des § 383 E diese Einschränkung nicht: Die Herausgabepflicht eines jeden ist gegeben, der Massevermögen erlangt hat. Voraussetzung für die Zulässigkeit der Klage ist nur, daß ein deutsches Gericht für den Beklagten zuständig ist und die sonstigen Prozeßvoraussetzungen gegeben sind.

muß ein Gläubiger zwar nicht herausgeben, es erfolgt aber eine Anrechnung auf die Quote, vgl. § 383 II E.[18]

§ 9 Das räumlich-gegenständlich beschränkte Sonderinsolvenzverfahren nach dem Entwurf von 1992

Die Konkursordnung (§ 238 KO) kennt, ebenso wie die Gesamtvollstreckungsordnung (§ 22 II GesO), ein räumlich-gegenständlich beschränktes Insolvenzverfahren: Räumlich-gegenständlich beschränkt, weil es nicht den Anspruch auf universale Geltung erhebt, also dem Territorialitätsprinzip folgt (räumliche Beschränkung) und weil es ausdrücklich nur das Inlandsinsolvenzvermögen erfaßt (gegenständliche Beschränkung). Eine besondere Konkretisierung findet dieses Verfahren weder in der KO noch in der GesO.

Der Entwurf 1992 regelt nun dieses – jetzt gesondertes Insolvenzverfahren genannte[1] – Procedere in einem eigenen Abschnitt (§§ 393 - 399). Das ist zu begrüßen; denn dieses Verfahren, das auch parallel zu einer ausländischen Hauptinsolvenz ablaufen und für diese zu einer Art Hilfsverfahren werden kann, wird voraussichtlich international besondere Bedeutung gewinnen.[2]

I. Voraussetzungen, Eröffnung

1. Voraussetzungen

§ 393 E besagt, daß ein gesondertes Insolvenzverfahren über das Inlandsvermögen des Schuldners zulässig ist, wenn eine deutsche Zuständigkeit zur Eröffnung eines Verfahrens über das gesamte Vermögen des Schuldners nicht gegeben ist, der Schuldner aber im Inlande eine Niederlassung oder sonstiges Vermögen hat.

2. Zuständigkeit

Für das Verfahren ist ausschließlich das Insolvenzgericht zuständig, in dessen Bezirk die Niederlassung oder bei Fehlen einer solchen das Vermögen belegen ist (§ 393 II E).

---

18 Vgl. BT-Drs. 12/2443, 240, aber unten § 90 III – V.

1 Weshalb man den plastischen Ausdruck „räumlich-gegenständlich beschränkt" aufgegeben und durch den Begriff „*gesondertes Insolvenzverfahren*" ersetzt hat, ist unerfindlich.

2 Siehe unten §§ 82 ff.

3. Antrag auf Eröffnung

Zum Antrag sind berechtigt: Alle Antragsberechtigten bei einem Regelverfahren; dazu der ausländische Insolvenzverwalter (§ 396 I E).

Bezüglich des Antragsrechts eines Gläubigers besagt § 396 II E, daß der Antrag eines Gläubigers nur zulässig ist, wenn dieser ein *besonderes* Interesse an der Eröffnung des Verfahrens hat, insbesondere, wenn er in dem ausländischen Verfahren voraussichtlich erheblich schlechter stehen wird als in einem inländischen Verfahren.

Nun ergibt sich aus dem Wort „insbesondere", daß der folgende Hinweis nur als Beispiel für das „besondere Interesse" dienen soll. Dennoch erhebt sich die Frage, ob nicht die in dem Beispiel liegende Beschränkung – die zur Folge hat, daß der deutsche Gläubiger trotz deutschen Vermögens des Schuldners vor ein ausländisches Forum verwiesen wird – eine Verletzung des Rechtsschutzanspruches des Gläubigers und damit seiner verfassungsmäßigen Rechte zur Folge hätte. Die Frage wird hier nicht vertieft, weil § 396 II E insoweit die ab 1. 1. 1999 geltende Fassung des Art 102 III EGInsO nicht beeinflußt hat.[3]

4. Eröffnung

§ 396 III E besagt, daß das Sonderinsolvenzverfahren eröffnet wird, ohne daß ein Eröffnungsgrund festgestellt werden muß.

Diese Formulierung ist zu apodiktisch: Ist bereits eine ausländische Hauptinsolvenz eröffnet und daher gem. §§ 379, 384 E anzuerkennen, so versteht sich der Verzicht auf die besondere Feststellung von Zahlungsunfähigkeit und / oder Überschuldung von selbst. Beantragt aber ein deutscher Gläubiger die Eröffnung eines gesonderten Insolvenzverfahrens ohne daß ein ausländisches Hauptverfahren gegeben ist – der Fall ist denkbar – dann müssen Zahlungsunfähigkeit oder ggf. Überschuldung festgestellt werden. § 396 E ist daher auf das Parallelverfahren fixiert. Das folgt auch aus § 395 E, der für das Parallelverfahren auf die §§ 396 - 399 E verweist. Es wäre daher legislatorisch besser gewesen, für das isolierte gesonderte Insolvenzverfahren vorher festzustellen, daß für die Eröffnung die allgemeinen Regeln gelten.

II. Parallelinsolvenzverfahren

Das Schwergewicht liegt in der Tat bei diesen Verfahren: Es ist bereits *ein ausländisches Insolvenzverfahren eröffnet*, das anzuerkennen ist. Für den ausländischen Verwalter erweist sich aber die Möglichkeit, ein inländisches Parallelverfah-

---

[3] Vgl. unten §§ 82 ff.

ren zu betreiben, das für ihn zum *Hilfsverfahren* wird, als vorteilhaft. Und was den einzelnen Gläubiger betrifft, so ist das Parallelverfahren für ihn *der* Weg, um einer für ihn ungünstigen ausländischen Privilegienordnung zu entgehen.[4] Darüber hinaus ist für die Wahrnehmung seiner Rechte ein inländisches Verfahren einem ausländischen vorzuziehen, allein schon, weil es für ihn leichter zugänglich ist.

1. Der Vorrang des inländischen Verfahrens

Der Entwurf spricht diesen Vorrang nicht *expressis verbis* aus. Er ergibt sich jedoch aus dem Zusammenhang der Vorschriften der §§ 396 - 399 E. Außerdem hat der BGH (BGHZ 95, 267) den Vorrang des inländischen Verfahrens ausdrücklich bestätigt.

2. Rechte des inländischen Verwalters im ausländischen Verfahren

§ 397 E erteilt dem inländischen Verwalter eine doppelte Vollmacht:

Einmal ist er berechtigt, im gesonderten Insolvenzverfahren angemeldete Forderungen des ausländischen Verfahrens anzumelden. Der Gläubiger kann diese Anmeldung aber zurücknehmen. Sodann ist er bevollmächtigt, das Stimmrecht aus der angemeldeten Forderung auszuüben, falls der Gläubiger nicht selbst an der Abstimmung teilnimmt.

3. Rechte des ausländischen Verwalters

Über die entsprechenden Rechte des ausländischen Verwalters schweigt der Entwurf. Man wird daher zu fragen haben, welche Rechte das ausländische Recht – das ja anerkannt wird – vorsieht.[5]

4. Zusammenarbeit der Insolvenzverwalter

Das inländische Sonderinsolvenzverfahren verdrängt die ausländische Hauptinsolvenz nicht völlig. Vielmehr soll eine Zusammenarbeit der Verwalter gewährleisten, daß der Grundsatz der gleichmäßigen Verteilung der Masse auch international durchgesetzt wird.

§ 398 E stellt daher einen Kodex für die Zusammenarbeit der Verwalter auf:

– Der inländische hat dem ausländischen Verwalter unverzüglich alle Umstände mitzuteilen, die für die Durchführung des ausländischen Verfahrens Bedeutung haben können. Er hat

4 Dazu unten §§ 80 ff.

5 Dazu unten §§ 82 ff.

dem ausländischen Verwalter Gelegenheit zu geben, Vorschläge für die Verwaltung oder die sonstige Verwendung des inländischen Vermögens zu unterbreiten.

- Der ausländische Verwalter ist berechtigt, an den Gläubigerversammlungen teilzunehmen.
- Ein Insolvenzplan ist dem ausländischen Verwalter zur Stellungnahme zuzuleiten. Der ausländische Verwalter ist berechtigt, selbst einen solchen Plan vorzulegen.

5. Überschuß

Ergibt sich bei der Schlußverteilung nach Befriedigung der teilnehmenden Gläubiger ein Überschuß, so ist dieser dem ausländischen Verwalter herauszugeben. Hierin zeigt sich der *Hilfscharakter*[6] des Verfahrens.

III. Restschuldbefreiung, Insolvenzplan: Einschränkungen der Gläubigerrechte

Für beide Arten des Sonderinsolvenzverfahrens – isoliertes und Parallelverfahren gilt:

1. Restschuldbefreiung

Eine Restschuldbefreiung ist nicht möglich (§ 394 I E).

2. Einschränkungen von Gläubigerrechten

Sieht der Insolvenzplan zum Zwecke der Abwendung der Liquidation des Vermögens eine Stundung, einen Erlaß oder sonstige Einschränkungen der Rechte der Gläubiger vor, so kann er in diesem gesonderten Insolvenzverfahren nur bestätigt werden, wenn *alle betroffenen Gläubiger*[7] dem Plan zugestimmt haben.

---

6 Also Rechtshilfe, aber eine andere Lösung als die schweizerische, dazu oben §§ 3 - 5.

7 Abweichung von §§ 253 ff. E, 289 - 292 E, wo besonders qualifizierte Mehrheiten genügen.

ZWEITER TEIL

Das grenzüberschreitende (internationale) Insolvenzrecht der Vereinigten Staaten von Amerika

Bei einer aus der Sichtweise eines deutschen Juristen geschriebenen Darstellung des grenzüberschreitenden Insolvenzrechts der USA, die anschließend versucht wird, ist es erforderlich, auch auf Institute des internen Konkursrechts und auf gerichtsverfassungsrechtliche und zuständigkeitsrechtliche Fragen einzugehen, ohne deren Kenntnis dem ausländischen Juristen der Zugang zu den internationalrechtlichen Problemen versperrt, zumindest aber erschwert wird.

§ 10 Systematische und terminologische Vorbemerkung

I. Das Bankruptcy Recht als Bundesrecht

Das Zivilrecht und hier eingeschlossen das Prozeßrecht ist grundsätzlich Teil des Rechts der Einzelstaaten der USA und seiner Staatsgerichte. Gleiches gilt für das Zwangsvollstreckungsrecht, soweit Einzelvollstreckungsmaßnahmen begehrt werden. Die Bundeszuständigkeit für das Konkursrecht beruht auf Artikel I Sect. 8, Klausel 4 der Verfassung der USA von 1787, die dem Kongreß die Kompetenz zum Erlaß von „uniform laws“ im Konkursrecht einräumt. Von dieser Kompetenz hatte der Kongreß im Jahre 1800 Gebrauch gemacht und erstmals ein einheitliches Konkursrecht auf Bundesebene geschaffen[1]. Das heute geltende Konkursrecht ist im Bankruptcy Code von 1978, Titel 11 des U.S.Code (nachfolgend BC) in seiner Fassung von 1994 (Reform Act 1994) niedergelegt. Es führt zuständigkeitsmäßig zu den Bundesgerichten, den District Courts und den dort eingerichteten Bankruptcy Courts (28 U.S.C. § 151, § 152). Die Gerichtsorganisation und die Zuständigkeitsaufteilung zwischen diesen Courts ergibt sich aus der Bundeszivilprozeßordnung, geregelt in Titel 28 des U.S. Code (judiciary and judicial procedure)[2].

Dennoch sind Konkursrecht als Bundesrecht und Zwangsvollstreckungsrecht als Staatenrecht nicht vollkommen von einander zu trennen. Einmal inkorporiert der Bankruptcy Code das Staatenrecht. Dies gilt z. B. bezüglich der Exemptions des Gemeinschuldners (§ 522 BC)[3], die die Konkursmasse ebenso abstecken wie das –

---

1 Sogleich unten § 11.

2 Dazu sogleich unten § 13 III, § 14 I II; § 15 - 17.

3 Dazu unten §§ 25 - 27.

in unserem Sinne – pfändungs- und damit konkursfreie Vermögen des Gemeinschuldners. Ein weiteres Beispiel bietet die Konkursaufrechnung[4] und Konkursanfechtung, insbesondere soweit es um Anfechtungstatbestände geht, die der Actio Pauliana nachgebildet worden sind[5].

Die Begriffe des Zwangsvollstreckungsrechts und des Insolvenzrechts – darauf wird hingewiesen[6]- sind verschieden. Für das Bankruptcy-Recht, das hier in Rede steht, ergeben sie sich grundsätzlich aus § 101 BC.

II. Grundsätzliches

Auch für die USA gilt, daß das internationale Insolvenzrecht die Fragestellung „Insolvenzverfahren im Ausland – Vermögen in den USA und Insolvenzverfahren in den USA – Vermögen im Auslande" betrifft.[7]

Es ist daher in einer Arbeit, die das US-amerikanische Insolvenzrecht dem kontinentaleuropäischen, insbesondere deutschen Juristen erschließen will, erforderlich, zunächst einen Überblick über das Bankruptcy-Recht der USA zu geben. Dieser Überblick betrifft nicht nur das Verfahren als solches, sondern auch die Stellung des Konkursrichters (*bankruptcy judge*). Der Überblick ist auch nötig in einer sich auf das *internationale* Insolvenzrecht konzentrierenden Arbeit. Denn internationale Fälle sind, da internationales Insolvenzrecht nationales Recht – hier der USA – ist, in das nationale System eingebunden.

III. Zum System und zur Terminologie

1. Bankruptcy Code

Das US-amerikanische internationale Insolvenzrecht, geregelt im Bankruptcy Reform Act 1978 (= Bankruptcy Code, abgekürzt BC) hat seine eigene Terminologie, die nicht einfach mit Hilfe gängiger Rechtswörterbücher erschlossen werden kann. Man sollte sich schon *Black's* Law Dictionary, 6th edition, 1991 bedienen, das weiter hilft. Vor allem aber muß man sich die Definitionen aneignen, die sich in § 101 BC finden.

2. Definitionen

Der Katalog des § 101 BC erstreckt sich auf 11 Seiten Großformat in der 1996er Ausgabe Bankruptcy Code, Rules and Forms. Wichtig sind hier zuerst einmal die Ziff. (23) (24). Sie lauten:

---

4 Vgl. § 32.

5 Vgl. unten § 34 II.

6 *Epstein/Nickles/White,* 5, 6.

7 Vgl. oben Definition § 2 IV.

§ 101. Definitons. (im Bankruptcy Code):

„(23) „foreign proceeding" means proceeding, whether judicial or administrative and whether or not under bankruptcy law, in a foreign country in which the debtor's domicile, residence, principal place of business, or principal assets were located at the commencement of such proceeding, for the purpose of liquidating an estate, adjusting debts by composition, extension, or discharge, or effecting a reorganization;

(24) „foreign representative" means duly selected trustee, administrator, or other representative of an estate in a foreign proceeding."

Es ist also zu beachten, daß „ foreign *proceeding*" – *auch im internationalen Kontext* – nicht schlechthin Verfahren oder Prozeß bedeutet, sondern nur die genannten Verfahren im Sinne des Bankruptcy Code, und daß weiter *„foreign representative"* sein kann: der rechtmäßig ernannte oder gewählte Verwalter (*trustee, administrator*) oder jeder andere *„representative"* einer Masse *(estate) „in a foreign proceeding"*. Das kann auch – wie beim amerikanischen *„debtor in possession"*- der Gemeinschuldner selbst sein, dem die Verwaltung belassen bleibt.

Der Definitionenkatalog des § 101 BC eröffnet einen Einblick in die amerikanische Technik des Legiferierens, die für den Kontinentaleuropäer zunächst schwierig zu verstehen ist. An die Stelle von abstrakten Regeln, die durchaus in eine schöne Sprache gesetzt sein können,[8] treten recht technisch wirkende Definitionen. Die Gesetze werden so umfangreicher, aber nicht unbedingt lückenloser als die kontinentaleuropäischen.

3. Bankruptcy Judge, Bankruptcy Court

Obwohl 28 U.S.C. § 1334 den District Courts die *jurisdiction* in *„bankruptcy cases and proceedings"* zuweist und 28 U.S.C. § 157 den District Court ermächtigt, seine Rechte an den Bankruptcy Judge zu delegieren – was i.d.R. generell geschicht –, spricht man auch von Bankruptcy Courts (28 U.S.C. § 151). Es heißt aber hier, daß *„each bankruptcy judge judicial officer"* des District Court ist.

Wenn also der Bankruptcy Judge entscheidet, dann als Bankruptcy Court, d. h. als eine Abteilung des District Court (vgl. § 18). Es handelt sich also bei seiner Zuständigkeit um eine Art funktionelle Zuständigkeit.

---

8 So soll *Stendhal* vom *Code Civil* gesagt haben: „(il) disait en lire quelques articles tous les jours pour s'imprégner du style lapidaire des rédacteurs" (Zitat nach Jean-Michel *Poughon*, Le Code Civil (Reihe Que sais-je?) 1992, 3. Dort heißt es auch: ..."1804 (Jahr der Verfassung des Code Civil) apparut comme la fin d'un chaos juridique et la promesse d'une nouvelle ère".

Vor dem Code Civil galt auch in Frankreich Richterrecht und Fallrecht neben Einzelgesetzen. Kulminationspunkt einer kasuistisch aufgebauten Kodifizierung in Europa war das Preußische Allgemeine Landrecht Friedrichs d.Gr.

Erster Abschnitt

Konkurs im Inlande (USA) und Verletzung des Automatic Stay (Konkursbeschlags)

Der US-Inlandskonkurs dient – in stärkerem Ausmaß als etwa der deutsche Inlandskonkurs – der Durchsetzung von inländischen Interessen auch im Auslande. Da zudem dem Foreign Representative eines ausländischen Insolvenzverfahrens bei Vorliegen von Vermögen des Gemeinschuldners im Inlande der Weg zu einem US-Vol1konkurs (§ 303 BC (b) (4) eröffnet wird, erscheint es erforderlich, gerade auch aus international-insolvenzrechtlicher Perspektive einen Durchblick durch den US-Inlandskonkurs mit seinen Bezügen zum Ausland zu erstellen.

Kapitel 1: Überblick über das Bankruptcy Recht mit seinen internationalen Bezügen

Der Begriff Bankruptcy-Recht zeigt bereits zweierlei an: Es gibt *ein* amerikanisches Konkursrecht, das die interessengerechte Lösung der mit einer Zahlungsunfähigkeit des Gemeinschuldners zusammenhängenden Haftungs- und Vermögensverteilungsfragen unter der Prämisse einer möglichst weitgehenden Gläubigergleichbehandlung ermöglichen will. Den dogmatischen Unterschied Konkursrecht (das zur Liquidation führt) und Vergleichsrecht (das – bei aller Konkursähnlichkeit – primär die Sanierung des Gemeinschuldners will) macht das US-Recht nicht. Dennoch benutzt es den gemeinrechtlichen Begriff der Bancarotta, der Banqueroute, den wir noch als Bankrott kennen und der nichts anderes ist als Synonym für „Konkurs" (*concursus creditorum*) als Einheitsbegriff. Dieser Konkurs kann Liquidationsverfahren sein. Er kann aber auch zur Sanierung (reorganization) eines Unternehmens dienen.

In den USA ist *der Gesetzgeber* also nicht auf den Gedanken gekommen, diesen überkommenen Begriff Bankruptcy aufzugeben und durch Insolvency Proceeding zu ersetzen. Dem steht nicht entgegen, daß in der Literatur von Insolvency Proceedings gesprochen wird.

Mit anderen Worten: Wenn im folgenden vom amerikanischen Konkurs = Bankruptcy gesprochen wird, ist es in diesem umfassenden Sinne gemeint.

§ 11 Das geltende amerikanische Konkursrecht, Rechtsquellen

Das Konkursrecht geht rechtsgeschichtlich auf das römische Recht zurück. Dies haben – bezogen sogar auf das Jahr 118 v. Chr. – amerikanische Rechtshistoriker herausgearbeitet.[1] Es ist dann kontinuierlich fortentwickelt worden, nicht nur in Europa und – hier aus der Sicht des Common Law-Juristen in England[2] – sondern auch seit der Gründung der Vereinigten Staaten in den USA.

I. Rechtsentwicklung und Bankruptcy Code 1978

1. Die US-amerikanische Rechtsentwicklung

Das amerikanische Konkursrecht ist Bundesrecht. Das festzustellen, ist – bei dem Nebeneinander von Bundesrecht (*federal law*) und Landesrecht (*state law*) in den USA, auch mit der Folge, daß für die Entscheidung über Bundesrecht (grundsätzlich) besondere Bundesgerichte, die neben den Staatsgerichten bestehen, zuständig sind – vorab festzuhalten.

Die Bundeszuständigkeit für das Bankruptcy Law beruht, wie gesagt, auf Artikel I Sect. 8, Klausel 4 der Verfassung der USA von 1787, die dem Kongreß die Kompetenz zum Erlaß von „*uniform laws*" im Konkursrecht gab. So kam es zum Konkursgesetz von 1800, das weitgehend eine Kopie des englischen Rechts war, mit der überkommenen Konzeption, daß sich das Konkursrecht auf Kaufleute beschränkte, eine Auffassung, die das moderne amerikanische Konkursrecht nicht mehr kennt.

Dieses erste Bankruptcy-Gesetz wurde in der Folgezeit aufgehoben und nach einiger Zeit wieder inkraftgesetzt[3]. Eine Verfestigung trat mit einem Bankruptcy *Act* von 1898 ein, der bis zum 1. Oktober 1979 galt.

2. Der Bankruptcy Code 1978: Zum System

Dieses Gesetz kodifiziert das geltende Recht. Es ist in Kraft seit dem 1. Oktober 1979 und bezieht sich auf alle Konkursanträge nach diesem Datum.

Die Darstellung folgt daher diesem Recht des Bankruptcy Code.

---

1 Siehe vor allem *Countryman*, A History of American Bankruptcy Law, 81 Conn. L.J. 226 (1976) und – grundlegend: *F. Noel*, A History of the Bankruptcy Law (1919), *C. Warren*, Bankruptcy in United States History, ch. 1 (1935), ferner *Riesenfeld*, The Evolution of Modern Bankruptcy Law, 31 Minn. L. Rev. 401 (1947).

2 Hierzu weisen *Epstein/Nickles/White*, 1, darauf hin, daß „by the 18th century, bankruptcy laws were well established in England".

3 Dazu *Epstein/Nickles/White*, 1, *Riesenfeld* wie Fn 1.

Wie alle Statutes im Bereich der anglo-amerikanischen Rechtsfamilie ist dieses Gesetz in seiner redaktionellen Formulierung nicht, oder nur schwer, mit kontinentaleuropäischen Gesetzen zu vergleichen. Auch der ein Statute anwendende amerikanische Jurist denkt eher in Fällen. Im Vordergrunde steht der Fall, der im Bereich des Common Law an Hand von Präzedenzentscheidungen beurteilt wurde. Die Statutes versuchen, diese Fallentscheidungen in Gesetzesform zu bündeln. Die Gesetze werden folglich vom Text her oft sehr umfangreich.

Der Versuch, den die europäischen Kodifikationen seit den napoleonischen Codes[4] unternommen und m.E. bestanden haben, *alle denkbaren* Konfliktsituationen zu erfassen und möglichst präzise zu lösen, führt demgegenüber zu abstrakt formulierten, kurzen Gesetzen, die oft nur aus einem oder zwei Absätzen bestehen. Man nehme nur § 1 I der KO mit seiner sofort zur Kernfrage vorstoßenden lapidaren Feststellung: „Das Konkursverfahren umfaßt das gesamte einer Zwangsvollstrekkung unterliegende Vermögen des Gemeinschuldners, welches ihm zur Zeit der Eröffnung des Verfahrens gehört"[5,6]

Demgegenüber sucht man im Bankruptcy Code solche knappen Formulierungen vergebens. Die Zentralvorschrift über die Konkursmasse, § 541 BC (*property of the estate*) zieht sich über mehr als zwei Seiten Text im Großformat hin.

Dennoch kommt das amerikanische Recht mit Hilfe des kasuistischen Systems seines Bankruptcy Code zu weitgehend dem europäischen Recht vergleichbaren Einzellösungen.

Nur: Wenn in diesem System ein Lücke auftaucht, dann hat der US-Richter jedenfalls in geringerem Maße als sein europäischer Kollege die Möglichkeit, mit Gesetzes- und Rechtsanalogie die Lücke zu schließen und auch *contra legem* zu entscheiden. Natürlich wird auch er den Fall lösen und sich notfalls den erforderlichen Freiraum für seine Rechtsfindung schaffen, indem er dartut, daß der Fall nicht geregelt sei, so daß er das Recht „zu finden" habe.

Das kontinentaleuropäische Recht geht hingegen davon aus, daß jeder Fall gesetzlich geregelt sei. Man hat den Richter daher auch „la bouche de la loi" genannt. Daß diese Sicht der Dinge jedoch zu kurz greift, hat bereits *Pourtalis*[7] in seinem berühmten *Discours préliminaire* zum Code Civil unterstrichen, indem er sagte, daß das Gesetz die „*grandes vues*" und die „*maximes de la loi*" zu garantieren ha-

---

4 Vgl. dazu neuestens: *Oppetit* De la Codification, Recueil Dalloz Sirey, 1996, 33 ff.

5 Gegenüber dieser Definition sind eigentlich die Abs. III (Geschäftsbücher) und Abs. IV (Betonung, daß Gegenstände, die nicht gepfändet werden können, nicht zur Masse gehören) überflüssig. Die InsO kommt erst in ihrem § 35 zur Definition der Insolvenzmasse, zu der auch das während des Verfahrens erworbene Vermögen gehört.

6 Jeder weiß hier gleich von Anbeginn, worum es im Konkursverfahren geht. M.E. stellt dem gegenüber die Technik der InsO, die in § 1 mit den Zielen des Verfahrens beginnt und dann die Zuständigkeiten und auch noch Verfahrensgrundsätze und Rechtsmittel regelt, einen Rückschritt dar.

7 Discours préliminaire, zitiert nach *Oppetit* wie Fn 4, 37.

be, es sei daher *„au magistrat et au jurisconsulte pénétrés de l'esprit général des lois, à en diriger l'application“*. Der den Code anwendende Richter ist daher alles andere als ein Subsumtionsautomat.

Praktisch führen beide Systeme zum gleichen Ziel. Nur wird der amerikanische Jurist, so wie es ja auch seine Gesetze tun, immer stärker vom Fall aus argumentieren, während sein deutscher, überhaupt der kontinentaleuropäische Kollege, vom Gesetz aus deduziert.

Da die Fallentscheidungen mehr im Vordergrund stehen, sieht sich der europäische Rechtsvergleicher mit einer solchen Fülle von *cases* konfrontiert, daß er Gefahr läuft, vor „lauter Bäumen den Wald nicht mehr zu sehen“.

Diese Darstellung versucht, die US-Sicht dem europäischen Juristen zu erschließen, indem sie von den gesetzlichen Obersätzen ausgeht und sie durch einzelne Leading-Case-Entscheidungen zu verdichten sucht. Vollständigkeit kann damit nicht angestrebt werden, ist auch nicht möglich, da die Fülle der Entscheidungen für einen Außenstehenden nicht zu erfassen ist.

Ebenso wird der Versuch unternommen, das US-Recht in eine dem deutschsprachigen Juristen eingängige Systematik zu fassen.

II. Das grenzüberschreitende (internationale) Insolvenzrecht im Bankruptcy Code (BC)

1. Inlandskonkurs

Die weitaus wichtigste und daher eingehend geregelte Materie betrifft – natürlich – die Inlandsinsolvenz, wobei in den USA *jedermann* in Konkurs fallen kann. Dies gilt als Regel. Doch kennt diese Regel Ausnahmen. Sie folgen aus Section 109 (11 U.S.C. § 109) (abgek. BC § 109):

§ 109. Who may be a debtor (Gemeinschuldner)

„(a) Notwithstanding any other provision of this section, only a person that resides or has a domicile, a place of business, or property in the United States, or a municipality, may be a debtor under this title.

(b) A person may be a debtor under chapter 7 of this title only if such person is not

(1) a railroad;

(2) a domestic insurance company, bank, savings bank, cooperative bank, savings and loan association, building and loan association, homestead association . . ., credit union, or industrial bank or similar institution which is an insured bank as defined in section 3(h) of the Federal Deposit Insurance Act (12 U.S.C. 1813(h)); or

(3) a foreign insurance company, bank savings bank, cooperative bank, savings and loan association, building and loan association, homestead association, or credit union, engaged in such business in the United States.“

Man beachte: Auch Vermögen einer ausländischen Person im Inlande macht ein Insolvenzverfahren in den USA möglich. Eisenbahnen und vor allem Banken und Versicherungsgesellschaften unterliegen jedoch nicht dem Bankruptcy Code, auch nicht entsprechende ausländische Unternehmen, die in den USA tätig sind (engaged in such business in the United States).

2. *Nationale Fälle: Das Problem*

Bis zum Bankruptcy Code 1978 war das internationale Insolvenzrecht gesetzlich kaum geregelt. Es war also – jedenfalls weitgehend – Richterrecht.

Dabei gilt für die Industrie- und Handelsnation USA, daß die Expansion ihrer Unternehmen ins Ausland und umgekehrt die Expansion ausländischer Unternehmen in die USA eine besondere Beachtung internationaler Fälle geradezu erzwingen. Es genügt nicht, die immer stärker werdende Verflechtung der Wirtschaft durch übernationale Schuldverhältnisse international *privat*rechtlich anzugehen. Im Konfliktsfall muß das internationale Prozeßrecht „funktionieren". Das gilt für die Einzelrechtsverfolgung, gilt aber auch – und vor allem – für den Insolvenzfall. Wenn dieser gerecht, d. h. durch Gleichbehandlung der (auch) weltweit operierenden Gläubiger gelöst werden soll, kann man nicht dem „schnell Zugreifenden" einen Vorteil zu Lasten der Gläubigergemeinschaft im Konkurs belassen, den er allerdings zunächst einmal hat.

Denn das internationale Konkursrecht ist zunächst nationales Recht. Nationale Rechte sprechen aber häufig ausländischen Verfahren – jedenfalls *zunächst*[8] – Rechtswirkungen im Inlande ab. Aber auch in Rechtsordnungen, die sich zur Anerkennung ausländischer Insolvenzen bekennen, bleibt die Tatsache bestehen, daß die Gerichte häufig nichts von ausländischen Verfahren wissen. So ist die Tür für Einzelaktionen findiger und schneller Gläubiger aus dem In- und Auslande zunächst einmal offen.

Diese Türe kann nie *ganz* geschlossen werden. Der Konkursverwalter muß zunächst für seine Masse „dahinter" kommen, daß im Auslande gemeinschuldnerisches Vermögen „ausgeplündert" wurde, um rechtlich etwas zu unternehmen. Aber das ist kein konkursspezifisches Problem.

Es stellt sich auch im übrigen internationalen Prozeßbereich und wird vom Recht der Anerkennung ausländischer Urteile nicht ganz gelöst.

Was die Rechtsordnung jedoch kann, ist, internationale Übergriffe dieser Art unerlaubt zu machen und auch faktisch zu erschweren.

Auf diese Zusammenhänge haben *Stefan Riesenfeld* und *Peter Hay*[9] zutreffend hingewiesen.

---

[8] So die Schweiz, siehe oben § 3 - 5.

[9] *Riesenfeld*, Transnational Bankruptcies in the Late Eighties – A Tale of Evolution and Atavism, in: FS Merryman, 1990, 409 ff. Das neue Gesicht des deutschen internationalen

3. Der erste Lösungsweg des US Bankruptcy Code: Inlandskonkurs

Nach § 109 (a) BC ist auch – und zwar ungeachtet eines Auslandskonkurses und ungeachtet der Möglichkeit eines besonderen Rechtshilfeverfahrens durch das amerikanische Konkursgericht – *ein Inlandskonkurs* möglich:

Jede Person, die in den USA ansässig oder domiziliert ist oder die hier eine Geschäftsniederlassung oder *Vermögen* hat – ein Bankkonto genügt also – kann Insolvenzschuldner im Sinne des amerikanischen Rechts sein. Das über das Vermögen dieser Person eröffnete Konkursverfahren ist *stets Vollkonkurs.* Es erfaßt, selbst bei Wohnsitz im Auslande, das *Weltvermögen* des Gemeinschuldners: Auch hier ist alles Vermögen, ohne Rücksicht auf Belegenheit oder Besitzverhältnisse – (BC § 541 (a)): „*wherever located and by whomever held*" – Bestandteil der Masse, die vom amerikanischen Verwalter (*trustee*) administriert wird.

Bei *Versicherungsgesellschaften und Banken* gilt die Einschränkung, daß in den USA *tätige* ausländische Unternehmen (wie inländische) nicht dem BC unterliegen, also im Sinne dieses Gesetzes nicht in Konkurs fallen können. Im Inlande nicht tätige Versicherungen und Banken – die etwa nur ein Bankkonto besitzen – sind jedoch konkursfähig.

Aus amerikanischer Sicht gilt also für das Inlandsverfahren der unbedingte Universalitätsgrundsatz. *Peter Hay*[10] weist darauf hin, daß bei *geringem* Inlandsvermögen gem. BC § 109 (a) i.V.m. § 541 (a) es sogar möglich wäre, einen US-Konkurs zu beantragen, um die Zuständigkeit des amerikanischen Verwalters für das große *Auslands*vermögen des Gemeinschuldners (etwa in Deutschland) herzustellen. Er bemerkt allerdings nicht nur, daß ein solcher Fall noch nicht vorgekommen sei. Er wird sich auch *in praxi* kaum zutragen, weil der US-Konkursrichter die *an sich* gegebene Zuständigkeit mit dem Argument des *forum non conveniens*[11] von sich weisen würde. Darüber hinaus würde eine solche aufgrund des Gesetzeswortlauts akzeptierte Zuständigkeit für verfassungswidrig erklärt werden und daher keinen Bestand haben.

Antragsberechtigt für den Inlandskonkurs sind nicht nur die Gläubiger und der Gemeinschuldner, sondern ist *auch der ausländische Verwalter* (BC § 101 (24)): „*duly selected trustee, administrator or representative of an estate in a foreign proceeding*", und zwar ist das Verfahren einzuleiten: (örtliche Zuständigkeit) nach § 303 (b) (4) bei dem Konkursgericht des Bezirks, in dem sich Domizil (nach US Recht), Wohnsitz, Zweigniederlassung in den USA oder „principle assets" (Hauptvermögenswerte) befinden.

Konkursrechts aus ausländischer Sicht, FS Merz, 1992, 497 ff; Peter *Hay*, Auslandskonkurs und Inlandsfolgen aus amerikanischer Sicht, FS Müller-Freienfels, 1986, 247 ff.

10 FS Müller-Freienfels, 250.

11 Belege bei Peter *Hay*, FS Müller-Freienfels, 250, Fn 14, wegen Shaffer v. Heitner, 433 U.S. 186 (1977); kritisch aber unten § 46 Fn 4, insbesondere Nadelmann, 29 Harv. Int'l L.J. 27 ff, 33 (1988); ferner zu § 49 Fn 5 .

Wie gesagt: Dieses Konkursverfahren ist auch als Parallelverfahren zum ausländischen Konkurs *vollwertiger Konkurs* mit universalem Geltungswillen. Inwieweit dieser Geltungswille im Auslande vom Verwalter durchgesetzt werden kann, bleibt jedoch die andere Frage.

Die Eröffnung eines solchen Vollkonkurses kann für den ausländischen Verwalter durchaus reizvoll sein. Denn *nur ein Vollkonkurs*, und hier besteht ein deutlicher Unterschied zum deutschen Recht,[12] eröffnet in den USA die Möglichkeit der Konkursanfechtung *alleine* nach den Regelungen im Bankruptcy Code und damit die Möglichkeit, entzogenes Vermögen der Masse zuzuführen. Auf dieses Problem wird zurückzukommen sein.[13]

4. Das Rechtshilfeverfahren (case ancillary to a foreign proceeding) (§ 304 BC)

Der Bankruptcy Code sieht das „Heil der (ausländischen) Gläubigergemeinschaft" in einem amerikanischen Rechtshilfeverfahren, das vom ausländischen Verwalter eingeleitet werden kann. Ob ein solcher Weg anzuraten ist, ist eine andere Frage.[14]

Ein ausländisches Insolvenzverfahren entfaltet außerhalb eines US-gerichtlichen Verfahrens (nach § 304 BC oder im Weg der Comity) grundsätzlich in den USA zuerst einmal keine „Wirkungen". Es bedarf also immer einer US-gerichtlichen „Transformierung", so daß von *Peter Hay* mit Recht festgestellt wird: „Das amerikanische Konkursrecht ist in erster Linie territorialer Natur."[15]

Die Öffnung gegenüber dem Ausland erfolgt über die US-Gerichte. Einmal im Wege des *Rechtshilfeverfahrens*, das der ausländische Representative nach §§ 304 BC i.V.m. § 101 (24) BC anstrengen kann, um das in den USA belegene Vermögen des Gemeinschuldners zur Masse zu ziehen und ggf. im Auslande zum Zwecke möglichst gleichmäßiger Gläubigerbefriedigung zu verwerten; zum anderen der vom ausländischen Representative nach § 303 (b) (4) BC eingeleitete Vollkonkurs in den USA. Diese Verfahren werden im zweiten Abschnitt zu behandeln sein.[16] Schließlich gibt es noch den Weg über die Comity zu den US-Bundesgerichten[17] bzw zu den Staatsgerichten[18].

Soviel sei jedoch zum Rechtshilfeverfahren nach § 304 BC bereits hier bemerkt: *Sachlich zuständig* ist stets das *Konkursgericht*. Hier sind die Hilfsverfahren kon-

---

12 Dazu unten §§ 92 ff.

13 Unten § 45 III i.V.m §§ 33 - 35, 36 IV; insbesondere §§ 57 - 60.

14 Siehe zur Stellung des ausländischen Verwalters unten §§ 40, 41.

15 FS Müller-Freienfels, 249; vgl. auch *Scoles/Hay*, Conflict of Laws, 940; sehr instruktiv MA v. Continental Bank, 905 F.2d 1073 (7 th Cir. 1990) dargestellt unten in § 41.

16 Allgemein unten §§ 40, 41; im besonderen § 45, §§ 46 - 52.

17 Vgl. unten §§ 42 – 44.

18 Unten § 48 I 2, 3 dort Fn 15 zum Comity-Weg zu den Staatsgerichten.

zentriert – wie auch alle anderen mit der Insolvenz zusammenhängenden Verfahren, auch Zivilprozesse, die nach deutschem Rechtsverständnis nicht vor das Insolvenzgericht, sondern vor den Streitrichter gehören (*vis attractiva concursus*)[19].

Die *örtliche Zuständigkeit* erfährt eine detaillierte Regelung, die sich daran orientiert, wo Vermögen des Gemeinschuldners belegen ist oder welche Art von Rechtshilfe begehrt wird. Hierauf wird später einzugehen sein,[20] da wir uns in diesem Abschnitt neben dem Hinweis auf die Rechtsquellen des genuin internationalen Rechts grundsätzlich auf das inländische Konkursverfahren beschränken müssen, das aber – wie dargelegt – auch internationaler Konfliktlösung dienen kann.

Es wird auch im Kapitel über dieses Rechtshilfeverfahren darzulegen sein, welche Befugnisse der Konkursrichter im Rechtshilfeverfahren hat: Es räumt ihm weitgehendes Ermessen ein, was so weit gehen kann, daß er (§ 304 (b) (3)BC): „*other appropriate relief*" anordnen darf.

5. Abstention (Abweisung eines Verfahrens, Unterbrechung) (§ 305 BC)

Das Konkursgericht hat auch die Rechtsmacht, jedes Verfahren „*under this title*", das an sich zulässig wäre, abzuweisen oder zu unterbrechen, wenn so den Interessen des Gemeinschuldners und der Gläubiger am besten gedient werden kann. Jedes Verfahren „*under this title*" besagt also, daß diese Unterbrechung oder Abweisung auch – neben dem Rechtshilfeverfahren – den vom ausländischen Verwalter nach § 303 BC gestarteten Parallelkonkurs treffen kann.

Hierauf und auf die Folgen, die ein Auftreten des Verwalters vor dem US-Konkursgericht nicht haben soll (Regelung des § 305 BC), wird noch im einzelnen einzugehen sein.[21]

§ 12 Das Problem des Bankenkonkurses

Hinter diesem Schlagwort steht – international – die Frage: Können *ausländische* Banken und Versicherungen – in den USA mit einem Konkursverfahren „überzogen" werden – „*voluntarily*", also auf Antrag der Bank oder Versicherung, oder „*involuntarily*", also auf Betreiben von Gläubigern.

---

19 Unten §§ 15 - 17, ferner zur örtlichen Zuständigkeit im Rechtshilfeverfahren gem. § 304 BC, § 47.

20 Unten § 47.

21 Unten § 54.

I. Das Problem

Die Fragestellung hat ihre Geschichte, die – für den deutschen Juristen interessant – zum Herstatt-Konkurs von 1974 zurückreicht:

Sie betrifft zunächst die Frage: Können auch Banken die nicht in den USA Geschäfte betreiben, sondern hier nur Vermögen haben – etwa ein Konto – in einen amerikanischen Konkurs „gehen".

II. Die Fälle

1. Der Herstatt-Fall

Er hat in Deutschland viel Aufsehen erregt und eine rege Literatur produziert. Er führte ferner zu einer richtungsweisenden Judikatur des BGH,[1] die – aber rechtsstaatlich bedenklich – der Gesetzgeber zu korrigieren suchte. Ob er damit Erfolg hat, bleibe hier dahingestellt.[2]

Hier interessiert der deutsch-*amerikanische* Aspekt dieses Konkurses des Bankhauses Herstatt im Jahre 1974.[3] Herstatt hatte in den USA, darunter bei der Chase Manhattan Bank, mehr als 150 Millionen Dollar *„on deposit"*.[4] Geschäftlich war Herstatt nicht in Amerika tätig.

Gläubiger von Herstatt in den USA begannen nach der Konkurseröffnung in Deutschland im Wege der Arrestierung diese Konten mit Beschlag zu belegen. Daraufhin wurde gegen Herstatt in New York von anderen Gläubigern ein Konkurs beantragt (*involuntary case*). Die Arrestgläubiger bestritten in diesem Verfahren das Recht der Antragsteller, ein amerikanisches Konkursverfahren zu betreiben – offenbar um sich ihre Arrestprivilegien zu sichern – denn das US Recht (§ 4 (b) des U.S. Bankruptcy *Act*) schließe Banken vom Konkursverfahren aus. Daher hatte das Gericht zu entscheiden, ob dies auch für Banken gelte *„that were not engaged in the banking business in the United States"*.

Die Parteien arrangierten sich schließlich. Das Gericht wies daraufhin den Konkursantrag ab. Die Frage blieb also offen.

---

1 BGHZ 75, 120 ff; vgl. auch BGHZ 74, 144 ff.

2 Dazu *Edgar Habscheid*, Staatshaftung für fehlsame Bankenaufsicht. Zugleich ein Beitrag zu den Grenzen der Regelungsbefugnis des Gesetzgebers, 1988. Vgl. dazu: *Nüssgens*, Ausschluß der Staatshaftung kraft Amtshaftung, FS Gelzer 1990, 293 ff, sowie *Schönle*, RIW 1989, Heft 5 (Rezension) sowie *Koutsouradis*, Griechische Justiz 3 (1989), 1269 ff (Rezension).

3 Dargestellt bei: *Nadelmann*, Rehabilitating International Bankruptcy Law: Lessons taught by Herstatt and Company, 52 N.Y.U.L. Rev., 1 ff. (1977).

4 Bericht etwa bei *Booth*, 66 Am. Bankr. L.J., 144 ff (1992).

2. *Der Fall Israel British Bank (London) Ltd. v. Federal Deposit Ins. Corporation*[5]

Er brachte die höchstrichterliche, durch den Supreme Court abgesegnete Lösung der Streitfrage. Es wurde festgestellt: „that the exclusion of banking corporations from the US Bankruptcy *Act* did not apply to foreign banks not doing business in the United States." In den Gründen des zugrundeliegenden Court Appeal – Entscheids des 2nd Circuit stellte das Gericht das Prinzip der Gleichbehandlung der Gläubiger im internationalen Kontext heraus.

III. Die Lösung durch § 303 BC

Damit war der Fall gelöst: Ausländischen Banken *„not doing business in the United States*" ist der Weg zum amerikanischen Inlandskonkurs nicht versperrt. Daß sie auch der amerikanischen *jurisdiction* unterworfen sein müssen, ist eine andere Frage.[6]

1. *Die Festschreibung in § 303 BC*

Diese Judikatur ist nun in § 303 BC festgeschrieben:

§ 303 (k) ... „an involuntary case may be commenced against a foreign bank that is not engaged in such business in the United States only under chapter 7 or 11 of this title and only if a foreign proceeding concerning such bank is pending"

Klar ist damit: ausländische Banken können von Gläubigern (*involuntary case*) im Konkurswege belangt werden, allerdings unter der Voraussetzung, daß ein *„foreign proceeding concerning this bank is pending"*. Das gilt für die Berufung auf 303 (b) (4) BC.

Der Text wirft natürlich Fragen auf: Gilt das auch für Versicherungen, die US-Konten haben? Sie werden *expressis verbis* nicht genannt.

2. *Vollkonkurs*

Immerhin: Der Konkurs *nach § 303 (b) (4) BC* ist Inlands-Vollkonkurs, der eine Konkursmasse bildet mit weltweitem, auch in das Land des ausländischen Konkurses hineinreichendem Anspruch. Der Konkursbeschlag und der Automatic Stay machen nicht vor dem originären *forum concursus* halt.[7] Weiterhin ist der Konkurs

---

5 586 F.2d 509, 512 - 15 (2d Cir. 1976) denied 429 U.S. 978 (1976).

6 Unten §§ 13 ff.

7 Vgl. unten §§ 24 - 28 zur Konkursmasse; §§ 29 - 30 zum Automatic Stay.

Liquidationskonkurs nach Chapter 7, wie Reorganisationsverfahren nach Chapter 11.[8]

IV. Doing business und not doing business in the US

1. US Banken und Versicherungen

US-Banken, Versicherungen u. dgl. sind nicht dem Konkursverfahren nach dem Bankruptcy Code unterworfen, § 109 (b) (2) BC. Das gilt auch für die *selbständigen* Töchter ausländischer Banken und Versicherungen; rechtlich sind sie inländische Unternehmen. Für derartige Fälle gelten besondere Regeln, die sich für Banken insbesondere in Title 12 des U.S.C. (Überschrift: „Banks and Banking") finden. Diese Sonderverfahren[9] sind nicht Gegenstand unserer Untersuchung.[10]

2. Ausländische Banken und Versicherungen doing business

§ 109 (b) (3) BC stellt sie inländischen Unternehmen gleich. Gedacht ist hier wohl an unselbständige Töchter.

3. Not doing business

Es bleiben also die Fälle „not doing business", in denen es i.d.R. um Bankguthaben geht. Hier gilt das oben zu III Gesagte.

Kapitel 2: Verfahrensfragen

Das US-Bankruptcy-Recht ist – in weiterem Maße als das deutsche Insolvenzrecht – Prozeßrecht. Das Procedere hat daher ein besonderes Gewicht.

§ 13 Der Ablauf des amerikanischen Konkurses: Antrag an das Konkursgericht, Zuständigkeiten

Es geht um das Regelverfahren. Dieses ist zwar primär für interne Insolvenzen gedacht, kann aber auch, wie bereits betont, international „verwandt" werden.

---

8 Vgl. unten § 19.

9 Vgl. Notes of Committee of the Judiciary Senate Report No. 95 - 989: „are excluded ... because they are bodies for which alternate provision is made for their liquidation under various State or Federal regulatory laws"; siehe auch Notes of the Committee on the Judiciary, House Report No. 95 - 595. Vgl. Title 12 des U.S.C.

10 Dies entspricht der Darstellung der Materie in den USA.

I. Kein Konkursgrund

Während es für den kontinentaleuropäischen Juristen selbstverständlich ist, daß ein Konkurs nur bei Vorliegen eines Konkursgrundes – Kurzformel für das deutsche Recht: Grundsätzlich Zahlungsunfähigkeit, indiziert durch Zahlungseinstellung – oder (bei juristischen Personen) Überschuldung – eröffnet werden kann, kommt das amerikanische Recht ohne Konkursgrund aus. Die Antragstellung (*petition*) durch den hierzu Berechtigten oder durch die Berechtigten beim zuständigen Konkursgericht löst die Konkurswirkungen aus[1].

II. Antragsberechtigte

Hier ist zu unterscheiden:

1. Antrag durch den (Gemein-)Schuldner (debtor): § 301 BC

Der (Gemein-)Schuldner kann ohne weiteres den Konkurs beantragen. Man spricht hier von einem *voluntary-case*: Der (Gemein-)Schuldner *will* den Konkurs. Das US-Recht geht davon aus, daß er für diesen Schritt seine Gründe hat. Es winkt ihm auf alle Fälle zunächst ein Zahlungsaufschub, dann aber auch zu guter Letzt eine Schuldenreduzierung, die einen „fresh start" ermöglicht.

Voluntary Cases dieser Art stellen die häufigsten Konkursverfahren dar.[2]

2. Antrag durch Gläubiger (§ 303 BC)

Hier wird der Konkurs des (Gemein-)Schuldners *erzwungen*. Man spricht vom Involuntary Case.

Es müssen normalerweise mindestens drei Gläubiger gemeinsam den Antrag einbringen, die mindestens 10000.- Dollar an Forderungen repräsentieren (§ 303 BC).[3] Nicht gestellt wird die Frage der Überschuldung (vgl. § 303 (h) BC). Gläubiger-initiierte Verfahren sollen selten vorkommen.[4] Der Grund hierfür ist ein sehr einleuchtender: Im Falle eines unberechtigten Antrags machen sich die Gläubiger dem Schuldner gegenüber schadensersatzpflichtig[5].

---

1 Die Frage nach der Insolvenz hat aber Bedeutung in anderem Zusammenhang, etwa bei der Konkursanfechtung, siehe unten § 34 III, 2. Die Insolvenz ist definiert in § 101 (32) BC.

2 So *Epstein / Nickles / White*, 9.

3 Vernachlässigt sei die Kasustik bei weniger als „12 holders" oder bei einer Partnership (§ 303 (b) (2) (b) (3) BC.

4 *Epstein / Nickles / White*, 9.

5 *Epstein / Nickles / White*, Practitioner Treatise Series, Vol 1, 25, alle Schäden durch die unberechtigte Antragstellung sind zu ersetzen; ferner drohen zusätzlich Punitive Damages.

3. Antrag durch den Foreign Representative (§ 303 (b) (4) BC)

Der ausländische Insolvenzverwalter („*by a foreign representative of the estate in a foreign proceeding concerning such person*") beginnt für die ausländische Masse einen Inlandkonkurs als Involuntary Case.

Die Regelung des Antragsrechts des Foreign Representative in § 303 (b) (4) BC wird uns später im einzelnen zu beschäftigen haben.[6]

III. Antrag an das Konkursgericht, Zuständigkeiten

1. Der Antrag

Der Antrag ist an den zuständigen Bankruptcy-Court zu richten. §§ 301, 303 (b) BC sprechen von „filing of a petition with the Bankruptcy Court".[7] Es werden offizielle Formulare[8] verwandt.

2. Sachliche Zutändigkeit (jurisdiction)

Zuständig ist der District Court, ein Bundesgericht, bei dem der Bankruptcy Court, besetzt mit Bankruptcy Judges (die als Alleinrichter entscheiden), eingerichtet ist (Title 28 U.S.C. § 1334 i.V. mit § 157). Der Bankruptcy Court ist also eine Abteilung des District Court; die Bankruptcy Judges stehen in der Hierarchie tiefer als die District Judges. Daher stellte sich die Frage, ob sie „wirkliche" unabhängige Richter sind. Hierauf wird einzugehen sein.[9]

3. Örtliche Zuständigkeit (venue)

Örtlich zuständig ist nach Title 28 U.S.C. § 1408 der District Court, in dessen Sprengel der Gemeinschuldner sein „*domicile, residence, place of business in the United States*" hat oder wo sich seine „*principal assets*" befinden, wobei nach dem Hauptvermögen in den USA zu fragen ist. Und dann folgt in § 1408 (1) BC die weitere Forderung, daß der Gemeinschuldner grundsätzlich 180 Tage vor dem Beginn des Verfahrens in dem betreffenden Distrikt gewohnt haben muß.[10] Es soll also eine etablierte Beziehung des Gemeinschuldners zum Konkursgericht bestehen.

---

6 Unten §§ 40, 41; § 45 und §§ 57 - 60.

7 Vgl. *Epstein / Nickles / White*, 9.

8 Bankr. R. 9009.

9 Unten § 14 ff. allgemein, im einzelnen § 22.

10 Die weitere Präzisierung in § 1408 (1) BC wird hier vernachlässigt.

Für das Hilfsverfahren gem. § 304 BC stellt Titel 28 U.S.C. § 1410 eine besondere Zuständigkeitsregel auf.[11]

4. Hinweis

Bei der Darstellung der Zuständigkeitsordnung werden die deutschen Begriffe sachliche, örtliche und funktionelle Zuständigkeit benutzt. Das US-Recht verwendet für die sachliche, aber auch für die funktionelle Zuständigkeit[12] den Begriff der Jurisdiction, der aber auch die „Gerichtsbarkeit" im kontinentaleuropäischen Sinne einschließt. Bei örtlicher Zuständigkeit spricht es von Venue. Dies soll im folgenden Abschnitt theoretisch geklärt werden. Denn nur so rechtfertigt sich die Transponierung kontinentaleuropäischer Begriffe, die aber notwendig erscheint, um Rechtsvergleichung zu betreiben.

Das US-Zuständigkeitssystem ist bis in Einzelheiten festgefügt. Es wird jedoch andererseits durch die dem Richter eingeräumte Rechtsmacht flexibilisiert, sich für unzuständig zu erklären, obwohl er an sich zuständig ist und das, weil ein anderes Gericht „eher zuständig" ist (*forum non conveniens*). Auch hierauf ist im Anschluß einzugehen.

§ 14 Jurisdiction und Zuständigkeit, forum non conveniens

I. Jurisdiction, Gerichtsbarkeit, Zuständigkeiten

Es wurde oben[1] festgestellt, daß der District Court das in Konkurssachen sachlich zuständige Gericht ist. Damit wurde die US-Terminologie in das kontinentaleuropäische Konzept transponiert.[2]

1. Wortlaut von Title 28 U.S.C. § 1334

Dazu heißt es in § 1334 Title 28 U.S.C.:

„(a) Except as provided in subsection (b) of this section, the district courts shall have original and exclusive *jurisdiction* of all cases under title 11;

[11] Dazu unten §§ 46, 47.

[12] Die Zuständigkeit des Bankruptcy Judge im District Court ist funktioneller Natur, dazu unten § 14, II.

[1] § 13 III, 2.

[2] Ich folge hier *Walther Habscheid*, Jurisdiction, Gerichtsbarkeit und Zuständigkeiten im internationalen Kontext – eine rechtsvergleichende Skizze Deutschland / Schweiz – USA, in FS Gaul 1997, 167 ff.

(b) Not withstanding any Act of Congress that confers exclusive jurisdiction on a court or courts other than the district courts, the district courts shall have original but not exclusive jurisdiction of all proceedings arising under title 11, or arising in or related to cases under title 11".

Diese beispielhaft zitierte Vorschrift zeigt, daß das Gesetz von „*jurisdiction*" spricht. Jurisdiction *in dieser oft hier angesprochenen Bedeutung* heißt aber sachliche Zuständigkeit im kontinentaleuropäischen Sinne. Andererseits bedeutet Jurisdiction aber auch Gerichtsbarkeit in dem in Deutschland und der Schweiz gebräuchlichen Sinne als die von Völkerrechts wegen dem souveränen Staat zustehende Gerichtsgewalt.[3] Die gerichtliche Zuständigkeit hingegen ist eine Frage des internen Rechts.

Dieser Konzeption folgt auch diese Darstellung. Folgendes ist also klarzustellen.

2. Die Gerichtsbarkeit (Jurisdiction i.e. Sinne)

F. A. *Mann* formuliert zu Recht, daß:

„(as) a rule jurisdiction (in diesem *völkerrechtlichen* Sinne) extends (and is limited) to every body and everything within the sovereign's territory and to his nationals wherever they may be".[4]

In diesem Sinne haben die Staaten Gerichtsbarkeit: Es muß eine persönliche (*jurisdiction in personam*) oder sachliche (*jurisdiction in rem* oder *quasi in rem*) Beziehung des Forumstaates zur Streitsache bestehen.[5]

Das Gericht, das seine Gerichtsbarkeit bejaht oder verneint, wendet also *Völkerrecht* an.

II. Zuständigkeiten

Die Zuständigkeiten sind hingegen nationalen Rechts. Wir unterscheiden und wenden diese *termini* an:

---

3 Vgl. *Black's,* Law Dictionary: „a term of comprehensive import embracing every kind of judicial action. It is the power of the court to decide a matter in controversy and presupposes the existence of a duly constituted court with the power of the subject matter and the parties". Vgl. auch *Walther Habscheid*, Lehrbuch, 2. Aufl. 1990, N. 366.

4 The doctrine of jurisdiction in international law, RD. C. 111 (1964) 1 ff, 20.

5 Vgl. die Stichworte „jurisdiction in personam, jurisdiction in rem und jurisdiction quasi in rem" in Black's Law Dictionary. Vgl. Etwa auch *Dalhuisen*, International Insolvency and Bankruptcy, Vol 1, Part III, § 1.06 (3).

1. Internationale Zuständigkeit

In Streitfällen mit Auslandsberührung muß der nationale Richter fragen, ob er international zuständig ist. Diese Zuständigkeit sagt darüber aus, ob und inwieweit das Inland die ihm vom Völkerrecht verliehene Gerichtsgewalt ausüben will.

Das nationale Recht kann hier bis zur Grenze der völkerrechtlichen Jurisdiction gehen. Es kann aber auch dahinter zurückbleiben.

Die im US-Recht bestehende Tendenz ist das insbesondere in den *long arm statutes*[6] zum Ausdruck kommende Bestreben, die völkerrechtliche Jurisdiction bis zum Rande, also auch bei „minimum contacts" auszuschöpfen[7] wobei man durchaus manchmal die Frage stellen muß, ob das US-Recht hier nicht zu weit geht.

2. Sachliche Zuständigkeit

Sie sagt aus, welches der verschiedenen nationalen Gerichte zur Entscheidung berufen ist. Im Sinne von Title 28 § 1334 ist dies der District Court, also ein Bundesgericht.

Die Zuständigkeit in diesem Sinne kann „original" und „exclusive" oder auch „not exclusive" sein.

3. Funktionelle Zuständigkeit

Sie ist ein Unterfall der sachlichen Zuständigkeit und sagt aus, welcher Richter in welcher Funktion zuständig ist.

Bedeutsam wird diese Zuständigkeit für den Bankruptcy Judge, der dem District Court angehört und dessen Zuständigkeit als „judicial officer of the court" in Core Proceedings und in „related to"-Fällen[8] durch den District Court begründet (= übertragen) wird (28 U.S.C. § 157 (d) BC).[9] Das ist eine Frage der funktionellen Zuständigkeit.

---

6 Black's Law Dictionary sagt hierzu, daß es sich darum handele, auch Ausländer vor US-Gerichte zu bringen, welche „transacting business in the state..." oder sogar „selling goods outside the state, when the seller knows that the goods will be used or consumed in the state...".

7 Im Konkursrecht steuert aber jetzt § 306 BC für das Rechtshilfeverfahren dem entgegen. Vgl. unten § 55. Zur Tendenz in Deutschland und der Schweiz siehe *Walther Habscheid* (wie Fn 2)

8 Dazu §§ 15 - 18.

9 Siehe i.e. unten § 25 für die Einzelheiten. Vgl. ferner § 15 III, § 24.

4. Örtliche Zuständigkeit

Die amerikanische Terminologie lautet *venue*. Aber auch hier spielt nach der Definition von *Black's* Law Dictionary („venue = geographical area in which a court with jurisdiction may hear and determine a case") der Jurisdiction-Begriff eine Rolle.[10]

III. Forum non conveniens

1. Die forum non conveniens-Lehre

Die US-amerikanischen Gerichte beanspruchen in internationalen Fällen Zuständigkeit über ausländische Beteiligte, wenn „*minimum contacts*" zum Inland gegeben sind.[11] Diese Mindestkontakte zum Forum-Staate hat der US Supreme Court definiert.[12] Es genügt in diesen Fällen, daß ein einfaches Gesetz („*long arm statute*") die Zuständigkeit beansprucht.

Der Beklagte aus dem Auslande sieht sich daher in den USA viel stärker der Gerichtsgewalt unterstellt als es umgekehrt der Fall ist.

Den ausländischen Kläger, der in den USA Recht sucht, trifft jedoch in besonderer Weise die Einrede des *forum non conveniens*. *Forum non conveniens* bedeutet, daß der Richter des an sich zulässigerweise angerufenen Gerichts – oder konkreter: des amerikanischen Gerichts, das aufgrund der Verfassung und der einfach – gesetzlichen Regelung zuständig ist – seine Zuständigkeit verneinen und die Klage (ggf. vorläufig) abweisen darf, wenn der Kläger vor seinem eigenen Forum einfacheren und – nach Meinung des Gerichts – effektiveren Rechtsschutz findet. Wann dies der Fall ist und mit welchen Kautelen die Zurückweisung verbunden wird, das festzustellen ist weitgehend seinem *pflichtgemäßen* Ermessen anheimgegeben.

Diese Lehre geht also sehr weit.[13] Aber sie ist in der angelsächsischen Gerichtspraxis – von Land zu Land unterschiedlich nuanciert – unbestritten.

---

10 Zur örtlichen Zuständigkeit siehe unten § 47 im Rahmen eines Rechtshilfeverfahrens zu § 304 BC.

11 Sog. Personal Jurisdiction, siehe oben § 14 I; hinsichtlich der *minimum contacts* im Rahmen der „in rem" und „quasi in rem"-Jurisdiction die deutschsprachige Übersicht von *Kleinstück*, Due Process-Beschränkungen des Vermögensgerichtstandes durch hinreichenden Inlandsbezug und Minimum Contacts (Diss. 1994), 5 - 77. Zu den minimum contacts", Shaffer v. Heitner, 433 U.S. 186, 97 S.Ct. 2569 (1977).

12 International Shoe v. Washington, 326 U.S. 310 (U.S.S.Ct. 1945), Helicopteros Nationales de Columbia v. Hall, 466 U.S. 408 (U.S.S.Ct. 1984), Worldwide Volkswagen v. Woodson, 444 U.S. 286 (U.S.S.Ct. 1980), Burger King Corp. v. Rudzewicz, 471 U.S. 462 (1985).

13 Zu den deutschen Versuchen, sie im Rahmen von § 23 ZPO nutzbar zu machen vgl. aaO, *Kleinstück*, 123 ff.

Natürlich gilt diese Lehre auch inneramerikanisch. Aber in Fällen von Ausländerklagen kommt der Wahl des Forums in den Staaten bei der Abwägung, ob es auch „convenient“ sei, geringeres Gewicht zu als bei Inlandsfällen.[14]

2. *Der Fairchild-Fall (Baumgart v. Fairchild Aircraft Corporation)*[15]

Dieser Fall und seine Entscheidung hat in Deutschland zu einer engagierten Diskussion geführt.[16]

Eine aus Hannover kommende Maschine der Fluggesellschaft Nürnberger Flugdienste vom Typ Fairchild Metroline III – ein Produkt der texanischen Firma Fairchild, stürzte bei schwierigen Wetterbedingungen am 8. 2. 1988 im Anflug auf den Flughafen Düsseldorf-Lohausen ab. Die 19 Fluggäste und die Besatzung kamen dabei ums Leben. Die Angehörigen der Getöteten verklagten nunmehr *Fairchild* vor verschiedenen State Courts in Bexar County / Texas auf Schadensersatz, aus Fahrlässigkeit und Produkthaftung. Ausdrücklich wurde auch Schmerzensgeld begehrt. Die Kläger behaupteten, die elektrische Anlage des Flugzeugs sei mangelhaft gewesen. Der Blitzschlag, der zum Absturz der Maschine geführt hatte, und der den Ausfall der Elektronik zur Folge hatte, hätte nicht zum Absturz geführt, wenn die elektrische Anlage in Ordnung gewesen wäre. An sich waren die angerufenen Gerichte zuständig.

Nach Rechtshängigkeit beantragte die Beklagte, die Fa. Fairchild, beim zuständigen District Court (Bundesgericht) die Eröffnung eines Reorganisationsverfahrens nach dem Bankruptcy Code. Dies hatte zur Folge, daß der District Court die Sache an den Konkursrichter verwies und die Klagen nun zu dessen Entscheidung standen (*vis attractiva concursus*). Die Kläger wehrten sich dagegen mit Anträgen auf Zurückverweisung an die Gerichte in Bexar County vor dem District Court. *Fairchild* beantragte daraufhin, die Klagen zurückzuweisen, da ein Fall des *forum non conveniens* vorliege. Begründet wurde dieser Antrag damit, die Kläger befänden sich überwiegend in Deutschland, deutsches Recht müsse voraussichtlich angewandt werden, auch lägen die Beweismittel in Deutschland. Schließlich hätten die Kläger auch in Deutschland klagen können.

---

14 Vgl. Piper Aircraft Co v. Reyno, U.S.S.Ct. 1981, 454 U.S. 252, 255 - 256; Bosshard v. Wagstaff, 937 F. 2d 616, (10th Cir. 1991); BCCI Holding (Luxemburg) v. Sheik Kalid Bin Mahfouz, 828 F. Supp. 92; DC 1993. Allerdings: Liegen die Beweismittel gleichmäßig verteilt und ist US-amerikanisches Recht anzuwenden, wird die Entscheidung, in den USA zu klagen, mit berücksichtigt. Klage des Herstellers von HARIBO-Gummibärchen: Lony v. Du Pont de Nemours & Co, 868 F. 2d 628 (3 th Cir. 1989).

15 US Court of Appeals, 5th Cir. 1993, 981 F. 2d 824, certiorari denied, 113, S.Ct. 2963 (1993).

16 *Schollmeyer*, Diskriminierung deutscher Gläubiger im amerikanischen Insolvenzverfahren, ZZP 108 (1995), 525 ff.

Der Bankruptcy Judge unterstützte diesen Antrag. Der District Court folgte ihm und wies die Klagen zurück. Ein Appeal zum Court of Appeals hatte keinen Erfolg. Ein weiteres Rechtsmittel wurde nicht zugelassen.[17]

Interessant ist die vom Appeal-Gericht bestätigte Entscheidung des District Court in ihrem Wortlaut, der typisch ist für das Zuständigkeits*ermessen*, das die *forum non conveniens*-Lehre dem Richter im anglo-amerikanischen Rechtskreis gibt und das für einen kontinentaleuropäischen Betrachter erstaunlich ist; ist er doch der Meinung (vgl. aber für Deutschland Art 101 GG), daß der zuständige Richter hier nicht der berufene Richter sei.

Die Entscheidung sei in ihrem Tenor anschließend zitiert:

Baumgart v. Fairchild Aircraft Corp. (1991 WL 487242 [W.D. Texas]):

„(...) the Court finds that defendant's Motion to Dismiss on Ground of forum non conveniens should be GRANTED with the following conditions:

(1) Defendant shall submit to service process and jurisdiction in the appropriate German forum;

(2) Plaintiffs shall file suit within 120 days of the date of the order of dismissal;

(3) Defendant shall formally waive in the German proceedings any statute of limitations defence that has matured since the commencement of these actions in Texas state court;

(4) If the German statute of limitations on the causes brought before this Court is shorter than that of the state of Texas such that the action would be barred by German law but not by Texas law, defendant shall formaly waive any such defense in the German proceedings;

(5) Defendant shall make available in Germany all relevant witnesses and documents as ordered by German courts;

(6) Defendant shall formaly agree to satisfy any final judgments rendered by the German courts to the extent allowed by the bankruptcy reorganization plan;

(7) Defendant agrees to allow this Court to resume jurisdiction over this matter if any judgments obtained against it by plaintiffs are not properly satisfied.

IT IS SO ORDERED".

3. Die Reichweite der Entscheidung, Fragen

Die Entscheidung wendet sich vornehmlich an den Beklagten *Fairchild*, und es ist hervorzuheben, daß das Gericht den Versuch unternimmt, die Kläger vor einer Obstruktionstaktik des Beklagten vor deutschen Gerichten zu schützen.

Immerhin weist Ziff. (2) die Kläger an, innerhalb von 120 Tagen Klage in Deutschland zu erheben. Natürlich können die Kläger das tun. Das deutsche Prozeßrecht eröffnet ihnen den Klageweg. Aber wie ist es mit der Beschränkung auf

---

[17] Certiorari denied, 113 S.Ct. 2963 (1993). Die Schilderung des Verfahrensgangs durch *Schollmeyer* (oben Fn 16) ist nicht ganz zutreffend.

120 Tage? Gelten die Auflagen an den Beklagten nicht mehr, wenn die 120 Tage verstrichen sind?

Was den Beklagten betrifft, so soll er sich der deutschen Gerichtsbarkeit stellen (Ziff. (1)). Das bedeutet gewiß, daß er die Zuständigkeit des angerufenen deutschen Gerichts *international* nicht bestreiten darf. Das ist insofern bemerkenswert, als nach der deutschen Zuständigkeitsordnung bei Klagen gegen Ausländer die Zuständigkeit nicht ohne weiteres gegeben ist.

Die Ziff. 3 und 4 (*statute of limitation*) betreffen Verjährungsvorschriften: Der Beklagte soll sich der Verjährungseinrede nicht bedienen dürfen (Ziff. 3). Nach deutschem Recht wäre aber ein Verzicht auf die Einrede der Verjährung unzulässig (§ 225 BGB). Auch kann nach deutschem Recht (das zu Ziff. 4) die Verjährungsfrist privatautonom nicht erweitert werden (arg. § 225 BGB).

Man sieht: Die praktische Umsetzung dieser Auflagen vor einem deutschen Gericht ist nicht unproblematisch.

Immerhin: Der Beklagte soll sich deutschen Urteilen beugen – allerdings nur insoweit, als „*allowed by the bankruptcy reorganization plan*" (Ziff. 6).

Wichtig ist allerdings: Der amerikanische Richter soll wieder in der Sache judizieren dürfen, wenn die so erhaltenen Urteile nicht erfüllt werden.

Die von *Schollmeyer* aufgeworfene Frage, ob wir in Deutschland in dieser Entscheidung eine Diskriminierung deutscher Gläubiger sehen können und welche Folgen eine Bejahung dieser Frage hätte, ist später[18] zu stellen. Hier sei nur festgestellt:

4. Amerikanische Rechtstradition

Die Fairchild-Entscheidung entspricht der amerikanischen Rechtstradition und steht nur stellvertretend für gleichlautende Judikate. Dies gilt besonders für Entscheidungen im Zusammenhang mit Flugzeugabstürzen, die wegen des Haftungsvolumens häufig zu Konkursanträgen führen – und sei es nur, um dem Hersteller eine „Verschnaufpause" zu schaffen.[19] Es ist hier regelmäßig der Flugzeughersteller als *Debtor*, der Konkursantrag mit dem Ziele der Sanierung (Reorganisation) stellt. Genannt sei z. B. der *Lockerbie-Fall* (in re Murray v. Pan American World Airways, Inc.).

Es handelt sich um den Flugzeugabsturz über der schottischen Gemeinde Lokkerbie im Jahre 1988. Geschädigte Einwohner der Gemeinde hatten *Pan Am* vor dem zuständigen State Court in Miami verklagt. Nachdem Pan Am die Eröffnung

---

18 Wie dazu § 66 II, 4.

19 Hierauf wies *Bork* auf der Münsteraner Tagung der Zivilprozeßrechtslehrer 1996 hin, dazu ZZP 109 (1996), 473 ff: „Der Insolvenzplan", mit einer eindrucksvollen Literaturübersicht – auch zum US Recht – S. 473, 474.

des Sanierungsverfahrens in New York beantragt hatte, wurden die Klagen vor den dort zuständigen District Court „verlagert". Auch hier kam es dann zur *forum non conveniens*-Einrede, die Erfolg hatte.[20]

5. *Piper Aircraft Co v. Reyno*[21]

Dieser Fall aus dem Jahre 1981 – er ging per *Certiorari* an den *US Supreme Court* – der einen Flugzeugabsturz in Schottland betraf und der auf derselben Linie liegt wie die genannten Entscheidungen, auch hier wurde der *forum non conveniens*-Einrede stattgegeben, ist insofern besonders aufschlußreich, als der Supreme Court klar einen Grund für das „dismissal" ausspricht, der in anderen Entscheidungen nicht so eindeutig angegeben wird: Der Absturz habe sich in Schottland ereignet. Das schottische Recht kenne keine *„strict liability"* (die auch zu *punitive damages* führen könnte). Wenn die Betroffenen einwendeten, es müsse doch im Interesse der USA liegen, amerikanische Hersteller abzuschrecken, mangelhafte Produkte zu liefern, und daher sollten eben amerikanische Gerichte entscheiden, so sei dieses Argument *„insignificant and is not sufficiant to justify the enormous committment of judicial time and resources that would be required.*[22]

Diese Feststellung stammt vom Supreme Court der USA. Amerikanische Produzenten können sich so weitgehend sicher vor Klagen in den USA fühlen, die auf Mängel amerikanischer Produkte im Auslande zurückgehen. Die *forum non conveniens*-Lehre bietet ihnen Schutz.

§ 15 Die vis attractiva concursus: Allgemeines

Das US-amerikanische Insolvenzrecht zeichnet sich zuständigkeitsrechtlich durch eine weit gefaßte *vis attractiva des Konkursgerichts* aus, *die auch Rechtsstreitigkeiten* erfaßt[1].

---

[20] 16 F. 3d 513 (2d Circ. 1994).

[21] 454 U.S. 235.

[22] Vgl. die generelle Kritik von *Schack*, Einführung in das US-amerikanische Zivilprozeßrecht (1988), 31: „protektionistisch". Siehe auch *Schollmeyer* (wie Fn 16) 530, 531.

[1] Zur vis attractiva allgemein, *Dalhuisen*, International Insolvency and Bankruptcy, Vol 1, Part III, Chapter 2, § 2 04 (4) und zwar zum vormals geltenden Bankruptcy Act, dort Fn 173, Fn 68; zur Anerkennungsproblematik unten § 74 und pauschal für Civil Law Countries, *Dalhuisen,* aaO, § 2O4 (4) (e) (f).

I. Allgemeines

1. Zur Reichweite der vis attractiva

Unter der *vis attractiva concursus* versteht man, wörtlich genommen, die „Anziehungskraft des Konkurses“; Anziehungskraft in dem Sinne, daß nicht nur Entscheidungen und Verfügungen, die die Konkursverwaltung oder das Konkursverfahren in ihrem Kern betreffen – wie etwa: die Entscheidung über die Konkurseröffnung bzw. Beendigung, die Entscheidung ob eine Restschuldbefreiung gewährt wird oder nicht, die Beaufsichtigung und Überwachung der Gesetzmäßigkeit der Konkursabwicklung, die Leitung der Gläubigerversammlung, die Verteilung der Masse – sondern auch sonstige Verfahren, die in Deutschland typischerweise von den Prozeßgerichten entschieden werden – also auch alle streitigen Verfahren – beim Konkursgericht konzentriert und von diesem auch entschieden werden.

2. Prozesse

Hierzu zählen insbesondere Prozesse der Gläubiger auf Feststellung ihrer Forderung bzw. die gerichtliche Geltendmachung von Aus- und Absonderungsrechten. Ferner die gerichtliche Geltendmachung von Masseansprüchen durch den Konkursverwalter oder die Entscheidung über Forderungen gegen die Konkursmasse (Schuldenmasseansprüche). Derartige – streitige Prozeßverfahren – werden durch die Konkursordnung von 1877 und durch die ab 1. 1. 1999 geltenden InsO gerade *nicht* in die sachliche Entscheidungszuständigkeit der Konkursgerichte übergeleitet. Es bleibt vielmehr bei der Entscheidungszuständigkeit *der Prozeßgerichte*. Allerdings gibt es auch in Deutschland eine abgeschwächte *vis attractiva* für gewisse nach Konkurseröffnung zu erhebende Klagen, so auf Feststellung strittiger Forderungen, die vor dem Prozeßgericht zu erheben sind, in dessen Gerichtsbezirk das Konkursverfahren eröffnet worden ist. An der sachlichen Entscheidungszuständigkeit durch die Prozeßgerichte ändert sich nichts, wohl aber wird die örtliche Zuständigkeit wegen des Sachzusammenhangs mit dem Konkurs im Gerichtsbezirk des Konkursgerichts angesiedelt. Ich würde daher von der *vis attractiva loci concursus* sprechen (vgl. etwa § 146 KO, § 180 InsO)..

II. Die vis attractiva concursus nach US-amerikanischem Recht

1. Automatic Stay: materielle Wirkungen

Nach US-amerikanischem Recht werden mit dem *filing* der *petition*,[2] also der Antragstellung auf Durchführung eines Konkursverfahrens, zwei zentrale Rechtsfolgen kraft Gesetz ausgelöst.

---

2 Siehe oben § 13.

Die erste ist eine typisch *materiell*-konkursrechtliche, der *automatic stay* des §362 BC[3]. Der Automatic Stay führt – allgemein gesprochen – zu einer *Untersagung* aller Handlungen, die in irgendeiner Form die Masse (estate) berühren. Dazu zählen alle Arten von Handlungen, etwa tatsächlicher oder rechtsgeschäftlicher Art, und natürlich auch Prozesse. Die Einwirkung auf Prozesse *gegen den Gemeinschuldner* wird durchaus – in unserem Sinne – materiellrechtlich gesehen. Verstöße gegen diesen Automatic Stay des § 362 BC führen, allgemein gesagt, zur Nichtigkeit der Handlung und zur *Untersagung* von Prozessen und deren Fortsetzung *gegen* den Gemeinschuldner.[4] Der Automatic Stay in § 362 (a) (1) BC umfaßt danach,

„The commencement or continuation ... or other action or proceeding *against the debtor* that was or could have been commenced before the commencement of the case under this title, or to recover a *claim against the debtor* that arose before the commencement of the case under this title.[5]"

Aktivprozesse des Gemeinschuldners – und des Verwalters, *werden folglich nicht erfaßt*[6]. Sie bleiben also grundsätzlich zunächst bei dem Gericht, bei dem sie anhängig sind, doch wird der Trustee an Stelle des Gemeinschuldners in das Verfahren eintreten, denn er ist prozeßführungsbefugt (323 BC).

2. Formelle Wirkungen: Judiciary und Judicial Procedure

Neben der materiell-konkursrechtlichen Wirkung des Automatic Stay, (§ 362 BC) hat die Antragstellung auf Durchführung eines Konkursverfahrens auch *formell*-konkursrechtliche Wirkungen. Diese formell konkursrechtlichen Wirkungen sind nicht etwa im Bankruptcy Code gesetzlich geregelt, sondern sie befinden sich unter Title 28 U.S.C. – „*judiciary and judicial procedure*" – also der Bundeszivilprozeßordnung und dort in den §§ 1334 und § 157.

In § 1334 ist die sachliche Zuständigkeit des District Court für Konkurssachen und sich darauf beziehende Prozesse niedergelegt. Dadurch werden alle Konkursverfahren (und deren Verfahrensarten nach Chapter 7, 11, 12 und 13 BC) beim District Court konzentriert. Gleiches gilt grundsätzlich auch für die sich aus solchen Verfahren ergebenden Zivilprozesse.[7]

---

3 Hinsichtlich der Folgen des Automatic Stay gem. § 362 BC im einzelnen §§ 29 ff.

4 Der Begriff Untersagung eines Prozesses gem. § 362 BC wird bewußt in Abgrenzung zu dem schon terminologisch besetzten Begriff der Prozeßunterbrechung gem. § 240 ZPO benutzt, der sowohl Passiv- wie auch Aktivprozesse mit umfaßt.

5 Hervorhebungen vom Verfasser.

6 Vgl. zur Rechtsprechung in diesem Sinne, § 29 II, § 71 Fn 7.

7 Core-Proceedings und Non-Core Proceedings, vgl. nachstehend § 16.

III. Sachliche Zuständigkeit des District Court

1. 28 U.S.C. § 1334

Zentralvorschrift für die sachliche Zuständigkeit des District Court als *Bundesgericht* ist *28 U.S.C. § 1334,* der besagt:

§ 1334. Bankruptcy *cases* and *proceedings*

„(a) Except as provided in subsection (b) of this section, the *district courts* shall have *original* and *exclusive* jurisdiction *of all cases under title 11.*

(b) Notwithstanding any Act of Congress that *confers* exclusive jurisdiction on a court or courts other than the district courts, the district courts shall have original but not exclusive jurisdiction of all *civil proceedings arising under title 11*, or *arising in* or *related to cases* under title 11.[8]"

2. Zum Inhalt von 28 U.S.C. § 1334: Cases und Civil Proceedings

Es fällt auf, daß die gerichtliche Zuständigkeit – wir würden hier von sachlicher Zuständigkeit sprechen – ausdrücklich an die Zuständigkeit der District Courts anknüpft und der Bankruptcy Court (Bankruptcy Judge) – der regelmäßig in der Sache entscheidet – nicht erwähnt wird. Es fällt ferner auf, daß in den Absätzen a) und b) zwischen „*cases under title 11*" – das sind die Konkurs*verfahren* unter Titel 11 (also dem Bankruptcy Code) und diesbezügliche Prozesse – *civil proceedings* – unterschieden wird. Für die Fälle unter Absatz a) besitzt der District Court originäre *und* ausschließliche Zuständigkeit (original and exclusive jurisdiction). Für Zivilprozesse die in einer Beziehung zu dem Insolvenzverfahren stehen (... *arising under* title 11, or *arising in* or *related to* cases under title 11) spricht der Gesetzestext von einer originären aber nicht ausschließlichen Zuständigkeit (original but not exclusive jurisdiction).

28 U.S.C. § 157 Funktionale Zuständigkeit des Bankruptcy Judge

Die eigentliche Verbindung zu den Bankruptcy Judges wird über 28 U.S.C. § 157 hergestellt.[9] Man kann hier von der funktionalen Zuständigkeit der Bankruptcy Judges – als Teil des District Courts – sprechen, an die die Konkurssachen und damit in Beziehung stehende Zivilprozesse abgegeben werden:

28 U.S.C. § 157 Procedures

a) Each district court may provide that any or all *cases* under title 11 and any or all *proceedings arising under* title 11 or *arising in* or *related to* a case under title 11 shall be referred to the bankruptcy *judges* for the district[10].

---

[8] Hervorhebung vom Verfasser.

[9] Zur Verfassungsproblematik im Hinblick auf die Marathon-Entscheidung vgl. unten § 22.

[10] Hervorhebungen vom Verfasser.

3. Zwischenbemerkung: Court und Bankruptcy Judge

Es wäre daher wohl präziser, stets vom Bankruptcy Judge und bei dem (übergeordneten) District Court (Gerichtshof) vom Bankruptcy Court zu sprechen, was jedoch *nicht* der Fall ist. Aber für den US-Juristen ist auch jeder Judge ein Court. In diesem Sinne werden auch wir die Begriffe verwenden, möchten aber betonen, daß es sich bei der Zuständigkeit des Bankruptcy Judge um – der Sache nach – funktionelle Zuständigkeit handelt. Anders ausgedrückt: Bankruptcy Court und Bankruptcy Judge meinen das Gleiche – das Konkursgericht, wobei aber das Konkursgericht als (unselbständiges) Bundesgericht dem übergeordneten District Court eingegliedert ist.

§ 16 Vis attractiva in Core Proceedings und in Proceedings Related to Bankruptcy Cases

I. Bankruptcy Judge und Core Proceedings

1. Was sind Core Proceedings?

Ist der Begriff „*cases under title 11*“ insoweit verständlich, als es sich um die einzelnen *Konkursverfahrensarten* handelt (Liquidations- und Reorganisationsverfahren), so sind die Begriffe – *proceedings arising under, arising in or related to cases* – Kunstbegriffe.[1] Wir würden in den beiden ersten Fällen von „Kernprozessen“ sprechen. Mit den *core proceedings* sollen dabei regelmäßig alle diejenigen Prozesse erfaßt werden, die in einem „Verhältnis“ – *arising under* oder *arising in* – zu einem Konkursverfahren stehen.[2] Es handelt sich hierbei gem. *28 U.S.C. § 157 (b) (1) (2)* um:

„(b) (1) Bankruptcy judges may hear and determine all cases under title 11 und all core proceedings arising under title 11, or arising in a case under title 11, referred under subsection (a) of this section, and may enter appropriate orders and judgements, subject to review under section 158 of this title.

(2) Core proceedings include, but are not limited to –

(A) matters concerning the administration of the estate,

(B) allowance or disallowance of claims against the estate or exemptions from property of the estate, and estimation of claims or interests for the purposes of confirming a plan under chapter 11, 12, or 13 of title 11 but not the liquitation or estimation of contingent or unliqui-

---

1 *Epstein/Nickles/White*, 859.

2 *Epstein*, aaO, 860/861. Vertiefend zu den Core Proceedings und zu den US-verfassungsrechtlichen Implikationen, insbesondere *Ferriell*, Core Proceedings in Bankruptcy Court, 56 UMKC Law Review, 47 – 115 (1987), *Marrion*, Core Proceedings and the „New“ Bankruptcy Jurisdiction, 35 DePaul L.Rev., 675 – 707 (1986), *Atkin*, Permissive Withdrawal of Bankruptcy Proceedings under 28 U.S.C. Section 157 (d), 11 Bankr. Dev. J., 447 - 479 (1995).

dated personal injury tort or wrongful death claims against the estate for purposes of distribution in a case under title 11;

(C) counterclaims by the estate against persons filing claims against the estate;

(D) orders in respect to obtaining credit;

(E) orders to turn over property of the estate;

(F) proceedings to determine, avoid, or recover preference;

(G) motions to terminate, annul, or modify the automatic stay;

(H) proceedings to determine, avoid, or recover fraudulent conveyances;

(I) determinations as to the dischargeability of particular debts;

(J) objections to discharges;

(K) determinations of the validity, extent, or priority of liens;

(L) confirmations of plans;

(M) orders approving the use or lease of property, including the use of cash collateral;

(N) orders approving the sale of property other than property resulting from claims brought by the estate against persons who have not filed claims against the estate; and

(O) other proceedings effecting the liquidation of the assets of the estate or the adjustment of the debtor-creditor or the equity security holder relationship, except personal injury tort or wrongful death claims."

2. *Zusammenfassung*

Im Ergebnis handelt es sich also um alle Verfahren (neben Klagen, die etwa die Konkursverwaltung, Restschuldbefreiung, Bestätigung des Plans usw. betreffen), die *typischerweise* streitig geführt werden, etwa auf: Feststellung, Aus- und Absonderung, um Widerklagen gegen Konkursgläubiger, Herausgabeklagen an die Masse, Konkursanfechtungsklagen, Klagen auf Bestimmung von Konkursvorrechten. Sie sollen vor dem Bankruptcy Judge *des* District Court konzentriert werden.

Die vis attractiva concursus ist insoweit umfassend.

3. *Die Enthaltung (Abstention) von einer Entscheidung in Core Proceedings*

a) Comity[3] und forum non conveniens[4]

Ausfluß der Comity gegenüber den Staatsgerichten und der forum non conveniens-Lehre ist die im Ermessen des Gerichts stehende Enthaltungsmöglichkeit gem. 28 U.S.C. § 1334 (c) (1).[5] Der Bankruptcy Judge muß also nicht entscheiden.

3 Zur Comity siehe allgemein unten §§ 42 - 44; 48, 49; 58, 59.

4 Dazu oben § 14, aber auch §§ 18; 54; 57 - 60.

5 „Nothing in this section prevents a district court in the interest of justice, or in the interest of comity with State courts or respect for State law, from abstaining from hearing a particular proceeding arising under title 11 or arising in or related to a case under title 11".

Er kann sich auch der Entscheidung (mit Zustimmung des District Courts) enthalten, sich also für unzuständig erklären und den Kläger an das zuständige Gericht verweisen, das sachlich entscheiden mag.

b) Fälle

Als Hauptfälle einer derartigen Enthaltung des District Court und damit des Bankruptcy Judge bleiben nur die Fälle, in denen ein Dritter (third party) gegen den Gemeinschuldner als Debtor in Possession klagt, der Prozeß aber nach Meinung des Bankruptcy Judge besser vor dem Staatsgericht durchgeführt werden sollte.Das aber ist eine:

„extraordinary exception to the general rule that courts should adjudicate matters properly before them and, as such, should be exercised sparingly and cautiously“,[6]

Es handelt sich hierbei also um eine Ausnahmeregelung, von der nur sehr eingeschränkt Gebrauch gemacht werden soll.

Eine Enthaltung käme folglich nur dann in Frage, wenn etwa durch ein Verfahren vor dem Staatsgericht ein Reorganisationsverfahren nicht verzögert wird; ferner wenn ganz besondere öffentliche Interessen des Staates berührt werden, so daß das zuständige Staatsgericht der Sachentscheidung näher steht.[7]

Da aber die Bankruptcy Judges meist davon ausgehen, daß eine Sache schneller von ihnen als von einem anderen Gericht entschieden wird, sind sie regelmäßig nicht willens, sich zu enthalten.

4. Unanfechtbarkeit der Entscheidung

Eine Entscheidung über eine Enthaltung (bzw. Nicht-Enthaltung) kann grundsätzlich nicht mit der Berufung angegriffen werden.[8]

---

6 Vgl. *Epstein/Nickles/White*, 872; vgl. In re Ionosphere, Inc. 108 B.R. 951 (Bankr. S.D.N.Y 1989); In re Kolinsky, 100 B.R. 695 (Bankr. S.D.N.Y 1989); In re Charter Co. 82 B.R. 602,603 (Bankr. M.D.Fla 1988), m.w.Nw.

7 *Epstein/Nickles/White*, 872; vgl. In re Titan Energy, Inc., 837 F.2d 325 (8th Cir. 1988); In re Naugatuck Dairy Ice Cream Co., Inc. 106 B.R. 24 (Bankr. D.Conn. 1989); In re Oliver's Stores, 107 B.R. 40 (D.N.J. 1988).

8 So 28 U.S.C. § 1334 (d).

II. Die Non-Core-Proceedings im Sinne von Related to Cases unter Title 11

1. Zum Begriff

Im allgemeinen versteht man unter „*non core proceedings*" Prozesse – im Gegensatz zu „proceedings *arising under*" oder „*arising* in" – die in einer weniger engen Beziehung zum Konkursverfahren stehen.

2. Fälle

So ist etwa die Feststellung einer Gläubigerforderung ein Core-Proceeding, also ein „Kernprozeß",[9] wohingegen Klagen des Gemeinschuldners auf Schadensersatz (wegen unerlaubter Handlung oder Vertragsbruch, der sich nach dem Recht des Bundesstaates richtet) gegen einen Dritten, der *kein* Konkursgläubiger ist und der Klagegrund *vor*[10] Eröffnung des Konkursverfahrens liegt, nur als Prozesse *related to* eingestuft werden.[11] Man kann unter Juristen international über die Sinnhaftigkeit dieser Begriffsmaximierung streiten, im amerikanischen Recht denkt man hier aber streng begrifflich, und daran haben wir uns zu halten.

3. Entscheidungszuständigkeit des District Court, nicht des Bankruptcy Judge

In derartigen *related to* – Fällen hat der Bankruptcy Judge keine Entscheidungszuständigkeit; *sie liegt beim District Court, also hier dem Art. III-Richter gem. der Verfassung.*[12] Der Bankruptcy Judge kann die Sache nur „*hören*",[13] die *Entscheidung hat durch den District Court zu ergehen.*

Dies zu unterscheiden ist wichtig: Bei *related to*- Fällen soll der unabhängige Art III Richter entscheiden. Das ist die Quintessenz in den *related to*-Fällen, die dem Insolvenzverfahren ferner stehen, hier soll der Bankruptcy Judge zwar die Hearings durchführen, die Sachentscheidung soll aber von einem Art III Richter getroffen werden.

---

9 Vgl. oben § 157 (b) (2) *Epstein/Nickles/White*, 859.

10 Zur Frage, wann der Klagegrund mehr *vor* oder *nach* KO-Eröffnung liegt (im letzteren Fall handelt es sich um ein Core-Proceeding!), etwa In re Harper, 132 B.R. 339 (Bankr. S.D.Ohio 1991).

11 *Marathon*, 458 U.S. 50, 102 S.Ct. 2858 (1982) (dazu auch unter § 22 I), *Epstein/Nickles/White*, 863 zur Abgrenzungsproblematik im Hinblick auf § 157 (b) (2) (E) der Marathonentscheidung. Würde man alle Vertragsklagen usw. als „orders to turn over property to the estate" einordnen, so bliebe für derartige „related to"-Verfahren wenig übrig und die Marathon-Entscheidung wäre umgangen. Die Rechtsprechung ist gespalten, vgl. *Epstein/Nickles/White*, aaO, Fn 9, 10.

12 Diese ist eine Folge des Marathon – Falls und der auf ihn zurückgehenden Gesetzesänderung, dazu eingehend unten § 22. Vgl. Auch § 21 I, 1, 2, 3.

13 28 U.S.C. § 157 (c) (1).

4. Entscheidung in der Sache, Enthaltung

Der District Court *kann* aus Gründen der Comity gegenüber Staatsgerichten oder Respekt gegenüber Staatsgerichten von einer *Anhörung und Entscheidung*[14] absehen; dies ergibt sich aus 28 U.S.C. 1334 (c) (1) (*Ermessensenthaltung*).

Daneben *hat* der District Court sich zwingend (shall abstain) in solchen *related to*-Fällen von einer Entscheidung in der Sache zu enthalten, und die Sache an ein anderes Gericht – insbesondere ein Staatsgericht – abzugeben, wenn

a) ein Antrag einer Partei vorliegt,

b) die Klage sich auf das Recht eines Bundesstaates stützt,

c) die Klage nur in mittelbarer Beziehung – also *related to* – zu dem Konkursverfahren steht,

d) Die Zuständigkeit ohne Konkursverfahren nicht gegeben wäre,

e) die Klage schon *vor* einem anderen Gericht anhängig ist,

und schließlich die Klage ohne zeitliche Verzögerung des Konkursverfahrens entschieden werden kann.[15]

Diese „zwingende Enthaltung" von einer Sachentscheidung betrifft aber nur Fälle von *Aktiv*prozessen,[16] die – um es zu unterscheiden: nur *related to* – also in mittelbarer Beziehung zu dem Konkursverfahren stehen; die ferner schon *vor* der Konkurseröffnung anhängig waren und deren Entscheidung vor einem Staatsgericht nicht zu einer Verzögerung des Konkursverfahrens führen kann.

Insgesamt wird aber bezweifelt,[17] ob die Vorschrift wegen ihres eingeschränkten Wortlauts häufiger zur Anwendung kommen wird, zumal die Entscheidung des

---

14 Siehe auch § 22 zum Marathon Case (dieser war ein related to-Fall).

15 28 U.S.C. 1334 (c) (1) bezieht sich nach seinem Wortlaut nicht nur auf die related to-Fälle. In Core Proceedings aber liegt die Sachentscheidungsbefugnis durch Delegierung regelmäßig beim Bankruptcy Judge.

Vgl. Gesetzeswortlaut von 28 U.S.C. § 1334 (c) (2):

(2) Upon timely motion of a party in a proceeding based upon a State law claim or State law cause of action, related to a case under title 11 but not arising under title 11 or arising in a case under title 11, with respect to which an action could not have been commenced in a court of the United States absent jurisdiction under this section, the district court shall abstain from hearing such proceeding if an action is commenced, and can be timely adjudicated, in a State forum of appropriate jurisdiction.

16 Passivprozesse – also Prozesse die sich in irgend einer Form gegen die Masse richten – unterliegen dem „automatic stay" des § 362 BC, sie können nicht gemeint sein.

17 *Epstein/Nickles/White*, 871: „The section is so full of weasel words and so obviously subject to narrow interpretation by a court that wishes to retain jurisdiction, we doubt it will frequently applied" ...; daher *keine* Enthaltung von einer Sachentscheidung: In re Foster, 105 B.R. 746 (Bankr. M.D.Ga 1989), In re World Solar Corp., 81 B.R. 603 (S.D.Cal. 1988), In re Redstart, Inc., 74 B.R. 651 (N.D. Ill. 1987), In re Pacor, Inc., 72 B.R. 927 (Bankr. E.D.Pa. 1987), bestätigt in 86 B.R. 808 (E.D.Pa 1987), In re Earl Industrie, Inc., 72 B.R. 131 (Bankr. E.D.Pa. 1987).

District Court – sich *nicht* einer Entscheidung in der Sache zu enthalten – nicht mit Rechtsmitteln angegriffen werden kann.[18]

III. Ergebnis

Im Ergebnis kann man feststellen: Der Bankruptcy Judge ist als Teil des District Court funktional zuständig für das Konkursverfahren *als solches* und auch für alle mit dem Konkursverfahren im Zusammenhang stehenden Zivilprozesse (core proceedings) nach erfolgter Zuweisung.

Die vis attractiva concursus ist daher umfassend und führt so gut wie immer zum Bankruptcy Judge als Teil des District Court. Trotz der funktionalen Zuständigkeit des Bankruptcy Judge kann der District Court die Sache aber jederzeit an sich ziehen (28 U.S.C. § 157 (d)). Von einer Enthaltung (in der Sache nicht zu entscheiden) wird er nur ausnahmsweise Gebrauch machen, zumal eine Enthaltung in einer Sachentscheidung dem erklärten Ziel einer Verfahrenskonzentration und Beschleunigung des Konkursverfahrens entgegenwirken würde[19].

Für Non-Core Proceedings liegt die Entscheidungszuständigkeit beim District Court, dem Art III Richter.

§ 17 Die Zuständigkeit amerikanischer Konkursgerichte unter besonderer Berücksichtigung der vis attractiva concursus, dargestellt am Fall: United States Lines Inc. v. GAC Marine Fuels Ltd.

Neben dem oben dargestellten Zusammenspiel von 28 U.S.C. § 1334 (a) (b) und § 157, wonach der Bankruptcy Judge des District Court funktional zur Entscheidung in Core Proceedings befugt ist, bestimmt 28 U.S.C. § 1334 (e):

„The district court in which a case under title 11 is commenced or is pending shall have *exclusive jurisdiction* of all of the property, *wherever located*, of the debtor as of the commencement of such case, and *of property of the estate*“,[1]

d. h. also letztlich, der District Court – und in Fällen eines Core Proceedings der Bankruptcy Judge – hat ausschließliche sachliche Entscheidungszuständigkeit über das Vermögen des Gemeinschuldners, das zur Konkursmasse zählt, wo auch immer es sich befindet.

18 Vgl. 28 U.S.C. § 1334 (d).

19 So im Ergebnis auch *Dalhuisen*, International Insolvency and Bankruptcy, Vol 1, Part III, Chapter 2, 3 – 246, 3 – 226 zur forum non conveniens Lehre in den USA.

1 Hervorhebungen vom Verfasser.

Die Reichweite der so verstandenen „vis attractiva concursus“ und des über die Grenzen der USA hinauswirkenden Automatic Stay werden in der Entscheidung: *United States Lines, Inc., v.GAC Marine Fuels Ltd.,*[2] veranschaulicht.

I. Rechtsfrage und Sachverhalt

1. Die Rechtsfrage

Im Kern ging es um die Frage, ob GAC Marine (die Beklagte) der *„in personam jurisdiction“* des Bankruptcy Judge unterlag oder nicht. Damit im Zusammenhang steht die vis attractiva concursus in dem Sinne, daß die einzige Anknüpfung von GAC Marine zu den USA darin bestand, daß die Muttergesellschaft GAC (in Liechtenstein) ein Verkaufsbüro (für Bunkeröl) im Staat New Jersey unterhielt. Bestand also – nach allgemeinen Grundsätzen – „in personam jurisdiction“ über GAC Marine in New Jersey, so werden alle mit dem Reorganisationsverfahren im Zusammenhang stehende Prozesse von dem Bankruptcy Judge des District Court, soweit es sich um „core proceedings“ handelt, entschieden.

Hier zeigt sich in sehr prägnanter Form das Zusammenspiel zwischen der materiellrechtlichen Wirkung des Automatic Stay (§ 362 BC), der über die Grenzen hinaus wirkt, und der Verfahrenskonzentration vor dem Bankruptcy Judge.

Dem Bankruptcy Judge werden damit scharfe Waffen in die Hand gegeben, die auch eingesetzt werden, wenn amerikanische Interessen auf dem Spiel stehen.

2. Zum Sachverhalt

Die Klägerin United States Lines (USL) beantragte im November 1986 ein Reorganisationsverfahren in New York gem. Chapter 11 des BC. Die Beklagte, GAC Marine Fuels Ltd. (GAC Marine), arrestierte aufgrund Arrestbeschlusses des Supreme Courts von Hongkong dort im Dezember 1986 wegen der Lieferung von Bunkeröl das Schiff American California der Klägerin. Einen weiteren Arrest erwirkte GAC Marine, ebenfalls wegen in New York nicht bezahlten Bunkeröls vor Verfahrenseröffnung, durch den High Court von Singapore in das Schiff American Oklahoma der Klägerin. Der Wert des von GAC Marine an USL gelieferten Bunkeröls für die zwei Schiffe betrug ca. $ 240.000.

Als die Gemeinschuldnerin als Debtor in Possession von der Arrestierung der beiden Schiffe erfuhr, beantragte sie vor dem Bankruptcy Judge in New York, GAC Marine wegen Mißachtung des Gerichts (*contempt of court)* zu einer Geldstrafe zu verurteilen, da die Arrestierung der beiden Schiffe gegen den Automatic Stay des § 362 BC und gegen die erlassene einstweilige Unterlassungsverfügung des Gerichts (*restraining order*) verstoße.

---

2 In re Lean Industries, Inc. 68 B.R. 690 (Bankr. S.D.N.Y 1986).

GAC Marine bestritt die „in personam jurisdiction" des Bankruptcy Court, da sie nicht in den USA domiziliert sei und sich ihr Hauptgeschäftssitz in London befinde.

Nach den Feststellungen des Gerichts unterhielt die Muttergesellschaft GAC (Liechtenstein) neben anderen Büros in verschiedenen Staaten ein Büro in New Jersey, über das auch Bunkerölverkäufe von GAC Marine an USL abgewickelt wurden. Die Zahlungen wurden dann nach London übermittelt.

II. Zur Entscheidung und ihrer Begründung

Im Ergebnis gibt das Gericht dem Contempt of Court-Begehren der Klägerin statt und verurteilt die Beklagte zur Zahlung von $ 5.000 für jeden Tag, der verstreicht, ohne daß die Arrestierung aufgehoben wird.[3]

1. Verstoß gegen den Automatic Stay

In materieller Hinsicht wird festgestellt, daß durch die Arrestierung der Schiffe in Hongkong und Singapore, wegen Forderungen die vor der Verfahrenseinleitung entstanden waren, gegen § 362 (a) (1) BC verstoßen worden sei. Ferner liege ein Verstoß gegen § 362 (a) (3) BC vor, da die Gemeinschuldnerin in dem „Besitz ihres Eigentums" verletzt worden sei.

Durch § 541 (a) BC wird auch das Vermögen des Gemeinschuldners erfaßt, welches sich nicht innerhalb der Grenzen der USA befindet. Zu § 541 (a) wird ausgeführt:[4]

> Section 541 (a) makes clear that property of the estate is not so confinded *but consists of all property „wherever located"* in which the debtor has an interest.[5]

2. Sachliche Zuständigkeit

Hinsichtlich der sachlichen Entscheidungszuständigkeit des Bankruptcy Court mußte festgestellt werden, ob das Contempt of Court-Begehren als ein Core Proceeding einzustufen war, damit es der Zuständigkeit des Bankruptcy Judge unterliegt.[6] Hierzu heißt es, daß eine derartige Anordnung durch das Gericht direkt die Verwaltung der Konkursmasse betreffe:

> „it directly concerns the administration of the estate" (jetzt § 157 (b) (2) (A))"

---

3 AaO, 701.

4 AaO, 694.

5 Hervorhebungen vom Verfasser.

6 Zum Begriff der „core proceedings" oben § 16.

und ferner 28 U.S.C. § 157 (b) (2) (O) einschlägig sei, da die Liquidation des Vermögens des Gemeinschuldners berührt werde:

„... affecting the liquidation of the assets of the estate“ as provided in § 157 (b) (2) (O)“.[7]

Es handele sich also um ein „core proceeding“. Ein Bankruptcy Judge als Artikel I Richter besitze – so das Gericht – die Rechtsmacht, eine derartige Civil Contempt Order zu erlassen.[8]

3. In personam Jurisdiction

Der Bankruptcy Judge benötigt eine „in personam“ Anknüpfung über die Beklagte in den USA, damit der Rechtssteit von ihm gem. 28 USC. § 1334, § 157 (b) (1) entschieden werden kann.

Vorliegend hatte die Mutter (GAC Liechtenstein) ein Büro in New Jersey unterhalten,

„That the business of GAC in New Jersey is business done not occasionally or casually, but with a fair measure of permanence and continuity“,[9]

wo also Geschäfte nicht nur gelegentlich, sondern fortwährend abgewickelt wurden. Das sollte genügen.

In der Entscheidung des Supreme Court in Burger King Corp. v. Rudzewitz[10] ist nur gefordert worden,

Consequently the Supreme Court has recently taken to expressing the formula in terms of claims that „arise out or related to“ forum business activities or activities directed at residents of the forum,

daß das Verhältnis zwischen Forumstaat, dem zugrundeliegenden Rechtsstreit und der dortigen Geschäftstätigkeiten nur irgendwie „mittelbarer Art“ zu sein braucht.

Schließlich wird auch nach dem Restatement (second) of Conflict of Laws (1971) unter § 47 (2) nur gefordert,

„A state has power to exercise judicial jurisdiction over a *foreign corporation* which does business in the state with respect *to causes of action* that do *not* arise from the business done in the state if this business is so continuous and substantial as to make it *reasonable* for the state to exercise such jurisdiction“,[11]

---

7 AaO, 694, 695.

8 AaO, 695,695 mit Nachweisen aus der Rspr. Die Befugnis, eine Contempt Order zu erlassen werde auch durch die Marathon-Entscheidung nicht eingeschränkt, so das Gericht.

9 AaO, 699.

10 AaO, 698; 471 U.S. 462, 105 S.Ct. 2174, 2182, 85 L. Ed 2d 528 (1985); ferner A. von *Nehren & Trautman*, Jurisdiction to Adjudicate: A Suggested Analysis, 79 Harv. L. Rev. 1121, 1148 - 51 (1966).

11 AaO, 699 (Hervorhebungen vom Verfasser).

daß also eine fortwährende Geschäftstätigkeit in dem Forumstaat bestand. Der Klagegrund *selbst* muß sich nicht auf die Geschäftstätigkeit beziehen.

Im gegebenen Falle lag ein ausreichender Bezug zum Forumstaat vor (New Jersey), der sich auch auf die GAC Marine als Tochter von GAC erstreckte, auch wenn das Büro in New Jersey nicht von GAC Marine betrieben wurde.[12] Begründet wird diese Erstreckung der in personam-"Zuständigkeit" über die Beklagte für „Geschäftstätigkeiten in den USA" letztlich mit der Entscheidung *Frummer v. Hilton Hotels Int'l, Inc.*[13] Hier wird ausgeführt:

„Thus in Frummer, the court found general in personam jurisdiction over a London hotel through the acts of an affiliated corporation owned by the hotel's parents where the affiliate's purpose was to generate business for the hotel through soliciting business and confirming room reservations".[14]

Der vorliegende Fall liegt gleich gelagert: Wer mit GAC Marine Geschäfte machen wollte, mußte sich nur mit dem Büro in New Jersey in Verbindung setzen:

„anyone wanting to do business with GAC Marine here need only telephone it in New Jersey."

Folglich war auch hier „in personam jurisdiction" *in den USA* gegeben, so daß der Bankruptcy Judge aufgrund der vis attractiva concursus auch in der Sache entscheiden konnte, da es sich um ein Core Proceeding handelte.

III. Zusammenfassung

Der Fall zeigt einmal mehr, daß Ausländer (wenn amerikanische Interessen auf dem Spiel stehen) leicht von der sehr weit reichenden „in personam jurisdiction" der amerikanischen Gerichtsbarkeit erfaßt werden können. Dies gilt insbesondere

---

12 AaO, 700 unter Hinweis auf die Rechtsprechung, insbesondere Tokyo Boeki (USA), Inc. v.S.S. Navarino, 324 F. Supp. 361, 366 (S.D.N.Y 1971); Delagi v. Volkswagenwerk AG, 29 N.Y.2d 426, 431 - 32, 328 N.Y.S. 2d 653, 278 N.E.2d 895 (1972); Frummer v. Hilton Hotels Int'l, Inc., 19 N.Y. 2d 533, 281 N.Y.S. 2d 41, 227 N.E.2d 851 (1967), cert. denied 389 U.S. 923; Gelfand v. Tanner Motor Tours, Ltd. 385 F.2d 121.

13 Die Entscheidung in Sachen *Frummer v. Hilton Hotel* (aaO) ist zumindest erstaunlich. Der Sache nach war ein Bürger von New York im Hilton in London in der Badewanne ausgerutscht und verletzte sich bei dem Sturz. Er verklagte Hilton London in New York. Die in personam Jurisdiction von New York wurde letztlich damit begründet, daß Hilton (London) sich eines Büros in New York bediente, welches u.a. Reservierungen für Hilton London vornahm. Damit war in personam Jurisdiction gegeben. Auf die Tatsache, daß Frummer keine Reservierung über das Büro vornehmen ließ, kommt es nicht an.

Wäre dagegen ein „Engländer oder Franzose" in der Badewanne ausgerutscht, so muß angenommen werden, daß ein Gericht in New York den Klagegrund als in London oder in Paris belegen ansieht, und folglich seine Zuständigkeit ablehnt; zum Ganzen *Scoles/Hay*, Conflict of Laws, 302 ff.

14 AaO, 700.

im Falle eines Konkurses, wo grundsätzlich alle das Konkursverfahren berührenden Rechtsstreitigkeiten vor dem Bankruptcy Judge konzentriert werden.

Am Ende sei noch bemerkt, daß von Richter *Buschmann*[15] in der Entscheidung *In re Lean Industries, Inc.* in einer Fußnote unter Hinweis auf ältere Rspr.[16] die Frage aufgeworfen wird, ob nicht gar in personam Jurisdiction darauf gestützt werden könne, daß die USA ein Interesse an der Konkursverwaltung über heimische Gesellschaften habe und daß dieses Interesse so stark sei, eine *ausschließliche* Zuständigkeit der Gerichte – für Rechtsstreitigkeiten, die „property of the estate" gem. 28 U.S.C. § 1334 (e) betreffen – zu rechtfertigen. Damit einher gehe das Recht der Gerichte (der USA), Versuchen, sich ihrer Zuständigkeit zu entziehen, vorzubeugen und

„to determine the rights of all creditor wherever they may be" -

die Rechte aller Gläubiger, wo auch immer sie sein mögen, zu bestimmen.

Das Ergebnis ist weitreichend: Bestehende Zuständigkeiten ausländischer Gerichte werden von vornherein ausgeschlossen.

§ 18 Resümee: Gerichtsbarkeit, Zuständigkeiten in Konkurssachen

Das Recht der Zuständigkeit eines Gerichts scheint rein technisches Recht zu sein. Hinter seiner Regelung stehen aber rechtspolitische und rechtsstaatliche Konzeptionen. Sie mögen von Land zu Land verschieden sein. Aber sie dienen alle einem Zweck: der Bestimmung des gesetzlichen Richters.

I. Die Bedeutung der Zugangsvoraussetzungen

Für den rechtsanwendenden Juristen, insbes. den Anwalt, kann die Bedeutung dieser den Zugang zum entscheidenden Richter eröffnenden Prozeßvoraussetzungen nicht hoch genug veranschlagt werden. „Vergreift" er sich hier, so kann das zu einem langen Zuständigkeitsstreit führen, der den Parteien Steine statt Brot gibt. Denn die Rechtssuchenden wollen die Sachentscheidung.

Max *Kummer* zitiert in seinem Grundriß des schweizerischen Zivilprozesses[1] hierzu J.W.v. *Goethe*: „Wer das erste Knopfloch verfehlt, kommt mit dem *Zuknöpfen* nicht zu Rande". So ist es mit der Zuständigkeit.

---

15 68 B.R. 690 (Bankr. S.D.N.Y 1986), 697, Fn 4.

16 Mullane v. Central Hanover Bank Co., 339 U.S. 306, 313, 70 S.Ct. 652, 656, 94 L.Ed.2d 865 (1950); Hartford Life Ins. Co. v. IBS, 237 U.S. 662, 35 S.Ct. 692, 59 L.Ed. 1165 (1915); Bernheimer v. Converse, 206 U.S. 516, 27 S.Ct. 755, 51 L.Ed. 1163 (1907).

1 3. Aufl. 1987, 86.

Diese plastische Formulierung zeigt die Wichtigkeit einer zuverlässigen Beantwortung der Zuständigkeitsfrage auf.

II. Zusammenfassung des 2. Kapitels: Gerichtsbarkeit, Zuständigkeiten

Daher wurde versucht, das US-Zuständigkeitssystem durchschaubar zu machen und die US-Zuständigkeitskonzeption, die für den Kontinentaleuropäer verwirrend ist, in seine Begriffswelt zu transponieren. Dabei mußte der alle Zuständigkeiten umfassende US-Jurisdiction-Begriff aufgelöst werden. In die deutsche Begriffswelt übersetzt gilt folgendes:

1) Das Konkursgericht (District Court und Bankruptcy Court) hat *Gerichtsbarkeit* (jurisdiction) im völkerrechtlichen Sinne. Die vom Völkerrecht geforderten realen und personalen Anknüpfungen sind gegeben.

2) Die *internationale Zuständigkeit* von District Court und Bankruptcy Judge als Folge des nationalen Rechts schöpft bei Tatbeständen mit Auslandsberührung die völkerrechtlich gegebene Kompetenz weitgehend aus (Weltzuständigkeit, long arm statute).

3) *Sachlich zuständig* in Konkurssachen ist der District Court; in ihm ist die Zuständigkeit für das Konkursverfahren (case) dem Bankruptcy Judge (Bankruptcy Court) *zugewiesen*.

Für *Core Proceedings überträgt* der District Court die Entscheidungskompetenz dem Bankruptcy Judge. Dessen Zuständigkeit ist *funktionelle* Zuständigkeit.

4) *Core Proceedings* sind Zivilprozesse, die aus dem Konkursverfahren entstehen. Sie „landen" letztlich also beim Bankruptcy Judge (*vis attractiva concursus).*

Allerdings kann der Richter sich aus Gründen der *comity* und des *forum non conveniens* auch hier für unzuständig erklären und den Kläger selbst vor ein ausländisches Forum verweisen. Hinzu tritt die „Abstention" nach § 305 BC.

5) *In Non Core Proceedings* (related to-Fällen, die mit dem Konkurs nur in mittelbarem Zusammenhang stehen) ist der District Court zur Entscheidung berufen. *Eine Abgabe an den Bankruptcy Judge zum Zwecke einer Sachentscheidung findet nicht statt.* Doch kann der Bankruptcy Judge auf Anweisung des District Court die Beteiligten hören.

Für die „Abstention" gilt grundsätzlich das zu den Core Proceedings Gesagte.

6) *Örtlich Zuständig* ist der District Court bzw. der Bankruptcy Judge, in dessen Sprengel der Gemeinschuldner sein *domicile*, *residence* oder *place of business* oder seine *principal assets* hat.

§ 19 Arten der Konkursverfahren (Überblick)

Es gibt zwei Hauptkategorien des Konkursverfahrens: den Liquidationskonkurs – dem Konkurs der KO vergleichbar – und den Sanierungskonkurs (Reorganisationsverfahren), der mit dem Verfahren nach der VglO und dem Insolvenzplanverfahren nach §§ 217 ff InsO verglichen werden kann.

I. Der Liquidationskonkurs

1. Der Chapter 7-Konkurs („Liquidation“)

Man spricht hier von einem „Chapter 7 Konkurs“ (Liquidation).

Dieser Konkurs nach Chapter 7 (§§ 701ff BC) hat fünf Abschnitte:

- getting the debtor into bankruptcy court;
- collecting the debtor's property;
- selling this property;
- distributing the proceeds of the sale to creditors; and
- determining whether the debtor is discharged from further liability to these creditors.[1]

2. Die fünf Abschnitte

Begonnen wird er mit dem Konkursantrag §§ 301, 303 (b) BC an den Bankruptcy Court. Es werden offizielle Formblätter verwendet.[2] Diese sehen vor, daß Liquidation erstrebt wird.

Sowohl *voluntary* als auch *involuntary cases* sind möglich, doch sind involuntary-Fälle, die von Gläubigern betrieben werden, selten.[3]

Der formale Ablauf des Verfahrens gleicht dem des Rechts nach der KO und jetzt der InsO. Die Restschuldbefreiung (fünfter Abschnitt der InsO) war dem deutschen Recht fremd, wird aber nun von der InsO (§§ 286 ff) vorgesehen.

---

1 Vgl. die Übersicht bei *Epstein/Nickles/White*, 9.

2 Bankr. R. 9009.

3 Siehe *Epstein/Nickles/White*, 9.

3. Der Konkursbeschlag, die Konkursmasse (estate) und die Bereinigung der Masse

Durch den mit der Aushändigung des Konkursantrages an das Gericht eintretenden Automatic Stay[4] wird eine Konkursmasse gebildet (*estate*), die vom Trustee verwaltet wird.[5]

Der Verwalter bereinigt die Masse. Er zieht Vermögen des Gemeinschuldners, das sich in der Hand Dritter befindet, zur Masse. Er leitet Konkursanfechtungsverfahren vor dem District Court ein.[6] Das nicht in Geld bestehende Vermögen wird versilbert. Nach der Schuldenbereinigung der Masse als solcher wird die Verteilungsmasse zur Auszahlung gebracht, zunächst an bevorrechtigte Gläubiger, dann *pro rata* an die einfachen Gläubiger.[7]

4. Und schließlich stellt sich gegebenenfalls die Frage der *Restschuldbefreiung*. Sie ermöglicht dem Schuldner „a fresh start".[8]

II. Der Sanierungs-(Reorganisations-)Konkurs

1. Der Chapter 13-Konkurs, der Debtor in Possession

Er ist typischerweise ein Reorganisationsfall. Überschrieben ist Chapter 13 (§ 1301ff BC) mit „*Adjustment of debts of an individual with regular income*". Charakteristisch für diesen Fall ist, daß in der Regel kein Verwalter bestellt wird; doch ist dies möglich (§ 1302 BC). Es kann vom United States Trustee ein Standing Trustee bestellt werden. Im Normalfall bleibt der Gemeinschuldner im Besitz seines Vermögens, und er arbeitet einen Zahlungsplan zum Zwecke der Befriedigung seiner Gläubiger aus. Man spricht von einem *debtor in possession.* Er hat die Rechte eines *Trustee* (§ 1301 BC).

---

4 Dazu unten § 29, § 30.

5 Vgl. zur Bestellung des Trustee unten § 21.

6 Zur Konkursanfechtung unten § 33 ff.

7 Vgl. §§ 726 (a) BC i.V.m. § 507 (a) (1)-(9) BC [von einem Abdruck muß vorliegend abgesehen werden, da die Vorschriften sich über 6 Seiten eines US-Großformates erstrecken], wonach bestimmten ungesicherten Gläubigern ein Vorzugsrecht eingeräumt wird; vgl. hierzu unten § 20 II hinsichtlich der Privilegierung von Steuerforderungen. Auf sonstige Einzelheiten des Verteilungsverfahrens, da von rein nationaler Bedeutung, kann hier aus Raumgründen nicht eingegangen werden.

8 Zum Ganzen *Epstein/Nickles/White*, 11 ff einleitend; vgl. aber unten §§ 55, 38, 39 für den Ausschluß der Discharge.

2. *Die fünf Abschnitte*

Sie werden von *Epstein / Nickles / White* beschrieben.[9] Hervorzuheben ist: Nur Debtors (nicht Gläubiger!) können diesen Weg, wiederum mit Hilfe eines amtlichen Formulars, beschreiten. *Weiterhin*: Die Gläubiger werden, nachdem der Richter den Plan gebilligt hat, entsprechend dem Plan aus den Einkünften des Gemeinschuldners *nach Verfahrensbeginn* bezahlt. Dabei enthält der Plan üblicherweise Zahlungserstreckung über fünf Jahre.

Schließlich: Die Restschuldbefreiung deckt typischerweise mehr Schulden ab als im Liquidationskonkurs. Der Plan sieht Herabsetzung der Schuld und Stundung vor.

3. *Der Chapter 11-Konkurs*

Wie *Epstein / Nickles / White* ausführen, führt dieser Konkurs grundsätzlich zur Reorganisation[10]. Er ist das typische Reorganisationsverfahren; das Chapter 13-Verfahren ist demgegenüber von praktisch untergeordneter Bedeutung.

a) Überschrift: „Reorganization“

Die Überschrift dieses Kapitels (§§ 1101 ff BC) besagt bereits, daß es hier um Sanierung geht – jedenfalls in erster Linie.

Obwohl die §§ 1101 ff BC diesen Konkursweg nicht auf Kaufleute beschränken, ist jedoch der *Business-Case* für Chapter 11 typisch. Und damit ist dies der wichtigste Reorganisationsweg.

b) Die sieben Abschnitte

Wieder sei im einzelnen auf *Epstein / Nickles / White* verwiesen.[11] Grundsätzlich gilt es hervorzuheben:

Das Verfahren hat sieben Abschnitte:

- getting the debtor into bankruptcy,
- operating the business,
- formulating a plan of rehabilitation,
- creditor acceptance of the plan,
- court confirmation of the plan,

9 11 ff.

10 *Epstein / Nickles / White*, 12, und unten §§ 77 – 79.

11 *Epstein / Nickles / White*, 12.

- discharge as a result of confirmation,
- payment under the plan.

Es geht also im Verfahren um die Ausarbeitung eines Reorganisationsplans, der von den Gläubigern angenommen und vom Gericht bestätigt werden muß und der Teilerlaß oder (und) Stundung zum Inhalt hat (discharge). Und dann ist der Plan zu erfüllen.

Die Bedeutung dieses Rehabilitationsweges ist aber nicht nur de facto größer als die der anderen Konkursmöglichkeiten. Der Weg des Chapter 11 ist, ohne Rücksicht auf die Höhe der Schulden, Korporationen, Partnerships und Einzelnen eröffnet; während der Chapter 13-Konkurs nur Einzelnen mit regulärem Einkommen eröffnet ist. Zudem gibt es Schuldengrenzen nach § 109 (e) BC (zwischen $ 250.000 und $ 750.000).[12]

4. Sonderfall: Der Konkursbeschlag, die Konkursmasse und ihre Bereinigung in Chapter 13-Verfahren

Es tritt hier ein besonderer „*stay*" ein, der gem. § 1301 BC als *stay of action against codebtor* bezeichnet wird, d. h. auch Klagen von Gläubigern gegen einen Drittschuldner des Gemeinschuldners werden untersagt. § 1301 (a) stellt dazu fest, daß

> „a creditor may not act or commence or continue any civil action, to collect all or any part of a consumer debt of the debtor from any individual that is liable on such debt with the debtor, or that secured such debt, unless ...".

Die Konkursmasse soll auf diese Weise zusätzlich materiell- wie verfahrensrechtlich geschützt werden. Auch in einem Chapter 13-Verfahren ist die Berufung eines Trustee möglich (§ 1302 BC), stellt aber nicht den Regelfall dar. Vielmehr ist es der Gemeinschuldner (*debtor*), der weiterhin sein Vermögen verwaltet. Als Kaufmann (*debtor engaged in business*) wird er seine Geschäfte weiter betreiben, doch kann der Bankruptcy Judge andere Anordnungen, die grundsätzlich in seinem Ermessen stehen, treffen (§§ 1303, 1304 BC).

Trotz des *Prozeßverbots* in § 1301 BC können einzelne, besonders bezeichnete Forderungen auch gerichtlich geltend gemacht werden, so nach § 1305 (a) BC Steuerforderungen während des Verfahrens und bestimmte Konsumentenforderungen.

Allerdings gibt es auch hier Einschränkungen, die sich aus den Ziff. (b) und (c) des § 1305 BC ergeben.

Die Konkursmasse wird in § 1306 BC als *property of the estate* definiert, wobei diese Definition eine Zusatzdefinition ist, d. h.: Die allgemeine Regel von § 541 BC trifft auch hier zu;[13] es treten aber noch Vermögenserwerbe nach *Eröffnung*

---

12 Im großen und ganzen $ 250.000 für unsecured debts, $ 750.000 für secured debts.

des Verfahrens hinzu. Und § 1306 (b) stellt fest, daß, wenn nicht im Reorganisationsplan etwas anderes vorgesehen ist, „*the debtor shall remain in possession of all property of the estate*".

III. Die Unterschiede der Konkursarten

Das Chapter 11- wie auch das Chapter 13-Verfahren will das wirtschaftliche Überleben des Gemeinschuldners sichern. Im Vordergrund steht daher der Reorganisationsplan, der vom *debtor* auszuführen ist. Im allgemeinen soll der Plan so gestaltet sein, daß er das Weiterführen des Betriebes erlaubt. Zu erfüllen ist der Plan – über Jahre – grundsätzlich aus den *postpetition earnings of the debtor*, wobei die *discharge*, der Schuldenerlaß, im bestätigten Plan eingeschlossen ist. Das ist eben der Unterschied zum Chapter 7-Fall, in dem der Schuldenerlaß davon abhängt, ob ein *statutory ground* hierfür gegeben ist.

Der Chapter 11-Konkurs und der Chapter 13-Konkurs sind beide Reorganisationsverfahren. Aber: der Reorganisationsplan nach Chapter 13 ist stets vom Gemeinschuldner vorzulegen; er wird im allgemeinen mit dem Konkursantrag eingereicht und ist vom Gericht zu bestätigen.

Im Falle von Chapter 11 aber wird der Plan in oft Monate dauernder Arbeit erstellt. Gemeinschuldner und die Gläubiger durch die Gläubigerausschüsse wirken mit ihren Plänen mit. Schließlich stimmen die Gläubigerausschüsse ab. Und dann kommt es zur Bestätigung durch das Gericht, und – wie bereits betont – in dem bestätigten Plan liegt eine (ggf. bedingte) Schuldminderung vor, während in den 13-er Fällen die Schuldminderung erst gewährt wird, wenn der Gemeinschuldner den Plan erfüllt.[14,15]

IV. Weitere Konkursverfahren (Sonderfälle)

Sie seien nur genannt, weil sie weniger und kaum internationale Bedeutung haben:

Chapter 12-Konkurs, §§ 1201 ff BC: Adjustment of debts of a family farmer with regular annual income. Auch hier geht es um ein Rehabilitationsverfahren.

Chapter 9-Fälle, §§ 901 ff BC: *Adjustment of debts of a municipality.*

---

13 Vgl. zur Konkursmasse unten Kapitel 3, §§ 24 - 28.

14 Vgl. *Epstein/Nickles/White*, 13.

15 *Über den Reorganisationskonkurs und seine Auswirkungen auf das Ausland*, insbes. Deutschland, siehe unten – besonders zum Chapter 11-Konkurs – §§ 77 ff., wo auch auf Einzelfragen eingegangen wird. Grundlegend zum Chapter 11-Verfahren schon *Riesenfeld*, Das amerikanische Sanierungsverfahren – Ein rechtsvergleichender Überblick, KTS 1983, 85 – 101. Auf die Ausführungen von Riesenfeld kann insgesamt verwiesen werden, *ders.* ferner, Neue Entwicklungen im Reorganisationsrecht der Vereinigten Staaten in: Das Unternehmen in der Krise, hrsg. von *Birk/Rolf/Kreuzer/Karl*, 1986.

Chapter 7, Subchapters III und IV, §§ 741 ff., 761 ff BC: *Stockbroker and Commodity Broker Liquidation.*

Chapter 11, Subchapter IV: Railroad Reorganisation,[16] §§ 1161 ff BC.

§ 20 Die Beteiligten: Gemeinschuldner (debtor) und Gläubiger (creditor); insbesondere: Steuerforderungen im Konkurs

Gemeinschuldner und Gläubiger sind die Beteiligten des Verfahrens, in dem es darum geht, die Gläubiger des Gemeinschuldners in möglichst gleicher Weise zu befriedigen.

I. Der Gemeinschuldner

Die Frage, wer Gemeinschuldner sein kann, ist bereits in § 13 II erörtert worden. Auf diese Darstellung sei verwiesen. Betont sei erneut, daß grundsätzlich Jedermann Gemeinschuldner sein kann.

II. Die Gläubiger

1. Definition

Sie findet sich in § 101 (10) (A-C) BC:

„(10) 'Creditor' means -

(A) entity that has a claim against the debtor that arose at the time of or before the order for relief concerning the debtor;

(B) entity that has a claim against the estate of a kind specified in section 348 (d), 502 (f), 502 (k) or 502 (i) of this title, or

(C) entity that has a community claim".

2. Gesicherte, bevorrechtigte und einfache Gläubiger

Der US-amerikanische Konkurs ist Klassenkonkurs. Die Anzahl der Konkursvorrechte[1] übersteigt kontinentaleuropäische Vorstellungen. Unterschieden werden: gesicherte Forderungen (secured claims), privilegierte Forderungen (claims mit einer „priority") und einfache Forderungen (general claims).

Die privilegierten Forderungen mit *priorities* sind in § 507 BC aufgelistet. Auf Einzelheiten kann hier nicht eingegangen werden. Wohl aber sei der wichtigste

16 Vgl. hierzu weiterführend *Epstein / Nickles / White*, Practitioner Treatise.

1 Die InsO kennt keine Konkursvorrechte mehr.

Fall: die Steuerprivilegien des Fiskus, auch im Zusammenhang mit anderen Priorities wird anschließend erörtert.

III. Öffentlichrechtliche Forderungen, insbesondere Steuerforderungen

1. Grundsätzliches

Daß sie zum Konkurse zugelassen sind, ergibt sich aus der Definition in § 101 (10) BC. Sie werden in der Regel schon durch ein gesetzliches Pfandrecht geschützt, zumindest aber als pivilegierte Konkursforderungen eingestuft.

2. Steuerforderungen als dinglich gesicherte Forderungen

Die Frage nach der Sicherung von Forderungen des Fiskus wird nach der Rechtsprechung des Supreme Court[2] im Hinblick auf die Zentralvorschrift des § 541 (a) (1) BC, der den Umfang der Masse (*property of the estate)* bestimmt, unterschiedlich behandelt, je nachdem, ob es sich um ein Liquidations- oder ein Reorganisationsverfahren handelt.

Grundsätzlich sind Steuerforderungen des Fiskus durch ein *gesetzliches Pfandrecht gesichert* (statutory liens)[3] und „konkurrieren" mit anderen dinglichen Berechtigungen am Vermögen des Gemeinschuldners[4].

Im allgemeinen muß ein Dritter, der im „Besitz" von Vermögen des Gemeinschuldners ist, nach Beantragung des Insolvenzverfahrens auf Anforderung des Insolvenzverwalters (oder Gemeinschuldners) die Gegenstände herausgeben. Dies ergibt sich aus § 542 BC. Dies gilt auch dann, wenn dem Dritten an einem Warenlager ein (gesetzliches) Pfandrecht zusteht.

Hat z. B. A dem B (Gemeinschuldner) einen Kredit gewährt, so erhält A als Sicherheit ein gesetzliches Pfandrecht am Warenbestand des B. Zahlt B den Kredit hierauf nicht zurück, so könnte A das Warenlager des B unter den Voraussetzungen der §§ 9 - 503 des Uniform Commercial Code (UCC) in Besitz nehmen. Sollte B aber ein *Reorganisationsverfahren* gem. Chapter 11 einleiten, so müßte A das Wa-

---

2 United States v. Whiting Pools Inc. 462 U.S. 198, 103, S.Ct. 2309, 76 L. Ed.2d. 513 (1983).

3 Vgl. Section 6321 of the Internal Revenue Code of 1954, 26 U.S.C. § 6321, der bestimmt: „If any person liable to pay and tax neglects or refuses to pay the same after demand, the amount... shall be a lien in favor of the United States upon all property and rights to property, whether real or personal, belonging to such person."

4 § 541 (a) (1) ... „all legal or equitable interests of the debtor in property as of the commencement of the case". Zur Insolvenzmasse zählt gem. § 541 (a) (3), (7) das durch die Insolvenzanfechtung Erlangte, wie auch sonstiges Vermögen, welches *nach* der Insolvenzeröffnung *erworben* wird.

renlager wieder an B als Debtor in Possession (oder den Insolvenzverwalter) herausgeben. Dies ergibt sich aus § 542 (a) BC.[5] Die Vorschrift schafft damit eine (besitzrechtliche) Berechtigung für die Insolvenzmasse an bestimmten Vermögensgegenständen des Gemeinschuldners, die sich zum Zeitpunkt der Eröffnung des Reorganisationsverfahrens nicht (mehr) in den Händen des Gemeinschuldners befänden.[6] Das Gesagte gilt aber nur, soweit ein Reorganisationsverfahren gem. Chapter 11 eingeleitet worden ist, welches nicht auf die Liquidation des Schuldnervermögens abzielt, sondern der Fortführung des Unternehmens dienen soll.[7]

Nach dem Dictum des Supreme Court in United States v. Whiting Pools scheint klar zu sein, daß das gleiche sowohl für Pfandrechte von Privatgläubigern als auch für Pfandrechte des Fiskus (IRS – *Internal Revenue Service*) gilt, wenn der Gläubiger sein Pfandrecht *vor* Eröffnung des Reorganisationsverfahrens erlangt hat und danach die Herausgabe an die Insolvenzmasse begehrt wird.[8]

Etwas anderes scheint in einem Liquidationsverfahren gem. Chapter 7 zu gelten. In einem solchen Verfahren gehe es schließlich um die Liquidation des Schuldnervermögens, so daß es sich bei solchen Vermögensgegenstände im Besitz von Dritten nicht um Vermögensgegenstände handele, die der Trustee gem. § 363 BC gebrauchen, verkaufen oder vermieten könne[9].

Kann demnach in einem Liquidationsverfahren gem. Chapter 7 ein Herausgabebegehren an die Insolvenzmasse von Vermögensgegenständen, die mit einem ge-

---

5 § 542. Turnover of property to the estate": (a) Except as provided in subsection (c) or (d) of this section, an entity, other than a custodian, in possession, custody, or control, during the case, of property that the trustee may use, sell, or lease under section 363 of this title, or that the debtor may exempt under section 522 of this title, shall deliver to the trustee, and account for, such property or the value of such property, unless such property is of inconsequential value or benefit to the estate".

6 United States v. Whiting Pools, Inc., 462 U.S. 198 ... „In effect, § 542 (a) grants to the estate a *possessory interest* in certain property of the debtor *that was not held by the debtor at the commencement of reorganisation proceedings";* zum Ganzen *Epstein/Nickles/White,* §§ 2 - 8 und dort Fn 2; In re Ayscue, 123 B.R. 28 (Bankr. E.D.Va. 1990); In re Aegean Fare, Inc., 34 B.R. 965 (Bankr. Mass. 1983).

7 Gleiches soll auch in einem Reorganisationsverfahren gem. Chapter 13 gelten, also dem Reorganisationsverfahren über eine „natürliche Person mit regelmäßigem Einkommen" (§ 109 (e) BC). Vgl. *Riesenfeld,* Creditors' Remedies, 521 unter Hinweis auf Matter of Williams, 44 B.R. 422 (Bankr. N.D.Miss. 1984); In re Davis, 40 B.R. 934 (Bankr. S.D. 1984); In re Attinello, 38 B.R. 609 (Bankr. E.D.Pa. 1984) wo die Insolvenzgerichte einen Antrag auf Herausgabe der verpfändeten Gegenstände an die Insolvenzmasse stattgegeben hatten.

8 *Epstein/Nickles/White,* §§ 2 - 8 Fn 2.

9 So R. *Ginsberg,* Bankruptcy, § 5.04 (2d ed. 1989), *Epstein,* aaO, Fn 2 „In the typical Chapter 7 case, the trustee is liquidating and so the property in possession of a third party is *not* property that the trustee may use, sell or lease under section 363", *Riesenfeld,* aaO, 521. Der Supreme Court hat die Frage offen gelassen, vgl. United States v. Whiting Pools, Inc., 462 U.S. 198, Fn 17 ... „Our analysis in this case depends in part on the *reorganization* context in which the turnover order is sought. We express no view on the issue whether § 542 (a) has the same broad effect in liquidation or adjustment of debt proceedings".

setzlichen Pfandrecht belastet sind, nicht nach § 542 (a) BC gestellt werden, so bestehen derartige gesetzliche Pfandrechte zunächst einmal fort.

Es stellt sich freilich die Frage, inwieweit ein solches Pfandrecht *angefochten* werden kann. Die Anfechtbarkeit würde sich nach § 547 BC, und hier insbesondere gem. § 547 (b) i.V.m. 547 (c) (6) BC richten. Gem. § 547 (c) (6) wird die Anfechtbarkeit ausgeschlossen, wenn das gesetzliche Pfandrecht nicht gem. § 545 BC anfechtbar ist. Die in § 545 BC – insbesondere Abs. 1 u. 2 – beschriebenen Fälle, beziehen sich in der Hauptsache auf Fallkonstellationen, wonach die Anfechtung zulässig ist, wenn das gesetzliche Pfandrecht im Zeitpunkt der Eröffnung des Verfahrens noch nicht „festgesetzt" (fixing) worden ist, sondern sich erst *danach verwirklicht.*[10] Nur in einem solchen Fall kommt man zur Anfechtbarkeit gem. § 547 (b).

Hat z. B. A seine (Bundes)Einkommensteuer nicht bezahlt und wurde hierauf der Fehlbetrag gegen A festgesetzt, A die Zahlung seiner Steuerschuld dennoch verweigert, so entsteht kraft Gesetzes ein Pfandrecht zugunsten der Vereinigten Staaten am gesamten Vermögen des Schuldners.[11] Ein solches Pfandrecht zugunsten des Fiskus bedarf zu seiner Wirksamkeit (*fixing* of a statutory lien) im Rahmen einer Insolvenz einer Anmeldung (zur Eintragung),[12] was in der Regel (sofort) und mit dem Ziel geschieht, sich eine Priorität gegenüber anderen dinglich gesicherten Gläubigern zu verschaffen.[13] Wurde der Antrag auf Registrierung des

---

10 „§ 545. Statutory liens. The trustee may avoid the *fixing* of a statutory lien on property of the debtor to the extent that such lien –

(1) *first* becomes *effective* against the debtor –

(A) when a case under this title concerning the debtor is commenced;

(B) when an insolvency proceeding other than under this title concerning the debtor is commenced;

(C) when a custodian is appointed or authorized to take or takes possession;

(D) when the debtor becomes insolvent;

(E) when the debtor's financial condition fails to meet a specified standard; or... „ (Absätze 2 - 4 sind nicht abgedruckt; Hervorhebung vom Verfasser).

11 26 U.S.C.A § 6321.

12 Vgl. § 6323 (f) Federal tax lien is perfected by *filing public notice* as prescribed by federal law.

13 26 U.S.C.A § 6323 (a). Vorrang des gesetzlichen Pfandrechts des Fiskus gegenüber Rechten des Grundstückskäufers, Inhabern einer dinglichen Sicherheit, gesetzlichem Pfandrecht von Bauhandwerkern, Gläubigern einer Zwangshypothek. Eingehend zum Ganzen, *Riesenfeld*, Creditors' Remedies, 136 - 138; 264 - 265: Nicht berührt werden *rechts*geschäftlich bestellte dingliche Sicherheiten (§ 6323 (h) (i)). Hierbei ist zwischen dem Arrestbeschlag zwecks Sicherung (attachment lien) zugunsten eines Gläubigers und seiner späteren Festsetzung im Urteil als „judgment lien" (Zwangshypothek) zu unterscheiden: Ein Pfandrecht zugunsten des Fiskus geht einem Arrestbeschlag durch einen Gläubiger vor, wenn die *Registrierung des Pfandrechts zugunsten des Fiskus* zwar *nach* dem Arrestbeschlag aber *vor* der dem Urteil zugunsten des Arrestgläubigers erfolgt. Alle in einem *gerichtlichen Verfahren erlangten Pfandrechte vor* dem Urteil gehen einem Pfandrecht zugunsten des Fiskus *nach,* wenn die Registrierung des Pfandrechts zugunsten des Fiskus *vor* Erlaß des Urteils erfolgte; siehe United States v. Security Trust & Sav. Bank, 340 U.S. 47, 71 S.Ct. 111, 95 L.Ed.53 (1950);

Pfandrechts innerhalb von 90 Tagen *vor* Beantragung eines Insolvenzverfahrens über das Vermögen von A gestellt, so wäre das Pfandrecht an sich gem. § 547 (b) (4) (A) BC anfechtbar. Dies gilt (wie gesagt) nicht für ein gesetzliches Pfandrecht (§ 547 (b) i.v.m. § 547 (c) (b), § 545 BC), da es schon zum Zeitpunkt des Beginns des Insolvenzverfahrens bestand (§ 545 (1) BC). Weil das Pfandrecht nicht gem. § 545 angefochten werden kann, kann es somit auch nicht als eine Gläubigerbevorzugung angefochten werden (§ 547 (c) (b) BC).

Auch wenn *ausnahmsweise* ein gesetzliches Pfandrecht zugunsten des Fiskus gem. § 545 (1) BC angefochten werden kann,[14] so erfährt die Forderung des Fiskus im Rahmen der Verteilung dennoch eine Privilegierung.

IV. Die Privilegien (priorities) bei der Verteilung

Gem. § 726 (a) (1) BC[15] ist die Privilegierungsfolge des § 507 BC für ungesicherte Forderungen zu beachten. An erster Stelle stehen die Forderungen der Insolvenzverwaltung einschließlich der Masseschulden (§ 507 (a) (1)[16], gefolgt von:

United States v. Acri, 348 U.S. 211, 214, 75 S.Ct. 239, 241, 99 L.Ed.264 (1955); United States v. Liverpool & London & Clobe Ins. Co., 348 U.S. 215, 75 S.Ct. 247, 99 L.Ed.268 (1955). Dies gilt auch für den Fall, daß nach dem Recht eines Bundesstaates die Festsetzung im Urteil als „judgment lien" an sich auf den Zeitpunkt der Arrestierung zurückwirkt, siehe aaO, United States v. Security Trust. Letztlich: ein Arrestgläubiger, der eine Zwangshypothek (judgment lien) an einem Grundstück *vor* dem Antrag auf Registrierung des Pfandrechts zugunsten des Fiskus erlangt, besitzt ein (Rang)Vorrecht gegenüber einer derartigen Sicherheit (des Fiskus), 26 U.S.C.A § 6323 (a).

14 Hinsichtlich der Anfechtbarkeit gem. § 545 (2) BC, vgl. *Epstein/Nickles/White*, §§ 6 - 62.

15 „§ 726. Distribution of property of the estate

(a) Except as provided in section 510 of this title, property of the estate shall be distributed –

(1) first, in payment of claims of the kind specified in, *and in the order* specified in, section 507 of this title, proof of which is timely filed under section 501 of this title or tardily filed before the date on which the trustee commences distribution under this section"; (vom Abdruck der Unterabsätze – 2 US-Großformatseiten – wird abgesehen; Hervorhebung vom Verfasser).

16 „§ 507. Priorities

(a) The following expenses and claims have priority in *the following order*:

(1) First, administrative expenses allowed under section 503 (b) of this title, and any fees and charges assessed against the estate under chapter 123 of title 28. (Vom Abdruck der Absätze (2) - (7) wird aus Platzgründen abgesehen).

(8) Eight, allowed unsecured claims of governmental units; only to the extent that such claims are for –

(A*) a tax* on or measured by *income* or *gross receipts* –

(i) for a taxable year ending on or before the date of the filing of the petition for which a return, if required, is last due, including extensions, after three years before the date of the filing of the petition"; (vom Abdruck der Absätze (a) (8) (ii) (iii); B-G; 507 (b) wird aus Platzgründen abgesehen; Hervorhebung vom Verfasser).

Forderungen aus gewöhnlichen Geschäften nach Eröffnung des Verfahrens aber vor Ernennung des Verwalters (§ 507 (b) (2)), Lohn-, Gehalts-, Verkaufskommissionsforderungen usw. (§ 507 (b) (3)), Forderungen aus Sozialplänen (§ 507 (b) (4)), Forderungen von Fischern und Getreideproduzenten (§ 507 (b) (5)), Forderungen aufgrund einer Anzahlung in Geld zwecks Erwerbs / Miete von (Grund)Eigentum oder bezüglich (bestimmter) nicht ausgeführter Dienste (§ 507 (a) (6)) und schließlich Forderungen zwecks Unterhalts der Ehefrau / früheren Ehefrau oder Kindern des Gemeinschuldners (§ 507 (a) (7)). Hierauf folgen unmittelbar § 507 (a) (8) BC, die ungesicherten, aber zumindest privilegierten Forderungen zugunsten des Fiskus, insbesondere für Steuern auf Lohn / Einkommen bzw. Bruttoeinkommen.

Es kann also festgehalten werden, daß im Rahmen eines Liquidationsverfahrens Steuerforderungen regelmäßg schon durch ein gesetzliches Pfandrecht (statutory lien) gesichert sind. Sollte es ausnahmsweise nicht wirksam entstanden sein oder einer Anfechtung durch den Trustee unterliegen, so erfahren sie zumindest eine Privilegierung im Rahmen von § 507 (a) (8) (A) - (G) BC. Hinsichtlich der Privilegierung von Steuerforderungen in einem Reorganisationsverfahren ist die Stellung derartiger Forderungen durch den Supreme Court in United States v. Whiting Pools, Inc.[17] eingehend beschrieben worden.

V. Die Beachtung der Steuervorrechte im ausländischen Insolvenzverfahren

Die US-Gerichte erwarten, daß die amerikanischen Steuerprivilegien auch im Ausland beachtet werden. Geschieht das nicht, so wird etwa eine Reduktion in einem ausländischen Sanierungsverfahren aus Gründen der Comity[18] nicht anerkannt. Hierfür ist folgender Fall ein Beleg.

Overseas Inns S.A.P.A. v. United States of America

Es handelt sich um ein Urteil des Court of Appeals 5th Circuit vom 19. Sept. 1990,[19] das zeigt, daß die Comity Doktrin in ihrer jetzigen Anwendung durchaus auch zur *Nicht*anerkennung ausländischer Reorganisationspläne führen kann. In der Quintessenz ging es darum, daß in einem luxemburger Reorganisationsplan, der vor luxemburgischen Konkursgericht bestätigt worden war, US-amerikanische Steuerforderungen als einfache Konkursforderungen eingestuft worden waren. Sie sollten mit einer den einfachen Gläubigern zustehenden Quote von 23,49 % abgefunden werden.

---

17 642 U.S. 198, 103 S.Ct. 2309, 76 L.Ed.2d 515 (1983).

18 Generell zur *Comity* unten §§ 42 - 44; aber auch unten §§ 58 - 60.

19 911 F.2d 1146 (5th Cir. 1990), rehearing denied 20. 10. 1990; hierzu auch *O'Donnell*, 15 Suffolk Transnat'l L.J., 747 ff. (1992).

Die US-Steuerbehörde forderte jedoch mit einer Klage vor dem District Court for the Northern District of Texas den vollen Steuerbetrag. Sie erhielt ihn, bestätigt durch den Court of Appeals. Die Berufung auf Comity zur Anerkennung des luxemburgischen Zwangsvergleichs wurde zurückgewiesen, und zwar aus folgenden Gründen:

Der Court of Appeals verweist zwar auf die anerkennungsfreundliche Tendenz der *Comity* seit der Entscheidung Hilton v. Guyot[20] und der Salen-Entscheidung.[21] Allerdings hätten US-Gerichte Comity stets abgelehnt, wenn die Anerkennung zur Verletzung anerkannter US-Interessen und Grundsätze (*policies*) geführt hätten.[22] Weiterhin oder erst recht sei die Anerkennung zu versagen, wenn sie zur Mißachtung übergeordneter öffentlicher Grundsätze (*strong public policies*) des Inlandes führen würde.[23]

Die Verletzung *strong public policies* im luxemburger Verfahren sieht das Gericht in folgendem: Nach dem BC 1978 sind Steuerforderungen besonders bevorrechtigt. Sie werden weitgehend (bei jungen Forderungen durch ein gesetzliches Pfandrecht am Vermögen des Gemeinschuldners) gesichert (*statutory lien*), sind also insoweit im Konkurs bestandskräftig.[24] Eine Anfechtung dieser Pfandrechte durch den Verwalter findet nicht statt.[25] Zumindest aber sind sie bevorrechtigte Forderungen (§ 507 (a) (8) BC). Schließlich werden sie von der Discharge[26] *nicht* erfaßt, wenn etwa eine Steuererklärung nicht abgegeben worden war (§ 523 (a) (1) BC).[27]

Der Court of Appeals sieht in der nicht vollen Berücksichtigung US-amerikanischer Steuerforderungen im ausländischen Insolvenzverfahren einen Grund, der ausländischen Entscheidung, die in der Bestätigung des Reorganisationsplans durch den luxemburgischen Konkursrichter liegt, im Inlande *aus Gründen des ordre public* jede Anerkennung zu verweigern.

---

20 Unten § 42 I.

21 Unten § 42 II.

22 Laker Airways Ltd. v. SABENA, Belgian World Airlines, 731 F.2d 909, 937, (D.C .Cir. 1984).

23 Hilton 159 U.S. 205 - 206, Cunard S.S.Co. 773 F.2d 559. Vgl. auch Banque de Financement S.A. v. First National Bank of Boston 568 F.2d 911, 921 (2d Cir. 1977): Hier ging es um den Schutz US-amerikanischer Bürger.

24 Vgl. oben § 20 III.

25 Vgl. BC § 547 (b) i.V. 547 (c) (6), dazu *Epstein / Nickles / White*, §§ 6 ff.

26 Vgl. unten §§ 37, 38.

27 Vgl. *Epstein / Nickles / White*, §§ 7 - 25, insbes. 494: Steuerforderungen durch Discharge im Konkurs aufzuheben, sei ein unsicheres Unterfangen.

VI. Ausländische Steuerforderungen im US-Konkurs

Fall Overseas Inns zeigt, daß es durchaus „denkbar" ist, auch ausländische Steuerforderungen zum inländischen Insolvenzverfahren zuzulassen. In Luxemburg ist das offenbar der Fall.

Bereits aus der Definition der Gläubigereigenschaft in § 101 (10) BC müßte man folgern, daß sie am Bankruptcy-Verfahren in den USA teilnehmen können.[28]

1. Das Gesetz

Befragt man den Bankruptcy Code weiter, so ist zudem festzustellen:

In den *General Provisions*, § 101 (Definitions) heißt es unter Ziff. 27:

„Governmental unit means United States, State... or a *foreign* State, or other *foreign* or domestic government".

In § 507 (a) (8) (*priorities*) kann man lesen, daß

„allowed unsecured claims of Governmental Units" ... „for a tax" ...

eine Priority genießen.

Darüber hinaus können US-Tax-Claims auch als „*secured claims*"[29] pfandrechtsartig vorweg zu befriedigen sein. Und schließlich werden sie grundsätzlich[30] von der Schuldbefreiung ausgenommen.

Es erscheint also *vom Gesetz* her klar: Ausländische öffentlichrechtliche, insbesondere Steuerforderungen, haben Zutritt zum Bankruptcyverfahren.

2. Die Literatur

Dennoch liest man zu unserer Frage bei *Siehr*,[31] es gebe ein *overriding principle:* „No foreign claim for taxes will be enforced by local courts although government units to which the code refers are also foreign States or governments". *Siehr* sieht dabei zwar die §§ 101, 507 BC. Er beruft sich, wie gesagt, aber auf ein *„overriding principle"*.

---

28 § 101 (10) BC „creditor" means –
(A) entity that has a claim against the debtor that arose at the time of or before the order for relief concerning the debtor
(B) entity that has a claim against the estate ...

29 Vgl. § 20 III.

30 Vgl. unten § 38.

31 Taormina General Report, International Aspects of Bankruptcy Ziff. 33 (noch nicht veröffentlicht) (1995); zum Ganzen auch unten § 76.

Siehr bezieht sich auf den Nationalbericht zum Taormina-Kongreß 1995 von *Westbrook* für die USA.[32] Hier heißt es: „As to taxes, the USA follows the general international rule, in and out bankruptcy, that it will not enforce foreign claims for taxes at all, with or without priority". Als *Rechtsquelle* zitiert er: „See Restatement, Second, Conflict of Laws, secs., 228 - 30, 251 - 54 (1969), *Weintraub* Commentaries on the Conflict of Laws secs. 8.21, 8.28, 8.33 3d ed."

Entgegen amerikanischer Praxis, die von gerichtlichen Entscheidungen ausgeht, wird von *Westbrook* keine Entscheidung eines US-Gerichts zitiert. Dennoch dürfte die Ansicht von Westbrook mit der Judikatur übereinstimmen. Immerhin wurden selbst Steuerforderungen von „Schwesterstaaten" in den USA bis zur Entscheidung des Supreme Court in Sachen Milwaukee County v. M. E. White Co.[33] nicht zur Vollstreckung zugelassen. Die Gerichte müssen dies aber nun tun. Bei ausländischen Steuerforderungen scheint ein Widerwillen der Gerichte gegen eine Berücksichtigung ausländischer Steuerforderungen zu bestehen. Als eigentliche „Rechtsquelle" bleibt so das Restatement.

3. Das Restatement[34]

Das Restatement wird demnach wie eine Rechtsquelle angewandt. Es handelt sich aber bei ihm um eine Serie von Bänden, die vom American Law Institute herausgegeben wird und die aussagt, „what is the law", geschrieben by „leading scholars". Diese Restatements hätten „a formidable force in shaping the discipline of law covered" und sie würden oft von den Gerichten zitiert: „they are either followed or distinguished" (Black's Law Dictionary). Die dort niedergelegte Grundregel in § 483 ist unmißverständlich: Ausländische Steuer- oder Strafurteile müssen in den USA nicht anerkannt (oder vollstreckt) werden.

4. Die Meinung von F. A. Mann insbesondere

F.A. *Mann*,[35] ein besonderer Kenner der Materie, scheint, jedenfalls *prima vista*, auch der Meinung zu sein, ausländische Steuerforderungen seien zum inländischen Konkurs nicht zuzulassen. Er argumentiert vom Völkerrecht her und meint, kein souveräner Staat setze – es sei denn aufgrund eines Staatsvertrags – Steuerforde-

---

32 *Westbrook,* United States National Report (noch nicht veröffentlicht).

33 296 U.S. 268, 56 S.Ct. 229, 80 L.E.d. 220 (1935).

34 Restatement of Law (Third), American Law Institute Publishers 1987, § 483 „ Recognition and Enforcement of Tax and Penal Judgments: Courts in the United States are not required to recognize or to enforce judgments for the collection of taxes, fines, or penalties rendered by the courts of other states".

35 Öffentlichrechtliche Ansprüche im internationalen Rechtsverkehr, RabelsZ, 21 (1956), 1 ff, insbes. 7 ff.

rungen ausländischer Fisci durch – weder im Wege der Einzelvollstreckung noch in einem Insolvenzverfahren.

Das Urteil, auf das sich *Mann* für den Konkurs beruft, stammt vom Irischen Obersten Gerichtshof.[36] Es hat aber die Besonderheit, daß es sich um einen schottischen Konkurs handelt, in dem der schottische Fiskus *einziger* Gläubiger des Gemeinschuldners war. *Mann* merkt dann, nachdem er sich so dezidiert gegen die Zulassung ausländischer Steuerforderungen ausgesprochen hatte, auch, daß dies kein „wirklicher Konkurs" war. Und er meint schließlich, die Frage sei, ob der Gerichtshof anders – er hatte der Steuerforderung nicht zur Durchsetzung verholfen – entschieden hätte, wenn der Fiskus zu *anderen* Gläubigern in Konkurrenz getreten wäre. Es sei „vielleicht" zu antworten – so *Mann* – er hätte dann wohl die Fiskusforderung im gleichen Umfange berücksichtigt wie andere Forderungen.

Also – so fragt man sich hier: Will *Mann* schließlich doch ausländische Steuerforderungen zulassen?

Was aber das völkerrechtliche Argument betrifft: Das Völkerrecht *gebietet nicht, verbietet aber auch nicht*, ausländische Steuerforderungen zu berücksichtigen. Ein Staatsvertrag ist jedenfalls nicht notwendig. Auch eine autonome Regelung ist hinreichend.[37] Und hier fragt sich, ob nicht § 101 (10) i.V.m. § 101 (27) BC diese autonome Norm darstellt.

Entgegenstehendes Richterrecht wäre zwar möglich. Aber hat sich solches *seit Inkrafttreten* des BC gebildet? Es mag sein, daß die *tradierte Auffassung* gegen die Zulassung sprach. Aber ist sie nicht durch den BC außer Kraft gesetzt worden? Das sind Fragen, die sich der kontinentaleuropäische Jurist stellt.

5. Berücksichtigung der Kommentierung von § 483 Restatement (Third)

Das Restatement ist keine Rechtsquelle. Es ist aber – und seine Kommentierung – eine literarische Erkenntnisquelle ersten Ranges wie etwa die unter der Schirmherrschaft des Hamburger *Max-Planck-Instituts* herausgegebene Encyclopaedia of Comparative Law. Solange keine Entscheidungen US-amerikanischer Obergerichte und insbes. des Supreme Court zu unserer Frage veröffentlicht und damit nachprüfbar vorliegen, sei daher gestattet, zu unterscheiden: Es gibt keine „*general international rule*", keine Regel des bindenden Völkerrechts, die besagt, ausländische Steuerforderungen und dgl. hätten keinen „Zutritt" zum Inlande. In diesem Sinne wird in der Kommentierung des Restatements zu § 483 die Nichtanerkennung ausländischer Steuerforderungen durch die US-amerikanischen Gerichte, unter Hinweis auf eine englische Entscheidung – In re Norway[38] –, ausdrücklich in

---

36 Peter Buchanan Ltd. v. Mc. Vey, A.C., insbes. 7 ff.

37 Dazu bereits *Herzfeld,* Probleme des internationalen Steuerrechts, Vierteljahresschrift für Steuer- und Finanzrecht 6 (1932), 422 ff., 441.

38 (1986) 3 W.L.R. 452, Restatement (Third), aaO, 613, 614.

Frage gestellt und letztlich gar verworfen: Es gebe keine US-amerikanische- oder internationale Regel, die verletzt werden würde, wenn die Gerichte der Vereinigten Staaten ausländische Steuerurteile durchsetzten[39].

Nichts hindert uns daher daran, die §§ 101, 507 des Bankruptcy Code so zu lesen, wie wir es getan haben.[40]

6. Fiskusvorrechte

Der Fall Overseas Inns S.A.P.A. v. United States of America[41] zeigt, daß die USA erwarten, daß ihre Steuerprivilegien auch in einem Auslandskonkurs beachtet werden. In diesem Sinne erwarten sie auch, daß sie nicht in eine Restschuldbefreiung – hierauf lief der luxemburgische Reorganisationsplan mit seiner Abfindung von 23,49% hinaus – einbezogen werden, so, wie es im amerikanischen Recht für US-Steuerforderungen keine Discharge gibt.[42] Die Frage stellt sich für den US-Konkurs in gleicher Weise: Sind ausländische Steuerforderungen *mit ihren Privilegien* zuzulassen? Werden ausländische Steuerforderungen von der *Discharge* erfaßt?

Soweit ersichtlich, gibt es zu dieser Problematik keine Entscheidungen – offenbar, weil sich ausländische Fisci bisher nicht an US-Konkursen beteiligt haben. Im Verhältnis zu Deutschland wird die erste Fragestellung mit der InsO obsolet; denn die InsO kennt keine Fiskusvorrechte mehr. Sonst aber wird zu fragen sein, ob Sinn der US-Vorrechte eine besondere Bevorzugung *nur des US-Fiskus* sein soll. Diese Auffassung – Vorrechte nur für den heimischen Fiskus –[43] ist im deutschen Recht zu § 61 KO vertreten worden. Was aber die Problematik „Discharge oder nicht" betrifft, so stellt sich die gleiche Frage – nur für den inländischen Fiskus? – auch hier. Letztlich wird dies für die USA mit Hilfe der *public policy (ordre public)* zu beantworten sein. Eine Einzelanalyse ohne vorliegende Entscheidungs- und Literaturstellen bezüglich dieses Problems ist hier nicht möglich. Wohl aber kann festgestellt werden, daß das ausländische Recht darüber befindet, ob es eine amerikanische Discharge anerkennt – ebenso, wie dies die US-Rechtsprechung für eine aus-

39 AaO, 611.

40 Dazu *Note,* The Non-Recognition of Foreign Tax Judgements: International Tax Evasion, U.Ill. L.Rev. 214 (1981) ... die Nichtanerkennung schützt letztlich Steuerflüchtlinge. Vgl. ferner § 85 zur Behandlung ausländischer Steuerforderungen im gesonderten Insolvenzverfahren, ferner *W. Habscheid,* Öffentlichrechtliche Forderungen, insbes. Steuerforderungen im Konkurs, KTS 1996, 201 ff.

41 Oben zu V.

42 Unten § 38.

43 Der deutsche Fiskus hat für seine Steuerforderungen künftig nach der InsO keine Privilegierung mehr. Darüber hinaus werden seine Forderungen grundsätzlich von der Restschuldbefreiung erfaßt. Demgegenüber sind US-Steuerforderungen grundsätzlich gesichert, zumindest aber privilegiert *und* unterliegen nicht der Discharge, vgl. hierzu unten § 38 II.

ländische Restschuldbefreiung tut.[44] Daß dabei hinkende Rechtsverhältnisse entstehen können, muß hingenommen werden.

§ 21 Die Organe des Konkursverfahrens

Organe des Konkursverfahrens sind: Konkursgericht (Bankruptcy Court), Konkursverwalter (Trustee) und Debtor in Possession, Creditors" Meeting (Gläubigerversammlung), Creditors" Committee (Gläubigerausschuß) und Examiner.

I. Das Konkursgericht (Bankruptcy Court), der Bankruptcy Judge und der Instanzenzug

Das Konkursgericht (Bankruptcy Court) ist das gerichtliche Organ des Konkursverfahrens.

1. Bankruptcy Court, Bankruptcy Judge und Instanzenzug

U.S.C. Title 28 führt die Überschrift: Judiciary and Judicial Procedure. Nach deutschem Rechtsverständnis enthält diese Bestimmung des US-Code sowohl gerichtsorganisatorische als auch verfahrensrechtliche Regelungen.

Title 28 § 151 sieht vor, daß die Bankruptcy Judges am Bankruptcy Court beim District Court amtieren. Dieser ist ein Bundesgericht.[1] Der Bankruptcy Court, besetzt mit Bankruptcy Judges ist „a unit of the district court", heißt es dann weiter in § 151: Der Bankruptcy Judge ist „a judicial officer of the district court".

Schließlich sagt Title 28 § 151 aus, daß der Bankruptcy Judge mit den Angelegenheiten in Konkurssachen zu befassen sei: „may exercise the authority... with respect to any action, suit or proceeding". Was diese weite Formulierung im einzelnen bedeutet, wird zu untersuchen sein.

Und es heißt schließlich, daß er „may preside alone and hold a regular or special session of the court, except as otherwise provided by law *or by rule or order of the district court*".

Auf das letztere kommt es an: Der Bankruptcy Judge ist zwar eine „unit" des Distriktsgerichts, aber er steht unter dem mit Life-Time-Richter besetzten District Court. M.a.W.: Der Court kann „by rule" jederzeit intervenieren und so eine Sache (wieder) an sich ziehen.

---

44 Oben zu V.

1 So auch 28 U.S.C. § 157 (d).

Während die „ordentlichen“ Bundesrichter auf Lebenszeit ernannt werden und unabsetzbar und unversetzbar sind, wird der Bankruptcy Judge vom Court of Appeals seines Districts auf 14 Jahre ernannt. (Title 28 U.S.C. § 152).[2] Sein Gehalt, festgelegt in Prozentzahlen des Gehalts eines ordentlichen District Judges, liegt unter dessen Bezügen (Title 28 U.S.C. § 153). Er ist auch nicht unversetzbar. 28 U.S.C. § 155 sieht vor, daß er zeitweilig in einen anderen District versetzt werden kann, und zwar durch Beschluß des Judicial Council des District Court.

Diese mindere Rechtsstellung des Bankruptcy Judge hat zu der Frage geführt, ob er unabhängiger Richter im Sinne der US-Verfassung sei. Mit der Frage mußte sich der Supreme Court befassen.[3] Auf seine Entscheidung und ihre Konsequenzen wird einzugehen sein.[4]

„Berufungsgericht“ gegen Entscheidungen der Bankruptcy Courts ist das Distriktgericht (Title 28 U.S.C. § 158 (a) (3)), an dem der Bankruptcy Judge amtiert, und zwar wird dieser *Appeal* von einem „bankruptcy appelate panel“, der mit Bankruptcy Judges besetzt ist, entschieden, doch steht dieser Panel unter einer Art Oberaufsicht der District Judges (vgl. i.e. § 158 (b) (c)).

Eine „echte“ Berufung ist dieser Appeal nicht, vielmehr ein spezieller Rechtsbehelf, wie etwa die Anrufung des Richters gegen Rechtspflegeentscheidungen im deutschen Recht.

Der *Court of Appeals* ist gem. § 158 (d) *echtes* Berufungsgericht, das grundsätzlich „shall have jurisdiction of appeals from all final decisions, judgments, orders and decrees entered under subsections (a) and (b) of this section“.[5]

2. Title 28 U.S.C. § 1334

Die originäre Gerichtsgewalt liegt demnach beim District Court. Title 28 U.S.C. § 1334 spricht das dann auch klar aus:

(a) „...the district courts shall have original *and exclusive* jurisdiction of all *cases* under title 11“, also in allen Konkurs*sachen.*

Dann aber heißt es weiter:[6]

(b) „... the district courts shall have original but *not exclusive* jurisdiction of all *civil proceedings* arising *under* title 11, or *arising in* or *related to* a cases under title 11.

---

2 An jedem District Court amtieren i.d.R. mehrere Bankruptcy Judges, die größte Zahl, 21, in Central California, im einzelnen gesetzlich geregelt in U.S.C. Title 28 § 152 (2).

3 458 U.S. 50 (1982).

4 Folgender § 22.

5 Auf den komplexen Fall von § 158 (c) sei hier nicht eingegangen. Er ändert am Grundschema nichts. Zum Instanzenzug bei Bundesgerichten im allgemeinen: *Blumenwitz,* Einführung in das anglo-amerikanische Recht, 5. Aufl. 1991, insbes. 29 ff.

6 Vgl. oben § 16.

Die beiden Abschnitte unterscheiden daher, in deutscher Terminologie zwischen ausschließlicher Zuständigkeit bei *cases* (a) und *nicht* ausschließlicher Zuständigkeit (b) in „*civil proceedings under* title 11 (Fall 1), oder arising *in* a case under title 11 (Fall 2) oder *related to* a case under title 11" (Fall 3).

Andererseits: Dieser Zuständigkeit kann sich aber der Court entledigen (Buchst.(c) (1) des § 1334): „in the interest of justice" – hier spielt die forum non conveniens-Theorie hinein,[7] „or in the interest of comity with State courts or respect for State law", nicht bei den *cases* (a), aber doch in den nicht in die exclusive Jurisdiction fallenden *civil proceedings*" nach Buchst. b.

3. Zu Title 28 U.S.C. § 157

Der District Court, der also die originäre Gerichtsgewalt hat, kann diese an die Bankruptcy Judges delegieren. Er kann dies generell, er kann es aber auch im Einzelfall tun, er kann schließlich die Delegation für alle oder nur bestimmte Proceedings aussprechen. Das folgt aus § 157. Aus 28 U.S.C. § 157 folgt aber auch, daß die Entscheidungsgewalt bei Non-Core Proceedings beim District Court bleibt (i.e. siehe, auch zur Gesetzesgeschichte, § 22).

Die vom Bankruptcy-Richter gefällten Entscheidungen sind mit Rechtsbehelfen und Rechtsmitteln zum District Court anfechtbar (Title 28 U.S.C. § 158).[8]

II. Der Konkursverwalter (trustee) und der Debtor in Possession

1. Der United States Trustee

Ist der Antrag beim Konkursgericht eingebracht, so ist es nicht der Konkursrichter, der den Verwalter ernennt, sondern der United States Trustee, ein Bundesbeamter, der für fünf Jahre vom Attorney General der USA ernannt ist. Jede der für diesen Zweck eingerichteten 21 Regionen der Staaten erhält so einen United States Trustee, eine Behörde, zu der ein „staff" gehört. Der United States Trustee darf daher nicht mit dem Trustee i.S. des Verwalters verwechselt werden, obwohl er auch in Konkurssachen einwirken kann.[9] Die Organisation der United States Trusteeship ist in Title 28 U.S.C. §§ 581ff geregelt.

2. Der Trustee, seine Rechtsstellung

Dieser United States Trustee beruft im Liquidationsverfahren (Chapter 7-Case)[10] sofort einen vorläufigen Verwalter. Trustee kann *jedermann* werden. Aber es

---

[7] Vgl. oben §§ 15 III, 16 II.

[8] Siehe auch zuvor ad. 1.

[9] *Epstein/Nickles/White*, 7, Bankr. R. 2020, § 1501 ff (2) BC.

stehen nicht immer genügend Privatpersonen zur Verfügung. Daher können auch Mitglieder aus dem US-Trustee-Staff berufen werden.

Die Gläubiger können dann aber den ernannten Verwalter durch einen gewählten ersetzen; doch kommt dies im Liquidationsverfahren selten vor.[11]

Im wichtigeren Reorganisationsverfahren nach Chapter 11 wird der Trustee, wenn ein solcher ausnahmsweise auf Anordnung des Gerichts bestimmt werden soll, ebenfalls vom United States Trustee ernannt. Aber es muß dies eine Privatperson sein. Weder der United States Trustee noch ein Mitglied seiner Staff dürfen dieses Amt übernehmen.

Über die Berufung zum Trustee, seine Qualifikation, seine Absetzung, überhaupt seinen Status geben im einzelnen die Vorschriften von §§ 321 ff BC Auskunft.

Der Trustee wird von *Epstein/Nickles/White*, als *„representative of the creditors*" bezeichnet.[12] Andererseits heißt es in § 323 BC:

„(a) The trustee in a case under this title is the representative of the estate, und

(b) The trustee under this title has capacity to sue and be sued."

Das ist gegenüber der Definition von *Epstein/Nickles/White*, jedenfalls ein Mehr.

In Title 28 U.S.C. §§ 581 ff findet sich, wie gesagt, *die Regelung der US-Trusteeship*. Es ist noch einmal zu unterscheiden, daß dieser US-Trustee nicht der Case-Trustee ist. Der US-Trustee beruft den Trustee im einzelnen Fall und hält dafür auch eine Liste von Personen bereit, die berufen werden können. Er überwacht auch die Amtsführung der Trustees und berät das Gericht (im einzelnen: Title 28 U.S.C. § 586). Er hat ferner das Recht, in jedem Konkursfall und in jedem Konkursrechtsstreit vor Gericht zu intervenieren. § 307 BC: „The United States trustee may raise and may appear and be heard on any issue in any case or proceeding under this title but may not file a plan persuant to section 1121 (c) of this title". Er darf also auch in Fällen erscheinen, in denen kein Trustee bestellt ist. Für die Definition des Trustee-Begriffs (i.S. unseres Konkurs- bzw. Insolvenzverwalters) gibt demnach die Regelung für die United States Trustees nichts her. Es handelt sich hier um eine typisch amerikanische Institution.

Rechtsvergleichend bleibt die Definition des Trustee von *Epstein/Nickles/White*, und die Regelung in §§ 323 ff BC.

Black's Law Dictionary[13] will wohl die *Epstein/Nickles/White'sche* Formel mit der Regelung in §§ 323 ff in Einklang bringen, die den Trustee auch in einem Vertrauensverhältnis zum Gemeinschuldner sieht; er definiert daher:

---

10 *Epstein/Nickles/White*, 7.

11 *Epstein/Nickles/White*, 7.

12 *Epstein/Nickles/White*, 7.

13 6. Auflage 1991.

„*Trustee in bankruptcy.* Any person in whom the *property of a debtor* is vested in trust for the creditors; see bankruptcy code § 321 et seq., 28 U.S.C.A. § 581 et seq.“.[14]

Es geht also um die „property of a debtor“, die dem Trustee *anvertraut* ist. Die Property (als estate) wird vom Trustee repräsentiert, zum Zwecke der Gläubigerbefriedigung verwaltet, und für diese „Masse“ tritt der Trustee gerichtlich und außergerichtlich auf. Aber er handelt auch im Interesse des Gemeinschuldners, indem er seine Schulden einer Bereinigung, letztlich durch das Gericht, zuführt, wobei er insbesondere den Weg zur Schuldbefreiung ebnet.

Angesichts dieser Gesetzeslage läßt sich m. E. *Hans Hanisch's* These, der Trustee sei (treuhänderischer) Eigentümer der Masse[15], kaum mehr halten. Sie sagt mehr, als das Gesetz es verlangt. Allerdings hat *Hanisch* seine Theorie vor dem Bankruptcy Code aufgestellt. Sie ist daher wohl im Sinne dieses Gesetzes fortzuschreiben. Diese Fortschreibung hat *Honsberger*[16] im Sinne unserer Auslegung des Bankruptcy Code vorgenommen, er schreibt: „Under the Code, there is no longer an assignment of property to the estate ... all non exempt property of the debtor wherever located, creates an estate. Title apparently remains in the debtor, but the exclusive right to administer the estate passes to the trustee“

Nach meiner Auffassung, die sich mit der von *Honsberger* deckt, ist demnach der Trustee *sowohl* Treuhänder für die Gläubiger als auch für den Gemeinschuldner. Er *vertritt* beider Interessen in Bezug auf die zur Masse gewordene *property* des Gemeinschuldners.

Eine solche Rechtsfigur ist dem deutschen Recht nicht unbekannt. Man denke z. B. an einen Notar, speziell in einem Auseinandersetzungsverfahren. Er hat hier auch gegenteilige Interessen auszugleichen.

3. Der Trustee und seine Aufgaben

Wie bereits betont: Der Trustee hat das Konkursvermögen zu verwalten, zu bereinigen und hier insbesondere nicht in der Ist-Masse befindliches Vermögen zur Masse zu ziehen (ggf. durch Zahlungs-, insbes. Anfechtungs- und Herausgabeklagen). Dieses Vermögen soll so als Verteilungsmasse im Liquidationskonkurs den Gläubigern entsprechend ihren Rängen zugeführt werden. Im Reorganisationsverfahren wird es dem sanierten Unternehmen zur Verfügung stehen.

---

14 Der Hinweis auf Title 28 U.S.C.A. §§ 581 ff. ist aber aus unserer Sicht verfehlt, weil der hier geregelte Fall des US-States-Trustee nicht mit dem Trustee i.S. unseres Konkursverwalters zu tun hat.

15 *Hanisch,* Rechtszuständigkeit der Konkursmasse. Die Wiederentdeckung selbständiger Rechtsbeziehungen der Konkursmasse in rechtsvergleichender Sicht, 1973, 204 ff.

16 *Honsberger,* Conflicts of Laws and the Bankruptcy Reform Act of 1978, 30 Case W. Res. L. Rev., 631, 659 (1980).

Bei der Verwaltertätigkeit ist es erforderlich, *über Massevermögen zu verfügen.* § 363 BC gibt dem Verwalter die Befugnis, dies zu tun; er wird durch § 364 ermächtigt, das Geschäft des Gemeinschuldners fortzuführen und Kredite aufzunehmen – alles jedoch unter vielen Kautelen und der Oberaufsicht des Gerichts, das anders entscheiden kann.

In jedem Insolvenzverfahren spielen die noch nicht beendeten Gebrauchsüberlassungsverträge (*unexpired leases*) und die noch nicht voll abgewickelten gegenseitigen Verträge (*executory contracts*) eine große Rolle. § 365 BC sagt hierzu in Absatz (a) daß:

„except as provided in sections 765, 766 of this title and in subsections (b), (c), and (d) of this section the trustee *subject to the court's approval*,[17] may assume or reject any executory contract or unexpired lease of the debtor".

Der ganze § 365 BC kann hier wegen seiner Überlänge (acht Seiten Großformat) nicht wiedergegeben werden.[18] Wichtig bleibt die Feststellung, daß das *wirtschaftliche Ermessen des Trustee gesetzlich gebunden* ist und daß die Rechtshandlungen des Verwalters der *Genehmigung des Bankruptcy Judge* bedürfen.

4. Der Debtor in Possession

Er spielt die entscheidende Rolle in den Reorganisationsverfahren nach Chapter 11, also in den bedeutendsten Verfahren nach dem BC. Es soll hier der Gemeinschuldner grundsätzlich sein Geschäft, das ja „gerettet" werden soll, weiterführen.

Dieser Debtor in Possession hat nach § 1107 BC alle „rights, powers, functions and duties of a trustee".

Terminologisch ist hervorzuheben, daß die Bezeichnung *debtor in possession* nicht durchweg durchgehalten wird. Sie erscheint nur in §§ 1103 (c), 1106 (b), 1110, 1112 (a) und 1168 BC. Sonst spricht das Gesetz nur von „debtor". Gemeint ist aber stets der Gemeinschuldner, der unter der Kontrolle des Richters seinen Betrieb weiterführt.[19]

Der Debtor in Possession ist somit Konkursorgan. Allerdings kann in den Fällen von Chapter 11 auch ein Trustee bestellt werden.

III. Creditors' Meeting (Gläubigerversammlung)

§ 341 (a) BC sieht vor, daß der United States Trustee ein Creditors" Meeting einzuberufen hat und ein Meeting of Security Holders einberufen kann. Auf die Kompetenzen dieser Versammlungen ist hier nicht einzugehen. Zudem spielen

---

17 Unterstreichung vom Verfasser.

18 Vgl. zu den „leases and executory contracts": *Epstein/Nickles/White*, 223 ff., *Westbrook*, „Bilateral Contracts" , in: The International Symposium, 303 ff.

19 *Epstein/Nickles/White*, 7, Fn 6.

diese Versammlungen praktisch keine Rolle: „usually nobody comes“ bemerken *Epstein/Nickles/White*.[20] Wichtig ist allerdings, daß die Gläubiger in diesem Meeting ein Creditors Committee (Gläubigerausschuß) wählen können. Dies ist für den Chapter 7 Konkurs in § 705 BC geregelt.

IV. Creditors' Committee (Gläubigerausschuß)

Eine weitaus wichtigere Rolle als die Gläubigerversammlung spielt das Committee im Reorganisationsverfahren nach Chapter 11, wobei Creditors' Committees i.e.S. und Security Holders' Committees zu bilden sind. Der United States Trustee ernennt die Mitglieder des Committees der „creditors holding unsecured claims“, und er *kann* zusätzliche Committees of „equity security holders” berufen. Auf Antrag eines Beteiligten kann das Gericht die Bestellung weiterer Committees anordnen; der United States Trustee hat dann die Mitglieder zu ernennen (§ 1102 (a) (1) (2) BC). Allerdings kann auf Antrag der Bankruptcy Judge in kleineren Fällen anordnen, daß ein Committee *nicht* zu bilden sei (§ 1102 (a) (3) BC).

Die Creditors- und Security Holders Committees spielen im Reorganisationsverfahren eine entscheidende Rolle. Sie wirken bei der Erarbeitung des Reorganisationsplans und bei der Abstimmung über den Plan mit.[21] Sie sind hier die Vertreter der Gläubiger.[22]

Im einzelnen ist auf das Procedere in und mit diesen Committees nicht einzugehen, wohl aber ist zu bemerken, daß auch Ausländer Mitglieder sein können, denn aus § 1102 (b) (1) (2) ergibt sich als Qualifikation lediglich, daß es sich um „persons willing to serve“ handeln muß.[23]

V. Der Examiner[24]

Er ist Hilfsorgan in einigen Chapter 11-Fällen. Er soll auf Anordnung des Konkursrichters „investigate and perform such other duties as the court may order“.

20 452.

21 Dazu grundlegend, *Riesenfeld*, Das amerikanische Sanierungsverfahren, KTS 1983, 85, 91 ff. *Forman*, The Role of Creditor Committee in Reorganizations under Chapter 11, 11-ALI-ABA Cours Materials Journal 47 (1986); *Cuevas,* Due Prozess and Adequate Representation in a Chapter 11 Case: The Appointment and Removal of Members of a Creditors' Committee in a Corporate Reorganisation, 24 New Eng. L.Rev. 333 (1989), *Epstein/Nickles/White*, 6 ff.

22 *Epstein/Nickles/White,* I 7, „representative of creditors' in chapter 11 cases“.

23 Aus der deutschen Literatur vgl. *Reinhart*, Sanierungsverfahren im internationalen Insolvenzrecht, 1994, insbes. 108 ff., ferner – zum Sanierungsverfahren nach der InsO und kritisch zur Übernahme „amerikanischer Schwachstellen“, *Bork,* ZZP 109 (1996), 473 ff.

24 Vgl. *Kaplan*, The Role of the Examiner: Some Observations, 4 Bankr. Dev. J. 439 (1987), *Schnyder*, The Examiner in the Reorganisation Process: A Need to Modify, 45 Bus. Law. 35 (1989).

Es kommt selten zur Ernennung eines Examiners durch das Gericht, und auch das nur in *Großfällen* „in the interests of creditors ...“ (vgl. i.e. § 1104 BC).[25]

Differenzen mit einem Trustee sollen vermieden werden. Ist ein Trustee ernannt, darf kein Examiner bestellt werden. Andererseits: Ist zunächst ein Examiner bestellt worden, kann das Gericht doch noch – wenn erforderlich – einen Trustee berufen. Der Trustee steht also im Vordergrunde.[26]

§ 22 Der Bankruptcy Judge, unabhängiger Richter?

Daß der Bankruptcy Judge Richter ist, wird in den USA nicht bestritten. Nur ist die Frage, ob er auch *unabhängiger* Richter sei, nach wie vor offen.

I. Der Marathon Case

1. Der Sachverhalt und die Entscheidung des US Supreme Court

Der Gemeinschuldner als „*debtor in possession*“[1] (Northern Pipeline Constr. Co.) hatte Marathon Pipeline aus Vertragsbruch auf Schadensersatz vor dem Bankruptcy Court verklagt. Er wollte den Schadenersatzanspruch, der sich auf State Law gründete, zur Masse ziehen. Es handelte sich also um eine Aktivklage, die bei Vorliegen einer Verwaltung vom Trustee zu erheben gewesen wäre.

Der Beklagte wandte ein, der Bankruptcy Judge habe keine Jurisdiction. Denn er sei nicht nach Art III der Verfassung der USA auf Lebenszeit mit allen daran hängenden Garantien ernannt. Er sei nur einer der Richter nach Art I der Verfassung, die auf Zeit berufen würden. Dieser Richter aber sei kein unabhängiger Richter. Nur der Richter nach Art III sei ein solcher. In der Tat wird der Bankruptcy-Richter auf Zeit ernannt; er war gem. 28 U.S.C. § 1471 *a.F.* zuständig für

a) all title 11 cases

b) civil proceedings *arising under* the bankruptcy code

c) all civil proceedings *arising in* a bankruptcy case and

d) all civil proceedings *related to* a bankruptcy case.[2]

---

25 *Epstein / Nickles / White*, 8, nennt 5 Mill. Dollar, i.e. § 1104 (c) (2) BC; unten § 59 die Bestellung eines Examiners in der Maxwell-Entscheidung, eben wegen des Umfangs der Sache.

26 *Epstein / Nickles / White*, 8.

1 Hier wurde kein „*trustee*“ eingesetzt. Dieser „*debtor in possession*“ untersteht der Aufsicht des Bankruptcy Judge.

2 Vgl. zu allen *Jeffrey T. Ferriell*, Constitutionality of the Bankruptcy Amendments and Federal Judgeship Act of 1984, 63 Am. Bankr.L.J. , 109 ff. (1989).

Die Angelegenheiten nach b), c) werden als „core proceedings" (typische Konkurssachen) bezeichnet, die nach d) als „*non* core proceedings". Ohne Zweifel handelte es sich *in casu* um einen Fall nach Buchstabe d) (bankruptcy related litigation) also ein „non core proceeding",[3] das nach dem Willen des seinerzeitigen Gesetzgebers auch durch den Bankruptcy Judge entschieden werden sollte.

In letzter Instanz gab der Supreme Court der Vereinigten Staaten dem Beklagten Recht[4] und führte dem Sinne nach zusammengefaßt, aus, den Bankruptcy Judges fehle die zur Entscheidung *dieser Zivilprozesse* notwendige Unabhängigkeit, die nur den auf Lebenszeit ernannten und durch „salary protection" geschützten Richtern nach Art III der Verfassung zukommt. Art 1471 wurde somit aufgehoben.[5]

2. *Die Gesetzesänderung 1984*

Die Entscheidung des Supreme Court löste eine Justizkrise aus. Um diese zu beheben, erließ der Gesetzgeber den Bankruptcy Amendments and Federal Judgeship Act 1984,[6] der eine fast zwei Jahre – nach der Entscheidung des Obersten Gerichtshofes – dauernde Ungewissheit klären sollte.

Die Bestimmungen dieses Gesetzes finden sich nun *in zwei* §§ des U.S.C.: *In 28 U.S.C. § 1334,* der den District Courts originäre und ausschließliche Zuständigkeit in allen „*cases*" (Konkursverfahren: oben 1a) nach Titel 11 gibt; und ferner von originärer aber nicht ausschließliche sachliche Zuständigkeit in – „all civil proceedings" (in unserem Sinne Zivilprozesse) „arising under" Titel 11 (= BC) oder „arising in" einem Konkurs (oben 1b und c) (core proceedings) aber auch „related to a bankruptcy case" (oben 1d) (non core proceedings) – spricht.

Die *zweite Vorschrift* ist die Bestimmung des 28 U.S.C. § 157 (a). Sie ermächtigt jeden District Court, die ihm zustehende Entscheidungsmacht den Bankruptcy Judges der Districts zu übertragen. Diese Richter sind also nicht originär zuständig, sondern „beziehen" ihre Rechtsprechungsgewalt vom District Court , an dem unabhängige Richter i.S. von Art III der Verfassung amtieren.

Um zu unterstreichen, daß die Jurisdiktionsgewalt beim District Court bleibt, gibt 28 U.S.C. 157 (d) dem Distriktsgericht die Rechtsmacht, die den Bankruptcy Richtern übertragenen Fälle wieder an sich zu ziehen und selbst zu entscheiden. Der Bankruptcy Judge entscheidet als Bankruptcy Court, ist aber nur eine Abteilung des District Court, *ein „judicial officer" dieses Court.*

---

3 Siehe aber auch – zum Begriff des non core proceeding – §§ 15 II, 2, 16 II.

4 458 U.S. 50 (1982), 459 U.S. 813, application for further modification denied 459 U.S. 1094 (1982).

5 Vgl. Die Darstellung des Problemkreises bei *Epstein/Nickles/White*, 856 ff. in Nw.

6 Pub. L. No 98 - 353, vgl. *Ferriell* (wie Fn 2) 109 Fn 1.

Aus § 157 (b) (1) ergibt sich allerdings, daß Bankruptcy Judges Non-Core-Proceedings nicht entscheiden können. Sie bleiben beim District Court. Den Widerspruch zu § 157 (a), wo auch die Related-to Cases genannt sind, wird so zu lösen sein, daß der District Court sie dem Bankruptcy Judge zur Vorbereitung überweist, vgl. § 157 (c) (1).

II. Ende des Streits?

1. Zum Grundsätzlichen

Die Frage bleibt jedoch, ob der Gesetzgeber durch diese Gesetzesänderung, die am Status der Bankruptcy Judges nichts ändert, das Problem gelöst hat. Jedenfalls vertritt eine repräsentative Literatur den Standpunkt, daß durch diese formale Regelung das Problem nicht aus der Welt geschafft sei.[7] Der Schlußsatz der Zusammenfassung bei *Ferriell* lautet jedenfalls:[8] „The only rational solution, giving bankruptcy judges article III status[9] was politically unacceptable to the recently retired Chief Justice of the United States". Und es heißt dann weiter: „Whether the new Chief Justice will lead the rest of the judicial council to sell an important part of the judiciary's own birthright, remains to be seen".

2. Offene Fragen – Contempt of Court

Noch nicht höchstrichterlich entschieden bleibt die Frage, ob der Bankruptcy Judge *selbst* ein Contempt of Court-Verdikt aussprechen kann.[10]

3. Recht auf eine Jury. Der Granfinanciera Case

Die amerikanische Verfassung gibt dem Kläger in Common-Law-Sachen das Recht auf ein Geschworenengericht (*Jury Trial*: Siebtes Amendment zur Verfassung).

Die Frage ist, ob es etwa in einem Core Proceeding nach § 157 (b) (2) (F) BC (proceedings to determine, avoid, or recover fraudulent conveyences) ein Recht auf ein Jury-Gericht gibt.[11] Der Supreme Court hatte 1989 die Sache Granfinancie-

---

7 *Ferriell* (wie Fn 2), vgl. Dort VII Conclusion, 196; *Countryman*, The Bankruptcy Judge: Jurisdiction by Neglect, 92 Conn.L.J. 1 (1987), *King,* A Chart of Bankruptcy Jurisdiction for Admiralty Lawyers, 59 Tulane L.Rev., 1264, 1275 (1985).

8 Wie Fn 7.

9 Marathon Case, 458 U.S. 50 (1982), 74 - 75 u. 28 (*Brennen*, J.).

10 Siehe dazu *Epstein/Nickles/White*, 858 Note 4; aus der Praxis aber oben § 17.

11 Das Problem ist in extenso dargestellt bei John E. *Matthews*, The Right to Jury Trial in Bankruptcy Courts: Constitutional Implications in The Wake of Granfinanciera, SA, v. Nord-

ra gegen Nordberg zu entscheiden.[12] Zugrunde lag eine Konkursanfechtungsklage des Verwalters Nordberg der Masse des Gemeinschuldners Chase & Sanborn. Die Klage wurde im District Court erhoben. Sie betraf fraudulöse und daher anfechtbare[13] Vermögensverschiebungen des Gemeinschuldners an Granfinanciera und Medex. Der District Court verwies – entsprechend der neuen Regelung (oben I, 2) – die Sache an den Bankruptcy Judge. Die Beklagten beriefen sich auf ihr Recht auf ein Jurygericht nach dem siebten Amendment. Der Konkursrichter verneinte das Recht auf ein Geschworenengericht; das englische Common Law sehe es nicht vor. Der District Court bestätigte diese Auffassung und der Appeal Court präzisierte, Title 28 U.S.C. § 1411 gebe ein Recht auf ein Jurygericht nur „in personal injury and or wrongful death suits". Nur diese seien durch das verfassungsmäßige Recht auf ein Jury Trial gedeckt. Anfechtungsklagen aber seien, auch wenn sie auf fraudulöse Handlungen gestützt seien, reine Zahlungsklagen.

Der Supreme Court bejahte grundsätzlich das Recht auf ein Geschworenengericht und verwies die Sache zurück. Das Gericht rügte auch die Unklarheit des 28 U.S.C. §§ 1411 (und 1480), gab aber keine Interpretation dieser Vorschrift im Lichte des siebten Amendments, das besagt:

„ In suits *at common law*, where the value in controversy shall exceed $ 20, the right of trial by jury shall be preserved".

Die beteiligten Richter, die mehrheitlich das Recht auf eine Jury an sich bejahten, gaben verschiedene Begründungen und wiesen verschiedene Wege auf, nach denen es entweder ein Recht auf eine solche Richterbank gibt oder nicht.

Am originärsten ist die Begründung des Präsidenten Justice *Brennan*:[14] Man müsse sich vorstellen: *Erstens*: Der Verfassungszusatz gehe vom englischen Recht und seiner Unterscheidung Court of Law (für Common-Law-Sachen) und Court of Equity aus. In das amerikanische Recht unserer Zeit transponiert bedeute dies: Wenn die Klage sich auf Equity stütze, sei sie nicht „legal", was nicht „at common law" bedeute. Dann gebe es kein Recht auf ein Jurygericht. *Zweitens,* wenn die Klage ein *public right* betreffe und der Kongreß die Entscheidung einem Gericht oder einer Behörde zuweise, bei der keine Jury gebildet werden könne, könne nicht von einer Verletzung des 7. Amendments gesprochen werden. Und *drittens*: Da der Bankruptcy Court ein Court of Equity im Sinne des 7. Amendments sei, verliere der Kläger sein (an sich gegebenes) Recht auf ein Jury Trial „by filing a claim in a bankruptcy court". *Aber*: Der Kläger hatte doch hier die Klage beim District Court anhängig gemacht, der sie an den Bankruptcy Judge verwies!

---

berg, 65 Am. Bankr. L.J. , 43 ff. (1991); ferner bei *Riesenfeld*, Supplement to Creditors' Remedies and Debtors Protection, 4. Aufl. 1990, 15.

12 492 U.S. 33, 109, S.Ct. 2782, 106 L. Ed.2d 26 (1989), vgl. dazu auch *Epstein / Nickles / White*, 889 ff.

13 Zur Konkursanfechtung unten §§ 33 - 36.

14 Vgl. Die Wiedergabe und Kommentierung bei *Epstein / Nickles / White*, 831.

Die übrigen Richter gaben ähnlich differenzierende Begründungen, stellten sich aber dezidiert auf den Standpunkt, daß im gegebenen Falle ein Recht auf die Jury bestehe. Wie gesagt: Die Klage war beim District Court anhängig gemacht worden, bei dem ein Jurygericht gebildet werden kann. Aber auch die entscheidende Mehrheit der Richter stellte fest, daß damit die Frage der Verfassungsmäßigkeit von 28 U.S.C. § 1411 nicht entschieden sei. Alles bleibt also offen. *Epstein/Nickles/White* ziehen das Resümee:[15] „Fundamentally we regard Granfinanciera as a mischievous event. It offers the opportunity to every clever lawyer to forum shop, between the bankruptcy judge on the one hand and the jury (beim District Court) on the other".

4. 1994 Act: Bankruptcy Judge als Vorsitzender eines Jury-Gerichts

Diese Frage war lange umstritten, wobei in der Literatur[16] Bankruptcy Judges dieses Recht für sich verteidigen. Der 1994 Act hat diese Frage nun durch Title 28 U.S.C. § 157 (e) entschieden. Danach kann der Bankruptcy Judge der Jury vorstehen – allerdings nur, wenn er vom District Court hierzu ermächtigt ist und wenn alle Parteien einverstanden sind. Ob diese neue Regelung der Forderung standhält, nur Judges i.S. von Art III der Bundesverfassung könnten Vorsitzende einer Jury sein, wird ggf. der Supreme Court zu entscheiden haben.

Zwischenzeitlich wird die Frage, welcher Bankruptcy Judge des District Court ein Jury-Verfahren durchführen darf und welche Voraussetzungen an das Vorliegen des Konsenses zu stellen sind, durch sog. Local Rules (der Courts of Appeals oder des Supreme Court) bestimmt[17].

§ 23 Der Verlauf des Verfahrens nach dem Antrag

Der Verfahrensverlauf sei nur kurz skizziert:

I. Keine Eröffnungsentscheidung

Ein formelles Eröffnungsurteil gibt es nicht.

---

15 898.

16 Vgl. *Conrad K. Cyr,* (er war Bankruptcy Judge bevor er District Judge wurde) The Right To Trial By Jury In Bankruptcy: Which Judge Is To Preside? In: 63 Am. Bankr.L. J. 53 (1989).

17 Vgl. die Kommentierung zur zum 1.Aug.1987 aufgehobenen Rule 9015, Vorwort zur 1996 Edition, Bankruptcy Code, Rules and Forms, St. Minn. 1996, XV-XVII, 559 (zu 28 U.S.C. § 2075) und 791.

1. Bereits der eingebrachte Antrag bewirkt die Konkursfolgen (automatic stay)

Nötig ist nur, daß der Antrag zu den Akten des Gerichtsschreibers (clerk) gelangt ist (§ 362 (a) BC).[1] Der dann eintretende Stay ist „*automatic and selfoperating*".[2]

Das kann in einem Involuntary Case den Gemeinschuldner hart treffen.

2. Schutz des Gemeinschuldners (Abweisungsurteil)

Er kann sich gegen die ihn automatisch treffende Diskriminierung wehren und die Abweisung des Antrages *durch Urteil* beantragen. In dem Urteil ist ihm Kostenersatz, einschließlich der Anwaltskosten, Schadensersatz, sogar u.U. Punitive Damages zuzusprechen (§ 303 (i) BC) – ein Damoklesschwert, das über denjenigen Gläubigern hängt, die leichtfertig ein Insolvenzverfahren starten.[3]

3. Sonstige Abweisungsgründe

Ein Abweisungsurteil ergeht ferner, allerdings nachdem alle Gläubiger gehört wurden und eine Verhandlung (hearing) stattgefunden hat, wenn ein Gläubiger dies beantragt, wenn Gläubiger und Gemeinschuldner sich diesbezüglich einig sind, und wenn „*prosecution*" (Rechtsverfolgung im Klagewege) erfolgen soll (§ 303 (i) BC).

II. Der Automatic Stay

Er ist das Kernstück des Verfahrens, vergleichbar mit dem deutschen Insolvenzbeschlag, aber weiterreichend. Seine Regelung findet er in § 362 BC, eine Regelung, die sich im Gesetz über 5 Seiten erstreckt.[4] Sie sei daher anschließend in einem besonderem Abschnitt dargestellt.[5]

---

1 Siehe auch BC Rules 1002, ferner in re Godfrey, 102 B.R. 769, 771 (Bankr. 9th Cir. 1989, *Epstein/Nickles/White,* 64.

2 NTL Computer Services Corp. v. Capital Computer Systems Inc., 755, F.2d 1253, 1258 (6th Cir. 1986).

3 Zur Punitive Damages-Problematik siehe unten § 30 III; § 39.

4 Gesetzesausgabe Bankruptcy Code, Rules and Official Forms, 1996 Law School Edition: 5 Seiten im Großformat, was in das Format einer deutschen Gesetzesausgabe umgerechnet, das Doppelte ausmacht! Allein dies zeigt die – eben weil kasuistisch angelegt – andere Methode des Legiferierens.

III. Keine Publikation

1. Fehlen einer Eröffnungsentscheidung

Während kontinentaleuropäische Rechtsordnungen der Publikation der Konkurseröffnung entscheidende Bedeutung beimessen, ist sie dem US-amerikanischen Recht unbekannt. Dies folgt bereits aus dem Fehlen eines Eröffnungsurteils oder eines Eröffnungsbeschlusses.[6]

Von der Kenntnis oder der Möglichkeit der Kenntnisnahme hängen jedoch auch im amerikanischen Recht Rechtsfolgen ab, insbesondere bezüglich des Erwerbs vom Gemeinschuldner nach Eröffnung des Verfahrens.[7]

2. Tatsächliche Kenntnisnahme

In tatsächlicher Hinsicht ist jedoch anzumerken, daß größere Insolvenzen in der Presse breit diskutiert werden, so daß in kaufmännischen Kreisen in der Regel Kenntnis vorliegt. Im übrigen dürfte eine zuverlässige Publikation für die ganzen Staaten nur schwer zu verwirklichen sein.

IV. Trustee, Debtor in Possession

Die Verwaltung der Masse obliegt dem Trustee oder dem Gemeinschuldner als Debtor in Possession. Auf diese Organe des Konkurses ist bereits eingegangen worden.[8]

Kapitel 3: Die Konkursmasse und der Konkursbeschlag (property of the estate, automatic stay)

Die Fragen, welches Vermögen (Masse) den Gläubigern zur anteiligen Befriedigung dient und wie dieses Vermögen gesichert wird, gehört zu den Grundproblemen des Insolvenzrechts. Von ihrer Beantwortung hängt die Effektivität sowohl des Liquidations- als auch des Reorganisationskonkurses ab. Die USA halten hierzu originäre Lösungen im Bankruptcy Code bereit.

---

5 Unten §§ 29, 30.

6 Oben § 13.

7 Unten §§ 35, 36.

8 Oben § 21.

§ 24 Die Konkursmasse (property of the estate): Grundsätzliches

Der Konkursbeschlag (*automatic stay*)[1] umfaßt das zur Masse zählende Vermögen des Gemeinschuldners. Die Frage, was zu dieser Konkursmasse gehört, wird im Bankruptcy Code detailliert geregelt.

I. Vermögen zum Zeitpunkt der Verfahrenseinleitung

Mit dem Antrag (voluntary oder involuntary) auf Einleitung eines Konkursverfahrens wird eine Konkursmasse gebildet. Das gilt sowohl für das Liquidationsverfahren (Chapter 7) wie auch für das Reorganisationsverfahren (Chapter 11).[2] Die Konkursmasse entsteht kraft Gesetzes mit der Einleitung eines Verfahrens gem. §301, § 302 oder § 303 BC.[3] Sie umfaßt gem. § 541 (a) (1) alle Rechte, Ansprüche des Gemeinschuldners und Rechte des Gemeinschuldners an fremden Sachen, „wo auch immer sie belegen sind und wer auch immer sie inne hält" zum Zeitpunkt der Verfahrenseinleitung (as of the commencement of the case). Dem Gesetzeszweck nach sollen „alle Vermögenswerte des Gemeinschuldners in die Konkursmasse eingebracht werden"; § 541 (a) (1) BC: „will bring everything of value that the debtor has into the estate".[4]

§ 541 (a) (1) BC ist damit die Zentralvorschrift für die Bestimmung der Konkursmasse (estate). Sie lautet:

§ 541. Property of the estate.

„(a) The commencement of a case under section 301, 302, or 303 of this title *creates an estate*. Such estate is comprised of all the following *property, wherever located and by whomever held,*

(1) Except as provided in subsections (b) and (c) (2) of this section, all legal or equitable interests of the debtor in property *as of the commencement* of the case."[5]

---

1 Unten §§ 29, 30.

2 Bezüglich der weniger wichtigen Verfahren nach Chapter 9, 12, 13 folgendes: Für das Verfahren unter Chapter 9, vgl. § 901 (a) i.V.m. § 902 (1) BC; für die Verfahren unter Chapter 12 und 13 wird der Begriff „property of the estate" unter Zugrundelegung von § 541 BC weiter gefaßt, vgl. §§ 1207, 1306.

3 Damit ergibt sich schon aus dem Gesetz, daß in dem Rechtshilfeverfahren gem. § 304 BC keine *eigene* Konkurmasse nach amerikanischem Recht gebildet wird, vgl. auch In re Gee, 53 B.R. 891, 900 (Bankr. S.D.N.Y. 1985), ... „since a 304 case is one which does *not administer an estate* as such but simply aids a foreign bankruptcy" ... (Hervorhebung vom Verfasser)

4 H.R.Rep. 95 - 595, 95th Cong., 1st Sess. 176 (1977).

5 Die Vorschrift beschränkt sich leider nicht auf die abgedruckten Absätze, sondern zieht sich – dem Wunsch folgend, alles regeln zu wollen – über 3 Seiten Großformat; die Regelungen können aber hier zuerst einmal vernachlässigt werden, da sie in erster Linie von nationaler Bedeutung sind; Hervorhebungen vom Verfasser.

Die Vorschrift bezieht sich insoweit also auf das gesamte Vermögen des Gemeinschuldners zum Zeitpunkt der Verfahrenseröffnung. Daher wird auch das Vermögen – „wherever located and by whomever held"- erfaßt, das sich nicht in USA befindet. Damit verfolgt der BC einen universalen Geltungsanspruch hinsichtlich des Umfangs der amerikanischen Konkursmasse.[6] Eine territoriale Selbstbeschränkung erfolgt nicht. Es gibt kein räumlich-gegenständlich beschränktes Verfahren.

II. Vermögen nach Verfahrenseinleitung

Die Konkursmasse beschränkt sich aber nicht nur auf das Vermögen zum Zeitpunkt der Verfahrenseinleitung, sondern unter den Voraussetzungen von § 541 (a) (6)-(7) wird auch später Erlangtes zum „*estate*" gezogen.[7] Dies betrifft insbesondere:

- alles was aufgrund einer Konkursanfechtung durch den Trustee (bzw. Debtor in Possession) herausgegeben werden muß, § 541 (a) (3) (4) BC;
- die dinglichen Rechte und schuldrechtlichen Ansprüche, die der Gemeinschuldner innerhalb von 180 Tagen nach der Verfahrenseinleitung erwirbt: aufgrund einer Erbschaft oder eines Vermächtnisses, aufgrund einer Vermögensauseinandersetzung im Rahmen einer Scheidung, als Begünstigter aus einer Lebensversicherung, § 541 (a) (5)[8].
- Jegliche Erlöse, Erzeugnisse, Mieteinnahmen, Gewinne aus der Konkursmasse, § 541 (a) (6), „*except* such as are *earnings* from *services performed by an individual debtor after the commencement of the case*". Damit werden die Einkünfte eines Gemeinschuldners (als natürlicher Person) *nach* Verfahrenseinleitung (im Gegensatz zu einem Chapter 12 oder 13 Verfahren, § 1207 (a), § 1306 BC) in einem Chapter 7 oder 11-Konkurs nicht erfaßt.
- Alle dinglichen Rechte und schuldrechtlichen Ansprüche an Vermögen, das nach der Verfahrenseinleitung erworben wird, § 541 (a) (7) BC.

---

6 *Scoles/Hay*, Conflict of Laws, 940; *Riesenfeld*, Probleme des Internationalen Insolvenzrechts, 41; *Nadelmann*, Bankruptcy Jurisdiction, 56 Am. Bankr. L.J. 65 (1982); *ders.*, The Bankruptcy Reform Act and Conflicts of Laws: Trail and Error, 29 Harv. Int'l L.J. 27, 28 ff. (1988).

7 Für den Sonderfall eines Verfahrens nach Chapter 12 und 13 wird auch Einkommen oder Vermögen das *nach* Verfahrensbeginn erlangt wird, zum Estate gezogen, § 1207 (a).

8 Wenn der Verlust sowohl pre- als auch postpetionmäßig einzustufen ist: In re Haynes, 679 F.2d 718 (7th Cir. 1982): *kein* property of the estate; In re Fitzsimmons, 725 F.2d 1208 (9th Cir. 1984): property of the estate; *dagegen* wiederum: In re Altchek, 124 B.R. 944 (Bankr. S.D.N.Y. 1991); In re Coaley, 87 B.R. 432 (Bankr. S.D. Texas 1988); zum Ganzen: *Pitts*, Rights to Future Payment as Property of the Estate, 64 Am. Bankr. L.J. 61 (1990).

III. Zusammenfassung

Die Konkursmasse (*estate*) erfaßt im wesentlichen das gesamte (Welt-)Vermögen des Gemeinschuldners im Zeitpunkt der Verfahrenseinleitung. Ferner werden nach Verfahrenseinleitung gem. der kasuistischen Aufzählung in § 541 (a) (3)-(7) BC – das vom *Trustee* durch Anfechtung Erlangte, das, was dem *Gemeinschuldner* innerhalb von 180 Tagen nach Verfahrenseinleitung im Wege eines Erbfalls, einer Scheidungsvereinbarung, einer Lebensversicherung zufällt , und schließlich die Einnahmen aufgrund der Verwaltung des *estate* im weitesten Sinne (§ 541 (a) (6) (7) BC) – zur Konkursmasse gezogen.

Nicht erfaßt werden aber Einkünfte aus Dienst- und Arbeitsleistungen oder sonstigen Tätigkeiten eines Gemeinschuldners *nach* Verfahrenseinleitung in einem Verfahren gem. Chapter 7 oder 11, wenn der Gemeinschuldner eine *natürliche Person* ist. Mit dieser Ausnahme soll der „*fresh start policy*" für natürliche Personen Rechnung getragen werden.

Allerdings ist hier zu unterstreichen: *In einem Reorganisationsverfahren* nach Chapter 11, für das charakteristisch ist, daß der zu reorganisierende Betrieb fortgesetzt wird, fällt der Umsatz und damit der Gewinn während des Verfahrens in die Masse (§ 541 (a) (6) BC.

§ 25 Die „Exemptions" des Gemeinschuldners

Das US-Recht kennt kein automatisch-konkursfreies Vermögen. Solches kann nur durch Richterspruch geschaffen werden.

I. Grundsatz der Fresh Start Policy

Da die Konkursmasse (estate) quasi das gesamte Vermögen des Gemeinschuldners vor und nach Einleitung des Konkursverfahrens umfaßt, kollidiert diese Regelung mit dem amerikanischen Grundprinzip einer Fresh Start Policy für einen Schuldner im Konkurs, wenn dieser eine *natürliche Person* ist.

Zwar werden schon Einkünfte einer natürlichen Person aus einem Dienst- oder Arbeitsverhältnis in einem Verfahren unter Chapter 7 oder 11 nicht von der Konkursmasse erfaßt (§ 541 (a) (b) BC). Neben derartigen Einkünften, die konkursfrei sind, kann der Gemeinschuldner aber auch die „Freigabe" (exemption) von einzelnen Vermögensgegenständen aus der Konkursmasse beantragen (§ 522 (l) BC).[1]

1 Gilt auch für die Verfahren unter Chapter 12 und 13, vgl. § 103 (a) BC.

II. Die Freigabeanordnung durch den Bankruptcy Judge, Inhalt der Exemptions

1. Antrag des Gemeinschuldners

Grundsätzlich werden daher derartige Vermögensgegenstände zuerst einmal von der Konkursmasse erfaßt, und es bedarf eines Antrags des Gemeinschuldners auf Freigabe. Ein automatischer Ausschluß von der Konkursmasse existiert nicht. Der *Gemeinschuldner* hat daher eine Liste der freizugebenden Gegenstände zu erstellen.[2] Die Liste dieser Gegenstände muß innerhalb einer gem. Rule 1007[3] zu beachtenden den Frist abgegeben werden. Wird die Frist versäumt, so kann der Antrag (nur) von einem Unterhaltsberechtigten des Gemeinschuldners innerhalb von 30 Tagen nachgeholt werden.[4] Will der Trustee der Freigabe widersprechen, so muß er *innerhalb von 30 Tagen* nach der Gläubigerversammlung einen dahingehenden Widerspruch[5] abgeben. Ferner hat der Trustee die Gründe, die gegen eine Freigabe sprechen, darzulegen und zu beweisen.[6] Der Bankruptcy Court (Judge) hat schließlich über die Freigabe zu entscheiden.[7]

2. Gesetzliche Regelung der Exemptions

Hat der Gemeinschuldner einen ordnungsgemäßen Antrag auf Freigabe aus der Konkursmasse gem. § 522 (l) BC[8] gestellt, so bestimmt sich der Umfang der Freigabe nach § 522 (b) BC:[9]

---

2 Bankruptcy Rules, Rule 4003 (a).

3 Bankruptcy Rules, Rule 1007 (c), die Frist beträgt regelmäßig 15 Tage nach Einleitung des Verfahrens durch den Gemeinschuldner (voluntary case) oder 15 Tage nach Stattgabe (order of relief) des durch Gläubiger eingeleiteten Verfahrens (involuntary case); vgl. In re Robertson, 105 B.R. 440, 445 - 450 (Bankr. N.D.Ill. 1989), zum Ganzen insbesondere *Epstein/ Nickles/White*, 595 ff. m.Nw.

4 Bankruptcy Rules, Rule 4003 (a); vgl. auch die Definition in § 522 (a) (1) BC.

5 Bankruptcy Rules, Rule 4003 (b) oder Gläubiger; vgl. First Nat'l Bank v. Norris, 701 F.2d 902 (11 Cir. 1983) „party in interest“. Die 30 Tagesfrist für den Widerspruch wird regelmäßig streng genommen. Wird sie nicht genutzt, gelten die Gegenstände als freigegeben. In re Brayshaw, 912 F.2d 1255, 1257 (10th Cir. 1990); In re Millsap 122 B.R. 577, 580 (Bankr. D.Idaho 1991); In re Harrigan 74 B.R. 224, 229 (N.D.Ill. 1987); In re Robertson 105, 440, 445 (Bankr. N.D.Ill. 1989).

6 AaO, Rule 4003 (c).

7 AaO, Rule 4003 (c).

8 (l) The debtor shall file a list of property that the debtor claims as exempt under subsection (b) of this section. If the debtor does not file such a list, a dependent of the debtor may file such a list, or may claim property as exempt from property of the estate on behalf of the debtor. Unless a party in interest objects, the property claimed as exempt on such list is exempt.

9 Die Vorschrift kann hier nur auszugsweise wiedergegeben werden, zumal sie sich über sechs Seiten eines US-Großformats zieht. Gesetzestechnisch kann sie für den Gemeinschuld-

„Notwithstanding section 541 of this title, an individual debtor may exempt from property of the estate the property listed in either paragraph (1) or, in the alternative paragraph (2) of this subsection ...

(1) property that is specified under subsection (d) of this section, *unless* state law that is applicable to the debtor under (2) (A) of this subsection specifically does not so authorize; or...

(2) (A) any property that is exempt under Federal Law ...

(d) the following property may be exempted under ... (b) (1) of this section (1) - (11)."

Die Vorschrift trägt dem Umstand Rechnung, daß es in den USA *keinen* einheitlichen Schutz für natürliche Personen im Konkurs gibt.[10] Vielmehr existieren Exemptions nach dem Recht der Bundesstaaten. Daneben gibt es Exemptions nach dem *Bundes*recht[11] (auch außerhalb eines Konkurses). Schließlich gibt es die Exemptions nach dem Bankruptcy Code in § 522 (d).

Der Bankruptcy Code gewährt nach seiner Grundkonzeption dem Gemeinschuldner ein Wahlrecht. Der Gemeinschuldner kann also „wählen", ob er die Exemptions nach dem Bankruptcy Code (§ 522 (b) (1) i.V.m. (d)) in Anspruch nimmt *oder* ob er seine Exemptions auf das Recht seines Bundesstaates oder sonstiges Bundesrecht stützt (§ 522 (b) (1) i.V.m. (2)).[12]

Dieses Wahlrecht ist aber (leider) theoretischer Art, da die meisten Staaten sich gegen die Anwendung der Bankruptcy Code Exemptions gem. § 522 (d) ausgesprochen haben (opted out).[13] Damit entfällt freilich auch das Wahlrecht für den Gemeinschuldner.

Angriffen von Gemeinschuldnern gegen die „opt-out clause" in § 522 (b) (1) BC aus Verfassungsgründen sind die Gerichte nicht gefolgt. Vielmehr wurde regelmäßig festgestellt:

„The state exemptions may be more or less generous than federal exemptions. The state exemptions need not to be identical or even comparable to exemptions established under federal law ..."[14]

„Nothing requires states which preempt the use of federal exemptions to provide exemptions comparable to, concomitant with, or corresponding to the exemption found in section 522 (d) either in category or amount".[15]

---

ner nur als ein Alptraum bezeichnet werden. Wohingegen Anwälte (und Gerichte) regelmäßig eine Unterausnahme von einer Ausnahme, die aber „einschlägig" ist, herauslesen können.

10 Zur rechtshistorischen Entwicklung der Exemptions, *Riesenfeld,* Creditors" Remedies, 289 ff.

11 Vgl. etwa, Federal Consumer Credit Protection Act, 15 U.S.C. §§ 1601 - 1719 von 1968, Schutz vor Lohnpfändungen.

12 Die Exemptions können nicht miteinander „vermischt" oder kumuliert werden, John T. Mather Memorial Hosp. v. Pearl, 723 F.2d 193, 194 (2d Cir. 1983); Hinkson v. Pfleiderer, 729 F.2d 697, 699 (10th Cir. 1984).

13 *Epstein / Nickles / White*, 594.

14 In re Golden, 789 F.2d 698, 700 (9th Cir. 1986).

Nimmt man die Gerichte wörtlich, dann können die Staaten hinsichtlich des Umfangs des freizugebenden Vermögens bestimmen, „was sie wollen“. Eine wie auch immer geartete Verpflichtung[16] zu einer Anpassung an den Regelungskatalog in § 522 (d) BC existiert nicht.

Auf alle Fälle: Die Exemption erfolgt auf Antrag und muß bestritten sein. Es entscheidet der Bankruptcy Judge in einem Core Proceeding.[17] Soweit Staatsrecht anzuwenden ist, wendet er Staatsrecht an.

3. Das regelmäßig freizugebende Vermögen

Im Ergebnis wird hier wegen dieser Rechtszersplitterung auf eine Darstellung im Einzelnen verzichtet. Allgemein kann jedoch gesagt werden: Die Staaten folgen (wie auch § 522 (d) (1)-(11) BC) einer kasuistischen Einzelaufzählung. Genannt seien etwa: bestimmte bewegliche Gegenstände, wie: Handwerkszeug, Lehrbücher, Hausbibel, Haushaltsgegenstände, Lebensversicherungen usw.; ferner: Gegenstände mit bestimmten Wertgrenzen, etwa $ 2000 am PKW, $ 5000 an sonstigem Vermögen, schließlich: die sogenannte Homestead Exemption, wonach bestimmte Wertgrenzen am eigenen Haus, das vom Gemeinschuldner und seiner Familie bewohnt wird, geschützt werden.[18]

III. Wirkung und Bestand der Exemptions

1. Gegenüber ungesicherten Gläubigern

Grundsätzlich führt eine wirksam geltend gemachte Exemption zur Freigabe von bestimmt bezeichneten Vermögensgegenständen. Diese Vermögensgegenstände zählen nicht mehr zur Konkursmasse. Sie werden daher während und nach Abschluß eines Konkursverfahrens dem Zugriff von *nicht* gesicherten Gläubigern entzogen.[19] Im Ergebnis kann auf derartiges Vermögen weder vom Trustee noch von ungesicherten Gläubigern Zugriff genommen werden.[20]

15 In re Neiheisel, 32 B.R. 146, 168 (Bankr. D. Utah 1983).

16 Vgl. Rhodes v. Stewart, 705 F.2d 159 (6th Cir. 1983), cert. denied 464 U.S. 983, 104 S.Ct. 427 (1983); Matter of Sullivan 680 F.2d 1131 (7th Cir. 1982), cert. denied 453 U.S. 992, 103 S.Ct. 349 (1982).

17 Oben § 15, 16.

18 Vgl. die Darstellung bei *Riesenfeld*, Creditor's Remedies, 287 ff, *Epstein*, aaO, 593 - 650.

19 § 522 (c): Unless the case is dismissed, *property exempted under this section is not liable during or after the case for any debt of the debtor that arose*, or that is determined under section 502 of this title as if such debt had arisen, before the commencement of the case, *except* ...

20 In re Bistrausin, 95 B.R. 29, 31 Fn 4 (Bankr. W.D.Pa. 1989), Gegenstände und Ansprüche „are subject neither to the reach of (unsecured) creditors or to the administration by the

den Nicht-Konkurs-Bundesrecht, wenn der Bundesstaat sich für den „opt out“[3] ausgesprochen hat. Letzteres ist der überwiegende Regelfall.[4]

Sind die Weichen für die Exemption gestellt – § 522 (d) BC oder Recht der Bundesstaaten –, muß als nächstes die Frage geklärt werden, ob sich die Anfechtung nach § 522 (f) (1) (A) oder § 522 (f) (1) (B) BC richtet.

1. Die Anfechtung nach § 522 (f) (1) (A) BC

Gem. § 522 (f) (1) (A) sind sogenannte *judicial liens* am gesamten Vermögen des Gemeinschuldners anfechtbar.[5] Freilich muß sich dieses Judicial Lien auf zugunsten des Gemeinschuldners exemptibles Vermögen erstrecken. Was unter derartigen Judicial Liens zu verstehen ist, wird in § 101 (36) BC definiert:

„judicial lien“ means lien obtained by judgement, levy, sequestration or other legal or equitable process or proceeding“.

Hierunter fallen alle durch ein *gerichtliches* Verfahren begründeten Pfandrechte (*judgement liens*) und auch Forderungspfändungen (*liens of garnishment*).[6] Nicht erfaßt werden also von § 522 (f) (1) (A) alle rechtsgeschäftlich bestellten Sicherheiten (*consensual*) und alle gesetzlichen Pfandrechte (*statutory liens*). Zu den gesetzlich begründeten Pfandrechten zählt insbesondere das Pfandrecht des Fiskus wegen seiner Steuerforderungen, da es ohne ein gerichtliches Verfahren entsteht.[7]

Im Ergebnis können sowohl rechtsgeschäftlich bestellte Pfandrechte (etwa eine Hypothek) wie auch gesetzlich begründete Pfandrechte eines Gläubigers *nicht* angefochten werden, auch wenn sie exemptibles Vermögen des Gemeinschuldners berühren.

In den Anwendungsbereich der Anfechtung nach § 522 (f) (1) (A) BC fallen *judicial liens* an Grund und Boden (und sonstigem Vermögen) des Gemeinschuldners, sowie die Anfechtung von Forderungspfändungen, *soweit* derartige Judicial Liens ein Recht des Gemeinschuldners auf die Exemption verletzen.

2. Die Anfechtung nach § 522 (f) (1) (B) BC

Rechtsgeschäftlich bestellte Sicherheiten (*security interest*)[8] können nur unter den Voraussetzungen von § 522 (f) (1) (B) angefochten werden. Die Anfechtung

---

3 *Riesenfeld,* Creditors‘ Remedies, 392 ff, § 522 gelte auch im Falle, daß der Staat sich für den „opt out“ entschieden hat, In re Miller, 30 B.R. 819, 821 (M.D. Tenn. 1983); In re Rapidan River Farm, 24 B.R. 900, 903 (E.D. Va. 1982); Matter of Reid, 97 B.R. 472, 475 - 476 (Bankr. N.D. Ind. 1988).

4 *Riesenfeld,* aaO, 393, Fn 1, danach hatten sich 36 Staaten für den „opt out“ entschieden.

5 *Epstein/Nickles/White*, 624.

6 *Epstein/Nickles/White*, 625.

7 AaO, 626; dazu oben § 20, § 38.

muß sich auf die dort kasuistisch aufgezählten *beweglichen* Vermögensgegenstände beziehen und ist ebenfalls nur möglich, wenn die rechtsgeschäftlich bestellte Sicherheit ein Recht des Gemeinschuldners auf Exemption verletzt (§ 522 (f) (1) ..." that such lien impairs an exemption).

Rechtsgeschäftlich bestellte Pfandrechte (*security interests*) sind aber nur insoweit anfechtbar, als sie sich auf ein besitzloses (*nonpossessory*) Pfandrecht beziehen und als ein Pfandrecht einzuordnen sind, welches *kein* Kaufpreissicherungsrecht umfaßt (*non*possessory, *non*purchase-money security interest).[9] Die Frage, ob ein Kaufpreissicherungsrecht besteht oder nicht, bestimmt sich nach dem Recht des Bundesstaates.[10]

Das Anfechtungsrecht des Gemeinschuldners ist im Grunde von vornherein sehr eingeschränkt, da Besitzpfandrechte der Gläubiger wie auch „Pfandrechte", die die Zahlung eines Kaufpreises sichern sollen, nicht anfechtbar sind. Die Vorschrift betrifft bewegliche Gegenstände die oftmals – wie etwa Haushaltsgegenstände – auf Kredit oder Ratenzahlung angeschafft werden. Ein Kreditgeber würde sich durch ein „Sicherungseigentum" an der Sache sichern, der Ratenzahlungsverkäufer durch einen „Eigentumsvorbehalt".

In beiden Fällen handelt es sich zumindest nach US-Bundesrecht um „purchase-money security interests" gemäß dem Uniform Commercial Code (U.C.C.)[11], da der Ratenverkäufer unter (a) und der Kreditgeber unter (b) des U.C.C. fallen.

Von dem Anfechtungsrecht des Gemeinschuldners zum Zwecke eines Vollstrekkungsschutzes im Konkurse bleibt bei näherem Hinsehen also nicht viel übrig.

II. Die Verletzung des „Exemption"-Rechts des Gemeinschuldners

1. Verletzung der Exemption

Zur Frage wann eine Exemption des Gemeinschuldners verletzt ist oder nicht, liegt eine bunte Rechtsprechung[12] vor, auf die hier im Einzelnen nicht eingegangen

---

8 Vgl. Def. in § 101 (51) BC: „security interest" means *lien created by an agreement.*

9 Vgl. In re Meadows, 75 B.R. 357, 360 (W.D. Va. 1987), In re Schule, 101 B.R. 68, 70 (Bankr. N.D. Iowa 1987). Ein Pfandrecht ist „possessory", wenn die gesicherte Partei mit der Bestellung des Pfandrechts den Besitz erlangen soll. Non-possessory, wenn der Gläubiger den Besitz erst mit dem Ausfall des Schuldners erhält.

10 *Epstein/Nickles/White*, 688.

11 U.C.C. § 9 - 107
„purchase-money security interest" ...
(a) *taken* or retained *by the seller of the collateral* to secure all or part of *its* price; or
(b) taken *by a person* who by making advances or incurring an obligation *gives value to enable the debtor to acquire rights* in or the *use of collateral* if such value is in fact so used" (Hervorhebung vom Verfasser).

12 Owen v. Owen, 500 U.S. 305, 111 S.Ct. 1833, 114 L.Ed.2d 350 (1991), Verhältnis von State- und Federal exemptions, „fixing" Problematik, durch § 522 (f) (1) (a) (A) (i) gesetz-

werden kann. Von der Konzeption her seien an Hand der Homestead Exemption die Funktionsweisen kurz erläutert.

2. Beispiel an Hand der „Homestead"-Exemption

Beträgt der Wert eines Grundstücks 100.000; die Exemption 40.000 und ist das Haus mit einem *judicial lien* i.H.v. 80.000 belastet, so würde die Exemption i.H.v. 20.000 verletzt werden. In dieser Höhe kann ein „equity"-Ausgleich verschafft werden.[13]

Streitig bleibt aber der Fall, in dem ein jüngeres rechtsgeschäftliches Pfandrecht mit einem Judicial Lien zusammentrifft: Der Wert des Grundstücks beträgt z. B. 150.000 und es ist mit 50.000 durch eine Hypothek belastet; danach wird ein Judgement Lien i.H.v ebenfalls 50.000 registriert. Schließlich belastet der spätere Gemeinschuldner den verbleibenden Restwert i.H. v. 50.000 mit einer 2. Hypothek. Hierauf fällt der Schuldner in Konkurs und er möchte seine Homestead Exemption i.H.v. 40000 gegenüber dem Judicial Lien durchsetzen.[14] Fraglich ist, ob die im Rang nachgehende 2. Hypothek „mitzuzählen" ist oder nicht. Wird sie nicht mitgezählt, bliebe ein fiktiver „freier Rest" von 50.000, die Exemption wird nicht verletzt.

Werden alle Belastungen zusammengezählt, bliebe kein Rest. Das „judicial lien" verletzte die Homestead Exemption in voller Höhe.

III. Das Amendment von 1994

Diese Schwierigkeiten der „Rechenweise" sind vom Gesetzgeber durch die Einführung von § 522 (f) (2) (A) im Sinne der letzten Variante gesetzlich gelöst worden: Das Exemptionsrecht des Gemeinschuldners wird insoweit durch ein *judicial lien* verletzt, als nach Zusammenaddierung *aller* Grundpfandrechte (einschließlich der Exemption), diese pfandrechtliche Gesamtbelastung den Wert des Grundstücks übersteigt.

---

lich geregelt; In re Pine, 717 F.2d 281 (6th Cir. 1983, cert. denied, 466 U.S. 928 (1984), Verhältnis State exemption zu rechtsgeschäftlichen Sicherheiten; Farrey v. Sanderfoot, 111 S.Ct. 1825, 114 L.Ed.2d 337 (1991) on remand 943 F.2d 679 (7th Cir. 1991) wann liegt ein „fixing of a lien" vor.

13 Vgl. etwa: In re Weiss 51 B.R. 224, 226 (D. Colo. 1985), In re Redin 14 B.R. 727 (Bankr. D. Colo. 1981), In re Galvan 110 B.R. 446, 449 (Bankr. 9th Cir. 1990), In re Helmuth 92 B.R. 494 (Bankr. N.D. Okla. 1988), In re Lozano 84 B.R. 634, (Bankr. W.D. Mo. 1988).

14 Zum Ganzen, *Cross*, The Application of Section 522 (f) of the Bankruptcy Code in Cases Involving Multiple Liens, 6 Bankr. Dev. J. 309, 339 (1989), *Epstein/Nickles/White*, 641 ff (643).

Unproblematisch bleibt allerdings der Fall, in dem das Grundstück zu 100% mit *rechtsgeschäftlich* bestellten Hypotheken belastet ist. Da es an einem anfechtbaren „judicial lien“ fehlt (wogegen sich die Homestead Exemption durchsetzen könnte), gibt es auch kein Anfechtungsrecht.

§ 27 Zusammenfassung der Ergebnisse zur Konkursmasse

Der Begriff der Konkursmasse kann nicht einheitlich definiert werden. In den Verfahren nach Chapter 12 und 13 werden Arbeitseinkünfte *nach* Verfahrenseinleitung zur Konkursmasse gezählt, in den Verfahren unter Chapter 7 und 11 dagegen nicht. Wohl fällt in dem wichtigsten der Verfahren – Chapter 11 – der Betriebsumsatz bzw. Erlös in die Masse.

Ansonsten umfaßt die Konkursmasse das gesamte Vermögen des Gemeinschuldners. Um die Fresh-Start-Policy und daneben einen Vollstreckungsschutz für *natürliche* Personen im Konkurs *durchzusetzen*, hat der Gemeinschuldner die Möglichkeit, die Freigabe von bestimmten Vermögensgegenständen (*exemption*) aus der Konkursmasse zu beantragen. Sie wird nur auf Antrag hin gewährt.

Die Exemption – und damit der Umfang der Konkursmasse – ist unterschiedlich weit gefaßt, da sie sich nach dem BC, sonstigem Bundesrecht *oder* nach dem Recht eines Bundesstaates richtet. Die Exemption wirkt aber im Ergebnis nur gegenüber *un*gesicherten Gläubigern.

Gesicherten Gläubigern gegenüber kann die Exemption durch den Gemeinschuldner nur im Wege einer *Anfechtung* gegen bestimmte Arten von Sicherheiten, die sich auf exemptibles Vermögen erstrecken, durchgesetzt werden. Rechtsgeschäftlich bestellte und gesetzlich begründete Sicherheiten fallen nicht hierunter. Gleiches gilt für Kaufpreissicherungsrechte am beweglichen exemptiblen Vermögen.

Im Ergebnis wird nur der versierte Gemeinschuldner, der rechtzeitig selbst das Konkursverfahren einleitet, das eine oder andere für sich und seine Familie retten können, wenn er das Exemptionsrecht durchschaut und richtig anwendet. Dem Untätigen bleibt nichts.

§ 28 Noch zur Konkursmasse: Das im Ausland Erlangte

Es kann sein, daß zur US-Masse, die ja weltweit greifen will,[1] im Auslande Vermögen des Gemeinschuldners erlangt wird: durch den Trustee oder durch einen Einzelgläubiger, der schnell zugreift.

---

1 Oben § 24, § 541 (a) (1) BC.

I. Die Erlangung durch den Trustee

1. Im Wege der Klage und Vollstreckung

In Ländern, die, wie Deutschland nach dem Universalitätsprinzip den ausländischen Konkurs grundsätzlich voll anerkennen,[2] kann der ausländische Trustee gegen einen deutschen Schuldner klagen und vollstrecken, wenn dieser nicht freiwillig leistet. Das so Erlangte gelangt also in die Masse.

2. Parallelkonkurs

Nimmt der amerikanische Trustee an einem ausländischen Parallelkonkurs teil – in Deutschland kann er ihn beantragen[3] – so verliert er damit die Kontrolle: Es wird in Deutschland eine eigene Konkursmasse gebildet. Auszahlungen des deutschen Konkursverwalters an Gläubiger die auch an dem Verfahren in den USA teilnehmen unterliegen – nach US-Recht – der *marshalling* oder *hotchpot rule,* gemeint ist die Anrechnungsregel des § 508 BC.[4]

3. Rechtshilfekonkurs, Beispiel Schweiz

Hier ist die Rechtslage vergleichbar.

Alles in Allem: Wo der Trustee handelt, handelt er im Einklang mit seinem Amt. Das Erlangte fließt zuverlässig in die Masse.

II. Die Erlangung durch einen Gläubiger außerhalb eines Konkurses

1. Das Problem

Fälle dieser Art wird es immer geben. So kann z. B. einem Gläubiger in den USA bekannt sein, daß der Gemeinschuldner ein Bankkonto in der Schweiz oder in Deutschland hat – eine Erkenntnis, auf die der inländische Verwalter zu spät kommt. Denn unserem „schnellen" Gläubiger ist es gelungen, entweder freiwillig – der Gemeinschuldner „spielt mit" – oder im Wege der Einzelvollstreckung „an das Geld zu kommen" und Befriedigung zu erlangen, jedenfalls mehr als die US-Dividende. Und daher beteiligt er sich erst gar nicht an dem US-Insolvenzverfahren – dies vor allem auch deshalb, weil er die – nicht unwesentlichen – Kosten

2 Unten §§ 62 ff.

3 Vgl. Unten §§ 82 ff., insbes. § 82 IV, 1.

4 Vgl. dazu gleich § 28 III und ferner unten § 90 V; *Nadelmann*, The Lure in „International Bankruptcies" of Assets Located Abroad, 33 I.C.L.Q. (1984), 431 (435); *Scoles/Hay*, 942.

seiner Rechtsverfolgung im Auslande möglicherweise nicht mit liquidieren könnte.

Die Schweizer Rechtsordnung, die vor dem IPRG sehr großherzig gegen den ausländischen Gläubiger war – BGHZ 88, 147 ist nicht von ungefähr ein schweizerischer Fall – schließt auch jetzt eine solche „Selbstbedienung" nicht aus.[5]

Es stellt sich daher zunächst die Frage, ob das im Auslande Erlangte an die Masse, d. h. regelmäßig an den Trustee herauszugeben ist.

2. Ablieferungspflicht nach § 508 (a) BC?

Eine solche Ablieferungspflicht[6] ist vom Standpunkt der Gläubigergleichberechtigung aus betrachtet, gewiß „recht und billig". Die klare Diktion des § 508 (a), die eine Anrechnungspflicht nur bei „*foreign proceedings*" (d. h. nach der Begriffsbestimmung des § 101 (23) BC: parallelen Insolvenzen), seien sie zwei Hauptverfahren oder Hauptverfahren und (gegenständlich beschränktes) Sekundärverfahren, vorsieht, spreche jedoch – so *Breitenstein*[7] – gegen die Ablieferungspflicht. Zwar habe die amerikanische Literatur das Fehlen dieser Pflicht kritisiert,[8] aber, so erneut *Breitenstein,* die „klare Sprache des Bankruptcy Code" mache es sehr unwahrscheinlich, daß amerikanische Gerichte eine Ablieferungspflicht statuierten.

Dies gilt, da *Breitenstein* eine Anwendung des § 508 (a) BC für Erlöse aus einer Vollstreckung bejaht, jedenfalls für den „Freiwildjäger".

3. Ablieferung, Schadensersatz, Punitive Damages, Contempt of Court wegen Verletzung des Automatic Stay

Breitenstein greift zu kurz mit seinem Ergebnis. Denn unzweifelhaft hat der Gläubiger, der im Auslande Vermögen, das zur Masse gehörte, an sich brachte, den Automatic Stay verletzt. Dies gilt insbesondere für *Einzel*handlungen tatsächlicher und rechtsgeschäftlicher Art, § 362 (a) (1) BC ist mehrfach verletzt. Es bestehen daher die Ansprüche des Trustee auf Herausgabe, ggf. auch Schadensersatz und Punitive Damages. U.U. kann auch Contempt of Court gegeben sein.[9]

---

5 Vgl. oben §§ 3 ff. Der ausländische Konkurs wird erst – *ex nunc* – in der Schweiz „anerkannt" und damit ein Schweizer Hilfskonkurs ausgelöst, der *dann* das Vermögen des Gemeinschuldners beschlagnahmt, wenn die Anerkennungsentscheidung erlassen ist. Bis dahin sind Einzelvollstreckungen möglich. Die Zeitspanne kann aber durch eine einstweilige Maßnahme des Anerkennungsgerichtes vorverlegt werden. Aber zunächst muß dieser Richter ja angerufen werden.

6 *Hanisch*, Aktuelle Probleme, für die Schweiz Meili, Lb, 228; eingehend unten § 90.

7 233.

8 Vgl. zum Fall der Vollstreckung unten IV.

Diese Rechtsfolgen sind unabweislich. Es darf auf die Ausführungen zum Automatic Stay verwiesen werden.[10]

III. Die Herausgabe (Anrechnung) des in einem ausländischen Parallelverfahren Erlangte

1. Das Problem

Parallelkonkurse werden in der Zukunft zunehmen. Dies gilt auch für die USA. Ein ausländischer Hauptkonkurs hindert den ausländischen Verwalter nicht, einen Vollkonkurs in den USA zu betreiben.[11] Andererseits wird etwa der *trustee* einer originären US-Insolvenz *u.U.* einen deutschen gegenständlich beschränkten Konkurs in die Wege leiten,[12] an dem dann auch die Gläubiger der US-Insolvenz teilnehmen können und ihren Anteil erhalten.

Die Frage ist, ob diejenigen Gläubiger des Verfahrens in den Vereinigten Staaten, die in beiden Insolvenzen „mitspielen", den Erlös kumulieren dürfen. Dies würde dann den Gläubigern zum Nachteil gereichen, die – aus welchem Grunde auch immer – an dem ausländischen Verfahren nicht teilnehmen.

Im Verhältnis zur Schweiz[13] stellt sich unser Problem *in praxi* kaum.[14] Denn der Schweizer Hilfskonkurs schützt nur dingliche Gläubiger und – jedenfalls grundsätzlich – nach schweizerischem Recht bevorrechtigte Gläubiger mit Wohnsitz in der Schweiz. Es tritt also nur bei einer Konkurrenz mit Rechtsordnungen auf, die ausländischen Gläubigern „freien Zutritt" zu ihrem Insolvenzverfahren einräumen. Und das ist in Deutschland *grundsätzlich* der Fall.

Da es unbillig ist, weil dadurch der Grundsatz der Gläubigergleichberechtigung bei Insolvenz des Gemeinschuldners verletzt würde, dem „Doppelverdiener" seinen ausländischen Erlös ohne Anrechnung zu belassen, hat der US-Reformgesetzgeber von 1978 in den BC die Vorschrift des § 508 BC eingeführt.

---

9 Sehr plastisch die oben, § 17, dargestellte Entscheidung in Sachen United States Lines Inc. v. GAC Marine Fuels Ltd., 68 B.R. 690 (Bankr. S.D.N.Y. 1986), die keine Mißverständnisse zuläßt.

10 Vgl. oben § 17, unten §§ 29, 30.

11 Vgl. unten § 45; instruktiv die Fälle in §§ 58, 59.

12 Vgl. dazu unten §§ 80 ff.

13 Oben §§ 3 - 5.

14 Es würde sich in den Fällen eines Niederlassungskonkurses nach dem SchKG stellen (oben § 5), doch Fälle dieser Art sind selten, aber immerhin denkbar.

2. *Die Regelung des § 508 (a) BC*

Sie lautet:

§ 508. Effect of distribution other than under this title

„(a) If a creditor receives, in *a foreign proceeding*, payment of, or a transfer of property on account of, a claim that is allowed under this title, such creditor may *not receive* any payment under this title on account of such claim until each of the other holders of claims on account of which such holders are entitled to share equally with such creditor under this title has received payment under this title equal in value to the consideration received by such creditor in such foreign proceeding.[15]"

Hat also der Gläubiger eines US-Insolvenzverfahrens in dem entsprechenden ausländischen Verfahren einen Erlös erhalten, dann wird er im inländischen (US) Insolvenzverfahren erst berücksichtigt, wenn jeder Gläubiger im gleichen Rang gleichviel erhalten hat. Im Grunde ist diese Anrechnung dasselbe wie eine ggf. teilweise Herausgabe.

Die Gläubigergleichberechtigung ist dabei allerdings nur erreicht, wenn der Gläubiger nicht im Auslande mehr erlangt als seine „Leidensgenossen" in den USA.[16]

Daher ist es legislatorisch verfehlt, eine Entschädigung für die Kosten der Beteiligung an ausländischen Verfahren und damit für die Eintreibung des Erlöses *nicht* zu gewähren, die Beteiligung am Auslandsverfahren also – von der letztlich auch die bloß am inländischen Verfahren Beteiligten profitieren – nicht zu honorieren.[17]

IV. Nochmals: In einer ausländischen Einzelvollstreckung Erlangtes

Breitenstein[18] will § 508 (a) BC auch anwenden, wenn der Gläubiger in einer ausländischen *Einzelvollstreckung* einen Erlös erzielt. Er beruft sich dabei auf die Lehre,[19] die sich einig sei, daß der Erlös auf die Dividente angerechnet werden

15 Hervorhebung vom Verfasser.

16 Dennoch: Hat der Gläubiger eine Forderung von „100", erhält er in dem ausländischen Verfahren 50, aber in dem inländischen (*US*)Verfahren nur 10, so wird § 508 BC nicht berührt, d. h. er erhält in dem inländischen Verfahren zuerst einmal nichts.

Nicht geregelt wird dort aber die Frage, ob er den „Überschuß" (= 40) an die inländische Masse herausgeben muß. Der Wortlaut des § 508 sagt hierüber nicht aus. Dagegen spricht § 541 (a) i.V.m. § 362 (a) (3) (6) BC für eine „Herausgabe", beides Vorschriften die Weltgeltung beanspruchen; vgl. zum Automatic Stay §§ 29, 30; ferner § 17.

17 232 ff; in der Schweiz „Belohnung des Einzelinitianten" in der Kostenfrage.

18 232.

19 232 Fn 730. *Nadelmann,* Codification 77 ff, *Scoles & Hay,* 942, siehe auch *Hanisch,* Aktuelle Probleme 124 ff; *Scoles & Hay,* aaO, meinen den Fall, daß ein Gläubiger *nur* an dem ausländischen Konkursverfahren (foreign proceeding) teilnimmt. In diesem Fall greift

müsse. Wir haben diesen Fall unter die Verletzungstatbestände des Automatic Stay subsumiert. Auch kann man hier nicht von einem „*foreign proceeding*" sprechen, so daß auch § 508 (a) BC dem Wortlaut nach nicht greift. Fehl am Platze dürfte jedoch die Auffassung sein, der „*Einzelkämpfer*", der ohne Prozeß die Masse im Auslande entreichere, dürfe „seine Beute" behalten.

Im übrigen ist zu bedenken: § 508 (a) BC stipuliert eine Anrechnungspflicht: Nur der auch in einem ausländischen Konkursverfahren (*foreign proceeding*) vorgehende Gläubiger kann das dort Erhaltene in Anrechnung auf seine (US) Quote behalten. Dies ergibt sich zweifelsfrei aus dem „Definitionskalender" des § 101 (23) BC,[20] wonach sich ein „foreign proceeding" insbesondere auf eine ausländische Masse (*estate*) zum Zwecke einer Liquidation, Schuldenbereinigung oder Reorganisation bezieht. Der Anspruch wegen Verletzung des Automatic Stay geht daher weiter und betrifft typischerweise *Einzel*handlungen gegen die Masse (*estate*). Er wird – denn das wäre ein Verstoß gegen den Sinn des Automatic Stay mit seinem weltweiten Geltungsanspruch – durch § 508 (a) BC nicht aufgehoben. Es ist also *alles* Erlangte herauszugeben.

§ 29 Der Automatic Stay: Allgemeines

Der Automatic Stay ist der – materiellrechtlich verstandene – Konkursbeschlag des amerikanischen Rechts. § 362 BC beginnt mit der Feststellung:

„(a) Except as provided in subsection (b) of this section, a petition filed under section 301, 302 or 303 of this title" (das ist der Konkursantrag), or an application filed under section 5 (a) (3) of the Securities Investor Protection Act of 1970,[1] operates as a stay, applicable to all entities, of –"

I. Der Inhalt des Stay

1. Vom Wortsinn her

„*Stay*" wird im Wörterbuch der Rechts- und Wirtschaftssprache von *Romain*[2] als „Aussetzung" bezeichnet. Dennoch ergibt eine Analyse des Gesetzes, daß „Stay"

---

§ 508 (a) BC nicht, da es an einer Teilnahme im US-Konkursverfahren fehlt. Eine Quotenanrechnung im US-Konkursverfahren scheidet folglich von vorneherein aus. Zum Ganzen auch unten § 90.

20 (23) „*foreign proceeding*" means proceeding, whether judicial or administrative and whether or not under bankruptcy law, in a foreign country in which debtor's domicile, residence, principal place of business, or principal assets were located at the commencement of such proceeding, *for the purpose of liquidating an estate*, adjusting debts by composition, extension, or discharge, or effecting a reorganization; (Hervorhebung vom Verfasser).

1 Ein Sonderfall, der hier nicht behandelt werden kann.

2 Teil I Englisch-deutsch, München 1989, Stichwort „Stay".

im Rechtssinne für den Bankruptcy Code weit mehr bedeutet. *Black's* Law Dictionary formuliert hierzu[3]:

„Automatic Stay: Immediately upon the filing of a voluntary petition[4] under the Bankruptcy Code a stay arises which generally bars all debt collection efforts against the debtor or property of his bankruptcy estate although the collection of postpetition debts against the debtor is not stayed Code § 362 (a). The court needs not sign any order to give rise to the stay. The mere filing of the petition, with supporting documentation, with the clerk is sufficient".

Zudem ist vom Wortlaut und Sinn von § 362 BC her von vornherein klar, daß dieser Stay sich gegen „all entities" richtet, also gegen *jedermann* wirkt.

2. *Weshalb Stay?*

Bei *Epstein/Nickles/White*[5] heißt es hierzu: Es sei nach Einbringung des Konkursantrages erforderlich, den Gemeinschuldner sofort gegen alle Versuche der Gläubiger zu schützen, an sein Vermögen (die Konkursmasse) heranzukommen.

In einem vom Gemeinschuldner eingeleiteten Verfahren (voluntary case nach Chapter 7) benötige der Verwalter (*trustee*) Zeit, um die Konkursmasse zu identifizieren und das Vermögen, das sich nicht in der Hand des Gemeinschuldners befindet, zur Masse zu ziehen, die dann in einem Liquidationskonkurs nach erfolgter Bereinigung *pro rata* an die Gläubiger verteilt werde. Handele es sich um ein Reorganisationsverfahren, benötige der Gemeinschuldner Zeit, um einen Reorganisationsplan zu erarbeiten. Zeit sei auch in einem *involuntary case* erforderlich; auch hier entsteht der Stay[6]. Zu den Involuntary Cases zählt insbesondere das von einem ausländischen Verwalter initiierte Verfahren nach § 303 (b) (4) BC.[7] Dem Gemeinschuldner müsse – so *Epstein/Nickles/White* – Gelegenheit geboten werden, dem Konkursantrag substantiiert entgegen zu treten.

Und schließlich: Alle sich *gegen* das Schuldnervermögen richtenden Maßnahmen seien sofort zu verhindern; denn es sei nötig, dieses Vermögen – durch den Trustee – ordentlich verwalten zu lassen mit dem Ziele, die „financial affairs" des Gemeinschuldners zu regeln. Denn das sei *eines* der Hauptziele des Verfahrens.

Der Automatic Stay nach § 362 BC soll *nur* die inländische (US) Konkursmasse im Sinne von § 541 BC schützen. Daher gibt es keinen Automatic Stay in einem

---

3 6. Aufl. 1991, Stichwort „Automatic Stay". Man beachte auch das Stichwort „Stay", das allgemein einen nicht identischen Sinn hat. Hier geht es um den „Automatic Stay" i.S. des Bankruptcy Code.

4 Vgl. oben § 13.

5 59.

6 Die auf Voluntary Cases abhebende Definition in *Black's* Law Dictionnary ist also unpräzise. Auch in Involuntary Cases erfolgt ein Stay.

7 Vgl. unten § 45.

Rechtshilfeverfahren nach § 304 BC; eine inländische (US) Konkursmasse wird im Rechtshilfeverfahren gem. § 304 BC gerade nicht gebildet[8].

3. § 362 (a) BC (Wortlaut)

§ 362 BC ist eine Vorschrift, die sich in der großformatigen 1996 Law School Edition „Bankruptcy Code, Rules and Official Form“[9] über fünf Seiten hinzieht und daher im einzelnen nicht wiedergegeben werden kann.

Wiedergegeben aber sei der Abschnitt (a), der zeigt, wie weit der Stay reicht. Die folgenden Abschnitte enthalten Details, Erweiterungen, Präzisierungen und Einschränkungen, die jedoch alle unter dem Obersatz des Abschnitts (a) stehen.

Dieser lautet:

§ 362. Automatic Stay

„(a) Except as provided in subsection (b) of this section, a petition filed under section 301, 302, or 303 of this title, or an application filed under section 5 (a) (3) of the Securities Investor Protection Act of 1970, operates as a stay, applicable to all entities, of –

(1) the commencement or continuation, including the issuance or employment of process, of a judicial, administrative, or other action or proceeding against the debtor that was or could have been commenced before the commencement of the case under this title, or to recover a claim against the debtor that arose before the commencement of the case under this title;

(2) the enforcement, against the debtor or against property of the estate, of a judgement obtained before the commencement of the case under this title;

(3) any act to obtain possession of property of the estate or of property from the estate or to exercise control over property of the estate;

(4) any act to create, perfect, or enforce any lien against property of the estate;

(5) any act to create, perfect, or enforce against property of the debtor any lien to the extent that such lien secures a claim that arose before the commencement of the case under this title;

(6) any act to collect, assess, or recover a claim against the debtor that arose before the commencement ot the case under this title;

(7) the setoff of any debt owing to the debtor that arose before the commencement of the case under this title against any claim against the debtor; and

---

8 In re Gee, 53 B.R. 891, 900 (Bankr. S.D.N.Y.1985) „... since a 304 case is one which does not administer *an estate* as such (im Sinne von § 541 BC) but simply aids a foreign representative ...“, vgl. unten § 57 Fn 5; ferner die Axona-Entscheidung (vgl. unten § 58 I 2) 88 B.R. 597, 607 (Bankr. S.D.N.Y. 1988).. nur ein Vollverfahren nach § 303 (b) (4) BC führt zum Automatic Stay nach § 362 BC; ferner Petition of Brierley, 145 B.R. 151, 168 Bankr. S.D.N.Y 1992) zu § 304 BC, dieser diene einer, „... expeditious administration of the foreign estate ...“ (vgl. unten § 48 II Fn 21).

9 St. Paul, Minn. West Publishing Co. 1996 mit einer interessanten Einführung auf IX-XXVIII Seiten „Bankruptcy Highlights“ von George Francis *Bason* Jr., einem früheren Bankruptcy Judge.

(8) the commencement or continuation of a proceeding before the United States Tax Court concerning the debtor.“

II. Die drei Ziele des Automatic Stay

Epstein/Nickles/White haben auf über 100 Seiten den Versuch unternommen, den Automatic Stay zu erschließen[10] und einen „three dimensional scope“ herausgearbeitet: „*All* collection efforts, *all* harassment and all forclosure actions“[11] sollen „gestoppt“ werden, „and even more“. Das bedeutet: daß alle rechtlichen wie tatsächlichen Handlungen, die dem Konkurszweck zuwider laufen und sich damit gegen die Konkursmasse richten, unterbunden werden, gleichviel von wem sie stammen.

Im Vordergrunde stehen dabei die Rechtshandlungen (Prozesse, Vollstreckungshandlungen aber auch das sonstige Eintreiben von Forderungen, und die Inempfangnahme der Leistung vom Gemeinschuldner) von Gläubigern, die sich – oft in letzter Minute – befriedigen wollen. Hier soll in dreifacher Hinsicht Schutz gewährt werden: „actions *against* the debtor personnally, her property and the property of the estate“.[12]

Handlungen, Klagen *gegen* den Gemeinschuldner unterliegen also dem Automatic Stay nach § 362 BC. Das bedeutet auf der anderen Seite, daß Aktivprozesse des Gemeinschuldners gerade nicht vom Stay erfaßt werden, da sie nicht gegen den Gemeinschuldner oder die Konkursmasse gerichtet sind.[13]

Dieser „three dimensional aim“ des Stay spiegelt sich in den Untergliederungen (1)-(8) des Absatzes (a) von § 362 BC wieder. Hierbei fällt auf, daß es sich um Prozesse i.w.S., Handlungen, welcher Art auch immer, handelt, die sich *gegen* den Gemeinschuldner bzw. *gegen* die Konkursmasse richten.

Allerdings: Soweit Schulden des Gemeinschuldners *nach* Einleitung des Verfahrens in Frage stehen (*postpetition claims*), gibt es grundsätzlich keine Schranken aus dem Stay.

In Reorganisationsverfahren – und das sind die wirtschaftlich bedeutenderen Fälle nach Chapter 11 – fordert der Rehabilitierungszweck – der Betrieb soll ja weiter gehen und die Gläubiger sollen nach dem Rehabilitierungs- und Reorganisationsplan bezahlt werden – eine Einbeziehung auch der Neugläubiger. Hier wird

---

10 AaO, 57 - 170.

11 *Epstein/Nickles/White,* 66.

12 AaO, 66.

13 *Epstein/Nickles/White,* Practitioners Treatise Series, Vol. 1, 105 Fn 45 mit Nachweisen aus der Rspr., ferner Vol. 2, 277, Vol. 3, 207 – 209; unten § 71 dort Fn 7, § 72 II: beachte, daß der Trustee die Konkursmasse (estate) representiert. Ihm steht nach Einleitung des US-Konkursverfahrens die Klagebefugnis zu, § 323 BC. Auch diese Prozesse werden wegen der vis attractiva concursus beim Bankruptcy Court konzentriert, dazu oben §§ 15 - 18.

nicht – wie im Liquidationsverfahren, die Konkursmasse auf den Zeitpunkt der Verfahrenseinleitung festgeschrieben, sondern auch auf den Zuerwerb erstreckt.[14]

Und noch etwas ist mit Bezug auf die genannten Handlungen zu unterstreichen. Es geht nur um vermögensrechtliche Belange, also um Ansprüche und Klagen, die den Gemeinschuldner mit der Konsequenz seiner Vermögenshaftung treffen, also nicht um statusrechtliche, familienrechtliche und ähnliche Prozesse. *Epstein/Nickles/White,*[15] formulieren daher zutreffend „... *actions* ... mit ... *liens on the debtor's own property*".

§ 30 Die Rechtsfolgen einer Verletzung des Automatic Stay

Wird dem Stay zuwidergehandelt, treten Sanktionen ein.

I. Beginn des Stay

Es sei wiederholt, weil dies eine Eigenheit des US-Rechts ist. Der Konkurs beginnt mit der „filing" der „petition", also des Konkursantrags beim Clerk des zuständigen Bankruptcy Court: (§ 541 (a) BC: „creates an estate", also eine Konkursmasse).

II. Verletzungen, Allgemeines

Damit entsteht gem. § 362 BC der Automatic Stay: Alles, was sich gegen das Vermögen des Gemeinschuldners richtet, ist untersagt. Prozesse gegen den Gemeinschuldner werden unterbrochen und zum District Court als Konkursgericht „gezogen".[1]

1. Handlung (im weitesten Sinne gegen den Stay): Folge Nichtigkeit

Es war umstritten, ob Rechtshandlungen, die den Stay verletzen, nichtig (*void*) oder anfechtbar (*voidable*) sind – etwa, wenn der Gemeinschuldner eine Sache an einen Dritten veräußert oder an einen Gläubiger zahlt.

---

14 *Epstein/Nickles/White*, 66, Fn 2.

15 67. Typisch amerikanischer Legeferierungstechnik folgend werden dann in § 362 insbesondere unter dessen Abs. 2 BC, 18 *Einzel*fälle aufgezählt – die aber das Vermögen des Gemeinschuldners berühren können – die *nicht* dem Automatic Stay unterliegen. Beispiel: Abs. (8), (18) Steuerforderungen, *Begründung* eines gesetzlichen Pfandrechts für Steuerschulden des „District Columbia", obwohl die Steuer erst *nach* Konkurseröffnung fällig wird (!).

1 Vgl. dazu §§ 14 - 18 und für das Rechtshilfeverfahren gem. § 304 BC, § 47.

Diese Frage wird von der h.M. und – wohl überwiegend auch von der Rechtsprechung im Sinne *der Nichtigkeit* – jedenfalls im Prinzip – beantwortet. Dies ist das auch von *Epstein / Nickles / White*[2] gebilligte Ergebnis, zu dem der Ninth Circuit Court in re *Schwartz*,[3] gelangt ist. Es ist dies ja auch, wie die Begründung dieser Entscheidung hervorhebt, der Sinn des Stay, den Gemeinschuldner mit seinem Vermögen zu schützen, auch gegen eigene Handlungen.

III. Ansprüche des Trustee

Bei einer Verletzung des Stay ist es Aufgabe des Trustee zu intervenieren, um die Masse zu schützen.

1. Herausgabeansprüche

Er hat zunächst gegenüber dem Dritten, dessen Handlung (im gegebenen Falle der Kauf und die Annahme der Sache oder die Annahme des Geldes) gegen § 362 (a) BC verstößt und daher *void* ist, Herausgabeansprüche wegen des „*turnover*“ gem. § 542 (a) BC. Natürlich kann er auch vom Schuldner die Herausgabe von Massevermögen, insbesondere die Besitzverschaffung, verlangen.

Da aus US-Sicht der amerikanische Konkurs weltweit wirkt (§ 541 BC) wird er diese Herausgabe *auch im Auslande* durchzusetzen suchen (man nehme an, besagte Transaktionen hätten etwa in Deutschland stattgefunden).

Denkbar ist der Fall, daß ein Gläubiger im Auslande – etwa in Deutschland oder der Schweiz – im Wege der Einzelvollstreckung Vermögen des Gemeinschuldners erlangt. Auch das wird für den US-Trustee ein Grund sein, sich auf § 542 (a) BC zu berufen und zu versuchen, den Herausgabeanspruch durchzusetzen.

Breitenstein meint allerdings,[4] hier komme § 508 (a) BC zur Anwendung. Er bezieht sich dabei auf die Lehre.[5] Aber diese Vorschrift des § 508 (a) ist m.E. auf den Fall zugeschnitten, daß ein Gläubiger durch Beteiligung an einem ausländischen *Konkursverfahren* eine Dividende erhält, die er sich dann, wenn er auch am US-Konkurs *teilnimmt,* dort anrechnen lassen muß.[6]

---

2 *Epstein / Nickles / White*, 161.

3 In re *Schwartz*, 954 F.2d 569, 571 (9th Cir. 1992), rev'g, 119 B.R. 207 (Bankr. 9th Cir. 1990).

4 Internationales Insolvenzrecht der Schweiz und der Vereinigten Staaten 1990, 231 ff.

5 *Nadelmann*, Codification, 77 ff., *Scoles / Hay*, 1. Aufl. 1982, 909; siehe auch *Hanisch*, Aktuelle Probleme, 124 ff.

Scoles / Hay, 2. Aufl., 942, sprechen aber ausdrücklich von „foreign proceeding“. Damit sind nach der Definition unter § 101 (23) BC insbesondere auch Konkursverfahren im Auslande gemeint, vgl. oben § 28. Die Frage der Verletzung von § 362 und § 541 BC ist damit noch nicht beantwortet. Beide Vorschriften beschränken sich *nicht* auf das Gebiet der USA, vgl. § 17, In re McLean Industries, Inc., 68 B.R. 690 (Bankr. S.D.N.Y. 1986).

2. Schadensersatzansprüche[7]

Bei wissentlicher und vorsätzlicher Verletzung des Automatic Stay hat der Verwalter gegen den Verletzten zudem einen Anspruch auf Schadensersatz, der weit gefaßt ist, „§ 362 (h) BC: actual damages, including costs and attorney's fees[8] and, in appropriate circumstances", auch auf Punitive Damages.

3. Punitive Damages

Dieser mehrfache, exemplarische Schadensersatz wird oft in einer Höhe zugesprochen, die für den kontinentaleuropäischen Juristen unfaßbar ist.[9] Die Anerkennung solcher Schadensersatzansprüche verstößt in Deutschland und der Schweiz gegen den *ordre public.*[10]

Allerdings hat der Supreme Court nun in Sachen BMW North America v. Gore[11] die Exorbitanz der von den unteren Gerichten zugesprochenen Beträge scharf gerügt und die von der bisherigen Praxis zugebilligten Beträge stark beschnitten. Am System ändert sich dadurch aber nichts.

IV. Contempt of Court (civil contempt)

1. Civil Contempt

Die Bestrafung des vorsätzlich gegen den Stay Handelnden wegen eines *Civil* Contempt of Court mit einer Geldstrafe *(fine)* zugunsten des Geschädigten,[12] i.d.R. der Masse, gehört zum festgefügten Instrumentarium der Gerichte gegenüber Stay-Verletzern. Sie war die einzige wirksame Waffe in Händen des Gerichts vor 1984. Damals wurde die weite Schadensersatzvorschrift des § 362 (h) BC eingefügt.[13]

---

6 Vgl. oben § 28 II, III.

7 Dazu eingehend, *Epstein / Nickles / White*, 161 ff.

8 Man beachte: Im allgemeinen trägt die Partei die Anwaltskosten im amerikanischen Prozeßrecht selbst! Daher die Erwähnung der „attorney's fees".

9 Dazu auch unten § 39 II, 2.

10 Für die Schweiz: *W. Habscheid*, ZPR N. 524. Vgl. BGHZ 118, 312 ff. mit eingehender Auseinandersetzung mit der Lehre.

11 Entscheidung vom 20. 05. 1996, 116 S.Ct. 1589, 1996.

12 Der Civil Contempt, der sich gegenüber dem Criminal Contempt abhebt, „is not" (wie der Criminal Contempt) „an offense against the dignity of the court, but against the party in whose behalf the mandate of the court was issued, and a fine is imposed for his indemnity" (so Black's Law Dictionary, Stichwort: Contempt). Beim Criminal Contempt wegen „wilful disobedience" gegenüber dem Gericht ist hingegen Geldstrafe oder Freiheitsstrafe möglich (Fed.R.Proc. 42 U.S.C.A. (§ 402)).

Ob der Bankruptcy Judge den Contempt verhängen kann, ist ungeklärt. Die Praxis der unteren Gerichte ist unterschiedlich.[14]

2. Fortdauer der Contempt of Court-Praxis?

Angesichts des weit gefaßten Rahmens der Ersatzansprüche in § 362 (h) BC erhebt sich die Frage, ob noch ein Bedürfnis für einen „*survival of contempt*" besteht. *Epstein/Nickles/White*[15] bezweifeln es, wenn man § 362 (h) BC nicht einengend interpretiere, weisen aber darauf hin, daß manche Gerichte anderer Ansicht sind und glauben, nur mit Hilfe des *contempts* etwa geschädigten „*corporations*" Schadensersatz verschaffen und von *creditor's lawyers* verursachte Schäden Anwaltskosten reparieren zu können.

§ 31 Das Gutglaubensproblem; sonstige Gültigkeit von Rechtshandlungen gegen den Stay (Autorisierung von Erwerb)

Es stellt sich die Frage, ob und inwieweit ein gutgläubiger Erwerber oder ein gutgläubiger Dritter bei Verfügungen über zur Masse gehörende Gegenstände *nach Eintritt des Stay* geschützt werden. Wie oben[1] dargelegt, sind nach h.M. solche Verfügungen nichtig. Dies ist die adäquate Folge der Verletzung des Stay.

I. Der gutgläubige Erwerb im Grundstücksrecht (§ 549 (c) BC)

Unter den Stay fallen vor allem Veräußerungen im Grundstücksverkehr. Hier ist der gute Glaube des Erwerbers zu schützen.

1. Eintragungen im Grundbuch

Verhindern kann der Trustee den gutgläubigen Erwerb, indem er den Konkurs im Grundbuch (*record*)[2] vermerken läßt. Es ist davon auszugehen, daß der Erwer-

---

13 *Epstein/Nickles/White*, 170.

14 Oben § 22 II, 2.

15 *Epstein/Nickles/White,* 170.

1 § 30 I, 2.

2 Jeder Staat der USA hat sein eigenes Grundbuchrecht. Die Frage wie man zu einer Eintragung im Grundbuch gelangt, ist also von Staat zu Staat verschieden zu beantworten. Lokaler anwaltlicher Rat wird daher für den Ausländer (und auch den aus einem anderen Staat der USA stammenden Inländer) unumgänglich sein. Zum US-Grundbuchrecht vgl. *Bruce/Ely Jr.*, Cases and Materials on Modern Property Law 3rd ed. 1994, insbes. 541ff; *Cribett/*

ber sich nach der Grundbuchlage erkundigt. Diesen Vermerk erhält der Trustee auf Antrag. Aus amerikanischer Sicht ist er ja (auch) Vertreter (und Vertretung ist eine Frage des Privatrechts) des Gemeinschuldners mit Bezug auf die Masse, zu der das Grundstück gehört.[3]

2. *Die gesetzliche Regelung*

Der gutgläubige Erwerb im Grundstücksrecht wird erst in § 549 BC mit Bezug auf die *postpetition transactions* angesprochen. § 549 BC steht im Anfechtungsrecht.[4] Hier heißt es unter (c):

„(c) The trustee may not avoid under subsection (a) of this section a transfer of real property to a good faith purchaser without knowledge of the commencement of the case and for present fair equivalent value unless a copy or notice of the petition was filed, where a transfer of such real property may be recorded to perfect such transfer, before such transfer is so perfected that a bona fide purchaser of such property, against whom applicable law permits such transfer to be perfect, could not acquire an interest that is superior to the interest of such good faith purchaser. A good faith purchaser without knowledge of the commencement of the case and for less than present fair equivalent value has a lien on the property transferred to the extent of any present value given, unless a copy or notice of the petition was so filed before such transfer was so perfected."

Zweierlei ist anzumerken:

In § 549 (c) BC heißt es „*... may not avoid*". Im Hinblick auf die h.M. müßte man lesen „*shall not avoid*". Denn sonst wäre auch ein bösgläubiger Erwerb zunächst gültig. Die h.M. sieht aber Verfügungen gegen den Stay als nichtig[5] an. Nur beim gutgläubigen Erwerb ist es anders. Es muß also, will man die Ansicht der h.M. durchhalten, hier in § 549 (c) eine „Gesetzesbegradigung" erfolgen.

Am Ergebnis aber würde sich nichts ändern. Der gutgläubige Erwerber bleibt geschützt, wenn er die Bedingungen des § 549 (c) BC erfüllt. Geschützt wird er aber nur dann, wenn er den Gegenwert gezahlt hat („fair equivalent value").

II. Sonstiger Erwerb (§ 549 (b) BC)

1. *Generalklausel*

Das Gesetz sieht keinen ausdrücklichen Schutz des gutgläubigen Erwerbs einer *beweglichen Sache* vor. Statt dessen findet sich in § 549 (b) folgende General-

---

Johnson/Findley/Smith, Property, Cases and Materials, 6th ed. 1990, insbesondere 1203 ff mit Angaben, was alles nachzuprüfen ist. Der beauftragte Anwalt haftet für die Richtigkeit.

3 Oben § 21 II ferner sogleich unten IV.

4 Unten §§ 33 - 36.

5 Oben § 30 II, 2.

klausel, die für alle anderen Gutglaubensfälle gilt, aber auf *involuntary cases* beschränkt ist:

(b) In an involuntary case, the trustee may not avoid under subsection (a) of this section a transfer made after the commencement of such case but before the order for relief to the extent any value, including services, but not including satisfaction of securing of a debt that arose before the commencement of the case, is given after the commencement of the case in exchange for such transfer, notwithstanding any notice or knowledge of the case that the transferee has.

2. Gilt für alle Gutglaubensfälle

Das heißt also: Nach dieser Regel ist in ihrem Rahmen jeder andere gutgläubige Erwerb geschützt.

III. Autorisierung von Erwerb

1. Business of the Debtor

Das Gutglaubensproblem stellt sich nicht, wenn der Transfer gesetzlich aber durch Verfügung des Gerichts autorisiert ist. Gesetzlich genehmigt ist er nach § 549 (a) (2) (A) BC: Im Falle von § 303 (f) BC: betreffend Geschäfte in „business of the debtor“ oder

2. Bei Turnover of Property

im Falle von § 542 (c) BC:

Dieser Fall stellt aber wieder eine *Gutglaubensregel* auf, die sich mit § 549 (b) BC überschneidet. § 542 (c) BC lautet (Überschrift: *Turnover of the property of the estate*):

„(c) Except as provided in section 362(a)(7) of this title, an entity that has neiter actual notice nor actual knowledge of the commencement of the case concerning the debtor may transfer property of the estate, or pay a debt owing to the debtor, in good faith and other than in the manner specified in subsection (d) of this section, to an entity other than the trustee, with the same effect as to the entity making such transfer or payment as if the case under this title concerning the debtor had not been commenced.“

Hier ist auch die Frage der Befreiung des Schuldners angesprochen, der gutgläubig an den Gemeinschuldner nach Verfahrenseröffnung gezahlt hat.

3. Autorisierung durch das Gericht

Das Gericht kann ferner generell gem. § 549 (a) (2) (B) BC „*postpetition transactions*“ autorisieren. Sie sind dann auf alle Fälle gültig.

IV. Gutgläubigkeit des Überträgers

Für den Stay ist es typisch, daß nicht nur der Gemeinschuldner durch sein Verhalten, sondern auch eine Drittperson gegen ihn verstoßen kann. Dies hätte für diese womöglich Schadensersatzansprüche zur Folge. Es liegt auf der Hand, daß gutgläubige Drittpersonen geschützt werden müssen. Typisch ist hierzu folgender Rechtsstreit.

1. Der Fall Bank of Marin v. England

Der von *Epstein / Nickles / White* auf S. 410 berichtete Fall[6], der noch nach dem Bankruptcy Act von 1898 entschieden worden ist, liegt folgendermaßen: Der Gemeinschuldner hatte einem Dritten Schecks gegeben. Dabei ist die Scheckbegebung vor und nach Konkurseröffnung gleich zu behandeln. Entscheidend ist, daß die Schecks nach dem *filing* der Bankruptcy-Petition durch die Bank als Drittperson eingelöst und ausbezahlt wurden. Die Bank als Drittperson verstieß daher – übertragen auf den Bankruptcy Code – gegen den Automatic Stay. Sie hätte nicht auszahlen dürfen. Aber sie wußte nichts vom Konkurs, war also gutgläubig. Sie konnte daher nicht verantwortlich gemacht werden. Dies folgt aus § 542 (c) BC.[7]

Diese Vorschrift ist jedoch nicht auf Banken beschränkt. Sie ist auf alle Rechtsträger anzuwenden „*misapplying*" (in objektiver Hinsicht) „*money owed the debtor and to other persons mishandling other kinds of property*".[8]

Zu beachten ist hier, daß § 542 (c) BC nur die Rechtspersönlichkeit schützt, die Vermögen, das zur Masse gehört und daher in den Stay fällt, überträgt, nicht aber den, an den übertragen wird, den Transfer*ee*.

Dieser – also *in casu* der Einlöser des Schecks – sollte der Herausgabe und ggf. Schadensersatzansprüchen nach § 542 (a), § 362 (h) BC unterliegen. So würde es der europäische Jurist sehen, für den eine Rechtshandlung, an der zwei Personen beteiligt sind, gegenüber der einen keine Konsequenzen haben kann, wohl aber gegen der zweiten.

Der Bankruptcy Code sieht es aber anders:

2. Anfechtbarkeit

Da, um auf den Fall zurückzukommen, die Auszahlung der Schecks gem. § 542 (c) BC erlaubt war, muß eine Anfechtung erfolgen: Denn § 549 (a) (2) (A) BC gestattet dem Trustee Übertragungen, die nach Beginn des Konkursverfahrens statt-

---

6 Bank of Marin v. England, 385 U.S. 99, 87 S.Ct. 274, 17 L.Ed.2d 197 (1966).

7 Oben III, 2.

8 *Epstein / Nickles / White*, 411.

fanden, anzufechten, soweit sie nach § 542 (c) BC geschützt sind (... that is authorized only under ... § 542 (c) BC). Die Anfechtung richtet sich gegen den Transfer*ee*,[9] also gegen den Scheckeinlöser (nicht gegen die Bank als „Transfer*or*") und sie ist an die Zeitgrenzen des § 549 (d) (1) (2) BC gebunden: *two years after the date of the transfer sought to be avoided; or the time the case is closed or dismissed*.

Anzumerken bleibt, daß man in diesem Fall an der Anfechtung festhält, obwohl man sonst grundsätzlich trotz des Wortlauts von § 549 (a) BC davon spricht, die den Stay verletzenden Akte seien *void*, also nichtig.[10]

Kapitel 4: Konkursaufrechnung und Konkursanfechtung

Die Aufrechnung und die Anfechtung in, oder besser *neben* dem Insolvenzverfahren, zählt bei uns herkömmlicherweise zum *materiellen* Konkursrecht. Bei allem Bestreben, das US-amerikanische Insolvenzrecht durch eine dem deutschen Juristen vertraute Systematik zu erschließen, erscheint es jedoch angezeigt, diesen Terminus hier nicht oder doch mit Vorsicht zu benutzen – allein schon deshalb, weil auch Aufrechnung und Anfechtung unter der Kontrolle des Bankruptcy Court stehen und von ihm entschieden werden,[1] also – zumindest auch – prozessuale Institute sind. M.E. überwiegt sogar letzteres auf alle Fälle.

§ 32 Die Aufrechnung (setoff) im Konkurs

Die Aufrechnungslage soll reale Deckung auch im Insolvenzfalle verschaffen. Nur so kann derjenige, der Kredit erhalten hat, auch Kredit gewähren. Dies ist für Banken besonders wichtig, bei denen die Aufrechnungslage immer dann gegeben ist, wenn sie einem Kunden Kredit geben, der bei ihnen ein Guthaben (Konto) hat. Man spricht hier – bezüglich dieses Guthabens von *banker's lien* – ein zwar gängiger, aber unscharfer (*misleading*) Ausdruck; richtigerweise sollte von einem „*right of setoff, based on general principles of equity*" gesprochen werden.[2]

---

9 *Epstein/Nickles/White*, 411.

10 Vgl. hierzu § 30 II, III.

1 Vgl. oben § 16, § 21 I, siehe U.S.C. § 157 (b) (2) (F) (G) (H), wonach es sich zweifelfrei um Core Proceedings handelt, in denen der Bankruptcy Judge in der Sache entscheidet.

2 Vgl. *Farnsworth/Honnold/Harris/Mooney Jr./Reitz*, Commercial Law, Cases and Materials, 5th ed. 160 und Gonsalves v. Bank of America 16 Cal.2d 169, 173, 105 F.2d 118, 121, 121 (1940) und *Teselle*, Banker's Right of Set-Off-Banker Beware, 34 Okla L.R. 40, 40 (1981).

I. Die Aufrechnung, materiellrechtliches oder verfahrensrechtliches Institut

1. Die deutsche rechtsvergleichende Literatur: Setoff im angelsächsischen Recht, Prozeßrecht

Sie verweist darauf, daß im anglo-amerikanischen Recht der *setoff* nicht, wie in Deutschland (§ 387 ff BGB) und der Schweiz (Verrechnung, Art 120 ff OR) zunächst eine Erscheinung des materiellen Rechts, sondern eine solche des Prozeßrechts sei – eine Art Verteidigungsmittel gegen die Klage, die im Erfolgsfalle zur Verrechnung der Klageforderung mit der Aufrechnungsforderung durch den Richter führt.[3] Diese Sichtweise ist auch für die schweizerisch-englische Rechtsvergleichung übernommen worden.[4] In beiden Ländern gibt es aber auch Besonderheiten zur Prozeßaufrechnung. Hier wird das Institut *auch* zu einem solchen des Verfahrensrechts.

Ob man dies vom englischen Recht mit *Kegel'scher* Dezidiertheit sagen kann, ist fraglich, denn es handelt sich beim *setoff* um eine Erscheinung der e*quity*; diese *equity* wird unabhängig vom *statute* (das aber auch Aufrechnungsfälle regeln kann) immer dann gewährt „*where it appeared that the defendant ought to be protected against the plaintiff's demand*".[5] Dieser Setoff betrifft also die prozeßrechtlich erzwungene Aufrechnung.

Das Recht zur Aufrechnung kann aber auch vertraglich vereinbart werden (typischer Fall: Kontokorrentverhältnis) oder sich sonst – wie beim „*banker's lien*" – aus dem materiellen Recht ergeben. Hier wären ggf. neben dem Bundesrecht in den USA die Rechte der Staaten zu befragen.

2. Das US-Recht

Das US-Recht hat den Setoff aus der englischen *equity*-Rechtsprechung übernommen. Black's Law Dictionary bezeichnet ihn als eine Art „*counterclaim demand which the defendant holds against the plaintiff* ..." um „*to cancel the amount due from him*". Bundesrechtliche Rechtsgrundlage dieses Setoff *im Prozeß* ist Fed.R. Civil P. 13.

Wie im englischen Recht, so wird auch im amerikanischen dieser *setoff*, ein Verteidigungsmittel gegen die Klage, vom *counterclaim*, der Widerklage, abgegrenzt. Wichtig ist, daß der Setoff „*a shield*", der Counterclaim „*a sword*" ist,[6] wichtig

---

3 *Kegel*, Internationales Privatrecht, 7. Aufl. 1995, 561 ff. mit eingehenden Nw.

4 *W. Habscheid*, Die Aufrechnung (Verrechnung) wegen einer Forderung mit englischem Schuld-statut im Zivilprozeß, FS Neumayer 1985, 263 ff, 274 m.Nw.

5 *Odger's*, Principles of Pleading and Practice, 19th ed. 1966, 211; Rspr. seit Rawson v. Samuel (1839) 1 (f.2 Ph. 161).

6 So plastisch Judge *Cockburn* in Stoke v. Taylor, 1880 (5 Q.B.D. 575).

ferner, daß der Setoff nach *Equity*-Recht Forderungen betreffen muß, die the „*same right*" (wozu im Bankenfalle auch das „*do ut des*" von Kreditvergabe und Bankkonto gehören)[7] zum Gegenstand haben.[8]

Die Equity gibt den Banken eine Aufrechnungsbefugnis im Sinne außergerichtlicher Verrechnung.[9] Eine Befugnis zu solcher Aufrechnung kann aber auch aus einem Statute erwachsen. Gibt es aber keine materiellrechtliche Grundlage zur Aufrechnung, so kann sie doch als „*shield*" im Prozeß erklärt werden.

Demnach dürfte die Katalogisierung von *Kegel* wohl zu eng sein. Ihr „Entweder-oder-Denken" entspricht m.E. nicht dem amerikanischen Recht.

Man sollte freilich diese Unterschiede nicht überbewerten: Das praktische Ergebnis ist i.d.R. identisch, auch wenn man die Gegenforderung nur zum *counterclaim* zuläßt. Daß im Konkursfalle hier Divergenzen entstehen, wird durch die *vis attractiva concursus*[10] verhindert. Denn immer entscheidet der Bankruptcy Court, weil durch den Eintritt der Konkurswirkung zunächst auch die Aufrechnungsmöglichkeit – materiellrechtlich oder prozessual bewertet – vom Automatic Stay betroffen wird.

II. Die Konkursaufrechnung

1. Die gesetzlichen Grundlagen

Mit dem Beginn des Konkurses ändert sich das Bild materielles- versus Prozeßrecht: Die Aufrechnung wird zu einem konkursrechtlichen Institut. Entscheidungen hat nur noch der Bankruptcy Court zu treffen: *Er* muß die Aufrechnung zulassen.

Die Aufrechnung im Konkurs wird im BC in drei zentralen Vorschriften[11] angesprochen. Die erste ist § 362 (a) (7) BC wonach Forderungen, die sich vor Einleitung des Konkursverfahrens aufrechenbar gegenüberstanden, dem Automatic Stay unterliegen:

„a petition filed ... operates as a stay ... of

(7) the setoff of any debt owing to the debtor that arose before the commencement of the case under this title against any claim against the debtor".

Man könnte damit auf den ersten Blick den Eindruck gewinnen, daß eine Aufrechnung im Konkurs nicht möglich sei. Dem ist aber im Ergebnis nicht so.

---

7 Hierzu gibt die Equity jedenfalls ein Recht zur außergerichtlichen Verrechnung.

8 Bezüglich des Counterclaim ist die Abgrenzung in Black's Law Dictionary, Stichworte *setoff* und *counterclaim*, weniger plastisch.

9 Dies wird von *Epstein/Nickles/White*, 360 vorletzter Absatz, 361 letzter Absatz betont.

10 Dazu oben eingehend §§ 15 - 18.

11 § 362 (a) (7); § 542 (b); § 533 BC.

2. Recht zur Aufrechnung trotz Konkurses

Eine Aufrechnung zweier Forderungen im Konkurs ist regelmäßig unter bestimmten Voraussetzungen, die in § 553 BC aufgelistet sind (dazu unter III), zulässig. Sie ist bereits vor dem Konkurs, insbesondere für Banken, ein bevorzugtes Mittel und verschafft ihnen (als Gläubiger) eine *Sicherheit* bis zur Höhe des dem Schuldner geschuldeten Betrages.[12] Diese Sicherheit wird nicht durch den Konkurs des Schuldners beseitigt.[13] Bewirkt zwar der Automatic Stay gem. § 362 (a) (7) BC eine „Sperre“, so daß die Aufrechnung zunächst nicht auch *einseitig* vom Gläubiger erklärt werden kann, so bleibt die Aufrechnungslage im Falle eines Konkurses nach § 553 BC dennoch bestehen.

Fordert etwa der Trustee den Gläubiger auf, Vermögen des Gemeinschuldners herauszugeben (*turnover of property of the estate*), so kann der Gläubiger gem. § 542 (b)[14] die Aufrechnung entgegenhalten und das Herausgabebegehren ganz (oder zumindest teilweise) vereiteln.

Hat z. B. die Bank (A) dem Gemeinschuldner (D) ein Darlehen gegeben und unterhält (D) ein Konto bei (A), auf dem sich Einlagen befinden, so kann die Bank (A)[15] das Herausgabebegehren des Trustee hinsichtlich der Einlagen (§ 542 (b) BC) zu Fall bringen, wenn (A) unter den Voraussetzungen von § 553 BC (zu § 553 BC im einzelnen unter III) aufrechnen kann.

---

[12] In re Sangus General Hospital, Inc., 698 F.2d 42 (1st Cir. 1983); In re Braniff Airways, Inc., 42 B.R. 443 (Bankr. N.D. Tex. 1984).

[13] *Epstein/Nickles/White*, 107.

[14] (b) Except as provided in subsection (c) or (d) of this section, an entity that owes a debt that is property of the estate and that is matured, payable on demand, of payable on order, shall pay such debt to, or on the order of, the trustee, except to the extent that such debt may be offset under section 553 of this title against a claim against the debtor.

[15] Streitig ist, ob eine Bank aufgrund der Verfahrenseinleitung ein Konto des Gemeinschuldners „einfrieren darf oder nicht“: *Kein* Verstoß gegen § 362 (a) (7) BC, Air Atlanta, Inc. v. National Bank of Georgia, 81 B.R. 724 (N.D. Ga. 1987); Bank müsse *sofort* die Aufhebung des Automatic Stay beantragen, Kenney's Franchise Corp. v. Central Fidelity Bank N.A., 22 B.R. 747 (W.D. Va. 1982); In re Hoffman, 51 B.R. 42 (Bankr. W.D. Ark. 1985); In re Lee, 40 B.R. 123 (Bankr. E.D. Mich. 1984). *Verstoß* gegen Automatic Stay, da Einfrieren der Konten als Aufrechnung zu bewerten ist, Cusanno v. Fidelity Bank, 29 B.R. 310 (E.D. Pa. 1983); Small Business Administration v. Rinehard, 887 F.2d 165 (8th Cir. 1989), Verstoß gegen § 362 (a) (3); es müsse zwischen „consumer debtor“ und „business debtor“ unterschieden werden, im ersten Fall *Verstoß* gegen § 362 BC, In re New York City Shoes Inc., 78 B.R. 426 (Bankr. E.D. Pa. 1987). Alle Meinungen waren vertretbar. Neuerdings aber: Die Entscheidung des Supreme Court vom 3. Okt. 1995 (-U.S.-) WL 633458, der die Entscheidung des Court of Appeals, in re Stumpf, 37 F.3d 155, 157, 158, 159 (4th Cir. 1994), der feststellte, daß das Einfrieren von Konten gegen den Automatic Stay verstoße –, aufgehoben hat, da das Konto nur *vorübergehend*, nicht aber für immer eingefroren werden sollte.

3. *Kein Anfechtungsrecht gem. § 547 (b) BC hinsichtlich der Aufrechnung vor Verfahrenseinleitung*

Auch kann eine *vor* der Konkursverfahrenseinleitung ausgeübte Aufrechnung durch den Gläubiger – die im Ergebnis als eine vorzugsweise Befriedigung eines Gläubigers angesehen werden könnte und damit grundsätzlich einer Anfechtung gem. § 547 (b) BC unterliegen würde – nicht vom Konkursverwalter gem. § 547 BC angefochten werden.[16] Folglich kann in dem oben gebildeten Beispiel eine *vor* Konkursverfahrenseinleitung ausgeübte Aufrechnung nicht im Wege der Anfechtung beseitigt und das betroffene Vermögen auch nicht zur Konkursmasse (estate) gezogen werden.

Die Aufrechnung verschafft dem Gläubiger also eine

„constitutive(s) and affirmative defense to the trustee's preference action".[17]

Sie kann durch den Trustee nicht angefochten werden.

4. *Aufrechnung und Verfahrenseinleitung: zwei Wege*

Mit der Konkurseröffnung ist die Aufrechnung vor dem Bankruptcy Court geltend zu machen. Sie richtet sich als Überwindung des Automatic Stay nach Konkursrecht. Standen sich Haupt- und Gegenforderung vor Einleitung des Konkursverfahrens aufrechenbar gegenüber, ist die Aufrechnung aber noch nicht vom Gläubiger erklärt worden, so kann der Gläubiger die Aufhebung des Automatic Stay beantragen. Wird diesem Antrag ganz oder teilweise stattgegeben, so wird damit gleichzeitig festgestellt, daß der Gläubiger ganz oder teilweise zur Aufrechnung berechtigt ist.[18] *Oder* aber der Gläubiger hält dem Zahlungsbegehren des Trustee gem. § 542 (b) BC die Verteidigung des Setoff entgegen.

Hinzuzusetzen bleibt: Wurde die Aufrechnung wirksam vor Prozeßbeginn erklärt, so kann sie nicht vom Trustee angefochten werden (§ 553 steht § 547 BC entgegen).

5. *Ergebnis*

Nach US-Recht wird der Setoff mit der Konkurseröffnung zum prozessualen Institut. Der Setoff ist im *core proceeding* vor dem Bankruptcy Judge (*vis attractiva concursus*) zu erklären; nur durch dessen Entscheidung kann der Automatic Stay überwunden werden.

---

16 In re Lott, 79 B.R. 869, 870 (Bankr. W.D. Mo. 1987); In re Brooks Farms, 70 B.R. 368, 372 (Bankr. E.D. Wis. 1987), „when section 553 is determined to be applicable, section 547 cannot therafter be utilized to undo its effect."

17 In re Woker, 120 B.R. 454, 458 (Bankr. S.D. Ill. 1990), *Epstein/Nickles/White*, 364.

18 *Epstein/Nickles/White*, 364.

III. Die Aufrechnung gem. § 533 BC und deren Ausschluß

1. Die Aufrechnungslage

Die Voraussetzungen einer Aufrechnungslage trotz Konkurses sind in § 533 BC geregelt. In dieser Vorschrift wird ferner bestimmt, wann – trotz bestehender Aufrechnungslage – eine Aufrechnung (vor oder nach) Konkurseröffnung ausgeschlossen sein soll. § 553 BC lautet:

§ 553 Setoff

„(a) *Except* as otherwise provided in this section *and* in sections 362 and 363 of this title, this title does not affect *any right of a creditor to offset a mutual debt owing by such creditor to the debtor that arose before the commencemant of the case under this title against a claim of such creditor against the debtor that arose before the commencement of the case, except* to the extent that –

(1) the claim of such creditor against the debtor is disallowed;

(2) such claim was transferred, by an entity *other* than the debtor, to such creditor –

(A) after the commencement of the case; or

(B) (i) after 90 days *before* the date of the filing of the petition; and

(ii) while the debtor was insolvent; or

(3) the debt *owed to* the debtor by such creditor was incurred *by such creditor* -

(A) after 90 days before the date of the filing of the petition;

(B) while the debtor was insolvent; and

(C) for the purpose of obtaining a right of setoff against the debtor.

(b) (1) Except with respect to a setoff of a kind described in section 362 (b)(6), 362 (b) (7), 362 (b)(14), 365 (h), or 365 (i)(2) of this title, if a creditor offsets a mutual debt owing to the debtor against a claim against the debtor on or within 90 days before the date of the filing of the petition, then the trustee may recover from such creditor the amount so offset *to the extent that* any insufficiency on the date of such setoff is less than the insufficiency on the later of –

(A) 90 days before the date of the filing of the petition; and

(B) the first date during the 90 days immediately proceeding the date of the filing of the petition on which there is an insufficiency.

(2) In this subsection, „insufficiency" means amount, if any, by which a claim against the debtor exceeds a mutual debt owing to the debtor by the holder of such claim.

For the purpose of this section, the debtor is presumed to have been insolvent on and during the 90 days immediately preceding the date of the filing of the petition." [19]

Im Absatz (a) wird die Aufrechnungslage umschrieben. Vereinfacht ausgedrückt, ist sie immer dann gegeben, wenn Gläubiger und Gemeinschuldner sich gegenseitig etwas schulden (*mutual debt*) und diese Gegenseitigkeit schon vor der Verfahrenseinleitung bestand (before the commencement of the case under this

---

[19] Hervorhebung vom Verfasser.

title). Die Forderungen stehen sich insoweit also aufrechenbar gegenüber, zwar kann nach der Verfahrenseinleitung die Aufrechnung nicht mehr ohne weiteres *einseitig* durch Erklärung des Gläubigers durchgesetzt werden, da dies einen Verstoß gegen den Automatic Stay gem. § 362 (a) (7) BC darstellen würde. Die Aufrechnungs*möglichkeit* besteht aber fort: zum einen kann, wenn der Trustee die Herausgabe (*turnover*) fordert, die Aufrechnung dem Herausgabebegehren gem. § 542 (b) BC entgegengehalten werden, wobei hier zu betonen ist, daß der Herausgabeprozeß gem. 28 U.S.C. § 157 (b) (2) (E) vor dem Bankruptcy Court stattfindet. Zum anderen, wenn der Gläubiger aktiv vorgehen will, kann er die Aufhebung des Automatic Stay durch den Bankruptcy Court erwirken, so daß die Beschlagnahmewirkung des „*stay*" entfällt und die Aufrechnung erfolgen kann.

In beiden Fällen wird aber vorausgesetzt, daß die Aufrechnung nicht durch § 533 (a) (1), (2), (3) bzw. (b) BC ausgeschlossen wird.

2. Ausschluß der Aufrechnung: vier Fälle

Die Aufrechnung wird in vier Fällen ausgeschlossen, wobei der erste Fall im Grunde selbstverständlich ist.

a) „Disallowed Claim" (§ 553 (a) (1) BC)

Wird die Forderung des Gläubigers gegen den Gemeinschuldner im Konkursverfahren nicht zugelassen, so kann mit ihr auch nicht aufgerechnet werden.

b) „Claim transferred by non Debtor Party" (§ 533 (a) (2) BC)

Gemeint ist damit der Fall, daß der Gemeinschuldner (D) zwar eine Forderung gegen A hat, dem A seinerseits aber keine Forderung gegen D zusteht. Die Gegenseitigkeit erlangt A nur dadurch, daß er die Forderung des B gegen D erwirbt bzw. sie sich abtreten läßt und dadurch zum Gläubiger des D wird.

In diesem Fall entfällt die Aufrechnungsmöglichkeit, wenn die Abtretung nach Einleitung des Konkursverfahrens *oder* aber innerhalb von 90 Tagen vor Einleitung des Verfahrens erfolgte und der Gemeinschuldner „insolvent" war.[20]

---

[20] Es besteht eine gesetzliche Vermutung. Für den Zweck von § 553 wird erwirkt, daß der Gemeinschuldner während der 90 Tage vor Verfahrenseinleitung insolvent war, vgl. § 553 (c) BC. Man beachte: Hier spielt die Frage der Insolvenz eine Rolle. Für die Einleitung des Konkursverfahrens ist sie irrelevant, siehe oben § 13 I.

c) „Debt created for Purpose of Setoff“ (§ 533 (a) (3) BC)

Ein Recht zur Aufrechnung besteht ferner dann nicht, wenn der Gläubiger eine Schuld gegenüber dem Gemeinschuldner in dem 90-Tageszeitraum vor Einleitung des Konkursverfahrens einging, der Gemeinschuldner zu diesem Zeitpunkt insolvent war und die Forderung (nur) zum Zwecke der Aufrechnung gebraucht werden sollte.[21] Hier gilt ebenfalls die gesetzliche Vermutung, daß der Schuldner innerhalb der 90 Tage vor Verfahrenseinleitung insolvent war.

d) „Creditor's improved Position“ (§ 553 (b) (1) BC)

In diesem Falle versucht der Gläubiger innerhalb der 90-Tage-Periode vor Konkursverfahrenseinleitung seine Aufrechnungsposition gegenüber dem Gemeinschuldner zu verbessern, bis er schließlich die Aufrechnung erklärt. Soweit er seine Position verbessert hat („to the extent that“), kann der Trustee die Aufrechnung anfechten und das Erlangte herausverlangen. Abgestellt wird dabei auf die unzureichende Deckung (*insufficiency*) der sich gegenüberstehenden Forderungen, d. h.: der Betrag, den der Gläubiger dem Gemeinschuldner *schuldet* (hier die Einlage des D), wird von dem Betrag, den der Gläubiger vom Gemeinschuldner fordern kann (hier dem Kredit), abgezogen. Die Höhe der unzureichenden Deckung (*insufficiency*) wird dann zu zwei Zeitpunkten miteinander verglichen: War die Insufficiency zum Zeitpunkt der Aufrechnung *geringer* (less) als im Vergleich zur erstmaligen Insufficiency während der 90-Tage-Periode,[22] so kann diese „Verbesserung“ vom Trustee angefochten und herausverlangt werden.[23]

---

[21] *Beispiel*: Gemeinschuldner (D) hat von der Bank (A) einen Kredit i.H.v. 100.000 erhalten. (D) zahlt auf sein Girokonto bei (A) am 1.Okt. 10.000 ein. (A) hatte kurz vorher erfahren, daß (D) in ernsthaften Schwierigkeiten steckte und erklärte hierauf die Aufrechnung i.H.v. 40.000 gegen den Kredit (Höhe aller Einlagen von (D) bei (A)). Am 15. Okt. beantragte (D) die Konkursverfahrenseinleitung. In diesem Fall konnte (A) nicht i.H.v. 10.000 aufrechnen, wenn nach den Feststellungen feststeht, daß die Entgegennahme der Einlage i.H.v. 10.000 zum Zwecke der Aufrechnung erfolgte (§ 553 (a) (3) (c) BC) und nicht etwa zu den „gewöhnlichen Geschäften“ (§ 547 (c) (2) (B) BC) gehörte. Insoweit kann der Trustee die (erfolgte) Aufrechnung anfechten, *vgl.*, In re Union Cartage Co., 38 B.R. 134 (Bankr. N.D. Ohio 1984), vgl. auch *Waxmann,* Bankruptcy, 64.

[22] In re Duncan, 10 B.R. 13 (Bankr. E.D. Tenn. 1980).

[23] Beispiel: Der Gemeinschuldner schuldet seiner Bank einen Kredit i.H.v. 100.000. Seine Einlage aus seinem Girokonto betrug ebenfalls 100.000. 50 Tage vor Antragstellung betrug seine Einlage 50.000, 40 Tage vor Antragstellung 40.000 und schließlich 30 Tage vor Antragstellung wieder 60.000. Die Bank erklärt nunmehr die Aufrechnung. Damit war die unzureichende Deckung (insufficiency) im Zeitpunkt der Aufrechnung *geringer* (= 40.000), als zum Zeitpunkt der erstmaligen Insufficiency (= 50.000). Folglich war die Position der Bank um 10.000 verbessert und die Verbesserung bestand während der 90-Tage-Periode. Diesen Betrag von 10.000 kann der Trustee von der Bank herausverlangen, vgl. auch *Waxmann,* Bankruptcy, 65..

IV. Zusammenfassung

Das US-Recht läßt im Ergebnis die Aufrechnung trotz des Konkurses zu. Es klammert jedoch Fälle aus, in denen die Aufrechnungslage zwecks Erwirkung eines ungerechtfertigten Vorteils gegenüber den anderen Gläubigern benutzt wird. Wichtig ist, daß die Rechtskontrolle dem Bankruptcy Court zusteht.

Was das internationale Konkursaufrechnungsrecht betrifft, so wird es unter § 56 dargestellt werden. Für den deutschen Juristen wird allerdings die Kenntnis des nationalen US-Rechts dort notwendig sein, wo das anzuwendende Aufrechnungsstatut das Recht der Vereinigten Staaten ist[24]. Die Beachtung des Gläubigergleichbehandlungsgrundsatzes wird durch § 533 BC sichergestellt.

§ 33 Die Konkursanfechtung: Grundsätzliches – die Anfechtungsbedingungen

Es handelt sich hierbei um die Anfechtung nach dem Vorbild der *actio pauliana.*[1] Darüber hinaus spielt das Anfechtungsrecht (*right to avoid*) im US-Konkursrecht noch weitere Rollen, über die bereits gesprochen worden ist.[2] Obwohl das Anfechtungsrecht zunächst nationales Recht ist, spielt es grenzüberschreitend eine wichtige Rolle. Ist nämlich der US-Konkurs in Deutschland anzuerkennen und führt der US Verwalter in Deutschland einen Anfechtungsprozeß, so stellt sich die Frage, ob US-Recht und deutsches Recht gilt (Art 102 II EGInsO).[3]

I. Ziel der Anfechtung

Mit Hilfe des Anfechtungsrechts des Trustee[4] sollen bestimmte Verfügungen des Gemeinschuldners oder Dritter *vor* Verfahrenseinleitung rückgängig gemacht werden. Das US-Recht kennt aber auch eine Anfechtung von Postpetition Transactions[5]. Das Ziel des Anfechtungsrechts ist klar: Es dient der rückwirkenden Beseitigung von Verfügungen, durch die das Vermögen der Konkursmasse (*property of the estate*) ausgehöhlt wird, sich also bestimmte Gläubiger bzw. Dritte Vermögens-

---

24 Dazu unten § 91.

1 Vgl. zu den angloamerikanischen Wurzeln, unten § 34 II, III und die Darstellung von *Riesenfeld*, Creditors' Remedies, 347 ff.

2 Das Anfechtungsrecht des Gemeinschuldners bezüglich seiner *exemptions*, oben §§ 25, 26, das freilich zu einer Veringerung der Konkursmasse führt.

3 Dazu unten §§ 92, 93.

4 Beziehungsweise des Debtors in Possession im Rahmen eines Reorganisationsverfahrens.

5 § 549 BC sieht für bestimmte Postpetition Transactions Anfechtbarkeit vor. Die h.M. will sie aber als nichtig behandeln, vgl. § 31, § 35.

vorteile verschafft haben, die ihnen nach den Zielsetzungen eines Konkursverfahrens nicht zustehen sollen. Auch nach amerikanischem Rechtsverständnis soll mit Hilfe des Anfechtungsrechts der Grundsatz der Gläubigergleichbehandlung durchgesetzt werden. Neben der Anfechtung nach § 547 BC (preference) steht die Anfechtung wegen böswilligem oder arglistigem Verhalten des Gemeinschuldners, die Gläubigerbenachteiligung nach § 548, § 544 (b) BC (fraudulent transfers and obligations).

Demgegenüber soll durch das Anfechtungsrecht des Gemeinschuldners der Vollstreckungsschutz für natürliche Personen, über deren Vermögen ein Konkursverfahren eröffnet worden ist, sichergestellt werden. Durch diese Art der Anfechtung wird zwar auch die „fresh start policy" nach dem BC gefördert; im Ergebnis führt sie aber zu einer Verminderung der Konkursmasse, so daß sie an einem anderen Ort behandelt wird.[6]

II. Anfechtungsberechtigte

1. Der Trustee (generell und Chapter 7)

Übertragungen und Verfügungen vor Verfahrenseröffnung sind nach amerikanischem Rechtsverständnis nicht automatisch mit Einleitung eines Konkurses nichtig. Vielmehr hat der Trustee Klage vor dem Bankruptcy Court zu erheben.[7] Das Gericht hat also über die Anfechtbarkeit zu entscheiden. Die Befugnis zur Anfechtung wird also dem Trustee („may avoid, may recover")[8] nach dem Bankruptcy Code eingeräumt. Nur er kann die Anfechtung in einem Verfahren nach Chapter 7 ausüben.

2. Debtor in Possession (Chapter 11)

In einem Chapter 11 Verfahren wird regelmäßig kein Trustee ernannt. Fehlt es an einem Trustee, so nimmt der Gemeinschuldner als Debtor in Possession[9] die Anfechtungsbefugnisse des Trustees wahr.[10]

---

6 Vgl. dazu oben §§ 25, 26.

7 Es handelt sich um ein *core-proceeding*, 28 U.S.C. § 157 (b) (2) ferner oben §§ 15 - 18.

8 §§ 544 (a), (b); 545; 547 (b); 548 (a), (b); 553 (b) (1); 549 (b) BC.

9 § 1107 (a) BC.

10 Zum Problem, wenn Debtor in Possession sein Anfechtungsrecht unzureichend ausübt. Klage der Gläubiger zugunsten der Konkursmasse zugelassen, vgl. Nebraska State Bank v. Jones, 846 F.2d 477 (8th Cir. 1988), Saline Bank v. Mahloch, 834 F.2d 690, 695 (8th Cir. 1987), In re Curry Sorensen, Inc., 57 B.R. 824, 828 (Bankr. 9th Cir. 1987).

3. *Trustee und Debtor in Possession (Chapter 12 und 13)*

Zwar wird in den Chapter 12-Verfahren immer ein Trustee ernannt. Daneben können aber auch dem Gemeinschuldner als Debtor in Possession Befugnisse eingeräumt werden,[11] so daß u.U. beide zur Anfechtung befugt sind.

In dem Verfahren unter Chapter 13 wird ebenfalls stets ein Trustee ernannt; hier gibt es aber keinen Debtor in Possession. Gem. § 1303 BC können dem Gemeinschuldner aber bestimmte Befugnisse eingeräumt werden. Das Anfechtungsrecht fällt nicht darunter. In § 103 (a) BC wird aber bestimmt, daß die Vorschriften unter Chapter 5 – wo das Anfechtungsrecht geregelt ist – in einem Chapter 13 Verfahren Anwendung finden. Danach kann auch der Gemeinschuldner als Debtor in Possession die Anfechtungsbefugnis nach dem BC ausüben.[12]

§ 34 Die Anfechtungstatbestände

Sie sind im amerikanischen Recht komplex:

I. Anfechtung wegen Gläubigerbevorzugung (preference)

1. *Die Tatbestandsvoraussetzungen gem. § 547 (b) BC*

Eine der zentralen Anfechtungsmöglichkeiten durch den Trustee ist die Anfechtung gem. § 547 (b) BC wegen Gläubigerbevorzugung (*preference*). In Absatz (b) dieser Vorschrift sind die Tatbestandsvoraussetzungen niedergelegt, unter denen dem Trustee ein solches Anfechtungsrecht zusteht, soweit nicht eine der 8 Ausnahmen unter Absatz (c) eingreift, die die Anfechtung dann wieder ausschließen. § 547 (b) BC in seiner wesentlichen Aussage lautet:[1]

„(b) *Except as provided in subsection (c)* of this section, the trustee *may avoid any transfer* of an interest of the debtor in property –

(1) to or for the *benefit of a creditor*;

(2) for or on account of an *antecedent debt* owed by the debtor before such transfer was made;

(3) made while the debtor was *insolvent*;

(4) made –

(A) on or within *90 days before the date of the filing* of the petition; or

---

[11] Vgl. §§ 1202, 1203 BC.

[12] Zum Ganzen *Epstein/Nickles/White*, 275.

[1] Von einem vollständigen Abdruck der Vorschrift muß abgesehen werden, da sie sich über vier Großformatseiten erstreckt; Hervorhebung vom Verfasser.

(B) between ninety days and one year before the date of the filing of the petition, if such creditor at the time of such was an insider; and

(5) that enables such *creditor to receive more than* such creditor would receive if –

(A) the case were a *case under chapter 7 of this title*;

(B) the transfer had not been made; and

(C) such creditor received payment of such debt to the extent provided by the provisions of this title.

(c) The trustee may not avoid under this section a transfer" …

Danach liegt – vereinfacht gesagt – eine anfechtbare Gläubigerbevorzugung immer dann vor, wenn Rechte / Ansprüche (interests) am Vermögen des Gemeinschuldners:

(1) übertragen (*transfer*) wurden,

(2) Übertragung zugunsten eines Gläubigers erfolgte (to or for the benefit of a creditor),

(3) die Übertragung eine Schuld des Gemeinschuldners vor Verfahrenseröffnung betraf (*antecedent debt*),

(4) zu einer Zeit geschah, als der Schuldner insolvent[2] war,

(5) innerhalb der 90 Tage[3] vor Einleitung des Konkursverfahrens erfolgte und schließlich

(6) der Gläubiger hierdurch mehr erhält als das, was er in einem Verfahren unter Chapter 7 erhalten würde, wenn die Übertragung nicht gemacht worden wäre.

Alle Voraussetzungen müssen erfüllt sein, damit § 547 (b) BC eingreift.

Auf die subjektive Kenntnis des Gläubigers kommt es hier nicht an. Nach der Zielsetzung dieser Vorschrift wurde die Verwirklichung der Gläubigergleichbehandlung höher eingestuft als der Schutz eines nichtwissenden und damit gutgläubigen Rechtsinhabers.[4] Schließlich bleiben auch die Absichten und Beweggründe des Gemeinschuldners unberücksichtigt; sie sind ebenfalls irrelevant.[5]

Wie die einzelnen oben bezeichneten Tatbestandsmerkmale letztlich von der Rechtsprechung umschrieben werden, kann hier aus Raumgründen und aufgrund der Zielsetzung dieser Arbeit nicht ausgeführt werden.

---

2 Vgl. Def. in § 101 (32) BC, also immer dann, wenn die Schulden des Gemeinschuldners sein Vermögen übersteigen. Wird gem. § 547 (f) BC gesetzlich vermutet innerhalb der 90 Tage Frist vor Konkursbeginn.

3 Aber Jahresfrist, wenn Gläubiger ein „*insider*" ist.

4 „Congress considered equality of distribution so important that it specifically eliminated consideration of creditor's good faith or knowledge from preference actions". In re Southern Indus. Banking Corp., 92 B.R. 297, 301 (Bankr. E.D. Tenn. 1988).

5 In re Service Bolt & Nut Co. Inc., 98 B.R. 759, 761 (Bankr. N.D. Ohio 1989); In re Lendrest Mortg. Inc., 123 B.R. 623, 624 (Bankr. N.D. Cal. 1991).

Es wird insoweit auf die weiterführende amerikanische Literatur verwiesen.[6] Hinsichtlich des zentralen Begriffs von – „*transfer*[7] of an interest of the debtor in property" – sei nur soviel angemerkt, daß hierunter alle Übertragungen (rechtsgeschäftlicher oder tatsächlicher Art) von Rechten und Ansprüchen verstanden werden, die das Vermögen des Schuldners (und jetzigen Gemeinschuldners) vermindert haben.[8]

2. Die acht Einschränkungen gem. § 547 (b) BC durch Absatz (c)

Ist nach den oben aufgeführten Tatbestandsmerkmalen eine quasi *umfassende* Anfechtbarkeit aller Übertragungen innerhalb des 90 Tagezeitraums vor Verfahrenseinleitung gegeben, so wird diese sehr weitgehende Anfechtbarkeit unter den Voraussetzungen von § 547 (c) BC dann wieder (recht erheblich) eingeschränkt. Danach wird in 8 Fällen die Anfechtbarkeit dann doch wieder ausgeschlossen. Kurz gefaßt geht es um folgende Fälle:

(1) Um den Fall eines gleichzeitigen Austausches von Leistungen (*contemporaneous exchange*), wonach für den weggegebenen Wert ein neuer Wert (*new value*[9]) in das Vermögen des Gemeinschuldners gelangt. Leistung und Gegenleistung müssen *zeitnah* ausgetauscht worden sein[10] und im Ergebnis darf das Vermögen des Gemeinschuldners[11] nicht vermindert werden,[12] § 547 (c) (1) BC.

(2) Zahlungen auf eine Schuld oder Übertragungen im gewöhnlichen (*ordinary*[13]) Geschäftsverkehr und Finanzangelegenheiten des Schuldners und Erwer-

---

6 Nachweise bei *Riesenfeld*, Creditors' Remedies, 680 ff. zur Rspr.; *Epstein / Nickles / White*, 281 - 314.

7 § 101 (54) BC:

„transfer" means every mode, direct or indirect, absolute or conditional, voluntary or involuntary, of disposing of or parting with property or with an interest in property, including retention of title as a security interest and foreclosure of the debtor's equity of redemption.

8 Matter of Newcomb, 744 F.2d 621, (626, 627) (8th Cir. 1984), „... to be avoidable a transfer must deprive the debtor's estate something of value which otherwise be used to satisfy creditors ...".

9 Was ein „new value" ist, wird hier gar in § 547 (a) (2) BC definiert:

(a) „new value" means money or money's worth in goods, services, or new credit, or release by a transferee of property previously transferred to transferee in a transaction that is neither void nor voidable by the debtor or the trustee under any applicable law, including proceeds of such property, but does not include an obligation substituted for an existing obligation.

10 Vgl. etwa, sechs Tage bzw. eine Woche ist zeitnah, In re Quade 108 B.R. 681, 683 ff. unter Hinweis auf, Dean v. Davis, 242 U.S. 438, 37 S.Ct. 130 (1917); ein Monat, nicht zeitnah, vgl. Brown Family Farms, Inc., 80 B.R. 404 (Bankr. N.D. Ohio 1987).

11 *Orelup*, Avoidance of Preferential Transfers under the Bankruptcy Reform Act of 1978, 65 Iowa L. Rev. 209, 234 (1979).

12 Zur Kasuistik im einzelnen, *Epstein / Nickles / White*, 314.

bers; Übertragung zu gewöhnlichen Geschäftsbedingungen (ordinary business terms), § 547 (c) (2) BC.

(3) Übertragungen, wodurch ein – „*security interest* in property acquired by the debtor" – geschaffen wird. Gemeint werden damit die sog. – „purchase money security interests"[14] – also Kaufpreissicherungsrechte, (wie etwa nach Art 9 des Uniform Commercial Code[15] wo wir vom Eigentumsvorbehalt des Ratenzahlungsverkäufers bzw. Sicherungseigentum des Kreditgebers sprechen würden (§ 547 (c) (3) BC)).

(4) Diese Ausnahme betrifft insbesondere Sukzessivlieferungsverträge zwischen Käufer und Verkäufer, die dem Wortlaut nach nicht unter § 547 (c) (1) fallen, weil es an einem „*exchange*" fehlt. Erlangt z. B. der Schuldner eine neue Warenlieferung (*new value*) für seine vorangegangene Zahlung (*transfer*), so ist dieser Vorgang gem. § 547 (c) (4) BC nicht anfechtbar. Die nachfolgende Lieferung heilt sozusagen den vorhergehend anfechtbaren Vorgang[16] (= die Zahlung).

(5) Unter § 547 (c) (5) BC werden die sogenannten „*floating liens*" (Globalverpfändungen) etwa eines Warenlagers (*inventory*) des Schuldners geregelt. Wurde eine zulässige Sicherungsvereinbarung zwischen Schuldner und Gläubiger vor dem 90-Tagezeitraum vereinbart, so würden alle neu erworbenen Waren des Schuldners (während der 90-Tage vor der Konkursverfahrenseinleitung) von dem „Floating Lien" zugunsten des Gläubigers erfaßt werden. Die neu erworbenen Pfandrechte wären aber „klassische Preferential Liens" und damit gem. § 547 (b) BC anfechtbar. Diese umfassende Anfechtbarkeit soll durch § 547 (c) (5) wieder eingeschränkt werden; hinter dessen nebulösen Wortlaut verbirgt sich die Aussage: Nur der Betrag des *Überschusses* (von der Schuld des Gemeinschuldners abzüglich Sicherheit), der während der 90-Tagesperiode vor Konkurseröffnung vermindert wird, wird als „preference" eingestuft und wäre damit anfechtbar.[17]

---

13 Im Ergebnis geht es hier hauptsächlich um die Frage, was noch „*ordinary*" ist und nicht schon „*extraordinary*": Letzteres ist der Fall, wenn (plötzlich) vom üblichen bisher vereinbarten Handeln zwischen den Parteien abgewichen wird, vgl. In re Singer Products Co. Inc., 102 B.R. 912, 935 (Bankr. E.D.N.Y. 1989), In re Energy Cooperative, Inc., 103 B.R. 171 (N.D. Ill. 1986), vgl. zur Kasuistik, *Epstein/Nickles/White*, 331 - 335.

14 Vgl. § 101 (51) BC „security interest".. means lien created by agreement.

15 Vgl. zum *security interest* § 522 (f) (1) (B) BC, oben § 26 I.

16 *Nimmer*, Security Interests in Bankruptcy: An Overview of Section 547 of the Code, 17 Houston L. Rev. 289, 299 (1980); *Countryman*, The Concept of a Voidable Preference in Bankruptcy, 38 Vand. L. Rev. 713 ff.; *Young*, Preferences under the Bankruptcy Reform Act of 1978, 54 Am. Bankr. L.J. 221, 229 (1980), unter Hinweis auf In re Sounds Distrib., Inc., 80 B.R. 749 (Bankr. W.D. Pa. 1987), Matter of Global Int'l Airways Corp., 80 B.R. 983 (Bankr. W.D. Mo. 1987).

17 *Orelup*, Avoidance of Preferential Transfers under the Bankruptcy Reform Act of 1978, 65 Iowa L. Rev. 209 249 - 250 (1979), *Nimmer*, aaO, 289, 301; vgl. insbesondere die „Rechenbeispiele" bei *Epstein/Nickles/White*, 348 ff. Beispiel: Die Schuld des D gegenüber C betrug zum Zeitpunkt der Verfahrenseinleitung 100.000 und das globalverpfändete Warenlager hatte einen Wert von 60.000. Betrug die Schuld des D exakt 90 Tage vor Verfahrens-

(6) Unter § 547 (c) (6) werden die gesetzlichen Pfandrechte (*statutory liens*) zugunsten des Fiskus geschützt.[18] Kann danach ein Pfandrecht des Fiskus nicht unter den Voraussetzungen gem. § 545 BC angefochten werden, so entfällt auch eine Anfechtung gem. § 547 (b) BC. Diese Pfandrechte haben folglich Bestand.[19]

(7) Unter Ziffer 7 werden bestimmte Unterhaltszahlungen an frühere Ehepartner, Ehegatten, Kinder auf Grund einer Trennungsvereinbarung oder eines Scheidungsurteils von der Anfechtbarkeit ausgenommen (§ 547 (c) (7) BC).

8) Nach Ziffer 8 schließlich sind Zahlungen – im Falle eines Konkurses einer natürlichen Person – auf „Konsumentenschulden" (*consumer debts*[20]) bis zu einem Betrag von $ 600 nicht anfechtbar.[21]

II. Anfechtung wegen Gläubigerbenachteiligung gem. § 548 BC

1. Unter dem Bankruptcy Code

Die nach deutscher Begriffsbestimmung als Absichts- (und Schenkungs-)anfechtung gem. §§ 31, 32 KO; §§ 133, 134 InsO bezeichneten Anfechtungsmöglichkeiten finden im amerikanischen Konkursrecht als – *„fraudulent transfers and obligations"* – in etwa ihre Entsprechung, § 548 BC.

2. Außerhalb des Bankruptcy Code

So wie beim deutschen Gläubigeranfechtungsrecht außerhalb des Konkurses gem. dem Anfechtungsgesetz, dessen gesetzliche Tatbestände sich mit denen der Insolvenzordnung (wie der KO) weitgehend decken (insbes. §§ 148, 149 InsO, §§ 31, 32 KO), existiert auch in den Staaten der USA ein allgemeines Anfechtungsrecht der Gläubiger wegen fraudulösem Handeln des Schuldners, die der Actio Pauliana nachgebildete Anfechtung wegen Gläubigerbenachteiligung.

---

beginn 90.000 und hatte er ein Warenlager von 70.000, so fehlt es an einem begünstigenden Überschuß: *Ungesicherter Teil* zum Zeitpunkt des Verfahrensbeginns 40.000 (100.000 – 60.000), ungesicherter Teil 90 Tage *vor* Verfahrensbeginn *nur* 20.000; es fehlt an einer „Verminderung des Überschusses". Im Gegenteil, die Schuld ist zum Zeitpunkt der Verfahrenseröffnung sogar größer.

18 Zur Frage Steuerforderungen im Konkurs oben §§ 20 III, V, VI; 25 III; 38.

19 Zum Ganzen unten zu § 545 BC, § 34 V.

20 Vgl. § 101 (8) BC: „consumer debt" means debt incurred by an individual, primarily for a personal, family, or household purpose.

21 Zur Frage ob diese $ 600 Grenze sozusagen eine Ausschluß- bzw. Abzugsgrenze beinhaltet, In re Vickery 63 B.R. 222 (Bankr. E.D. Tenn. 1986), ist „Ausschlußgrenze": Zahlungen von mehr als $ 600 werden insgesamt nicht durch § 547 (c) (7) BC geschützt, In re Via, 107 B.R. 91, 95 (Bankr. W.D. Va. 1989).

Bezogen auf den anglo-amerikanischen Rechtskreis geht diese Art einer Anfechtung zurück auf das „Statute of Fraudulent Conveyances, 13 Elisabeth, Chapter 5 von 1570“, der erstmaligen gesetzlichen Kodifikation der Anfechtung wegen fraudulösem Handeln. Um der zunehmenden Rechtzersplitterung zwischen den einzelnen Bundesstaaten auf diesem Gebiet vorzubeugen, wurde 1918 erstmals ein Modellgesetz – der „Uniform Fraudulent Conveyances Act (UFCA)“ – erlassen, der in etwa der Hälfte der Bundesstaaten Anwendung fand.[22] Das Modellgesetz des UFCA wurde 1984 – durch die National Conference of Commissioners on Uniform State Laws – aufgehoben und durch den Uniform Fraudulent Transfer Act (UFTA) ersetzt.[23]

Statute 13 Elis., UFCA als auch das nunmehr geltende Modellgesetz des UFTA erfassen zum einen die Fälle einer klassischen fraudulösen Übertragung, bei denen in subjektiver Hinsicht ein arglistiges (*actually fraudulent*) Verhalten des Schuldners festgestellt werden muß. Daneben sind im UFCA und UFTA auch solche Fälle mit aufgenommen worden, die als fraudulös unterstellt werden (*constructively fraudulent*). Hierher gehören insbesondere die Fälle, in denen Vermögenswerte weggegeben (oder Verpflichtungen eingegangen) werden, ohne daß etwas in das Vermögen des Schuldners zurückfließt, UFTA § 4 (a) (2)[24], § 5. Wir würden hier von Fällen einer Schenkungsanfechtung gem. § 3 AnfG sprechen.

3. Regelungsumfang der Anfechtung unter dem Bankruptcy Code

Diese Konzeption ist letztlich vom BC in § 548 übernommen worden. Das heißt, neben der eigentlichen Anfechtung wegen arglistigem Verhalten (*actually fraudu-*

---

22 Vgl. zur anglo-amerikanischen Entwicklung des Anfechtungsrechts wegen fraudulösem Verhaltens, *Riesenfeld*, Creditors‘ Remedies, 347 ff und zur Staatenliste, 351: Arizona (1919), California (1939), Delaware (1919), Idaho (1969), Maryland (1920), Massachusetts (1924), Michigan (1919), Minnesota (1921), Montana (1945), Nebraska (1980), Nevada (1931), New Hampshire (1919), New Jersey (1919), New Mexico (1959), New York (1925), North Dakota (1943), Ohio (1961), Oklahoma (1965), Pennsylvania (1921), South Dakota (1919), Tennessee (1919), Utah (1925), Virgin Islands (1957), Washington (1945), Wisconsin (1919), Wyoming (1929).

23 Abgedruckt bei *Riesenfeld*, aaO, 352 ff.

24 „§ 4. Transfers Fraudulent as to Present and Future Creditors

(a) A transfer made or obligation incurred by a debtor is fraudulent as to a creditor, whether the creditor's claim arose before or after the transfer was made or the obligation was incurred, if the debtor made the transfer or incurred the obligation:

(1) with actual *intent* to hinder, delay, or defraud any creditor of the debtor; *or*

(2) without receiving a reasonably equivalent value in exchange for the transfer or obligation, and the debtor:

(i) was engaged or was about to engage in a business or a transaction for which the remaining assets of the debtor were unreasonably small in relation to the business or transaction; or

(ii) intended to incur, or believed or reasonably should have believed that he [or she] would incur, debts beyond his [or her] ability to pay as they became due“.

Vom Abdruck des UFTA § 5, wird aus Platzgründen abgesehen.

lent) wird auch die Anfechtung wegen unterstelltem arglistigem Verhalten (*constructively fraudulent*) erfaßt, § 548 (a) (2) und (b). Insoweit haben UFCA und UFTA nicht nur zu einer Rechtsvereinheitlichung der Gläubigeranfechtung zwischen den Staaten geführt, sondern haben sie auch die Anfechtung im Konkurs (§ 548 BC) mit der außerhalb des Konkurses aufeinander abgestimmt.[25]

4. Anfechtung im Konkurs nach dem Recht der Bundesstaaten und Nicht-Konkurs-Bundesrecht

Die oben aufgezeigte Gegenüberstellung von UFCA, UFTA, und der Anfechtungsregel in § 548 BC zeigt u.a., daß die „andere Hälfte" der Staaten das Gläubigeranfechtungsrecht eigenem Recht unterstellten. Hier zeigt sich – am Beispiel des bundesstaatlichen Gläubigeranfechtungsrechts[26] – die besondere Bedeutung des Anfechtungsrechts des Trustee gem. § 544 (b) BC, der lautet:

„(b) The trustee may avoid transfer of an interest of the debtor in property or any obligation incurred by the debtor that is voidable under applicable law by a creditor holding an unsecured claim that is allowable under section 502 of this title or that is not allowable only under section 502 (e) of this title."

Danach kann der Trustee eine Übertragung anfechten, die (ansonsten, also außerhalb eines Konkurses) von einem ungesicherten Gläubiger angefochten werden könnte. Der Trustee nimmt sozusagen das Anfechtungsrecht an der Stelle des Gläubigers wahr. Dies ist insbesondere dann von besonderem Interesse, wenn das lokale Recht längere Fristen, etwa 6 - 10 Jahre oder gar mehr für arglistige Verfügungen (*fraudulent conveyances*) des Schuldners im Rahmen einer Gläubigeranfechtung außerhalb des Konkurses vorsieht.[27] Wird danach festgestellt, daß ein Gläubigeranfechtungsrecht nach dem Recht eines Bundesstaates besteht, so kann der Trustee die Übertragung (transfer) insgesamt anfechten, unabhängig von der Höhe des zugrundeliegenden Anspruchs des Gläubigers.[28]

---

25 *Riesenfeld*, Creditors' Remedies, 352.

26 Zur Anfechtung unwirksamer Rechtsgeschäfte gem. U.C.C. § 6 - 104 (h) & 6 - 105 nach lokalem Recht gem. § 544 (b) BC anderer Art als Fraudulent Conveyances.

27 Vgl. zum Ganzen *Epstein/Nickles/White*, 386, 388.

28 Vgl. In re Theisen, 45 B.R. 122, 122 - 127 (Bankr. D. Minn. 1984); S.R. No. 989, 95th. Cong.,2d Sess. 85, abgedruckt in 1978 U.S. Code Cong. & Admin. News 5787, 5871 (§ 544 (b) folgt Moore v. Bay); Moore v. Bay, 284 U.S. 4, 52 S.Ct. 3, 76 L.Ed. 133 (1931); ferner zur Anwendung von § 544 (b) statt § 547 BC, In re Wilson, 106 B.R. 125 (Bankr. W.D. Ky. 1989).

III. Zur Anfechtung wegen fraudulösem und gesetzlich unterstellt fraudulösem Verhalten gem. § 548 BC

1. Anfechtung wegen fraudulösem Verhalten des Gemeinschuldners

Gem. § 548 (a) (1) BC kann der Trustee jede Übertragung des Schuldners, die innerhalb eines Jahres vor der Konkursantragstellung mit der Absicht (Zweck) (*actual intent*) erfolgte, eine Gläubigerbenachteiligung (*to hinder, delay or defraud*) herbeizuführen, anfechten, falls der Schuldner während des Zeitpunkts der Übertragung (und danach) jemanden gegenüber verpflichtet war. Die Vorschrift des § 548 (a) (1) lautet wörtlich:

„(a) The trustee *may avoid any transfer* of an interest of the debtor in property, or any obligation incurred by the debtor, that was made or incurred on or *within one year before the date of the filing of the petition*, if the debtor voluntarily or involuntarily –

(1) made such transfer or incurred such obligation with *actual intent to hinder, delay, or defraud any entity* to which the debtor was or became, on or after the date that such transfer was made or such obligation was incurred, *indebted*; or" ...[29]

Die Anfechtung unter § 548 BC erfaßt alle fraudulösen Rechtsgeschäfte des Gemeinschuldners innerhalb eines Jahres vor Einleitung des Konkursverfahrens. Zwar trägt der Trustee die Beweislast für das fraudulöse Verhalten des Gemeinschuldners. Hierfür genügt es aber, daß das fraudulöse Verhalten sich aus den Umständen ergibt, d. h. wenn bestimmte Übertragungen von vornherein den „Aufkleber" (badges of fraud) tragen, fraudulös zu sein. Eine nicht abschließende Auflistung findet sich in UFTA § 4 (b),[30] und sie wird von Trustees als Beleg fraudulö-

---

29 Hervorhebung vom Verfasser.

30 „UFTA § 4 (a) (1):
(a) A transfer ... is fraudulent... if the debtor made the transfer ... (1) with actual intent to hinder, delay or defraud any creditor of the debtor;
(b) In determining actual intent under subsection (a)(1), consideration may be given, among other factors, to whether:
(1) the transfer or obligation was to an insider;
(2) the debtor retained possession or control of the property transferred after the transfer;
(3) the transfer or obligation was disclosed or concealed;
(4) before the transfer was made or obligation was incurred, the debtor had been sued or threatened with suit;
(5) the transfer was of substantially all the debtor's assets;
(6) the debtor absconded;
(7) the debtor removed or concealed assets;
(8) the value of the consideration received by the debtor was reasonably equivalent to the value of the asset transferred or the amount of the obligation incurred;
(9) the debtor was insolvent or became insolvent shortly after the transfer was made or the obligation was incurred;
(10) the transfer occurred shortly before or shortly after a substantial debt was incurred; and
(11) the debtor transferred the essential assets of the business to a lienor who transferred the assets to an insider of the debtor."

sen Verhaltens des Gemeinschuldners herangezogen.[31] Mit dieser „Listung“ wird zwar nicht zwingend ein bestimmtes Verhalten als fraudulös eingeordnet; wenn aber eine Kombination verschiedener Merkmale vorliegt, „they may by their number and joint consideration be sufficient to *constitute conclusive proof of fraud*“,[32] wird im Ergebnis das fraudulöse Verhalten angenommen, also ein zwingender Beweis des fraudulösen Verhaltens geschaffen. Nicht notwendig ist der Beweis einer bösen Absicht des Gemeinschuldners.[33] Auf ein fraudulöses Verhalten auf Seiten des Erwerbers (transfer*ee*) kommt es nicht an.[34] Abzustellen ist ausschließlich auf das fraudulöse Verhalten des Gemeinschuldners (als debtor und transfer*or*).

2. Anfechtung gem. § 548 (a) (2) BC (constructively fraudulent)

Fehlt es dagegen an einer Gläubigerbenachteiligungsabsicht (*actual intent to hinder, delay, or defraud*), so scheidet zwar eine Anfechtung gem. § 548 (a) (1) BC aus. Dennoch kann die Übertragung gem. § 548 (a) (2) BC anfechtbar sein, da bestimmte Übertragungen kraft Gesetzes als fraudulös (*constructively fraudulent*) eingeordnet werden. Des Beweises einer Gläubigerbenachteiligungsabsicht im Sinne von § 548 (a) (1) BC bedarf es dort nicht; die Regelung in § 548 (a) (2) BC lautet:

„(a) ...

(1) ...

(2) (A) received less *than a reasonably equivalent value in exchange for such transfer or obligation; and*

(B) (i) was *insolvent on the date* such transfer was made or such obligation was incurred, or became insolvent as a result of such transfer or obligation;

(ii) was engaged in business or a transaction, or was about to engage in business or a transaction, for which *any property remaining with the debtor* was an *unreasonably small capital*; or

(iii) *intended to incur*, or believed that the debtor would incur, *debts* that would be beyond the debtor's ability to pay as such debts matured.

(b) ...“[35]

---

31 Vgl. In re Brantz, 106 B.R. 62, 67 (Bankr. E.D. Pa. 1989); In re Pinto Trucking Services, Inc., 83 B.R. 379, 389 (Bankr. E.D. Pa. 1988); In re BGNX, Inc., 75 B.R. 44 (Bankr. S.D. Fla. 1987).

32 In re Kranich, 53 B.R. 821, 823 (Bankr. M.D. Fla. 1985), Max Sugarman, Inc. v. ADB Investors, 926 F.2d 1248, 1254 ff (1st Cir. 1991).

33 Vgl. *Epstein/Nickles/White*, 368 ff, 370.

34 *Epstein,* aaO, 370.

35 Hervorhebung vom Verfasser. Vom Abdruck des Abs. (b) wird abgesehen; betrifft Übertragungen innerhalb einer Personengesellschaft, „... if the debtor was insolvent on the date such transfer was made or such obligation incurred, or became insolvent as a result of such transfer or obligation“.

Im Gegensatz zu den Fällen unter § 548 (a) (1) BC wird in (a) (2) Fällen also nicht auf ein fraudulöses Verhalten des Gemeinschuldners abgestellt, vielmehr knüpft die Regelung an eine bestimmte wirtschaftliche Situation des Gemeinschuldners zur Zeit der Übertragung an.

Es muß festgestellt werden, ob der Schuldner im Falle eines „Austauschs" (exchange) keine wertmäßig equivalente Gegenleistung (*equivalent exchange*) erhalten hat (§ 548 (a) (2) (A) BC) und eine *Insolvenzlage*[36] zum Zeitpunkt der Übertragung gegeben war, bzw. durch die Übertragung entstand (§ 548 (a) (2) (B) (i) BC).

Neben der oben behandelten gesetzlichen Insolvenzlage unter (i), können alternativ die Insolvenzlagen unter (ii) und (iii) herangezogen werden: die Unterkapitalisierung unter (ii) und die subjektiv billigkeitsrechtliche (iii), die beide hier aber vernachlässigt werden können.

a) Vorliegen einer Insolvenzlage

Für die Frage, ob eine Insolvenzlage gegeben war, wird regelmäßig gefragt, wie hoch der Marktwert des Vermögens des Gemeinschuldners[37] war und welche Verbindlichkeiten dem im Zeitpunkt der Übertragung gegenüberstanden.[38] Die Vermutung einer Insolvenzlage wie gem. § 547 (f) BC existiert unter § 548 BC nicht. Sie muß daher immer ermittelt werden. Abzustellen ist auf den Zeitpunkt der Übertragung (*transfer*[39]).

b) Vergleich der ausgetauschten Leistungen

Hinsichtlich des Vergleichs zwischen den ausgetauschten Leistungen muß bestimmt werden, ob der Schuldner weniger – „*less than a reasonably equivalent value*" – erhalten hat. Der Begriff „*value*" ist in § 548 (d) (2) (A) definiert und lautet:

„(2) In this section –

(A) „value" means property, or satisfaction or securing of a present or antecedent debt of the debtor, but does not include an unperformed promise to furnish support to a relative of the debtor;"

---

36 Vgl. die Definition einer Insolvenz, § 101 (32) BC. Die Insolvenz (Zahlungsunfähigkeit) – als Konkursgrund – ist nicht Voraussetzung für das Bankruptcy Verfahren (oben § 13 I), sie wird aber hier, wie man sieht, doch bedeutsam.

37 Es ist nicht der Liquidationswert sondern der Geschäftswert zugrunde zulegen, Moody v. Security Pacific Business Credit, Inc., 127 B.R. 958, 995 (W.D. Pa. 1991).

38 In re Ohio Currugating Co., 91 B.R. 430, 436 (Bankr. N.D. Ohio 1988); In re Ipswich, 79 B.R. 511, 516 (Bankr. D. Mass. 1987).

39 Vgl. die Def. in § 101 (54) BC:
(54) „transfer" means every mode, direct or indirect, absolute or conditional, voluntary or involuntary, of disposing of or parting with property or with an interest in property, including retention of title as a security interest and foreclosure of the debtor's equity of redemption.

Equivalent ausgeglichene Leistungen liegen z. B. vor, wenn der Schuldner Eigentum oder Sicherheiten im Austausch (*in exchange*) gegen Güter oder einen Kredit usw. überträgt und die ausgetauschten Leistungen sich ausgeglichen gegenüberstehen (*reasonably equivalent value*). Gleiches gilt, wenn der Gemeinschuldner auf Schulden zahlt oder etwa für eine bestehende Schuld eine Sicherheit gibt.[40] Das im Exchange Erlangte muß – *reasonably* – gleichwertig sein. Regelmäßig wird von den Gerichten auf eine 70% *bench mark* zurückgegriffen.[41] Erfolgte die gleichwertige Gegenleistung nicht direkt an den Schuldner sondern an einen Dritten, so liegen dennoch ausgeglichene Leistungen zwischen Schuldner und Gläubiger vor, wenn der Schuldner „*indirekt* einen wirtschaftlichen Vorteil erhält."[42]

Fehlt es dagegen an ausgeglichenen Leistungen in dem genannten Sinne *und* war eine Insolvenzlage zum Zeitpunkt der Übertragung gegeben *und* erfolgte die Übertragung innerhalb Ein-Jahresfrist *vor* Einleitung des Konkursverfahrens, so kann der Trustee die Übertragung gem. § 548 (a) (2) BC anfechten.

IV. Anfechtung nach § 544 (a) BC (Strong Arm-Anfechtung)

Die auch als Strong Arm-Vorschrift bezeichnete Anfechtung nach § 544 BC arbeitet mit einer Fiktion. D.h. dem Trustee wird die *hypothetische* Stellung und das Recht eines *judicial lien*[43] Gläubigers, eines Gläubigers mit einer noch nicht vervollständigten „execution" und schließlich eines gutgläubigen Erwerbers eines Grundstücks, eingeräumt (§ 544 (a) (1) - (3) BC).

Um den Mechanismus dieser Vorschrift zu illustrieren, folgendes *Beispiel*: Eine Bank hat eine dingliche Sicherheit (security interest) am Inventar und an Ausrüstungsgegenständen des Gemeinschuldners gem. Art 9 des Uniform Commercial Code[44] erworben aber noch nicht „perfektioniert". In diesem Fall wird der Trustee wie jemand behandelt, dem ein „*judicial lien*" – vom Zeitpunkt der Verfahrenseinleitung an – am Inventar und an den Ausrüstungsgegenständen des Gemeinschuldners zusteht.[45]

Da die Sicherheit der Bank nach Art 9 U.C.C. zum Zeitpunkt des Verfahrensbeginns noch nicht perfektioniert war, dem Trustee aber ein „fiktives" *vor*rangiges

---

40 Vgl. In re Countdown of Connecticut, Inc., 115 B.R. 18, 21 - 22 (Bankr. D. Conn. 1990); In re 550 Les Monches Fashions, Ltd., 24 B.R. 509 (Bankr. S.D. N.Y. 1982); Butz v. Pingel, 17 B.R. 236 (Bankr. S.D. Ohio 1982); zum Ganzen *Epstein / Nickles / White*, 374.

41 *Epstein / Nickles / White*, 380.

42 *Epstein / Nickles / White*, 376, vgl. grundlegend Rubin v. Manufacturers Hanover Trust Co., 661 F.2d 979 (2d Cir. 1981).

43 Vgl. Definition in § 101 (36) BC:
(36) „judicial lien" means lien obtained by judgement, levy, sequestration, or other legal or equitable process or proceeding."

44 U.C.C. § 9 - 301 (1) (b).

45 § 544 (a) (1) BC.

Judicial Lien zusteht, kann vom Trustee angefochten werden. Die Bank behält freilich ihre Forderung gegen den Gemeinschuldner. Sie ist aber ungesichert.[46]

V. Anfechtung nach § 545 BC (statutory liens)

Danach kann ein Trustee Statutory Liens unter den Voraussetzungen von § 545 BC anfechten. Was unter einem Statutory Lien zu verstehen ist, wird in § 101 (53) BC definiert.[47] Es handelt sich regelmäßig um Pfandrechte, die kraft Gesetzes entstehen und sich damit von den sog. *security interests*[48] und den *judicial liens*[49] unterscheiden.

Es geht also um Pfandrechte, die nicht auf Grund eines Rechtsgeschäftes, sondern kraft Gesetzes ohne ein irgendwie geartetes (prozessrechtliches) Verfahren entstehen. Hierunter fallen insbesondere[50] Bauunternehmerpfandrechte für geliefertes Material und Dienste sowie das Pfandrecht des Lagerhalters und des Vermieters. Schließlich zählen hierzu auch die gesetzlichen Pfandrechte des Fiskus.

Der Anwendungsbereich der Vorschrift bleibt aber recht eingeschränkt. Nach § 545 (1) können nur solche gesetzlichen Pfandrechte angefochten werden, die mit der Insolvenz des Gemeinschuldners entstehen. Derartige Pfandrechte bestehen aber nach dem Recht der Bundesstaaten weitgehend nicht mehr, da sie gegen die bundesrechtliche Verteilungsordnung (des BC) verstoßen würden.[51] Es bleibt also im wesentlichen nur der Fall des § 545 (2) BC, wonach das „*fixing*" eines gesetzlichen Pfandrechts am Vermögen des Gemeinschuldners angefochten werden kann, soweit ein solches Pfandrecht

> „(2) is not perfected or enforceable at the time of the commencement of the case against a bona fide purchaser that purchases such property at the time of the commencement of the case, whether or not such a purchaser exists."

Der Trustee wird also (wie unter § 544 BC) fiktiv wie ein gutgläubiger Erwerber behandelt, der ein „untergeordnetes" gesetzliches Pfandrecht anfechten kann.

---

46 Zum Ganzen, *Epstein / Nickles / White*, 273, 390 - 400; *Waxman*, 68,69.

47 (53) „statutory lien" means lien arising solely by force of a statute on specified circumstances or conditions, or lien of distress for rent, whether or not statutory, but does not include security interest or judicial lien, whether or not such interest or lien is provided by or is dependent on a statute and whether or not such interest or lien is made fully effective by statute."

48 § 101 (51) BC: „security interest" means lien created by an agreement.

49 § 101 (36) BC: „judicial lien" means lien obtained by judgement, levy, sequestration, or other legal or equitable process or proceeding.

50 Vgl. die umfassende Aufstellung bei *Epstein / Nickles / White*, 403.

51 *Epstein / Nickles / White*, 405.

Lokales Recht entscheidet über die Frage der Priorität gegenüber dem Status des Trustee als eines gutgläubigen Erwerbers. Ist aber das gesetzliche Pfandrecht „*perfected*“[52] oder „*enforceable*“ zum Zeitpunkt der Verfahrenseinleitung, so entfällt ein Anfechtungsrecht von vornherein. Das gilt hier insbesondere für „vervollständigte“ Steuerpfandrechte; sie können unter den Voraussetzungen von § 545 BC nicht mehr angefochten werden.[53] Es sei denn, das „*perfected lien*“ des Fiskus richtet sich gegen das Motorfahrzeug des Gemeinschuldners,[54] den Käufer einer Sicherheit oder das Inventar[55] des Gemeinschuldners, wenn Gegenstände im Rahmen des gewöhnlichen Handels verkauft werden. In diesen Fällen wird das „*perfected lien*“ kraft Gesetzes als unwirksam gegenüber dem gutgläubigen Erwerber angesehen.[56]

§ 35 Die „Anfechtung“ (oder Nichtigkeit) von Postpetition Transactions

§ 549 BC unterwirft – so der Gesetzeswortlaut – auch bestimmte „*postpetition transactions*“ der Anfechtung durch den Trustee.

I. Der Gesetzestext

Er sei vollständig wiedergegeben:

§ 549. Postpetition transactions

„(a) Except as provided in subsection (b) or (c) of this section, the trustee may avoid a transfer of property of the estate –

(1) that occurs after the commencement of the case; and

(2) (A) that is authorized only under section 303 (f) or 542 (c) of this title; or

(B) that is not authorized under this title or by the court.

---

52 Ein gesetzliches Pfandrecht für Bundessteuerschulden („is perfected by filing public notice as prescribed by federal law“, vgl. 26 U.S.C. § 6323 (f)) ist „perfected“ mit dem „Antrag auf öffentliche Bekanntmachung“ gemäß Bundesrecht. Das Pfandrecht bezieht sich auf den Tag der Steuerfestsetzung (26 U.S.C. § 6322), wenn der Steuerschuldner der Zahlungsaufforderung nicht nachkommt: 26 U.S.C. § 6321:

„If any person liable to pay any tax neglects or refuses to pay the sum after demand, the amount .... shall be a lien in favor of the United States upon all property and rights to property, whether real or personal, belonging to such person.“.

53 26 U.S.C. § 6323 (a).

54 26 U.S.C. § 6323 (b) (1); (2).

55 26 U.S.C. § 6323 (b) (3).

56 Zum Ganzen *Epstein/Nickles/White*, 404, 405.

(b) In an involuntary case, the trustee may not avoid under subsection (a) of this section a transfer made after the commencement of such case but before the order for relief to the extent any value, including services, but not including satisfaction or securing of a debt that arose before the commencement of the case, is given after the commencement of the case in exchange for such transfer, notwithstanding any notice or knowledge of the case that the transferee has.

(c) The trustee may not avoid under subsection (a) of this section a transfer of real property to a good faith purchaser without knowledge of the commencement of the case and for present fair equivalent value unless a copy or notice of the petition was filed, where a transfer of such real property may be recorded to perfect such transfer, before such transfer is so perfected that a bona fide purchaser of such property, against whom applicable law permits such transfer to be perfected, could not acquire an interest that is superior to the interest of such good faith purchaser. A good faith purchaser without knowledge of the commencement of the case and for less than present fair equivalent value has a lien on the property transferred to the extent of any present value given, unless a copy or notice of the petition was so filed before such transfer was so perfected.

(d) An action or proceeding under this section may not be commenced after the earlier of –

(1) two years after the date of the transfer sought to be avoided; or

(2) the time the case is closed or dismissed.“

II. Anfechtbarkeit oder Nichtigkeit

1. Anfechtbarkeit nach Gesetzeswortlaut

Das Gesetzeswort spricht für Anfechtbarkeit solcher Transaktionen. Die – auch in der Rechtsprechung herrschende Meinung – nimmt jedoch eine Begradigung vor.[1] Sie ist der Meinung, daß hier – das unterscheidet ja diese Rechtshandlungen von den typischen Anfechtungstatbeständen – eine Verletzung des Automatic Stay vorliege, die *grundsätzlich* zur Nichtigkeit führe. Nur in Ausnahmefällen, die denen in § 549 BC entsprechen und die vor allem den Gutglaubensschutz betreffen, soll eine andere Regelung – grundsätzlich Gültigkeit, u.U. aber Anfechtbarkeit – Platz greifen.

2. Nichtigkeit nach h.M.

Im Rahmen dieser Arbeit wurde die Problematik im Zusammenhange mit der Stay-Problematik dargestellt. Auf diese Darstellung wird verwiesen (oben § 31).[2]

Die h.M. – Nichtigkeit – dürfte auch aus folgenden Grunde die dogmatische Folgerichtigkeit für sich haben: Bei den typischen Anfechtungstatbeständen handelt es sich um Rechtshandlungen *vor* dem Konkurs. Sie sind zunächst gültig. Nach

---

1 Vgl. auch oben §§ 31 IV, 30 II, 2.

2 AaO; auch § 550 BC (dazu § 36) mußte entsprechend „begradigt" werden.

dem Konkursfall soll jedoch das betreffende Vermögen zur Masse gezogen werden.

Die *postpetition transactions* aber waren von vornherein verboten. Hier Nichtigkeit anzunehmen, ist konsequent.

Nun wird zwar – nimmt man Anfechtbarkeit an – der Trustee Postpetition Transactions anfechten. Insoweit wäre das Ergebnis dasselbe. Aber einmal könnte der Trustee die Anfechtung unterlassen. Und dann sind der Anfechtung nach § 549 (d) BC zeitliche Grenzen gesetzt. Bei dem Vorliegen der Nichtigkeit aber könnte das Rechtsgeschäft niemals Bestand haben. Es wäre ein Nullum.

§ 36 Schutz gutgläubiger Erwerber und Zusammenfassung

I. Schutz des gutgläubigen Erwerbers gegen anfechtbare Übertragungen im Rahmen von § 550 BC

1. Der Wortlaut des § 550 BC

Der Erwerber von Gegenständen, die vom Trustee im Wege einer Konkursanfechtung herausverlangt werden können, ist aber nicht vollkommen schutzlos. Seine Verteidigungsmittel sind in § 550 BC geregelt, der auszugsweise lautet:

§ 550. Liability of transferee of avoided transfer

„(a) Except as otherwise provided in this section, to the extent that a transfer is avoided under section 544, 545, 547, 548, 549, 553(b), or 724(a) of this title, the trustee may recover, for the benefit of the estate, the property transferred, or, if the court so orders, the value of such property, from –

(1) the initial transferee of such transfer or the entity for whose benefit such transfer was made; or

(2) any immediate or mediate transferee of such initial transferee.

(b) The trustee may *not* recover under section *(a)(2)* of this section from –

(1) a transferee that takes *for value*, including satisfaction or securing of a present or antecedent debt, in good faith, and without knowledge of the voidability of the transfer avoided; or

(2) any immediate or mediate good faith transferee of such transferee.“ [1]

Grundsätzlich kann danach der Trustee das anfechtbare Eigentum (bzw. dessen Wert) vom Erwerber (*transferee*) herausverlangen. Dieses Verfolgungsrecht des Trustee ist zuerst einmal unbeschränkt und richtet sich gegen jeden Erwerber, also auch gegen den 2. und 3. Erwerber, vgl. § 550 (a) (2) BC.

---

1 Vom Abdruck der Absätze (c)-(f) wird hier aus Raumgründen abgesehen. Hervorhebung vom Verfasser.

2. Schutz des gutgläubigen Zweiterwerbers

Hat der ursprüngliche Erwerber das anfechtbare Eigentum weiter veräußert, so steht dem Zweiterwerber die Einrede unter § 550 (b) (1) zu. War er gutgläubig (*in good faith*), so braucht er das Erlangte nicht herauszugeben. Er ist geschützt.[2] Hat er aber das Erlangte im Wege einer Schenkung erlangt, so versagt der Schutz durch (b) (1), da es an dem Tatbestandsmerkmal „*takes for value*" fehlt. Er hat das Erlangte herauszugeben.

3. Schutz des gutgläubigen Ersterwerbers

Gegen den ursprünglichen Erwerber greift die Anfechtung durch den Trustee grundsätzlich durch, da dieser Fall unter § 550 (a) (1) separat geregelt wird und gem. (b) (1) nur die Fälle unter (a) (2) erfaßt. Der Ersterwerber ist dort aber nicht aufgeführt.

Dennoch ist auch er nicht vollkommen ungeschützt. War er nämlich gutgläubig *und* hat er etwas für das Erlangte gezahlt, so hat er zwar das Erlangte an den Trustee herauszugeben, erwirbt aber kraft Gesetzes ein Pfandrecht an dem herauszugebenden Gegenstand in Höhe seiner Leistungen, § 550 (e) BC.[3]

II. Schutz des Erwerbers gem. § 548 (c) BC

1. Zusätzlicher Schutz

Neben dem allgemeinen Schutz des Erwerbers gem. § 550 BC wird der Erwerber im Falle einer Anfechtung durch den Trustee wegen fraudulöser Übertragungen des Gemeinschuldners gem. § 548 BC durch § 548 (c) BC geschützt. Der Absatz (c) lautet:

„(c) Except to the extent that a transfer or obligation voidable under this section is voidable under section 544, 545, or 547 of this title, a transferee or obligee of such transfer or obligation that takes for value and *in good faith has a lien* on or may retain any interest transferred or may enforce any obligation incurred, as the care may be, to the extent that such transferee or obligee *gave value to the debtor* in exchange for such transfer or obligation." [4]

---

2 Zur Kasustik: *Epstein/Nickles/White*, 427 - 434, 431.

3 „(e)(1) A good faith transferee from whom the trustee may recover under subsection (a) of this section has a lien on the property recovered to secure the lesser of –

(A) the cost, to such transferee, of any improvement made after the transfer, less the the amount of any profit realized by or accruing to such transferee from such property; and ..."

4 Hervorhebungen vom Verfasser.

2. Inhalt des Schutzes

Der Schutz nach § 548 (c) deckt sich weitgehend mit dem Schutz nach § 550 BC. Der wesentliche Unterschied besteht darin, daß gem. § 548 (c) BC nur ein Pfandrecht (*lien*) zugunsten des Erwerbers kraft Gesetzes begründet wird. Voraussetzung hierfür ist, daß der Erwerber gutgläubig (*good faith*) war und etwas „gezahlt", also dem Gemeinschuldner aufgrund der Übertragung als Gegenleistung Werte verschafft hatte (*gave value to the debtor*).

Im Ergebnis kann also der gutgläubige Erwerber nicht wie im Falle des § 550 (b) (1) (2) BC die Anfechtung des Trustee insgesamt zu Fall bringen, da die Regelung sich auf Erwerber. die eine Gegenleistung erbracht haben (*transferee* ... gave value to the debtor), beschränkt.[5] Regelmäßig ist dies der Ersterwerber.

III. Zusammenfassung

So wie das Anfechtungsrecht des Gemeinschuldners im Rahmen seines Exemptionsrechtes gem. § 522 BC wird auch das Anfechtungsrecht des Trustee nach dem Bankruptcy Code (im Rahmen der Gläubigerbenachteiligungsanfechtung im Sinne der Actio Pauliana) teilweise vom Recht der Staaten überlagert.[6]

Das Anfechtungsrecht des Trustee ist im Bankruptcy Code detailliert geregelt, wobei auch ein Schutz des gutgläubigen Erwerbers vorgesehen ist (§§ 550, 548 (c) BC). Der gutgläubige Ersterwerber erhält für seine Leistungen allenfalls ein Pfandrecht an der an den Trustee herauszugebenden Sache. Der gutgläubige Zweiterwerber kann die Anfechtung des Trustee insgesamt zu Fall bringen, wenn er etwas für das Empfangene gezahlt hat.

Der bösgläubige Erwerber und der Begünstigte einer Schenkung werden nicht geschützt.

Ein gesetzliches Pfandrecht zum Schutze von Forderungen des Fiskus kann regelmäßig nicht angefochten werden.

IV. Internationale Konkursanfechtung

Diese Fragestellung, die sich vor allem im Zusammenhang der §§ 303 (b) (4), 304 BC stellt, wird im zweiten Abschnitt[7] behandelt.

---

5 Zur Problematik in Dreiecksverhältnissen, wenn der Debtor mittelbar begünstigt wird, Rubin v. Manufacturers Hanover Trust Co., 661 F.2d 479 (2d Cir. 1981), *Carlson*, Garanties on Section 548 (a)(2) of the BC, 52 U.Chi.L.Rev. 194, 204 (1985), *ders.*, Leveraged Buyouts in Bankruptcy, 20 Ga.L.Rev. 73, 86 ff. (1985); zusammenfassend, *Epstein/Nickles/White*, 384 - 385.

6 Gem. dem UFCA bzw. UFTA, vgl. oben § 34 II.

7 Vgl. unten §§ 57 - 60.

Kapitel 5: Restschuldbefreiung (Discharge)

Eines der zentralen Institute des Bankruptcy Rechts ist die Restschuldbefreiung (*discharge*).

§ 37 Die Discharge (Restschuldbefreiung): Allgemeine Grundsätze

Folgendes sei vorausgeschickt:

I. Der Grundsatz

Neben dem Exemptionsrecht des Gemeinschuldners[1] (als einer natürlichen Person) soll im besonderen durch das Recht auf eine Restschuldbefreiung (*discharge*) dem Gemeinschuldner ein wirtschaftlicher Neustart nach Abschluß eines Liquidationsverfahrens unter Chapter 7 bzw. eines Reorganisationsverfahren unter Chapter 11, 12 oder 13 ermöglicht werden. Zwar unterscheidet sich der Umfang einer Discharge, je nach dem ob ein Verfahren unter Chapter 7, 11, 12 oder 13 durchgeführt worden ist; ungeachtet dessen können hier aber nur die allgemeinen Grundsätze dargestellt werden, die in allen Verfahren unter dem Bankruptcy Code Anwendung finden, und auf die sich die nachfolgende Darstellung beschränken muß.

Die allgemeinen Grundsätze sind für das Liquidationsverfahren in § 727 BC (für die anderen Verfahren in §§ 1141, 1228 (a), 1228 (b), 1328 (b)), der die Voraussetzungen für die Discharge, und § 524 BC, der ihre Wirkungen bestimmt, niedergelegt. Wie etwa das Exemptionsrecht des Gemeinschuldners, ist auch die Discharge *detailliert* kodifiziert. Der Gesetzestext umfaßt – nur für die Vorschrift des § 524 BC – sieben Seiten des amerikanischen Großformats, in dem Gesetze üblicherweise veröffentlicht sind. Die Vorschrift kann sicherlich als „gigantisch" bezeichnet werden und läßt den gesetzgeberischen Wunsch, alles gesetzlich – *kasuistisch* – regeln zu wollen, deutlich erkennen.

Die Grundsätze der Discharge für das Liquidationsverfahren gem § 727 (b) BC lauten:

§ 727. Discharge

„(b) Except as provided in section 523 of this title, a discharge under subsection (a) of this section discharges the debtor from *all debts that arose before the date of the order for relief under this chapter*, and any liability on a claim that is determined under section 502 of this title as if such claim had arisen before the commencement of the case, whether or not a proof of claim based on any such debt or liability is filed under section 501 of this title, and whether or not a claim based on any such debt or liability is allowed under section 502 of this title" [2]

---

[1] Vgl. oben § 25.

Wird dem Gemeinschuldner eine Discharge nach § 727 BC gewährt, so bedeutet dies aber noch nicht, daß alle Gläubigerforderungen hiervon erfaßt werden. Nach § 523 BC besteht nämlich ein Auschluß von der Discharge für bestimmte Arten von Gläubigerforderungen. Insbesondere werden Steuerforderungen und Punitive Damages nicht von der Discharge erfaßt.[3]

Der Discharge unterliegen folglich nach § 727 (b) BC nur Schulden des Gemeinschuldners, die *vor* dem Antrag auf Einleitung eines Verfahrens unter dem BC entstanden waren („arose before the date of the order of relief"), und die sich auf die *persönliche Haftung* des Gemeinschuldners beziehen. Nicht erfaßt werden folglich dinglich gesicherte Ansprüche, die sich „gegen das Vermögen des Gemeinschuldners" richten (vgl. § 524 (a) BC).[4]

Gem. § 523[5] BC werden kraft Gesetzes *bestimmte Forderungen* eines Gläubigers von der – gewährten – Discharge nicht erfaßt, wohingegen gem. § 727 (a) BC[6] die Discharge *insgesamt* – insbesondere wegen des Verhaltens des Gemein-

---

2 Hervorhebung vom Verfasser.

3 Vgl hierzu sogleich § 38, § 39.

4 „§ 524. Effect of discharge
(a) A discharge in a case under this title –
(1) voids any judgment at any time obtained, to the extent such judgment is a determination of the personal liability of the debtor with respect to any debt discharged under section 727, 944, 1141, 1228, or 1328 of this title, whether or not discharge of such debt is waived;
(2) operates as an injunction against the commencement or continuation of an action, the employ-ment of process, or an act, to collect, recover or offset any such debt as a personal liability of the debtor, whether or not discharge of such debt is waived; and ..."
Vom Abdruck der restlichen $6^1/_2$ Seiten Gesetzestext zu § 524 muß aus Platzgründen abgesehen werden.

5 „§ 523. Exception to discharge
(a) A discharge under section 727, 1141, 1228(a), 1228(b), or 1328(b) of this title does not discharge in individual debtor from any debt –
(1) for a tax or a customs duty –
(A) of the kind and for the periods specified in section 507(a)(2) or 507(a)(8) of this title, whether or not a claim for such tax was filed or allowed;
(B) with respect to which a return, if required –
(i) was not filed; or
(ii) was filed after the date on which such return was last due, under applicable law or under any extension, and after two years before the date of the filing of the petition; or
(C) with respect to which the debtor made a fraudulent return or willfully attempted in any manner to evade or defeat such tax;" (Auszug, der gesamte Text zieht sich über 4 Seiten).

6 „§ 727. Discharge
(a) The court shall grant the debtor a discharge, unless –
(1) the debtor is not an individual;
(2) the debtor, with intent to hinder, delay, or defraud a creditor or an officer of the estate charged with custody of property under this title, has transferred, removed, destroyed, mutilated, or concealed, or has permitted to be transferred, removed, destroyed, mutilated, or concealed –
(A) property of the debtor, within one year before the date of the filing of the petition; or

schuldners – verweigert wird, so daß alle Gläubiger nach Abschluß des Verfahrens wieder auf das Vermögen bzw. das künftige Einkommen des Gemeinschuldners Zugriff nehmen können.

Ein solches Verhalten ist insbesondere etwa fraudulöses Handeln des Gemeinschuldners in Form einer Übertragung innerhalb der Jahresfrist vor Antragstellung auf Verfahrenseinleitung. Wurde dabei etwas aus dem Vermögen des Gemeinschuldners weggegeben (transfer), so deckt sich die Vorschrift des § 727 BC weitgehend mit der Konkursanfechtung gem. § 548 BC.[7] Dem Gemeinschuldner wird insgesamt also die Discharge versagt.

Anzumerken ist ferner: Dinglich gesicherte Forderungen werden, wie gesagt, bis zur Höhe des dinglichen Sicherungsmittels nicht von einer Discharge erfaßt. Nur eine über das Sicherungsmittel hinausgehender Forderungsteil kann von der Discharge erfaßt werden.

II. Die einzelnen Fälle des Ausschlusses einer Discharge gem. § 727 (a) BC

1. Die Fälle unter § 727 (a) (3) - (7) BC

Auf eine *detaillierte* Darstellung der weiteren Fälle des Ausschlusses einer Discharge gem. § 727 (a) (3) - (10) BC kann nachfolgend verzichtet werden, zumal diese sonstigen Fälle ebenfalls regelmäßig ein speziell geartetes fraudulöses Verhalten des Gemeinschuldners betreffen. Näher herausgegriffen seien hier nur die Tatbestände nach Buchst. (3) - (7).

Danach kann etwa gem. § 727 (a) (3) die Discharge versagt werden, wenn der Gemeinschuldner Unterlagen zurückhält, zerstört, manipuliert, verfälscht usw., aus denen seine wirtschaftliche Situation hätte abgelesen werden können, der Gemeinschuldner wissentlich und in betrügerischer Absicht einen Meineid schwört oder unwahre Vermögensaufstellungen vorlegt, § 727 (a) (4) (mit Unterfällen), oder wenn der Gemeinschuldner nicht in befriedigender Art und Weise den Verlust von Vermögensgegenständen erklären kann, § 727 (a) (5), der Gemeinschuldner sich in dem Verfahren weigert, Anordnungen des Gerichts Folge zu leisten, § 727 (a) (6) (mit Unterfällen), der Gemeinschuldner eine Handlung gem. § 727 (a) (2) - (6) BC innerhalb eines Jahres vor Verfahrenseinleitung oder während des Verfahrens begangen hat, § 727 (a) (7) BC.

(B) property of the estate, after the date of the filing of the petition;" (Absätze (3)-(10); (b)-(e) aus Raumgründen nicht abgedruckt).

7 Vgl. dazu oben § 34 II.

2. *Die Gewährung der Discharge in einem früheren Verfahren, § 727 (a) (8) (9) BC*

Wenn dem Gemeinschuldner schon einmal eine Discharge in einem Verfahren unter Chapter 7 oder 11 innerhalb der letzten sechs Jahre vor der Antragstellung gewährt worden ist, § 727 (a) (8), wird eine weitere Discharge verweigert. Gleiches gilt, wenn der Gemeinschuldner eine Discharge innerhalb von sechs Jahren vor Antragstellung in einem Verfahren unter Chapter 12 oder 13 erhalten hatte, *es sei denn*, die Zahlungen des Gemeinschuldners deckten wenigstens 100 % der zugelassenen ungesicherten Forderungen; oder 70% derartiger Forderungen, wenn der Plan vom Gemeinschuldner „in gutem Glauben" vorgeschlagen wurde, und er schließlich alles in seinen Kräften stehende zur Erfüllung getan hat, § 727 (a) (9). In einem solchen Fall kann ihm dann innerhalb der sechs Jahres-Frist vor Verfahrenseinleitung nochmals eine Discharge eingeräumt werden.

3. *Die Discharge im Verfahren nach Chapter 12 oder 13*

Bemerkenswert ist, daß die Discharge in einem Verfahren nach Chapter 12 oder 13 nicht den Beschränkungen einer Discharge nach § 727 (a) BC unterliegt.

Wurde daher dem Gemeinschuldner zuerst eine Discharge nach § 727 BC gewährt und beantragt er danach eine Discharge gem. § 1328 oder § 1228 BC, so unterliegt diese nicht den Beschränkungen nach § 727 BC. Insoweit wird dann auch von einer Discharge in einem Verfahren unter „Chapter 19 oder 20" gesprochen.[8]

III. Zusammentreffen von Discharge und Punitive Damages

Vorweggenommen: Ein Anerkennungsproblem[9]

Neben der großzügigen Privilegierung von amerikanischen Steuerforderungen (etwa bei Discharge gem. § 523 (a) (1) BC) können auch Verurteilungen zu Punitive Damages von der Discharge ausgenommen werden. Dies kann für eine einzelne Forderung über § 523 (a) (4) (6) BC[10] geschehen, oder insgesamt über § 727 (a) (2) BC, wenn der Gemeinschuldner eine Discharge nicht verdient hat.

Um das Problem deutlich zu machen, sei kurz die Entscheidung in Sachen *Aubrey*[11] nachgezeichnet. Dort wurde der spätere Gemeinschuldner zu Zahlungen

8 *Epstein / Nickles / White*, 475.

9 Um das Problem deutlich zu machen, sei ausnahmsweise schon hier die Anerkennungsfrage angesprochen. Auf sie wird im letzten Teil der Arbeit (§§ 62 ff) zurückzukommen sein.

10 Dazu unten § 39.

11 In re Aubrey, 111 B.R. 268 (Bankr. 9th Cir. 1990).

i.H.v. ca. $ 170.000 für vorenthaltenen Gewinn und Schadensersatz von einem Staatsgericht verurteilt. Daneben wurden dem Gläubiger – zusätzlich – Punitive Damages von immerhin $ 400.000 zugesprochen, da das Gericht das Verhalten des späteren Gemeinschuldners auch als eine Unterschlagung bewertete.

Nach dieser Verurteilung, die im Ergebnis der Höhe nach nur zu einem *knappen Drittel als Schadensersatzurteil* bezeichnet werden kann, gewährte der Gemeinschuldner einem Dritten(D) dingliche Sicherheiten an seinem Grundstück für $ 950.000. Hierauf beantragte er die Durchführung eines Konkursverfahrens, der titulierte Gläubiger machte hier geltend, daß die Discharge sowohl gem. § 523 BC als auch gem. § 727 (a) (2), (a) (4) zu verneinen sei. Der Gemeinschuldner konnte nicht beweisen, daß er tatsächlich ein Darlehen erhalten hatte, zu dessen Sicherung die Grundpfandrechte bestellt worden waren. Folglich – so das Gericht – habe ein Fall des § 727 (a) (2) vorgelegen, da die Gewährung der Sicherheiten als fraudulös einzuordnen sei. Die Discharge wurde insgesamt versagt.

1. Durchsetzung des punitiven Teils der Forderung im Ausland

Die Problematik derartiger, letztenendes aufgrund von Punitive Damages ausgelösten Konkurse, liegt auf der Hand. Kann ein derartiger „Konkurs" in den USA überhaupt im Ausland anerkannt werden? Kann der Gläubiger den punitiven Teil seiner titulierten Forderung – nach Abschluß des US-Konkurses – im Wege einer Einzelrechtsverfolgung im Ausland durchsetzen? Beide Fragen, die hier bereits angeschnitten werden sollen, sind im Ergebnis verneinend zu beantworten. Der Anerkennung eines derartigen amerikanischen Konkurses bzw. dem Ausschluß von der Discharge nach Verfahrensbeendigung kann erfolgreich der *ordre public* entgegengehalten werden.[12]

2. Durchsetzung des nicht punitiven Teils der Forderungen im Ausland

Was den nicht punitiven Teil der Forderung angeht, so bleibt dieser, weil die Discharge versagt wurde, bestehen. Er kann also in den USA, aber auch in Deutschland – wenn die übrigen Zulässigkeitsvoraussetzungen gegeben sind – gerichtlich geltend gemacht werden. Liegt ein Titel vor, so kann dieser anerkannt werden.

Die Versagung der Discharge als dem ordre public zuwider anzusehen, geht nicht an. Der fraudulöse Gemeinschuldner verdient keinen Schutz; schließlich hat er den Gläubiger durch eine Unterschlagung geschädigt. Auch nach deutschem Recht (vgl. §§ 286 ff InsO) erhielte er keine Restschuldbefreiung. Die Discharge soll eben den Neustart eines ehrlichen, aber glücklosen Schuldners ermöglichen. Der fraudulös Handelnde verdient keinen Schutz.

---

12 Vgl. hierzu BGHZ 118, 334 und unten, §§ 66 II, 69, 79 II 3, 84 IV.

3. *Nochmals zu den Punitive Damages*

Das Ergebnis ist bezüglich der Punitive Damages dasselbe, gleichviel, ob man den US-Konkurs in toto nicht anerkennt (weil die Punitive Damages den Konkurs verursachten, was Fallfrage ist) oder ob man den Konkurs zwar an sich anerkennt, nicht aber den Punitive-Damages-Anspruch (partielle Anerkennung)[13], was dann aber auch die Frage aufwirft, ob man ein „admassieren" des Verwalters in Deutschland zulassen darf, das letztlich der Bereinigung der Punitive Damages dient. Sie wäre ggf so zu beantworten, daß das aus dem deutschen Prozeß Erlangte zunächst einmal zu hinterlegen ist, bis feststeht, daß es nicht fiir die Tilgung der Punitive Damages verwandt wird. Eine glattere Lösung brächte die Eröffnung eines gesonderten Insolvenzverfahrens über das in Deutschland belegene Vermögen, falls von einer partiellen Anerkennung auszugehen ist[14].

Auf diese Problematik wird im einzelnen zurückzukommen sein[15]. Wenn sie hier ergebnismäßig vorgezogen wurde, so nur deshalb, weil an Hand einer Entscheidung zu Punitive Damages[16], deren international-insolvenzrechtliche Bezüge ins Blickfeld gerückt werden sollten.

§ 38 Der Ausschluß von der Discharge nach § 523 BC (insbesondere Steuerforderungen)

Bestimmte Gläubigerforderungen sind *non-dischargeable*, obwohl dem Gemeinschuldner eine Discharge etwa gem § 727 BC zu gewähren ist.

I. Einzelfälle des § 523 BC

Die wichtigsten, nicht von der Discharge erfaßten Fälle betreffen Steuerforderungen und Punitive Damages-Fälle. Aus den verschiedensten Gründen sind aber auch folgende, schlecht auf einen Generalnenner zu bringende „debts" der Discharge nicht zugänglich, nämlich, um die wichtigsten Fälle zu nennen:

- § 523 (a) (3): Verbindlichkeiten des Gemeinschuldners, die er nicht in das Gläubigerverzeichnis aufgenommen hat, vorausgesetzt, die Gläubiger wußten nichts von dem Konkursverfahren[1].

---

13 Vgl. unten § 64 I, 2.

14 Dazu unten §§ 82 ff.

15 Unten §§ 66 II, 69, 77 II, 82 ff.

16 Die Entscheidung in re Aubrey sei hier als Beispiel angefiihrt, im einzelnen dazu sogleich unten § 39.

1 Zur Kasuistik *Epstein/Nickles/White*, 515 - 517.

- § 523 (a) (5): Alimente, Unterstützungen- und Unterhaltszahlungen an Kinder, Ehegatten und Exehegatten im Zusammenhang mit einem Scheidungsurteil, Trennungsvereinbarung oder sonstigen gerichtlichen Anordnungen. Es handelt sich hierbei um die praktisch weitaus wichtigsten Fälle eines Ausschlusses von der Discharge, die sowohl in dem Verfahren unter Chapter 7, als auch den Verfahren nach 11, 12 oder 13 Anwendung finden.[2]
- § 523 (a) (7): Schulden aufgrund einer Geldbuße oder Geldstrafe, die an Staatseinrichtungen zu zahlen sind.[3] Was unter einem *governmental unit* zu verstehen ist, wird in § 101 (27) BC definiert.[4] Danach werden auch Geldstrafen, die an einen ausländischen Staat bzw. Regierung zu zahlen sind, von vornherein von der Discharge nicht erfaßt.[5]
- § 523 (a) (8): Schulden, beruhend auf einem Ausbildungsdarlehen, das durch eine Staats- oder sonstige gemeinnützige Einrichtung gesichert wird.
- § 523 (a) (9): Für Verbindlichkeiten aus einer Trunkenheitsfahrt.
- § 523 (a) (10): Schulden aus einem früheren Konkursverfahren, die aus einem oder mehreren Gründen von der Discharge ausgenommen worden sind.
- § 523 (a) (11): Schulden aufgrund eines Endurteils beruhend auf arglistigen Handlungen oder Untreue im Rahmen eines Treuhandverhältnisses gegenüber bestimmten Einlagen oder Kreditinstituten.
- § 523 (a) (12): Schulden beruhend auf „böswilligen oder grobfahrlässigen Unterlassungen des Gemeinschuldners, um Kapital einer derartigen Einrichtung zu erlangen.
- § 523 (a) (13): Zahlungsverpflichtungen aufgrund Title 18 U.S.C. (crimes and criminal procedure).
- § 523 (a) (14): Verbindlichkeiten, die zum Zwecke der Zahlung von Steuerschulden auferlegt wurden, soweit die Steuerforderung gem. § 523 (a) (1) nicht von der Discharge erfaßt wird.
- § 523 (a) (15): Sonstige Unterhaltszahlungen, die nicht schon von § 523 (a) (5) erfaßt wurden, soweit die Festsetzung der Verpflichtung mit dem Recht dieses Staates (Regierung) übereinstimmt.

---

2 *Epstein / Nickles / White*, aaO, 521 - 529.

3 Vgl. dazu auch unten § 39 II, 3b.

4 § 101 (27) BC: „governmental unit“ means United States; State; Commonwealth; District; Territory; municipality; foreign state; department, agency, or instrumentality of the United States (but not a United States trustee while serving as a trustee in a case under this title), a State, a Commonwealth, a District, a Territory, a municipality, or a *foreign state*; or other *foreign* or domestic government“ (Hervorhebung vom Verfasser).

5 Ferner zur Frage, inwieweit bestimmte Steuerstrafen von der Discharge erfaßt werden, *soweit* sie nicht unter den Tatbestand von § 723 (a) (1) BC fallen, *Epstein / Nickles / White*, aaO, 537 ff 540.

– § 523 (a) (16): Schulden des Gemeinschuldners auf „Hausgeldzahlungen", soweit er die Wohnung auch tatsächlich bewohnte (mit Unterfällen).

Es geht also bei diesen § 523er Fällen um, generell gesagt, Forderungen, die wegen einer bestimmten Qualität oder eines bestimmten Gläubigerverhaltens nicht zur Discharge zugelassen werden.

Neben dem Ausschluß der Discharge nach § 727 (a) BC – *gegenüber allen Gläubigern* – wird so die Discharge auch gegenüber *bestimmten* Gläubigern aufgrund der Qualität der Gläubigerforderung bzw. aufgrund eines bestimmten Verhaltens des Gemeinschuldners ausgeschlossen. Ist dies der Fall, so haftet der Gemeinschuldner diesen bestimmt bezeichneten Gläubigern nach Abschluß des Verfahrens weiterhin für den Ausfall. Auch hier folgt der Gesetzgeber dem Prinzip einer Einzelkodifikation – die sich im übrigen mit dem Ausschluß der Discharge nach § 727 (a) BC überschneidet, soweit an das in irgendeiner Weise „fraudulöse Verhalten" des Gemeinschuldners angeknüpft wird. Die Liste der speziellen Ausschlußgründe wird von Amendment zu Amendment fortgeschrieben. Die Nummern 11 und 12 kamen so 1990 hinzu;[6] 1994 folgten dann die Nummern 13 - 16.[7]

Dem Prinzip nach werden folglich mehr und mehr Forderungen bestimmter Gläubiger von der Discharge ausgenommen. Auch hier muß von der Wiedergabe des gesamten Gesetzestextes – immerhin 4 Seiten eines US-Großformats – abgesehen werden. Ferner soll sich die Darstellung auf die hier – wegen eines möglichen Auslandsbezugs – wichtig erscheinenden Fälle beschränken, so daß nicht auf alle „16 Nummern" im Detail eingegangen wird.

Die Darstellung beschränkt sich also auf die international kritischen Fälle. Dies sind einmal die Forderungen des Fiskus und, wie bereits oben angemerkt, die Frage, ob und wenn ja nach welcher Vorschrift Punitive Damages von der Discharge ausgenommen werden (dazu § 39).

II. Der Ausschluß der Steuerforderungen von der Discharge gem. § 523 (a) (1) BC

Allgemein kann festgestellt werden, daß etwa nach § 523 (a) (2) (4) (6) BC[8] ein bestimmtes zu mißbilligendes Verhalten des Gemeinschuldners gegenüber einem Gläubiger diesen der Discharge unwürdig erscheinen läßt. Dies gilt aber nicht für Steuerforderungen. Sie werden unabhängig vom Verhalten des Gemeinschuldners von der Discharge ausgeschlossen. *Epstein / Nickles / White*[9] beschreiben die dahinter stehende „*policy*" des amerikanischen Gesetzgebers recht plastisch:

---

6 Crime Control Act of 1990, Pub.L.No. 101 - 647; § 2522 (a) (1), 104 Stat. 4789, 4865 - 66.

7 Vgl. Bankruptcy Code, Rules and Offical Forms, West Publishing Co. 188 mit Nachweis, (1995).

8 Dazu unten § 39 II, 2 - 3.

9 Bankruptcy, 481.

„For example, (a) (1) – the exception for certain taxes – is best explained merely as an exercise of brute power by the king who excepts his claims (taxes) from discharge because he makes the law".

Unproblematisch ist zuerst einmal der Ausschluß von der Discharge gem. § 523 (a) (1) (B).

1. Ausschluß von der Discharge für Steuerschulden aufgrund nicht abgegebener oder verspätet abgegebener Steuererklärungen (§ 523 (a) (1) (B) BC)

Der Ausschluß von der Discharge betrifft gem. § 523 (a) (1) (B) Steuern, die aufgrund einer Steuererklärung (tax return) erhoben werden und (i) der Gemeinschuldner (zum Zeitpunkt der Verfahrenseinleitung) seine Steuererklärung noch nicht abgegeben hat *oder* sie (ii) nach dem anwendbaren Recht verspätet abgegeben worden ist und die Abgabe innerhalb von zwei Jahren vor Verfahrenseinleitung erfolgte. Folglich wird auch derjenige erfaßt, der vor Verfahrenseinleitung noch schnell seine verspätete Steuererklärung abgibt. Die Regelung erfaßt insbesondere die Einkommensteuern.

2. Ausschluß der Discharge für Steuerrückstände nach § 523 (a) (1) (A) BC und dort erfaßte Steuerarten

Eine wirkliche „Kreuzfahrt"[10] beginnt bei der Prüfung von § 523 (a) (1) (A) BC der auf die unter § 507 BC privilegierten Forderungen des Fiskus gem. § 507 (a) (8) BC verweist.

Danach werden Steuerforderungen von der Discharge ausgeschlossen, die als ungesicherte (*unsecured*) Forderungen gem. § 507 (a) (8) BC noch ein Recht auf vorzugsweise Befriedigung genießen (*priority*) und nach dem Einkommen (*income*) oder Bruttoeinkünften (*gross receipts*) bemessen werden, § 523 (a) (1) (A) i.V.m. § 507 (a) (8) (A) BC.[11] Hierunter fallen ebenfalls alle Arten von Einkom-

---

10 „It leads one on a wild goose chase first, from § 523 (a) (1) then to § 507 (a) (2) and § 507 (a) (8)", und schließlich in die Untiefen des Bundeseinkommensteuerrechts, *Epstein/Nickles/White*, 488.

11 „§ 507. Priorities

(a)The following expenses and claims have priority in the following order:

(1)First, administrative expenses ...

(2) - (7) ...

(8) Eight, allowed *unsecured claims* of governmental units; only to the extent that such claims are for -

(A) *a tax* on or measured by *income* or *gross receipts* -

(i) for a taxable year ending on or before the date of the filing of the petition for which a return, if required, is last due, including extensions, after *three years before the* date of the filing of the petition;

(ii) assessed within 240 days, plus any time plus 30 days during which an offer in compromise with respect to such tax that was made within 240 days after such assessment was

mensteuern für die letzten 3 Jahre vor Einleitung eines Konkursverfahrens (§ 507 (a) (8) (A) (i) BC) bzw. veranlagte Einkommensteuern (*taxes assessed*) für die Zeit von 240 Tagen vor Einleitung des Verfahrens (ii),[12] ferner insbesondere:[13]

(a) (8) (B): „a property tax assessed ...“, d. h. veranlagte Vermögenssteuern, im Ergebnis für einen Zeitraum von regelmäßig einem Jahre vor Einleitung des Verfahrens.

(a) (8) (C): „a tax required to be collected or withheld ...“, hierunter fallen insbesondere Umsatzsteuern, Sozialversicherungsbeiträge und Lohnsteuern, ohne zeitliche Begrenzung vor Einleitung des Verfahrens.

(a) (8) (E): Verbrauchs- / Gewerbesteuern für regelmäßig 3 Jahre vor Einleitung des Verfahrens.

(a) (8) (G): Steuerstrafen zu den hier aufgezeigten Steuertatbeständen.

3. *Zusammenfassung*

Wird eine Steuererklärung nicht oder verspätet abgegeben, so wird die hierauf geschuldete Steuerschuld nicht von der Discharge erfaßt. Dies betrifft insbesondere Einkommensteuern.

Sonstige offene Steuerschulden für Einkommen-, Verbrauchs- und Gewerbesteuern werden regelmäßig für einen Zeitraum von 3 Jahren vor Verfahrenseinleitung, Vermögenssteuern für einen Zeitraum von 1 - 2 Jahren vor Verfahrenseinleitung von der Discharge nicht erfaßt.

Umsatzsteuerschulden, vom Arbeitgeber abzuführende Lohnsteuern, Sozialversicherungsbeiträge werden ohne zeitliche Begrenzung nicht von der Discharge erfaßt.

Sonstige, ältere Steuerschulden unterliegen also – rein theoretisch – der Discharge. Sie werden aber regelmäßig schon durch ein wirksam begründetes gesetzliches Pfandrecht (statutory lien) vorrangig zugunsten des Fiskus geschützt, das vom Trustee nicht angefochten werden kann.[14]

---

pending, *before* the date of the filing of the petition; or ...“ (Kürzungen und Hervorhebungen vom Verfasser).

12 Derartige Steuerveranlagungen können noch lange nach Ablauf des Steuerjahres durchgeführt werden, so daß damit „weit in die Vergangenheit zurückgegriffen werden kann“; vgl. *Epstein / Nickles / White*, 489.

13 Vom Abdruck des Gesetzestextes wird aus Platzgründen abgesehen.

14 Vgl. oben § 34 V und sogleich unten.

4. Schutz älterer Steuerforderungen des Fiskus gem. § 523 (a) (1) (A) i.V.m. § 507 (a) (8) BC

Ältere Steuerforderungen des Fiskus, aber auch jüngere, soweit der Fiskus sich „schnell“ eine Sicherheit verschafft, sind regelmäßig keine ungesicherten Forderungen (*unsecured claims*) im Sinne von § 507 (a) (8) BC, da solche Steuerforderungen des Fiskus durch ein gesetzliches Pfandrecht (*statutory lien*) geschützt werden und somit zu gesicherten Forderungen werden (*secured claims*). Derartige *gesetzliche* Pfandrechte zugunsten des Fiskus sind regelmäßig bestandskräftig gegen Konkursanfechtungen eines Trustee, da es sich hierbei um kein *judicial lien*[15] handelt, und eine Konkursanfechtung nach § 547 (b) BC ausgeschlossen wird,[16] wenn das gesetzliche Pfandrecht nicht nach § 545[17] angefochten werden kann, § 547 (c) (6) BC.

Eine solche Anfechtung gem. § 545 BC ist aber regelmäßig dann ausgeschlossen, wenn das gesetzliche Pfandrecht zugunsten des Fiskus – „*perfected* oder *enforceable*“ – ist.[18] Zeitlich weiter zurückreichende Steuerschulden vor der Verfahrenseröffnung wird der Fiskus regelmäßig durch ein vervollständigtes (perfected) gesetzliches Pfandrecht abgesichert haben, so daß derartige – „secured claims“ – gar besser geschützt werden als nach § 523 (a) (1) (A), § 507 (a) (8) BC, wonach nur ein Ausschluß von der Discharge vorgesehen ist.

5. Ergebnis

Man sieht also im Ergebnis, daß Steuerforderungen des Fiskus, die sich auf Steuerschulden vor Verfahrenseröffnung beziehen, in vielfacher Art und Weise besonders geschützt werden. Werden solche Steuerforderungen schon durch *ein gesetzliches Pfandrecht* geschützt, ist der Schutz umfassend, da es sich um gesicherte Forderungen handelt. Konnte dagegen ein so geartetes gesetzliches Pfandrecht – wohl regelmäßig aus Zeitgründen – noch nicht „vervollständigt“ werden, so kann es allerdings u.U. vom Trustee angefochten werden, § 545 (2) BC. Die Steuerforderung ist dann zwar ungesichert (unsecured), genießt aber wegen § 507 (a) (8) BC ein Recht auf vorzugsweise Befriedigung (priority) und wird daneben *nicht* von der Discharge gem. § 523 (a) (1) (A) BC erfaßt.

---

15 Vgl. § 101 (36), abgedruckt unter § 34 V.

16 Vgl. dazu oben § 34 I 2.

17 Vgl. dazu oben § 34 V.

18 Vgl. dazu oben § 34 V.

§ 39 Ausschluß der Discharge für Forderungen aufgrund einer Verurteilung zu Punitive Damages

Hier stellen sich besondere Probleme.

I. Vorbemerkung

Die Frage, ob Forderungen die auf einer Verurteilung zu Punitive Damages beruhen – und die möglicherweise daneben die Einleitung eines amerikanischen Konkursverfahrens ausgelöst haben können – der Discharge unterliegen, oder von ihr gem. § 523 BC ausgenommen sind, folglich nach Abschluß des Konkursverfahrens weiterleben und gegen den Gemeinschuldner durchgesetzt werden können, wird in der amerikanischen Literatur und Rechtsprechung unterschiedlich beurteilt. Sie gehört m.E. zu einer der kritischsten Fragen im deutsch-amerikanischen Verhältnis auf dem Gebiet des internationalen Insolvenzrechts, da mit Recht nach h.M.[1] der punitive Gehalt eines amerikanischen Zivilurteils in der Bundesrepublik nicht anerkannt wird. Die Verurteilung zu Punitive Damages verstößt gegen den materiellen ordre public gem. §§ 328 Abs. 1 Nr. 4, 723 Abs. 2 ZPO und stellt daher für Deutschland ein Anerkennungsproblem dar, auf das bereits (oben § 37 III) hingewiesen wurde.

Im Ergebnis kann sogar eine Kumulierung von Verstößen gegen den ordre public vorliegen, wenn die Verurteilung zu Punitive Damages das Konkursverfahren *auslöste und* im Nachhinein noch festgestellt wird, daß der punitive Teil des Urteils nicht der Discharge unterliegt.

Wegen dieser besonderen internationalen Bedeutung soll der Darstellung von Punitive Damages im Rahmen der Discharge eines amerikanischen Konkursverfahrens hier ein etwas breiterer Raum eingeräumt werden.

II. Einzelfälle

1. Punitive Damages-Urteil und Discharge nach §§ 727, 524 BC

Gem. § 727 (a) (1) BC wird eine Discharge natürlichen Personen (individuals) gewährt. Ferner darf dem Gemeinschuldner kein fraudulöses Verhalten im Sinne von § 727 (a) (2) BC vorgehalten werden können.[2] Sie wirkt insoweit umfassend

---

1 BGHZ 118, 312 = BGH; NJW 1992, 3097, 3103 = BGHZ 118, 312 = MDR 82, 1181 = ZIP 92, 1256 (Urteil vom 4. 6. 1992 – IX 149/91, ZZP 106 (1993), 79, 80 mit Anm. von *Schack*, aaO, 94 ff, *ders.*, Internat. Zivilverfahrensrecht Rdnr. 869; *Schütze*, Urteilsanerkennung, 163, 169ff, *ders.*, RIW 1993, 139 ff; *ders.*, FS Nagel 1987, 329 ff. (395 ff. m.w.N.), *Geimer*, IZPR, Rdnr. 2974 m.w.Nw.).

2 Vgl. oben I zum Wortlaut von § 524 (a) (1) BC.

und gegenüber allen Gläubigern auch wenn diese Gläubiger einen titulierten Anspruch besitzen (vgl. § 524 (a) (1) BC),[3] *es sei denn*, daß gem. § 523 (a) BC – für bestimmte Arten von Forderungen – ein Ausschluß von der Discharge besteht (§ 523 (a) „... discharge under section 727 ... does not discharge an individual debtor from any debt ...“). Derartige Schulden des Gemeinschuldners werden folglich nicht von der Discharge erfaßt und können damit nach Abschluß des Verfahrens von dem berechtigten Gläubiger weiterhin geltend gemacht werden.

Im Reorganisationsverfahren wirkt der Schulderlaß und wirkt (teilweise) die Stundung wie eine Discharge[4].

Es ist also vorab immer zu prüfen, ob für bestimmte Forderungen, auch wenn sie tituliert sind, ein Ausschluß von der Discharge besteht. Dies gilt insbesondere für Urteile, die Punitive Damages aussprechen.

2. Punitive Damages-Urteil und Ausschluß der Discharge gem. § 523 (a) (2) (4) (6) (7)

Regelmäßig ist die Frage der Discharge von Punitive Damages-Urteile, ja – oder nein – im Rahmen des Wortlauts des § 523 (a) (2) (4) (6) (7) BC zu prüfen, wonach die dort bezeichneten Schulden (*any debt*) eines natürlichen Gemeinschuldners nicht der Discharge unterliegen (*non-dischargeable*). Die Vorschrift in Auszügen bestimmt:

§ 523. Exceptions to discharge

„(a) A discharge under section *727*, *1141*, 1228(a), 1228(b), or 1328(b) of this title does *not* discharge an *individual* debtor from *any debt* –

(1) for a *tax* ...

(2) for *money, property*, services or an extension, renewal, or refinancing of credit, *to the extent obtained* by –

(A) false pretenses, a false representation, or actual *fraud*, other than a statement respecting the debtor's or an insider's financial condition;

(B) use of a statement in writing –

(i) that is materially false;

(ii) respecting the debtor's or an insider's financial condition;

(iii) on which the creditor to whom the debtor is liable for such money, property, services, or credit reasonably relied; and

(iv) that the debtor caused to be made or published with intent to deceive; or

(C) ...

(3) ...

---

[3] Vgl. oben I zum Wortlaut von § 727 (b) BC.

[4] Vgl. dazu oben § 19 II, insbes. Aber unten §§ 69, 77, 79 II, 3 zum Chapter 11 – Verfahren und § 84 V.

(4) for fraud or defalcation while acting in a fiduciary capacity, embezzlement, or larceny;

(5) ...

(6) for willful and malicious injury by the debtor to another entity *or* to the property of another entity;“ [5]

3. Grundsatz des Ausschlusses von der Discharge für Punitive Damages – Punitive Damages sind non-dischargeable (bestehen also fort)

a) Der kompensierende Schadensersatz (compensatory damages) ist non-dischargeable gem. § 523 (a) (2) (4) (6) BC

Im Ergebnis – das sei schon hier wegen der Vielfältigkeit der Entscheidungen vorausgeschickt – kann man wohl *von einem allgemeinen Grundsatz des Ausschlusses von der Discharge für Punitive Damages sprechen. Sie bestehen also fort.*

Andererseits besteht in der Rechtsprechung eine derartige Entscheidungsbuntheit, die diesen Grundsatz gleich wieder in Frage stellt. In einer Reihe von Entscheidungen wird davon ausgegangen, daß Punitive Damages von vornherein grundsätzlich einer Discharge unterliegen, da sie nicht vom Wortlaut des § 523 (a) erfaßt werden.[6] Begründet wird dies einmal mit der Fresh Start Policy und daneben mit dem Argument, daß Punitive Damages eigentlich keine Schulden (debt) ausgleichen, sondern eine Bestrafung des Fehlverhaltens des Schuldners bezwecken. Ein Bankruptcy Court führte dazu *In re Mc Donald* aus:

„Punitive damages ... were awarded as an example to others or as a penalty or by way of punishment. It is obvious that the punitive damages awarded are *not* a *debt* for fraud or for a willful and malicious injury. Thus, this Court does not include the punitive damages as part of the non-dischargeable debt.“ [7]

Punitive Damages wurden danach *nicht* gem. § 523 (a) (2) (4) (6) für „non-dischargeable“ erklärt, da es sich nicht um eine Schuld im eigentlichen Sinne (debt) handele. Sie unterlägen damit der Discharge.

Nur der Teil der Schuld – begründet durch das fraudulöse Verhalten des Schuldners – durch den der Schaden ausgeglichen werden soll (*compensatory damages*), werde nach § 523 (a) (2) (4) (6) BC für *non-dischargeable* erklärt – würde also nicht von der Discharge erfaßt.[8] Es gebe – so das Gericht – eben keinen Grundsatz der Bestrafung um der Bestrafung wegen im Konkurs.[9]

---

5 Die Vorschrift wird nur auszugsweise wiedergegeben (Hervorhebung vom Verfasser).

6 In re Mc Donald, 73 B.R. 877, 882 (Bankr. N.D. Tex. 1987); In re Strutz, 154, B.R. 508, 510 (Bankr. N.D. Ind. 1983); In re Couch, 154, B.R. 511, 514 (Bankr. S.D. Ind. 1992); In re Alwan Bros. Co., 105, B.R. 886, 890 (Bankr. C.D. Ill. 1989); In re Niera, 104 B.R. 150, 160 (Bankr. D. Minn. 1989).

7 73 B.R. 882 (Hervorhebungen vom Verfasser).

Diese aufgeklärte Sichtweise, daß nur der kompensatorische Teil des Schadensersatzes in dem Punitive Damages-Urteil nicht von der Discharge gem. § 524 (a) (2) (4) (6) BC erfaßt werde (*non-dischargeable*), ist aber nicht die h.M.

b) Auch der bestrafende Teil des Schadensersatzes (punitive damages) ist „non-dischargeable" gem. § 523 (a) (4) (6) oder schon gem. (a) (2)

Aus einer Reihe von Entscheidungen der Courts of Appeals läßt sich folgendes entnehmen. In ihnen wird entweder festgestellt:[10] Punitive Damages werden zwar nicht vom Wortlaut des § 523 (a) (2) BC erfaßt, wohl aber werden Punitive Damages vom Wortlaut des § 523 (a) (4) (6) BC gedeckt und fallen damit *nicht* unter die Discharge; sie sind also *non-dischargeable.*

Oder es wird darüber hinaus gar festgestellt:[11] Punitive Damages werden auch vom Wortlaut des § 523 (a) (2) BC erfaßt (fallen damit nicht unter die Discharge, sie sind also *non-dischargeable*, wie in den Fällen des § 523 (a) (4) (6) BC).

Alleine aus dem Vergleich der „Masse der Entscheidungen" und insbesondere im Hinblick auf die Entscheidungen der Courts of Appeals kann daher gefolgert werden, daß nach h.M. Punitive Damages-Urteile regelmäßig gem. § 523 (a) (4) (6) BC und auch gem. § 523 (a) (2) BC von der Discharge ausgeschlossen werden, also *non-dischargeable* sind, und somit nach Abschluß des Verfahrens weiterbestehen.

Nachfolgend soll daher die Linie der h.M. an Hand der Entscheidungen in Sachen *St. Laurent* und *Bugna* nachgezeichnet werden.

---

8 In re Ellwanger, 105 B.R. 551, 556 (Bankr. 9th Cir. 1989); In re Strutz, 154 B.R. 510, 511 (Bankr. N.D. Ind. 1993); In re Couch, 154 B.R. 514 (Bankr. S.D. Ind. 1992); In re Alwan Bros. Co., 105 B.R. 891, 892 (Bankr. C.D. Ill. 1989); In re Hallahan, 99 B.R. 897, 901 (Bankr. C.D. Ill. 1989), bestätigt 113 B.R. 975 (C.D. Ill. 1990), bestätigt 936 F.2d 1496 (7th Cir. 1971); In re Larson 79 B.R. 462, 465 (Bankr. W.D. Mo. 1987); In re Mc Donald, 73 B.R. 877 (Bankr. N.D. Tex. 1987); In re Suter, 59 B.R. 944, 947 (Bankr. N.D. Ill. 1986).

9 „There is no punishment for punishment's sake in bankruptcy", In re Alwan Bros. Co., Inc., 105 B.R. 892.

10 So In re Bugna, 33 F.3d 1054, 1059 (9th Cir. 1994) *overruling* In re Ellwanger, 105 B.R. 551, In re Bugna wird sogleich unten c) dargestellt; in diesem Sinne auch *Vaughan Constance*, The Dischargeability Debate: Are Punitive Damages Dischargeable under 11 U.S.C. 523 (a) (2) (A)?, 10 Bankr. Dev. J. 423 (1994).

11 In diesem Sinne , In re Laurent, 991 F.2d 672 (11th Cir. 1993) und aus der Rspr. der Bankruptcy und District Courts: In re Spicer, 155 B.R. 795, 801 (Bankr. D.D.C. 1993); In re Winter, 159 B.R. 789, 790 (Bankr. E.D. Ky. 1993); In re Bolzle, 158 B.R. 853, 865 (Bankr. N.D. Okla. 1993); In re Manley, 135 B.R. 137, 144, 145 (Bankr. N.D. Okla. 1992); In re Tague, 137 B.R. 495, 505 (Bankr. D. Colo. 1991); In re Tobman, 96 B.R. 429, 439 (Bankr. S.D.N.Y. 1989); In re Daniels, 94 B.R. 205, 206 (Bankr. S.D. Fla. 1988); In re Guy, 101 B.R. 961, 996 (Bankr. N.D. Ind. 1988). Im Sinne von In re Laurent, aaO, *Lempert Nina*, Punitive Damages – The Dischargeability Debate Continues, 11 Bankr. Dev. J. 707 (1995).

Die Entscheidung in *St. Laurent v. Ambrose*[12]

Dem Sachverhalt nach hatte Laurent die von Ambrose erhaltenen Zahlungen für den Kauf von Zeitanteilen (time-shares) nicht wie vereinbart für die Rückführung einer Grundschuld verwendet, sondern das Geld statt dessen auf sein persönliches Bankkonto eingezahlt. Das Staatsgericht in Florida befand Laurent der arglistigen Täuschung für schuldig und verurteilte die Firma zu einem kompensatorischen Schadensersatz i.H.v. $ 48.707,22 und daneben zu $ 50.000 Punitive Damages. Sechs Monate später leitete Laurent ein Verfahren gem. Chapter 7 ein und führte sowohl den kompensatorischen Teil wie auch den punitiven Teil der Verurteilung als „dischargeable" auf.

Der Bankruptcy Court wie auch der Court of Appeals folgten nicht dieser Auffassung. Der Court of Appeals stellte vielmehr fest, daß die Tatsachenfeststellungen des State Courts zwar nicht erneut überprüft werden könnten, da hier eine innere Rechtskraftwirkung (*collateral estoppel*) bestehe. Die Feststellung der Dischargefähigkeit (oder nicht) sei aber eine Rechtsfrage, die in die ausschließliche Entscheidungszuständigkeit des Bankruptcy Court falle.[13]

Ferner wird in der Entscheidung festgestellt, daß der Begriff „Schuld" (debt) in § 523 (a) BC auch den punitiven Teil der Verurteilung erfasse, weil die Verurteilung zur Zahlung von Punitive Damages durch ein Staatsgericht „ein Recht auf Zahlung"[14] und eine „vollstreckbare Verpflichtung" begründe.[15] Folglich werde neben dem kompensatorischen Teil auch der punitive Teil des Schadensersatzes von der Discharge gem. § 523 (a) (2) (A) ausgeschlossen.[16]

Rechtskraft des Punitive-Urteils trotz Konkursverfahrens

Es fällt auf, daß das Ergebnis zum einen aus der „wörtlichen" Interpretation des Bankruptcy Code in § 523 (a) gewonnen wird und daneben – das ist m.E. entscheidend – sich die Bankruptcy Courts regelmäßig einer „revision au fond" verweigern, weil sie sich an die Urteile der State Courts gebunden fühlen: Die innere Rechtskraftwirkung – so die Quintessenz – stehe der Discharge des punitiven Teils des State Court-Urteils entgegen. In der Entscheidung *Leeb v. Guy*[17] wird hierzu

12 In re St. Laurent, 991 F.2d 672 (11th Cir. 1993).

13 AaO, 676, „the ultimate issue of dischargeability is a legal question to be addressed by the bankruptcy court in the exercise of its exclusive jurisdiction to determine dischargeability".

14 Vgl. § 101 (12) BC: „debt" means liability on a claim; § 101 (5) (A) BC: „claim" means right to payment.

15 In re St. Laurent, 991 F.2d 679.

16 Vgl. auch zur Discharge-Fähigkeit nach dem Bankruptcy Act von 1898, *Lempert*, aaO, 11 Bankr. Dev. 725 ff. (1995), danach unterliegen die sogenannten „nicht beweisbaren Schulden" (non-provable debts) nicht einer Discharge (*non-dischargeable*), wozu regelmäßig Punitive Damages zählten. Die Unterscheidung zwischen „provable und non-provable debts" wurde nicht in den Bankruptcy Code übernommen.

17 In re Guy, 101 B.R. 961, 997 (Bankr. N.D. Ind. 1988).

ausgeführt, der Bankruptcy Court „should not, in giving collateral estoppel effect to a prior judgement, also attempt to seize the role of a super-appellate court and second-guess the prior court after it has made thorough and complete findings of fact and conclusions of law. Therefore this Court hold(s) that the punitive damages awarded by the District Court are also nondischargeable".

Die Policy eines Punitive Damages-Urteils

Die Verurteilung zu Punitive Damages dient anderen Grundprinzipien von Recht und Ordnung bzw. öffentlichen Interessen (public policy) als der Ausgleich des Schadens. Sie dient der Bestrafung des Beklagten oder der Abschreckung künftiger Übeltäter:[18]

„Awarded as an example to others or as a penalty or by way of punishment".[19] Oder anders ausgedrückt: „Requiring a defendant to pay punitive Damages serves both to punish him for his wrongful conduct and to deter him from committing the same or a similar offense again".[20]

Ferner haben die Bundesstaaten ein überwiegendes Interesse an der Aufrechterhaltung ihrer Punitive Damages-Urteile. Eine nachfolgende Discharge derartiger Urteile durch die Bankruptcy Courts würde den Versuch der State Courts, derartige Übeltäter wegen dieses Verhaltens zu bestrafen, letztlich zunichte machen.[21]

Im Ergebnis ist es also so, daß nach h.M. die innere Rechtsbindung (collateral estoppel) gegenüber Entscheidungen von Staats- und Bundesgerichten, und die ihnen zugrunde liegende *public policy*, die eine Verurteilung zu Punitive Damages fordert, nicht im Wege einer Discharge durch einen Bankruptcy Court ausgehöhlt werden darf.

In re Ellwanger:[22] *Punitive Damages unterliegen der Discharge, außer im Fall von § 523 (a) (7), überholt seit In re Bugna*[23]

In der Entscheidung *Ellwanger* setzte sich der Bankruptcy Court mit der Entscheidung des Supreme Courts in Sachen *Kelly v. Robinson*[24] auseinander, wonach Geldbußen und Geldstrafen, die zugunsten einer Staatseinrichtung eingezogen

---

18 Black's Law Dictionary (1991), 271: „Unlike compensatory or actual damages, punitive or exemplary damages are based upon an entirely different public policy consideration – that of punishing the defendant or of setting an example for similar wrong doers".

19 Vgl. In re Mc Donald, 73 B.R. 877, 882, nach Auffassung des Gerichts handelt es sich wegen dieses Strafcharakters aber nicht um eine Schuld (debt) i.b.v. § 523 (a) (vgl. oben Fn 6). Die Courts of Appeals haben sich dieser Auffassung (leider) nicht angeschlossen.

20 *Vaughan*, aaO, 10 Bankr. Dev. J. 423 ff, 426.

21 *Lempert*, aaO, 11 Bankr. Dev. J. 744.

22 Ellwanger v. Mc Broom Estate (In re Ellwanger), 105 B.R. 551, 556 (Bankr. 9th Cir. 1989).

23 Bugna v. Mc Arthur, (In re Bugna) 33 F.3d 1054 (9th Cir. 1994).

24 479 U.S. 36 (1986).

werden und die nicht den Zweck einer Schadenskompensierung verfolgen, aufgrund von § 523 (a) (7) BC[25] nicht von der Discharge erfaßt werden (also non-dischargeable sind).

Hieraus wurde vom Bankruptcy Court in Sachen Ellwanger der Schluß gezogen, daß nur die Geldbußen und Geldstrafen, die an Staatseinrichtungen zu zahlen sind, unter den Voraussetzungen von § 523 (a) (7) BC von der Discharge ausgeschlossen werden, also non-dischargeable sind. Daher werden Punitive Damages-Urteile von Zivilgerichten, die eine Zahlungsverpflichtung des Beklagten an einen *privaten* Gläubiger aussprechen, hinsichtlich des punitiven Teils, nicht vom Wortlaut des § 523 (a) BC erfaßt.[26] Sie unterliegen folglich hinsichtlich des punitiven Teils der Discharge (sind dischargeable).

Der Court of Appeals des 9. Circuit „overruled" aber die *Ellwanger*-Entscheidung in seinem Erkenntnis *In re Bugna* ausdrücklich und stellte fest:[27]

> „To avoid any further confusion we repudiate Ellwanger's unfounded reading of section 523 (a) ... to suggest section 523 (a) never bars discharge of private punitive damages awards, we overrule it".

Der Ausschluß von der Discharge gem. § 523 (a) (7) BC für zu zahlende Geldbußen und Geldstrafen an staatliche Einrichtungen – so der Court of Appeals – fordere aber nicht, daß auf der *anderen Seite* zu zahlende Punitive Damages an private Gläubiger gem. § 523 (a) der Discharge unterliegen.[28] Ein Wille des Gesetzgebers, daß nach den anderen Absätzen des § 523 (a) BC Punitive Damages zugunsten privater Gläubiger *nicht* vom Wortlaut der Vorschrift erfaßt werden, und somit von der Discharge erfaßt werden, lasse sich dem Gesetz nicht entnehmen.[29] Es stehe auch spätestens seit der Entscheidung des Supreme Court in Sachen Pennsylvania Department of Public Welfare v. Davenport fest,[30] daß selbst strafrechtliche Geldbußen, Geldstrafen ein „*right to payment*"[31] begründeten und somit als eine Schuld (debt) im Sinne des Bankruptcy Code einzuordnen seien. Gleiches müsse

---

25 § 523 (a) (7) BC bestimmt:
(7) „to the extent such debt is for a fine, penalty, or forfeiture payable to and for the benefit of a governmental unit, and is *not compensation* for actual pecuniary loss, other than a tax penalty – „ (Hervorhebung vom Verfasser).

26 105 B.R. 555, 556.

27 In re Bugna, 33 F.2d 1054, 1059 Fn 6 (9th Cir. 1994).

28 In re Laurent, 991 F.2d 672, 681 (11th Cir. 1993), „we conclude that § 523 (a) (7) does not preclude us from reading a determination of nondischargeability under § 523 (a)(2) (A)"; In re Levy, 951 F.2d 196, 199 (9th Cir. 1991), „even if private creditor's cannot avail themselves of § 523 (a) (7), they can still rely on other subsections of section 523"; ferner In re Britton, 950 F.2d 602, 606 (9th Cir. 1991); m.w.Nw. und Zitaten, vgl. *Lempert*, 11 Bankr. Dev. J. 707, 747, Fn 224; In re Dahlstrom, 129 B.R. 240, 246 (Bankr. D. Utah 1991); In re Manley, 135 B.R. 137, 147 (Bankr. N.D. Okla. 1992).

29 Vgl. die Darstellung bei *Lempert*, 11 Bankr. Dev. J. 707 - 753 (1995).

30 495 U.S. 552, 560 - 564 (1990).

31 Vgl. oben auch Kelly v. Robinson, 479 U.S. 36 (1986).

auch für alle Punitive Damages-Urteile gelten; sie sollten daher insgesamt nicht der Discharge unterliegen, sind also *non-dischargeable*.[32]

c) *Fortbestand von Punitive Damages-Urteilen in den Fällen von § 523 (a) (4) und § 523 (a) (6) BC: In re Bugna v. Mc Arthur*[33]

Entgegen der Entscheidung in St. Laurent,[34] wonach Punitive Damages-Urteile auch nach § 523 (a) (2) *non-dischargeable* sind, spricht sich der Court of Appeals des 9. Circuit *in re Bugna* für den Fortbestand von Punitive Damages-Urteilen nur unter den Voraussetzungen von § 523 (a) (4) und (a) (6) BC aus. Wegen ihres instruktiven Gehalts hinsichtlich der inneren Rechtskraftbindung (*collateral estoppel*) gegenüber dem Punitive Damages-Urteil eines Staatsgerichts und der Auslegung von § 523 (a) (2) BC soll die Entscheidung kurz nachgezeichnet werden:

Zum Tatbestand:

Bugna (B) und Mc Arthur (A) waren Geschäftspartner. B, ein zugelassener Immobilienmakler, erklärte sich bereit, für A eine Teilhaberschaft i.H.v. 14,4% an „Lakeview Ltd." zu erwerben. A bot B eine Anzahlung i.H.v. $ 90.000 an. B seinerseits gab den Scheck zurück(!) mit der Versicherung, A würde, nachdem einige technische Schwierigkeiten beseitigt seien, den Kauf vervollständigen können. Einige Monate später erfuhr A, daß B die 14,4% Beteiligung für sich selbst erworben hatte.

A verklagte nun B vor dem State Court in Kalifornien wegen arglistiger Täuschung (*fraud*) und Bruch seiner treuhänderischen Verpflichtungen. A wurde ein kompensatorischer Schadensersatz i.H.v. $ 90.000 zugesprochen, und er erhielt aufgrund des Jury-Spruchs noch einen Zuschlag i.H.v. $ 300.000 für Punitive Damages.

B beantragte daraufhin die Durchführung eines Konkursverfahrens. A seinerseits beantragte in dem Verfahren, die ausgeurteilten $ 390.000 für *non-dischargeable* gem. § 523 (a) (4) zu erklären.[35]

Zur Begründetheit:

Hier ging es entscheidend um die Frage, ob der Bankruptcy Court an die rechtskräftige Entscheidung des State Court hinsichtlich der Feststellungen einer arglistigen Täuschung gebunden war. Es wird ausgeführt, daß der Grundsatz der inneren

---

32 *Lempert*, 11 Bankr. Dev. J. 707, 741 - 742 (1995).

33 In re Bugna, 33 F.3d 1054 (9th Cir. 1994).

34 In re St. Laurent, 991 F.2d 672 (11th Cir. 1993).

35 Vgl. dazu unten III 2. Für die Bestimmung einer Schuld als non-dischargeable bedarf es eines Antrags des Gläubigers; über den Antrag entscheidet das Konkursgericht, § 523 (c) BC.

Rechtskraftbindung (collateral estoppel) auch in dem Prozeß des B zur Bestimmung der Discharge Anwendung finde.[36] Dieser Grundsatz verbiete eine erneute Verhandlung, wenn:

(1) die Streitfragen der 1. Klage mit denen der 2. Klage identisch seien,

(2) ein Endurteil über den entscheidungserheblichen Sachverhalt vorliege,

(3) die Partei, gegen welche die innere Rechtskraftbindung geltend gemacht wird, mit der im früheren Urteil identisch sei.[37]

Diese Voraussetzungen seien vorliegend erfüllt, da ein Endurteil eines Staatsgerichts hinsichtlich der arglistigen Täuschung und zum Bruch des Treuhandverhältnisses vorliege. Auch habe ein Vollverfahren hinsichtlich der Streitfragen stattgefunden, so daß im Ergebnis der „Streitgegenstand" in dem Prozeß gem. § 523 (a) (4) BC mit dem vor dem State Court identisch sei.[38]

Ferner begründe das Punitive Damages-Urteil eine Schuld (debt). Hierunter falle sowohl der kompensatorische als auch der punitive Teil des Urteils gem. § 523 (a) (4). Der Bankruptcy Code definiert:

„debt" as liability on a claim, 11 U.S.C. § 101 (12), and a „claim" as a „right to payment, whether or not such right is reduced to judgement.[39]

Insoweit – so heißt es weiter – decke sich die Auslegung von § 523 (a) (4) mit § 523 (a) (6) BC, der einen ähnlichen Wortlaut habe und ebenfalls Punitive Damages von der Discharge ausschließe.[40] Demgegenüber werde gem. § 523 (a) (2) eine Discharge von Punitive Damages nicht ausgeschlossen.[41] Der Gesetzgeber (congress) beschränke die Anwendung von § 523 (a) (2) BC auf Schulden:

„debt ... to the extent obtained by false pretenses ... or actual fraud".[42]

Da aber Punitive Damages nicht durch Arglist „erlangt" (*obtained*), sondern vielmehr auferlegt / verhängt (*imposed*) werden, können sie nach der Entscheidung nicht unter den Voraussetzungen von § 523 (a) (2) für *non-dischargeable* erklärt werden.[43]

---

36 „The Supreme Court has held that collateral estoppel applies in dischargeability proceedings", Grogan v. Garger, 495 U.S. 279, 284, 111 S.Ct. 654, 658, 112 L.Ed.2d 755 (1991), vgl. 33 F.3d 1056.

37 Garett v. City and County of San Francisco, 818 F.2d 1515, 1520 (9th Cir. 1987).

38 33 F.3d 1057.

39 AaO, 1058.

40 AaO, 1058 unter Hinweis auf, In re Britton, 950 F.2d 602, 606 (9th Cir. 1991); In re Adams, 761 F.2d 1422, 1427 (9th Cir. 1985).

41 In re Levy, 951 F.2d 196, 199 (9th Cir. 1991).

42 AaO, 1059.

43 AaO, 1059: „Because punitive damages are not obtained by fraud but rather imposed because of it, they are not restitutionary as required under section 523 (a) (2), unter Hinweis auf Levy, 951 F.2d 196, 199.

Schließlich wird der Einwand von B, daß die Versagung einer Discharge gem. § 523 (a) (4) BC die Fresh Start Policy verletze, zurückgewiesen:

Die Fresh Start Policy schaffe die Möglichkeit eines Neubeginns, die auf den „ehrlichen aber glücklosen Gemeinschuldner" zu beschränken sei[44]. Dem B (oder anderen) aber werde seine Haftbarkeit für Punitive Damages wegen seines arglistigen Handelns innerhalb eines Treuhandverhältnisses auferlegt. Er handelte nicht als ehrlicher aber glückloser Gemeinschuldner, so daß er daher nicht die Begünstigungen der Fresh Start Policy für sich in Anspruch nehmen könne.

Im Ergebnis sind demnach kompensatorischer wie auch punitiver Schadensersatzanspruch *Schulden*: debts „for fraud ... while acting in a fiduciary capacity", 11 U.S.C. § 523 (a) (4), die nicht der Discharge unterliegen, also *non-dischargeable* sind.[45]

III. Ergebnis, Verfahren

1. Ergebnis

Es kann danach festgehalten werden, daß aufgrund der *inneren Rechtskraftbindung* gegenüber Urteilen (regelmäßig) eines Staatsgerichts, die neben dem kompensatorischen Schadensersatzanspruch auch Punitive Damages zugunsten einer Privatperson aussprechen, nicht einer Discharge gem. § 523 (a) (4) und (6) BC unterliegen. Diese Urteile bestehen damit auch nach Abschluß des Verfahrens fort. Der kompensatorische wie auch der punitive Teil des Urteils begründet dabei eine Schuld (debt) im Sinne des Bankruptcy Code unter § 523 (a) (4) (6). Schließlich wird die Fresh Start Policy nur dem ehrlichen aber glücklosen Gemeinschuldner eingeräumt. Ob die Discharge auch über § 523 (a) (2) BC ausgeschlossen werden kann,[46] bleibt streitig (so aber *in re Laurent*).

2. Verfahren, Antragserfordernis

Hinsichtlich des Verfahrens des Ausschlusses von der Discharge in den Fällen von § 523 (a) (2) (4) (6) oder (15) ist zu sagen, daß derartige Ansprüche – zuerst einmal – der Discharge unterliegen.

Will der Gläubiger dies verhindern, so muß er einen dahingehenden *Antrag* gem. § 523 (c) (1) BC beim Bankruptcy Court stellen.[47] Nach Benachrichtigung

---

44 AaO, 1059: The fresh start opportunity is limited to the „honest but unfortunate debtor", Grogan v. Garner, 498 U.S. 279, 286, 111 S.Ct. 654, 659, 112 L. Ed.2d 775 (1991).

45 AaO, 1059 am Ende.

46 Dazu oben II 3 (b).

47 § 523 (c) BC

(c)(1) Except as provided in subsection (a)(3)(B) of this section, the debtor *shall be discharged* from a debt of a kind specified in paragraph (2), (4), (6), or (15) of subsection (a) of

und Anhörung entscheidet das Gericht, ob der Anspruch eines derartigen Gläubigers von der Discharge erfaßt wird oder von ihr ausgeschlossen werden kann. Der Antrag muß innerhalb von 60 Tagen nach Einberufung der Gläubigerversammlung gestellt werden.[48]

IV. Anhang: Der Ausschluß von der Discharge unter Chapter 13 (Individuals mit Regular Income) § 1328 BC

Der Ausschluß von der Discharge gem. § 523 (a) BC wird regelmäßig in einem Liquidationsverfahren unter Chapter 7 angewendet, gilt aber, wie sich aus § 523 (a) ergibt, auch in anderen Verfahren nach dem BC.[49]

In einem Verfahren unter Chapter 13 hingegen, werden eine Reihe von Forderungen die gem. § 523 (a) BC nicht von der Discharge erfaßt wurden (also nondischargeable sind), für „dischargeable" erklärt. Die umfassende Liste der nicht der Discharge zugänglichen Forderungen gem. § 523 (a) wird so durch § 1328 (a) BC erheblich eingeschränkt; diese Vorschrift lautet (auszugsweise):

„(a) As soon as practicable after completion by the debtor of all payments under the plan, unless the court approves a written waiver of discharge executed by the debtor after the order for relief under this chapter, the *court shall grant the debtor a discharge* of all debts provided for by the plan or disallowed under section 502 of this title, *except* any debt –

(1) provided for under section 1322 (b) (5) of this title; or

(2) of the kind specified in paragraph (5), (8) or (9) of section 523 (a) or 523 (a) (9) of this title;

(3) for restitution included in a sentence on the debtor's conviction of a crime."[50]

Danach werden nur die Forderungen gem. § 523 (a) (5), (8) oder (9) BC bzw. die aufgrund eines Strafurteils verhängten Geldstrafen von der Discharge ausge-

---

this section, *unless, on request of the creditor* to whom such debt is owed, and after notice and a hearing, *the court* determines such debt to be excepted from discharge under paragraph (2), (4), (6), or (15), as the case may be, of subsection (a) of this section (Hervorhebung vom Verfasser).

48 Rule 4007

(a) Persons Entitled to File Complaint. A debtor or any creditor may file a complaint to obtain a determination of the dischargeability of any debt.

(b) ...

(c) Time for Filing Complaint Under § 523(c) in Chapter 7 Liquidation, Chapter 11 Reorganization, and Chapter 12 Family Farmer's Debt Adjustment Cases; Notice of Time Fixed. A complaint to determine the dischargeability of any debt pursuant to § 523(c) at the Code shall be filed not later than 60 days following the first date set for the meeting of creditors held pursuant to § 341(a) ...

49 Vgl. etwa § 1141 (d) (2) BC: „The confirmation of a plan does not discharge an individual debtor from any debt excepted from discharge under section 523 of this title. Dazu unten § 74 II.

50 Unterstreichungen vom Verfasser.

schlossen, so daß man hier auch von einer „*super discharge*" spricht. Folglich werden die oben beschriebenen (ungesicherten) Steuerforderungen bzw. Forderungen aufgrund eines Punitive Damages-Urteils[51] in einem Verfahren unter Chapter 13 von der Discharge erfaßt.

Derartige Forderungen werden hier aber eine (ganz erhebliche) geringere Bedeutung spielen, da ein Verfahren unter Chapter 13 nur von demjenigen eingeleitet werden kann, der ein regelmäßiges Einkommen bezieht, so daß fällige Lohnsteuern und sonstige Abzüge von vornherein vom Arbeitgeber abgeführt werden und Punitive Damages-Urteile sich regelmäßig gegen einen fraudulös handelnden Geschäftsmann richten.

Über das Ende des Verfahrens hinaus bleibt der Gemeinschuldner gem. § 1328 (a) BC haftbar für Unterhaltsverpflichtungen gem. § 523 (a) (5); die Rückzahlung eines Ausbildungsdarlehens gem. § 523 (a) (8); die Haftung hinsichtlich der Folgen aus einer Trunkenheitsfahrt und schließlich für die Zahlungsverpflichtungen, die ihm aufgrund eines Strafurteils auferlegt worden sind.

Bleibt nur noch anzumerken, daß gem. § 103 (a) die Chapter 1, 3 und 5 auf Verfahren nach Chapter 7, 11, 12 und 13 Anwendung finden. Dagegen ist die Chapter 7 Discharge nach § 727 (a) BC in einem Verfahren nach Chapter 13 nicht anzuwenden.[52]

Der Reiz, sich eines Chapter 13 Verfahrens zu bedienen, um sich etwa rückständiger ungesicherter Steuerforderungen oder Forderungen aus Punitive Damages-Urteilen zu entledigen, wird freilich dadurch ganz erheblich eingeschränkt, daß ein Verfahren nach Chapter 13 nur von Personen mit einem *regelmäßigen Einkommen* eingeleitet werden kann, sowie die ungesicherten Schulden nicht $ 250.000 und die gesicherten Schulden nicht $ 750.000 übersteigen dürfen (vgl. § 109 (e) BC). Schließlich sind weitere Einschränkungen der Discharge gem. § 1328 (b) - (e) durch Anordnungen des Bankruptcy Judge möglich, wenn der Schuldner den aufgestellten Plan nicht ordnungsgemäß erfüllt.

Hinweis auf Chapter 11-Verfahren

Hier sei auf die Darstellung in den §§ 77 ff verwiesen. Die Probleme werden dort auch für das US-Recht „en bloc" dargestellt, da nur so die Einwirkungen des US-Rechts auf das deutsche Recht verständlich werden.

---

51 Vgl. oben §§ 38 II, 35 V; § 523 (a) (1), (2), (4), (6) BC.

52 *Epstein / Nickles / White,* Practitioner Treatise, Vol. 2, 603.

Zweiter Abschnitt

Konkurs im Auslande, Rechtshilfe in den USA

Die Probleme, die sich hier – insbesondere zum Rechtshilfeverfahren nach § 304 BC stellen, hat Peter *Hay* in der Festgabe für Müller-Freienfels[1] in einer die Sichtweise des kontinentaleuropäischen Juristen berücksichtigenden Darstellung erörtert. Die Rechtsprechung bis 1986 ist hier verarbeitet, ebenso das reichhaltige Schrifttum.

Die nachfolgenden Ausführungen legen daher Wert darauf, insbesondere die Entwicklung von diesem Zeitpunkt an darzustellen, ohne aber auf eine Wiedergabe von vorausgegangenen *leading cases* verzichten zu wollen. Darüber hinaus bleibt es ihr Anliegen – wie auch sonst – die Probleme in eine dem kontinentaleuropäischen Juristen entgegenkommenden Systematisierung einzubinden.

Somit stellt sich zunächst die Frage, teilweise wiederholend und zusammenfassend, neu: Wie kann der ausländische, insbesondere deutsche und schweizer Masseverwalter, die Interessen der Masse in den USA wahrnehmen?

Kapitel 6: Der ausländische Representative im Inlande der USA

In einem Insolvenzverfahren ist es Aufgabe des ausländischen „Vertreters" der Masse, auch US-amerikanisches Vermögen des Gemeinschuldners zur Masse zu ziehen. Er ist insoweit „die Hauptperson". Auf diese Frage wurde mehrfach eingegangen. Nachfolgend wird, teilweise zusammenfassend, diese Rechtsstellung in den USA skizziert.

§ 40 Stellung und Befugnisse des ausländischen Representative, insbesondere des Konkursverwalters: die Rechtsentwicklung

Von der Feststellung ausgehend, daß nach dem nunmehr geltenden Recht des Bankruptcy Code von 1978 ein amerikanisches Konkursverfahren im Hinblick auf § 541 BC universal wirkt, d. h. die Konkurswirkungen (insbesondere der Automa-

---

1 Auslandsfolgen und Inlandskonkurs aus amerikanischer Sicht, FS Müller-Freienfels (1986), 247 ff.

tic Stay, § 362 BC), in Verbindung mit der umfassenden vis attractiva concursus des Konkursgerichts[2] nicht an Staatsgrenzen enden, sondern das Vermögen des Gemeinschuldners „wherever located and by whomever held“ auf der ganzen Welt erfassen soll – wobei das deutsche Recht mit seinem Universalitätsprinzip die Wirkungen auf Deutschland erstreckt – gilt dies nicht im umgekehrten Fall. Die typischen ausländischen Wirkungen – etwa des deutschen Konkursbeschlags – erstrekken sich nicht *automatisch* nach amerikanischen Recht in die USA hinein.[3] Der deutsche Konkurs wirkt nur bis an die Grenzen der USA; eine automatische Wirkungserstreckung gibt es nicht.

I. Die Stellung des ausländischen Representative vor 1978

1. Nach der allgemeinen Comity-Doktrin

Es ist natürlich offensichtlich, daß auch vor Schaffung des Bankruptcy Code Regelungsmechanismen bestanden, die es einem Foreign Representative ermöglichten, etwa in den USA belegenes Vermögen herauszuverlangen. Diese Rechtsmacht wurde dem Foreign Representative aber nicht etwa *kraft Gesetzes* eingeräumt, die Hilfe des amerikanischen Rechts richtete sich ausschließlich nach der Comity Doktrin.[4] *Riesenfeld*[5] faßt die Rechtsmeinung zur Comity von Justice *Story*[6], in dessen Kommentar zu den Conflict of Laws, die wegweisend ist, prägnant zusammen:

„ That the extraterritorial effect given to foreign bankruptcy laws was a matter of mere comity and not international law... thus, according to *Story*, the foreign administrators in insolvency are as a matter of comity vested with title to assets of the bankrupt so long as the assertion of such title does not conflict with overriding national policies or interests“.[7]

Diesen auf die Comity-Doktrin gestützten Rechtsschutz hatte der ausländische Verwalter entweder vor den Staatsgerichten bzw. ordentlichen Bundesgerichten (nicht vor dem Bankruptcy Courts) gerichtlich geltend zu machen.[8] An die Bankruptcy Courts konnte der ausländische Verwalter sich nicht direkt wenden.

Die statusrechtliche Stellung des ausländischen Verwalters wurde so nur innerhalb der Comity Doctrin anerkannt.

---

2 Vgl. oben §§ 14 - 18; 29 - 30.

3 *Honsberger*, Conflict of Laws and the Bankruptcy Reform Act 1978, 30 Case W. Res. L. Rev. 631, 648 (1980); *Scoles/Hay*, Conflict of Laws, 2. Auflage, 940 ff.

4 Vgl. unten eingehend § 40 I, § 42.

5 *Riesenfeld,* The Status of Foreign Administrators of Insolvent Estates: A Comparative Survey, 24 Am. J. Comp. L. 288, 288 ff. (293, 294), (1976).

6 *Story*, Commentaries on the Conflict of Laws §§ 338 - 351, § 414, § 421 (1834).

7 *Riesenfeld*, aaO, 293, 294 mit Nachweisen aus der Rspr.

8 *Honsberger*, Conflict of Laws and the Bankruptcy Reform Act 1978, 30 Case W. Res. L. Rev. 650 (1980).

2. Kein Antragsrecht des Foreign Representative auf Eröffnung eines Konkursverfahrens in den USA nach dem Bankruptcy Act von 1898

Aus dieser beschränkten Stellung des ausländischen Verwalters ergab sich ferner, daß er in den USA – aus eigenem Recht – kein Konkursverfahren über dortiges Vermögen des Gemeinschuldners beginnen konnte.[9] Es bestand mithin für den ausländischen Konkursverwalter nur die Möglichkeit, daß Gläubiger an seiner Stelle ein Konkursverfahren einleiteten.

Es leuchtet aber ein, daß er kaum Gläubiger finden konnte, die hierzu bereit waren, allein schon deshalb nicht, weil sie sich mit einer derartigen „petition" selbst die Möglichkeit nehmen würden, im Wege der Einzelvollstreckung Befriedigung zu erlangen.

Im Ergebnis konnte der ausländische Konkursverwalter nur aus Gründen der Comity vor amerikanischen Gerichten klagen und in dem Verfahren geltend machen, daß bestimmte Gegenstände oder Ansprüche zur ausländischen Konkursmasse zählten.[10] Weitergehende Rechte standen ihm nicht zu.

II. Stellung nach dem Bankruptcy Code von 1978

1. Im Verfahren nach § 303 (b) (4) und § 304 BC

Mit der Einführung des Bankruptcy Code hat sich die Stellung des ausländischen Verwalters in mehrfacher Hinsicht geändert. Er hat nunmehr die Möglichkeit, sich direkt an den Bankruptcy Judge beim District Court zu wenden. Das Konkursverfahren und sich hieraus ergebende Prozesse werden dort im Ergebnis konzentriert.[11]

Der ausländische Verwalter kann einen Antrag auf Einleitung eines *nicht* gegenstandlich beschränkten Vollverfahrens (einen räumlich gegenständlich beschränkten Konkurs gibt es nicht!) gem. § 303 (b) (4) BC stellen; dieses Verfahren richtet sich nach dem Bankruptcy Code, also nach US-amerikanischen Recht. Das An-

---

9 *Honsberger*, aaO, 644; insgesamt zur Stellung des ausländischen Verwalters; *Riesenfeld*, aaO, 289 ff.; *Nadelmann*, Rehabilitating, International Bankruptcy Law: Lessons taught by Herstatt and Company, 52 N.Y.U.L. Rev. 1, 1 ff. (1977), unter besonderer Bezugnahme auf Herstatt, Banque de Financement, 568 F.2d 911 (2d Cir. 1977) und JBB, 536 F.2d 509, die letztlich zur Einführung des § 109 (b) (3) BC geführt haben, so daß seit Einführung des Bankruptcy Code ein Konkursverfahren über Vermögen ausländischer Banken in USA eröffnet werden kann.

10 *Riesenfeld*, aaO, 295 ff. unter Hinweis auf die Rspr. in: In re Stoddard and Norske Lloyd Ins. Co., 242 N.Y. 148, 151 N.E. 159 (1926).

11 Vgl. zur vis attractiva concursus oben §§ 17, 18.

tragsrecht des Representative ist nicht mit der Comity Doktrin belastet. Es löst die Konkursfolgen eines amerikanischen Verfahrens aus.

Mit der Antragstellung wird eine Konkursmasse (estate) gebildet. Der Antrag führt – sofort – zum Automatic Stay des § 362 BC[12] und der Verfahrenskonzentration beim Bankruptcy Judge (vis attractiva concursus).

Der Foreign Representative hat ferner die Möglichkeit, ein Rechtshilfeverfahren – mehr ist es nicht –, das Ancillary Proceeding gem. § 304 BC, zu beantragen. Die Einleitung dieses Rechtshilfeverfahrens schafft keine amerikanische Konkursmasse. Es führt nicht zu einem Automatic Stay und den sich daraus ergebenden Rechtsfolgen. Der ausländische Verwalter hat in diesem Verfahren *dezidierte Anträge* zu stellen, so etwa auf Herausgabe, Prozeßunterbrechung bestimmter Verfahren (oder Handlungen), § 304 (b) (1) (A), § 304 (b) (2) BC.

2. *Lücke zwischen ausländischem Konkurs und Inlandsverfahren*

Die Lücke zwischen ausländischer Konkurseröffnung und der späteren Einleitung eines amerikanischen Vollverfahrens bzw. eines Rechtshilfeverfahrens gem. § 304 BC wird also *nicht* geschlossen. Dies ergibt sich letztlich aus der territorialen Sichtweise des amerikanischen internationalen Insolvenzrechts, soweit die Konkurseröffnung im Ausland, also nicht in den USA erfolgte.[13]

3. *Rechte und Stellung des Foreign Representative*

Im Vergleich zwischen der Einleitung eines amerikanischen Vollverfahrens und des Rechtshilfeverfahrens fällt auf, daß im Rechtshilfeverfahren gem. § 304 BC der ausländische Representative Partei des Verfahrens bleibt. So sind etwa Anträge auf Herausgabe von Massegegenständen bzw. Prozeßunterbrechung von ihm zu stellen. Der Bankruptcy Judge entscheidet dann darüber, ob seinen Anträgen unter den Voraussetzungen des § 304 (c) BC stattgegeben werden kann oder nicht.

Im Gegensatz dazu führt die Einleitung eines Vollverfahrens gem. § 303 (b) (4) BC zum *Verlust seiner Parteistellung*. Beantragt er ein Liquidationsverfahren gem. Chapter 7,[14] so wird regelmäßig – wenn auch die höchst theoretische Möglichkeit besteht, den ausländischen Representative zum Verwalter zu berufen – ein amerikanischer Trustee eingesetzt, der die Konkursmasse repräsentiert, § 323 (a) BC. Dieser kann klagen und verklagt werden, § 323 (b).[15] Neben seiner fachlichen

12 Vgl. oben § 13.

13 *Scoles/Hay*, Conflict of Laws, 940.

14 Vgl. oben § 19 I.

15 § 323 BC
(a) The trustee in a case under this title is the representative of the estate.
(b) The trustee in a case under this title has capacity to sue and be sued.

Qualifikation wird gefordert, daß er im Gerichtsbezirk des District Court seinen Wohnsitz hat oder sein Büro unterhält (§ 321 (a) (1) BC).

In einem Reorganisationsverfahren gem. Chapter 11[16] kann zum einen ein Trustee als „representative of the estate" eingesetzt werden. Dann gilt das oben Gesagte entsprechend. Die Einsetzung eines Trustees in einem Reorganisationsverfahren richtet sich nach § 1104 BC. Auf den Wohnsitz oder Sitz des Büros im Gerichtsbezirk des District Courts wird dort nicht abgestellt. Die faktische Möglichkeit, daß der ausländische Verwalter auch zum Trustee bestellt wird, ist hier also wegen der fehlenden „Residenzpflicht" größer.

Daneben besteht aber auch die Möglichkeit, daß der Gemeinschuldner als „debtor in possession" die Konkursmasse selbst repräsentiert. Er behält damit seine Parteistellung und kann selbst klagen und verklagt werden.[17]

Im Ergebnis *verliert* der ausländische Verwalter seine Parteistellung mit der Beantragung eines Vollverfahrens gem. § 303 (b) (4) BC.

4. Der Foreign Representative als Trustee

Hierzu ist bereits das Erforderliche gesagt. Es sei daher zusammengefaßt: Der Foreign Representative ist als Trustee wählbar. Denn die Nationalität spielt zwar keine Rolle. De facto aber wird es wohl zu keiner solchen Wahl kommen. Es fragt sich auch, ob der Foreign Representative gut beraten wäre, eine solche Wahl anzustreben.

§ 41 Statusrechtliche Stellung des ausländischen Representative außerhalb eines Verfahrens gem. § 303 (b) (4) oder § 304 BC

Das Problem wird in der Entscheidung MA v. Continental Bank illustriert.

I. Der Fall MA v. Continental Bank N.A.

1. Der Sachverhalt

In griffiger Weise wird die Stellung des ausländischen Verwalters – ohne daß er einen US-Vollkonkurs nach § 303 (b) (4) BC beantragt oder er sich eines Rechts-

---

16 Vgl. oben § 19 II.

17 Rules 2012. A trustee is appointed in a chapter 11 case... the trustee is substituted automatically for the debtor in possession as a party in any pending action, proceeding or matter.

Advisory Commitee Note: It provides that a pending action or proceeding continues without abatement and that the trustee's successor is automatically substituted as a party whether it be another trustee or the debtor returned to possession, as such party; vgl. auch § 325 BC; § 1101 (1) BC.

hilfeverfahrens gem. § 304 BC bedient – in der Entscheidung des Court of Appeals des 7. Circuit in Sachen MA v. Continental Bank N.A.[1] wiedergegeben. Nach dem vereinfacht und verkürzt wiedergegebenen Sachverhalt wurde über MA Ende 1984 ein Konkursverfahren in Hongkong eröffnet und ein Trustee nach dem Recht von Hongkong für MA's Vermögen eingesetzt. Unter Einschaltung eines Rechtsanwaltes erhielt der Trustee Kenntnis davon, daß MA ein Bankkonto bei der Continental Bank in den USA unterhielt. Continental zahlte die Einlagen in Höhe von $ 400.000 an den Foreign Representative Anfang Juli 1985 aus. Das Verfahren in Hongkong wurde 1987 eingestellt, da MA den (einzigen) Hauptgläubiger befriedigte.

Nach Einstellung des Konkursverfahrens in Hongkong verklagte MA Continental auf Schadensersatz, wegen Verstoßes gegen den Einlagenvertrag, da Continental das Geld an den ausländischen Verwalter auszahlte, ohne daß vorher ein Rechtshilfeverfahren gem. § 304 BC durchgeführt worden war.

2. *Die Entscheidung*

Die Schadensersatzklage wurde zwar im Ergebnis – zu Recht – abgewiesen. In der Begründung wird aber aufgezeigt, daß auch nach der Auffassung des Gerichts ein Vertragsbruch vorliegt, da das Herausgabebegehren hinsichtlich der Einlagen nicht mit Hilfe eines Verfahrens gem. § 304 BC durchgesetzt worden war. *Wäre* aber ein solches Verfahren durchgeführt worden, so *hätten* die Einlagen ausgehändigt werden müssen. Das „formlose" Verfahren der Bank führte also nicht zu einem Verlust auf Seiten von MA. In der Entscheidung heißt es:

„We may assume that *the bank broke the deposit contract*. We also assume that MA owns the right of action against the bank ..." *Aber*: „there is still a *matter of causation* ..."[2]

„So if the receiver had filed a proceeding under § 304 in 1985, he would have been entitled to the money ..."[3] „Banks rationally *may insist* that persons claiming to be foreign receivers file actions under § 304 BC".

Im Ergebnis wird aber festgestellt,

„... the procedures the bank followed did not cause MA any loss".

---

1 MA v. Continental Bank N.A., 905 F.2d 1073 (7th Cir. 1990).

2 AaO, 1075 unter [1].

3 AaO, 1076 unter [5]. Hervorhebung vom Verfasser.

II. Das Problem

1. Rechtsstellung außerhalb der BC Verfahren

Das Problem – aber auch die Rechtsstellung des ausländischen Representative / Verwalters *außerhalb* eines Verfahrens gem. § 304 BC – ist klar: Der ausländische Verwalter hat kein Recht auf Herausgabe, etwa von Einlagen, außerhalb eines Verfahrens gem. § 304 BC. Die Bank hatte vielmehr ein Recht, die Herausgabe zu verweigern, da es an einem Verfahren gem. § 304 BC fehlte.

Gibt die Bank die Einlagen dennoch heraus, so verletzt sie damit an sich den Einlagenvertrag und der Schadensersatzanspruch des früheren Gemeinschuldners gegen seine Bank wäre dem Grunde nach gerechtfertigt.

Daß ein derartiges Ergebnis unbillig ist, leuchtet sofort ein, und es konnte nur mit Hilfe einer Art „Kausalitätsprüfung" oder einer „Fiktion" abgewendet werden: *Wäre* ein Verfahren nach § 304 BC durchgeführt worden, so hätten die Einlagen herausgegeben werden müssen. Im Ergebnis fehle es an einem Schaden.

Das Argumentationsproblem des Gerichts wird in dem Dissenting von Richter *Cudahy* auf den Punkt gebracht:

„The bank is, of course, located in Illinois, and the deposit contract was made explicitly subject to Illinois and federal law. There is absoluteley no legal basis for a bank to release funds at the request of a foreign receiver unless and until a petition has been filed under 11 U.S.C. § 304 to authorize ancillary proceedings in Illinois... To allow banks willynilly to ship their depositorś funds on demand to foreign receivers in the hope that the requests will subsequently prove legitimate seems to me very bad public policy indeed."[4]

Den konstruktiven Widerspruch – Vertragsbruch ja, aber dennoch kein Schadensersatzanspruch – aufzulösen, bleibt weiteren amerikanischen Entscheidungen vorbehalten.

2. Resümee: Stellung des ausländischen Representative

Für unsere Frage nach der Stellung des ausländischen Verwalters (foreign representative) ist die Antwort klar.

Dem ausländischen Verwalter stehen *außerhalb* des Rechtshilfeverfahrens gem. § 304 BC und abgesehen von seinem Antragsrecht nach § 303 (b) (4) BC keine Handlungsbefugnisse in den USA zu. Seine statusrechtliche Stellung wird nicht anerkannt. Der außergerichtliche Zugriff auf Vermögen des Gemeinschuldners in den USA führt zwar zu einem Vertragsbruch (oder gar einer unerlaubten Handlung) auf Seiten des Herausgebenden: aber nicht mit der Folge einer amerikanischen Sanktion.

---

4 AaO, 1076 unter [5].

Diese Sichtweise deckt sich mit der grundsätzlich territorialen Beschränkung eines ausländischen Konkursverfahrens gegenüber den USA. Es gibt keine *außer*gerichtliche Wirkungserstreckung – oder gar Erfassung des Vermögens des Gemeinschuldners – in den USA und daher auch keine gerichtlich gedeckte automatische Wirkungserstreckung des Verwalteramtes.

3. Zur Literatur

Die in der Literatur zu findende Auffassung, der Verwalter könne als zivilrechtlicher Verwalter in den USA wirken,[5] ist daher mit Vorsicht aufzunehmen. Gewiß wird ihn niemand daran hindern, auf freiwilliger Basis Vermögen zur Masse zu ziehen, „*volenti non fit iniuria*". Aber wenn es zu einer prozessualen Auseinandersetzung kommt, bei der amerikanische widerstreitende Interessen offenkundig und verfolgt werden, sieht es eben so aus wie im Falle MA v. Continental Bank N.A.

Es mag sein, daß früher, als es nur die Comity gab, amerikanische Gerichte großzügiger waren. Nun aber sind dem ausländischen Representative im Bankruptcy Code wohldefinierte Rechte eingeräumt, deren er sich zu bedienen hat.

Kapitel 7: Rechtshilfe durch die ordentlichen Gerichte im Wege der Comity

Der klassische amerikanische Rechtshilfeweg ist der Comity-Weg: Die US-Gerichte gewähren Rechtshilfe aus „*courtoisie internationale*"

§ 42 Die Anerkennung und die Rechtshilfe aufgrund Comity

Der leading Case ist *Hilton v. Guyot* des US Supreme Court[1] aus dem Jahre 1885 (Guyot-Fall).

I. Die Guyot-Entscheidung des U.S. Supreme Court und ihre Fortschreibung durch die Gerichte

1. Der Sachverhalt

Ein amerikanischer Kaufmann war in Frankreich am dort zuständigen Gericht für nicht bezahlte Schulden verklagt und verurteilt worden. Bevor das Urteil in

---

5 Dazu *Breitenstein*, 57 m. Nw.

1 159 U.S. 113 (1885).

Rechtskraft erwuchs, zog er sein Vermögen aus Frankreich ab. Dort war also jeder Vollstreckungsversuch aussichtslos. Also verlangte der Kläger die Anerkennung und Vollstreckung des französischen Urteils in den USA. Der Supreme Court verweigerte letztinstanzlich die Vollstreckung unter Bezug auf die fehlende Gegenseitigkeit und begründete dies mit Hinweis auf die Comity Doktrin.

Die Entscheidung betrifft also den Fall, ob die USA bei der Vollstreckung ausländischer *Urteile* in Anerkennung dieser Akte einer ausländischen Gerichtsgewalt Rechtshilfe leisten. Seit dem Guyot-Urteil fordert die Praxis in diesen Fällen Reziprozität.

Die Entscheidung *In re Guyot* gilt für die Wirkungen aller ausländischen Entscheidungen, sie gilt also auch in Insolvenzsachen. Daß in der Folge der Comity-Begriff von Bundesgerichten und einzelstaatlichen Gerichten in Einzelheiten verschieden von der *Guyot*-Entscheidung formuliert wurde,[2] tut hier – zur Frage der Gegenseitigkeit – nichts zur Sache.

2. *Die Begründung und ihre Fortschreibung auf Konkurse*

Der US Supreme Court stellte folgendes heraus:[3] Comity sei:

„the recognition which one nation allows within its territory to the legislative, executive, or juridical acts of another nation, having due regard both to international duty and convenience, and to the rights of its own citizens or of other persons who are under the protection of its law. . .“

Und im gegebenen Falle meinte der Oberste Gerichtshof weiter, daß die US-Gerichte die Anerkennung ausländischer Entscheidungen von der Gegenseitigkeit abhängig machen können.

Das Appellationsgericht des 2. Circuit[4] formulierte dann mit Bezug auf die Rechtshilfe für ausländische Konkurse im *Salen*-Fall 1985:[5]

„Comity will be granted to the decision of a foreign court if it is shown that the foreign court is a court of competent jurisdiction, and that the laws and public policy of the forum state and the rights of its residents will not be violated“.

Für den Konkurs fügt dann die Entscheidung hinzu, *hier* verlange Comity vor allem eine gleichmäßige, ordentliche und systematische Verteilung der Masse an die Gläubiger, um den Grundsatz der Gleichbehandlung zu gewährleisten und so – bei einem in Konkurs gefallenen Schuldner – eine „haphazard, erratic or piecemeal fashion“ Gläubigerbedienung“ unmöglich zu machen.

---

2 Dazu *Breitenstein*, 55, Fn 165.

3 159 U.S. 113, 164 (1885).

4 In Sachen Cunard Steamship Comp. Ltd. v. Salen Reefer Services AB., 773 F.2d 452, 457, 458 (2d Cir. 1985).

5 Dazu i.e. unter II.

Die Entscheidung des Appeal Court erging 1985, also bereits unter dem Bankruptcy Reform Act. Sie trägt der anerkennungsfreundlichen Tendenz des Gesetzes Rechnung. Sie gilt aber auch für Verfahren, die die Anerkennung nur aufgrund Comity aussprechen oder verweigern. Denn solche Verfahren sind nach wie vor möglich. Das zeigt der genannte Salen-Fall.[6]

3. Zuständigkeit seit 1978 nur des Bankruptcy Court?

Aber: Vor 1978 hatten die ausländischen Verwalter „seeking relief" sich entweder an die ordentlichen staatlichen oder die Bundesgerichte – nicht an den Bankruptcy Judge alter Prägung – zu wenden. Nun aber ist der District Court bzw. Bankruptcy Judge in allen „proceedings arising under title 11 or arising in or related cases under 11" zuständig.[7] Angesichts dieser erweiterten Jurisdiktion der Courts sollten sich ausländische Trustees jetzt direkt an diese wenden. Das ist die Meinung von *Honsberger.*[8]

4. Weiterbestehende Zuständigkeit für die ordentlichen Gerichte in Comity

Die *Salen*-Entscheidung sagt jedoch etwas anderes aus.[9] Sie betrifft, wie gesagt, einen Fall *nach* 1978.

II. Der Salen-Fall

1. Der Sachverhalt

Es handelt sich um ein 1984 über Salen in Stockholm eröffnetes Insolvenzverfahren. Gemäß schwedischem Recht wurde ein Verwalter bestellt und alle Klagen von Gläubigern gegen die Gemeinschuldnerin sistiert.

Cunard – eine Gläubigerin – erlangte vom District Court in New York einen Arrest in Vermögen von Salen. Salen beantragte die Aufhebung des Arrests durch den District Court. Dem Antrage wurde stattgegeben, der Arrest aufgehoben. Der District Court stellte fest, daß die Public Policy (*ordre public*) der USA durch Gewährung von Anerkennung aufgrund Comity gefördert werde, da nach schwedischem Recht Klagen von Einzelgläubigern sistiert würden. So würde die Gleichbehandlung der Gläubiger gewährleistet.

---

6 Hier war nur die Comity angerufen worden.

7 Vgl. oben eingehend, §§ 14 - 18, § 21; 28 U.S.C. § 1334 i.V.m. § 157; zur Verfassungsproblematik in „related to cases", oben § 22.

8 *Honsberger*, Conflict of Laws and the Bankruptcy Reform Act of 1978; 30 CASE W. Res. L. Rev. 631, 651 (1980).

9 AaO, 773 F.2d 452, 457 (2d Cir. 1985).

Cunard wandte sich dagegen mit der Berufung an den United State Court of Appeals, 2. Circuit. Der vorgebrachte Einwand, es fehle an schwedischer Jurisdiktion (Vermögen in den USA!), wurde zurückgewiesen, spielt auch hier keine Rolle. Es geht vielmehr um die *treshold question* (Grundsatzfrage),[10] ob nicht der Weg zum Bankruptcy Court (-Judge) durch § 304 BC, zwingend vorgeschrieben sei, der ordentlichen Gerichtsbarkeit des District Courts also die Jurisdiction (hier in unserem Sinne: Zuständigkeit) fehle. Und zwar handelt es sich in casu um *funktionelle Zuständigkeit*.[11] Denn der District Court übt die Gerichtsgewalt in Insolvenzsachen aus, die er – allgemein oder von Fall zu Fall – grundsätzlich an den Bankruptcy Judge transferiert.[12] Der District Court ist aber auch – in unserem Sinne – (Bundes-) Gericht 1. Instanz in Prozeßsachen schlechthin. Es kommt daher zunächst darauf an, ob der Kläger den Weg zum Bankruptcy Judge über den District Court sucht oder aber erklärt, er wolle den „ordentlichen" Rechtsweg beschreiten und suche Rechtsschutz beim District Court als Prozeß-(Arrest-)Gericht.

2. *Die Grundsatzfrage*

Der United States Court of Appeal, 2nd Circuit geht die Frage, ob es in diesen Proceedings nur noch den Weg über das Ancillary-Verfahren des § 304 BC gebe, ob also dieses Verfahren „*exclusive remedy*" sei, zunächst mit einer Darstellung der Entwicklungsgeschichte an. Der Kongreß habe dem alten Recht mit dem auf Comity gestützen Begehren in § 304 BC ein neues „*remedy*" zugefügt, und es ergebe sich aus der Kodifikationsgeschichte, daß dieses *neben* die alten Rechtsbehelfe trete. Sonst hätte der Kongreß es ausdrücklich gesagt. Das neue Ancillary-Verfahren sei eben als weniger kostspieliges Verfahren konzipiert.[13]

Von dieser Grundposition aus blieb der Comity-Prozeß zulässig. Konsequenterweise müßte er auch vor einem State Court zulässig sein.

Damit kommt der Appeal Court zu der Frage, ob dem Antrag auf Aufhebung des Arrests wegen des schwedischen Konkurses stattzugeben war. Hier stellte er auf die internationale Comity ab. Und er bejaht diese Frage:

> „It has long been established that foreign trustees in bankruptcy were granted standing as a matter of comity to assert the rights of the bankrupts in American Courts".[14]

---

10 AaO, 454 ff.

11 Oben § 14, insbes. II, 3.

12 Oben §§ 14, 15 II; §§ 21, 22.

13 AaO, 456 unter Bezug auf Leist v. Simplot, 638 F.2d, 283, 313 (2d Cir. 1980), Meryll Lynch, Pierce, Fenner & Smith v. Curran, 456 U.S. 353, 102 S.Ct. 1825, 72 L. Ed.2d 182 (1982).

14 AaO, 458 unter Bezug auf *J. Story*, Commentaries on the Conflict of Laws, §§ 420 - 421 m.Nw; ferner mit Bezug auf *Riesenfeld*, The Status of Foreign Administrators of Insolvent Estates. A Comparative Survey, 24 Am. J. Comp. L. 288, 305 - 06 (1976).

Comity begründet jedoch keinen Rechtsanspruch. Sie sei nicht zu gewähren, wenn die Interessen amerikanischer Bürger[15] verletzt würden.[16] Es sei darauf zu schauen, ob amerikanische Gläubiger in dem ausländischen Verfahren gleichberechtigt behandelt würden.[17] Das sei in „nations which share our ideals of due process" im allgemeinen anzunehmen.[18] Nichtsdestoweniger: die *Gegenseitigkeit* müsse in die Interessenabwägung einfließen.[19]

Die weiteren Überlegungen seien vernachlässigt. Auf alle Fälle erklärte der Appeal Court, daß der District Court zu Recht dem schwedischen Konkurs im Wege der Comity-Geltung verschafft habe, und zwar im ordentlichen Verfahren, obwohl § 304 BC das „preferred statutory remedy" sei.

3. Zwischenergebnis

Der ordentliche Prozeßweg bleibt – trotz § 304 BC – zulässig. Das Gericht prüft nach, ob es im Wege der Comity dem ausländischen Verwalter „hilft", ausländisches Recht zur Geltung zu bringen.

Aber: die Gewährung von Comity steht *im Ermessen* des Gerichts. Oder: wie Black's Law Dictionary formuliert:

> „*Judicial Comity.* Principle, in accordance with which the courts of one state or jurisdiction give effect to laws and judicial decisions of another *state out of deference and respect, not obligation.*"[20]

§ 43 Die Comity-Rechtsprechung vor dem Bankruptcy Code

Eine Analyse des Urteils des Court of Appeals, 2nd Circuit zeigt, daß – im Verhältnis zu Schweden und wohl auch zu anderen Nationen mit gleichen rechtsstaatlichen Idealen (*due process of law*) wie die USA – die Comity nunmehr anerkennungsfreundlich gehandhabt wird, was man von dem Urteil des Supreme Court *In re Guyot* (Frankreich-Fall) aus 1885 nicht sagen konnte.[1] Die Entwicklungslinien der Comity-Judikatur lassen sich wie folgt skizzieren:

---

15 Also wird auf die Nationalität abgestellt.

16 So In re Colorado Corp. 531 F.2d 463, 468 (10th Cir. 1976).

17 Banque de Financement S.A. v. First National Bank of Boston, 568, F.2d 911, 921 (2d Cir. 1977).

18 AaO, 460.

19 Berufung auf Johnston v. Compagnie Générale Transatlantique, 242 N.Y. 381, 382, 152 N.E. 121, 123 (1926).

20 Hervorhebungen vom Verfasser.

1 208, U.S. 570, 582 (1908), oben § 42.

I. Die Comity-Entscheidungen vor 1978[2]

(1) *Grundsätzlich anerkennungsfeindlich.*

Vor 1978 war die Comity-Rechtsprechung unter dem Eindruck der Guyot-Entscheidung grundsätzlich anerkennungsfeindlich. Die Interessenabwägung ging regelmäßig zu Lasten des Ausländers. Der Supreme Court bejahte grundsätzlich das Recht lokaler Gläubiger auf Vorabbefriedigung im Konkurse, denn es sei zwischen Staaten anerkannt, daß sie zunächst die Aufgabe hätten „to protect the rights of its own citizens in local property before permitting it to be taken out of the jurisdiction for administration in favor of those residing beyond their borders".

(2) *Breitenstein*[3] hat diese Rechtsprechung mit ihrem Protektionismus beschrieben. Es sei auf diese Darstellung verwiesen.

II. Die Neuorientierung

1. Der Fall Cornfeld

Eine Neuorientierung brachte der Fall Cornfeld v. Investors Overseas Services Ltd.[4] Es handelt sich um eine Entscheidung aus dem Jahre 1979, aber vor Inkrafttreten der Bankruptcy Reform 1978 am 1. 8. 1979. Das Gericht entschied also unter der Herrschaft der Comity-Rule. Es ging um den Versuch des Financiers Benny *Cornfeld*, eigene Forderungen in New York durch Arrestnahme in Vermögen einer kanadischen Gesellschaft zu sichern, die in Kanada in Konkurs gefallen war, aber in New York Vermögen hatte. Er wollte also den kanadischen Konkurs umgehen. Seinem Versuch war kein Erfolg beschieden.

2. Die Entscheidung

Das New Yorker Gericht gewährte der Arrestbeklagten Comity. *Cornfeld* wurde an die kanadische Masse verwiesen.

Die New Yorker Gerichte hatten sich somit in Abkehr von der Haltung des Supreme Court,[5] ebenso wie andere einzelstaatliche und Bundesgerichte, zu einer anerkennungsfreundlicheren Interpretation des Comity-Begriffs durchgerungen. Die Anerkennung einer ausländischen Entscheidung und damit einer ausländischen Konkurseröffnung wurde nur noch ausgeschlossen, wenn sie *fundamental* amerikanischen Rechtsvorstellungen widersprach. Das Gericht stellte fest, daß das kanadi-

2 Überschrift bei *Riesenfeld*, Status 290 ff.

3 AaO, 51.

4 471 F.Supp. 1255 (S.D.N.Y. 1979).

5 Im Guyot-Fall 159 U.S. 113.

sche Liquidationsverfahren dem amerikanischen nicht unähnlich sei. *Cornfeld* habe auch nicht glaubhaft machen können, daß seine Rechte in Kanada nicht geschützt würden.[6]

Man kann auch so formulieren: In Cornfeld v. Investors Overseas Services Ltd. warf die weltoffenere Konzeption des Bankruptcy Code ihre Schatten voraus.

Auch in Comity-Fällen wird fürderhin wohl eine anerkennungsfreundlichere Konzeption beobachtet werden, wenngleich die erweiterte Möglichkeit eines Vollverfahrens nach § 303 BC und das Rechtshilfeverfahren nach § 304 BC zum Vorzugsinstrumentarium in grenzüberschreitenden Insolvenzfällen geworden sind.

§ 44 Konkursähnliche Verfahren (Vergleiche)

I. Zum Wesen des Vergleichs

Eigenartigerweise war bereits die Rechtsprechung des Supreme Court in Vergleichssachen[1] anerkennungsfreudiger als beim Konkurs im eigentlichen (Liquidations-) Sinn.

1. Z.B. Deutschland (VglO), konkursabwendender Zwangsvergleich

Vergleichsverfahren in diesem Sinne charakterisieren sich dadurch, daß in der Regel kein Verwalter als „Vertreter“ der Masse bestellt wird, weil nach deutschem Rechtsverständnis keine Vergleichsmasse entsteht, der Schuldner vielmehr sein Vermögen grundsätzlich weiter verwaltet. Der Vergleichsverwalter hat die Aufgabe, die wirtschaftliche Lage des Schuldners zu prüfen und seine Geschäftsführung und die Ausgaben für seine Lebensführung zu überwachen (§§ 38, 39 VglO); wo erforderlich hat er ein Einschreiten des Gerichts zu veranlassen, das dann insbesondere Verfügungsbeschränkungen anordnen kann (§ 40 VglO). Das Gericht wird (es kann dies ggf. auch von Amts wegen tun) Verfügungsbeschränkungen anordnen (§§ 58 ff. VglO), die bis zu einem allgemeinen Veräußerungsverbot reichen können (§§ 59 ff. VglO). Dieses wirkt konkursbeschlagsähnlich. Der Vergleich, der am Ende des Verfahrens steht, geht auf einen Vergleichsvorschlag des Schuldners zurück (§ 2 VglO), der einen Mindestsatz von 35% vorsehen muß (§ 7 VglO). Für den Rest kann dann Schuldbefreiung erstrebt werden. Die Gläubiger müssen diesen Vorschlag im Wege der Abstimmung mit qualifizierten Mehrheiten akzeptieren (§§ 74 ff. VglO), das Gericht muß ihn bestätigen (§§ 78 ff. KO). Der Vergleich

---

6 Das Gericht verweist auch auf Canada Southern Railway v. Gebhard, Entscheidung des Supreme Court, 109 U.S. 527 (1883).

1 Canada Southern Railway v. Gebhard, 109 U.S. 527 (1883). Vergleiche nach der deutschen Vergleichsordnung, schweizerische Nachlaßverträge. Es zählen aber (wohl) auch konkursbe-endende Vergleiche.

bringt dann für den Schuldner, der ihn erfüllt, Schuldbefreiung, ggf. auch Stundung.

Dem konkursabwendenden Vergleich nach der VglO ist der konkursbeendende Zwangsvergleich gem. § 173 ff. KO gleichzusetzen. Auch hier beruht der Vergleich auf einer Abstimmung der Gläubiger über einen Vergleichsvorschlag des Schuldners.

2. Die Insolvenzordnung

Die Insolvenzordnung gibt die Unterscheidung Konkursverfahren – Vergleichsverfahren auf. Das Insolvenzverfahren zielt nicht mehr auf Liquidation ab, es wird den Beteiligten vielmehr die Gelegenheit gegeben, durch einen Insolvenzplan, der zu beschließen und vom Gericht zu bestätigen ist, den Betrieb zu sanieren und zu erhalten (§§ 1, 217 ff. InsO). Dieses Verfahren tritt an die Stelle des Vergleichsverfahrens nach der VglO und des konkursbeendenden Zwangsvergleichs nach §§ 173 ff. KO, 16 GesO.

3. Ausländische Rechte

Sie behalten durchweg den Unterschied zwischen Konkurs i.S. der Zwangsliquidation und Vergleich fest, so die Schweiz mit ihrem Nachlaßvertragsverfahren.[2] Eine Liste europäischer konkursähnlicher Verfahren findet sich in Anhang A zum EU-Insolvenzübereinkommen vom 23. 11. 1995. Auf sie sei hier verwiesen.[3]

4. Vergleichsverfahren als konkursähnliche Verfahren

Vergleichsverfahren in diesem Sinne sind konkursähnlich, weil der Schuldner hier durch ein gerichtliches Verfahren zu einem Arrangement über seine Schulden gebracht wird. Aber auch die Gläubiger werden durch Abstimmung gezwungen, auf einen Teil ihrer Forderungen zu verzichten. Das unterscheidet den gerichtlichen Vergleich von außergerichtlichen. Daß dieser ebenfalls zur Sanierung notleidend gewordener Unternehmer eingesetzt wird, steht auf einem anderen Blatt. Jedenfalls ist es der Zwangscharakter, der den Vergleich i. S. der VglO und der KO „konkursähnlich" macht. Das Insolvenzplanverfahren nach der InsO ist ohnehin eines der beiden Regelverfahren ab 1. Januar 1999.

---

2 Siehe oben § 4 III.

3 Abgedruckt in ZIP 1996, 979 ff.

II. Die US-Rechtsprechung

Auszugehen ist vom *Gebhard*-Fall, den der Supreme Court 1883 entschieden hat. Das Höchstgericht nahm hier eine anerkennungsfreundliche Haltung ein und stützte diese auf Comity.

1. Der Fall Canada Southern Railway v. Gebhard[4]

Er ist in einem Aufsatz von *Booth* resumiert.[5] In einem kanadischen Reorganisations-(Restrukturierungs-) Verfahren ging es um folgendes:[6] Die Canadian Southern Railway Corporation baute und betrieb eine Eisenbahn. Zum Zwecke der Finanzierung des Unternehmens hatte sie „*bonds*" (Schuldverschreibungen, Obligationen) emittiert, deren Zinsen aber schließlich nicht mehr bezahlt werden konnten. Es kam zu einem Restrukturierungsverfahren, das von der kanadischen Regierung arrangiert worden war – die Canadian Southern Railway Corporation war von der Regierung Kanadas gegründet worden – und zu einem Restrukturierungsplan, dem die Mehrheit der Obligationäre zustimmte. Der Plan sah vor, daß die alten „*bonds*" gegen neue ausgetauscht und auf ausstehende Zinszahlungen verzichtet wurde. Amerikanische „bondholders", die dem Plan nicht zugestimmt oder gar am Verfahren nicht teilgenommen hatten, weigerten sich, diesen Umtausch und den Zinsverzicht anzuerkennen und verklagten die Canada Southern Railway in den USA (New York) erfolglos aufgrund der alten Schuldverschreibungen auf Zinszahlung. Die Sache kam zum Supreme Court. Dieser bestätigte die Klageabweisung und stellte, indem er dem kanadischen „Zwangsvergleich" universalen Charakter zusprach, folgendes fest:

2. Entscheidung[7]

Sie führt aus:

„Unless all parties in interest, wherever they reside can be bound by the arrangement which it is sought to have legalized, the scheme may fail. All home creditors can be bound. What is needed to bound those who are abroad? Under these circumstances the true spirit of international comity requires that schemes of this character, legalized at home, should be recognized in other counties".

Der Supreme Court unterstreicht ferner:

---

4 109 U.S. 527, 1883; vgl. zur Anerkennung schweizerischer Nachlaßverträge Claire *Huguenin*, Das internationale Nachlaßvertragsrecht in der Schweiz und den USA, SAG (Schweizerische Aktiengesellschaft) 2/89, 61 ff.

5 66 Am. Bankr. L.J. 140, (1992).

6 Vgl. auch *Breitenstein*, aaO, 53.

7 109 U.S. 527, 539, (1883).

„that every person who deals with a foreign corporation impliedly subjects himself to such laws of the foreign government, affecting the powers and obligations of the corporation with which he voluntarily contracts, as the known and established policy [as] the government authorizes.“[8]

Mit anderen Worten: wer mit einer ausländischen Gesellschaft kontrahiert, von ihr „*bonds*“ erhält, der tut das aus freien Stücken. Er unterwirft sich damit dem auf diese Gesellschaft anwendbaren Recht. Er muß also im Reorganisationsfalle einen Zwangsvergleich annehmen. Allerdings, so die Entscheidung weiter, es sei notwendig, daß der Reorganisationsplan alle Gläubiger gleich behandele.[9] Dies sei der Fall. Damit sei eine „*more universality based view of comity*“ angebracht.[10]

3. Banque de Financement (Finabank) v. First National Bank of Boston

Er trug sich vor dem Bankruptcy Code 1978[11] zu. Damals gab es den Bankruptcy Judge alten Rechts. Das Verfahren vor ihm regelte sich nach dem Bankruptcy *Act.*[12]

Es ging um einen Nachlaßvertrag nach Schweizer Recht bezüglich der Finabank, einer Schweizer Bank ohne Geschäftstätigkeit in den USA. Zwei Gläubiger der Finabank, die First National Bank of Boston und die Chase Manhattan Bank verarrestierten aber Konten der Finabank bei der Continental Bank in den USA.

Die Finabank wandte sich an den Konkursrichter (alten Rechts) und beantragte „an arrangement to avoid preferential attachments of US creditors“.[13] Der Konkursrichter lehnte den Antrag ab. Die Sache kam schließlich zum Court of Appeals, 2nd Circuit, welcher der Finabank Recht gab. § 2 (a) (1) des Bankruptcy Acts lasse die beantragte Rechtshilfe zu:

„by providing a jurisdictional underpinning in property located in this country, fosters in international situations on of the basic purposes of the US Bankruptcy Act, i.e. equal distribution among creditors“.[14]

Der Appeal Court nahm zwar nicht auf die Entscheidung des Supreme Court im Guyot-Fall[15] Bezug; denn er stützte sich auf den Bankruptcy Act. Aber auch in

8 AaO, 537.

9 AaO, 539.

10 AaO, 539.

11 568 F.2d 911 (2d Cir. 1977).

12 *Breitenstein*, aaO, 54 verwechselt diesen Bankruptcy *Act* mit dem s. Zt. noch nicht erlassenen Bankruptcy Code von 1978.

13 Es handelt sich bei dieser Rechtsgrundlage um den früheren § 2 (a) der durch ein Amendment 1962 eingeführt worden war, des US Bankruptcy Act, der – nach Auslegung des Appealgerichts – dieses Verfahren zuließ. Bezüglich des Wortlauts dieses alten Gesetzes siehe *Booth*, aaO, 145.

14 Finabank Case, 568 F.2d, 918.

solchen Verfahren spielte die Comity, auch unter dem Bankruptcy Act, eine Rolle. Und der Grundsatz der gleichmäßigen Verteilung unter die Gläubiger ist eben ein entscheidender Bestandteil – auch international – für die Gewährung der Rechtshilfe im Wege von Comity.

Somit steht diese Entscheidung in einer Linie mit dem Urteil des Supreme Court im Guyot-Fall.

Kapitel 8: Der Trans-Border-Inlandskonkurs nach § 303 (b) (4) (k) BC

Im ersten Abschnitt dieser Darstellung ist mehrfach zu § 303 BC Stellung bezogen worden.[1] Diese Vorschrift betrifft zunächst, ohne internationalen Bezug, den von Gläubigern erzwungenen „*involuntary bankruptcy case*". Dieser kann sich auch gegen einen ausländischen Gemeinschuldner richten, der *assets* in den USA hat.[2] So war es bereits vor dem Bankruptcy Code von 1978.

§ 45 Zwei grenzüberschreitende Fälle des „involuntary"-Konkurses

Der BC hat allerdings zwei neue Fälle dieses Involuntary-Konkurses geschaffen, die eindeutig dem internationalen Konkursrecht zuzuordnen sind, obwohl – wie im ersten Abschnitt ausgeführt – auch der Inlandskonkurs generell mit Hilfe seiner Automatic Stay Vorschrift[3] weltweite Anerkennung verlangt, also international ist.

I. Die neuen Fälle

Bei den neuen Fällen handelt es sich aber, so könnte man ihre spezifische Internationalität begründen, um vom Auslande her veranlaßte Verfahren, nämlich um Verfahren:

– auf Antrag eines Foreign Representative eines ausländischen Konkurses, und Verfahren

---

15 Oben § 42.

1 Oben §§ 12, 13 II.

2 Banken, auch ausländische, die in den USA tätig sind, sind jedoch nicht konkursfähig. Bei nicht tätigen Banken schließt aber § 303 (b)(4), (k) nun die Lücke. Zur Geschichte dieses Bankenkonkurses oben § 12 und nachstehend insbesondere §§ 55 und 58.

3 Oben zu § 29.

– gegen eine ausländische Bank, gegen die ein Insolvenzverfahren im Auslande anhängig ist, und die Guthaben in den USA hat, aber „*not engaged in such business in the United States*" ist.

Dies rechtfertigt die erneute und vertiefte Erörterung in diesem Kapitel.[4]

1. Der Gesetzestext

Er lautet, soweit er hier in Frage steht:

§ 303 BC

„(b) An involuntary case against a person is commenced by the filing with the bankruptcy court of a petition under chapter 7 or 11 of this title...

(4) by a foreign representative of the estate in a foreign proceeding concerning such person.

...

(k) Notwithstanding subsection (a) of this section, an involuntary case may be commenced against a foreign bank that is not engaged in such business in the United States only under chapter 7 of this title and only if a foreign proceeding concerning such bank is pending."

2. Folgerungen

Hieraus folgt, daß der Foreign Representative generell antragsberechtigt ist, vorausgesetzt, er richtet seinen Antrag gegen einen Gemeinschuldner, der „*a debtor*" i.S. des BC[5] ist (zu (b) (4)). Bei einer ausländischen Bank kann auch der ausländische Verwalter den Konkursantrag stellen, freilich nur auf einen Liquidationskonkurs (k), während der Antrag des Representative in anderen Fällen auch auf ein Reorganisationsverfahren nach Chapter 11 lauten kann.

II. Die Begründung des Senats

Die Notes of Committee on the Judiciary, Senate Report No. 95 - 989 geben eine eingehende Begründung dieser Vorschrift, von der die Unterabschnitte c-j mit ihrer detaillierten Regelung von Einzelfragen hier nicht kommentiert werden sollen. Denn was entscheidend ist, ist Unterabschnitt (b) (4), wonach der „foreign representative of the estate in a foreign proceeding concerning such person" zur Antragstellung befugt ist.

---

4 Gegenüber der Einteilung dieser Darstellung in zwei Abschnitte mag das ein „Stilbruch" sein, der jedoch m.E. gerechtfertigt ist, zumal da sich beide Abschnitte wegen des unbedingten Universalitätsanspruchs des US-Konkurses nicht strikte trennen lassen.

5 Dazu oben § 20.

Also: nicht nur die Gläubiger, sondern auch der ausländische Representative, sind zur Antragstellung in einem solchen Involuntary Case berechtigt. Und da sich § 303 (b) (k) BC *gegen* bestimmte im Auslandskonkurs befindliche ausländische Banken richtet, kann der Verwalter dieses Konkurses auch den US-Konkurs beantragen.

Die Notes des Senate Report unterstreichen, daß es beim Unterabschnitt (k) (hauptsächlich) darum geht, ausländische Banken dem amerikanischen Konkurs zu unterwerfen, wenn sie, obwohl sie nicht in den USA tätig sind, hier Vermögen (wohl i.d.R. Bankguthaben)[6] besitzen, aber erst von dem Zeitpunkt an, in dem sie sich im Auslande in Konkurs befinden.

Aus der Logik des Gesetzes folgt, daß, wenn ein ausländischer Konkurs besteht und dann ein inländischer eröffnet wird, der ausländische zurückzutreten hat.

III. Konkurs im Vollsinne

Das Verfahren nach § 303 (b) (4) (k) BC ist Inlandskonkurs im Vollsinne mit weltweitem Geltungswillen. Wie freilich dieser Geltungswille gegen ein ausländisches Insolvenzverfahren vor ausländischen Gerichten durchzusetzen ist, ist eine andere Frage. Sie wird von der ausländischen lex concursus internationalis beantwortet.[7] Für die USA ist die Rechtslage freilich eindeutig. Es „gilt" nur der US-Konkurs. Rechtshilfemaßnahmen nach § 304 BC oder im Wege der Comity sind nicht mehr möglich. Anhängige Verfahren dieser Art nach § 303 (b) (4) (k) BC unterliegen dem Stay.

Kapitel 9: Das Rechtshilfeverfahren gem. § 304 BC (cases ancillary to foreign proceedings)

Dieses 1978 eingeführte Verfahren stellt die grundlegende Neuerung des modernen internationalen Insolvenzrechts der USA dar.

§ 46 Vorbemerkungen, sachliche und funktionelle Zuständigkeit

Vorweg sei bemerkt:

---

6 Zum Bankenkonkurs oben § 12 (dort auch insbes. zum Herstatt-Fall).

7 Für Deutschland: Nichtanerkennung neben einem deutschen Konkurs, die sogar für das gegenständlich-beschränkte gesonderte Insolvenzverfahren gem. Art 102 III EGInsO gilt (zur gleichen Rechtslage noch der KO, BGHZ 95, 256. Vgl. auch unten §§ 82 ff., insbes. § 85 II).

I. Der territoriale Ausgangspunkt

„American bankruptcy jurisdiction" – so heißt es bei *Scoles/Hay*[1] – „extends to persons who have property in the United States regardless to their nationality, domicile or place of business. In this sense the American approach is territorial and a foreign proceeding or determination *does not have any domestic effect as such*".[2]

Also: Weltweiter Geltungswille nach außen, aber Territorialität ausländischer Konkurse für die USA.[3] *Nadelmann*[4] spricht unter Berufung auf ausländische Autoren sogar davon, das US-Recht sei nicht nur „merely territorialistic..." (für Auslandsbezüge) sondern „even imperialistic", was die Weltgeltung angehe, wenn sich lediglich einzelne Vermögensgegenstände des Gemeinschuldners in den USA befinden.

Angesichts dieses Grundzuges des amerikanischen Rechts, der nur durch die Comity-Rechtsprechung abgemildert wurde,[5] stellt die Einführung des Rechtshilfeverfahrens nach § 304 BC durch die Reform von 1978 eine bemerkenswerte Öffnung zu ausländischen Rechten dar. Zwar werden ausländische Insolvenzen nicht – im universalen Sinne – im Vollsinne anerkannt, „nostrifiziert", aber der Foreign Representative soll sich an den US-Bankruptcy Judge mit dem Antrag auf Rechtshilfe wenden dürfen, die unter bestimmten Voraussetzungen gewährt werden kann.

II. Das Gesetz (§ 304 BC)

Der Gesetzestext lautet:

§ 304. Cases ancillary to foreign proceedings

„(a) A case ancillary to a foreign proceeding is commenced by the filing with the bankruptcy court of a petition under this section by a foreign representative.

(b) Subject to the provisions of subsection (c) of this section, if a party in interest does not timely controvert the petition, or after trial, the court may –

---

1 940.

2 Hervorhebung vom Verfasser.

3 Ähnlich wie in Deutschland vor BGHZ 95,256.

4 The Bankruptcy Reform Act and Conflict of Laws: Trial and Error, 29 Harv. Int'l L.J. 27 ff., 33 (1988). Zum ganzen eingehend *Dalhuisen*, International Insolvency and Bankruptcy, Vol.1, Part III, Chapter 2, § 2.04 (2), 3 - 225 bis 228, der aufbauend auf der in Common Law Ländern vor-herrschenden, richterrechtlich bestimmten Auffassung von der „ *in rem, quasi in rem und in personam*" Jurisdiction, im Ergebnis feststellt, daß im Wege der Anerkennung die Gerichte in den USA einem ausländischen „*purely in rem*" Konkursverfahren (also wegen bloßer Vermögensbelegenheit im Ausland) die Anerkennung in den USA versagen werden. Die USA aber machen aufgrund des Bankruptcy Code für sich geltend, daß ein in den USA eröffnetes Konkursverfahren das Weltvermögen des nicht in den USA ansässigen Gemeinschuldners erfaßt (§ 541 BC), auch wenn sich nur einzelne Vermögensgegenstände in den USA befinden. Vgl. auch unten § 49 Fn 5 zu § 101 (23).

5 Zur Comity oben §§ 42, 43.

(1) enjoin the commencement or continuation of –

(A) any action against –

(i) a debtor with respect to property involved in such foreign proceeding; or

(ii) such property; or

(B) the enforcement of any judgment against the debtor with respect to such property, or any act or the commencement or continuation of any judicial proceeding to create or enforce a lien against the property of such estate;

(2) order turnover of the property of such estate or the proceeds of such property, to such foreign representative; or

(3) order other appropriate relief.

(c) In determining whether to grant relief under subsection (b) of this section, the court shall be guided by what will best assure an economical and expeditious administration of such estate, consistent with –

(1) just treatment of all holders of claims against or interests in such estate;

(2) protection of claim holders in the United States against prejudice and inconvenience in the processing of claims in such foreign proceeding;

(3) prevention of preferential or fraudulent dispositions or property of such estate;

(4) distribution of proceeds of such estate substantially in accordance with the order prescribed by this title;

(5) comity; and

(6) if appropriate, the provision of an opportunity for a fresh start for the individual that such foreign proceeding concerns."

Der Gesetzestext macht bereits klar, daß es sich *nicht* im Sinne des Universalitätsdogmas darum handelt, den ausländischen Konkurs in die USA „hineinwirken" zu lassen, es vielmehr darum geht, dem ausländischen Verwalter unter gewissen Kautelen und – letztlich vom Ermessen des Gerichts abhängig – Rechtshilfe zu gewähren.

III. Die Hilfe für den ausländischen Verwalter und sonstige Representative der Assets

1. Überblick

Seit 1978 (Bankruptcy Reform Act) hat sich das US-amerikanische Rechtssystem den ausländischen Konkursen auch außerhalb des Comity-Wegs geöffnet. Der Bankruptcy Court – also der zuständige District Court kann ggf. durch seinen Bankruptcy Judge Rechtshilfe gewähren. Gemeint ist hier das Rechtshilfeverfahren nach § 304 BC, wo die Anerkennungsfähigkeit (nach US Maßstäben) des ausländischen Konkursverfahrens geprüft wird.

Bereits vorher hatte sich das US-Recht, wie gesagt, nicht ganz abgeschottet: im Wege der Comity konnten die Gerichte stets helfen. Aber, und das ist der Fort-

schritt, auf Comity gab es und gibt es keinen Rechtsanspruch, wohl aber – wenn auch vom Entscheidungsermessen des Gerichts abhängig – nun gem. § 304 BC.[6]

Das Rechtshilfeverfahren nach § 304 BC soll die *ausländische* Konkursmasse schützen helfen. Die inländischen US Bestimmungen zum Schutze einer inländschen Konkursmasse nach § 541 BC, wie etwa das US Konkursanfechtungsrecht[7] und insbeondere der Automatic Stay in einem US Konkursverfahren nach § 362 BC, finden in einem Rechtshilfeverfahren nach § 304 BC keine Anwendung, da in diesem Fall keine Konkursmasse in den USA gebildet wird.[8] Es besteht also immer ein zeitliches „Loch" zwischen der Eröffnung des ausländischen Konkursverfahrens (etwa in Deutschland) und der später beantragten Einleitung eines Rechthilfeverfahrens nach § 304 BC in den USA.

Diese Rechtshilfe kann der Foreign Representative in Anspruch nehmen. Er muß sie also beim Court beantragen, und er wird sich hierbei auf § 304 BC berufen (Abschnitt (a)). Foreign Representative bedeutet nach der Definition des § 101 (24) BC „duly selected trustee, administrator, or other representative of an estate in a foreign proceeding".

Das Gericht hat auf Antrag die adaequaten Rechtshilfemaßnahmen zu treffen. Die Reichweite der Entscheidungsmöglichkeiten ergibt sich aus Abschnitt (b) des § 304 BC. Hier enthält Ziffer (3) die Generalklausel: der Richter „may order other appropriate relief". Wobei „may" bedeutet:

Ob der Richter Rechtshilfe gewährt – und welche Hilfe er gibt – steht in seinem Ermessen, aber bei seiner Entscheidung soll er geleitet werden von der Grundidee – so Abschnitt (c) – die beste wirtschaftliche und schnellste (*prompteste*, expeditious) Verwaltung der Masse zu sichern, was natürlich wieder heißt, daß *er* entscheidet, wie diese beschaffen sein muß. Allerdings folgen dann sechs Punkte in diesem Abschnitt (c), die dem Bankruptcy Judge Leitlinien an die Hand geben.

2. Die Begründung für diesen Weg durch den US-Senat

Das *Committee on the Judiciary*[9] des Senats hat hierzu unterstrichen:

„This section governs cases filed in the bankruptcy courts that are ancillary to foreign proceedings. That is, where a foreign bankruptcy case is pending concerning a particular debtor

6 Zur Comity siehe oben §§ 42, 43.

7 Vgl. oben § 24 ff., §§ 33 ff., unten § 57 III.

8 Vgl unten § 57 Fn 5, In re Gee, 53 B.R. 891, 900 (Bankr. S.D.N.Y. 1985, ... „and indeed, since a § 304 case is one which does not administer *an estate as such* (im Sinne von § 541 BC !) but simply aids a foreign representative ...", vgl. unten § 58 I 2, die Axona-Entscheidung, 88 B.R. 597, 607 (Bankr. S.D.N.Y. 1988 ... nur ein Vollverfahren nach § 303 (b) (4) BC führt zu einem Automatic Stay nach § 362 BC, ferner sogleich unten § 48 Fn 21, Petition of Brierley, 145 B.R. 151, 168 (Bankr. S.D.N.Y. 1992), ... „expeditious administration of the *foreign* estate".

9 Senate Report No 95 - 989 (Notes of Committee on the Judiciary).

and that debtor has assets in this country, the foreign representative may file a petition under this section which does not commence a full bankruptcy case, in order to administer assets located in this country, to prevent dismemberment by local creditors of assets located here, or for other appropriate relief. The debtor is given the opportunity to controvert the petition".

3. Kein Sekundärkonkurs, kein Hilfskonkurs

Somit ist klar: Es geht hier nicht um einen Sekundärkonkurs, auch nicht um einen Hilfskonkurs, sondern um Rechtshilfe in einem besonderen Verfahren. Überhaupt: für die USA gibt es Bankruptcy nur als *Vollverfahren*, und zwar als inländisches Verfahren, wobei durch § 303 (b) (4) BC ein neuer Fall als „*involuntary case*" für einen ausländischen Representative eröffnet wird. Er kann ein Liquidationsverfahren oder ein Reorganisationsverfahren einleiten.[10] Etwas anderes gilt für ausländische Banken, die *keine* Geschäfte in den USA betreiben. Über sie kann vom Foreign Representative außerhalb eines Rechtshilfeverfahrens gem. § 304 BC nur ein Liquidationsverfahren gem. § 303 (k) BC eingeleitet werden.[11]

Die Begründung unterstreicht das: Der Antrag nach BC 304 eröffnet keinen „*full bankruptcy case in order to administer assets located in this country*" (also keinen räumlich-gegenständlichen Konkurs). Aber er soll dazu dienen – und das ist sein primäres Ziel – eine Ausplünderung der Masse durch clevere Gläubiger, seien sie nun in- oder ausländische, zu verhindern und so insbesondere die typischen Arreste nach Bekanntwerden der Insolvenz zu unterbinden. Um ganz sicher zu gehen, daß dieses Ziel einer umfassenden Hilfe, die dem ausländischen Representative offeriert wird, auf alle Fälle erreicht wird, schiebt § 304 (b) BC die Anweisung nach, daß der Bankruptcy Court außer den im Gesetz in § 304 BC aufgeführten Möglichkeiten – worauf zurückzukommen sein wird[12] – jede sonst erforderliche Verfügung (order other appropriate relief) treffen mag (§ 304 (b) (3) BC).

Auf alle Fälle aber: Dem „Antragsgegner" ist *rechtliches Gehör* zu gewähren. Er muß vor der Entscheidung die „*opportunity*" haben, „*to controvert the petition*" (§ 304 (b) BC).

IV. Sachliche und funktionelle Zuständigkeit

Sachlich zuständig ist der District Court (§ 304 (a) BC, Title 28 U.S.C. § 1334 i.V. § 157), die funktionelle Zuständigkeit kann dem Bankruptcy Judge zugewiesen werden.[13] Diese Zuweisung ist die Regel.

---

10 Vgl. § 303 BC (b) (4), (Chapter 7 oder 11), siehe oben § 48.

11 Vgl. § 303 (k) BC, „... only under chapter 7 of this title ...".

12 §§ 49, 52.

13 Dazu i.e. oben §§ 13 II, 2; 14 II, 1; 15 III; 18 II; 22.

§ 47 Die örtliche Zuständigkeit (venue) im Rechtshilfeverfahren gem. § 304 BC

Die Frage, welcher Bankruptcy Court im Verfahren nach § 304 BC Zuständigkeit beanspruchen kann, hat zu einer regen Diskussion in Rechtsprechung und Lehre geführt, die im folgenden nachgezeichnet werden soll.

I. Allgemeines

Die Rechte eines ausländischen Gemeinschuldners (und an seiner Stelle des „Representative") waren in den USA vor Erlaß des BC von 1978 in der Generalklausel des Bankruptcy Act von 1898 unter § 2 (a) (22) recht vage geregelt.[1] Sie unterlagen wie die Verfügungen des ausländischen Konkursgerichts der Comity-Prüfung der Staats- bzw. Bundesgerichte, wobei es eine Verfahrenskonzentration vor den Konkursgerichten nicht gab.[2]

1. Der BC von 1978

Mit der Einführung des BC von 1978 wurde dem ausländischen Representative u. a. die Möglichkeit, ein Rechtshilfeverfahrens gem. § 304 BC einzuleiten, eingeräumt, wobei die aufgrund des Antrages erlassenen Anordnungen des Gerichts,

„shall be guided by what will best assure an economical and expeditious administration of such (the debtor's) estate consistent with ..."[3]

die wirtschaftliche und zügige Verwaltung des Vermögens des Gemeinschuldners sicherstellen sollte. Einhergehend mit diesem Leitgedanken einer wirtschaftlichen und zügigen Verfahrensabwicklung nach dem BC steht die prozeßrechtliche Maxime einer Verfahrenskonzentration zum District Court und damit zu den Bankruptcy Judges. Sie führte zur Einführung der verfahrensrechtlichen Vorschrift 28 U.S.C. § 1474, die aber wegen der Marathon-Entscheidung[4] aufgrund des Bank-

1 In dem hier relevanten Teil, Bankruptcy Act von 1898, Pub. L. No 696,30 Stat. 544: „When a proceeding for the purpose of the *liquidation* or *rehabilitation* of his estate been commenced by or against a bankrupt in a court of competent *jurisdiction* without the United States, the court of bankruptcy may, after hearing on notice to the petitioner or petitioners and such other persons as it may direct, having regard to the rights and convenience of local creditors and other relevant circumstances, dismiss a case or suspend the proceedings therein under such terms as may be appropriate"(Hervorhebung vom Verfasser). War das ausländische Konkursverfahren aber „purely in rem", so fehlt dem Konkursgericht die „jurisdiction", so daß das Konkursdekret von einem US-Gericht nicht anerkannt werden kann.

2 Siehe oben § 40 I.

3 § 304 (c) BC, vgl. zum Gesetzestext § 46 II.

4 Vgl. oben § 22.

gen die gerichtliche Geltendmachung gerichtete Unterlassungsverfügung, nur dort geltend gemacht werden („where property is found"), wo sich Vermögen des Gemeinschuldners befindet, also gem. § 1410 (b).

b) Wörtliche Auslegung von 28 U.S.C. § 1410 (c)

Nach alledem bliebe für § 1410 (c) nur dort Raum, wo *„other appropriate relief"*[15] im Sinne von § 304 (b) (3) BC vom ausländischen Representative begehrt wird, also gerichtliche Anordnungen anderer Art als in § 304 (b) (1) und (b) (2) BC vorgesehen.[16]

Für derartige gerichtliche Anordnungen wäre der District Court örtlich zuständig, wo sich der Hauptgeschäftsort (*principal place of business*) – oder die wesentlichen Vermögensgegenstände (*principal assets*) des Gemeinschuldners in den USA befinden. Weiterer Anträge in anderen Districten gem. § 304 BC bedürfte es dann nicht mehr.

II. Das Problem: Verfahrenszersplitterung statt Verfahrenskonzentration?

1. Die Fragestellung

Würde man der wörtlichen Auslegung des § 1410 folgen, so lautete das Problem, daß einer der Verfahrenszwecke eines Rechtshilfeverfahrens gem. § 304 BC,[17] nämlich die *Verfahrenskonzentration* vor – einem – District Court (und damit dem Bankruptcy Judge), der durch die Vorschriften über die sachliche und funktionale Zuständigkeit (28 U.S.C. § 1334, § 157) sichergestellt werden sollte, durch die unglückliche Formulierung der örtlichen Zuständigkeit in § 1410 wieder ausgehöhlt werden würde.

---

14 Zur Frage, wie lange eine „action is pending", vgl. In re Officina Conti, 118 B.R. 392, 393 (Bankr. D.S.C. 1989). Nach der Auffassung des Gerichts ist der Begriff „proceeding" in 28 U.S.C. § 1410 (a) weit auszulegen: „an action is pending until the judgment is fully satisfied"; abgestellt wird also auf die „vollständige Befriedigung aus dem Urteil".

15 Zu denken wäre hier insbesondere an „discovery"-Anordnungen des Gerichts, Vermögensverhältnisse offenzulegen, die in allen Staaten der USA zu beachten wäre, vgl. Wortlaut von § 304 (b) (3) BC.

16 Vgl. Universal Casualty & Sur. Co. Ltd. v. Gee (In re Gee), 53 B.R. 891, 899 (Bankr. S.D.N.Y. 1985).

17 Stellt der Foreign Representative einen Antrag auf Durchführung eines Vollverfahrens gem. § 303 (b) (4) BC, so bestimmt sich die örtliche Zuständigkeit der District Courts nach 28 U.S.C. § 1408; danach kann die *petition* nur dort eingereicht werden, wo sich wesentliches Vermögen, bzw. der Hauptgeschäftsort des Gemeinschuldners in den USA befindet. Das Problem des § 1410 stellt sich dort nicht.

Ausgehöhlt deshalb, weil etwa für Untersagungsverfügungen des Bankruptcy Court bezüglich der Fortsetzung bereits anhängiger Prozesse (§ 304 (b) (1) BC; 28 U.S.C. § 1410 (a)) in jedem Bundesdistrict, in dem ein Prozeß anhängig ist, ein Rechtshilfeverfahren gem. § 304 BC eingeleitet werden müßte.

Gleiches gilt hinsichtlich gerichtlicher Anordnungen des Bankruptcy Court, die das Vermögen des ausländischen Gemeinschuldners betreffen, wenn das Vermögen über die ganze USA verteilt ist. Überall dort, wo Vermögen belegen ist, müßte im Wege eines Rechtshilfeverfahrens (gem. § 304 (b) (2); 28 U.S.C. § 1410 (b)) ein Antrag auf Herausgabe (*turnover*) an den ausländischen Representative gestellt werden.[18]

Man wäre also fast genau so weit wie vor Erlaß des Bankruptcy Code; ein Unterschied bliebe allerdings: die District Courts wären immer zuständig.

2. *Die Rechtsprechung zu 28 U.S.C. § 1410*

Die Bankruptcy Courts[19] haben die Problematik einer wörtlichen Auslegung des § 1410 erkannt und sich gegen die genannte Ansicht in der Literatur[20] gewandt. Nach der Auffassung der Bankruptcy Courts müssen Gesetze, die mehr als eine Auslegung zulassen, in der Weise gelesen werden, daß sie den Willen des Gesetzgebers wiedergeben statt ihn zu enttäuschen,

„A statute susceptible of more than one meaning must be read in the manner which effectuates rather than frustrates the major purpose of the legislative draftsmen“.[21]

Im Vordergrund steht der Gedanke der Verfahrenskonzentration durch § 304 BC (und 28 U.S.C. § 1410) vor *einem* District Court und dem Bankruptcy Judge, der durch eine wörtliche Auslegung des § 1410 in sein Gegenteil verkehrt werden würde.

18 Vgl. die Darstellung von *W. Bassin*, Where do I go for Help? The Debtor's Plight for Proper Venue in Cases Ancillary to a Foreign Proceeding, 10 Bankr. Dev. J. 171 ff. (1993 - 1994).

19 Petition of Evans, 177 B.R. 193 (Bankr. S.D.N.Y. 1995); Petition of Saleh, 175 B.R. 422 (Bankr. S.D. Fla. 1994); Matter of Kingscroft Ins. Co. Ltd., 138 B.R. 121 (Bankr. S.D. Fla. 1992).

20 *L. King*, Collier on Bankruptcy, § 3.02 (3) (b), 3 - 153 (15. Aufl. 1994); *Queenan*, Chapter 11 Theory & Practice: A Guide to Reorganization, § 33.09, 33:21 (1994).

21 Petition of Saleh, 175 B.R. 422, 425 unter Hinweis auf Georg v. Parungao (In re Georg), 844 F.2d 1562, 1567 (11th Cir. 1988); Schulz v. Louisiana Trailer, 428 F.2d 61, 65 (5th Cir. 1970).

3. Die Festlegung in Sachen Evans v. Hancock (Petition of Evans)[22]

In diesem Rechtsstreit befanden sich Vermögensgegenstände des Gemeinschuldners sowohl in New York wie auch in San Francisco. Der Liquidator (*Evans*) eines englischen Konkursverfahrens hatte in New York ein Rechtshilfeverfahren gem. § 304 BC eingeleitet. Nach den Feststellungen des Gerichts befand sich der *principal place of business* bzw. befanden sich die *principal assets* in den USA in New York. *Evans* begann hier vor dem Bankruptcy Judge in New York einen Rechtsstreit gegen *Hancock* auf Herausgabe von Vermögenswerten, die sich in San Francisco befanden. Hancock wandte ein: Evans müsse vor dem Bankruptcy Court in San Francisco ein Verfahren gem. § 304 BC einleiten. Hilfsweise sei das Verfahren gem. 28 U.S.C. § 1412 nach dort abzugeben.

In der Begründung folgte der Bankruptcy Judge nicht den Ausführungen von Hancock, sondern stellte fest, daß der Wortlaut von § 1410 (a) und (b) für eine „one shot"-[23]Situation spreche, wonach in jedem District, in dem ein Rechtsstreit anhängig sei oder Vermögen des Gemeinschuldners sich befinde, ein gesondertes Verfahren gem. § 304 BC zu eröffnen sei.

Im vorliegenden Fall lägen aber die *principal assets* bzw. der *principal place of business* in New York, so daß auch § 1410 (c) einschlägig sei. § 1410 und § 304 BC müßten zusammen gelesen werden, da durch § 304 (c) BC die wirtschaftliche und „zügige" Verwaltung des Vermögens sichergestellt werden solle. Unter Berufung auf die Entscheidung in Sachen Saleh v. Triton[24] wird hierin folglich festgestellt:[25]

„. . .the court concludes that once the foreign representative commences an ancillary proceeding that is properly venued under § 1410 (c), he may sue in his „home" court to recover estate property that is located *in another district*."

Im Ergebnis genügt also für ein Herausgabebegehren, das sich auf Vermögensgegenstände bezieht, welche sich nicht in dem District des Bankruptcy Court befinden, daß das Rechtshilfeverfahren gem. § 304 BC in dem District eröffnet worden ist, wo sich die *principal assets* bzw. der *principal place of business* in den USA befindet, 28 U.S.C. § 1410 (c).

4. Die Entscheidung in Sachen Saleh v. Triton Container International Ltd.[26]

In dieser Entscheidung ging es u. a. um die Frage, ob die Fortsetzung von Klagen der Gläubiger gegen den Gemeinschuldner wegen seines Vermögens, nur in

22 177 B.R. 193 (Bankr. S.D.N.Y. 1995).

23 AaO, 196.

24 In re Saleh, 175 B.R. 422, 425 - 426 (Bankr. S.D. Fla. 1994).

25 AaO, 197 (Hervorhebung vom Verfasser).

26 Petition of Saleh, 175 B.R. 422 (Bankr. S.D. Fla. 1994).

dem District untersagt werden könne, in dem ein Rechtshilfeverfahren gem. § 304 BC eröffnet worden sei, ober aber: ob die Untersagungsverfügung (injunction) *nationwide* (also in den USA insgesamt) wirke.

Der *Saleh* Court hebt den unklaren Wortlaut von 28 U.S.C. § 1410 hervor,[27] der zu unterschiedlichen Interpretationsmöglichkeiten Anlaß gebe und stellte zum Gedanken einer Verfahrenskonzentration gem. § 304 (c) BC fest,

„Furthermore, there would be litigation in multiple forums, discovery proceedings in multiple forums and, in general, a procedural nightmare inconsistent with the intended purpose of § 304".

Im Ergebnis wird dann aber die *nation*-weite Untersagungsverfügung darauf gestützt, daß im vorliegenden Fall alle 3 Absätze von § 1410 erfüllt seien:

(1) da die Klage, die untersagt werden solle, im District anhängig sei,

(2) Vermögen des Gemeinschuldners, um dessen Schutz nachgesucht wird, sich im District befinde und schließlich

(3) auch die wesentlichen Vermögenswerte in den USA im District liegen.[28]

5. Die Entscheidung in Sachen Matter of Kingscroft Ins. Co. Ltd.[29]

In dieser Entscheidung wurde über den Gemeinschuldner in England ein sog. „winding up"-Verfahren eröffnet, und der legitimierte Foreign Representative beantragte die Durchführung eines Rechtshilfeverfahrens gem. § 304 BC in Florida. Er beantragte in dem Verfahren, daß die Fortsetzung einer Klage vor einem Staatsgericht in Florida gegen Kingscroft untersagt werde.

In dem hier interessierenden Teil der Entscheidung wird die örtliche Zuständigkeit mit 28 U.S.C. § 1410 (a) begründet, da die Fortsetzung einer Klage vor einem Staatsgericht in Florida gegen den Antragsteller untersagt werden sollte.[30] Es handele sich ferner um einen Antrag gem. § 304 (b) (1) (B) BC, da durch die Untersagungsverfügung die Entstehung eines Pfandrechts gegen das Vermögen (des Gemeinschuldners) verhindert werden solle.

Schließlich sei auch § 304 (b) (3) BC einschlägig, wonach jede „andere sachgerechte Maßnahme" vom Gericht angeordnet werden könne.[31] In derartigen Fällen

---

27 AaO. 426; ferner 425 „... § 1410 (a) und (b) venue provisions are ambiguous and susceptible to multiple interpretations ...", in Betracht komme aber: „... but that once proper venue is established in that forum, venue is proper for all purposes under § 304 BC."

28 AaO, 426 unter Hinweis auf In re Rubin, 160 B.R. 269 (Bankr. S.D.N.Y. 1993); In re Brierley, 145 B.R. 151, 162 (Bankr. S.D.N.Y. 1992), verweist aber (162) nur auf den reinen Wortlaut von § 1410 (a)-(c).

29 138 B.R. 121 (Bankr. S.D. Fla. 1992).

30 AaO, 124.

31 AaO, 126.

werde als Voraussetzung nicht gefordert, daß sich Vermögen des Gemeinschuldners im Gerichtsbezirk befinde. Ferner heißt es in der Entscheidung: Der Antrag gem. § 304 Prozesse vor dem Staatsgericht in Florida zu untersagen,

„may be viewed as an afford to obtain the same stay that could be automatic under § 362 BC, or that may be sought under § 126 (1) of the United Kingdom Insolvency Act 1986",[32]

der Antrag könne also als eine Bemühung angesehen werden, eine „Unterbrechung" zu erlangen, die nach § 362 BC automatisch oder nach dem britischen Insolvency Act durch richterliche Verfügung eintreten würde.[33]

III. Ergebnisse

1. Zusammenfassung

Zusammenfassend kann aus Entscheidung *Evans v. Hancock* eine klare Aussage hinsichtlich des Herausgabebegehrens (auf eine turnover order) entnommen werden: Wird ein Verfahren nach § 304 BC an dem Ort eingeleitet, wo sich die Principal Assets bzw. der Principal Place of Business in den USA befindet, so können an diesem Gerichtsstand alle Klagen auf Herausgabe (28 U.S.C. § 1410 (c)) erhoben werden, die sich auf Vermögensgegenstände beziehen, die über die ganze USA verteilt sind. Insoweit ist die Verfahrenskonzentration durch § 304 BC und § 1410 (c) umfassend.

Hinsichtlich der Entscheidungen in Sachen *Saleh* und *Kingscroft* sei bemerkt: In Sachen Saleh stellt das Gericht zwar pauschal fest, daß vorliegend 28 U.S.C. § 1410 (a), (b) und (c) erfüllt sei und damit die Untersagungsverfügung „*nationwide*" wirke. Ob sich dieser Begriff einer „nationwide injunction" auf den Staat Florida oder auf die gesamte USA bezieht, bleibt zuerst einmal im Dunkeln. Letzteres kommt aber wohl immer dann in Frage, wenn die „zu untersagenden Klagen" sich gegen Vermögenswerte in den USA richten und ferner die Untersagungsverfügung innerhalb eines Verfahrens gem. § 304 BC von dem Bankruptcy Court ausgesprochen wird, wo sich die „principal assets" bzw. der „principal place of business" in den USA befinden. Insoweit würden sich die Entscheidungen Evans v. Hancock und Saleh decken. Sollte aber der Begriff Nation i.S. von Black's Law Dictionary[34] verwendet worden sein, wovon auszugehen ist, dann bezieht sich eine *nationwide* Untersagungsverfügung auf dem Gebiet der gesamten USA. Die Definition ist unmißverständlich.

---

32 AaO, 126.

33 Der Automatic Stay nach § 362 BC tritt freilich „automatisch" nur in einem Vollverfahren nach dem BC ein, vgl. dazu § 29.

34 6. Auflage 1991, S. 1991: In American constitutional law the word *state* is applied to several members of the American Union, while the word *nation* is applied to the whole body of the people embraced within the jurisdiction of the federal government.

In Kingscroft wird schließlich klargestellt, daß eine Untersagungsverfügung in dem Bundesdistrikt beantragt werden kann, wo der Prozess (vor einem Bundes- oder Staatsgericht) anhängig ist. Auf die Frage, ob sich dort auch Vermögensgegenstände des Gemeinschuldners befinden, kommt es nicht an. Schließlich wird auf die Parallele zu § 362 BC in einem Vollverfahren hingewiesen. Ein solcher Automatic Stay wirkt (zumindest) auf dem Gebiet der gesamten USA. Dann müßte eine unter § 304 (b) (3) abgefaßte Untersagungsverfügung als „stay" ebenfalls „nationwide", also in den USA insgesamt wirken.

2. *Forum non conveniens*

Ist somit das Prinzip der Verfahrenskonzentration vor dem Gericht der Principal Assets oder des Principal Place of Business richterlich geklärt, so sei jedoch auch hier unterstrichen, daß das Gericht durch Annahme eines *forum non conveniens* immer die Möglichkeit hat, seine örtliche wie internationale Zuständigkeit zu verneinen.[35]

§ 48 Das Rechtshilfeverfahren gem. § 304 BC: Grundsätzliches

Das Rechtshilfeverfahren nach § 304 BC ist nicht die einzige Möglichkeit, die dem ausländischen Verwalter zur Erlangung US-amerikanischen Rechtsschutzes zur Verfügung steht; aber sie ist neben dem Vollkonkurs die wichtigste.

I. Vorbemerkung und Abgrenzung

1. *Konkurrenzen*

Neben der Einleitung eines Vollverfahrens gem. § 303 (b) (4) BC – das grundsätzlich zur Anwendung des nationalen amerikanischen Konkursrechts nach dem Bankruptcy Code führt – kann der Foreign Representative auch die Durchführung eines Rechtshilfeverfahrens gem. § 304 BC vor dem Bankruptcy Judge des District Court beantragen. Daneben hat er die Möglichkeit seinen Rechtsschutz alleine auf die Comity-Doktrin zu stützen. Ein dahingehender Rechtsschutz wird regelmäßig von den District Courts (Bundesgericht) daneben zugestanden.[1]

Schließlich könne der „ausländische Insolvenzverwalter", so *Riesenfeld*[2] unter Hinweis auf die Rechtsprechung,[3]

---

35 Siehe oben § 14 III.

1 Grundlegend zum Bankruptcy Code von 1987, Cunard S.S. Co., Ltd. v. Salen Reefer Services, AB, 49 B.R. 614 (S.D.N.Y. 1985), bestätigt, 773 F.2d 452 (2d Cir. 1985).

2 FS *Merz* (1992), 497, 502.

„auch vor den *einzelstaatlichen* Gerichten Rechte der Auslandsinsolvenzmasse geltend machen, ohne daß es nötig ist, Rechtsschutz bei den durch Bundesrecht errichteten Konkursgerichten (*bankruptcy courts*) zu suchen."

Hierzu wird insbesondere auf die Entscheidung in Sachen *Drexel*[4] verwiesen, wo ursprünglich eine vorläufige Untersagungsverfügung durch den Supreme Court des Staates New York erlassen worden war. Es fällt aber auf, daß der Rechtsstreit während des Verfahrens an den District Court abgegeben worden ist und der Antrag der Gegenseite auf Zurückverweisung abgelehnt wurde.[5]

In Sachen *Victrix*[6] hatte *Victrix* (= ein Gläubiger von Salen) neben einer Klage vor dem District Court (in „admirality" sitzend) auch vor dem Supreme Court des Staates New York geklagt und Vermögenswerte von Salen (= Gemeinschuldner) auf Anordnung des Gerichts beschlagnahmt. Aber auch dieser Rechtsstreit wurde im Laufe des Verfahrens an den District Court abgegeben. Schließlich hatte in der grundlegenden Entscheidung in Sachen *Cunard* gegen *Salen*[7] (= Gemeinschuldner), der Gläubiger Cunard direkt vor dem District Court geklagt und Vermögenswerte von Salen mit Beschlag belegt.

Im Ergebnis wurden alle angeführten Fälle in der Sache dann doch von den District Courts (wenn auch in Sachen Cunard und Victrix in „admirality" sitzend) entschieden. Ferner handelte es sich um Klagen der Gläubiger, gegen die sich der Gemeinschuldner mit der Comity-Doktrin (hinsichtlich des ausländischen Konkursverfahrens) verteidigte, also im weitesten Sinne um „*Passivprozesse*". Die m.E. zentrale Aussage, bezogen auf die allgemeine Comity-Doctrine – neben dem Rechtshilfeverfahren gem. § 304 BC – findet sich hierzu in *re Cunard*,[8] wo es heißt:

„...the predecessor to section 304, expressly stated:

„Nothing in the Act precludes a *state* or *federal nonbankruptcy court* from recognizing as a *matter of comity* at the behest of a foreign trustee a *stay* or *injunction* emanating from a foreign court having jurisdiction of the administration of a debtor's estate."[9]

---

3 The Drexel Burnham Lampert Group v. Galadari, 777 F.2d 877 (2d Cir. 1985); Cunard, aaO, 773 F.2d 452; Victrix S.S. Co. S.A. v. Salen Dry Cargo A.B. 825 F.2d 709 (2d Cir. 1987), bestätigt: 65 B.R. 466 (S.D.N.Y. 1986).

4 *AaO*, ferner *Riesenfeld* zur Rspr. in FS Merryman (1990) 419, Fn 29.

5 Vgl. Drexel, *aaO*, 127 B.R. 87, 89, 95/96 (S.D.N.Y. 1991).

6 Victrix, *aaO*, 65 B.R. 466, 467 (S.D.N.Y. 1986).

7 Zum Sachverhalt vgl. insbesondere die Berufungsentscheidung Cunard, aaO, 773 F.2d 452, 454 (2d Cir. 1985).

8 Cunard S.S. Co. v. Salen Reefer Services, AB, 773 F.2d 452, 456 (2d Cir. 1985).

9 Report of the Commission on the Bankruptcy Laws of the United States, H.R. Doc. No. 137, 93d Cong., 1st Sess., Part II, 71 (1973); Hervorhebung vom Verfasser.

2. Comity-Doktrin

Es geht also hier um die Anerkennung eines ausländischen Konkursverfahrens und seiner Wirkungen aufgrund der allgemeinen Comity-Doktrin[10] und der damit verbundenen Untersagung von Prozessen / Handlungen die sich gegen die Konkursmasse richten oder die trotz einer gerichtlichen Anordnung des Konkursgerichts ergehen.

Die Anerkennung – gestützt auf die allgemeine Comity-Doktrin – besteht also neben dem Rechtshilfeverfahren gem. § 304 BC. Das Verfahren gem. § 304 BC ist kein exclusives „Rechtsmittel" für den Foreign Representative.[11]

Regelmäßig handelt es sich insoweit um Handlungen / Prozesse von Gläubigern *gegen* den Gemeinschuldner, gegen die sich der Foreign Representative mit Hilfe der Anerkennung des ausländischen Konkursverfahrens im Wege der allgemeinen Comity-Doktrin zu verteidigen sucht.

Im Grunde ist dies aber eine *„Selbstverständlichkeit"*, eben wegen der grundsätzlich territorialen Begrenzung eines ausländischen Konkursverfahrens aus amerikanischer Sicht.[12] Den Ausgleich schafft hier die internationale *courtesy,* die in einem einzelnen Verfahren eine Anerkennung des ausländischen Konkurses und seiner Wirkungen gestattet. Regelmäßig handelt es sich schließlich bei derartigen Verfahren um Prozesse / Handlungen, die sich *gegen* den Gemeinschuldner und damit *gegen* die ausländische Konkursmasse richten.

3. „Action" des Foreign Representative

Will der Foreign Representative *aber nicht nur reagieren sondern agieren*, so ist er gut beraten, ein Verfahren gem. § 304 BC einzuleiten. Dies gilt nicht nur im Hinblick auf die Herausgabe von Vermögenswerten, die zur ausländischen Konkursmasse zählen[13] und in der gesamten USA verstreut sind,[14] sondern auch für eine *„nationwide"* wirkende Untersagungsverfügung.

---

10 Dazu generell oben, §§ 42, 43.

11 Cunard, aaO, 773 F.2d 456,..."Since section 4 - 103 is substantially similar to section 304, and since there is no subsequent indication Congress intended a contrary effect, it may be concluded that section 304 was not considered by Congress to be exclusive." „When as here Congress adds a new remedy...where other remedies had been clearly recognized, it would be expected to say, so if it meant the new remedy to be exclusive", Leist v. Simplot, 638 F.2d 283, 313 (2d Cir. 1980), Merrill Lynch, Pierce, Fenner & Smith v. Curran, 456 U.S. 353, 102 S.Ct. 1825, 72 L. Ed.2d 182 (1982).

12 Vgl. *Scoles / Hay,* Conflict of Laws, 940, 941.

13 Vgl. oben, § 41, in Sachen MA v. Continental Bank N.A., 905 F.2d 1073 (7th Cir. 1990).

14 Vgl. oben § 47 zum Streit über die örtliche Zuständigkeit im Verfahren gem. § 304 BC, (28 U.S.C. § 1410) und der Begründung einer *nation*-weiten Zuständigkeit für das gesamte Gebiet der USA.

Die durch 28 U.S.C. § 1410 begründete örtliche Bundeszuständigkeit in einem Verfahren gem. § 304 BC ist also *umfassender*. Dagegen wird die vor einem Staatsgericht oder einem „nicht in Bankruptcy sitzenden" Bundesgericht vom Foreign Representative eingewendete internationale Courtesy *regelmäßig* nur in Passivprozessen gegen den Gemeinschuldner / Foreign Representative zur Geltung kommen.

Ob darüber hinaus dem Foreign Representative ein Aktivprozeß – etwa auf Herausgabe von Vermögensgegenständen die zur ausländischen Konkursmasse zählen – außerhalb des Verfahrens gem. § 304 BC vor einem Staatsgericht anzuraten ist, erscheint mir, so gesehen, zumindest zweifelhaft.[15] Der Cunard-Fall[16] bezog sich der Sache nach auf einen Passivprozeß. Der Commission Report[17] spricht von der Anerkennung eines *stay* oder einer *injunction*, die zugunsten des Foreign Representative von dem ausländischen Konkursgericht ausgesprochen wurde, betrifft also ebenfalls Passivprozesse.

Schließlich wurde in Sachen MA v. Continental Bank N.A.[18] klargestellt, daß im Falle eines Herausgabebegehrens des Foreign Representative sich dieser des Verfahrens gem. § 304 BC zu bedienen habe.

Insoweit kann festgehalten werden, daß in Fällen eines aktiven Vorgehens des Foreign Representative, etwa auf Herausgabe zugunsten der ausländischen Kon-

---

15 So aber *Riesenfeld*, FS Merz (1992), 502; ferner aber kritisch *Boshkoff*, United States Judicial Assistance in Cross-Border Insolvencies, 36 I.C.L.Q. 729, 730 ff. (1987); er hebt aber hervor, daß „...remedies available *under state law*...is often of questionable use, particularly when assets are widely dispersed" und verweist dann ferner in Fn 7 auf die Rechtsprechung *vor* Erlaß des Bankruptcy Codes von 1978, insbesondere: Disconto Gesellschaft v. Umbreit 208 U.S. 570 (1908); Clarkson Co. Ltd. v. Shaheen 554 F.2d 624 (1976); Daniels v. Powell 604 F.Supp. 689 (N.D. Ill. 1985); Waxman v. Keloha 296 F.Supp. 1190 (1969); In re Delehanty's Estate 11 Ariz. 366, 95 Pac. 109 (1908); Finchant v. Income from Certain Trust Funds of Cobham 193 Misc. 363, 81 N.Y.S. 2d 356 (1948). Die hieran anschließende Diskussion von *Cunard* (vgl. *Boshkoff*, aaO, 730 ff.) betrifft aber, wie gesagt, einen „Passivprozeß im weitesten Sinne", da Salen sich gegen die gerichtliche Pfändung von Vermögenswerten des Gemeinschuldners in den USA mit der Comity-Doktrin vor dem District Court verteidigt und obsiegt.

Schließlich wird festgestellt (*Boshkoff*, aaO, 733, Fn 23), „Once full *or* ancillary bankruptcy proceedings are commenced, *federal concepts of comity* should apply...", vgl. *Moore / Taggart / Vestal / Wicker*, Moore's Federal Practice (2d ed. 1985), Vol. 1A, para O. 325, und hervorgehoben, daß eine Klage vor den *Staats*gerichten den Foreign Representative der Gefahr aussetzt „accordingly runs the risk that applicable law will *favour local creditors*... A uniform federal comity rule is not applicable until bankruptcy proceedings have been commenced".

D.h. also: Bevor der Foreign Representative vor einem *Staats*gericht Klage auf Herausgabe von Vermögensgegenständen die zur ausländischen Konkursmasse zählen, erhebt, sollte er sich zumindest darüber im klaren sein, wie – in diesem Staat – die Comity-Doktrin verstanden wird. Das Recht von mehr als 50 Staaten wäre also notfalls zu befragen.

16 Vgl. oben Fn 8.

17 Vgl. oben Fn 9.

18 Vgl. zun Ganzen § 41; 905 F.2d 1073 (7th Cir. 1990).

kursmasse, er besser beraten ist, sofort den zuständigen Bankruptcy Court anzurufen. Der dort gewährte Rechtsschutz ist umfassender.[19]

Schließlich werden regelmäßig nach Einleitung eines Verfahrens gem. § 304 BC die die Konkursmasse berührenden Prozesse vor dem Bankruptcy Court konzentriert, da es sich um *core proceedings*[20] handelt.

II. Rechtshilfe zugunsten eines ausländischen Insolvenzverfahrens und Ermessensentscheidung

1. Kein konkursähnliches Verfahren

Der als Ancillary-Verfahren bezeichnete Rechtsbehelf des Foreign Representative gem. § 304 BC führt, um es erneut zu unterstreichen, nicht zu einem Konkursverfahren in den USA. D.h. die Einleitung des Verfahrens gem. § 304 BC begründet *keine* Konkursmasse in den USA[21] sondern dient nur der Unterstützung eines ausländischen Konkursverfahrens. Ferner gibt es auch keinen Automatic Stay gem. § 362 BC. Es ist vielmehr Sache des Foreign Representative einen Antrag auf Erlaß einer Untersagungsverfügung beim Bankruptcy Court zu stellen, § 304 (b) (1) BC.[22] Möchte der Foreign Representative einen Automatic Stay erreichen, so muß er ein Vollverfahren gem. § 303 (b) (4) BC einleiten.[23]

Diese gesetzgeberische Konstruktion des § 304 BC zeigt unmißverständlich, daß ein ausländischer Konkurs *nicht* automatisch in die USA hineinwirkt; vielmehr benötigt der Foreign Representative die „Hilfe" des Bankruptcy Court, um Rechte der ausländischen Konkursmasse in den USA durchsetzen zu können.

2. Ermessensentscheidung

Schließlich: Hat der Foreign Representative seine Anträge gem. § 304 BC – etwa auf Prozeßunterbrechung, Herausgabe, Discovery usw. gestellt –, so entscheidet der Bankruptcy Judge hierüber im Rahmen seines Ermessens[24] (*discretion*).

19 AaO, *Boshkoff.*

20 Vgl. §§ 15, 16; § 21; § 47.

21 In re Gee, 53 B.R. 891, 900 (Bankr. S.D.N.Y. 1985); Petition of Brierley 145 B.R. 151, 168 (Bankr. S.D.N.Y. 1992), – „expeditious administration of the *foreign* estate".

22 Dazu gleich.

23 *Boshkoff*, United States Judicial Assistance in Cross-Border Insolvencies, 36 I.C.L.Q. 728, 743 (1987).

24 *Honsberger*, Conflict of Laws and the Bankruptcy Reform Act of 1978, 30 Case W. Res. L. Rev. 631, 653 (1980); *Morales/Deutcsh*, Bankruptcy Code Section 304 and U.S. Recognition of Foreign Bankruptcies: The Tyranny of Comity, 39 Bus. Lawyer, 1573, 1585 (1984); *Nielsen*, Section 304 of the Bankruptcy Code: Has it Fostered the Development of an „International Bankruptcy System"?, 22 Col. J. Trans. L. 541, 550 (1984); *Zaretsky*, Trans-

Auch kann die Entscheidung des Bankruptcy Judges, die zu einer Abweisung führt, nicht mit der Berufung vor dem Court of Appeals angegriffen werden, § 305 (c) BC[25]. Es bleibt nur die „*review*"-Möglichkeit durch den District Court, der aber nur den Ermessensfehlgebrauch *seiner* Bankruptcy Judges überprüfen wird.[26]

Schon hier zeigt sich, daß die Gestaltungsmöglichkeiten durch den Bankruptcy Judge sehr weit gehen und die in § 304 (c) BC als Tatbestandsvoraussetzungen niedergelegten Merkmale gegensätzliche *policies* schützen sollen. In seiner Entscheidung soll sich der Bankruptcy Judge einerseits vom Gedanken der internationalen Courtesy (comity) leiten lassen, § 304 (c) (5); andererseits sind aber inländische (US-)Gläubiger (besonders) zu schützen, § 304 (c) (2) bzw. muß das ausländische Verteilungsverfahren mit dem in den USA (!) nach dem Bankruptcy Code *substantiell* übereinstimmen, § 304 (c) (4).

Im Ergebnis wird die Entscheidung eines Bankruptcy Judges also regelmäßig „richtig" – d. h. nicht angreifbar – sein: Betont er den Grundsatz der Gläubigergleichbehandlung und die Comity § 304 (c) (1); (5) BC, wird er zur Anerkennung kommen; betont er dagegen den Schutz inländischer Gläubiger bzw. die fehlende Gleichartigkeit der Verteilungsverfahren, § 304 (c) (2) (4) BC, so wird er den Antrag ablehnen. Ein Ermessensfehlgebrauch wird nur schwer zu belegen sein.

Somit beschränkt sich der Schutz der Rechte des Foreign Representative und seiner Konkursmasse im Rahmen von § 304 BC auf den fehlerfreien Ermessensgebrauch durch den Bankruptcy Judge ohne Berufungs- oder Revisionsmöglichkeit. § 304 BC gewährt ein Rechtshilfeverfahren; mehr aber nicht.

§ 49 Die Vorschrift des § 304 BC: ihr Inhalt

Der Gesetzestext ist oben zu § 46 II zitiert. Darauf wird verwiesen.

I. Zum Inhalt des § 304 BC

In § 304 (a) BC ist das Antragsrecht des Foreign Representative eines Auslandskonkurses niedergelegt. In Absatz (b) werden dann die Anordnungsbefugnisse des Bankruptcy Judge im einzelnen bestimmt. Danach kann er:

---

national Insolvency: A Multinational View of Bankruptcy, 37 Brooklyn J. Int'l. L. 473, 497 (1991); *James,* International Bankruptcy: Limited Recognition in the New U.S. Bankruptcy Code, 3:241 Houston J. Int. L. 241, 257 (1981).

25 (c) An order under subsection (a) of this section dismissing a case or suspending all proceedings in a case, or a decision not so to dismiss or suspend, *is not reviewable* by appeal or otherwise by the court of appeals under section 158 (d), 1291, or 1292 of title 28 or by the Supreme Court of the United States under section 1254 of title 28.

26 Instruktiv der Kampf des Foreign Representative in Sachen *Georg*, vgl. § 49 II, 54 IV.

(1) untersagen: a) einen Prozeß entweder anzustrengen oder fortzusetzen, der zur ausländischen Insolvenzmasse gehörendes Vermögen zum Gegenstand hat, oder b) ein Urteil durch Zugriff auf solches Vermögen zu vollstrecken oder seine Vollstreckung dadurch im voraus zu sichern;

(2) anordnen: ein zur ausländischen Konkursmasse gehöriges Vermögensstück oder seinen Erlös dem ausländischen Insolvenzverwalter auszuhändigen, oder

(3) andere sachgemäße Maßnahmen bestimmen.[1]

Im Rahmen seiner Entscheidung über die anzuordnenden Maßnahmen hat er sich zu fragen, wie die wirtschaftliche und zügige Verwaltung des Konkursvermögens am besten sichergestellt wird (§ 304 (c) BC), und er hat seine Entscheidung daran auszurichten, ob:

(1) eine gerechte Behandlung aller Gläubiger und Inhaber von dinglichen Rechten besteht;

(2) ein Schutz von inländischen Gläubigern gegen Diskriminierung und gegen die Erschwerung der Geltendmachung ihrer Ansprüche gewährt wird;

(3) bevorzugende oder betrügerische Verfügungen über ggf. zur Konkursmasse gehörende Vermögensbestandteile verhindert (*prevention*) werden sollen;

(4) das ausländische Verteilungsverfahren über die Konkursmasse im Großen und Ganzen im Einklang mit den im US-Bankruptcy Code getroffenen Regelungen steht;

(5) die im internationalen Rechtsverkehr übliche Rücksichtnahme (*comity*) eingeräumt wird; und ob,

(6) wo angebracht, die Möglichkeit eines wirtschaftlichen Neustarts für den Gemeinschuldner (*fresh start*) gewährt wird.

II. Die Begriffe Foreign Representative und Foreign Proceeding als Antragsvoraussetzungen

1. Foreign Representative, Foreign Proceeding

Im Hinblick auf die Antragsberechtigung zu einem Rechtshilfeverfahren gem. § 304 BC wird unter Absatz (a) des § 304 gefordert, daß:

a) ein ausländisches Konkursverfahren im Sinne eines *foreign proceeding* eröffnet worden ist und

b) der Antrag auf Einleitung eines Rechtshilfeverfahrens von dem *foreign representative* gestellt wurde.

Die Begriffe werden in § 101 (22) (23) BC definiert und lauten:

---

1 Übersetzung, angelehnt an *Riesenfeld*, FS Merz (1992), 497, 503.

„(23) „*foreign proceeding*" means proceeding whether judicial or administrative and whether or not under bankruptcy law, in a foreign country *in which* the *debtor's* domicile, residence, principal place of business, or *principal assets*[2] were located at the commencement of such proceeding, for the purpose of liquidating an estate, adjusting debts by composition, extension, or discharge, or effecting a reorganization;

(24) „*foreign representative*" means duly selected trustee, administrator, or other representative of an estate in a foreign proceeding".

2. *Nachlaßkonkurs*

Aus der Begriffsdefinition des *foreign proceeding* ergab sich im deutsch-amerikanischen Verhältnis das Problem, ob ein deutscher Verwalter in einem *Nachlaßkonkursverfahren* ein Rechtshilfeverfahren gem. § 304 BC einleiten konnte.

In Sachen *Georg*[3] wollte der Verwalter in dem Nachlaßkonkurs über das Vermögen des in Köln verstorbenen *Kaussen* ein Rechtshilfeverfahren in Georgia einleiten. Der Antrag gem. § 304 BC wurde im Ergebnis vom Bankruptcy Court abgelehnt und in der Entscheidungsbegründung festgestellt, daß die Definition des Foreign Proceedings in § 101 (23) BC auf den Gemeinschuldner (*debtor*) Bezug nehme. Ein Debtor sei aber nach Definition des BC in § 101 (13)

„a *person* or municipality concerning which a case under this title has been commenced"[4]

eine *Person*. Das Nachlaßvermögen könne aber keine Person im Sinne des BC sein. Dies gelte nicht nur für die Einleitung eines Vollverfahrens (vgl. § 109 (a) BC) sondern auch für einen Antrag nach § 304 BC.[5]

---

2 Hervorhebungen vom Verfasser; zu der *principal assets* – Problematik, vgl. sogleich unten Fn 5.

3 Matter of Georg, 64 B.R. 321 (Bankr. N.D. Ga. 1986); vgl. Auch unten zur § 305 BC-Problematik, § 54 IV.

4 Vgl. aaO, 323, Unterstreichung vom Verfasser.

5 AaO, 325 und unter Hinweis auf *Collier on Bankruptcy*, 304.01, 304 - 312 (15th ed. 1986). Ein gutes Beispiel für die am Wortlaut des Gesetzes haftende Auslegungstechnik amerikanischer Gerichte. Hier zeigt sich aber auch das Zusammenspiel von § 109 (a) und § 101 (23) BC. Hat z. B. der Gemeinschuldner seinen Wohn- / Geschäftssitz in einem *Dritt*land und wird aufgrund der „*principal assets*" in einem *Zweit*land ein Insolvenzverfahren dort eröffnet, so kann der dort bestellte Foreign Representative ein Rechtshilfeverfahren (oder einen Vollkonkurs) in den *USA* einleiten, auch wenn das Konkursverfahren im Ausland „*purely in rem*" ist. Die von *Dalhuisen* (vgl. oben § 46 Fn 4) nachgezeichneten Anerkennungsgrundsätze für US-amerikanischer Gerichte gelten insoweit wegen § 101 (23) BC wohl nicht mehr uneingeschränkt, wenn *principal assets* tatsächlich im Land der Konkurseröffnung liegen. Die Anerkennungsvoraussetzungen für einen ausländischen Konkurs in den USA wird durch § 101 (23) *gesetzlich* näher konkretisiert. Es genügen danach *principal assets* in dem Land der Konkurseröffnung. Mehr wird nach dem Bankruptcy Code zunächst nicht gefordert. Ob dann aber letztendlich die *jurisdiction* aufgrund fehlender *minimum contacts* i.S.v. Shaffer v. Heitner, 433 U.S. 186, 209 ff. (1977) wieder abgelehnt wird, ist „*eine offene Frage*" (vgl. Dazu oben § 11, Fn 11, *Hay*, FS Müller Freienfels (1986), 247, 250; *Müller*, 64 Am. Bankr. L.J. 201 ff.

Die Entscheidung des Bankruptcy Court wurde aber vom Court of Appeals[6] *aufgehoben* und in der Entscheidungsbegründung festgestellt, daß zwar der Begriff des *debtors* eine *Person* voraussetze, so daß das Nachlaßvermögen als solches kein Debtor (und damit Gemeinschuldner) sein könne.[7] Diese Feststellung beendet aber noch nicht die Untersuchung. Nach Auffassung des Court of Appeals bezieht sich nämlich der Begriff *debtor* im Rahmen eines Rechtshilfeverfahrens gem. § 304 auf das ausländische Konkursverfahren und nicht etwa auf ein Konkursverfahren in den USA, da im Falle einer mehrdeutigen Auslegungsmöglichkeit eines Gesetzes diejenige heranzuziehen sei, die dem eigentlichen Gesetzeszwerk am besten dient.[8]

Ein Verfahren gem. § 304 BC führe – so das Gericht – nicht zu einem Voll-Konkursverfahren nach dem BC, sondern diene der Unterstützung eines ausländischen Konkursverfahrens. Daher mache es wenig Sinn zu fordern, daß es sich bei dem „debtor" um einen Debtor nach dem Bankruptcy Code zu handeln habe.[9]

Die Entscheidung des Bankruptcy Court wurde demgemäß aufgehoben und die Sache zur erneuten Verhandlung zurückverwiesen.

Das Ergebnis lautet also, daß *Rechtshilfe gem. § 304* BC *auch zum ausländischen Nachlaßkonkurs geleistet wird.*

In einem Nachlaßkonkursverfahren kann der Verwalter also ein Rechtshilfeverfahren gem. § 304 in den USA einleiten. Dagegen ist die Einleitung eines Vollverfahrens durch den Verwalter nicht möglich, da der Nachlaß keine „Person" i.S.v. § 109 (a) BC darstellt und der „Nachlaßkonkurs" in den USA unbekannt ist.

(1990)). Denn im internationalen Kontext einer *Urteil*sanerkennung vor US-Gerichten scheint eines klar zu sein: Ein deutsches Urteil, erlassen am Vermögensgerichtsstand (oder ein französisches Urteil erlassen aufgrund der französischen Nationalität des Klägers), würde in den USA nicht anerkannt werden, weil es wegen fehlender *minimum contacts* gegen den Grundsatz eines *due process* im Sinne von Shaffer v. Heitner (aaO) verstoßen würde. Aber, es wird von *Scoles/Hay*, Conflict of Laws, 1011, 1012 die Frage aufgeworfen (aber letztlich nicht beantwortet), ob die Gerichte der USA ein solches Urteil wegen „doing business" des Beklagten in Deutschland/Frankreich anerkennen würden. Vom Ergebnis her also ein hinkender Jurisdiction-Begriff: Obwohl nach eigenem Rechtsdenken (doing business) eine Jurisdiction gegeben ist, wird ein ausländisches Urteil (weil am Vermögensgerichtsstand erlassen) nicht anerkannt.

6 In re Georg, 844 F.2d 1562 (11th Cir. 1988), *cert. denied* Parungo v. Georg, 488 U.S. 1034, 109 S.Ct. 850, 102 L.Ed.2d 981 (1991).

7 AaO, 1566 und bedeutet im Ergebnis, daß ein Vollkonkurs vom Verwalter in einem Nachlaßkonkursverfahren in den USA nicht eingeleitet werden kann, da der Nachlaßkonkurs in den USA unbekannt ist und gem. § 109 (a) BC einen Debtor, eine „Person" voraussetzt. Vgl. im übrigen in diesem Sinne: In re Estate of Whiteside, 64 B.R. 99, 102 (Bankr. E.D. Cal. 1986); In re Estate of Patterson, 64 B.R. 807, 808 (Bankr. W.D. Tex. 1986); In re Jarrett, 19 B.R. 413, 414 (Bankr. M.D.N.C. 1982); In re 289 Jack-Hemp Ass'n, 20 B.R. 412, 413 (Bankr. S.D.N.Y.1982).

8 AaO, 1567.

9 AaO, 1568 unter Hinweis auf *Boshkoff*, United States Judicial Assistance in Cross-Border Insolvencies, 36 J.C.L.Q. 729, 740 ff. (1987).

3. Foreign Proceeding als gerichtliches Abwicklungsverfahren

In Sachen *Taylor*[10] ging es um die Frage, ob ein nach australischem Recht vom australischen Supreme Court bestellter Sequester (*receiver*) in einem Abwicklungsverfahren (*winding up*) als ein *representative* in einem *foreign proceeding* anzusehen sei, so daß er zur Einleitung eines Rechtshilfeverfahrens gem. § 304 BC berechtigt war. Im Ergebnis wurde die Frage bejaht, da (unter Hinweis auf die Entscheidung in Sachen *Georg*)[11] auf das ausländische Recht zur Bestimmung des Foreign Proceedings abzustellen sei und dieses kein Liquidationsverfahren sein müsse (vgl. § 101 (23) BC).[12]

Demgegenüber wurde in Sachen *Tam*[13] einem sogenannten *voluntary winding-up*-Verfahren nach dem Recht der Cayman Inseln die Qualität eines Foreign Proceeding abgesprochen und folglich der Antrag des Foreign Representative auf Einleitung eines Verfahrens gem. § 304 BC abgelehnt. Der hierfür maßgebliche Grund wurde vom Bankruptcy Court darin gesehen, daß vorliegend die Aktionäre (*shareholders*) sich nicht für die Einleitung eines gerichtlichen *winding-up*-Verfahrens (Liquidation, Gesellschaftskonkurs), sondern für eine freiwillige Liquidation entschieden hatten (voluntary winding-up)[14] und damit das Abwicklungsverfahren außerhalb der *jurisdiction* des Gerichts erfolgte und so nicht einer gerichtlichen Kontrolle oder Aufsicht unterlag. Letztlich fehle es daher – so das Gericht – an einem Foreign Proceeding.[15] Da aber ein Antrag gem. § 304 (a) BC sowohl ein Foreign Proceeding als auch einen Foreign Representative fordert, konnte dem Antrag nicht stattgegeben werden.

III. Die zu berücksichtigenden Gesichtspunkte, insbes. § 304 (c) (2) und (4) BC

1. Die zu berücksichtigenden Faktoren

§ 304 (c) BC zählt die Faktoren auf, die der Bankruptcy Judge in seiner Entscheidung zu berücksichtigen hat, ob er dem Antrag des Foreign Representative stattgibt oder nicht. Je nachdem, welchen Faktoren er das größere Gewicht im Einzelfalle beimißt, kommt er zu einer Anerkennung des Antrags des ausländischen Verwalters. Oder aber der Richter lehnt den Antrag aufgrund überwiegender national schutzwürdiger Interessen ab.

---

10 In re Taylor, 176 B.R. 903 (Bankr. C.D. Cal. 1995).

11 In re Georg, 844 F.2d 1562 (11th Cir. 1988).

12 176 B.R. 903, 907.

13 Petition of Tam, 170 B.R. 838 (Bankr. S.D.N.Y. 1994).

14 AaO, 841.

15 AaO, 845.

Ein räumlich gegenständlich beschränktes Konkursverfahren ist dem Bankruptcy Code unbekannt. Vielmehr führt § 304 (c) BC regelmäßig zu einem „*yes nor no*", d. h. dem ausländischen Verwalter wird Rechtshilfe zuteil oder sie wird ihm versagt.[16]

Der Schutz nationaler US-Interessen findet sich insbesondere in § 304 (c) (2) und (4) BC, wobei durch Ziff. (4) – überspitzt und wörtlich verstanden – die Maßstäbe des BC und seiner Verteilungsordnung zu einer international zu berücksichtigenden Idee erhoben werden, an der ausländische Konkursordnungen zu messen sind.

Aufgrund dieser gesetzlichen Konstruktion in § 304 (c), also einer losen Auflistung von Faktoren, die zueinander im Gegensatz stehen (können), ist es freilich nicht verwunderlich, daß neben einer auf den ersten Blick großzügig erscheinenden Rechtshilfebereitschaft in einer Reihe von Entscheidungen aufgrund übergeordneter national schutzwürdiger Interessen dem ausländischen Verfahren die Anerkennung und damit dem Verwalter die Rechtshilfe versagt worden ist.

2. *Comity*

Was hier als großzügige Rechtshilfebereitschaft bezeichnet wird, wird durch internationale Courtesy (*comity*) gewährt, so daß die beiden – auch heute noch – immer wieder zur Comity zitierten Leading Cases, *Culmer*[17] und *Cunard*[18] – letzterer betraf die Gewährung der Comity außerhalb eines Verfahrens gem. § 304 BC[19] – auch an dieser Stelle genannt werden können. Sie hatten eines gemeinsam, und dies wird jetzt auch durch die Entscheidung in Sachen *Maxwell* bestätigt:[20]

IV. Schwache oder fehlende nationale (US) Interessen als Grund für die Gewährung der Comity (§ 304 (c) (5) BC)

Je geringer die Berührung oder der Konflikt mit nationalen Interessen der USA, oder um so loser der Kontakt zu den USA ist, um so größer ist die Anerkennungsbereitschaft der Bankruptcy Courts der USA.

---

16 *Westbrook / Schmidt*, United States National Report, 13 (Taormina 1995, nicht veröffentlicht). Vgl. auch (insges.) *Westbrook*, Cross-Border-Insolvency, United States Report, in: The International Symposium on Civil Justice in the Era of Globalization, Tokyo, 1993, 281 ff.

17 Matter of Culmer, 25 B.R. 621 (Bankr. S.D.N.Y. 1982).

18 Cunard S.S. Co. v. Salen Reefer Servs. AB, 49 B.R. 614 (Bankr. S.D.N.Y. 1985), bestätigt: 773 F.2d 452 (2d Cir. 1985).

19 Vgl. dazu oben § 48.

20 In re Maxwell Communication Corp. PLC, 170 B.R. 800 (Bankr. S.D.N.Y. 1994), bestätigt: 186 B.R. 807 (S.D.N.Y. 1995), zum Ganzen § 59.

1. Die Culmer Entscheidung

Boshkoff[21] hebt m.E. mit Recht hervor, daß etwa in der Entscheidung *Culmer* vom Bankruptcy Court festgestellt wird, daß das Konkursrecht der Bahamas mit dem der USA „substantiell übereinstimme", § 304 (c) (4) BC.[22] Dies gelte insbesondere für die Konkursverteilungsordnungen nach dem Recht des Bankruptcy Code bzw. dem Recht der Bahamas.[23]

Ferner hatten die dem Herausgabebegehren an das Konkursverfahren in den Bahamas widersprechenden US-Gläubiger – sowohl nach dem Recht der Bahamas als auch nach dem Recht der USA – nur ein der Konkursanfechtung unterliegendes Pfandrecht erworben.[24] Im Ergebnis stand also die Verletzung von andererseits zu berücksichtigenden nationalen (US) Interessen von vornherein nicht auf dem Spiel.[25] Letztlich hatten auch die beiden größten (US) Gläubiger – jeder von ihnen hatte eine erheblichere Forderung als alle widersprechenden Gläubiger zusammen – das Herausgabebegehren des Foreign Representative unterstützt.[26]

2. In re Cunard

Die schwachen bzw. fehlenden nationalen (US) Interessen gaben letztlich auch in der Entscheidung des District Courts in Sachen *Cunard*[27] den Ausschlag für die einem schwedischen Konkursverfahren zu gewährende Anerkennung seiner Wirkungen in den USA im Weg der Comity.

---

21 *Boshkoff,* aaO, 36 J.C.L.Q. 729, 746 (1987).

22 Matter of Culmer, 25 B.R. 621, 630 (Bankr. S.D.N.Y. 1982): „Relief is also proper under section 304 (c) (4) in that the distribution of BAOL's estate in the Bahamas will be *substantially in accord with the order and priorities prescribed by title 11 of the United States Code.* BAOL's assets will be disbursed according to statutory prescription: *taxes, wages* and administrative costs are paid *on preferential basis*; secured claims are paid according to their priorities..." (Hervorhebungen vom Verfasser).

23 Vgl. §§ 507, 726 BC bzw. Companies Act §§ 159 - 161; Winding-Up Rules 91 - 98, Culmer, aaO, 631.

24 Culmer, aaO, 629: „To allow these opposing creditors to preclude the relief requested would grant them preferences to which they are not entitled either in a Bahamian liquidation, see Companies Act §§ 153, 164, Petition 11 (d), or in a United States bankruptcy, see 11 U.S.C. § 547. This court is thus not obliged to protect the positions of fast moving American and foreign attachment creditors over the policy favoring uniform administration in a foreign court", unter Hinweis auf Banque de Financement S.A. v. First National Bank of Boston, 568 F.2d 911, 921 (2d Cir. 1977).

25 Boshkoff, aaO, 747.

26 Culmer, aaO, 624 ff.

27 Cunard, aaO, bestätigt in 773 F.2d 452. Es sei wiederholt, daß in Sachen Cunard die Anerkennung im Rahmen der allgemeinen Comity-Doktrin, also nicht im Rahmen eines Rechtshilfeverfahrens gem. § 304 erfolgte. Cunard zählt aber zu den Leitentscheidungen, die regelmäßig in den Entscheidungen zu Rechtshilfeverfahren gem. § 304 zitiert werden.

Cunard, ein ungesicherter sonstiger Gläubiger, erlangte sein Pfändungspfandrecht an Vermögenswerten von *Salen* in den USA nur aufgrund einer Pfändung, *nachdem* in Schweden ein Konkursverfahren über das Vermögen von Salen eingeleitet worden war. Ein solches Pfandrecht hätte (selbstverständlich) aber auch in einem amerikanischen Konkursverfahren keinen Bestand.

Schließlich wird noch hervorgehoben: Obwohl *Cunard* in den USA Geschäfte machte und auch anwesend war, wurde ihm Rechtsfähigkeit nach englischem Recht verliehen; er hatte seinen Sitz in London. Ferner hatte der *Vertrag* – aus dem Cunard seinen Anspruch ableitete – *keine* Verbindung zu den USA und Salen selbst war eine schwedische Rechtspersönlichkeit.[28]

V. Zwischenergebnis

Amerikanische Gerichte werden regelmäßig im Rahmen einer Abwägung zwischen dem Schutz inländischer (US-)Interessen gegenüber dem ausländischen Interesse an einer Anerkennung aufgrund der Comity Doktrin ihre Entscheidung maßgeblich daran ausrichten, inwieweit im Falle einer „Anerkennung" des ausländischen Konkurses schutzwürdige Inlandsinteressen berührt werden. Ist die Berührung gering, so wird die ausländische Entscheidung, also die Wirkung ausländischer Konkursgesetze im Wege der Comity anerkannt und wird dem Foreign Representative Rechtshilfe gewährt. Hieraus ist von *Boshkoff*[29] der Schluß gezogen worden:

„There is little reason to hope for cooperation from American courts in any but the most routine and non-controversial situation. Optimism is not yet justified".

---

28 Vgl. Cunard, aaO, 773 F.2d 452, 459 (2d Cir. 1985):

„The guiding premise of the bankruptcy code..., is the equality of the distribution of assets among creditors... Cunard is *not* a secured creditor of Salen, but a *general creditor.* Cunard initiated this action and obtained the attachment *after* Salen had filed its petition for bankruptcy.

In attaching these funds, Cunard has attempted to maintain a captive fund to secure any... award it may receive. There is, however, no compelling policy reason for a *general creditor*... to receive a preference over other creditors... It may be added that, although Cunard does business and has a presence in the United States, it is incorporated and based in England. Furthermore, the *contract at issue* has *no connection with the United States* and Salen is a *Swedish business entity*" (Hervorhebungen vom Verfasser).

29 United States Judicial Assistance in Cross-Border Insolvencies, 36 J.C.L.Q. 729, 747 (1987); *Zaretsky*, Transnational Insolvency: A Multinational View of Bankruptcy, 17 Brooklyn J. Int'l L. 473 ff. (1991): Schutz der nationalen „Priority"-Ordnung, so *Glosband/Katukki*, aaO, 477, 497; *Westbrook*, aaO, 474: Schutz inländischer Gläubiger durch US-Gerichte; ferner *Nielson*, 22 Colum. J. Transnat'l L. 541, 572 (1984); *James*, 3 Hous. J. Int'l L. 241, 274 (1981); *Morales/Deutcsh,* 39 Bus. Law. 1573, 1597 (1984); *Booth*, 66 Am. Bankr. L.J. 135 - 231 (1992); *Rimel*, 9 Bankr. Dev. J. 453 - 483 (1992), kritisch zur territorialen Begrenzung; grundlegend zum Ganzen in deutscher Sprache, *Hay,* Auslandskonkurs und Inlandsfolgen aus amerikanischer Sicht, FS Müller-Freienfels (1986), 247 - 269.

§ 50 Leading Cases und Einzelfälle zu § 304 BC

Das US-Recht „lebt" von seinen Entscheidungen. Daher soll anhand der Leading Cases die Rechtsprechung zu § 304 BC – insbesondere zu Absatz (c) – nachgezeichnet werden. Die Darstellung beansprucht keine Vollständigkeit sondern muß sich wegen der Fülle der Entscheidungen hier auf die Grundsatzurteile, die immer wieder zitiert werden, beschränken.

I. Pfändungspfandrecht zugunsten von US-Gläubigern nach ausländischer Konkurseröffnung

Im diametralen Gegensatz zu den einen universellen Standpunkt einnehmenden Entscheidungen in Sachen *Cunard* und *Culmer*[1] steht die Entscheidung eines Bankruptcy Courts in Sachen *Toga*. Es ging um Pfändungspfandrechte.

1. Matter of Toga MFG. Ltd.[2]

Die Gemeinschuldnerin im *Toga*-Fall war eine kanadische Gesellschaft, die *Hesse* Enterprises, eine Gesellschaft in Michigan, zum ausschließlichen Handelsvertreter für KFZ-Teile bestellte. Ende 1980 kam es zwischen *Toga* und *Hesse* zu Meinungsverschiedenheiten, so daß *Hesse* aufgrund der vertraglich vereinbarten Schiedsklausel ein Schiedsgerichtsverfahren einleitete. Im Rahmen der Auseinandersetzung wurde u. a. am 1. April 1982 zwischen *Toga* und *Hesse* ein Prozeßvergleich i.H.v. ca. $ 60.000 geschlossen, der geschuldete Kommissionszahlungen für Verkäufe an Kunden in den USA betraf. Am 13. Mai erwirkte *Hesse* ferner einen Schiedsspruch in Höhe von ca. $ 153.000 für geschuldete Kommissionen aus Auslandsverkäufen, der am 21. Mai 1982 gerichtlich bestätigt wurde. Im weiteren kam es dann aufgrund der Titel u. a. zu Forderungspfändungen aus dem Prozeßvergleich (am 4. Mai 1982) und dem gerichtlich bestätigten Schiedsspruch (am 10. Juni 1982) zugunsten von *Hesse*.

Die Wirksamkeit der Forderungspfändungen zugunsten von *Hesse* wurde aber von dem größten gesicherten Gläubiger von *Toga* – einer kanadischen Bank – angegriffen, weil sie ein früheres Sicherungsrecht (gegenüber dem gerichtlichen Pfandrecht zugunsten von *Hesse*) besitze. Dem folgend wurde am 9. Juli 1982 die Auszahlung der gepfändeten Forderungen an einen Treuhänder der Bank gerichtlich angeordnet. Gegen diese Auszahlungsanordnung wendete sich *Hesse* und erwirkte am 28. Juli 1982 einen „*stay*" der Vollstreckung, so daß die Drittschuldner ca. $ 215.000 bei der Geschäftsstelle des Gerichts hinterlegten.

---

1 Oben § 49 IV.

2 Matter of Toga MFG. Ltd., 28 B.R. 165 (Bankr. E.D. Mich. 1983).

Über *Toga* wurde am 18. Oktober 1982 ein Konkursverfahren in Kanada eingeleitet, dem am 14. Dezember 1982 ein Antrag auf Durchführung eines Rechtshilfeverfahrens gem. § 304 BC in den USA folgte. In dem Antrag begehrte der kanadische Trustee:

a) die Untersagung aller Klagen von Gläubigern gegen *Toga* bzw. ihr Vermögen und

b) die Auszahlung der bei der Geschäftsstelle des Gerichts hinterlegten $ 215.000.[3]

Dem Antrag des kanadischen Trustee gem. § 304 BC wurde aber nicht stattgegeben. Vielmehr wird in der Begründung festgestellt, daß zwar das Konkursverfahren nach kanadischem Recht Vermögen des Gemeinschuldners in den USA erfasse.[4] Vorliegend müsse aber berücksichtigt werden, daß *Hesse* Urteile gegen Toga in den USA erwirkte und aufgrund dieser Urteile (Forderungs-)Pfändungspfandrechte erworben habe, so daß er als ein gesicherter Gläubiger zu behandeln sei.[5] Im Rahmen des kanadischen Verteilungsverfahrens würde *Hesse* aber nur als ein einfacher Gläubiger behandelt werden, so daß das kanadische Verteilungsverfahren also nicht mit dem der USA „*substantially*" übereinstimme.[6]

Ferner heißt es:

„*This court must protect United States citizen's* claims against foreign judgment inconsistent with this country's well-defined and accepted policies... *Hesse's* secured status as it exists under this country's laws would not receive the same, or sustantially similar treatment under Canadian law. In fact, (under Canadian bankruptcy law) *Hesse* would receive *substantially unequal* treatment".[7]

Ansprüche von US-Bürgern seien gegen ausländische Urteile zu schützen, die nicht mit den wohldefinierten und akzeptierten Grundwerten „dieses Landes" übereinstimmten. Als ein gesicherter (*US*) Gläubiger werde *Hesse* aber in dem kanadischen Konkursverfahren nur als ein einfacher Gläubiger behandelt, so daß eine Ungleichbehandlung[8] vorliege.

---

3 28 B.R. 165, 167.

4 28 B.R. 165, 167.

5 28 B.R. 165, 168: „Hesse received a judgment against Toga from a court of competent jurisdiction in the State of Michigan. It perfected its judgment by serving writs of garnishment on several of Toga's creditors. Hesse is thus a lien creditor and, as such, is recognized as holding a secured claim to the extent of the value of its interest in the estate's interest in such property. 11 U.S.C. § 506. Consequently, Hesse would be one of the first creditors to receive payment, 11 U.S.C. § 507. Under Canadian law, on the other hand, Hesse would most likely be considered an ‚ordinary creditor'".

6 28 B.R. 165, 168: „Hesse would receive just treatment of its claim against Toga in the Canadian courts. Upon distribution of the proceeds of the estate under Canadian bankruptcy law, however, Hesse's claim will not receive the priority recognition „substantially in accordance with the order prescribed by this title" as required by section 304 (c) (4)".

7 28 B.R. 165, 170 (Hervorhebungen vom Verfasser).

8 Vgl. § 304 (c) (2), Schutz von Anspruchsberechtigten in den USA gegen Benachteiligungen; interessant ist, daß das Gericht sich an keiner Stelle in der Entscheidung die Frage stellt,

2. *Matter of Papeleras Reunidas, S.A.*[9]

Vorbemerkungen

Die Entscheidung ist in mehrfacher Hinsicht bemerkenswert und belegt die Unabhängigkeit der Bankruptcy Courts untereinander in Fragen der Gesetzesauslegung. Wurde in den grundlegenden Entscheidungen zur Anerkennung eines Auslandskonkurses – und seiner Wirkungen in den USA – *Culmer*, *Gee* und *Metzeler* – festgestellt,[10] daß die Comity in § 304 (c) (5) BC den „*focal point*" bilde, so wird dieser Standpunkt in *Papeleras* ausdrücklich abgelehnt und festgestellt, daß die Comity nur einer der 6 Faktoren in § 304 (c) BC darstelle.[11] Im Ergebnis wurde die Durchführung eines Rechtshilfeverfahrens gem. § 304 BC abgelehnt, da der Hauptgläubiger von *Papeleras* – ein US-Gläubiger – in dem spanischen Verfahren benachteiligt werde (§ 304 (c) (2) BC) und das spanische Verteilungsverfahren „*substantially*" nicht mit den des Bankruptcy Code übereinstimme.

Zum Tatbestand

Der der Entscheidung zugrunde liegende Sachverhalt war recht verwickelt. Es läßt sich aber für die hier interessierenden Fragen auf folgendes reduzieren.[12]

In dem *Papeleras*-Verfahren gem. § 304 BC ging es um den Streit zwischen *Papeleras*, einer spanischen Gesellschaft die weltweit Zigarettenpapier herstellte, und dem US-Gläubiger *Republic Tabacco*, Inc., vormals bekannt unter dem Namen *Adams Apple Distributing Company* („*Adams*"). 1975 vereinbarten *Adams* und *Papeleras*, daß *Adams* das Alleinvertriebsrecht für *Papeleras* „Bambu"-Zigarettenpapier in den USA für fünf Jahre erhalten solle. Die Durchführung des Vertrags wur-

---

ob das von *Hesse* erworbene Pfändungspfandrecht – als ein „*judgment lien*" – der Konkursanfechtung gem. § 547 ff. BC in einem US-Verfahren unterliegen würde (vgl. dazu § 33), so daß es an einer Ungleichbehandlung fehle. *Zustimmend*: *Gitlin/Flaschen*, The International Void in the Law of Multinational Bankruptcies, 42 Bus. Law. 307, 321, *ablehnend insbesondere*: *Boshkoff*, aaO, 36 J.C.L.Q. 729, 745 ff. (1987), eingehend *Booth*, aaO, 66 Am. Bankr. L.J. 135, 184 - 190 (1992) m.w.Nw.; die Entscheidung ist in der Literatur überwiegend auf Kritik gestoßen. Vgl. insbes. auch *Trautman,* Foreign Creditors in American Bankruptcy Proceedings, 29 Harv. Int'l L.J. 49, 56, 58 (1988), der sich vorliegend ebenfalls für den Verlust des Pfändungspfandrechts ausspricht, ferner *Gallagher & Hartie*, The Effectiveness of § 304 in Achieving Efficient and Economic Equity in Transnational Insolvency, 1983, Ann. Surv. Bankr. L. 1, 2, 15 (1983).

9 92 B.R. 584 (Bankr. E.D.N.Y. 1988).

10 Matter of Culmer, 25 B.R. 621, 629 (Bankr. S.D.N.Y. 1982), In re Gee, 53 B.R. 891, 901 (Bankr. S.D.N.Y. 1985), In re Metzeler, 78 B.R. 674, 677 (Bankr. S.D.N.Y. 1987).

11 92 B.R. 584, 594 „...*Don Edward* introduced the final bill to the house, *he* stated: Section 304 (c) is modified to indicate that the court shall be guided by considerations of comity *in addition* to the other factors specified therein, Bankruptcy Reform Act of 1978, Pub. L. No0.95 - 598" (Hervorhebungen vom Verfasser), es wird also auf die Ansicht von „Don Edward" abgestellt.

12 92 B.R. 584, 585 - 589; vgl. ferner die umfassende Darstellung und Bespr. bei *Booth*, aaO, 66 Am. Bankr. L.J. 135, 192 - 200 (1992).

de aber schon 1976 eingestellt, wobei beide Parteien sich gegenseitig den Bruch des Vertrages entgegenhielten. *Adams* verklagte daraufhin *Papeleras* wegen Vertragsbruches auf Schadensersatz. Im Juli 1981 wurde ferner eine Klage von Adams gegen Papeleras auf Ersatz von „Folgeschäden" i. S. d. entgangenen Gewinns (*consequential damages*) zugelassen, die zu einem Jury-Urteil vom 8. August 1984 führte. Das Jury-Urteil wurde vom 7. Circuit am 7. Nov. 1985[13] bestätigt, so daß *Papeleras* zu Zahlungen i.H.v. $ 1,45 Mio verpflichtet war und damit *Adams* zum größten Gläubiger von *Papeleras* wurde.

Papeleras selbst geriet schon 1979 in Zahlungsschwierigkeiten und konnte seinen Zahlungsplan nicht mehr erfüllen, so daß am 16. März 1984 ein Konkursverfahren über *Papeleras* in Spanien eröffnet wurde. *Adams* seinerseits begehrte im Oktober 1984 – nachdem er Kenntnis von dem Konkursverfahren in Spanien erlangte – die Eintragung eines Pfändungspfandrechts aufgrund des Urteils vom 8. August 1984 an dem Warenzeichen von *Papeleras* durch den District Court Illinois. Das Pfändungspfandrecht konnte aber nicht mehr eingetragen werden, da das Warenzeichen am 5. Okt. 1984 an „*Bambu*" durch die spanischen Liquidatoren veräußert worden war. *Adams* verklagte darauf *Bambu* wegen arglistiger Begünstigung in New York. Am 9. Dez. 1985 vereinbarten die Parteien, daß bis zur endgültigen Entscheidung der Kaufpreis für das Warenzeichen auf ein Treuhandkonto eingezahlt werde.

Die spanischen Liquidatoren beantragten am 20. Februar 1985 die Einleitung eines Rechtshilfeverfahrens gem. § 304 BC mit dem Ziel, Forderungspfändungen durch Adams wegen des Kaufpreises zu verhindern.

Zur Begründung

In der Begründung wird zu § 304 (c) (1) BC festgestellt, daß das spanische Konkursverfahren keine gerechte Behandlung von *Adams* Ansprüchen sicherstellte, da nach spanischem Konkursrecht nur unstreitige Forderungen zugelassen werden. *Adams* Schadensersatzforderung war aber streitig bis zur Entscheidung des Berufungsgerichts vom 7. Nov. 1985. Bis zu diesem Zeitpunkt seien aber schon die meisten Vermögenswerte von Papeleras liquidiert gewesen.[14] Folglich liege auch ein Verstoß gegen § 304 (c) (2) vor, da *Adams* nicht als Gläubiger in dem spanischen Verfahren anerkannt werde und (ferner) nicht von der Durchführung eines Konkursverfahrens informiert worden sei. *Adams* Bemühungen, sein Urteil gegen *Papeleras* in den USA durchzusetzen, könne aber nicht als ein Verstoß gegen § 304 (c) (3) BC bewertet werden.[15]

---

13 773 F.2d 925 (7th Cir. 1985).

14 92 B.R. 584, 590 dort aber Fn 14; der Rechtsweg wird für „putative" Gläubiger nach spanischem Recht eben nicht verschlossen. M.E. hätte vorliegend der Bankruptcy Judge sein „richterliches Ermessen" dahingehend nützen müssen, daß die spanischen Liquidatoren Adams als *einfachen* Gläubiger in die Gläubigerliste aufnahmen. Vorliegend hatte der Bankruptcy Judge aber mehr im Sinne: Adams sollte nach seiner Auffassung die Stellung eines *gesicherten* Gläubigers erhalten.

Die m.E. entscheidende Begründung für die Ablehnung eines Rechtshilfeverfahrens gem. § 304 BC findet sich in der Auslegung von § 304 (c) (4) BC, wonach das spanische Verteilungsverfahren „*substantially*“ nicht mit dem nach dem Bankruptcy Code in Übereinstimmung stehe. Das Pfändungspfandrecht (als judgment lien) werde in dem spanischen Konkursverfahren nicht berücksichtigt.[16] Dies gelte auch für das Pfändungspfandrecht zugunsten von *Adams*, so daß er dort nur als einfacher Gläubiger behandelt werde. Zwar kenne der BC das Konkursanfechtungsrecht gem. § 547 BC für derartige Pfändungspfandrechte, dies gelte aber nur, „soweit es als eine Gläubigerbevorzugung“ einzuordnen sei. Ein solcher Fall liege aber nicht vor, da *Adams* als mutmaßlicher Pfändungspfandrechtsgläubiger alles in seiner Macht stehende zur Vervollständigung des Pfandrechts unternommen habe und die Vervollständigung nur durch die Handlungen des Gemeinschuldners vereitelt worden sei. In einem solchen Fall soll es dem Gemeinschuldner nicht erlaubt sein, das Pfandrecht nachträglich anzufechten.[17]

Schließlich – so das Gericht weiter – könne das spanische Konkursrecht nicht im Wege der Comity anerkannt werden (§ 304 (c) (5) BC), da *Adams* aufgrund der „Auslassungen des spanischen Konkursrechts“ benachteiligt werde; ferner hätten es *Papeleras* und die Liquidatoren an „Aufrichtigkeit fehlen lassen“, so daß unter Comity-Grundsätzen ebenfalls die Abweisung des Verfahrens gem. § 304 BC geboten sei.

II. Fortsetzung von Prozessen und gesondertes Befriedigungsrecht von US-Gläubigern trotz ausländischen Konkurses

In re Lineas Aereas de Nicaragua

In den Entscheidungen *Lineas*[18] wurde US-Gläubigern ebenfalls ein besonderer Schutz zuteil. Es handelte sich hierbei um ein Lufttransportunternehmen, dessen Aktien dem Staate Nicaragua gehörten. Nach Eröffnung des Konkursverfahrens über das Unternehmen in Nicaragua leitete der Foreign Representative ein Verfahren gem. § 304 BC ein und beantragte:

a) die Herausgabe aller Vermögenswerte in den USA und

b) die Untersagung aller Prozesse gegen den Gemeinschuldner bzw. dessen Vermögen.

Der Bankruptcy Court untersagte zwar die Einleitung neuer Prozesse und die Vollstreckung aus Urteilen ohne Zustimmung des Gerichts; daneben gestattete er

15 92 B.R. 591, 592.

16 92 B.R. 592, 593.

17 92 B.R. 584, 593 / 594.

18 Lineas I, 10 B.R. 790 (Bankr. S.D. Fla. 1981); Lineas II, 13 B.R. 779 (Bankr. S.D.Fla. 1981).

aber die Fortsetzung anhängiger Prozesse bis zur Verurteilung (ohne Vollstreckung). Ferner wurde eine Herausgabeanordnung besonderer Art erlassen: Danach sollten keine Vermögenswerte in den USA herausgegeben werden; vielmehr seien sie *vorrangig* zur Befriedigung von US-Gläubigern zu verwenden.[19] Auch sollte durch § 304 (c) (2) BC gerade verhindert werden, daß ein US-Gläubiger seine Forderung im Ausland durchzusetzen habe.[20]

III. Kritik und Zusammenfassung

1. Kritik

Wie im *Toga*-[21] wurde auch im *Papeleras*-Fall US-Gläubigern ein besonderer Schutz zuteil, weil ihnen ein Pfändungspfandrecht (*judgment lien*) zustand, das im Falle eines Auslandskonkurses Bestand haben sollte.

Sieht man sich aber alleine den historischen Zeitablauf in Sachen *Papeleras* an, so steht fest, daß das spanische Konkursverfahren über Papeleras schon am 16. März 1984 eröffnet worden war. Die Verurteilung von *Papeleras* zum Schadensersatz durch ein US-Gericht erfolgte aber erst am 8. August 1984, und der Versuch einer Registrierung des Pfändungspfandrechts erfolgte gar erst im Oktober 1984.

Unter Zugrundelegung einer „universellen Sichtweise" geht das Gericht aber mit keinem Wort darauf ein, daß nach dem US-Bankruptcy Code,

a) die Fortsetzung von Prozessen / Handlungen oder die Durchsetzung eines Pfändungspfandrechtes gegen den Automatic Stay verstößt, § 362 BC[22] und

b) ein Verstoß gegen § 549 BC vorliegt,[23] so daß im Ergebnis ein derartiges nach Verfahrenseinleitung erworbenes Pfändungspfandrecht nicht nur „*voidable*", sondern „*void*" ist,[24] nach dem US-Bankruptcy Code also der Erwerb eines Pfändungspfandrechts nach Einleitung eines US-Konkursverfahrens gerade nicht mehr möglich war. Hätte der Bankruptcy Judge – im Rahmen der Comity-Prüfung – bei seiner Beurteilung auf den Zeitpunkt der spanischen Konkurseröffnung abgestellt, so hätte er eben zu dem Ergebnis kommen müssen, daß das spanische und amerikanische Verteilungsverfahren „*substantially*" gleichartig sind, da etwa ein Pfän-

---

19 AaO, 10 B.R. 790, 791, „. . .none of the debtor's assets located in this country will be removed from this country and that they will be applied *primarily* to satisfy the *debts owing to the US creditors*."

20 AaO, 13 B.R. 779, 780, „*the US creditors* of the debtor may have to look to Nicaragua for payment, an alternative to be avoided if possible under § 304 (c) (2) BC".
Es ist einzuräumen, daß der Bankruptcy Court auf die besonderen politischen Verhältnisse in Nicaragua Rücksicht nehmen mußte.

21 Vgl. oben § I,1.

22 Vgl. dazu §§ 29, 30.

23 Vgl. dazu § 31.

24 Vgl. dazu § 30 II.

dungspfandrecht *nach* Verfahrenseröffnung[25] nicht mehr begründet werden kann, derartige Gläubiger also als einfache Gläubiger zu behandeln sind. Dies hätte vorliegend freilich zu dem Ergebnis geführt, daß *Adams* nur die Stellung eines einfachen Gläubigers innehatte.

Die Entscheidung gewährt m.E. in unmißverständlicher Art und Weise *US-Gläubigern* einen Schutz, der ihnen auf internationaler Ebene nicht hätte zukommen dürfen.[26] Sie ist insgesamt abzulehnen.[27]

2. *Zusammenfassung*

Es springt bei näherem Hinsehen ins Auge, daß Sicherheiten von Konkursgläubigern, die im Wege einer Pfändung an in den USA befindlichen Vermögenswerten des ausländischen Gemeinschuldners erlangt werden, unterschiedlich behandelt werden, je nachdem ob die Pfändung in den USA von US-Gläubigern oder aber von einem ausländischen Gläubiger veranlaßt worden ist.

Wurde die Pfändung von einem ausländischen Gläubiger veranlaßt, so gehen US-Bankruptcy / District Courts „großzügig" mit der Anerkennung oder besser Nichtanerkennung ausländischer Konkurse und ihren Wirkungen im Wege der Comity um: Pfändungen in den USA nach Konkurseröffnung im Ausland sind aus Comity-Gesichtspunkten unwirksam. Dies wird durch *Cunard*[28] und *Victrix*[29] be-

---

25 Wurde das Pfändungspfandrecht *vor* Verfahrenseinleitung wirksam begründet, so stellt sich die Frage der Anfechtung gem. § 547 BC, da es sich im Gegensatz zu einem *statutory lien* um ein *judgment lien* – also um ein *judicial lien* – handelt, das einer Konkursanfechtung zugänglich ist, vgl. dazu § 34.

26 Kritisch aber im Ergebnis zustimmend, *Booth*, aaO, 66 Am. Bankr. L.J. 135, 192 - 200 (1992).

27 Der Bankruptcy Judge hatte sich u.A. auch „daran gestoßen" (so auch *Booth*, aaO, 192 ff.), daß der Rechtsanwalt der spanischen Liquidatoren eine eidliche Erklärung abgab, wonach „ein Verkauf der Warenzeichen nicht geplant sei" und darauf der District Court dem Antrag von *Adams* auf Gewährung eines Pfändungspfandrechts an dem Warenzeichen (Okt. 1984!) stattgab, das Warenzeichen tatsächlich aber veräußert worden war, so daß die Eintragung des Pfändungspfandrechts scheiterte (vgl. aaO, 92 B.R. 588). Dieses Verhalten der Liquidatoren war sicherlich unschön; hieraus in der Sache aber den Schluß zu ziehen, daß dieser – *„lack of condor by Papeleras and Liquidators"* – die Verneinung der Comity diktiere, geht m.E. zu weit. Provozierend gesagt: Wie kommt das Gericht dazu, eine solche Erklärung abzuverlangen bzw. als entscheidungserheblich zu bewerten?, wenn feststeht, daß a) Adams nur die Stellung eines einfachen Gläubigers zustehen konnte, so daß durch die Veräußerung kein wirksames Sicherungsrecht vereitelt werden konnte und b) die Liquidatoren verfügungsberechtigt waren. (NB.: Das Warenzeichen wurde für 1,5 Mio Dollar veräußert und der *entgangene Gewinn* für *Adams* wurde mit 1,45 Mio Dollar beziffert; letzter Betrag erscheint sehr hoch).

28 Cunard Steamship Company Ltd. v. Salen Reefer Services AB, 49 B.R. 614 (S.D.N.Y. 1985), bestätigt 773 F.2d 452 (2d Cir. 1985).

29 Victrix Steamship Co., S.A. v. Salen Dry Cargo A.B., 65 B.R. 466 (S.D.N.Y. 1986), bestätigt 825 F.2d 709 (2d Cir. 1987).

legt. Hier mußten die Bankruptcy / District Courts sich eben nicht mit dem besonderen Schutz von heimischen (US) Interessen auseinandersetzen.[30]

Wurden die Pfändungen in den USA nach Konkurseröffnung im Auslande aber von US-Gläubigern veranlaßt, so kann die Wertung eine grundsätzlich verschiedene sein: Die Pfändungen in den USA trotz ausländischer Konkurseröffnung sind wirksam und können nicht mittels der Comity-Doktrin überwunden werden. Dies wird auch durch *Toga*[31] und *Papeleras*[32] belegt.

Ein anderer Standpunkt wird zwar auf den ersten Blick vom Bankruptcy Court in Sachen *Culmer*[33] eingenommen. Aber auch dort hatten die dem Verfahren nach § 304 BC widersprechenden Gläubiger eines in den USA erworbenen Pfändungspfandrechts sowohl nach dem Recht der Konkurseröffnung auf den Bahamas, als auch nach dem geltenden Recht unter dem Bankruptcy Code nur ein anfechtbares Pfandrecht erlangt. Auch in diesem Falle fehlte es daher an einem Konflikt mit zu „schützenden heimischen (US) Interessen",[34] zumal die zwei größten US-Gläubiger (jeder von ihnen hatte eine größere Forderung als alle widersprechenden Gläubiger zusammen), den Antrag des Foreign Representative unterstützten.

§ 51 Prozeßunterbrechung und Prozeßverbot aufgrund einer Untersagungsverfügung gem. § 304 (b) (1) BC

Es geht hier um die in § 304 (b) (1) BC vorgesehene Möglichkeit des Prozeß- und Vollstreckungsverbots – bzw. der Unterbrechung entsprechender Verfahren.

I. Keine Unterbrechung eines US-Rechtsstreits vor einem District Court

1. Der Fall In re Banco National de Obras y Servicios Publicos[1]

Der selbe Bankruptcy Court, der über Culmer[2] entschieden hatte, hatte 1988 in Sachen *Banco National* zu urteilen. Die Entscheidung betraf in der Hauptsache die

---

30 *Glosband & Katucki*, aaO, 17 Brooklyn J. Int'l L. 477, 494 (1991); *Boshkoff*, aaO, 36 I.C.L.Q. 729, 747 (1987).

31 Matter of Toga MFG. Ltd., 28 B.R. 165 (Bankr. E.D. Mich. 1983).

32 Matter of Papeleras Reunidas, S.A., 92 B.R. 584 (Bankr. E.D.N.Y. 1988).

33 Matter of Culmer, 25 B.R. 624 (Bankr. S.D.N.Y. 1982).

34 *Boshkoff*, aaO, 36 I.C.L.Q. 729, 747, „Hence, the impairment of otherwise valid domestic interests, a controlling consideration in Toga, was not present in this case. Furthermore, the two major creditors in the US, each with a claim greater than those held by all the creditors objecting to the transfer, supported the position of the foreign representative".

1 91 B.R. 661 (Bankr. S.D.N.Y. 1988).

2 25 B.R. 621 (Bankr. S.D.N.Y. 1982).

Frage der Zulässigkeit einer Prozeßunterbrechung aufgrund einer Untersagungsverfügung des Bankruptcy Court gem. § 304 (b) (1) BC.

JAM, eine US-amerikanische Gewerkschaft für Maschienen- und Luftverkehrsarbeitnehmer, verklagte *Aeronave*, ein mexikanisches Luftverkehrsunternehmen mit 350 Arbeitnehmern in den USA vor dem *District Court* in New York wegen Verletzung des „*Railway Labor Act*", eines allgemein verbindlichen Tarifvertrages, an den auch Aeronave gebunden sei. Kurz nach der Klageerhebung in New York wurde über *Aeronave* ein Konkursverfahren in Mexiko eröffnet und Banco National zum mexikanischen Trustee bestellt, der hierauf in New York ein Verfahren gem. § 304 BC einleitete mit dem Ziel, den Prozeß von *JAM* gegen *Aeronave* in New York zu untersagen. Die gem. § 304 (b) (1) BC vorläufig erteilte Untersagungsverfügung wurde nach erneuter Prüfung aufgehoben, so daß die Feststellungsklage vor dem District Court in New York fortgesetzt werden konnte. Im Ergebnis wurde damit der Antrag des Foreign Representative gem. § 304 BC abgelehnt.

In der Urteilsbegründung wird aufgezeigt, daß der Automatic Stay (§ 362 BC) in einem Vollverfahren zu einer Verfahrensunterbrechung führe; gleiches gelte im Rahmen einer in einem Verfahren nach § 304 BC erteilten Untersagungsverfügung. Damit werde im Ergebnis wie in einem Vollverfahren die Zuständigkeit (*jurisdiction*) des Bankruptcy Court begründet.[3] Das US-Arbeitsrecht stelle aber ein Recht „*sui generis*" dar,[4] so daß etwa in einem Vollverfahren der Automatic Stay gem. § 362 (d) BC nachträglich aufgehoben werden könne, womit die Entscheidung dann doch von einem anderen Gericht als dem Bankruptcy Court getroffen werde.[5] Hinsichtlich des Verhältnisses (im Rahmen der Jurisdiction) wird hervorgehoben, daß es hier um typisch amerikanische Rechtsprobleme gehe, und daß damit alles für die Entscheidungszuständigkeit amerikanischer Gerichte spreche.[6] Und was die Jurisdiction amerikanischer Gerichte untereinander betreffe, komme vorliegend sehr wohl eine „Entziehung der Zuständigkeit des Bankruptcy Court" gem. § 152 (d) BC in Frage,[7] soweit es um die Bestimmung von (US) Arbeitnehmerforderungen gehe. Die dem mexikanischen Konkursverfahren zu gewährende Comity sei gegenüber dem Schutz von amerikanischen Gläubigern vor Nachteilen oder „Unbequemlichkeiten" (*inconvenience*) in dem mexikanischen Verfahren abzuwägen. Vorliegend würden aber US-Gläubiger nachhaltig benachteiligt werden, wenn sie die ihnen als Einzelnen zustehenden Ansprüche aus einem streitigen (US) Tarifvertrag vor dem mexikanischen Bankruptcy Court geltend machen müßten und dieses Gericht US-Arbeitsrecht auszulegen und anzuwenden habe.[8]

---

3 91 B.R. 661, 664, vgl. auch §§ 14, 15, 16, 18, 21, 47.

4 AaO, 664.

5 AaO, 664.

6 AaO, 667.

7 AaO, 667, vgl. auch §§ 14, 15, 16.

Es bleibt anzumerken, daß nach Auffassung des Bankruptcy Court letztlich aber das mexikanische Konkursgericht über die Zulässigkeit der Geltendmachung derartiger Ansprüche (aus einem US-Tarifvertrag) nach mexikanischem Recht zu entscheiden habe. Dies gelte auch für die Einräumung eines Rechts auf vorzugsweise Befriedigung.[9] Schließlich handelt es sich um einen mexikanischen Konkurs.

II. Untersagung eines Rechtsstreits vor einem Staats- oder Bundesgericht und Verweisung an das ausländische (Konkurs-) Gericht, § 304 (b) (1) BC

1. Vorbemerkung

Sieht man sich die oben dargestellte Entscheidung in Sachen *Banco National*[10] und die nachfolgend zu behandelnde Entscheidung in Sachen *Gercke*[11] zusammen an, so fällt auf, daß es in beiden Fällen nicht um die Vollstreckung bzw. um typische Leistungsbegehren ging. Banco National betraf die deklaratorische Feststellung durch ein Gericht der USA, ob die mexikanische Gemeinschuldnerin *Aeronave* einem US-Tarifvertrag unterliegt (oder nicht).

In Sachen *Gercke* ging es zwar um die gerichtliche Geltendmachung eines Anspruchs eines US-Gläubigers gegen den englischen Gemeinschuldner, der *vor* der Konkursverfahrenseröffnung in England auf Grund einer Gerichtsstandsvereinbarung in den USA vor einem Staatsgericht rechtshängig geworden ist. Zwischen den Parteien stand aber außer Streit, daß die Klage – seit der Konkurseröffnung in England – nicht mehr mit dem Ziel fortgesetzt werde, daß das Leistungsurteil dann mittels Pfändung später durchgesetzt werden sollte.[12] Insoweit „reduzierte sich" das Leistungsbegehren auf eine „Feststellung".

Der Bankruptcy Court kam in Sachen *Gercke* zu dem Ergebnis, daß es dem US-Kläger (und Konkursgläubiger in dem englischen Konkursverfahren) zuzumuten sei, seinen Rechtsstreit letztlich in England vor dem *dortigen Konkursgericht* fortzusetzen und gab damit dem Antrag des englischen Verwalters auf Erlaß einer Untersagungsverfügung gem. § 304 (b) (1) BC statt.

Aus anglo-amerikanischer Sicht wird mit einer solchen Entscheidung *auch* die *vis attractiva concursus* des englischen Konkursverfahrens – im Wege der Comity-Doktrin – anerkannt. Die (ursprünglich) gegebene US-Jurisdiction wird also aufgrund der späteren Konkurseröffnung in England verneint.

---

8 Aao, 667 „... United States Creditors will be severely prejudiced ... if they must litigate individually their claims emanating from a disputed collective agreement in Mexico and if the Mexican bankruptcy court is called upon to construe and apply American labor law ...".

9 AaO, 668, Fn 8.

10 91 B.R. 661 (Bankr. S.D.N.Y. 1988).

11 122 B.R. 621 (Bankr. D. Dist. Col. 1991).

12 AaO, 634.

Die Ähnlichkeit der hier im Wege der Comity-Doktrin anerkannten *vis attractiva concursus* des englischen Konkursverfahrens zum *forum non conveniens* liegt auf der Hand. Der einzige Unterschied besteht darin, daß sich das Gericht in den USA *nachträglich* für unzuständig erklärte. Insoweit geht es also auch hier um den „Verzicht auf die Jurisdiction" im Sinne einer Entscheidungshoheit, da ein anderes Gericht der Sachentscheidung „näher steht".

2. *In re Gercke*[13]

Der Fall *Gercke* bedarf näherer Darstellung:

Zum Tatbestand

Dominion, die Gemeinschuldnerin, war eine englische Gesellschaft die mit *York*, einer amerikanischen Gesellschaft, einen Vertrag unterzeichnete, wonach York das Vermögen von Dominion erwarb. Am 28. August 1989 verklagte York Dominion vor dem Superior Court in Columbia wegen Vertragsbruches. Termin zur Verhandlung wurde auf den 22. Januar 1990 bestimmt. Vor Durchführung des Termins wurde in England ein Konkursverfahren gegen *Dominion* eingeleitet und *Gercke* zum Verwalter bestimmt. Dieser leitete am 26. April 1990 ein Verfahren gem. § 304 BC ein und beantragte u. a., daß die Fortsetzung des Verfahrens in Columbia wegen des Vertragsbruches untersagt werde.[14]

Dem Antrag wurde im wesentlichen stattgegeben und *York* damit auferlegt, seinen Anspruch wegen Vertragsbruches in dem Konkursverfahren in England gerichtlich geltend zu machen.

Zur Begründung

In der Entscheidungsbegründung wird festgestellt, daß sie sich daran auszurichten habe, wie eine wirtschaftliche und zügige Verwaltung des Vermögens des Gemeinschuldners am besten sichergestellt werden könne, so daß schon danach die Untersagungsverfügung gerechtfertigt sei.[15] Gem. § 304 (c) (1) BC werde die Gleichbehandlung aller Gläubiger gefordert. Die Fortsetzung des Verfahrens in den USA führe aber wegen (der Verdoppelung) der Verfahrenskosten dazu, daß die Masse unnötig verringert werde.[16] Ferner führe die Fortsetzung des Rechtsstreits in England nicht zu einer Benachteiligung von *York* als amerikanischem Forderungsinhaber (§ 304 (c) (2) BC). Das englische Gericht sei durchaus in der Lage, über den nach Common Law zu bestimmenden Anspruch aus Vertragsbruch zu entscheiden. Ferner käme es auch nicht zu einer Erhöhung der Verfahrenskosten oder zu einer Verfahrensverzögerung. Die Gerichtsstandsvereinbarung (Columbia)

---

13 122 B.R. 621 (Bankr. D. Dist. Col. 1991).

14 AaO, 622 - 625.

15 AaO, 625.

16 AaO, 629.

sei aber insoweit (noch) zu berücksichtigen, so daß also auf die *ergangene* Anordnung des Superior Courts Unterlagen herauszugeben seien, die anderenfalls in dem Verfahren in England erneut vorgelegt werden müßten[17]. Ferner sei § 304 (c) (3) BC nicht berührt, und die Parteien seien sich einig, daß der BC und der UK-Insolvency Act „*substantially*" übereinstimmten § 304 (c) (4) BC.

Im Rahmen der Comity-Prüfung gem. § 304 (c) (5) BC kommt dann die eigentliche Begründung für den Verzicht auf die US-Jurisdiction zugunsten der Jurisdiction in England:

Bundesgerichte gewähren Comity, wenn das ausländische Gericht zuständig ist und die Anerkennung nicht zu einer Verletzung von Rechten von US-Bürgern oder allgemeiner (US-)Grundwerten führt.[18] In solchen Fällen können Gläubiger einer ausländischen Gesellschaft angehalten werden, ihre Ansprüche in dem ausländischen Verfahren geltend zu machen. Nichts anderes gelte – so heißt es – für den Fall einer Rechtswahl[19] und einer Gerichtsstandsvereinbarung.[20] Die ausschließliche Gerichtsstandsvereinbarung (zugunsten von Columbia) habe hinter dem Comity-Gesichtspunkt – den Interessen aller Konkursgläubiger von Dominion – zurückzutreten. Mit der Einleitung eines Konkursverfahrens kämen zudem die Interessen anderer Gläubiger hinzu, so daß auch eine zwingende Gerichtsstandsvereinbarung nicht mehr berücksichtigt werden könne.[21]

Dies gelte aber nicht hinsichtlich der schon ergangenen *order of document production* durch das Staatsgericht in Columbia, soweit *Gercke* danach ein Verfahren gem. § 304 BC mit dem Ziel einleite, eine ihm ungünstig erscheinende Anordnung auf Herausgabe von Unterlagen, im Wege einer Untersagungsverfügung gem. § 304 nachträglich zu verhindern.[22]

III. Sonstige Fälle zur Untersagungsverfügung gem. § 304 (b) (1), (3) BC

1. In re Rubin

In Sachen *Rubin*[23] wurde für die hier interessierende Fragestellung – Erlaß einer Untersagungsverfügung und Verweisung an das ausländische Konkursgericht zwecks Forderungsbestimmung – wie in Sachen *Gercke* entschieden. Im Ergebnis

---

17 AaO, 630.

18 AaO, 631 unter Hinweis auf Hilton, 159 U.S. 113, 202, 203 (1895); Cunard, 773 F.2d 452, 458 (2d Cir. 1985); Laker Airways, 731 F.2d 909, 937 (D.C. Cir. 1984); Overseas, 911 F.2d 1146 (5th Cir. 1990).

19 AaO, 632 unter Hinweis auf Cornfeld, 614 F.2d 1286 (2d Cir. 1979).

20 AaO, 682 Kenner Products Co., 532 F.Supp. 478, 479 ff. (S.D.N.Y. 1982); Cunard, 773 F.2d 452, 458.

21 AaO, 632, Victrix, 825 F.2d 709 (2d Cir. 1987).

22 AaO, 633, 634.

23 In re Rubin, 160 B.R. 269 (Bankr. S.D.N.Y. 1993).

wurde das Konkursverfahren in Israel letztlich im Wege der Comity unter den Voraussetzungen nach § 304 (c) anerkannt und damit die Fortsetzung eines Prozesses vor dem *District Court* in New York untersagt. Gleiches gilt für jede Art von Pfändungs- und Vollstreckungsversuchen in das Vermögen der israelischen Gemeinschuldnerin in den USA.

2. *In re Brierley*

Der Bankruptcy Court in Sachen Rubin folgt damit ausdrücklich den vorher in Sachen *Brierley*[24] gemachten Ausführungen, wonach die Klage von *Wertheim* vor dem Staatsgericht in New York gegen die englische Gemeinschuldnerin *Headington*[25] auf Zahlung von $ 650.000 ebenfalls im Wege eines Antrags gem. § 304 (b) (1) untersagt wurde. In der sehr ausführlichen Begründung wird *u. a.* festgestellt, daß die Einleitung eines Rechtshilfeverfahrens gem. § 304 BC nicht fordere, daß der Gemeinschuldner gem. § 109 (a) BC in den USA wohne, einen Geschäftssitz oder Vermögen habe.[26] Auch sei die Klage in England nicht mit Nachteilen für *Wertheim* verbunden.[27] Und soweit es nur um das „*fixing* the amount of [the creditor's] claim in the [american court]"[28] gehe, d. h. also im Sinne einer bloßen „Feststellung" (ohne Vollstreckungsabsicht), sei die Interpretation, – da es an einer Vollstreckung fehle, werde auch das Vermögen des Gemeinschuldners nicht berührt[29] – zu eng. Ferner könne die Untersagung neben § 304 (b) (1) auch auf § 304 (b) (3) BC gestützt werden (*other appropriate relief*), da andernfalls die ordnungsgemäße Feststellung von Forderungen und die gerechte Verteilung in einem Verfahren gestört werde.[30]

Letztlich wird dann noch klargestellt, daß die Untersagungsverfügung sich auf Klagen gegen *Headington* (und dessen Vermögen) beschränke. D.h., Klagen gegen Tochtergesellschaften von *Headington* und deren *property* werden nicht untersagt.[31] Daneben wurde aber dem Antrag auf *discovery* gem. § 304 (b) (3) BC statt-

---

24 Petition of Brierley, 145 B.R. 151 (Bankr. S.D.N.Y. 1992).

25 Headington gehörte zu dem „Maxwell-Imperium", dazu unten § 59.

26 AaO, 151, 158 unter Bezugnahme auf In re Gee, 53 B.R. 891, 899, 900 (Bankr. S.D.N.Y. 1985); „Since a 304 case is one which does not administer an estate as such but simply aids a foreign bankruptcy, there is little reason to exclude a debtor ineligible for chapter 11 relief from being the subject of a case under section 304, Gee, 53 B.R. 400".

27 AaO, 163 ff., unter Bezug auf Gercke, 122 B.R. 621, 629 (Bankr. D.D.C. 1991).

28 AaO, 168, Unterstreichung vom Verfasser.

29 Vgl. oben § 304 (b) (1) BC, „action *against* a debtor with *respect to property* involved in such foreign proceeding"(Hervorhebung vom Verfasser).

30 AaO, 168, „. . .the failure to grant injunctive relief in the form of disruption of an orderly determination of claims and the fair distribution of assets in a single case", Gercke, 122 B.R. 626.

31 AaO, 169.

gegeben, da hierdurch zweifelsfrei eine wirtschaftliche und zügige Verwaltung des Vermögens des Gemeinschuldners sichergestellt werde.

3. In re Lines

Am Rande sei noch die Entscheidung in Sachen *Lines*[32] erwähnt, die ebenfalls hinsichtlich der Untersagungsverfügung gem. § 304 (b) BC auf der Linie von *Gercke* liegt, wobei hinsichtlich des anzuwendenden Rechts festgestellt wird, daß unstreitig sei, daß in dem Konkursverfahren auf den Bermudas die „Vereinbarung" nach dem Recht von New York – wie nach der Vereinbarung vorgesehen – ausgelegt werde.[33]

Im Ergebnis wurde unter Beachtung der in § 304 (c)BC niedergelegten Faktoren dem Antrag auf Erlaß einer Untersagungsverfügung gegen die Klage eines US-Gläubigers (gestützt auf die „Vereinbarung") stattgegeben und der Kläger zur Geltendmachung seiner Rechte auf das Konkursverfahren auf den Bermudas verwiesen.

IV. Exkurs: Untersagung eines Rechtsstreits vor dem District Court und Verweisung an das ausländische (Konkurs-) Gericht aus Gründen der Comity ohne Rechtshilfeverfahren gem. § 304 BC

Erwähnt sei noch, daß die Anerkennung eines ausländischen Konkursverfahrens – allein aus Gründen der Comity außerhalb eines Rechtshilfeverfahrens – auch zu einer „Untersagung von Prozessen in den USA" führen kann. *Cunard*[34] hat diesen Grundsatz nach Inkrafttreten des BC für Pfändungen durch Konkursgläubiger nach Verfahrenseröffnung festgeschrieben, soweit es sich um Vermögensgegenstände des ausländischen Gemeinschuldners in den USA handelte.

1. In re Lindner Fund, Inc.

Gleiches gilt freilich auch für Prozesse im US-Erkenntnisverfahren. Sie werden im Ergebnis *dismissed*, wie etwa in Sachen *Lindner Fund, Inc.*[35] festgestellt wird. Die Klage vor dem District Court gegen den englischen Gemeinschuldner wurde aus Gründen der Comity *abgewiesen* (dismissed) und der Kläger zur Geltendmachung seiner Rechte an das englische Konkursgericht verwiesen; d. h.: im Ergebnis

[32] In re Lines, 81 B.R. 267 (Bankr. S.D.N.Y. 1988).

[33] AaO, 273.

[34] Vgl. dazu § 42 II.

[35] Lindner Fund, Inc. v. Polly Peck Int'l PLC, 143 B.R. 807 (S.D.N.Y. 1992).

kam es nicht zu einem bloßen „*stay*" des Prozesses vor dem Gericht in den USA, sondern zu einer „Klageabweisung".

2. *In re New Line*

In diesem Sinn wurde auch in Sachen *New Line*[36] entschieden. Das Konkursverfahren in Spanien wurde aus Gründen der Comity anerkannt und daher die Klage von New Line (im Erkenntnisverfahren) vor dem District Court gegen den spanischen Gemeinschuldner *Ivex* abgewiesen. Dem stand nicht entgegen, daß die Klage in New York aufgrund einer Gerichtsstandsvereinbarung anhängig gemacht worden und der klägerische Anspruch nach dem Recht von New York zu bestimmen war. Mit der Konkurseröffnung solle – so heißt es – die „effiziente und faire Verteilung des Vermögens des Gemeinschuldners" sichergestellt werden; die Durchsetzung der Gerichtsstandsvereinbarung erscheine demgegenüber unvernünftig.[37] Schließlich könne New Line die Klage erneut (vor dem District Court) anhängig machen, falls das spanische Konkursgericht die Klage aufgrund der Gerichtsstandsvereinbarung abweisen sollte.

Der darüber hinausgehende Antrag von *Ivex* auf Erlaß einer Untersagungsverfügung hinsichtlich sonstiger (künftiger) Klagen außerhalb des Konkursverfahrens in Spanien wurde aber abgewiesen, da nicht vorgetragen wurde, daß vor anderen Gerichten Klagen anhängig seien und Ivex nicht habe belegen können, daß ihr anderenfalls ein nicht wieder gut zu machender Schaden drohe.

V. Zusammentreffen von Untersagungsverfügung und Herausgabeanordnung gem. § 304 (b) BC

1. *In re Banco de Descuento*

Befinden sich in den USA Vermögenswerte des ausländischen Gemeinschuldners und wird im Rahmen eines Rechtshilfeverfahrens gem. § 304 BC die Untersagung der Prozesse in den USA *und* die Herausgabe von Vermögenswerten beantragt, so wird in der neueren *Literatur*[38] der Schutz von US-Gläubigern im Wege einer Zwei-Stufen-Prüfung befürwortet. Gestützt wird diese Auffassung auf die Entscheidung in Sachen *Banco de Descuento*[39], in der zwar die Fortsetzung der

---

36 New Line Intern. Releasing v. Ivex Films, 140 B.R. 342 (S.D.N.Y. 1992).

37 AaO, 346, „in the face of a foreign bankruptcy proceeding, since in that circumstance considerations of – efficient and fair distribution of (the debtor's) assets – would make such enforcement unreasonable", vgl. In re Kenner Prods. Co. v. Société Foncière et Financière Agache – Willot, 532 F.Supp. 478 (S.D.N.Y. 1982).

38 *Trautman/Westbrook/Gaillard,* Four Models for International Bankruptcy, 41 Am. J.C.L. 573, 621, 622 (1993).

39 In re Banco de Descuento, 78 B.R. 337 (Bankr. S.D. Fla. 1987).

Prozesse von US-Gläubigern in einem Verfahren gem. § 304 BC in den USA untersagt wurde, weil das Recht von Ecuador nicht gegen die amerikanische Grundwertordnung verstoße; die sich in den USA befindlichen Vermögenswerte der *Banco de Descuento* wurden aber mit der Begründung[40] vorläufig *eingefroren*, daß der Fortgang des Verfahrens in Ecuador abgewartet werden müsse, um feststellen zu können , ob die US-Gläubiger in dem Konkursverfahren in Ecuador tatsächlich fair behandelt würden. Sollte eine faire Behandlung von US-Gläubigern in Ecuador nicht sichergestellt sein, so könne das US-Gericht selbständig über die Vermögenswerte disponieren. Mit einer derartigen Vorgehensweise werde ein „angemessener Druck auf das ausländische Verfahren zur fairen Behandlung aller Gläubiger ausgeübt".[41]

2. *Kritik*

Die oben von *Boshkoff*[42] geübte Kritik an der teilweise einseitigen Betrachtung von US-Interessen wird insoweit freilich nicht entkräftet. Im Gegenteil, für kontroversere Fälle wird eine „sehr praktische Lösung" vorgeschlagen: Das im Inland (USA) belegene Vermögen des ausländischen Gemeinschuldners wird *quasi* sequestriert, bis feststeht, daß US-Gläubiger in dem ausländischen Konkursverfahren gerecht behandelt werden. Hierüber entscheidet das US-Gericht im Nachhinein, wenn es darüber befindet, ob es die *assets* herausgibt oder nicht.

M.E. ist eine derartige Betrachtungsweise nicht bedenkenswert sondern bedenklich. Die einzig einsichtige Begründung für diese Auffassung ist das *Mißtrauen* gegenüber der ausländischen Jurisdiction, wenn US Interessen berührt werden.

Im kontinentaleuropäisch-amerikanischen Verhältnis wird sogar von *Trautman/Westbrook/Gaillard* festgestellt,[43] daß insbesondere US-Unternehmen mit Vermö-

---

40 AaO, 340, „The court will therefore require the maintenance in the United States of the assets and property of Banco de Descuento now in the United States pending further order of this Court. As the proceeding in Ecuador progress, the Court will be able to assess whether the General Law of Banks of the Republic of Ecuador, as applied, provides fair treatment to *United States creditors*.

The parties are in sharp disagreement as to whether it would be appropriate to provide for a mini administration of funds in the United States pending a determination of whether the General Law of Banks of the Republic of Ecuador, as applied, provides for *fair treatment of United States creditors*" (Hervorhebungen vom Verfasser).

41 *Trautman/Westbrook/Gaillard*, aaO, 622. „It also clearly will put appropriate pressure on the foreign proceeding to treat all creditors fairly ... It is to be expected that this approach will find increasing favor with American courts."

42 Vgl. oben § 49 V.

43 *Trautman/Westbrook/Gaillard*, aaO, 622. „Finally, it should be observed once again that the unilateral approach of the United States can achieve fairness only for predominantly foreign enterprises. Predominantly *American enterprises* with assets and creditors abroad will, in the absence of treaties, *be at the mercy of foreign choice-of-law rules* and of such *discriminations as are embodied in conventions* to which the United States is not a party.

gen und Gläubigern im Ausland der „Gnade“ ausländischen Kollisionsrechts ausgesetzt seien. Solange etwa Länder wie Belgien und Deutschland ihre kollisionsrechtlichen Regeln auf amerikanische Verfahren anwenden und hiervon nicht durch Verträge abgehalten werden könnten, würden Gläubiger eines überwiegend amerikanischen Unternehmens weiterhin unter dem Chaos des gegenwärtigen rechtsfreien Raumes leiden.

Das ist eine herbe Kritik,[44] die *pauschales* Mißtrauen gegenüber kontinentaleuropäischem Rechtsdenken erkennen läßt, dabei aber nicht die Quellen angibt, die eine solche Aussage rechtfertigen könnten. Vom Ergebnis her würde damit ein Art I Bankruptcy Judge[45], die hierauf ergehende Entscheidung eines ausländischen (etwa deutschen) Prozeß- oder Konkursgerichts nachträglich einer – *revision au fond* – außerhalb eines Instanzenzugs unterziehen, wenn er nachträglich seine *jurisdiction* „wieder herstellte“, weil ihm die ausländische Entscheidung „nicht gefällt“.

Ein so verstandenes hoheitsstaatliches *jurisdiction*-Verhältnis amerikanischer Gerichte wird aber auf internationaler Ebene auf wenig Verständnis stoßen, zumal es ausländisches regelmäßig kodifiziertes Kollisionsrecht für unwirksam erklärt. Die Frage einer *Respektierung* ausländischer Rechte sollte daher hier gestellt werden.

§ 52 Zahlungen eines US-Gläubigers nach Konkurseröffnung und deren Zugehörigkeit zur ausländischen Konkursmasse: Keine Frage der Insolvenz

Die herbe Kritik gegenüber kodifiziertem Kollisionsrecht europäischer Prägung verblaßt aber, wenn man sich die Rechtsprechung des 2nd Cir. Court of Appeals in Sachen *Koreag* ansieht. Dort war für die Wahl des anzuwendenden Rechts – und damit der „US-jurisdiction“ – ausschlaggebend, daß ausschließlich die Interessen eines US-Gläubigers berührt waren. Somit *mußte* die Entscheidung nach dem Recht von New York ergehen.

Unless other *countries, like Belgium and Germany, use choice of law* to defer to American proceedings, and are not prevented by treaty obligations from engaging in such choice of law, *creditors of* predominantly *American firms will continue to suffer the chaos of present dispensations.*“ (Hervorhebungen vom Verfasser).

44 Vgl. *Trautman / Westbrook / Gaillard*, aaO, 573 - 625.

45 Vgl. unten zur Abstention § 54, in Sachen *Georg* und zur Frage Art I oder Art III-Judge oben § 22.

I. In re Koreag, Controle et Revision S.A.[1]

1. Vorbemerkung

Leading Case ist sicherlich die Entscheidung in Sachen *Koreag*[2], in welcher der Bankruptcy Court in erster Instanz ausdrücklich den vormals in Sachen *Toga* und *Papeleras*[3] eingenommenen Standpunkt als protektionistisch verwarf und einen anerkennungsfreundlichen Standpunkt einnahm.

Dem *turnover*-Begehren eines schweizerischen Foreign Representative in einem Verfahren gem. § 304 (b) BC wurde stattgegeben. Die Entscheidung wurde aber vom Court of Appeals[4] aufgehoben, indem dieser die fraglichen rechtsgeschäftlichen Vorgänge – obwohl sie alle *nach* der schweizerischen Konkurseröffnung erfolgten – kollisionsrechtlich dem Uniform Commercial Code (*UCC*), wie er in New York angewendet wird, unterstellte, und somit in seiner Prüfung zu dem Ergebnis kam, daß die streitigen Gelder (teilweise) nicht zur ausländischen Konkursmasse zählten, so daß sich *der US-Gläubiger* hieraus befriedigen konnte.

2. Zum Sachverhalt

Der schweizerische Gemeinschuldner *Mebco* betrieb mit seinem amerikanischen Geschäftspartner *Refco* Devisengeschäfte. Das Konto, auf dem die streitigen Zahlungen zwischen *Mebco* und *Refco* ein- und ausgingen, befand sich bei einer Zweigstelle der Swiss Bank Corporation, einer Schweizer Bank in New York.

Kurz vor und nach der Konkurseröffnung in der Schweiz kam es zwischen *Mebco* und *Refco* noch zu einer Reihe von Devisengeschäften, die über das Konto abgewickelt werden sollten. Aufgrund verschiedener Vereinbarungen über die Abwicklung von Devisengeschäften in der Zeit vom 20. - 27. April 1989 überwies *Refco* telegraphisch $ 7.407.510 auf das Konto. Die Überweisung erfolgte am *28. April 1989* um 3.52 Uhr Eastern Standard Time.

Refco überwies ferner in der Zeit vom *28. April bis 2. Mai 1989* ausländische Währungen im Wert von ungefährt $ 4.1 Mio auf Mebco's Konten in Europa im Austausch gegen Zahlungen von Mebco auf das Konto. Im Zusammenhang mit diesen Devisengeschäften hatte *Mebco* in der Zeit vom 20. – 27. April Anweisungen erteilt, von dem Konto einen Gesamtbetrag von $8.789.800 auf das Konto von *Refco* bei der City Bank New York zu überweisen.[5]

---

1 961 F.2d 341 (2d Cir. 1992).

2 130 B.R. 705 (Bankr. S.D.N.Y. 1991).

3 Vgl. oben § 50 I.

4 961 F.2d 341 (2d Cir. 1992).

5 Der in der Urteilsbegründung mitgeteilte Sachverhalt gibt keinen ausdrücklichen Hinweis, ob die Auszahlung erfolgte. Es steht aber zu vermuten, daß die Auszahlung durch die KO-Eröffnung am 27. April verhindert wurde.

Am 27. April um 10.15 (eastern standard a.m. time) wurde über *Mebco* ein Liquidationsverfahren in der Schweiz eröffnet und *Koreag* zum Liquidator bestellt, der um 2 p.m. desselben Tages das Konto für alle Auszahlungen sperrte. Demgegenüber wurden aber *Einzahlungen* auf dem Konto weiterhin entgegengenommen. *Refco* wurde von *Koreag* über die Eröffnung des Konkursverfahrens in der Schweiz nicht informiert und erfuhr hiervon erst am 3. Mai 1989.

Am 5. Mai verklagte *Refco Mebco* vor dem District Court auf Rückzahlung der streitigen Zahlungen und arrestierte das Konto Koreag. Seinerseits eröffnete *Mebco* ein Verfahren gem. § 304 BC vor dem Bankruptcy Court. Er beantragte eine Untersagungsverfügung und Herausgabe der Einlagen „auf dem Konto" zugunsten des Liquidationsverfahrens in der Schweiz.

3. Zur Begründung der Entscheidung

Der Court of Appeals stützte seine Berufungsentscheidung insbesondere auf kollisionsrechtliche Überlegungen anglo-amerikanischer Art. Nach Federal Common Law sei das Recht anzuwenden, „welches das größte Interesse an dem Rechtsstreit habe",[6] gleiches gelte auch für das Recht von New York. Folglich sei eine Interessenanalyse durchzuführen. *Refco* sei in New York registriert. Die streitigen Einlagen befänden sich dort. Ferner sei New York ein Weltfinanzplatz, den solche Transaktionen besonders angingen. Demgegenüber habe zwar die Schweiz ein Interesse an der Konkursverwaltung. Letztlich habe aber New York eine bessere Berechtigung zur Entscheidung der vorliegenden Streitfragen. Es wird hierzu wörtlich ausgeführt:[7]

> „Despite connections to both jurisdictions, we conclude that New York has a superior interest in the particular question at issue here. New York's concerns relate to the underlying property claims at stake, the corresponding contract rights of the parties, and the conduct giving rise to this particular property dispute. These relationships are ordinarily regulated under New York law, and New York is concerned with how this law operates as to a New York corporation with its principal place of business in New York ...
>
> Switzerland's primary interest is in the administration of Mebco's insolvency estate. New York's primary interest is in defining and protecting the property interests of its citizens and those who do business there. Thus, New York law is more closely related to the particular property dispute at issue. We conclude that New York law should apply ..."

New York soll also eine *vorrangige* Berechtigung zur Bestimmung und zum Schutze von Vermögensrechten seiner Bürger und derjenigen, die hier Handel treiben, haben. Daher stehe New York den die Vermögensrechte betreffenden Streitfragen näher, so daß das Recht von New York anzuwenden sei.[8]

---

6 961 F.2d 341, 350 „The federal common law choice of law rule is to apply the law of the jurisdiction having the greatest interest in the litigation (m.Nw).

7 AaO, 351.

Im Ergebnis habe – so heißt es – vorliegend ein gesetzliches Treuhandverhältnis (*constructive trust*) hinsichtlich der ungerechtfertigten Bereicherung der Konkursmasse bestanden.[9] Dieser Constructive Trust zugunsten von Refco sei gegenüber der Berechtigung von *Mebco* höher einzustufen, so daß diese Vermögenswerte nicht zu Mebco's Konkursmasse zählten.[10]

Hinsichtlich der $ 4.1 Mio – um in der Argumentation fortzufahren – sei *Refco* als *Käufer* nach dem U.C.C.N.Y. zu behandeln; ihm stünde damit kein *Recht* auf Rückforderung zu (U.C.C.N.Y. §§ 2 - 711). Und da schließlich das Konkursverfahren in der Schweiz als „*fundamental-fair*" einzuordnen sei (§ 304 (c) BC), habe *Refco* die $ 4.1 Mio als ungesicherte Forderung in dem schweizerischen Konkursverfahren geltend zu machen.

II. Kritik

Die Entscheidung ist in den USA auf ablehnende Kritik in der Literatur[11] gestoßen, da die Grenzen der Anwendung vom US-Vermögensrecht gegenüber dem (ausländischen) Konkursrecht im Grunde vom Gericht ignoriert worden seien und sie eine Abkehr von der Idee des „Universalismus" darstelle.

Für uns genügt es, hier festzustellen, daß nirgendwo in der Entscheidungsbegründung auf den *Zeitpunkt* der ausländischen Konkurseröffnung abgestellt und somit nicht gefragt wird, wie denn Zahlungen, die *nach* Konkurseröffnung beim Gemeinschuldner eingehen – nach schweizerischem Konkursrecht – behandelt werden.

Nach dem Recht der deutschen KO, wäre einmal der Überweisungsauftrag des Gemeinschuldners über die $ 8.7 Mio mit der Konkurseröffnung erloschen.[12] Folglich wären Zahlungen die *nach* Konkurseröffnung an den Gemeinschuldner erfolgten (7,407.510 und rd. 4,1 Mio Dollar) nach dem Gedanken von § 81 InsO / § 7 I, II KO zu behandeln gewesen, da auf etwas gezahlt worden ist, worauf die Konkursmasse keinen Anspruch mehr hatte. Insoweit war der Gedanke der ungerechtfertigten Bereicherung der Konkursmasse im Ergebnis sogar richtig.

Dennoch steht die Entscheidung – soweit der Zeitpunkt der ausländischen Konkurseröffnung unberücksichtigt bleibt – in einer Reihe mit den Entscheidungen in Sachen *Papeleras* und *Toga*,[13] denen zufolge Vermögenswerte *nach* Konkurseröffnung wirksam von US-Gläubigern arrestiert wurden.

---

8 Hierauf wird nachfolgend nicht im einzelnen eingegangen, da materiellrechtliche Fragen des Rechts des Staates New York berührt werden.

9 AaO, 352, 354, 356.

10 AaO, 356, „Under these circumstances, these funds cannot be considered property of Mebco's estate – within the meaning of 11 U.S.C. § 304 (b) (2) and thus cannot be subject of a turnover order there under".

11 *Trautman / Westbrook / Gaillard*, aaO, 620 ff.

12 Vgl. etwa *Kilger / Karsten Schmidt*, zu § 8, Anm. 1c.

§ 53 Schlußbetrachtung

Die Untersuchung des Rechtshilfeverfahrens nach § 304 BC hat aufgezeigt, daß hier dem Bankruptcy Court ein flexibles Instrument, nicht nur der Rechtshilfe für ausländische Insolvenzen, sondern auch zur Bewältigung inländischer (US) Rechtsstreitigkeiten und Vollstreckungen nach einer ausländischen Konkurseröffnung an die Hand gegeben wird. Die Entscheidung steht im Ermessen des Bankruptcy Judge, wobei die Interessen von US-Gläubigern regelmäßig einen *besonderen* Schutz kraft Gesetzes erfahren. Auf den Zeitpunkt der ausländischen Konkurseröffnung für die rechtliche Untersuchung der Wirksamkeit oder Unwirksamkeit von Handlungen, welche die ausländische Konkursmasse berühren, wird von den Gerichten regelmäßig nicht abgestellt. Vielmehr erfolgt die Anerkennung des ausländischen Konkursverfahrens und damit die Gewährung von Rechtshilfe aufgrund der in § 304 (c) BC niedergelegten Kriterien, wobei der Comity letztlich zentrale Bedeutung zukommt, so daß Handlungen oder Prozesse, die das ausländische Konkursverfahren berühren, nicht nur verboten sind sondern auch *nachträglich* auf Anordnung des Bankruptcy Judge unterbrochen werden können, oder Vermögensgegenstände die zur Konkursmasse zählen, auf Anordnung des Gerichts an den Foreign Representative herauszugeben sind.

Im Falle einer *umfassenden* Anerkennung kann dies zum Verzicht auf die US-Jurisdiction zugunsten des ausländischen Konkursverfahrens führen.

§ 54 Die „Enthaltung" (abstention) von einem Verfahren unter dem Bankruptcy Code gem. § 305 BC

Es handelt sich hierbei um ein Rechtsinstitut, das durch die Reform von 1978 eingeführt wurde.

I. Die gesetzliche Bestimmung und ihr Zweck

Die Möglichkeit, über ein nach dem Bankruptcy Code anhängiges Verfahren nicht sachlich zu entscheiden, wird dem Konkursgericht unter den Voraussetzungen von § 305 BC eingeräumt. Diese Ermessensvorschrift lautet:

§ 305. Abstention

„(a) The court, after notice and a hearing, may *dismiss* a *case* under this title, or *may suspend all proceedings* in a case under this title, at any time if –

(1) the interests of creditors and the debtor would be better served by such dismissal or suspension; or

---

[13] Vgl. oben § 50 I.

(2)(A) there is pending a foreign proceeding; *and*

(B) the factors specified in section 304 (c) of this title warrant such dismissal or suspension.

(b) A foreign representative may seek dismissal or suspension under subsection (a)(2) of this section.

(c) An order under subsection (a) of this section dismissing a case or suspending all proceedings in a case, or a decision not so to dismiss or suspend, *it not reviewable* by appeal or otherwise by the court of appeals under section 158 (d), 1291, or 1292 of title 28 or by the Supreme Court of the United States under section 1254 of title 28.“ [1]

Danach kann (gem. § 305 BC) der Bankruptcy-Court ein anhängiges Verfahren (*case*) – Vollverfahren gem. § 301, § 303 *oder ein Hilfsverfahren gem. § 304 BC* – nach dem Bankruptcy Code abweisen (*dismiss*) oder diesbezügliche Prozesse aussetzen (*suspend*), wenn damit den Interessen der Gläubiger oder des Gemeinschuldners besser gedient wird, § 305 (a) (1) BC; *oder* wenn im Ausland ein Konkursverfahren eröffnet worden ist *und* die in § 304 (c) BC niedergelegten Tatbestandsmerkmale zu einer Abweisung oder Aussetzung ermächtigen, § 305 (a) (2) BC. Ein dahingehender Antrag kann (auch) von dem Foreign Representative gestellt werden, § 305 (b) BC.

Ihrem Sinn und Zweck nach dient die Abstention gem. § 305 BC einer Verfahrensvereinheitlichung. Dabei braucht man sich nur vor Augen zu halten, daß nach dem Bankruptcy Code

a) der Gemeinschuldner ein Vollverfahren gem. § 301 BC,

b) die Gläubiger ein Vollverfahren gem. § 303 BC,

c) der Foreign Representative ein Vollverfahren gem. § 303 (b) (4) BC,

d) der Foreign Representative ein Rechtshilfeverfahren gem. § 304 BC

beantragen können.

Es kann daher leicht zu einer Konkurrenz von mehreren Verfahren nach dem BC kommen.

Oder ein Antrag des Foreign Representative nach § 305 BC wird dazu benutzt, das von ihm eingeleitete Vollverfahren (gem. § 303 (b) (4) BC) einstellen zu lassen, wobei danach der Erlös an die ausländische Konkursmasse herausgegeben wird. Letzter Fall lag der *Axona*-Entscheidung[2] zugrunde, die an anderer Stelle[3] – wegen ihres besonderen Bezugs zum Konkursanfechtungsrecht – ausführlich besprochen wird. Auf die dort gemachten Ausführungen kann hier verwiesen werden.[4]

---

1 Hervorhebungen vom Verfasser.

2 In re Axona Intern. Credit & Commerce Ltd. 88 B.R. 597 (Bankr. S.D.N.Y. 1988), 115 B.R. 442 (S.D.N.Y. 1990), 924 F.2d 31 (2d Cir. 1991).

3 Vgl. dazu § 58.

4 Unten, § 58, § 59.

Es bleiben aber die Fälle einer typischen Verfahrenskonkurrenz. So wurde etwa in der Entscheidung in Sachen *Gee*[5] von dem Foreign Representative ein Rechtshilfeverfahren gem. § 304 BC in den USA eingeleitet, wogegen sich die *Gemeinschuldnerin*(!) mit der Einleitung eines Vollverfahrens unter Chapter 11 des BC zu verteidigen suchte. Ähnlich lag der Sachverhalt in der Entscheidung in Sachen *Interpool*,[6] nur mit dem m.E. entscheidenden Unterschied, daß hier *US-Gläubiger* die Durchführung eines Liquidationsverfahrens unter Chapter 7 des BC begehrten. Auf die Entscheidung in Sachen *Interpool* und *Gee* wird nachfolgend eingegangen.

II. Die Rechtsprechung zu § 305 BC

1. Interpool, Ltd. v. Certain Freights of M / V Venture Star[7]

Die Entscheidung des *District Court* von New Jersey[8] in Sachen *Interpool* betraf das Zusammentreffen eines australischen Konkursverfahrens über *KKL-Kangaroo Lines* (KKL) mit einem von den australischen Liquidatoren eingeleiteten Rechtshilfeverfahren gem. § 304 BC und einem danach durch mehrere *US-Gläubiger* eingeleiteten Vollverfahren unter Chapter 7. Es ging in der Hauptsache um die grundsätzliche Frage, ob die in den USA befindlichen Vermögenswerte nach australischem Recht in einem Verfahren gem. § 304 BC verwaltet werden und damit das Verfahren unter Chapter 7 des BC eingestellt wird, oder aber, ob umgekehrt das Rechtshilfeverfahren gem. § 304 BC verworfen und ein Trustee für das Verfahren unter Chapter 7 ernannt wird, der das Vermögen dann nach US-Recht verwaltet.

Im Ergebnis wurde ein Liquidationsverfahren gem. Chapter 7 des BC durchgeführt und damit ein Rechtshilfeverfahren gem. § 304 BC durch die australischen Liquidatoren nicht zugelassen. Die Entscheidung ist in der Literatur auf heftige Kritik gestoßen,[9] da nach den Ausführungen des District Courts das ausländische Konkursrecht – im Ergebnis – *quasi* mit dem Recht der USA im Bankruptcy Code „identisch" sein müsse,[10] so daß nach dem dort eingenommenen Standpunkt fraglich sei, „ob australisches Recht oder das Recht jedes ausländischen Landes jemals eine Anerkennung in den USA erfahren kann".[11] Schließlich wäre auch die Ver-

---

5 In re Gee, 53 B.R. 891 (Bankr. S.D.N.Y. 1985).

6 Interpool, Ltd. v. Certain Freights of M / V Venture Star, 102 B.R. 373 (D.N.J. 1988).

7 102 B.R. 373 (D.N.J. 1988).

8 Keine Berufungsmöglichkeit gegen die sozusagen erstinstanzliche Entscheidung des District Court(!), vgl. 878 F.2d (3rd Cir. 1989).

9 *Glosband & Katucki*, U.S. Court Declines Recognition of Australian Insolvency Proceedings, 2 Int'l Creditors Rts & Insolvency Rep. 4, 5 (1990); Michael R. *Hughes*, An Australian Perspective on Interpool, 2 Int'l Insolvency & Creditors Rts. Rep. 32 (1990); eingehend zum australischen Recht, *Booth*, 66 Am. Bankr. L.J. 135, 200 - 212 (1992); *Rimel*, 9 Bankr. Dev. J. 453, 469 / 470 (1992).

10 *Booth*, 66 Am. Bankr. L.J. 204, unter Hinweis *Hughes*, aaO.

11 *Glosband & Katucki*, 17 Brooklyn J. Int'l L. 477, 490 (1991).

waltung in einem Rechtshilfeverfahren „billiger und zügiger“ (§ 304 (c) BC) gewesen als in einem Vollverfahren nach dem BC. Auch wären US-Gläubiger in dem Verfahren in Australien hinreichend geschützt gewesen.[12]

2. *In re Gee*[13]

Ein liberaler Standpunkt wurde in der Entscheidung des Bankruptcy Courts in Sachen *Gee* eingenommen. Aber hier fällt auf, daß Interessen von inländischen (US) Gläubigern gerade nicht berührt waren, so daß die Einstellung des Chapter 11 Verfahrens durch den Antrag des Foreign Representative gem. § 305 (b) BC auf keine Schwierigkeiten stieß.

Zum Sachverhalt

Die Gemeinschuldnerin *Universal* war eine auf den Cayman-Inseln gegründete und lizensierte Rückversicherungsgesellschaft, der, nachdem sie sich Weisungen ihrer Aufsichtsbehörde widersetzt hatte, die Lizenz entzogen wurde. Ein US-Gläubiger aus Kalifornien beantragte daraufhin die Eröffnung eines Konkursverfahrens vor dem Grand Court of the Cayman Islands. *Gee* wurde in dem Konkursverfahren zum Liquidator bestellt, der daraufhin die Durchführung eines Rechtshilfeverfahrens gem. § 304 BC beantragte. Ziel seines Antrages gem. § 304 BC war die Herausgabe von Geschäftsunterlagen des in New York sitzenden Managements und damit die Durchführung eines „*discovery*“-Verfahrens. Ferner beantragte er, Verfügungen von Universal zu untersagen und ggf. die Herausgabe von Vermögensgegenständen anzuordnen.

Vertreter von *Universal* – also der Gemeinschuldnerin(!) – versuchten daraufhin mittels Einleitung eines Vollverfahrens in den USA gem. Chapter 11, das Rechtshilfeverfahren des Liquidators *Gee* gem. § 304 BC und die dort gestellten Anträge zu Fall zu bringen. Im Ergebnis wurde aber kein Verfahren gem. Chapter 11 des BC durchgeführt. Damit folgte der Bankruptcy Court dem Antrag des Liquidators auf Abweisung des Chapter 11 Verfahrens gem. § 305 (b) BC.

Zur Begründung

In der Begründung der Entscheidung wird u. a. festgestellt, daß die Einleitung eines Chapter 11 Verfahrens nicht etwa automatisch das von einem Foreign Representative eingeleitete Rechtshilfeverfahren suspendieren könne. Andernfalls wären mit der Einleitung eines Chapter 11 Verfahrens die gem. § 304 (c) zu prüfenden Voraussetzungen bedeutungslos,[14] vgl. § 305 (b) i.V.m. (a) (2) (A) *und* (B). Gem. § 304 (c) BC sei eine, „wirtschaftliche und zügige Verwaltung des Vermögens des Gemeinschuldners unter Beachtung der in 1 - 6 niedergelegten Merkmale sicherzustellen“, wobei der Comity eine besondere Bedeutung zukomme.[15]

---

12 *Booth*, aaO, 211.

13 53 B.R. 891 (Bankr. S.D.N.Y. 1985).

14 53 B.R. 891, 900.

Insbesondere im vorliegenden Fall, in dem das ausländische Verfahren einer „*sister common law jurisdiction*" unterliege, sei eine Ausnahme von der Comity eng auszulegen. Das Verfahren auf den Cayman Islands sei fair und das dort eröffnete „*winding up*"-Verfahren nach dem British Companies Act gleiche dem Verfahren nach dem Bankruptcy Code[16] (§ 304 (c) (1), (2) BC). § 304 (c) (4) BC werde ebenfalls nicht verletzt, da das Companies Law eine Prioritätenordnung (z. B. für Steuern, bestimmten Lohnforderungen) kenne.[17] Im Ergebnis sei damit eine wirtschaftliche und zügige Verwaltung in einem Verfahren nach § 304 BC möglich. Schließlich verfolge die Einleitung eines Chapter 11 Verfahrens das Ziel, das ausländische Konkursverfahren zu durchkreuzen.[18] Dieser Zweck sei aber nicht schutzwürdig, so daß das Chapter 11 Verfahren abgewiesen werden mußte.

III. Sonderproblem: Die Aufhebung des Automatic Stay zwecks Konkurseröffnung im Ausland und nachfolgende Abstention gem. § 305 BC

Die außerordentliche Flexibilität zwischen den verschiedenen Verfahrensmöglichkeiten nach dem BC-Vollverfahren, Hilfsverfahren und daneben einer Abstention von einem Vollverfahren bzw. Hilfsverfahren wird in der Entscheidung *In re Spanish Cay Co. Ltd.*[19] belegt.

Spanish Cay war eine Gesellschaft auf den Bahamas. Die Besonderheit des Falls lag darin, daß sich alle wesentlichen Vermögenswerte von Spanish Cay auf den Bahamas befanden. Spanish Cay besaß dort eine Insel, die bebaut werden sollte und hatte hierfür von *CIBC*[20] ein Darlehen i.H.v. $ 3 Mio erhalten, welches dinglich abgesichert war. Als sich abzeichnete, daß das Bauvorhaben scheitern würde, eröffneten Insider von Spanish Cay ein Reorganisationsverfahren gem. Chapter 11 in Florida nach dem BC, um einem rigideren Konkursverfahren auf den Bahamas zu entgehen. Hiergegen wandte sich CIBC mit allem Nachdruck und beantragte die Abweisung des Chapter 11 Verfahrens in Florida.

In der Entscheidungsbegründung des Bankruptcy Court wird festgestellt, daß Spanish Cay als Gemeinschuldner (*debtor*) i.S.v. § 109 (a) BC anzusehen sei, da die Gesellschaft ein Verkaufsbüro in Florida unterhielt, von dem aus Geschäfte in den USA betrieben wurden.[21] Auch scheide eine Abstention gem. § 305 (a) (1) BC

15 AaO, 901.

16 AaO, 902, 903.

17 AaO, 904, 905.

18 AaO, 905.

19 161 B.R. 715 (Bankr. S.D. Fla. 1993).

20 Abkürzung für Canadian Imperial Bank of Commerce.

21 Insoweit kommt es nach der Auffassung des Bankruptcy Court nicht darauf an, daß sich quasi das gesamte Gesellschaftsvermögen auf den Bahamas befand.

aus, da die Gemeinschuldnerin ein Verfahren gem. Chapter 11 des BC *bevorzuge*, so daß eine Einstellung nicht im besten Interesse beider Seiten – Gläubiger *und* Schuldner – sein könne.[22]

Letztlich wurde aber dem Antrag von CIBC auf Aufhebung des Automatic Stay gem. § 362 (d) BC unter der Bedingung stattgegeben, daß CIBC nach Aufhebung des Automatic Stay die Einleitung eines Konkursverfahrens auf den Bahamas beantragt. Mit der Einleitung eines Konkursverfahrens auf den Bahamas könne dann eine Abstention gem. § 305 (a) (2) BC erteilt werden, da im vorliegenden Fall die Voraussetzungen des § 304 (c) BC erfüllt seien (§ 305 (a) (2) (B) BC). Im Rahmen der Prüfung und Bewertung der Voraussetzungen in § 304 (c) BC folgte das Gericht dann den Entscheidungen in Sachen *Gee*, *Cunard* und *Culmer*.

Im Ergebnis wurde also nach Einleitung des Konkursverfahrens auf den Bahamas eine Abstention gem. § 305 (a) (2) BC angeordnet und damit das Chapter 11 Verfahren nach dem BC in Florida abgewiesen (*dismissed*).

IV. Kein Rechtsmittel zum Court of Appeals oder Supreme Court wegen Gewährung / Versagung einer Abstention § 305 (c) BC

1. Die Entscheidung In re Georg[23]

Ein Katz-und-Maus-Spiel zwischen Bankruptcy / District Court gegenüber dem Court of Appeals lag der Entscheidung in Sachen *Georg* zugrunde. Der in Köln 1985 verstorbene *Kaussen* hinterließ *u. a.* Nachlaßgegenstände die in Georgia und Kalifornien belegen waren. Der Bankruptcy Court in Georgia[24] befand, daß ein ausländisches Nachlaßvermögen nicht einem Gemeinschuldner (*debtor*) i. S. d. Bankruptcy Codes (§ 101 (13) BC) zuzuordnen sei, so daß das vom deutschen Konkursverwalter *Georg* beantragte Rechtshilfeverfahren gem. § 304 BC abgelehnt wurde. Die Entscheidung des Bankruptcy Court wurde vom District Court bestätigt. Die dagegen von Georg eingeleitete Berufung zum Court of Appeals[25] hatte aber Erfolg, da nach der Auffassung des Gerichts ein antragsberechtigter Gemeinschuldner zu einem Rechtshilfeverfahren gem. § 304 BC nicht ein Gemeinschuldner nach dem Bankruptcy Code (*debtor*) sein muß, so daß die Entscheidung aufgehoben und zur erneuten Verhandlung an den Bankruptcy Court zurückverwiesen wurde.

---

22 AaO, 724.

23 930 F.2d 1563 (11th Cir. 1991).

24 Matter of Georg, 64 B.R. 321 (Bankr. N.D. Ga.1986).

25 844 F.2d 1562 (11th Cir. 1988), vgl. die Besprechung oben § 49.

2. *Die zweite Entscheidung*

Georg beantragte hierauf ein erneutes Hilfsverfahren gem. § 304 BC und der Bankruptcy Court erließ jetzt eine „*abstention*" gem. § 305 BC, wogegen Georg „Berufung" vor dem District Court einlegte, die aber dort mit der Begründung abgewiesen wurde, daß eine Abstention-Order gem. § 305 BC nicht einer Berufung unterliege.

Hiergegen wandte sich Georg mit der vorliegenden 2. Berufung in der Angelegenheit an den Court of Appeals. In der Entscheidungsbegründung wird u. a. festgestellt, daß ein Art I Bankruptcy Court keine Abstention Order gem. § 305 BC bzw. eine Enthaltung von der Jurisdiction verfügen könne, die nicht erneut nachgeprüft werden kann. Die originäre Jurisdiction in Konkurssachen sei Art III Gerichten vorbehalten (also dem District Court). Da aber die Bankruptcy Courts ihre Jurisdiction nur aufgrund des Ermessens der District Courts ableiten,[26] sei eine nicht nachprüfbare Entscheidung durch einen Bankruptcy Court verfassungswidrig, da sie nicht von einem Art III Gericht erlassen worden sei.[27]

Schließlich wurde aber § 305 (c) BC im Jahre 1990 dahingehend abgeändert, daß nur der Rechtsweg zum Court of Appeals bzw. Supreme Court ausgeschlossen werde. Nicht berührt sei aber die Review-Möglichkeit einer Entscheidung des Bankruptcy Court durch den District Court.[28] Folglich wurde die Entscheidung des District Courts aufgehoben und die Sache zur erneuten Verhandlung an den District Court zurückverwiesen.

3. *Ergebnis*

Danach steht fest, daß eine Entscheidung des Bankruptcy Court im Rahmen von § 305 BC mit der Berufung / Review zum District Court angegriffen werden kann. Demgegenüber kann aber die Entscheidung zu § 305 BC des District Courts nicht vor dem Court of Appeals bzw. dem Supreme Court gerügt werden.

---

26 930 F.2d 1563, 1565. „This court noted that original jurisdiction over bankruptcy cases is vested in article III courts and that bankruptcy courts obtain jurisdiction only at the *discretion* of the district court", vgl. 28 U.S.C. § 1334 (a) (b) und 28 U.S.C. §§ 151, 157. (Unterstreichung vom Verfasser).

27 AaO, 1565, 1566, unter Hinweis auf Marathon (vgl. dazu § 22) „. . .an unreviewable section 305 order dismissing or suspending a district court's jurisdiction over a bankruptcy case would violate Art III of the constitution by impermissibly placing the jurisdiction of an article III court within the unreviewable discretion of an article I court".

28 Vgl. § 305 (c) „. . .is not reviewable by appeal or otherwise by the court of appeals. . . or by the Supreme Court of the United States", 930 F.2d 1566.

V. Zusammenfassung

Im Rahmen einer „*abstention*“ gem. § 305 BC gelten damit die gleichen Prüfungsvoraussetzungen und Auslegungsgrundsätze wie für die Einleitung eines Rechtshilfeverfahrens nach § 304 BC. Die Abstention nach § 305 (a) (2) BC wird nur dann gewährt, wenn die Voraussetzungen gem. § 304 (c) BC erfüllt sind. Die Entscheidung hierüber kann nicht mit der Berufung bzw. Revision angegriffen werden, wenn der District Court – erstinstanzlich oder im Wege des „review“ einer Entscheidung des Bankruptcy Court – urteilt.[29] Geht es um die Abstention eines Bankruptcy Judge, bleibt aber die Review-Möglichkeit durch den District Court.

§ 55 Limited Appearance: Ein Sonderproblem

§ 306 BC regelt ein amerikanisches Sonderproblem, das alle Fälle der §§ 303, 304 und 305 BC betrifft.

I. Der Herstatt Fall

Die Vorschrift hat ihre Geschichte. Im Herstatt Fall[1] stellte sich im Hinblick auf die amerikanische Konzeption der „*personal jurisdiction*“ [2] die Frage, ob sich ein ausländischer Representative mit einem Antrag auf Rechtshilfe der amerikanischen Jurisdiction ein und für alle Mal unterwerfe. Die Bejahung dieser Frage würde natürlich einen solchen, im gegebenen Falle gebotenen, Antrag mit einer unübersehbaren Konsequenz für die Zukunft belasten. Das Rechtshilfeangebot wäre daher möglicherweise für den ausländischen Representative ein Damoklesschwert.

II. Der Gesetzestext und die Folgen

1. Der Gesetzestext

§ 306 BC lautet:

§ 306. Limited appearance.

„An appearance in a bankruptcy court by a foreign representative in connection with a petition or request under section 303, 304 or 305 of this title does not submit such foreign representative to the jurisdiction of any court in the United States for any other purpose, but the bankruptcy court may condition any order under section 303, 304, or 305 of this title on compliance by such foreign representative with the orders of such bankruptcy court.“

---

29 Vgl. oben II, Interpool II, 878 F.2d 115 (3rd Cir. 1989).

1 Oben § 12 I.

2 Siehe dazu oben § 14.

2. *Die Folgen*

Damit ist für die Zukunft klargestellt, daß der Foreign Representative, der sich mit Anträgen nach §§ 303, 304 und 305 BC an den Bankruptcy Court wendet, nicht befürchten muß, deshalb in anderen Fällen der Jurisdiction amerikanischer Gerichte unterworfen zu werden.

Dritter Abschnitt

Internationale Konkursaufrechnung und internationale Konkursanfechtung

Das interne US-Konkursaufrechnungsrecht sowie das Recht der Gläubigerbenachteiligungsanfechtung wurden oben[1] dargestellt. Oft wird ein US-Inlandskonkurs begonnen, um insbesondere von den günstigen Anfechtungsmöglichkeiten des US-Rechts zu profitieren[2].

In internationalen Fällen stellt sich aber die Frage, ob hier nicht ausländisches Recht gilt oder *auch* gilt, dies deshalb, weil sowohl Aufrechnung als auch Anfechtung auch materiellrechtliche Bezüge haben. Die somit geforderte „conflicts analysis" bei „nonterritorial conflicts"[3] hat den Gesetzgeber noch nicht auf den Plan gerufen. Die Rechtsprechung konnte sich daher dieser Aufgabe nicht entziehen. Das Recht der internationalen Konkursaufrechnung und das der in internationalen Konkursanfechtung ist daher Richterrecht, rudimentär bezüglich der Aufrechnungsproblematik, klarer, was die Anfechtungsproblematik betrifft.

Die folgende Darstellung versucht hier einen Durchblick.

Kapitel 10: Die internationale Konkursaufrechnung

§ 56 Internationale Konkursaufrechnung

Die Aufrechnungsproblematik kann sich auch in einem internationalen Zusammenhang stellen: Ein US-Gemeinschuldner hat z. B. einen Geldanspruch gegen einen deutschen Schuldner. Dieser erklärt mit einem Gegenanspruch die Aufrechnung. Das ist zunächst *vor* dem Konkurse ein Problem des internationalen Privatrechts und bleibt es *auch* in der Insolvenz. Nur kommt mit der Einleitung des Bankruptcy Verfahrens das konkursrechtliche hinzu: Der Automatic Stay[4] steht der Aufrechnung entgegen. Die Aufrechnung kann daher nur unter der Aufsicht des

---

1 Oben §§ 32 - 39.

2 Vgl. unten die *Axona*-Entscheidung, § 58.

3 So *Westbrook*, Cross-Border-Insolvency, United States Report, in: The International Symposium on Civil Justice in the Era of Globalization, Tokyo 1993, 296.

4 Vgl. oben § 32.

Bankruptcy Judge durchgeführt werden, und das auch nur, wenn sie konkursrechtlich zulässig ist.[5]

I. Die zwei Aspekte

Zweierlei ist daher auseinanderzuhalten: Die materiellrechtliche Zulässigkeit der Aufrechnung richtet sich nach dem international-privatrechtlich einschlägigen materiellen Recht (*Aufrechnungsstatut*). Die insolvenzrechtliche Zulässigkeit hingegen wird vom *Konkursstatut* bestimmt.

In unserem Beispiel ist das US-Recht mit seinen Konkursrestriktionen im Bankruptcy Code[6] *Konkursstatut*. Der Bankruptcy Judge wird es beachten. Er muß aber auch nach dem *Aufrechnungsstatut* fragen, dem für die (konkursfreie) Aufrechnung geltenden Recht. Dieses *könnte* ein ausländisches Recht sein.[7]

II. Das Problem

1. Rechtsprechung und Lehre

Man sollte meinen, daß die US-amerikanische konkursrechtliche Judikatur eine Fülle von Urteilen zu diesem Problem bereithalte. Das ist jedoch nicht der Fall. Auch das Standardwerk von *Epstein / Nickles / White*[8] widmet dem *internationalen* Setoff keine Zeile. Dennoch beschäftigen Fragen der allgemeinen Konkursaufrechnung – die Auflistung bei *Epstein / Nickles / White* beweist es[9] – immer wieder die US-Gerichte.

Soweit ersichtlich, hat sich bisher nur *Westbrook* in seinem Bericht für das International Symposium on Civil Justice in the Era of Globalization in Tokyo (August 1992) mit unserer Frage befaßt.[10]

Er weist darauf hin, daß der *Axona*-Fall[11] dazu Gelegenheit gegeben hätte, das Gericht es aber verabsäumt habe, die Frage der Rechtswahl zu erörtern.[12] Unter

---

5 Vgl. oben § 32 II, III.

6 Vgl. oben § 32.

7 Im einzelnen *Scoles / Hay*, Conflict of Laws, 2nd ed., insbesondere zum Vertragsrecht, Chapter 18. Inneramerikanisch ist zu fragen, welches Recht-, Bundesrecht, Staatenrecht, Common Law anzuwenden ist. Nach deutschem Recht ist Aufrechnungsstatut das Recht der Forderung *gegen* die aufgerechnet wird, vgl. BGHZ 38, 254 ff., 256.

8 §§ 6 - 38 ff., 359.

9 Fälle: 362 ff.

10 Cross-Border Bankruptcy in: The International Symposium on Civil Justice in the Era of Globalization, Collected Reports, Edited by the Editorial Board of the ISCJ, Shinzan Publishing Corporation, Tokyo 1993, 281 ff.

11 Vgl. dazu § 58 I.

den – nicht genannten[13] – anderen „few decisions“ nennt *Westbrook* lediglich die Entscheidung *City Bank, N.A. v. Wells Fargo Asia Ltd.* des Supreme Court[14] und das Urteil *Wells Fargo Asia Ltd. v. City Bank N.A.* des 2d Cir.[15] *Westbrook* bemerkt zu diesen Entscheidungen, daß sie ein „*muddle*“ (ein Durcheinander) zurückgelassen hätten, aus dem man nur den Schluß ziehen könne, daß für das anwendbare Recht (law applicable to a debt) – und damit (wohl) das Aufrechnungsstatut – der Zahlungsort eine Rolle spiele, aber nur als Teil des „*significant contacts*“-Tests.[16]

2. *Internationales Privatrecht, internationales Prozeßrecht*

Dies ist jedoch ein Problem des internationalen Privatrechts, das hier keiner vertieften Analyse bedarf, das aber offenbar den Gerichten dann Schwierigkeiten bereitet, wenn die Parteien eine vom autonomen Recht abweichende Rechtswahl getroffen hatten:

In dem – ebenfalls von *Westbrook* referierten Fall FDIC v. Bank of America[17] – der kein Fall nach dem Bankruptcy Code war, dessen Grundsätze aber auch hier zu beachten sind, war vertraglich kalifornisches Recht als Aufrechnungsstatut vereinbart. Schuldner war aber eine Bank in Puerto Rico. Das Gericht wandte Puerto Rico-Recht an, das in *casu* die Aufrechnung im Interesse anderer Depositenkunden der Bank ausschloß. Diese *fundamental policy* – an sich hätte sich die Aufrechnung nach kalifornischem Recht gerichtet – des Rechts von Puerto Rico gehe vor. Das Overriding folge aus dem Restatement of Contracts, Section 187 (2).

Es sind dies aber wiederum Erwägungen des internationalen Privatrechts, bei denen allerdings insofern eine Vergleichbarkeit mit der Konkursaufrechnung besteht, als deren Restriktionen aus der *fundamental policy* (ordre public) der *lex fori concursus* fließen, eine „Ausplünderung“ der Masse zu verhindern. Sie sind daher – unbeschadet der materiellrechtlichen oder sonst prozessualen Anknüpfung der Aufrechnung – vom Bankruptcy Judge zu beachten, vor dem die Aufrechnung auf grund der *vis attractiva concursus* ohnehin „landet“.

Die Konkursaufrechnung dient – hierauf weist *Westbrook* hin[18] – also demselben Ziel wie die Konkursanfechtung, der „Ausplünderung“ der Masse entgegenzuwirken.

Er spricht daher – bezüglich der Restriktionen – von *invalidation rules*,[19] welche „*the same policy as the avoiding powers*“ (bei der Konkursanfechtung) verfolgten.

---

12 *Westbrook*, (wie Fn 10) 296.

13 Und daher nicht zugänglichen.

14 110 S.Ct. 2034 (1990).

15 936 F.2d 723 (2d Cir. 1991).

16 AaO, 296 Fn 100.

17 701 F.2d 831 (9th Cir.) cert. denied 464 U.S. 935 (1983).

18 AaO, 297.

Das ist gewiß richtig. Zwar richtet sich die Anfechtung seitens des Verwalters gegen einen Dritten, der in *fraudem creditoris* erworben hat und nun als Schuldner der Masse zu dieser leisten soll, während die Aufrechnung das Recht eines Gläubigers, der zugleich Schuldner ist, betrifft, die beidseitigen Positionen „glattzustellen". Aber so wie die Anfechtungsvorschriften der Ausplünderung der Masse begegnen wollen, verfolgen die Aufrechnungsrestriktionen dasselbe Ziel. Die Aufrechnungslage ist auch hier „fraudulös" erlangt worden. Und das ist entscheidend.

3. Die internationale Konkursaufrechnung als Institut des Bankruptcy Code

Die *Konkurs*aufrechnung ist also ein Institut des Konkursrechts. Im amerikanischen Konkurs gilt daher, auch wenn ein ausländischer Gläubiger die Aufrechnung erklärt, die *lex fori*, also das Recht des Bankruptcy Code. Ausländisches Konkursrecht kommt nicht zum Zuge.

Allerdings muß der US Bankruptcy Richter sich auch die Frage vorlegen, ob die Aufrechnung nach dem anwendbaren materiellrechtlichen Aufrechnungsstatut begründet ist. Inneramerikanisch ist dies das anwendbare Bundes- oder Staatenrecht, wozu auch das Common Law zählt.[20] Verweist aber das US-Recht auf ausländisches – z. B. deutsches Recht – so ist dieses zu befragen, wobei auch die Frage des *renvoi* anzusprechen ist.

Steht jedoch fest, daß die Aufrechnung durch § 553 BC konkursrechtlich unzulässig ist, ist die zweite – international-privatrechtliche – Frage m.E. entscheidungsunerheblich. Der Setoff ist zu versagen.

4. Die Notwendigkeit von Jurisdiction

Allerdings, allgemein prozeßrechtlich betrachtet, ist die Aufrechnung eine Art Widerklage, sofern sie einer Klage – vor dem Bankruptcy Judge entgegengesetzt wird.[21] Geht der Aufrechnungsberechtigte offensiv vor und begehrt er vor dem Bankruptcy Judge, die Aufrechnung zu genehmigen,[22] so ist ihre Klagenatur offenkundig.

Der US-Richter wird daher vorweg die Frage zu stellen haben, ob er Jurisdiction über den Kläger hat. Er wird diese Frage nach den allgemeinen Grundsätzen beantworten.[23] Auf alle Fälle kann der Aufrechnungsgläubiger bis zur Entscheidung des

---

19 AaO, 297.

20 *Westbrook*, 296, generell: *Scoles/Hay,* (wie oben I, Fn 7).

21 Vgl. auch Black's Las Dictionary, Stichworte Setoff und Counterclaim. *W. Habscheid*, Lb N.497 spricht sogar generell bei der Aufrechnung im Prozeß von einer „verdeckten Widerklage".

22 Dazu oben § 32 II, 4.

Gerichts über die Aufrechnung die von ihm an sich geschuldete Leistung verweigern. Das ist in der Rechtsprechung anerkannt.[24] Das gerichtliche Urteil wird dann endgültig Klarheit schaffen, also die Aufrechnung zulassen oder sie verweigern.

Somit gilt auch für die internationale Konkursaufrechnung, was für die nationale rechtens ist: Sie ist ein Institut des Konkurses – also des Prozeßrechts.

III. Ergebnis

Wenn auch nicht gesagt werden kann, die Frage des internationalen Setoff sei durch die Rechtsprechung geklärt, so dürfte auch bei der mageren Literatur zu diesem Problem, folgendes klar sein:

Im Konkurse richtet sich die Aufrechnung zunächst nach dem Recht des Bankruptcy Code. Dies gilt auch für internationale Fälle. Die Aufrechnung greift nur durch, wenn durch richterliche Entscheidung der Stay überwunden wird. Der US Bankruptcy Judge wird daher zunächst fragen, ob nicht § 553 BC dem Setoff entgegensteht. Ist dies der Fall, wird er der Aufrechnung nicht stattgeben.

Bejaht er die konkursrechtliche Unbedenklichkeit, so hat er zu fragen, ob die Aufrechnung nach dem anwendbaren Privatrecht – das ist eine Frage des internationalen Privatrechts – „gezogen" hat. Hier scheint die Rechtslage, wie es *Westbrook* ausdrückt, „a muddle"[25] zu sein – jedenfalls, wenn nicht ganz klare Fälle vorliegen. In unserem Ausgangsfall wäre sie aber wohl klar. Verweist das US-Recht – nehmen wir dies einmal an – auf deutsches Recht, so verweist das deutsche Recht bezüglich des Aufrechnungs*statuts*[26] auf das US-Recht – es wird *gegen* eine US-Recht unterstehende Forderung aufgerechnet – zurück. Es ist wohl nicht anzunehmen, daß das US-Recht einen solchen *renvoi* nicht annimmt. Stellt das US-IPR auf amerikanisches Recht als Aufrechnungsstatut ab, so ist die Rechtslage ebenfalls klar. Da in beiden Fällen US-Recht (allerdings mit der Fragestellung: Bundesrecht, Staatenrecht oder Common Law) gilt, ist die Lösung also evident.[27]

---

[23] Dazu oben § 14.

[24] The creditor may „freeze" the debtor's account: vgl. In re Connecticut Small Business Inv. Col., 118 B.R. 177 (Bankr. D. Conn. 1990) und Westbrook, aaO, 298.

[25] AaO, 296 Fn 100.

[26] Zum deutschen Recht EGBGB Art 4 und unten § 91 II.

[27] Ob der US-Richter nach diesem Schema „arbeitet" oder ob er „alles durchprüft", bleibe hier außer Betracht. In kontinentaleuropäischer Sicht kommt es jedenfalls auf das Ergebnis an.

Kapitel 11: Das internationale Recht der Konkursanfechtung

Das Recht der Anfechtung wegen Gläubigerbenachteiligung im internationalen Konkursrecht ist Richterrecht.

§ 57 Das US-amerikanische internationale Konkursanfechtungsrecht – Allgemeines

Folgendes ist zunächst allgemein zu unterscheiden:

I. Keine gesetzliche Kodifikation

Zum Konkursanfechtungsrecht auf internationaler Ebene muß zunächst vorausgeschickt werden, daß es an einer gesetzlichen Kodifikation im Sinne einer Kollisionsnorm – die darüber entscheidet, welches Konkursanfechtungsrecht zur Anwendung kommt – in den USA fehlt. Der Bankruptcy Code enthält hierzu keine gesetzliche Regelung.

II. Anzuwendendes Recht in einem vom ausländischen Representative nach § 303 (b) (4) BC eingeleiteten Verfahren

1. Die Anwendung US-amerikanischen Konkursanfechtungsrechtes

Von der Grundkonzeption her kann aber festgestellt werden, daß ein amerikanisches Konkursverfahren, das von einem deutschen Konkursverwalter gem. § 303 (b) (4) BC eingeleitet worden ist, grundsätzlich zur Anwendung des US-amerikanischen Konkursanfechtungsrechtes führt.

Die gesetzliche Konzeption ist klar: Es handelt sich um einen Vollkonkurs. Die Einleitung des Verfahrens gem. § 303 (b) (4) BC führt kraft Gesetzes zur Bildung einer Konkursmasse (*estate*).[1] Zum *estate* zählt auch das, was mittels einer Konkursanfechtung – nach US-amerikanischem Konkursanfechtungsrecht[2] – an den Estate herausgegeben werden muß. Ein *gesetzlicher* Spielraum für die Anwendung ausländischer Konkursanfechtung existiert nicht.[3]

---

1 Vgl. § 541 (a) BC, siehe dazu auch §§ 24 - 25.

2 Vgl. § 541 (a) (3) BC, der ausdrücklich auf § 550 BC verweist.

3 *Riesenfeld*, FS Merryman, 408 (419).

2. Ausschluß des US-amerikanischen Konkursanfechtungsrechts mittels Comity-Doktrin

Führt ein Verfahren, das gem. § 303 (b) (4) BC vom ausländischen Representative eingeleitet worden ist, grundsätzlich zur Anwendung US-amerikanischen Rechts, so kann dessen Heranziehung im Einzelfall gleichwohl verneint werden. In Sachen *Maxwell*[4] wurde kürzlich mittels der Comity-Doktrin eine Konkursanfechtung – nach US-amerikanischem Konkursanfechtungsrecht – in einem nach § 303 (b) (4) BC eingeleiteten Verfahren unter Chapter 11 versagt, weil es am „hinreichenden Inlandsbezug" fehle und auch nach englischem Konkursanfechtungsrecht kein Anfechtungsrecht bestehe. Auf diese Entscheidung wird im Einzelnen einzugehen sein.

III. Anzuwendendes Recht in einem Rechtshilfeverfahren gem. § 304 BC

Die Einleitung eines Rechtshilfeverfahrens gem. § 304 BC führt im Gegensatz zu einem Vollverfahren gem. § 303 (b) (4) BC nicht zur Bildung einer Konkursmasse in den USA[5] und damit grundsätzlich auch nicht zur Anwendung der Konkursanfechtungsvorschriften nach dem Bankruptcy Code.[6]

In einem Rechtshilfeverfahren gem. § 304 werden dem ausländischen Representative nur die in § 304 (b) BC niedergelegten Rechtsbehelfe[7] eingeräumt. Ein Anfechtungsrecht des ausländischen Representative wird dort nicht erwähnt.[8] Erst recht fehlt es dort an einer kollisionsrechtlichen Regelung.

1. Heranziehung des US-Konkursanfechtungsrechts

Dennoch wurde in älteren Entscheidungen das Konkursanfechtungsrecht eines ausländischen Representative in einem Rechtshilfeverfahren gem. § 304 BC gleichwohl auf die Vorschriften nach dem BC gestützt.[9] Die Entscheidungen wurden auf den Wortlaut von § 304 (c) (3) BC gestützt, wonach „Rechtsmittel" des ausländischen Representative unter § 304 (b) BC dem ausländischen Estate zur

---

4 In re Maxwell Communication Corp. PLC, 170 B.R. 800 (Bankr. S.D.N.Y. 1994). Urteil bestätigt, In re Maxwell Communication Corp. PLC, 186 B.R. 807 (S.D.N.Y. 1995); dazu eingehend unten §§ 59, 60.

5 Vgl. § 541 (a) BC, wo § 304 nicht erwähnt wird. In re Gee, 53 B.R. 891, 900 (Bankr. S.D.N.Y. 1985) „... And indeed, since a 304 case is one which does not administer an estate as such but simply aids a foreign representative ...".

6 Vgl. § 541 (a) (3) BC.

7 Ist nicht zu verstehen im Sinne deutscher Terminologie.

8 Zum Ganzen vgl. *Riesenfeld*, FS Merz, 496, 505; *ders.*, FS Merryman, 409, 421.

9 In re Comstat Consulting Services Ltd., 10 B.R. 134 (Bankr. S.D.Fla. 1981); In re Egeria Societa per Azioni di Navigazione, 26 B.R. 494 (Bankr. E.D. Va. 1983).

(c) (3) „prevention of preferential or fraudulent dispositions of property of such estate“

dienen sollten. In Sachen *Egeria Societa per Azioni di Navigazione* wurde aus dem Wortlaut des § 304 (c) (3) BC gefolgert:[10]

„... liens obtained..., are avoidable preferences pursuant to bankruptcy law 11 U.S.C. 547. Can a preference action be brought in a foreign ancillary proceeding? Clearly, yes, by virtue of 11 U.S.C. 304 (c) (3) itself which states that the court (bankruptcy) shall act to prevent „preferential or fraudulent dispositions of such estate“.

Folglich wurde dem Wortlaut des § 304 (c) (3) eine kollisionsrechtliche Aussage dahingehend entnommen, daß dem ausländischen Representative auch in einem Verfahren nach § 304 BC ein Konkursanfechtungsrecht zustehe, das sich aber nach amerikanischem Konkursanfechtungsrecht richte.

Diese Auffassung – Konkursanfechtung in einem Rechtshilfeverfahren gem. § 304 BC nach *amerikanischem* Konkursanfechtungsrecht wurde in der Literatur[11] kritisiert und schließlich in der Entscheidung *In re Metzeler*[12] ausdrücklich verworfen. Die Literatur hat sich der Entscheidung angeschlossen. Sie gibt damit die Ansicht der herrschenden Meinung wieder.[13]

2. *Anfechtung nach ausländischem Konkursanfechtungsrecht?*

Nach h.M. wird demnach ein Anfechtungsrecht nach US-amerikanischem Recht in einem Verfahren gem. § 304 BC abgelehnt und als Begründung hierfür angegeben:

„With respect to the exercise of avoidance powers, the foreign representative should be limited to the powers available under the Laws of the State where the foreign proceeding is pending. The section 304 court's tasks should be to assist implementation of the foreign court's decrees (when not contrary to fundamental domestic policies), not to provide the foreign representative with the benefit of American avoidance powers, which may be better (from a debtor's perspective) than those available in the foreign court“.[14]

---

10 26 B.R. 494, 497 (Bankr. E.D. Va. 1983); ferner: In re Trakman, 33 B.R. 780, 783 (Bankr. S.D.N.Y. 1983); In re Comstat Consulting Services Ltd., 10 B.R. 134, 135 (Bankr. S.D. Fla. 1981).

11 *Gilton, Flaschen*, „The International Void in the Law of Multinational Bankruptcies, 42 Business Lawyer, 307, 319 (1987).

12 78 B.R. 674 (Bankr. S.D.N.Y. 1987), ferner In re Tarricone, 80 B.R. 21 (Bankr. S.D.N.Y. 1987), In re Lines, 81 B.R. 267, 270, Fn 1 (Bankr. S.D.N.Y. 1988).

13 *Gilton, Flaschen*, aaO, 307 ff.; *Riesenfeld*, FS Kegel, 483 ff. (1987); *ders.*, FS Merryman, 409, 421 (1990) „... there is no cogent reason for interpreting the word prevention in § 304 as an explicit prohibition against the avoidance... in an ancillary case“; *ders.*, aber: Probleme des internationalen Insolvenzrechts, 39 ff., 49 (1982) „mehr als fraglich, ob ein Verfahren unter § 304 ... in der Tat eine Konkursanfechtung gestattet“; *ders.*, FS Merz, 497 ff., 505 (1992) „ ist zweifelhaft“; *Westbrook*, Choise of Avoidance Law in Global Insolvencies, 17 Brooklyn J. Int'l L., 499 ff. (1991).

D.h., die Ausübung des Konkursanfechtungsrechts und seine Begrenzungen bestimmen sich nach dem Recht des Staates, in dem das Konkursverfahren anhängig ist. Die Aufgabe eines Gerichts in einem Rechtshilfeverfahren gem. § 304 BC ist die Unterstützung der Durchsetzung ausländischer Konkursentscheidungen, soweit sie nicht gegen fundamentale inländische Grundwerte verstoßen. Zu den Aufgaben des Gerichts zählt aber nicht, daß der ausländische Representative die Begünstigungen des amerikanischen Konkursanfechtungsrechts erhält, die gar umfassender sein können als nach dem Recht des ausländischen Gerichts.

In der Entscheidung *Metzeler* wird ferner als Argument gegen die Heranziehung amerikanischen Konkursanfechtungsrechts hervorgehoben, daß sich das Anfechtungsrecht gem. §§ 547, 548 BC auf das Konkursanfechtungsrecht des *Trustee* beziehe. Der Foreign Representative werde dort aber gerade nicht erwähnt. Folglich habe ein Foreign Representative in einem Rechtshilfeverfahren gem. § 304 BC nur solche *Anfechtungsrechte, wie sie nach ausländischem Recht vorgesehen seien.* Weitergehende Befugnisse stünden ihm nicht zu. In der Literatur wird von *Riesenfeld*[15] gegen diese Auffassung eingewendet, es sei „mehr als fraglich" bzw. „zweifelhaft", ob der ausländische Representative in einem Verfahren gem. § 304 BC überhaupt ein Anfechtungsrecht nach ausländischem Recht ausüben könne, da § 304 (c)(3) BC nur von Vereitelung (*prevention*) nicht aber von einer Rückgängigmachung (*avoidance*) spreche.

3. Zusammenfassung

Zusammenfassend läßt sich sagen, daß nach amerikanischem Recht und nach der Praxis die gewichtigsten Argumente gegen die Anwendung amerikanischen Konkursanfechtungsrechts in einem Verfahren nach § 304 BC sprechen, insbesondere weil es an der Bildung einer Konkursmasse gem. § 541 (a) BC fehlt; auch wird § 304 BC dort gerade nicht erwähnt; ferner, daß das Anfechtungsrecht des Trustee nicht einfach mit dem des Foreign Representative gleichgesetzt werden kann. Das Anfechtungsrecht des Trustee, etwa gem. §§ 547, 548 BC, dient der Anreicherung der *amerikanischen* Konkursmasse (§ 541 (a) BC), das durch die Anfechtung Erlangte wird dazugezählt (§ 541 (a) (3) BC). Gleiches gilt eben gerade nicht in einem Rechtshilfeverfahren gem. § 304 BC, da eben keine amerikanische Konkursmasse gebildet wird. Eine Konkursanfechtung nach amerikanischem Konkursanfechtungsrecht in einem Verfahren gem. § 304 BC scheidet folglich aus.

Ob eine solche nach ausländischem Recht vor dem § 304 BC-Richter zulässig ist, ist ebenfalls nicht sicher geklärt. Zwar spricht sich die Entscheidung *in re Metzeler* dafür aus; die Einwendungen in der Literatur von *Riesenfeld* sind jedoch

---

14 *Gilton, Flaschen,* aaO, 319, In re Metzeler, 78 B.R. 674, 677 (Bankr. S.D.N.Y. 1987).

15 *Riesenfeld,* FS Merz, 505 (1992); *ders.*, Probleme des Internationalen Insolvenzrechts, 49 (1992).

nicht einfach von der Hand zu weisen. Bis dahin dürfe aber die Metzeler-Entscheidung die herrschende Praxis wiederspiegeln.

§ 58 Zusammentreffen eines Verfahrens gem. § 303 (b) (4) BC mit einer Enthaltung gem. § 305 BC

Die oben aufgezeigte Trennung: Das Vollverfahren gem. § 303 (b) (4) BC führt zur Anwendung amerikanischen Konkursanfechtungsrechts, das Rechtshilfeverfahren gem. § 304 BC führt nach h.M. zur Anwendung des Konkursanfechtungsrechts des Konkurseröffnungsstaates, wäre „zu schön, um wahr zu sein". Als Grundregel kann sie zwar auch heute noch Geltung beanspruchen. Ihr folgte auch der Bankruptcy Judge in der Entscheidung Axona International Credit & Commerce Ltd.,[1] die auf Review vom District Court[2] und letztlich auch vom Court of Appeals[3] bestätigt wurde. Dennoch führte gerade diese Trennung – je nachdem welches Verfahren der ausländische Representative, nach § 303 (b) (4) oder nach § 304 BC wählt – zur Kritik von Seiten der Literatur.[4]

Wegen ihrer grundlegenden Bedeutung sei näher auf die Axona-Entscheidung eingegangen.

I. Die Entscheidung In re Axona International Credit & Commercial Ltd.[5]

1. Zum Tatbestand

In der *Axona*-Entscheidung wird das Zusammenspiel zwischen einem Vollverfahren gem. § 303 (b) (4) BC – es handelte sich hier um ein Liquidationsverfahren gem. Chapter 7 – und einer später hierauf folgenden Abweisung gem. § 305 BC aufgezeigt.

Axona war eine Großbank, die auch Einlagengeschäfte machte. Sie war in Hongkong registriert und hatte dort auch ihren Hauptgeschäftssitz. Als Bank hatte Axona in den USA keine Bankgeschäfte betrieben.

Am selben Tag (15. Nov. 1982) als sich der Zusammenbruch von Axona abzeichnete, erhielt Axona von Chemical ein Darlehen mit einer Laufzeit von 30 Tagen. Dieses Darlehen wurde dann aber im Ergebnis mit Axonas Kontokorrentkonto

---

1 In re Axona Intern. Credit & Commerce Ltd., 88 B.R. 597 (Bankr. S.D.N.Y. 1988), zustimmend insbesondere, *Riesenfeld*, FS Merryman, 409 ff., 424.

2 115 B.R. 442 (S.D.N.Y. 1988).

3 924 F.2d 31 (2d Cir. 1991).

4 Kritisch *Westbrook*, Choice of Avoidance Law in Global Insolvencies, 17 Brooklyn J. Int'l, 499 ff. (1991).

5 88 B.R. 597 (Bankr. S.D.N.Y. 1988).

bei Chemical New York am 22. Nov. 1982 zwecks Rückzahlung „sofort verrechnet“, als der Zusammenbruch bekannt wurde.[6] Am 02. Februar 1983 wurde über Axona in Hongkong ein Liquidationsverfahren eröffnet, und der *Liquidator* beantragte am 09. Februar 1983 die Durchführung eines Vollverfahrens gem. § 303 (b) (4) BC, das zur Ernennung eines Trustee nach amerikanischem Recht führte. Der Trustee focht hierauf erfolgreich die Arreste der Gläubiger in Vermögen von Axona in den USA an und legte den Streit mit Chemical über die Gläubigerbegünstigung dahingehend bei, daß Chemical einen Betrag von ca. 2,7 Mio US-Dollar an den Trustee zahlte, wobei aber Chemical das Recht vorbehalten bleiben sollte, die Jurisdiction des Bankruptcy Courts zur Durchführung eines Konkursverfahrens in den USA anzufechten[7].

Nachdem die wesentlichen Vermögenswerte von Axona in den USA auf diesem Wege wiedererlangt worden waren, beantragten der Trustee und der Liquidator gemeinsam

a) das Verfahren gem. § 303 (b) (4) BC einzustellen (*suspension*) und

b) um die Erlaubnis, das hier gesammelte Vermögen zwecks Verteilung im Verfahren in Hongkong nach dort zu überweisen.

2. *Zur Begründung*

Zu dem Verhältnis von § 303 (b) (4) zu § 304 BC wird festgestellt, daß einem Foreign Representative in einem Verfahren gem. § 304 BC nicht die Anfechtungsmöglichkeit von Aufrechnungen- bzw. Arresten nach amerikanischem Konkursanfechtungsrecht eingeräumt werde. Etwas anderes gelte freilich in einem Vollverfahren, das von einem Foreign Representative gem. § 303 (b) (4) BC beantragt wird:

> „it is proper that a § 303 (b) (4) case be utilized to set aside those transfers for the benefits of all“.[8]

Auch führe – so heißt es weiter – dieses zu einem Automatic Stay (gem. § 362 BC) und der Foreign Representative könne wählen, ob er nach § 304 oder § 303 (b) (4) BC vorgehe.

Als nächstes untersucht das Gericht,[9] ob dem Einstellungsantrag gem. § 305 (a) (2) BC stattgegeben werden könne: Das setze aber voraus, daß gem. § 305 (2) (B) BC die in § 304 (c) BC festgelegten Tatbestandsmerkmale erfüllt seien.

---

6 88 B.R. 597, 599, 600 (Bankr. S.D.N.Y. 1988).

7 88 B.R. 602.

8 88 B.R. 597, 607 (Bankr. S.D.N.Y. 1988).

9 AaO, 607 - 615.

Hierzu wird festgestellt, daß der gemeinschaftliche Antrag von Liquidator und Trustee die wirtschaftliche und zügige Verwaltung des Vermögens des Gemeinschuldners sicherstelle[10] und nicht zu einer Benachteiligung von US-Gläubigern führe;[11] ferner daß die Konkursanfechtung durch den Trustee (nach der Vereinbarung mit Chemical) dem Zweck des § 304 (c) (3) BC gedient habe, da der Begünstigung von bestimmten Gläubigern vorgebeugt worden sei.[12] Schließlich sei auch § 304 (c) (4) BC erfüllt, da das Verteilungschema nach dem Recht von Hongkong und seine Prioritätenordnung mit der unter dem BC weitgehend übereinstimmten.[13]

Dem gemeinschaftlichen Antrag von Trustee und Liquidator auf Verfahrenseinstellung gem. § 305 (a) (2) BC wurde folglich stattgegeben, und das in den USA befindliche Vermögen von Axona für die Verteilung in dem Verfahren in Hongkong freigegeben,[14] da das Verfahren in Hongkong die in § 304 (c) BC niedergelegten Bedingungen nicht verletzte.

Kern des Streites war die Frage, ob in einem Verfahren gem. § 303 (b) (4) BC, nachdem der Trustee sein Anfechtungsrecht nach dem Bankruptcy Code ausgeübt hatte, eine Einstellung gem. § 305 (a) (2) BC mit dem Ziel erfolgen konnte, daß das so Erlangte dann an die ausländische Konkursmasse herausgegeben wird. Die Zulässigkeit einer derartigen Verfahrensweise wurde durch den District Court[15] bestätigt und festgestellt:

„In fact, § 305 (a) explicitly authorizes the suspension of any ‚case under this title'. The plain meaning ot this language is clear. A bankruptcy court may suspend any proceeding commenced under §§ 301, 302, 303, or 304".

Die Einstellung nach § 305 (a) BC beschränke sich schon nach dem Gesetz – so heißt es – *nicht* auf Fälle eines Rechtshilfeverfahrens gem. § 304 BC, sondern finde auch in einem Verfahren gem. § 303 (b) (4) BC Anwendung. Damit könne auch die hierauf ergehende Herausgabeanordnung (an das Verfahren in Hongkong) keinen Verstoß gegen die richterliche Ermessensausübung nach § 305 (a) BC darstellen.[16]

---

10 AaO, 613, „Denial of the Joint Application would substantially increase the cost of administration...", § 304 (c) BC.

11 AaO, 611, „Hongkong law is not repugnant to our ideas of justice, and is inherently fair and regular. See In re Culmer, 25 B.R. at 621. As a result, comity should be accorded in the instant matter", vgl. § 304 (c) (5) und (2) BC; aaO, 613.

12 AaO, 613.

13 AaO, 613, „...that distribution under Hongkong law will be substantially in accordance with the order and priorities prescribed by the code".

14 Zu den gerichtlich auferlegten Bedingungen der Freigabe, vgl. aaO, 618, 619 und dem dort niedergelegten Befriedigungsrecht aus „assets" für privilegierte Ansprüche gem. § 507 (a) (hinsichtlich der „administrative expenses") und gem. § 507 (b) BC.

15 In re Axona Intern. Credit & Commerce Ltd., 115 B.R. 442, 448 (S.D.N.Y. 1990), unter Hinweis auf *Kennedy*, The Commencement of a Case under the Bankruptcy Code, 36 Wash. & Lee L. Rev. 977, 1023 (1979).

II. Schlußfolgerungen aus der Axona-Entscheidung

Axona war der erste Fall unter dem BC von 1978, der das Zusammenspiel von §§ 304, 303 (b) (4) und 305 BC in dieser Form diskutierte.

Als erste Aussage kann festgehalten werden, daß der Foreign Representative im Ergebnis wählen kann, ob er ein Vollverfahren gem. § 303 (b) (4) BC oder aber ein Hilfsverfahren gem. § 304 beantragt. Für die Durchführung eines Vollverfahrens gem. § 303 (b) (4) BC genügt, daß sich Vermögen[17] des ausländischen Gemeinschuldners in den USA befindet. Ein Bankkonto in den USA reicht aus, um die Jurisdiction eines amerikanischen Bankruptcy Court zu begründen, selbst wenn die nach amerikanischem Recht anfechtbare Transaktion im Ausland zwischen einem US-Gläubiger und einem ausländischen Schuldner erfolgte.[18]

Eine gläubigerbegünstigende Transaktion im Ausland, die nach amerikanischem Konkursanfechtungsrecht anfechtbar ist, bleibt so auch dann anfechtbar, wenn sie nach ausländischem Recht nicht anfechtbar wäre. Abgestellt wird alleine auf das amerikanische Anfechtungsrecht.[19]

Und schließlich: Ein Antrag auf Verfahrenseinstellung gem. § 305 BC kann jederzeit gestellt werden, nachdem eine Konkursanfechtung wirksam durchgeführt ist, auch mit dem Ziel, das unter Anwendung des amerikanischen Konkursanfechtungsrechts Wiedererlangte für die Verteilung in einem anderen Verfahren zu verwenden.[20] Dies stellt keine Gesetzesumgehung dar.

III. Die Kritik an der Axona-Entscheidung von Westbrook

Es ist wohl nicht verwunderlich, daß neben der Zustimmung[21] die Axona-Entscheidung auch zu Kritik[22] herausgefordert hat. Diese Kritik richtet sich insbeson-

16 AaO, 115 B.R. 448.

17 Vgl. § 109 (a) BC und vor 1978, In re Berthoud, 321 F. 529 (S.D.N.Y. 1916) zu § 2 (a) Bankruptcy Act von 1898, wonach ein Bankkonto in den USA zur Begründung der „jurisdiction" ausreiche.

18 *Goodman, Friedman & Schrag*, Use of United States Bankruptcy Law in Multinational Insolvencies: The Axona Litigation – Issue, Tactics and Implications for the Future, 9 Bankr. Dev. J. 19 ff., 36 (1992).

19 *Goodman, Friedman & Schrag*, aaO, 36; 31 Fn 48 zur Anfechtung unter dem Recht von Hongkong, dort müßte im Gegensatz zur Anfechtung nach dem BC die Absicht (*intent*) der Gläubigerbegünstigung bewiesen werden.

20 AaO, 37.

21 *Riesenfeld*, FS Merryman, 408 ff., 424 (1990), *ders.*, vorher, FS Kegel, 483 ff., 503 (1987).

22 *Westbrook*, Choise of Avoidance Law in Global Insolvencies, 17 Brooklyn J. Int'l L. 499 ff. (1991), *ders.*, Extraterritoriality, Conflicts of Laws, and Regulation of Transnation Business, 25 Tex. Int'l L. 71 (1990).

dere gegen die „vorbehaltlose" Heranziehung amerikanischen Konkursanfechtungsrechts in einem Verfahren gem. § 303 (b) (4) BC, das von einem ausländischen Representative eingeleitet worden ist, und der in Axona aufgezeigten Konsequenz, daß das im Wege der Anfechtung Erlangte an das ausländische Verfahren herausgegeben wird; im Ergebnis also, daß das amerikanische Konkursanfechtungsrecht letztlich der Verteilungsordnung eines ausländischen Verfahrens dient.

1. Keine Heranziehung des US-Konkursanfechtungsrechts

Die Anwendung des Rechts der Vereinigten Staaten zugunsten eines Verteilungsverfahrens in Hongkong,

> „does not contribute to the long-term development of a *set of rules* that makes sense in system of modified universalismus. Only an *exclusive home-country* rule serves that purpose".[23]

Es geht also um die Frage der Rechtswahl in Fällen mit Auslandsberührung auf die die Anfechtung gestützt werden kann. *Westbrook's* Aussage für das amerikanische internationale Konkursrecht ist hier klar: Die Heranziehung amerikanischen Konkursanfechtungsrechts macht „keinen Sinn", wenn es letztlich dem Verteilungsverfahren in Hongkong diene. Nur die ausschließliche Anwendung des Heimatrechts (also Hongkong) diene diesem Zweck. Den Gedanken für diese kollisionsrechtliche Anknüpfung an das Heimatrecht schöpft *Westbrook* aus der Feststellung, daß die Konkursanfechtung ihrer Konzeption nach zwar der Verwirklichung des Gedankens der Gläubigergleichbehandlung[24] diene.

Diese Annahme möge in gewisser Weise „richtig" sein.[25] Sie sei aber im allgemeinen unzutreffend.[26]

> „But it is importantly not true. All of us who *proclaim the universality of the equality principle* know very well... that in virtually every country the bankruptcy *distribution system* creates *all sorts of priorities* for a variety of beneficiaries".[27]

Also, es geht um mehr: Verwirklichung des Grundsatzes der Gläubigergleichbehandlung, sicherlich. In erster Linie diene die Konkursanfechtung aber der *Verteilung* innerhalb des (nationalen) Verteilungssystems, das sich durch alle Arten von

---

23 *Westbrook*, Choise of Avoidance Law, aaO, 499, 531 (Hervorhebung vom Verfasser).

24 Unter Hinweis auf *Nadelmann,* Legal Treatment of Foreign and Domestic Creditors, 11 Law & Contemp. Prob. 696, 697 (1946); *Weisbert*, Commercial Morality, the Merchant Character, and the History of the Voidable Preference, 39 Stan. L. Rev. 3 (1986); *Seligson*, Preferences under the Bankruptcy Act, 15 Vand. L. Rev. 115 (1961); *Westbrook*, aaO, 508.

25 *Westbrook*, Theory and Pragmatism in Global Insolvencies: Choice of Law and Choice of Forum, 65 Am. Bankr. L.J. 457, 466, Fn 30 (1991).

26 *Westbrook*, Choice of Avoidance Law, aaO, 508.

27 Hervorhebungen vom Verfasser.

Privilegien auszeichne: „Anfechtungsklagen dienen dem Schutz eines derartigen *nationalen* Verteilungssystems mit seiner Privilegienordnung".[28]

Alle Rechtsordnungen zeichneten sich – so *Westbrook* – durch derartige Privilegienordnungen aus.[29] Im Vordergrund stünden insbesondere privilegierte Ansprüche von Arbeitnehmern, Ansprüche öffentlichrechtlicher Art und Steuern.[30] Für ungesicherte Gläubiger bleibe nach Befriedigung der gesicherten und der privilegierten Gläubiger regelmäßig wenig (oder nichts) übrig.[31] Schließlich sei in keinem der in den USA entschiedenen Fälle[32] „die Verbindung zwischen Rechtswahl des anzuwendenden Konkursanfechtungsrechts *und* dem Privilegiensystem, das die Wirkungen der Anfechtung bestimme, also die Verteilung (des durch die Anfechtung Erlangten), diskutiert worden".[33]

2. Recht der Konkursanfechtung zu bestimmen nach dem Recht des Verteilungsverfahrens

Im Ergebnis sollte daher, wenn das durch die Konkursanfechtung (in den USA) Erlangte an das Heimatgericht herausgegeben werden sollte, der *Konkursanfechtung das Heimatrecht zugrunde gelegt werden*, falls die Verteilung in Übereinstimmung mit dem Heimatrecht und deren Privilegienordnung erfolgte.[34]

Bezogen auf die *Axona*-Entscheidung ist nach *Westbrook* die Konkursanfechtung nach dem Recht der USA selbst in einem Vollverfahren gem. § 303 (b) (4) BC fehlerhaft,[35] da der Erlös aus der Anfechtung letztlich nach Hongkong herausgegeben und nach dem Recht von Hongkong verteilt wird.

---

28 *AaO*, 509, „... avoidance actions are protective of the legally mandated system of distribution priorities *in that* bankruptcy system. That is, the policy behind avoidance".

29 AaO, 510. Das trifft aber für die InsO nicht zu *(klassenlosen Konkurs)*.

30 AaO, 511.

31 AaO, 510, 517, *Herbert & Pacitti*, Down and Out in Richmond,Virginia: The Distribution of Assets in Chapter 7 Bankruptcy Proceedings Closed in 1984 - 1987, 22 Univ. Rich. L. Rev. 303 (1988), nach Befriedigung der gesicherten und privilegierten Gläubiger bleibe wenig übrig.

32 Vgl. insbesondere In re Metzeler, 78 B.R. 674 (Bankr. S.D.N.Y. 1987), In re Tarricone Inc., 80 B.R. 21 (Bankr. S.D.N.Y. 1988), und In re Axona Int'l Credit & Commerce Ltd., 88 B.R. 597 (Bankr. S.D.N.Y. 1988), bestätigt 115 B.R. 442 (S.D.N.Y. 1990), Berufung verworfen, 924 F.2d 31 (2d Cir. 1991).

33 *Westbrook*, aaO, 525, „None of the United States cases discuss the connection between choice of avoidance law and the priority system that will determine the effects of avoidance, the distribution of the avoidance proceeds".

34 AaO, 529 „...will distribute the recovery in accordance with home-country priorities. The appropriate avoidance law will therefore be the law of the distributing, home country court".

35 AaO, 531.

US-Gläubiger würden schließlich auch benachteiligt werden – so *Westbrook* weiter – wenn nach dem Recht von Hongkong eine Konkursanfechtung nicht möglich sei (was wohl der Fall war), wohl aber nach amerikanischem Anfechtungsrecht. Würden sie folglich nach Durchführung der Anfechtung in den USA auf die Teilnahme an dem Konkursverfahren in Hongkong – mit dessen Privilegienordnung in der Verteilung – verwiesen, würden sie in der Regel wenig oder nichts erhalten.[36]

3. Stellungnahme zur Kritik von Westbrook

Die Kritik von *Westbrook* an der *Axona*-Entscheidung aus amerikanischer Sicht sei hier dahingestellt. Sie gehört in die inneramerikanische Diskussion. Was aber seine Theorie der internationalen Anknüpfung des Konkursanfechtungsrechts an das Verteilungsverfahren, an das der Erlös aus der Anfechtung abfließt, betrifft, ist sie m.E. verfehlt.

Verfehlt deshalb, weil – wie *Westbrook* selbst mit Recht hervorhebt – die internationalen Verteilungsregelungen in einem Konkurs oft mit (m.E. künstlichen) Sicherungsrechten und Privilegienordnungen überfrachtet sind, die die Konkursmasse aushöhlen und vom Grundsatz der Gläubigergleichbehandlung nur mehr wenig übrig lassen. Hier sind insbesondere die USA ein Paradebeispiel für den Schutz öffentlichrechtlicher Ansprüche im Konkurs durch Privilegien[37] und Sicherungsrechte.[38]

Vielmehr sollte es vom theoretischen Ansatz her gerade so sein, daß die nationalen Verteilungsordnungen, insbesondere wegen ihrer Privilegierungen, einer internationalen Anknüpfung des Konkursanfechtungsrechts im Wege stehen und daher als Anknüpfungsmoment von vornherein ausscheiden (sofern sie nicht im Wege völkerrechtlicher Verträge aufeinander abgestimmt oder am besten gleich ganz abgebaut werden).

Nach *Westbrook* dient die Konkursanfechtung der internationalen Durchsetzung, besser gesagt: Befriedigung der nationalen (amerikanischen) Privilegienordnung. Diese Auffassung steht aber im offenen Widerspruch zu der Entscheidung in Sachen *Overseas*,[39] wo ein ausländisches Verteilungsverfahren – und damit dessen Verteilungs-/Privilegienordnung – *eben keine Erstreckung* auf das Inland (USA) im Wege der Comity zugestanden wurde, weil die nationale (amerikanische) Privilegienordnung verletzt werde. Dann aber wird mit zweierlei Maß gemessen: Ame-

---

36 AaO, 531.

37 Vgl. § 20 III-VI, insbesondere Steuerforderungen; Punitive Damages, öffentlichrechtlich im weitesten Sinne, da Strafcharakter und nicht die Schadenskompensation dahinter steht.

38 Vgl. § 20 III, IV.

39 Overseas Inns. S.A.P.A. v. U.S., 911 F.2d 1146 (5th Cir. 1990); vgl. zum Sachverhalt oben § 20 V.

rikanisches Konkursanfechtungsrecht im Ausland[40], *ja*, ausländisches Konkursanfechtungsrecht in den USA, *nein*, es sei denn: daß die Verteilungsordnung (des Auslands) mit der nach dem Bankruptcy Code im Großen und Ganzen übereinstimmt, vgl. § 304 (c) (4) BC[41] (der nicht nur in dem Rechtshilfeverfahren gem. § 304 sondern auch in einem Vollverfahren nach § 303 (b) (4)Anwendung findet, falls dieses nach § 305 (a) (2) BC eingestellt wird).

Die These von *Westbrook*, daß das Anfechtungsrecht vorrangig nach dem Recht, nach dem die Verteilung stattfindet, zu bestimmen sei, ist m.E. daher als kollisionsrechtlicher Ansatz nicht haltbar. Sie führt zu einer Privilegierung amerikanischen Anfechtungsrechts im Ausland, der kein gleichartiges Recht für eine Anfechtung im Inland (USA) nach ausländischem Recht gegenüber steht. Die Comity-Doktrin amerikanischer Prägung bzw. § 304 (c) (4) BC verlangen für eine Anfechtung im Inland (USA) nach ausländischem Recht ein Mehr: Die Gleichartigkeit der ausländischen Verteilungsordnung – und deren Privilegien – mit dem im Inland (USA).

Vollends scheitert dieser Ansatz, wenn sich unterschiedliche Privilegienordnungen gegenüberstehen bzw. wenn künftig – wie nach der InsO vorgesehen – auf eine Privilegierung insgesamt verzichtet wird, und man deshalb vom „klassenlosen Konkurs" spricht.

Im Ergebnis spricht daher mehr für die Klarheit und Einfachheit der *Axona*-Entscheidung: Da es sich um ein Vollverfahren nach amerikanischem Recht handelte, welches zu einer Bildung einer Konkursmasse nach dem BC führte, findet amerikanisches Konkursanfechtungsrecht Anwendung.

§ 59 Die Territorialität der Konkursanfechtung nach dem BC und die Anwendung ausländischen Rechts auf Grund der Comity Doktrin in einem Vollverfahren gem. § 303 (b) (4) BC (insbes. die Maxwell-Fälle)

Der spektakuläre Maxwell-Konkurs in England führte auch zu Entscheidungen US-amerikanischer Gerichte, die insbesondere das hier interessierende Problem der Territorialität der Konkursanfechtung betreffen.

---

40 Vgl. dazu sogleich in Sachen Maxwell § 59: Eine Anfechtung nach dem BC sei nur innerhalb der territorialen Grenzen der USA möglich (!)

41 § 304 (c) (4): Distribution of proceeds of such estate substantially in accordance with the order prescribed by this title.

I. Die Entscheidung – In re Maxwell Communication Corp. PLC[1] Vorbemerkungen

Die Entscheidung in Sachen *Maxwell* betraf das Zusammentreffen von zwei Vollverfahren, das eine in England, das andere in den USA gem. § 303 (b) (4) BC nach Chapter 11. Kern des Rechtsstreits war die Frage, ob einer Konkursanfechtung in den USA nach amerikanischem Recht extraterritoriale Wirkung zukommt oder nicht, d. h., ob die Anfechtung sich auch auf Vermögensübertragungen beziehen kann, die als im Ausland belegen zu bezeichnen sind. Im Ergebnis wird eine so verstandene extraterritoriale Erstreckung des Konkursanfechtungsrechts im Falle einer Anfechtung gem. § 547 BC abgelehnt. Die Anfechtung beziehe sich nur auf Übertragungen innerhalb der Grenzen der USA.

Für den Fall einer angenommenen extraterritorialen Erstreckung der amerikanischen Konkursanfechtung gem. § 547 BC bzw. der Belegenheit der anfechtbaren Übertragung in den USA wird schließlich noch untersucht, ob nicht aus Gründen der Comity englisches Recht anzuwenden sei. Die Heranziehung englischen Rechts auf Grund der Comity-Doktrin wird im Ergebnis bejaht, und die Konkursanfechtungsklagen gem. § 547 BC werden so abgewiesen. Wegen ihres richtungsweisenden Charakters (nach *Axona*) soll den *Maxwell*-Entscheidungen nachfolgend breiterer Raum eingeräumt werden.

II. Tatbestand und Einwendungen gegen eine Konkursanfechtung unter dem BC

1. Die Konkursverfahren in England und den USA

Die Gemeinschuldnerin Maxwell Communication Corporation (*MCC*) war eine englische Gesellschaft, die als Holding weltweit auf dem Publikations- und Informationssektor Geschäfte tätigte. Ihr Hauptvermögen (= 80%) bestand in zwei amerikanischen Gesellschaften, darunter MacMillan Inc. (*MacMillan*). Dennoch waren MCC's Hauptverbindlichkeiten in England belegen. MCC's Hauptgläubiger waren u. a. die Banken Barclays und NatWest, mit Hauptsitz in London und Niederlassungen in den USA; daneben Société Generale, eine französische Bank mit Sitz in Paris und Niederlassungen in London und New York. Alle drei Banken verschafften MCC Kredite, die letztlich auch für den Erwerb von MacMillan verwendet worden sind.

MCC eröffnete *zwei* parallele Konkursverfahren. Am 16. Dezember 1991 ein Reorganisationsverfahren unter Chapter 11 in New York und am 17. Dezember 1991 ein Verfahren unter dem Insolvency Act 1986 in London. Wegen der Größe der beiden Verfahren wurde ein Examiner vom Bankruptcy Court zwecks Harmo-

---

1 170 B.R. 800 (Bankr. S.D.N.Y. 1994), voll bestätigt durch den District Court in, 186 B.R. 807 (S.D.N.Y. 1995).

nisierung der beiden Verfahren ernannt. Der High Court in London ernannte vier Joint Administrators zwecks Verwaltung von MCC und deren Angelegenheiten. Der Examiner erarbeitete einen Reorganisationsplan (*plan*) für das amerikanische Verfahren und die Administrators einen „*scheme of arrangement*" (*scheme*) für das englische Verfahren – zwei unabhängige Dokumente – wonach ein einziger Vermögenspool gebildet werden sollte und wonach die Gläubiger ihre Forderungen sowohl unter dem Plan als auch unter dem Scheme anmelden konnten.

2. *Die anfechtbaren Übertragungen*

Zwecks Reduzierung ihrer Verbindlichkeiten verkaufte MCC wesentliche Vermögensteile in den USA innerhalb der 90-Tage Periode vor der Konkursverfahrenseinleitung, die u. a. auch durch den Erwerb von MacMillan entstanden waren. MacMillan verkaufte ihre „Directories" Division und „Computer Book Publishing" für insgesamt ca. 300 Mio. Dollar, wobei der Verkaufserlös zwecks Ausgleich der überzogenen Konten von MCC in London verwendet wurde. Auf diesem Weg erhielt Barclays ca. 2 Mio. Pfund und 30 Mio. Dollar, NatWest ca. 71,5 Mio. Pfund und schließlich Soc.Gen ca. 5,7 Mio. Pfund.[2]

3. *Die Konkursanfechtung*

Nachdem die Banken ihre Ansprüche *nur* in London angemeldet hatten, erhoben MCC und der Examiner Konkursanfechtungsklagen gem. §§ 547, 550 BC in den USA. Gegen die Konkursanfechtungsklagen wurde von den Banken eingewendet: Die Übertragungen hätten nicht in den USA stattgefunden; sie seien „extraterritorialer Art" und könnten daher von einer nur territorial wirkenden Anfechtung gem. § 547 BC nicht erfaßt werden. Auch spreche die Comity-Doktrin für die Anwendung englischen Rechts. Daher sei ein Konkursanfechtungsrecht allenfalls nach englischem Recht zu bestimmen.[3]

III. Zur Begründung

Im Ergebnis wurde die auf die Vorschriften des Bankruptcy Code gestützte Konkursanfechtungsklage als unbegründet abgewiesen und diese Entscheidung des Bankruptcy Court durch den District Court[4] bestätigt, wonach:

---

2 Vgl. In re Maxwell Communication Corp. PLC., 170 B.R. 800, 803, 804; 806, 807 (Bankr. S.D.N.Y. 1994).

3 Vgl. Maxwell, aao, 808, nach englischem Recht wäre eine Übertragung nur dann anfechtbar, wenn eine subjektive Absicht einer Gläubigerbegünstigung festgestellt werden kann. Demgegenüber wird eine solche Absicht nach § 547 BC gerade nicht gefordert, vgl. auch oben § 34 I.

a) eine Konkursanfechtung nach den Vorschriften des BC nur territorial wirke,[5]

b) die anzufechtende Übertragung außerhalb der Grenzen der USA stattgefunden habe[6] und schließlich

c) (hilfsweise) auch die Comity-Doktrin gegen die Anwendung amerikanischen Anfechtungsrechts spreche.[7]

1. Die Territorialität der Konkursanfechtung nach § 547 BC

Zur Territorialität des amerikanischen Konkursanfechtungsrechts wird in der Entscheidung des District Court ausgeführt, es sei ein „*longstanding principle*" des amerikanischen Rechts, daß die Gesetzgebung durch den Congress nur in den territorialen Grenzen der „*jurisdiction*" der Vereinigten Staaten Anwendung finde.[8] Etwas anderes gelte nur dann, wenn die extraterritoriale Anwendung dem Gesetz ausdrücklich entnommen werden könne. Ein zweideutiger Wortlaut des Gesetzes sei zugunsten einer territorial begrenzten Anwendung auszulegen.[9] Daher müsse die unmißverständliche Absicht des Gesetzgebers zur extraterritorialen Anwendung von § 547 BC nachgewiesen werden. Der Wortlaut des § 547 (b) BC „jede Übertragung" (*any transfer*) sei wörtlich zu verstehen und lasse keinen Schluß auf eine extraterritoriale Anwendung zu.[10] Schließlich führe auch der Wortlaut in § 541 BC zu keiner anderen Auslegung. Zwar erfasse die Konkursmasse (*estate*) das Vermögen, „wherever located and by whom ever held". Jedoch sei § 541 auf das Vermögen zu begrenzen, das sich „im Vermögen der Konkursmasse" befindet. Anfechtbare Übertragungen hingegen würden aber erst mit der Anfechtung und deren Wiedererlangung (*recovery*) vom Estate erfaßt, so daß auch § 541 BC nicht für die extraterritoriale Anwendung von § 547 BC spreche.[11] Da der Gesetzgeber die extraterritoriale Anwendung von § 547 BC auf ausländische Übertragungen (*foreign transfers*)[12] nicht unmißverständlich erklärt habe, könne die Vorschrift folglich auch nicht angewendet werden.

---

4 Maxwell, 186 B.R. 807 (S.D.N.Y. 1995).

5 170 B.R. 811, 812, *814*, wo der Bankruptcy Judge seine Analyse dem Ergebnis nach zusammenfaßt und feststellt: „What I do hold is that where a foreign debtor makes a preferential transfer to a foreign transferee and the center of gravity of that transfer is overseas, the presumption against extraterritoriality prevents utilization of § 547 to avoid transfer".

6 170 B.R. 809.

7 170 B.R. 814 ff.

8 186 B.R. 815, 818 unter Hinweis auf, Equal Employment Opportunity Comm. v. Arabian American Oil Co., 499 U.S. 244, 248, 111 S.Ct. 1227, 1230, 193 L.Ed.2d 274 (1991) („Aramco").

9 186 B.R. 818, siehe, Aramco 499 U.S. 253.

10 186 B.R. 819.

11 186 B.R. 820, vgl. In re Colonial Realty Co., 980 F.2d 125, 131 (2d Cir. 1992).

12 186 B.R 821.

2. Inlandswirkung einer ausländischen Übertragung

Hierzu wird festgestellt, daß die übertragenen Geldmittel aus dem Verkauf von Vermögen in den USA stammten, sei nicht ausreichend – im Lichte des fehlenden sonstigen Zusammenhangs – die Übertragung als innerhalb der Grenzen der USA belegen zu charakterisieren.[13]

Hier sei insbesondere zu berücksichtigen, daß die Auswirkung auf Gläubiger – wegen der parallelen Verfahren – geringer sei, da das Vermögen von MCC in *einen* Pool falle.[14] Ferner seien die meisten Gläubiger Engländer,[15] so daß signifikante inländische Auswirkungen (*domestic effects*) nur schwerlich vorstellbar seien. Letztlich werde auch von MCC und dem Examiner nicht bestritten: „That U.S. citizens, jobs, and communities were not put at risk by the sales".[16]

3. Anwendbarkeit englischen Rechts aus Gründen der Comity

Schließlich wird noch untersucht, ob im Falle einer (hilfsweise unterstellten) extraterritorialen Wirkung des amerikanischen Konkursanfechtungsrechts dessen Anwendung aus Gründen der Comity gegenüber dem englischen Recht zurücktreten müsse. Unter Hinweis auf *Hilton v. Guyot*[17] und *Hartford Fire Ins. Co. v. California*[18], wonach jede Handlung des Congresses niemals so ausgelegt werden sollte, daß sie Rechte anderer Staaten verletze, wenn eine andere Auslegung möglich sei, wird im Ergebnis festgestellt, daß auch aus Gründen der Comity im vorliegenden Fall englisches Recht anzuwenden sei.[19] Comity sei amerikanische Tradition und ein Bestandteil der Entscheidung über die Wahl des anzuwendenden Rechts[20]. Der Second Circuit habe in dieser Frage sich für die Anwendung des Rechts des Landes (*law of the jurisdiction*) ausgesprochen, das das größte Interesse an dem Rechtsstreit habe.[21]

---

13 186 B.R. 817, „the fact that the transferred funds derived from US assets sales is insufficient – in light of the absence of any *other domestic connection* – to characterize the transfers as occurring within the borders of the US".

14 186 B.R. 821.

15 186 B.R. 821, ferner 170 B.R. 818: es gehöre zwar auch zur Comity, so die Ausführungen von Richterin Brozman: „In any event, our bankruptcy policy is less compelling here than it might be in other cases because most of *MCC's creditors do not reside in the United States* ... Were we concerned with transfers made by MacMillan to its creditors rather than with transfers by MCC to its creditors, the equation might well be different ...".

16 186 B.R. 821.

17 159 U.S. 113, 163, 164, vgl. dazu § 42 II.

18 _U.S._, 113 S.Ct. 2891, 2919, 125 L. Ed.2d 612 (1993); „an act of Congress ought never to be construed to violate the law of nations if any other possible construction remains".

19 186 B.R. 822, 823.

20 Hartford, aaO, 113 S.Ct. 2920.

In der Sache – so die Entscheidung weiter – weise daher alles auf die Anwendung englischen Rechts hin: MCC war eine englische Gesellschaft, die von England aus agierte. Die Banken mit denen MCC in Verbindung stand, waren ebenfalls in London beheimatet und die Übertragungen erfolgten in England zum Zwecke der Salidierung dort entstandener Schulden. Schließlich wurden MCC's Tochtergesellschaften als „lebende Betriebe“ veräußert, so daß sich die Veräußerungen nicht auf US-Arbeitsplätze und dessen Gemeinwesen auswirkte. Letztlich seien auch die überwiegende Zahl der Gläubiger von MCC Engländer.[22] Darüber hinaus handelten – dies wird hervorgehoben – der High Court in London und der Bankruptcy Court in den USA im Geiste der Zusammenarbeit, so daß die Unterwerfung unter englisches Recht der Harmonisierung der Verfahren diene.[23] Schließlich: Englisches Konkursrecht und dessen Grundwerte seien vom amerikanischen Konkursrecht nicht so verschieden, als daß die Anwendung englischen Rechts als unfair oder unterdrückend zu bezeichnen wäre.

Aus all diesen Gründen fordern daher nach Ansicht des Gerichts die Grundsätze der Comity die Abweisung der Konkursanfechtungsklagen im vorliegenden Fall, da „Geltendmachung / Behauptung der (amerikanischen) Gerichtsbarkeit / Gerichtshoheit / Zuständigkeit (*jurisdiction*) unangemessen wäre und gegen die Gebote der internationalen Rechtswahlgrundsätze verstoßen würde“:

„... as in the present case, the assertion of jurisdiction would be „unreasonable“ and against the dictates of international choice of law principles“.[24]

§ 60 Zusammenfassung und Stellungnahme

Folgende Zusammenfassung ist angezeigt:

I. Allgemeine Grundsätze

Als „Grundsatz“ in Rechtshilfeverfahren nach § 304 BC kann festgehalten werden, daß die Konkursanfechtung sich grundsätzlich nach dem Recht des Staates der Konkurseröffnung richtet; eine Anfechtung nach den Regeln des BC scheidet damit aus. Dies ist h.M. seit der Entscheidung in Sachen *Metzeler*[1].

---

21 In re Koreag, Controle et Revision S.A., 961 F.2d 341, 350 (2d Cir. 1992) cert. denied _U.S._, 113 S.Ct. 188, 121 L. Ed.2d 132 (1992); „The goal of this analysis is to evaluate the various contacts each jurisdiction has with the controversy, and determine which jurisdiction's laws and policies are implicated to the greatest extent“.

22 186 B.R. 822, 823.

23 170 B.R. 802.

24 186 B.R. 823.

1 Unbeschadet der Gegenmeinung von *Riesenfeld*, oben § 57 III 2, 3.

In einem Vollkonkursverfahren, das von einem ausländischen Representative gem. § 303 (b) (4) BC eingeleitet worden ist, richtet sich die Konkursanfechtung grundsätzlich nach den Regeln des Bankruptcy Code. Dies gilt auch für den Fall, daß das Verfahren gem. § 305 BC eingestellt und dann der durch Konkursanfechtung erlangte Erlös – soweit die Voraussetzungen gem. § 304 (c) BC erfüllt werden (vgl. § 305 (a) (2) BC) – an das ausländische Verfahren herausgegeben wird (so insbesondere die Entscheidung in Sachen *Axona*).

II. Territoriale Begrenzung der Konkursanfechtung unter dem BC

Der letzte Grundsatz gilt aber seit *Maxwell* nicht mehr uneingeschränkt in einem nach § 303 (b) (4) BC vom Foreign Representative eingeleiteten Vollverfahren, wenn die anzufechtende Übertragung als im Ausland belegen einzuordnen ist, da die Konkursanfechtung nach dem Bankruptcy Code sich auf das Gesetz der USA beschränkt und damit anfechtbare Übertragungen im Ausland kraft Gesetzes nicht erfassen kann.

Die territoriale Beschränkung des Konkursanfechtungsrechts nach dem BC wird Wortlaut und Sinn des Gesetzes entnommen: Es sei nicht erkennbar, daß der Gesetzgeber ein extraterritorial wirkendes Konkursanfechtungsrecht nach dem BC habe schaffen wollen. Ein dahingehender Wille hätte seinen ausdrücklichen Niederschlag im Gesetz finden müssen.

III. Die Inlandswirkung (USA) des ausländischen Konkursrechts durch die Comity

Systematisch ist die Inlandswirkung des ausländischen Konkursrechts und dessen Anfechtungsrechts aufgrund der Comity-Doktrine in mehrfacher Hinsicht interessant.

Sie führt *hier* zum einen zu einer Enthaltung von der eigenen Jurisdictionsgewalt eines amerikanischen Gerichts, da der anfechtbare Vorgang „im Ausland belegen sei" und deckt sich insoweit mit dem Institut des *forum non conveniens*.[2] Zum anderen lag zwar in den Maxwell-Fällen nach Auffassung des Gerichts der anfechtbare Vorgang im Ausland. Würde aber der anfechtbare Vorgang (unterstellt) einer Anfechtung nach dem Bankruptcy Code unterliegen, so müßte aus Gründen der Comity das eigene Recht gegenüber dem ausländischen Recht zurücktreten. Daher ist die andere Aussage: Das amerikanische Konkursanfechtungsrecht wirkt grundsätzlich nur territorial. Wirkt es aber extraterritorial (oder ist gar der anfechtbare Vorgang im Inland belegen) so müßte die Anfechtung nach dem BC aus Gründen der Comity immer dann gegenüber dem ausländischen Recht zurücktreten,

---

2 Vgl. dazu § 14 III.

wenn der Inlandsbezug zu den USA (z. B. Belegenheit der anfechtbaren Übertragung, aber auch sonstige inländische Interessen) gering ist und das Schwergewicht des Vorgangs sich im Ausland befindet.

Es handelt sich also im Ergebnis um einen sehr flexiblen kollisionsrechtlichen Ansatz mittels der Comity-Doktrin, mit dem man nahezu „alles begründen kann", der aber regelmäßig dann versagen wird, wenn namhafte *inländische* (USA) Interessen berührt werden. In diesem Fall ist der territoriale Schutz umfassend und führt zur Anwendung eigenen Rechts[3].

---

3 Vgl. oben § 52, in re Koreag, Controle et Revision S.A. 961 F.2d (2d Cir. 1992).

DRITTER TEIL

Das grenzüberschreitende (internationale) Insolvenzrecht der Bundesrepublik Deutschland und die Einwirkung des US-Rechts

Aus der Darstellung des zweiten Teils ergibt sich, welche Einwirkungen ausländische – und damit auch deutsche Insolvenzrechte auf das Bankruptcy – Recht der USA haben. Die nun folgende Erörterung will einmal das deutsche grenzüberschreitende Insolvenzrecht systematisch aufarbeiten, dabei aber auch die Frage klären, welchen Einfluß die amerikanische auf die deutsche Regelung hat.

Diese Fragestellung bleibt aktuell. Zwar erkennt das Recht der Bundesrepublik seit BGHZ 95, 256 (ebenso § 22 GesO) ausländische, und damit auch US-amerikanische Insolvenzen *grundsätzlich* an, indem es die ausländische Masse auf inländisches Vermögen erstreckt. Das neue Insolvenzrecht (Art 102 EGInsO) setzt diese universalistische Linie fort. Damit sind jedoch keinesfalls *alle* denkbaren Auswirkungen US-amerikanischer Bankruptcy – Verfahren in das deutsche Recht transponiert. Eine genaue Analyse ist daher erforderlich.

Das Europäische Übereinkommen über Insolvenzverfahren vom 23. November 1995[1], das voraussichtlich mit der InsO in Kraft treten wird, findet im Verhältnis zu den USA keine Anwendung[2]. Es wird daher bis zum 01. 01. 1999 das rudimentäre Richterrecht (insbesondere BGHZ 95, 256) und der ebenfalls lückenhafte § 22 GesO gelten. Nach Inkraftreten der InsO aber gilt der – ebenfalls lückenhafte – Art 102 EGInsO. Auch deshalb ist im Verhältnis zu der USA eine Zusammenschau geboten. Diese Zusammenschau bedeutet nicht, daß auch das nationale Insolvenzrecht, auf dem das internationale aufbaut, darzustellen wäre. Es wird als bekannt vorausgesetzt. Beim US-Recht war das nicht der Fall. Weiterhin kann nicht auf die ganze deutsche Literatur zum internationalen Insolvenzrecht eingegangen werden.[3]

---

1 Dazu *Balz*, ZIP 1996, 948.

2 Das deutsche Recht sieht bisher – auch bei den Gesetzesüberlegungen – eine Globalisierung der europäischen Regelung nicht vor. Daß sie denkbar ist, zeigt das Beispiel von Art 194 des schweizerischen IPRG (Globalisierung des UN Schiedsabkommens vom 10. 06. 1958).

3 Neuestens – mit Nw. – *Flessner,* Internationales Insolvenzrecht in Deutschland nach der Reform, JPRax 1997, 1 ff, eingehender nun auch *Gottwald,* Grenzüberschreitendes Insolvenzrecht 1997, 1 - 49. Zur Frage der Reichweite der *Wirkungserstreckung* eines ausländischen Insolvenzverfahrens (*Flessner,* aaO, 4; *Gottwald,* aaO, 25) gem Art 102 I EGInsO vgl.

Darstellung muß sich auf *aktuelle Schwerpunkte* insbesondere im Verhältnis zu den USA beschränken.

§ 61 Systematische und terminologische Vorbemerkungen

Sie erscheinen angezeigt, weil der Aufbau der nachfolgenden Darstellung sachgeboten von der des US-Rechts abweicht.

I. Zur Systematik

Die Frage: „Was versteht man unter grenzüberschreitendem (internationalen) Insolvenzrecht?“ beantwortet sich allerdings in beiden Rechten gleich. Es geht darum, wie sich internationale Sachverhalte in einem inländischen, also deutschen, Insolvenzverfahren auswirken. Diese Frage betrifft nicht nur die Anerkennung ausländischer Verfahren und damit insbesondere das Recht eines ausländischen Konkursverwalters, in der Bundesrepublik zu „instrumentieren“ und – damit zusammenhängend – die Folgen eines deutschen Parallelkonkurses (in EGInsO Art 102 III nur für den Fall einer gegenständlich beschränkten Inlandsinsolvenz geregelt), sondern auch die Problematik: Wie verhält sich das deutsche *Inlands*insolvenzrecht bezüglich internationaler Sachverhalte, etwa zu der Frage, ob und inwieweit ausländische Steuerforderungen im Inlandskonkurs berücksichtigt werden?[4]

Obwohl diese zweite Variante auch in der deutschen Diskussion gesehen wird[5], steht die erste eindeutig im Vordergrund. In den USA ist dies nicht der Fall – und zwar, weil bei „assets“ in den Staaten jederzeit ein *Voll*konkurs nach dem Bankruptcy Code mit universalem Geltungsanspruch nicht nur möglich ist, sondern oftmals einem Rechtshilfeverfahren vorgezogen wird[6]. Abgesehen davon kann ein Rechtshilfeverfahren u.U. durch ein nachträgliches US-Vollverfahren „torpediert“ werden[7]. Daher beginnt die Darstellung des deutschen Rechts – umgekehrt der Gliederung des zweiten Teils – mit der Problemstellung: „Insolvenzverfahren im Ausland – Vermögen in Deutschland“ und damit den Auswirkungen US-amerikanischer Bankruptcy-Verfahren auf das deutsche Recht. Es schließt sich die Frage „Insolvenzverfahren in Deutschland – Vermögen im Ausland (also auch den

---

unten §§ 70 IV; 72 II, V; 75; 76 III; 80 II 2; III; 86 und im umgekehrten Fall: eines inländischen auf das Ausland, § 90, § 91 II 2 und § 93.

4 Dazu unten §§ 82 ff. dort § 85.

5 Hierzu und zur aktuellen Problematik überhaupt: *Prütting,* Aktuelle Entwicklungen des internationalen Insolvenzrechts ZIP 1996, 1277 insbesondere 1279.

6 Siehe oben §§ 11, 12, 45; insbesondere auch §§ 40 - 41.

7 Vgl. etwa die Entscheidung in Sachen *Interpool* oben § 54 II. Zum umgekehrten Fall: Chapter 11 Verfahren und nachträgliche Einstellung, oben § 58.

USA)“ an. Der dritte Abschnitt behandelt sodann das in beiden Varianten bedeutsame internationale Aufrechnungs- und Anfechtungsrecht.

II. Terminologisches

Der Übergang vom Konkursrecht einerseits und vom Vergleichsrecht andererseits zu einem beide Gebiete umfassenden Insolvenzrecht in der InsO schafft für die Zeit bis zum Inkrafttreten der InsO gewisse terminologische Probleme. Sie sind zu lösen, indem – bis dahin – der Begriff grenzüberschreitendes (internationales) Insolvenzrecht als Oberbegriff für grenzüberschreitendes (internationales) Konkursrecht und grenzüberschreitendes (internationales) Vergleichsrecht verstanden wird[8]. Das US-amerikanische Bankruptcyrecht (eigentlich mit „Konkursrecht“ zu übersetzen) deckt beides.

---

8 So auch *Prütting,* (wie Fn 4)1277 Fn 1.

Daher wird davon abgesehen, die Entwicklungsgeschichte dieser Rechtsprechung im einzelnen erneut nachzuzeichnen. Dies gilt auch für eine Kommentierung der Entscheidung des BGH, die sich überzeugend – was die Grundsatzfrage angeht – mit der bis dahin vorliegenden Rechtsprechung und Lehre auseinandersetzt.

Folgendes aber soll resümierend festgehalten werden: Der Sachverhalt[7] der Entscheidung betraf die vor einem deutschen Gericht erhobene, auf Rückgewähr (also Leistung) zur Masse erhobene Anfechtungsklage eines belgischen Konkursverwalters. Der deutsche Beklagte hatte sowohl die Zulässigkeit als auch die Begründetheit dieser Klage in Abrede gestellt und zudem mit einer Gegenforderung aufgerechnet.

Der BGH nimmt diesen Fall zum Anlaß, die Grundsatzfrage der Anerkennung des belgischen Konkurses anzugehen – d. h. die Prozeßführungsbefugnis des belgischen Konkursverwalters – und sie zu bejahen. Das ist der eigentliche Kern des Prozesses.

Es ging also eigentlich nur darum, zu begründen, daß der belgische Konkursverwalter für den Gemeinschuldner oder die Masse vertretungsberechtigt war. Das schweizerische Bundesgericht, das sich vor dem IPRG einer ähnlichen Situation gegenübersah – Auslandskonkurse wirken nicht in die Schweiz hinein[8] – löste den Konflikt pragmatisch, ohne die Grundsatzfrage zu tangieren. Es stellte nur die Frage nach der Vertretungsmacht des Verwalters und erklärte, dieses (zunächst) zivilrechtliche Problem werde durch das anzuwendende ausländische Recht geregelt. Damit war die Prozeßführungsbefugnis des Verwalters im weitesten Sinne beantwortet, die Klage also (insoweit) zulässig[9].

Der BGH hätte diesen bequemen Weg auch gehen können. Er ging ihn nicht und stellte die Grundsatzfrage. Denn angesichts des ständigen Opponierens der Wissenschaft[10] war die Entscheidung überfällig.

2. Zur Begründung der Entscheidung, insbesondere zur Weitergeltung des § 237 KO

Der BGH begründet seine Entscheidung ausführlich und hat einhellige Zustimmung gefunden[11]. „Stein des Anstoßes“ bleibt aber § 237 KO. Der BGH will dieser Gesetzesvorschrift nicht die Anerkennung versagen und erklärt, sie sei auf alle

7 Dazu i.e. *E. Habscheid*, KTS 1989, 593 ff.; 601 ff.

8 Auch das IPRG gibt diesen Grundsatz nicht auf, das anerkannte ausländische Konkursdekret gibt nur einen neuen Konkursgrund her, i.e.oben § 3 II, 2.

9 Vgl. dazu (zum Recht der „ Admassierung“ des ausl. Verwalters) oben § 3 I, 1.

10 Vgl. oben Fn 2 (Auszug).

11 Aus Auswahl zu den Stimmen aus der Literatur, oben Fn 5.

Fälle, *beschränkt auf bestehende Titel*, zu beachten. Mit anderen Worten: Aus einem vorliegenden Titel soll vollstreckt werden dürfen. Läuft die Vollstreckung, soll sie fortgesetzt werden können. Der „schnelle" Gläubiger mag also „seine Ernte" einfahren. Nur neue Klagen würden im Ergebnis abgewehrt.

Diese Konsequenz widerspricht allen konkursrechtlichen Regeln. Sie gefährdet, sollte der schnelle Gläubiger den Erlös voll behalten dürfen, das konkursrechtliche Gleichheitsgebot in seinem Kern.

Dennoch vertritt etwa *Pielorz*[12] den Standpunkt, § 237 KO habe materiellrechtlichen Gehalt mit der Folge, daß der Vollstreckungsgläubiger das durch die Vollstreckung Erlangte auch behalten darf. § 237 soll in diesem Sinne für *bestehende* Titel gelten.

Die Problematik des § 237 KO stellt sich nicht mehr mit dem Inkrafttreten der InsO; denn dort findet sich keine vergleichbare Regel. Sie verträgt sich auch in ihrer Beschränkung auf bestehende Titel nicht mit der Bildung eines einheitlichen, auch das Inlandsvermögen ergreifenden Konkursbeschlags und der daraus folgenden Einzelvollstreckungssperre.

Aber bereits de lege lata, also zur KO, hatte ich zu erwägen gegeben[13]: Es kann nicht auf den Zufall ankommen, ob bereits ein Titel vorliegt, auch nicht darauf, ob die Einzelzwangsvollstreckung bereits begonnen hat. Auf alle Fälle „eignet" sich der Gläubiger so Teile der Masse an.

Was er im Wege der Einzelvollstreckung – nicht nur im Auslande[14] – erlangt, ist zur Masse herauszugeben. Würde der Gläubiger also – via § 237 KO – Massevermögen erlangen, wäre es sofort herauszugeben. Hier aber müßte der Satz eingreifen: *dolo facit qui petit quod redditurus est*. Dieser wiederum müßte bereits eingeleitete Vollstreckungsmaßnahmen unzulässig machen. § 237 KO würde auf diese Weise zum *nudum ius*.

Zudem hätte der Verwalter die Möglichkeit, wie generell bei einer Vollstreckung in zur Masse gehörende Gegenstände, Drittwiderspruchsklage (§ 771 ZPO) zu erheben[15].

---

12 Auslandskonkurs und Disposition über Inlandsvermögen , 86 ff.

13 KTS 1989 593, 609. Soweit ersichtlich finden sich keine Stimmen in der Literatur, die sich mit meinen Argumenten auseinandersetzen. Sie seien daher resümiert. Besonderen Wert lege ich auf den Rechtssatz „dolo facit qui petit quod redditurus est".

14 Dazu i.e. unten § 90.

15 So bereits RG LZ 15, 1588, vgl. ferner RGZ 14, 426; 114, 82; vgl. auch *Kilger/Karsten Schmidt*, § 237 Anm. 7 a.E. Es waren hier ausländische Massewerte ins Inland transferiert worden.

3. Arrest und einstweilige Verfügung und § 237 KO

Bei *Kilger/Karsten Schmidt*[16] finden sich hierzu zwei kurze Sätze: Eilmaßnahmen würden von der Rechtsprechung nicht zugelassen[17]; dagegen bestünden aber beachtliche Bedenken.

Dieser Fragenkreis bedarf – ohne einstweiligen Rechtsschutz gibt es keinen effektiven Rechtsschutz – eingehender Erörterungen, auf sie wird verwiesen[18].

4. Ergebnis und Anerkennungsvoraussetzungen

Die vorstehenden Überlegungen führen zu dem Schluß, daß bereits jetzt § 237 KO leerläuft. Er ist obsolet geworden: Ausländische Insolvenzverfahren sind also grundsätzlich anzuerkennen.

Der BGH[19] stellt jedoch klar, daß der Anerkennung Schranken gesetzt sind. Er stellt folgende Voraussetzungen für sie auf:

(1) § 237 KO sei, beschränkt auf *bestehende* Titel, weiter zu beachten. Daß diese „Verbeugung" vor § 237 KO eine inhaltslose Reverenz ist, wurde dargelegt. Sie scheidet demnach aus den folgenden Überlegungen aus.

(2) Es müsse sich, *beurteilt nach inländischen Rechtsgrundsätzen* – um einen Konkurs (ein Insolvenzverfahren) handeln. Hierzu ist zu bemerken, daß die Qualifizierung eines ausländischen Verfahrens und Gerichtsentscheids sich stets nach der *lex fori* richtet[20]. Wir fragen also danach: handelt es sich bei dem ausländischen Verfahren im Lichte des deutschen Rechts um einen Konkurs (ein Insolvenzverfahren)? Diese Qualifizierungsfrage prozeßrechtlicher Institute für die Anerkennung ist jedenfalls herrschende Meinung. Sie wird im folgenden entsprechend beantwortet.

(3) Die internationale Zuständigkeit müsse gegeben sein.

(4) Der ordre public dürfe nicht entgegenstehen.

(5) Die ausländische Regelung müsse sich in das inländische Recht „einbetten" lassen.

(6) Ein räumlich gegenständlich beschränkter Inlandskonkurs gehe auf alle Fälle vor. Er ermöglicht einen wirksamen Schutz inländischer Gläubiger.

---

16 § 237 Anm. 7.

17 BGH KTS 1990, 429 (Anm. *Wenner*) weise „ohne definitive Stellungnahme" – in diese Richtung.

18 Unten §§ 80, 81 ff.

19 BGHZ 95, 256 ff., insbes. 256, 269, 270.

20 Vgl. dazu *Geimer*, IZPR, Rdnr. 844 ff., 924, 929.

Die Anerkennung ausländischer Insolvenzverfahren wirft die Frage auf, was unter „Anerkennung" zu verstehen ist, insbesondere, ob die Anerkennung eine totale sein muß, oder ob auch eine partielle Anerkennung in Frage kommt. Ferner sind die Anerkennungshindernisse zu analysieren. Dies wird Gegenstand späterer Untersuchungen[21] sein.

II. Die Gesamtvollstreckungsordnung (§ 22 GesO)

Die in den neuen Bundesländern als Verordnung des Ministerrats der ehemaligen DDR vom 01. 07. 1990 erlassene und mit der Bekanntmachung vom 23. 05. 1991 (BGBl I, 1185) in den Rang eines Bundesgesetzes erhobene Gesamtvollstreckungsordnung (GesO) enthält in § 22 eine Regelung der „Gesamtvollstreckung mit Auslandsberührung".

1. Die Regelung des § 22 GesO

§ 22 I GesO spricht aus: „ Ein ausländisches Gesamtvollstreckungs- oder Konkursverfahren erfaßt auch das im Inland befindliche Vermögen des Schuldners."

Dieses geschieht unter den Voraussetzungen:

(1) daß das Gericht des Staates der Verfahrenseröffnung nach inländischem Recht zuständig ist. Das ist die Regelung der internationalen Zuständigkeit. Diese Anerkennungsschranke entspricht Ziff. 3 der Kriterien von BGHZ 95, 256.

(2) daß das ausländische Verfahren den Grundprinzipien des deutschen Rechts nicht widerspricht (wie Ziff. 4 der Kriterien von BGHZ 95, 256).

(3) Nach § 22 III GesO schließt die Anerkennung eines ausländischen Gesamtvollstreckungs- oder Konkursverfahrens ein nur das Vermögen im Inlande erfassende Gesamtvollstreckungsverfahren nicht aus. Das ist eine Ziff. 6 der Kriterien des BGH entsprechende Regelung[22].

2. Vergleich zum Richterrecht nach der KO

Dieser Vergleich ergibt die Deckungsgleichheit der Regelung beider Verfahrensordnungen bis auf folgende Punkte:

- Das Problem des § 237 KO existiert für die GesO nicht.
- Die Feststellung, daß es sich bei dem ausländischen Verfahren, *beurteilt nach inländischen Grundsätzen* um ein Insolvenzverfahren handeln müsse, die der

---

21 Unter §§ 64 - 67 .

22 Vgl. dazu etwa die Kommentierung von *Kilger/Karsten Schmidt* zu § 22 GesO.

BGH glaubte treffen zu müssen, findet sich zwar nicht in der GesO, gilt aber – es handelt sich um einen allgemein anerkannten Grundsatz des Anerkennungsrechts – auch für die GesO.

– Nicht erwähnt wird die zusätzliche Forderung des BGH nach der „Einbettung" in das deutsche Recht.

III. Die Insolvenzordnung (Art 102 EG InsO)

Die ab 01. 01. 1999 geltende InsO regelt die Frage der Anerkennung in Art 102 EGInsO:

1. Zu Art 102 EGInsO

Art 102 EGInsO (Überschrift: Internationales Insolvenzrecht) formuliert, dekkungsgleich[23] mit der GesO (§ 22): „ Ein ausländisches Insolvenzverfahren erfaßt auch das im Inland befindliche Vermögen des Schuldners". Auch die internationale Zuständigkeit der Gerichte des ausländischen Staates zur Verfahrenseröffnung ist als Anerkennungsvoraussetzung in Art 102 Abs 1 Ziff. 1 entsprechend beschrieben. Der *ordre public* – Vorbehalt wird jedoch in Ziff. 2 präzisiert. Danach ist die Anerkennung zu versagen, „soweit" sie „zu einem Ergebnis führt, das mit wesentlichen Grundsätzen des deutschen Rechts *offensichtlich* unvereinbar ist, insbesondere soweit sie mit den Grundrechten unvereinbar ist". Absatz III spricht – wie § 22 GesO – den Vorrang eines räumlich gegenständlich beschränkten Insolvenzverfahrens aus und ist somit deckungsgleich mit der entsprechenden Aussage in BGHZ 95, 259 ff.

Neu im Gesetzestext ist die Regelung der *internationalen Insolvenzanfechtung* in Abs 2:

> „Eine Rechtshandlung, für deren Wirkungen inländisches Recht maßgeblich ist, kann vom ausländischen Insolvenzverwalter nur angefochten werden, wenn die Rechtshandlung auch nach inländischem Recht angefochten werden kann oder aus anderen Gründen keinen Bestand hat."

Diese Aussage des Gesetzes beendet den Streit über das Statut der Konkursanfechtung. Sie wird uns in diesem Zusammenhang beschäftigen[24].

---

23 Statt „Gesamtvollstreckungs- oder Konkursverfahren" in der GesO heißt es nun, der neuen Systematik folgend, „Insolvenzverfahren.".

24 Unten §§ 91, 92.

2. *Vergleich zum E 1992*[25]

Der Gesetzesvorschlag des § 379 E 1992 unterscheidet sich von Art 102 EGInsO dadurch, daß er als Obersatz ausspricht:

„Das Insolvenzverfahren und seine Wirkungen unterliegen, soweit nichts anderes bestimmt ist, dem Recht des Staates, in dem das Verfahren eröffnet worden ist".

Während es in Art 102 I EGInsO nunmehr heißt:

„ Ein ausländisches Insolvenzverfahren erfaßt auch das im Inland befindliche Vermögen des Schuldners".

Ob sich aus dieser Formulierung etwas anderes ergibt, als dies nach Art 102 EGInsO der Fall ist, wird zu prüfen sein[26].

IV. Zusammenfassung, das US-Problem

1. *Resümee*

Es ist demnach festzuhalten: Die Anerkennung ausländischer Insolvenzverfahren richtet sich: bis zum 01. 01. 1999 in der alten Bundesrepublik nach den vom BGH in BGHZ 95, 259 ff. entwickelten Grundsätzen, die weiterzuentwickeln sind. In den neuen Ländern gilt § 22 GesO, der auch bei der Frage herangezogen werden sollte, wie die richterrechtliche Rechtsfortbildung fortzuschreiben ist. Ab 01. 01. 1999 ist mit Art 102 EGInsO die Rechtseinheit wieder hergestellt[27]. Trotz dieser bis 01. 01. 1999 verschiedenen Rechtsquellen dürfte sich jedoch – dies wird sich aus den nachfolgenden Darlegungen ergeben – in der Zwischenzeit im gesamten Gebiet der Bundesrepublik Deutschland keine differenzierende Rechtsprechung einstellen. Unterschiedliche Beurteilungen derselben Rechtsfrage in den alten und neuen Bundesländern konnten jedenfalls nicht ermittelt werden.

2. *Zum US-Recht*

Sowohl der BGH in BGHZ 95, 259 ff. als auch § 384 E 1992 sprechen von der Anerkennung der *Eröffnung*[28] eines ausländischen Insolvenzverfahrens. Das Bankruptcy-Verfahren nach dem BC wird jedoch nicht „gerichtlich eröffnet". Es beginnt und entfaltet seine Wirkung mit der Einreichung des Antrages beim Bankruptcy-Court[29].

---

25 Vgl. oben § 6; BT-Drs. 12/2443, § 379 (Unterstreichung vom Verfasser).

26 Unten §§ 64 - 68; §§ 70 - 84; §§ 81, 82.

27 In der EU wird (voraussichtlich) die Europäische Insolvenzübereinkunft gelten. Dazu *Balz,* ZIP 1996, 948 ff.

28 So auch das schweiz. IPRG, das von der Anerkennung „des ausländischen Eröffnungsdekrets" spricht, vgl. oben § 3.

§ 22 GesO und Art 102 EGInsO sprechen hingegen davon, daß das ausländische Verfahren „das im Inland befindliche Vermögen des Schuldners" erfaßt. Auf eine *formelle* Eröffnung kommt es also nicht an. Das Fehlen einer solchen im Recht des Bankruptcy Code steht also der grundsätzlichen Anerkennung amerikanischer Liquidations- und Reorganisationskonkurse[30] nicht entgegen. Für die Zeit bis zum Inkrafttreten der InsO ist BGHZ 95, 259 ff. in diesem Sinne fortzuschreiben.

§ 63 Insolvenzverfahren und Freiwillige Gerichtsbarkeit: Zur dogmatischen Rechtfertigung des Universalitätsprinzips[1]

Im Lichte der bisherigen Rechtsprechung war die Entscheidung BGHZ 95, 256 eine Rechtsfortbildung gegen den Wortsinn des § 237 KO und damit gegen das in dieser Vorschrift verkörperte Territorialitätsprinzip für ausländische Insolvenzen. Aber die Rechtsprechung hat sich immer, gestützt von der Wissenschaft, das Recht genommen, das Recht auch gegen die *lex scripta* weiterzuentwickeln, wenn sich eine durch Verschiebung der Interessen eingetretene Wertungslücke ergab. Die Rechtsprechung zum nicht rechtsfähigen Verein sei als Beleg[2] zitiert.

Dennoch genügt es in solchen Fällen nicht, einen freieren internationalen Standpunkt einzunehmen, wie es zunächst das RG getan hatte[3], ein Standpunkt, von dem es dann aber abgekommen war[4]. Vielmehr sollte eine Rechtsprechung, die so radikal mit dem bis daher Praktizierten bricht, wie es BGHZ 95, 256 tut, dafür auch eine *rechtsdogmatische* Begründung geben, die natürlich dem Fortschritt der Rechtserkenntnis Rechnung tragen darf und muß, also auch das Insolvenzrecht der neueren Dogmatik öffnet.

I. Die Begründung des BGH

Analysiert man unter diesem Gesichtswinkel das Urteil des BGH, dann entdeckt man (aaO S. 264, 265) die Feststellung, daß „Ziel und Zweck des Konkursverfah-

29 Siehe oben § 13 III und oben §§ 75 - 79.

30 Dazu § 19.

1 Diese rechtsdogmatischen Überlegungen sind weitgehend Früchte der Diskussion, die ich mit meinem Vater, Prof. Walther Habscheid, hatte.

2 Vgl. dazu (weitgehende Analogie zum Recht des e.V.)vgl. etwa BGHZ 50, 328, OLG Frankfurt ZIP 1985, 215 und die Kommentierung bei *Palandt/Heinrichs*, 53. Aufl., § 54 Rn. 1 - 14 m. Nw. Insbes. wird – entgegen § 50 ZPO – die aktive Parteifähigkeit bejaht. *Staudinger/Coing* , § 54 Rn. 19; *Müko/Reuter*, § 54 Rdnr. 12; *Soergel/Hadding*, Rdnr. 33 §; 54 Rn. 33, *Stoltenberg*, MDR 1989, 496 (gegen BGHZ 109, 17). Zusammenfassend *W. Habscheid*, Der nicht rechtsfähige Verein zwischen juristischer Person und Gesellschaft, AcP 155, 375 ff.

3 RGZ 6, 400 (404).

4 RGZ 14, 405; 54, 193; 153, 200 (207); vgl. oben § 62 Fn 2, 3.

rens den staatlichen Akt Konkurseröffnung in die Nähe der Entscheidungen der Freiwilligen Gerichtsbarkeit" rücken. Und es heißt dann weiter – bezogen auf ausländische Akte –: „*Solche aber erkennt die deutsche Rechtsordnung grundsätzlich an*". Der BGH sieht dabei Parallelen zur „Auflösung juristischer Personen durch gerichtliche Entscheidung, Entmündigung, Bestellung und Abberufung von Vormund, Pfleger oder Testamentsvollstrecker". Auch unterstreicht er in diesem Zusammenhang, daß es – dem diene der Konkursbeschlag – um die „gleichmäßige Befriedigung aller Gläubiger gehe". Das ist, in der Konzeption der Freiwilligen Gerichtsbarkeit angefügt, *Rechtsfürsorge* im Sinne von Vermögensfürsorge.

Diese Begründung des BGH ist bisher nur am Rande diskutiert worden[5]. Sie verdient aber eine nähere Prüfung.

II. Insolvenzverfahren und Rechtsfürsorge

1. Die Regelung des § 16 a FGG

§ 16 a FGG geht von der Anerkennung ausländischer Akte der Freiwilligen Gerichtsbarkeit aus. Die Anerkennung ist jedoch ausgeschlossen, wenn:

(1) die Gerichte des ausländischen Staates nicht zuständig sind,

(2) wenn einem Beteiligten, der sich zur Hauptsache nicht geäußert hat, das verfahrenseinleitende Schriftstück nicht ordnungsgemäß oder nicht so rechtzeitig mitgeteilt worden ist, daß er seine Rechte wahrnehmen konnte;

(3) wenn die Entscheidung mit einer in Deutschland erlassenen oder anzuerkennenden ausländischen Entscheidung oder wenn das ihm zugrundeliegende Verfahren mit einem früher hier rechtshängig gewordenen Verfahren unvereinbar ist;

(4) wenn die Anerkennung der Entscheidung zu einem Ergebnis führt, das mit wesentlichen Grundsätzen des deutschen Rechts unvereinbar ist, insbesondere, wenn die Anerkennung mit den Grundrechten unvereinbar ist.

Vergleicht man diese Anerkennungsversagungsgründe mit den von BGHZ 95, 256 für den Auslandskonkurs aufgestellten Grundsätzen, so ist die Gleichheit der Versagung der Anerkennung in beiden Fällen evident. Grundsätzliche Anerkennung, also Universalitätsprinzip, und nur ausnahmsweise Nichtanerkennung. Die Ziffern (2) und (3) betreffen Einzelfälle des *ordre public*-Verstosses, die Zuständigkeitsklausel ist identisch. Was aber entscheidend ist: Im Gegensatz zu § 328 Nr. 5 ZPO fehlt auch hier das Reziprozitätserfordernis. Konkursspezifisch bleibt daher aus dem Urteil des BGH die „Einbettung in das inländische Recht", die Beschränkung auf bestehende Titel und der Vorrang des inländischen Partikularkonkurses.

Daß es sich bei der Anerkennung um einen Akt der Freiwilligen Gerichtsbarkeit handeln muß, ebenso wie beim ausländischen Insolvenzfall um einen Konkurs,

---

[5] Vgl. *E. Habscheid*, KTS 1989, 593 ff., 612 ff. Von dem dort eingenommenen Standpunkt rücke ich aber nun, wie sich aus Nachstehendem ergibt, ab.

versteht sich *ex definitione* von selbst und bedürfte an sich keiner Hervorhebung. Dabei ist diese Frage vom deutschen Recht aus zu beantworten.

Was also bleibt, ist das Universalitätsprinzip, nicht eingeschränkt durch ein Gegenseitigkeitserfordernis.

§ 16 a FGG wurde durch das Gesetz zur Neuregelung des Internationalen Privatrechts vom 25. 07. 1986 eingefügt[6] und ist am 01. 09. 1986 in Kraft getreten[7]. *Inhaltlich bringt die Vorschrift allerdings nichts Neues.* Denn es war auch vorher in Rechtsprechung und Lehre unstreitig, daß ausländische Entscheidungen der Freiwilligen Gerichtsbarkeit grundsätzlich anzuerkennen seien[8]. Dies gilt jedenfalls für den rechtsfürsorgerischen Bereich der Freiwilligen Gerichtsbarkeit[9] und ist auch seit der grundlegenden Entscheidung des BayObLG vom 16. 01. 1959[10] in der Rechtsprechung nicht mehr in Abrede gestellt worden. Begründet wurde diese Auffassung vor allem mit der *Gestaltungswirkung* von Entscheidungen in der Freiwilligen Gerichtsbarkeit. Diese Gestaltungswirkung gilt *inter omnes und kann daher auch nicht an Landesgrenzen enden.*

Offenbar sieht der BGH auch in der Insolvenzeröffnung und in der Bildung einer Konkursmasse, die vom Verwalter verwaltet wird, eine Art Rechtsfürsorge.

2. Die Rechtsfürsorge

Die Rechtsfürsorge oder – Vorsorge ist das Wesensmerkmal der klassischen Freiwilligen Gerichtsbarkeit[11]. Dabei bezieht sich diese Fürsorge auf die Person wie auf das Vermögen des Schutzbefohlenen. Die Fürsorgeentscheidung oder Maßnahme will nicht, wie das Urteil im Zivilprozeß, unter Geschehenes einen Schlußstrich ziehen. Sie will vor allem tragbare Lösungen *für die Zukunft* schaffen[12]. Man denke nur, der BGH nennt das Beispiel, an die Bestellung eines Vormunds (jetzt, seit der Betreuungsnovelle vom 12. 09. 1990[13]: eines Betreuers) der das Ver-

---

6 BGBl I 1142.

7 Zur Gesetzesgeschichte: BT-Drs. 10/504 v. 20. 10. 1983. Vgl. im übrigen *Keidel/Kuntze/Winkler*, Freiwillige Gerichtsbarkeit, 13. Aufl. Teil A, 1992 zu § 16 a.

8 Dazu mit Nw. *W. Habscheid*, Freiwillige Gerichtsbarkeit, 7. Aufl. 1983 § 30.

9 Die echten Streitsachen (dazu *W. Habscheid*, §§ 7, 8) sind „verhinderte" Zivilprozesse. Hier ist § 328 ZPO analog anwendbar).

10 FamRZ 1959, 364, vgl. auch RGZ 129, 329 und BGHZ 67, 255, 260.

11 Dazu eingehend *W. Habscheid* , aaO zu § 6, Grundlagen; *Smid*, Rechtsprechung – Zur Unterscheidung von Rechtsfürsorge und Prozeß 1990.

12 *W. Habscheid* , aaO zu § 6. Er spricht von *Rechtsfürsorgeakten* (aaO zu §§ 8 I 1 e, 20 II 2, 41 IV) die im „polaren Gegensatz" zu den Akten der Rechtsprechung stehen (aaO zu § 5 IV).

13 BGBl I, 2002, in Kraft seit 01. 01. 1992. Das frühere Recht der Vormundschaft über Volljährige und der Gebrechlichkeitspflegschaft wurde damit zu dem einheitlichen Rechtsinstitut der Betreuung zusammengefaßt. Einläßlich, *Bienwald*, Betreuungsrecht, Komm., 2. Aufl. 1994.

mögen des Betreuten (früher Mündels) verwaltet – im Interesse seines Schutzbefohlenen, aber auch im Interesse der Rechtsverkehrs und damit der Gläubiger (§§ 1896 ff. BGB).

F. W. Bosch war es gewesen, der zunächst auch auf den rechtsfürsorgerischen Charakter des Insolvenzverfahrens – und hier nannte er Konkurs, Vergleich und Vertragshilfe[14] hingewiesen hat. Er unterstreicht, daß es in allen Fällen um Zahlungsunfähigkeit, Überschuldung und Beeinträchtigung der wirtschaftlichen Leistungsfähigkeit gehe. Es handele sich um *wirtschaftliches Krisenrecht*, wobei die Krise, die letztlich Ursache der Insolvenz ist, nicht vom (Gemein-)Schuldner verschuldet zu sein braucht. Der Gesetzgeber will deshalb dem (Gemein-)Schuldner wie seinen Gläubigern „helfen". Er stellt auch seine Rechtsfürsorge zur Verfügung, weil Insolvenzen volkswirtschaftlich schädlich sind. Dabei kann er den Weg einer „Gestaltung durch das staatliche Gericht"[15] einschlagen, wie es am deutlichsten in der Vertragshilfegesetzgebung[16] geschehen ist. Vertragshilfe – die Akzentuierung auf „Vertrag" täuscht – ist dabei nichts anders als richterliche Umgestaltung von Rechtsverhältnissen: Stundung und Herabsetzung von Forderungen. Insofern ist die Vertragshilfe trotz des Auslaufens des Vertragshilfegesetzes [17] nach wie vor ein Instrument des modernen Gesetzgebers für ein *gesetzliches Krisenmanagement* geblieben[18].

Die Eröffnung des Insolvenzverfahrens[19] ist heute schon lange nicht mehr eine Art Bestrafung mit dem Ziele der „Ausstoßung der wirtschaftlich Unfähigen aus dem Wirtschaftsleben"[20]. Die Einführung des konkursbeendenden Zwangsvergleichs (§§ 173 ff. KO) und des konkursabwendenden Vergleichs durch die VglO sind Etappen auf diesem Wege: Hierzu trat die Vertragshilfegesetzgebung, insbesondere als Krisenhilfe für durch den Ausbruch des zweiten Weltkrieges notleidend gewordene Unternehmer[21].

In diese Entwicklung reiht sich auch das Insolvenzrecht ein. Der in der InsO (§ 286 ff.) vorgesehene Restschuldenerlaß und das Sanierungsverfahren der InsO (§§ 1, 217 ff.) sind dafür Belege. Es soll dem Gemeinschuldner ein neuer Anfang, im Sanierungsfalle die Fortführung des Betriebs ermöglicht werden.

Es geht also um *Vermögensfürsorge*: für den Gemeinschuldner, dem trotz seiner Zahlungsunfähigkeit und (oder) Überschuldung ein wirtschaftliches „Überleben" ermöglicht werden soll, für die Gläubiger, indem ihnen bei einer Liquidation der

---

14 Konkurs-Vergleich-Vertragshilfe, Athenäum Bonn 1949, Einführung.

15 *Bosch* , aaO Einf. XXXII.

16 *Bosch* , aaO Einf. XXXIII.

17 Dazu *W. Habscheid*, Freiw. Gerichtsbarkeit § 61 .

18 *Bosch* , aaO Einf. XXXIII.

19 So aber die Konzeption des napoleonischen Rechts vgl. *Ripert/Roblot*, Bd. II, 827 ff.

20 Bezgl. der neueren Entwicklung in Frankreich *Ripert/Roblot*, Bd. II, 827.

21 Vgl. *Bosch*, Fn 12, insbes. S. XXXIII ff.

Masse eine nach Lage der Dinge gerechte Abfindung gesichert wird. Dabei wird ihnen – bei der Restschuldbefreiung und bei der Sanierung durch einen bestätigten Insolvenzplan u.U. ein nicht geringes Opfer zugemutet, das aber letztlich auch in ihrem Interesse liegt.

Man mag diese moderne Entwicklung des Insolvenzrechts begrüßen oder nicht – sie macht jedenfalls das Insolvenzverfahren zu einem Vermögensfürsorgeverfahren. Und Fürsorge für Personen und (oder) Vermögen ist das Kennzeichen der Freiwilligen Gerichtsbarkeit.

III. Insolvenzverfahren und (richterliche) Rechtsgestaltung

1. Insolvenzverfahren und Freiwillige Gerichtsbarkeit

F. W. Bosch hat darauf hingewiesen, daß nach österreichischer Rechtsauffassung der Konkurs zur „außerstreitigen" = Freiwilligen Gerichtbarkeit zählt[22]. Das mag damit zusammenhängen, daß man in Österreich seit *Franz Klein*[23] die soziale Komponente des Zivilverfahrens (Prozeß und Verfahren „außer Streitsachen") betont. Diese Sichtweise ist aber auch – wie dargelegt – für die deutsche Rechtsentwicklung angezeigt.

2. Zur Frage der Gestaltungswirkung der Eröffnung des Insolvenzverfahrens

Die Eröffnung des Insolvenzverfahrens führt dazu, daß der Gemeinschuldner sein Verwaltungs- und Verfügungsrecht über die Konkursmasse verliert und das Verwaltungs- und Verfügungsrecht auf den Verwalter übergeht. Dabei kann hier dahingestellt bleiben – die nationalen Insolvenzrechte sind diesbezüglich unterschiedlich –, ob die Konkursmasse Rechtspersönlichkeit oder nur Sondervermögen ist. Auf alle Fälle wird sie von dem Verwalter repräsentiert, auch im Prozeß. Der Verwalter hat daher – Ausfluß dieser seiner Stellung – das Recht zur Prozeßführung: als Vertreter der Masse oder der Gläubiger oder im eigenen Namen (Partei kraft Amtes)[24]. Diese Haupt-Konkurswirkung (§§ 80 ff. InsO, § 6 ff. KO, § 5 GesO) findet sich wohl in allen Insolvenzordnungen der Welt, mag auch die dogmatische Einordnung dieses Vorganges verschieden sein. Aber darauf – etwa auf die Frage, ob die Konkursmasse Rechtspersönlichkeit[25] ist oder nur verselbständigte

---

22 Wie Fn. 12, Einf. XV unter Hinweis auf *Sperl*, Lehrbuch der Bürgerlichen Rechtspflege 1930, 10, vgl. auch *Bosch*, AcP 149, 56. Das ist auch heute die Auffassung in Österreich, vgl. *Fasching*, Zivilprozeßordnung, 2. Aufl. Manz Wien 1989, Rdnr. 111 - 116.

23 Siehe *Hofmeister* (Hrsg), Forschungsband Franz Klein, Manz Wien 1988 .

24 Prozeßtechnisch sollten hier keine Probleme entstehen. Zwar richtet sich diese Frage – juristische Person oder nicht – nach ausländischem Recht, wenn der Verwalter Partei in einem Prozeß vor deutschen Gericht ist. Aber wenn das, Rubrum wie folgt lautet „Herr XY als Verwalter der Insolvenzmasse der Fa . . .Z" sind alle Varianten gedeckt.

Vermögensmasse, ob man im Verwalter einen gesetzlichen Vertreter oder einen besonderen Amtsträger zu sehen hat – kommt es, wie gesagt hier nicht an. Denn es geht darum, den *Rechtsgestaltungseffekt* zu sehen: Die Verfahrenseröffnung greift in die Verwaltungs- und Verfügungsbefugnis des Gemeinschuldners über den wesentlichsten Teil seines Vermögens ein. Nicht er, sondern der Verwalter kann fürderhin hierüber außergerichtlich wie gerichtlich verfügen. Der Vergleich mit dem Geschäftsunfähigen drängt sich auf, für den sein gesetzlicher Vertreter handelt.

Auf alle Fälle ist es evident, daß die richterliche Entscheidung, welche das Verfahren eröffnet, den vermögensrechtlichen Status des Gemeinschuldners ändert. Sie ist also Gestaltungsentscheidung[26].

Im US-amerikanischen Recht bedarf es zur Entstehung des Insolvenzbeschlags *keiner gerichtlichen Entscheidung*. Der Antrag an das Konkursgericht führt *ex lege* den Automatic Stay mit seinen weitreichenden Wirkungen herbei. Man wird diese gesetzliche Folge einer Gestaltungsentscheidung des Richters gleichzuachten haben.

Gestaltungsentscheidungen auf dem Gebiet des bürgerlichen Rechts, die bürgerliche Rechte ändern, insbesondere Forderungen stunden, herabsetzen oder ändern, wirken *inter omnes*, weil die erfolgte Rechtsänderung, wo immer sie relevant wird, von jedermann hingenommen werden muß. Ist das der Fall, so muß sie grundsätzlich auch über Landesgrenzen wirken.

Wird die bürgerliche Rechtslage privatautonom geändert, so ist es selbstverständlich, daß diese Änderung im Prinzip überall gilt. Tritt die Änderung aber durch gerichtliche Entscheidung oder ex lege ein, so behalten sich alle Staaten trotz grundsätzlicher Anerkennung eine gewisse Rechtskontrolle vor.

§ 16a FGG stellt hierzu für die Freiwillige Gerichtsbarkeit Grundsätze auf, die schon vorher anerkannt waren. Im Grunde handelt es sich dabei, von der internationalen Zuständigkeit abgesehen, zunächst um einen materiellen Prüfungsmaßstab, den *ordre public*-Vorbehalt. Alle anderen Versagungsgründe haben damit zu tun, daß die Gestaltung durch richterlichen Akt ergangen ist. Die Ordnungsmäßigkeit des Verfahrens muß stets gesichert sein. Zudem könnte man alle anderen Versagungsgründe als Einzelfälle des verfahrensrechtlichen ordre public ansehen.

Die Regelung ist daher mit der durch BGHZ 95, 256 und durch Art 102 EGInsO getroffenen identisch.

---

25 *Hanisch*, Rechtszuständigkeit der Konkursmasse (1973), 1 ff.

26 In der Schweiz spricht man vom Konkursdekret. Dieses wird als Urteil betrachtet. Vgl. *Fritzsche/Walder*, 3. Aufl. zu § 37 Rdnr. 29 ff.

3. Das US-Problem

Es wurde bereits angesprochen. Der Konkursbeschlag tritt *ex lege* mit der Antragstellung ein. Diese Gestaltungswirkung ist der einer richterlichen Eröffnungsentscheidung gleichzustellen.

Eine besondere Problematik stellt sich mit Bezug auf die USA infolge der *vis attractiva* des amerikanischen Konkursrechts, die alle mit dem Konkurs zusammenhängenden *Prozesse* – Rechtsstreitigkeiten also – an das Konkursgericht zieht. *Der Konkursrichter wird hier zum streitentscheidenden* Richter. Hierbei handelt es sich um *proceedings*, Prozesse also, nicht aber um den Konkursfall als solchen, den der Bankruptcy Code „case" nennt[27].

Hier versagt die Analogie zum klassischen Recht der Freiwilligen Gerichtsbarkeit. Denn es geht um die Entscheidung eines Rechtsstreits mit nachfolgender Zwangsvollstreckung. Dieses Sonderproblem wird uns zu beschäftigen haben[28].

4. Materiellrechtliche Gestaltungswirkung und prozessuale Wirkungen der Verfahrenseröffnung

Die durch die Eröffnung des Insolvenzverfahrens eintretenden *materiellrechtlichen* Folgen sowie die Gestaltungsverfügungen des Konkursgerichts sind zufolge ihrer Gestaltungswirkung universal anzuerkennen. Das ist für ausländische Insolvenzen der Standpunkt des deutschen Rechts (Universalitätsprinzip). Die „Nähe" des Insolvenzrechts zum Recht der Freiwilligen Gerichtsbarkeit ist hier unverkennbar. Diese Anerkennung betrifft die materiellrechtlichen Folgen des Insolvenzverfahrens, die mit der Bildung *einer einheitlichen Masse* zusammenhängen. Dies folgt aus BGHZ 95, 256 und aus Art 102 EGInsO, wo es heißt: „Ein ausländisches Insolvenzverfahren erfaßt auch das im Inland befindliche Vermögen des Schuldners".

Die Eröffnung des Verfahrens hat aber auch *prozeßrechtliche* Folgen. Zu nennen ist die Unterbrechung anhängiger Prozesse[29]. Zu nennen ist ferner – aus amerikanischer Sicht – die *vis attractiva concursus*[30]

Hier versagt die Analogie zur Freiwilligen Gerichtsbarkeit. Zwar handelt es sich nach dem jeweiligen nationalen Recht um „*Wirkungen*" der Eröffnung des Insolvenzverfahrens. Und es hätte die Gefahr bestanden, auch bezüglich dieser Wirkungen – jedenfalls vom Gesetzestext her – für eine „Hineinnahme" in das deutsche Recht einzutreten, wenn § 379 E 1992 Gesetz geworden wäre. Denn hier hieß es,

---

27 Dazu oben §§ 15 ff.

28 Unten § 65.

29 Unten §§ 70 - 73.

30 Oben §§ 15 ff. und unten § 74.

daß das Insolvenzverfahren und seine *Wirkungen* der *lex fori concursus* unterlägen. Durch die Formulierung in Art 102 I EGInsO: „Ein ausländisches Insolvenzverfahren erfaßt auch das im Inland befindliche Vermögen des Schuldners" (so bereits § 22 I GesO), ist aber nunmehr klargestellt, daß es bei BGHZ 95, 256 bleibt: *Anerkennung bedeutet, daß eine einheitliche Konkursmasse, repräsentiert durch den Verwalter, gebildet wird.* Insofern – und nur insofern – wird die ausländische Insolvenzeröffnung „nostrifiziert".

Die Frage, wie in Deutschland durch deutsche Gerichte in einem deutschen Prozeß die Masse, repräsentiert durch den Verwalter, zu schützen ist, ferner wie deutsche Gläubiger Rechtsschutz vor deutschen Gerichten erlangen können, ist eine Frage, die sich nach deutschem Recht – forum regit processus – beurteilt. Denn der deutsche Richter wendet auch in Prozessen mit Auslandsbezug deutsches Verfahrensrecht an[31].

Das Prozeßrecht, insbesondere das Gerichtsverfassungsrecht, ist „angewandtes Verfassungsrecht"[32]. Für die Partei geht es letztlich um ihr Recht auf Rechtsschutz (vgl. § 13 GVG) durch den *ex ante* bestimmten gesetzlichen Richter (Art 101 I GG), der ihr rechtliches Gehör zu gewähren hat. Wer gesetzlicher Richter ist, sagt die Zuständigkeitsordnung (sachliche Zuständigkeit geregelt im GVG, örtliche wie internationale Zuständigkeit geregelt in der ZPO) aus.

In diese Zuständigkeitsordnung kann nur durch ein Gesetz oder einen ratifizierten Staatsvertrag – alles unter dem Vorbehalt, daß das GG nicht verletzt wird – eingegriffen werden. Diese gesetzliche Grundlage fehlt. Das Universalitätsprinzip alleine kann sie nicht ersetzen. Daher gilt dogmatisch die Regel: *Rein prozessuale Wirkungen der Eröffnung des Insolvenzverfahrens werden nicht in das deutsche Recht rezipiert.* Hierauf wird – da in der Literatur Gegenteiliges behauptet wird – zurückzukommen sein[33].

Allerdings folgt aus dem Grundsatz, daß es eine einheitliche Insolvenzmasse, repräsentiert durch den ausländischen Verwalter gibt, daß diese Masse im Prozeß nicht anders behandelt wird als eine rein deutsche Masse. Sie enthält also denselben Rechtsschutz wie er in einem rein inländischen Fall verbrieft ist.

---

31 Ganz herrschende Meinung vgl. etwa Nw. bei *Geimer*, IZPR Rdnr. 319 ff.
Die Frage, ob *einzelne* ausländische Prozeßinstitute durch deutsche Gerichte angewandt werden können – z. B. Urteil auf Trennung von Tisch und Bett – bleibt hier dahingestellt, zumal es sich hier um eine Verknüpfung von Sach- und Prozeßrecht handelt , vgl. *W. Habscheid*, ZZP 76, 138 ff. (Besprechung von *Craushaar*, Die internationale Anwendbarkeit deutscher Prozeßnormen).

32 Vgl. dazu den Sammelband *W. Habscheid* (Hrsg), Effektiver Rechtsschutz und verfassungsmäßige Ordnung, 1993.

33 Vgl. unten Aufarbeitung der Literaturmeinungen, unten Kapitel 2.

§ 64 Die Anerkennung von Auslandsinsolvenzen

Der BGH stellt in seinem Leitsatz im BGHZ 95, 256 fest, daß der ausländische Konkursbeschlag auch das Inlandsvermögen des Gemeinschuldners erfaßt und der ausländische Verwalter daher berechtigt ist, solches Vermögen zur Konkursmasse zu ziehen. Der BGH sagt nicht, daß die Wirkungen des ausländischen Insolvenzverfahrens auf das Inland erstreckt würden, sondern beschränkt sich auf die Feststellung, daß der ausländische Konkursbeschlag – und damit die ausländische Konkursmasse, repräsentiert durch den Verwalter –, sich auf das Inlandsvermögen des Gemeinschuldners erstreckt. Entsprechend lautet auch die Formulierung im Art 102 I EGInsO (ebenso § 22 I GesO).

I. Zum Begriff der Anerkennung

1. Anerkennung der Wirkungen?

Geimer[1] gibt wohl die h.M. wieder, wenn er feststellt, daß Gegenstand der Anerkennung eines Urteils die Urteilswirkungen sind. Nicht das ausländische Urteil schlechthin werde anerkannt, sondern seine Wirkungen. Offenbar im Anschluß an diese These formulierte der E 1992 in seinem § 379, das Insolvenzverfahren und seine Wirkungen unterstünden dem Recht des Staates der Verfahrenseröffnung[2].

Das Konkursverfahren hat materiellrechtliche und verfahrensrechtliche Wirkungen. § 379 E 1992 könnte daher zu der Konsequenz führen, daß beides im Inlande anerkannt werde. Das wäre *mehr* als das im BGHZ 95, 256, § 22 GesO und Art 102 I EGInsO Dekretierte[3]. Denn an diesen Stellen wird nun von der Erstreckung des Konkursbeschlags auf das Inland gesprochen: Es gibt nur eine einheitliche Konkursmasse, ein Estate im US-Sinne, der vom übrigen Gemeinschuldnervermögen getrennt ist – als besondere Vermögensmasse oder gar als juristische Person – und dessen Verwaltung und damit auch außergerichtliche wie gerichtliche Vertretung in der Hand des Verwalters liegt.

Die Bildung der Insolvenzmasse und ihre gesonderte Administration ist *die* umfassende materiellrechtliche Wirkung des Konkurses. Die Wirkungserstreckung rechtfertigt sich dogmatisch[4] aus dem rechtsfürsorgerischen Gestaltungscharakter der Konkurseröffnung.

Was die nach nationalem Recht vorgesehenen prozeßrechtlichen Folgen des Konkursbeginns betrifft, so fehlt ihnen der Gestaltungseffekt[5]. Sie finden sich im

---

1 Internationale Urteilsanerkennung, Bd I, Hb 2, 1984, 1384, 1385 ff. m. Nw.

2 Vgl. oben § 6 II.

3 Oben § 6 II 1, 2: hier bin ich – es ging nur um eine Beschreibung – darauf (noch) nicht eingegangen.

4 Oben § 63.

jeweiligen nationalen Recht, nach dem der Richter der *lex fori* prozediert. Ihm werden daher durch die ausländische Verfahrenseröffnung keine ausländischen Instrumente aufgedrängt[6]. Da aber die ausländische Konkursmasse auch „die inländische" ist, greifen die Schutzmechanismen des inländischen Rechts für die Masse – insbesondere die Prozeßunterbrechung nach § 240 ZPO – auch bei einer ausländischen Insolvenz ein. Das ist bereits die Folge der im § 63 angestellten dogmatischen Überlegungen, wird aber noch näher zu begründen sein[7].

In diesem Sinne wird das ausländische Insolvenzverfahren „nostrifiziert"[8]. Ob sich das Verfahren vor einem Gericht oder einer Verwaltungsbehörde[9] abspielt, ist ohne Belang; denn die Verwaltungsbehörde entspricht hier in ihrer Funktion einem deutschen Gericht. Ohne Belang ist auch, ob ein Gericht die Eröffnung beschließt oder sie – wie in der USA – *ex lege* mit der Einbringung des Insolvenzantrags eintritt[10].

2. *Anerkennung in toto oder partielle Anerkennung*

Anerkennung ist der Grundsatz, Nicht-Anerkennung die Ausnahme. Dies folgt aus BGHZ 95, 256; es entspricht dies auch dem Wortlaut des § 22 I GesO und des Art 102 I EGInsO (*Anerkennung in toto*).

Der befaßte Richter hat also zu prüfen, ob einer der Anerkennungsversagungsgründe der genannten Rechtsregeln (= negative Anerkennungsvoraussetzungen[11]) der Anerkennung, d. h. der Erstreckung der ausländischen Masse auf das Inland, entgegensteht.

Es kann sein, daß nur eine einzelne materiellrechtliche Konkurswirkung nicht anerkannt werden kann. Zwar wird beim Fehlen der internationalen Zuständigkeit[12] in der Regel die Anerkennung im ganzen schlichtweg zu versagen sein. Beim ordre public-Vorbehalt sieht dies aber anders aus. Art 102 I, 2 EGInsO formuliert hier treffend, daß die Anerkennung zu versagen ist, *soweit* sie offensichtlich gegen wesentliche Grundsätze des deutschen Rechts, insbesondere gegen Grundrechte, verstößt (*partielle Anerkennung*).

5 Oben § 63 III, 4.

6 Es gilt für das Verfahren die lex fori. Das ist h.M., von der hier ausgegangen wird. Auf die von einer Mindermeinung am lex fori-Prinzip vorhandene Kritik kann hier nicht eingegangen werden. Vgl. zu allem *Geimer*, Internationales Zivilprozeßrecht, 2.

7 Eingehend unten Kapitel 2.

8 Zum Ausdruck *W. Habscheid*, ZPR 2. Aufl. N. 522 ff.

9 Vgl. *Geimer*, FS Murad Ferid, 89 ff., 117, *Keidel/Kuntze/Winkler*, FGG § 16a Rdnr. 2 Fn 8 m.Nw. für die Freiwillige Gerichtsbarkeit (Analogie).

10 Siehe oben §§ 13 ff.

11 So ist auch die Rechtslage bei der Urteilsanerkennung nach § 328 ZPO. Zum ganzen grundlegend *Geimer/Schütze*, Internationale Urteilsanerkennung Bd I, Hb 2, 1463 ff.

12 Vgl. aber unten § 66 I.

Das alte deutsche Recht kannte die Restschuldbefreiung nicht; wohl aber war sie seit langem Bestandteil des US-Rechts[13]. Unter dem alten deutschen Recht[14] wäre es denkbar gewesen zu argumentieren, diese Restschuldbefreiung – eine materiell-rechtliche Folge der Bildung einer Konkursmasse insoweit, als sie die *Schuldenmasse* betrifft – verstoße gegen den deutschen ordre public. Indem jedoch die InsO in ihren §§ 286 ff. selbst die Restschuldbefreiung einführt, wird man das heute nicht mehr sagen können. Die Restschuldbefreiung wie der Sanierungsplan, der ebenfalls zu einem Erlaß, einer Reduzierung oder einer Stundung führt, setzt – auch nach US-Recht[15] – einen richterlichen Beschluß voraus. Erst mit diesem Beschluß stellt sich die Frage, ob sie anzuerkennen ist. Es kann also in praxi so sein, daß zunächst gegen die Anerkennung der einheitlichen Masse nichts einzuwenden war, der Verwalter also im Inlande Vermögen des Schuldners zur Masse ziehen konnte. Dann erfolgte eine richterlich bestätigte Restschuldbefreiung oder ein Sanierungsvergleich am Ende des Verfahrens. Hier ist dann gesondert zu prüfen, ob anerkannt wird. Die Frage ist, ob der ordre public verletzt ist[16].

Die durchaus h.M. im Bereich der Urteilsanerkennung spricht sich dafür aus, nur solche Entscheidungswirkungen in Inlande anzuerkennen, die dem deutschen Recht bekannt sind. Unbekannte materielle Rechte (z. B. eine Hypothek auf das ganze Vermögen) werden nicht „nostrifiziert", auch nicht, wenn sie durch ein ausländisches Urteil rechtskräftig festgestellt sind[17]. Dies verträgt der deutsche ordre public nicht.

Hieran mag der BGH in BGHZ 95, 256 gedacht haben, als er von der „Einbettung in die deutsche Rechtsordnung" sprach. Es würde sich dann um ein ordre public-Problem handeln. Dies wäre dann jene differenzierende Lösung – Frage nach der ordre public-Verletzung – die auch in der Literatur zu § 328 ZPO[18] gefordert wird.

II. Der Anerkennungsweg

1. Inzidentanerkennung

Weder BGHZ 95, 256 nach § 22 GesO nach Art 102 EGInsO sehen ein besonderes Anerkennungsverfahren vor. Das bedeutet: Der im Einzelfall zuständige deutsche Richter – etwa bei einer Anfechtungsklage des Verwalters vor einem deut-

---

13 Dazu oben §§ 37 ff.

14 M.E. nicht mehr seit BGHZ 95, 256, erst recht nicht mehr seit Verabschiedung der neuen InsO, hier §§ 286 ff.

15 Vgl. unten § 78.

16 Vgl. unten §§ 76 - 79.

17 Vgl. *Geimer/Schütze*, Internationale Urteilsanerkennung I, 2, 1463 ff. m.Nw.; *Zöller/Geimer*, ZPO 17. Aufl. 1991, § 328 Rdnr. 41, 47.

18 So *Gottwald*, in Mü/Ko, § 328 Rdnr. 4.

schen Gericht – wird sich die Vorfrage stellen müssen: Wird der ausländische Insolvenzbeschlag mit der Folge der Prozeßlegitimation des Verwalters[19] auf das Inland ausgedehnt?

Hat der Verwalter eine Klage in Hamburg, die andere in München erhoben, so kann es zu divergierenden Entscheidungen kommen. Solche Entscheidungen sind jedoch auch bei der Urteilsanerkennung nach § 328 ZPO möglich: denn auch hier ist die „Nostrifizierung „ vorfrageweise zu prüfen.

2. Zu den Exequaturlösungen

Das bleibt ein mißlicher Zustand. Daher ist im Anschluß an BGHZ 95, 256 eine Exequaturlösung vorgeschlagen worden, etwa ähnlich der Regelung beim Ehescheidungsverfahren im Auslande gem. Art VIII FamRÄndG oder durch eine sonstige inter omnes wirkende Anerkennungsfeststellung. An dieser Diskussion habe ich mich mit Vorschlägen beteiligt[20].

Sie wird hier nicht wieder aufgerollt[21]. Im Anschluß an BGHZ 95,256 hatte sie aktuellen Sinn; denn es galt, richterrechtlich mögliche Lösungen aufzuzeigen. Mit der Festlegung auf das Inzidentverfahren – das auch die vermittelnde Lösung des E 1992[22] zur Makulatur werden ließ – in Art 102 EGInsO haben die Exequaturlösungen jedoch nur noch Wert *de lege ferenda*. Diese Arbeit aber beschränkt sich auf das geltende Recht.

III. Der Zeitpunkt der Anerkennung

Da nach deutschem Recht der Konkursbeginn, der die Konkursmasse entstehen läßt, diese auch auf das Inland erstreckt – es gibt nur die einheitliche Masse im In- und Auslande – ist es klar, daß Zeitpunkt der Anerkennung grundsätzlich die Eröffnung oder der Beginn des ausländischen Verfahrens ist. Dies hat der deutsche Richter festzustellen. Soweit jedoch Gestaltungswirkungen des ausländischen Rechts mit Bezug auf die Masse erst später eintreten (z. B. eine Restschuldbefreiung oder ein Sanierungsvergleich) wirken sie erst von diesem Zeitpunkt an – im ausländischen, wie im deutschen Recht –, es sei denn, das ausländische Recht spricht ihnen rückwirkende Kraft zu.

---

19 Vgl. dazu materiellrechtlich oben § 63 III 4; als Prozeßpartei etwa unten §§ 72, 73, 81 IV und schließlich allgemein unten § 88.

20 KTS 1989, 593 ff. Vgl. auch oben § 6 II.

21 Immerhin: Der schweizerische Gesetzgeber hat (dazu oben § 4 III) eine „Anerkennung des ausländischen Konkursdekrets“ durch ein Urteil vorgesehen. Erst dann treten in der Schweiz die Konkurswirkungen (des schweizer Rechts!) ein.

22 Dazu oben § 6 III (auch zur Kritik an der Exequaturlösung).

§ 65 Anerkennung und Vollstreckung von Streitentscheidungen

Das deutsche Recht trennt das Insolvenzverfahren, das der Schuldenbereinigung dient, scharf von den Prozessen, den Streitverfahren im Zusammenhang mit dem Konkurs. Letzere gehören vor die ordentlichen Zivilgerichte, die mit Urteil entscheiden.

Wenn also etwa der Verwalter von einem Dritten im Wege der Anfechtungsklage die Herausgabe eines der Masse entzogenen Gegenstandes oder wenn er von einem Schuldner zur Masse Zahlung verlangt, so ist damit der ordentliche Rechtsweg gegeben. In den USA ist dies jedoch anders:

I. Die US-Regelung und der Entwurf 1992

1. Verwirklichung der vis attractiva

Sie wurde bereits dargestellt[1]. Alle Verfahren streitiger Art im Zusammenhang mit der Insolvenz gehören vor den Bankruptcy Court. Dies gilt für alle *core proceedings*. Bei *non-core* (related to) *proceedings* ist nicht der Bankruptcy Judge zur Entscheidung berufen sondern der District Court[2]. So werden letztlich alle Prozesse beim District Court, dem der Bankruptcy Judge angehört (funktionelle Zuständigkeit) konzentriert. Die US-Regelung sieht also eine umfassende Verwirklichung des vis attractiva Gedankens vor.

2. Der E 1992

Der E 1992 hatte in § 392 bestimmt[3], daß der Verwalter, um aus einem Leistungsbefehl des ausländischen Konkursgerichts zu vollstrecken, den Weg der Erwirkung eines Vollstreckungsurteils nach §§ 722 II, 723 I ZPO zu gehen habe. Da § 723 II ZPO nicht genannt wird, war das Gegenseitigkeitserfordernis des § 328 ZPO, wie überhaupt diese Vorschrift „ausgeblendet". Das alles ist vor der Grundkonzeption des E 1992 zu sehen, daß die Konkurs*wirkungen*, und damit auch die verfahrensrechtlichen, erstreckt werden.

Um es erneut zu betonen[4]: Diese Konzeption entspricht weder der Rechtsprechung (BGHZ 95, 256) noch § 22 I GesO noch Art 102 I EGInsO. Abgesehen davon stellt sich die Frage, ob hier auch Entscheidungen der Konkursgerichte in *core-* und *non core proceedings* gemeint waren, die nach streitiger Verhandlung erge-

---

1 Oben §§ 15 ff. insbes. § 16.

2 Oben §§ 15 ff. insbes. § 16.

3 Dazu oben § 8 I, 3.

4 Siehe oben §§ 63, 64.

hen und daher aus deutscher Sicht echte Urteile sind. Aber diese Frage kann hier dahinstehen.

II. Das geltende Recht

1. Die Anwendung der §§ 328, 722, 723 ZPO

Die genannten Entscheidungen ausländischer, also auch der US-Konkursgerichte in *core-* und *non core proceedings* sind Streitentscheidungen, also Urteile i.S. des deutschen Rechts[5]. Sie treffen eine materiell rechtskräftige Feststellung, die im Falle eines Leistungsbefehls für die Zwangsvollstreckung eines deutschen Vollstreckungsurteils bedarf, dessen Zulässigkeit in den §§ 722, 723 ZPO geregelt ist. In diesem Rechtsstreit ist gem. § 723 II ZPO die Anerkennung der ausländischen Entscheidung gem. § 328 ZPO zu prüfen. Erst wenn diese Vorfrage positiv entschieden ist, kann das Vollstreckungsurteil ergehen.

§ 328 ZPO unterscheidet sich in einigen Punkten von den Grundsätzen für die Anerkennung (besser: Versagung der Anerkennung) von Insolvenzen[6]. Zwar ist die Frage der internationalen Zuständigkeit deckungsgleich geregelt (§ 328 Nr. 1). Entsprechendes gilt auch für den ordre public-Vorbehalt (§ 328 Nr. 4). Aber die Nummern 2 und 3 enthalten weitere Anerkennungsschranken. Vor allem aber verlangt § 328 Nr. 5 ZPO Gegenseitigkeit.

Nun wird man die Fälle Nr. 2 und 3 (Verletzung des *right to notice*[7] und entgegenstehende Rechtshängigkeit) mit dem *ordre public* „fassen" können. Das Reziprozitätserfordernis aber bleibt.

Dieses Erfordernis mag für Internationalprivatrechtler ein Ärgernis sein[8]. Aber es ist nach wie vor Gesetz.

Mithin richtet sich die Anerkennung von Entscheidungen in amerikanischen *core-* und *related to-proceedings* nach § 328 ZPO, ihre Vollstreckung erfordert ein deutsches Vollstreckungsurteil gem. §§ 722, 723 ZPO. Dieses muß ggf. der Verwalter erwirken. Die Gegenseitigkeit bleibt nach § 328 Nr. 5 ZPO eine Voraussetzung der Anerkennung.

---

5 Auf das deutsche Recht ist bei der Frage der Anerkennung abzustellen. Das ist nicht bestritten, i.e. vgl. *Geimer/Schütze*, Internationale Urteilsanerkennung, Bd I, Hb 2, 1385 ff. m. Nw.

6 Dazu i.e. § 66.

7 Dazu *W. Habscheid*, in Storme (Casman (Hrsg.) Towards a justice with a human face Antwerpen 1978, 58.

8 Vgl. statt aller die Darstellung bei *Geimer/Schütze*, Urteilsanerkennung, Bd I, Hb 2, 1749 ff.

2. Die Arbeit von Weinschenk

Es ist nicht das Anliegen dieser Arbeit, über Einzelfragen bei der Anerkennung von US-Urteilen in Deutschland (und umgekehrt von deutschen Urteilen in der USA) zu diskutieren. Gerade im deutsch-amerikansichen Verhältnis gibt es hier nicht wenige Probleme. Sie sind jedoch aus US-Sicht durch die Arbeit von *Weinschenk* über „Die Anerkennung und Vollstreckung bundesdeutscher Urteile in den Vereinigten Staaten unter den Foreign Country Money Judgment Recognition Acts“ erschlossen. Auf diese Arbeit, die gerade – aus der Sicht eines erfahrenen Praktikers, der sich über viele Jahre in den USA mit diesem Gebiet befaßt hat – den deutschen Leser anspricht[9], sei hier verwiesen.

3. Noch einmal ordre public (Punitive Damages-Entscheidungen)

Unter den Anerkennungsversagungsgründen des § 328 ZPO ist die Nr. 4 – Verletzung des ordre public[10] – der wichtigste. Hier stellt sich die Frage nach der Akzeptanz der Punitive Damages-Urteile, welche vom Bankruptcy Court erlassen wurden.[11]

Die Rechtsprechung des BGH, die von der h.M. geteilt wird, wonach solche Privatstrafenurteile gegen den deutschen ordre public verstoßen[12] und daher nicht anzuerkennen sind, ist hier voll einschlägig. Auf diese Rechtsprechung wird zurückzukommen sein[13].

Nach alledem steht fest: Es geht nachstehend nicht um die Anerkennung von *Streit*entscheidungen, die durch die ausländischen Konkursgerichte aufgrund der vis attractiva erlassen werden, sondern um die Nostrifizierung der Wirkungen, die damit zusammenhängen, daß eine einheitliche, auch das Inlandsvermögen des Gemeinschuldners ergreifende Masse gebildet und vom ausländischen Verwalter auch im Inlande administriert wird. Das ist der „rote Faden“, den wir von BGHZ 95, 256 über § 23 GesO hin zu Art 102 EGInsO „festmachen“ können.

---

9 Berliner Juristische Abhandlungen, Hrsg von U.v. Lübtow u. a. Bd. 33, 1988. Die Herausgeber sprechen im Vorwort von einem „Musterbeispiel der Rechtsvergleichung“.

10 Über Begriff des ordre public anschließend § 66 II.

11 Dazu oben §§ 15, 17, insbes. § 30 III, 3, siehe auch § 39 II.

12 BGHZ 118, 312 m.Nw., vgl. auch unten §§ 84 V; 81 II 2; 79 II 3.

13 Unten § 84 V.

§ 66 Die einzelnen Anerkennungsversagungsgründe (negative Anerkennungsvoraussetzungen)

Die Entscheidung des BGH vom 11. 07. 1985 (BGHZ 95, 256) stellt drei negative Anerkennungsvoraussetzungen auf. Positiv ausgedrückt muß gegeben sein: internationale Zuständigkeit des Eröffnungsstaates, Beachtung des inländischen ordre public, „Einbettung" in das inländische Recht. Der BGH verlangt ferner, daß es sich, beurteilt nach inländischen Grundsätzen, um einen Konkurs handeln müsse. Diese letztere Voraussetzung versteht sich von selbst. Denn die Qualifizierung eines anzuerkennenden Gerichtsaktes – hier also, ob ein Insolvenzverfahren vorliegt, bemißt sich stets nach der *lex fori*. Wenn also in einem ausländischen Staat ein konkursähnliches Verfahren mit dem Ziel der Liquidation des Vermögens des Schuldners ohne Zahlungsfähigkeit oder Überschuldung dazu mißbraucht oder gar gebraucht wird, um einen mißliebigen Zeitgenossen zu enteignen, so liegt kein Insolvenzverfahren aus unserer Sicht vor. Es ist daher nicht anzuerkennen. Im übrigen würde auch eine Anerkennung am ordre public scheitern[1].

Mithin enthalten die sechs Punkte, die der BGH für die Anerkennung auflistet, nur drei echte Anerkennungsvoraussetzungen.

§ 22 GesO verdichtet diese Anerkennungsvoraussetzungen auf zwei: internationale Zuständigkeit und Fehlen eines Verstoßes gegen Grundprinzipien der deutschen Rechtsordnung. Art 102 EGInsO nennt – insofern dem Beispiel der GesO folgend – als Anerkennungshindernisse die internationale Unzuständigkeit des Eröffnungsstaates und, hier schärfer und enger formulierend als die GesO, die offensichtliche Unvereinbarkeit mit wesentlichen Grundsätzen des deutschen Rechts.

Eine Analyse der drei Anerkennungsvoraussetzungen – von denen die dritte (Einbettung in die deutsche Rechtsordnung) mit dem geltenden Recht zum 31. 12. 1998 ausläuft – ergibt folgendes:

I. Internationale Zuständigkeit

1. Generell

Das ausländische Gericht wird das Insolvenzverfahren nicht eröffnen, wenn es nach dem Recht seines Staates nicht zuständig ist. Für die USA, die keinen Eröffnungsbeschluß kennen, gilt, daß das Konkursgericht den Antrag auf Durchführung des Verfahrens abweisen wird. Dies gilt generell für gerichtliche Verfahren.

---

1 Dazu unten II;
Die Feststellung, daß § 237 für bestehende Titel weiter gilt – dazu oben § 62 I und der Vorrang des räumlich gegenständlich beschränkten Inlandskonkurses – dazu unten §§ 82 ff., 86 stellen keine eigentlichen Voraussetzungen der Anerkennung dar. Es handelt sich lediglich um Anerkennungsschranken.

Diese internationale Zuständigkeit nach *ausländischem* Recht ist jedoch bei der Anerkennungszuständigkeit nicht gemeint. Um dies klarzustellen, betonen alle modernen Bezugnahmen auf die internationale Zuständigkeit (so Art 102 I 1 EGInsO, § 22 GesO, § 328 Nr. 1 ZPO, § 16a Nr. 1 FGG), daß darauf abzustellen ist, ob das ausländische Forum *nach deutschem Recht* zuständig wäre. Das Gesetz folgt so ausdrücklich der Spiegelbildtheorie[2].

Man kann darüber streiten, ob dieser *Rigor* angemessen ist. Den inländischen Interessen wäre wohl gedient, wenn das deutsche Recht bei einer *deutschen* Zuständigkeit die Anerkennung verweigern würde. So aber ist sie auch zu versagen, wenn bei Zugrundelegung deutschen Rechts ein Drittstaat zuständig gewesen wäre. Das Recht der Anerkennung räumt also der Zuständigkeit einen hohen Stellenwert ein. Sie gehört – festgeschrieben – zum *ordre public*.

Dabei ist zu beachten, daß sich bezüglich dieser Zuständigkeit mit dem neuen Recht die Akzente verschieben:

§ 71 KO stellt auf das Amtsgericht ab, bei welchem der Gemeinschuldner seine gewerbliche Niederlassung oder in Ermangelung einer solchen seinen allgemeinen Gerichtsstand (nach §§ 12 ff. ZPO in der Regel Wohnsitz oder Sitz) hat. § 1 II GesO spricht von dem Gericht des Wohnsitzes oder Sitzes, also des allgemeinen Gerichtsstandes nach § 12 ff. ZPO. § 3 InsO aber stellt – *in Abkehr von § 71 KO* – primär auf den allgemeinen Gerichtsstand ab (Abs. I) und fügt hilfsweise an, daß bei dem Mittelpunkt einer selbständigen wirtschaftlichen Erwerbstätigkeit des Schuldners an einem anderen Ort das Insolvenzgericht dieses Bezirkes zuständig sei.

Die Regeln über die internationale Zuständigkeit werden *in Ermangelung besonderer* Vorschriften den Normen über die örtliche Zuständigkeit[3] entnommen. Diese sind entsprechend zu adaptieren, verweisen also statt auf innerstaatliche Gerichtssprengel auf nationale Gerichtsbarkeiten.

Wenn demnach der Schuldner im Eröffnungsstaat weder Wohnsitz noch den Mittelpunkt seiner wirtschaftlichen Erwerbstätigkeit hat, erkennen wir ein dennoch eröffnetes Insolvenzverfahren nicht an. Wenn aber das ausländische Recht nun die Reihenfolge: Insolvenzverfahren primär am Sitz oder Wohnsitz – sekundär am Ort der wirtschaftlichen Haupttätigkeit – ändert, so bekümmert uns das nicht. Dies ist eine Entscheidung des ausländischen Rechts, die das deutsche Recht akzeptiert.

Fehlt die internationale Zuständigkeit in dem genannten Sinne, so ist das ausländische Verfahren nicht anzuerkennen und zwar *in toto*. Eine teilweise Anerkennung kommt nicht in Betracht.

---

2 *Rosenberg/Schwab/Gottwald*, § 157 I 3 (b); *Geimer/Schütze*, Bd I, 1499, 1505, 1710; *Martiny*, Bd I, Rdnr. 644; *Geimer*, IZPR, 2896; kritisch, *Gottwald*, ZZP 103 (1990), 272.

3 Vgl.etwa *Geimer*, IZPR Rdnr. 943 m. Nw; *Rosenberg/Schwab/Gottwald*, § 20 II.

2. *Das Problem des US-Vollkonkurses und die Sonderinsolvenz*

Das US-Recht kennt kein gegenständlich beschränktes Insolvenzverfahren wie etwa das deutsche Recht, das – pauschal ausgedrückt – bei Fehlen eines allgemeinen Gerichtsstandes des Schuldners nur ein auf das deutsche Vermögen beschränktes[4], also dem Territorialitätsprinzip folgendes Verfahren zuläßt.

Die US-Insolvenz aber beansprucht immer weltweite Geltung. Die Frage ist, ob wir auch hier für das deutsche Recht spiegelbildlich argumentieren müssen: Wo nach deutschem Recht nur die internationale Zuständigkeit für ein Sonderverfahren gegeben ist, sind die Voraussetzungen der internationalen Zuständigkeit für ein ausländisches *Voll*verfahren nicht erfüllt, Art 102 I Nr. 1 EGInsO.

Wäre diese Frage zu bejahen, so wäre einem US-Konkursverfahren die Anerkennung und damit die Erfassung des im Inland belegenen Vermögens nach Art 102 I EGInsO zu versagen.

Beispiel: Der Schuldner mit Wohnsitz oder Sitz in Deutschland besitzt Vermögen in den USA. Nach § 303 BC wird von seinen Gläubigern dort ein Konkursverfahren eingeleitet, da nach § 109 (a) BC die Vermögensbelegenheit ausreicht. Dieses Verfahren beansprucht nach § 541 BC Weltgeltung und möchte somit auch nach Deutschland hineinwirken.

M.E. geht es nicht an zu argumentieren, das US-Verfahren sei ungeachtet der Frage, ob es Universal- oder Territorialkonkurs sei, anzuerkennen, wenn nur für irgendein Konkursverfahren die internationale Zuständigkeit gegeben sei; die Ausgestaltung in Voll- oder Partikularkonkurs müsse man schon den USA überlassen. Diese Argumentation läge zu kurz. Denn es wäre durchaus denkbar, daß für einen deutschen Konkurs kein Konkursgrund gegeben wäre, der deutsche Gemeinschuldner und die deutschen Beteiligten sich also dann auf einmal wegen der Anerkennung der US-Insolvenz einem weltweit operierenden Trustee gegenübersehen würden, der geltend macht, das Vermögen des „Gemein"-Schuldners in Deutschland gehöre zur US-Konkursmasse. Allein um solche Ergebnisse zu vermeiden – der US-Konkurs benötigt keinen Konkursgrund – sollte man festhalten: Wo nach deutschem Recht nur ein gesondertes Insolvenzverfahren zulässig ist, erkennen wir mangels internationaler Zuständigkeit (Spiegelbildtheorie) keine ausländische Vollinsolvenz an [5].

Die Eröffnung eines Vollkonkurses in der Bundesrepublik bleibt möglich. Die Eröffnung eines gesonderten Insolvenzverfahrens nach Art 102 III EGInsO[6] schei-

---

4 Vgl. oben § 46 I, die *bloße* Vermögensbelegenheit in den USA ermöglicht die Einleitung eines Konkursverfahrens nach dem Bankruptcy Code.

5 Vgl. im übrigen die Kritik aus den eigenen Reihen an einem Konkurs bei bloßer Vermögensbelegenheit von *Nadelmann*, 29 Harv. Int¤l. L.J. (1988), 27 ff., 30, der die Vorschrift des § 109 (a) BC unter Hinweis auf ausländische Stimmen als „imperialistisch" bezeichnet; vgl. auch unten § 90 IV 2.

6 Dazu unten § 82 ff.

det aber aus. Vielmehr muß für den Vollkonkurs ein Konkursgrund nach der InsO nachgewiesen werden. Andernfalls kann es nicht zur Eröffnung eines Konkursverfahrens über das Vermögen des in der Bundesrepublik ansässigen Schuldners kommen.

II. Der ordre public

1. Der ordre public als Anerkennungsschranke

In seiner Entscheidung BGHZ 95, 256 hat der BGH festgestellt, daß ein ausländisches Konkursverfahren nicht anzuerkennen ist, wenn es dem *ordre public* der Bundesrepublik Deutschland widerspricht. Ähnlich formuliert § 22 I Nr. 1 GesO, daß das ausländische Verfahren den „Grundprinzipien des inländischen Rechts" nicht zuwiderlaufen darf. Auch das neue Insolvenzrecht liegt auf derselben Linie. Denn in Art 102 I Nr. 2 EGInsO heißt es, daß das ausländische Verfahren nicht das inländische Vermögen erfaßt" *soweit* die Anerkennung zu einem Ergebnis führt, das mit wesentlichen Grundsätzen des deutschen Rechts offensichtlich unvereinbar ist, *insbesondere* soweit sie mit den Grundrechten unvereinbar ist".

Allerdings sind doch die Akzente des neuen Rechts schärfer gesetzt. Nicht der schlichte *ordre public*-Verstoß (so BGHZ 95, 267) oder der Widerspruch zu „Grundprinzipien des deutschen Rechts" (so § 22 Nr. 1 GesO) reicht aus. Es muß sich um *offensichtliche* Unvereinbarkeit mit *wesentlichen* Grundsätzen des inländischen Rechts handeln. Was den Hinweis auf die Grundrechte betrifft, der sich expressis verbis in Art 102 I Nr. 2 EGInso findet, so gilt er unausgesprochen auch für das Recht der KO und der GesO; denn die Grundrechte zählen zu den wesentlichen Rechtsregeln des Rechts der Bundesrepublik Deutschland. Ein ausländisches Verfahren, das gegen sie verstößt, kann in Deutschland keine Wirkungen äußern[7].

Durch die Formulierung in Art 102 I Nr. 2 EGInsO, daß die Anerkennung ausgeschlossen ist, *soweit* sie offensichtlich dem ordre public widerspricht, ist sichergestellt, daß sich die Nicht-Anerkennung auf einzelne Wirkungen des Verfahrens beschränken läßt, so daß andere Wirkungen für das Inland akzeptiert werden.

2. Ordre public interne und ordre public international

Aus dem französischen Recht stammt die Unterscheidung zwischen dem *ordre public interne*, der im internen Recht gilt und dem ordre public international, den

---

7 Damit ist der Streit entschieden, ob die Grundrechte zum *ordre public,* also zum „harten Kern" (*Kegel*) unseres Verständnisses von einer international privat- und prozeßrechtlichen Gerechtigkeit zählen. Vgl. dazu – mit eingehenden Belegen und Nachweisen – *Kegel*, Internationales Privatrecht, 7. Aufl. 1995, 281 ff.

es im internationalen Privat- und Prozeßrecht zu beachten gilt[8]. Diese Unterscheidung ist auch von deutschen Autoren übernommen worden[9].

Im Gegensatz zum französischen Recht spielt der *ordre public interne* im deutschen Recht – wenn man von der Rechtsverbindlichkeit eines Schiedsspruchs (§ 1041 Nr. 2 ZPO) absieht, keine Rolle. Gewiß ist es denkbar, daß etwa ein deutsches Urteil gegen tragende Grundsätze des Rechts verstößt. Aber zur Korrektur dieser Entscheidung gibt es die ordentlichen und außerordentlichen Rechtsmittel. Beim Verstoß gegen Grundrechte aber ist der Weg der Verfassungsbeschwerde eröffnet.

Ausländische Entscheidungen aber können von deutschen Gerichten nicht auf diese Weise überprüft und ggf. korrigiert werden; insbesondere gibt es keine Kontrolle durch das Bundesverfassungsgericht. Eben deshalb muß hier eine Anerkennungskontrolle unter dem Gesichtspunkt des *ordre public* stattfinden.

Hieraus folgt, daß es im deutschen Recht einen einheitlichen Begriff des *ordre public* gibt[10], der überall dort gilt, wo es entweder um die Anwendung ausländischen Rechts durch den deutschen Richter (Art 6 EGBGB) oder die Anerkennung ausländischer Entscheidungen (§ 328 I Nr. 4 ZPO, § 16 a Nr. 4 FGG) geht.

3. Der Inhalt des ordre public (materieller und prozeßrechtlicher ordre public)

Im Gegensatz zum Begriff des *ordre public interne* des französischen Rechts, der das gesamte *ius cogens* umfaßt – deshalb mußte die französische Wissenschaft und Praxis einen weiter gefaßten *ordre public international* schaffen, denn schließlich kann man in einer international verflochtenen Welt das ins Inland wirkende ausländische Recht nicht mit der Elle des französischen zwingenden Rechts messen – ist der deutsche ordre public-Begriff enger gefaßt[11].

---

8 Dazu *Kegel*, aaO, 377 mit Hinweis auf Cass. Civ. D.S.Jur. 1967, 629 mit Note von *Melaumie*. Zum ordre public interne zählt das ius cogens, der ordre public international läßt sich – grosso modo-ähnlich umschreiben, wie der deutsche ordre public-Begriff.

9 Vgl. etwa *Schlosser*, Internationale Schiedsgerichtsbarkeit, Bd I Rdnr. 744, *Mezger*, NJW 1970, 368, 369 ff.

10 Der BGH hat sich aber in BGHZ 98, 70 ff., 74 die Unterscheidung ordre public interne – ordre public international in einer Schiedssache zu eigen gemacht. Hier läßt sich zwar die Distinktion im Hinblick auf § 1041 Nr. 2 ZPO vertreten. Notwendig ist sie jedoch nicht. Denn wenn es hier heißt (S. 73), der ordre public international sei nur verletzt, „wenn die Entscheidung des ausländischen Gerichtes aufgrund eines Verfahrens ergangen sei, das von den Grundprinzipien des deutschen Verfahrensrechts in einem solchen Maße abweiche, daß sie ... nicht als in einem geordneten rechtsstaatlichen Verfahren ergangen angesehen werden könne“, so gilt dies m.E. schlechthin.

11 Siehe zu Fn 8.

Es geht der Vorbehaltsklausel darum, den „unantastbaren Teil der eigenen Rechtsordnung"[12] zu schützen. Fremdes Recht, das hier widerspricht, darf sich nicht im Inlande auswirken: es wird nicht „nostrifiziert".

Die Frage ist nur, was den „unantastbaren Teil des deutschen Rechts" ausmacht. Die Grundrechte zählen nach der Definition dazu. Insofern besteht Rechtsklarheit[13]. Im übrigen aber muß sich der rechtsanwendende Richter mit Umschreibungen helfen, die etwa das *RG* für das internationale Privatrecht (damals Art 30 EGBGB) dahin formuliert hat, daß ordre public-Widrigkeit vorliegt, wenn der „Unterschied zwischen den staatspolitischen und sozialen Anschauungen, auf denen das nach den Vorschriften des internationalen Privatrechts an sich maßgebende Recht des Auslands und das davon abweichende deutsche Recht beruhen, so erheblich ist, daß die Anwendung des ausländischen Rechts direkt die Grundlagen des deutschen staatlichen oder wirtschaftlichen Lebens angreifen würde"[14]. Die Rechtsprechung ist dem zunächst gefolgt[15]. Doch dann hat der BGH aufgrund der Kritik der Lehre[16] pointierter formuliert: Es sei darauf abzustellen, *ob das Ergebnis der Anwendung des ausländischen Rechts zu den Grundgedanken der deutschen Regelung und der in ihnen liegenden Gerechtigkeitsvorstellungen in so starkem Widerspruch steht, daß es von uns für untragbar gehalten wird*[17]. Diese Formel ist heute herrschend[18].

Sie betrifft den *materiellen ordre public* und ist im Bereich des Insolvenzrechts anzuwenden, wo es um die materiellrechtlichen Folgen des Konkurses geht.

Aber die Insolvenzeröffnung ergeht in einem Verfahren, also in der Regel durch gerichtliche Entscheidung. Auch bezüglich dieses Procedere findet eine Nachprüfung statt: *prozeßrechtlicher ordre public*. Hier ist mit dem BGH zu formulieren: Die ausländische Entscheidung („Urteil") ist nicht anzuerkennen, wenn sie aufgrund eines Verfahrens ergangen ist, „das von den *Grundprinzipien des deutschen Verfahrensrechts* (hier: Insolvenzrechts) *in einem solchen Maße abweicht, daß nach der deutschen Rechtsordnung die Entscheidung („das Urteil") nicht als in einem geordneten Verfahren ergangen angesehen werden kann*"[19]. Auf dasselbe läuft es hinaus, wenn der BGH für ein ausländisches Schiedsverfahren auf einen „schwerwiegenden, die Grundlagen des staatlichen und wirtschaftlichen Lebens beruhenden Mangel"[20] abstellt[21].

---

12 So *Kegel*, aaO, 373.

13 Siehe Fn 1.

14 RGZ 60, 296 (300); 138, 214 (216); 169, 240 (245).

15 BGHZ 22, 1 (15); 35, 329 (337), 42, 7 (12).

16 Nachweis bei *Kegel*, aaO, 375.

17 BGHZ 50, 370 (375).

18 So die Feststellung von *Kegel*, aaO, 375.

19 BGHZ 48, 327 (331), 55, 357 (359).

20 BGHZ 98, 70, (73 ff.).

In beiden Fällen geht es um einen Verstoß gegen die internationalprivat- und prozeßrechtliche Gerechtigkeit[22]. Die vom ausländischen Recht gezogene Rechtsfolge oder das ausländische Verfahren müssen für uns im oben definierten Sinne untragbar sein.

Bei dieser Sicht der Dinge bedarf es keiner besonderen Feststellung, daß die Erwähnung der guten Sitten in den alten Fassungen der ordre public-Klausel (z. B. in Art 30 EGBGB) nicht mehr notwendig ist. Denn eine sittenwidrige Rechtsfolge oder ein sittenwidriger Prozeß sind für uns untragbar.

Der *ordre public* sichert daher international-insolvenzrechtlich keineswegs das *interne ius cogens* ab. So können etwa nach deutschem Prozeßrecht vorgeschriebene Förmlichkeiten – etwa bei der Ladung oder der Publikation – im Auslande in anderer Weise „funktionieren". Das wäre hinzunehmen. Nicht aber hingenommen werden könnte eine Negierung des Rechts auf rechtliches Gehör. Hier wäre im übrigen eine Grundrechtsverletzung (Art 103 I GG) gegeben.

4. Einzelfälle

Es bedarf mithin einer sorgfältigen Analyse unter Beachtung dieser Grundsätze, ob *in casu* ein derart schwerer „Fehler" des ausländischen Insolvenzverfahrens vorliegt, und ob dieser Fehler das Verfahren *in toto* oder nur einzelne Insolvenzwirkungen betrifft.

Die Begründung des RegE 1992 zu § 384 sagt hierzu beispielhaft: „Ein Verstoß gegen den ordre public kann ... darin liegen, daß in ausländischen Verfahren gegen elementare Grundsätze eines rechtsstaatlichen Verfahrens verstoßen wird; er kann sich auch darin äußern, daß mit dem Verfahren so tiefe Eingriffe in Rechtspositionen von Beteiligten verbunden sind, daß die Eigentumsgarantie des Grundgesetzes verletzt ist. Ein in einem ausländischen Insolvenzverfahren zustandegekommener Vergleich oder „Insolvenzplan" kann ordre public-widrig sein, wenn bestimmte Gläubiger bei der Mitwirkung an seinem Zustandekommen unbillig behindert worden sind oder durch den Inhalt der getroffenen Regelung ohne einleuchtenden Grund erheblich schlechter gestellt werden als andere Gläubiger".

Das sind allerdings auch wieder allgemeine Formulierungen. Diese mit Leben zu erfüllen, wird Aufgabe der Rechtsprechung sein, die sich bis BGHZ 95, 256 nicht vor diese Aufgabe gestellt sah. Folgende Fragen stellen sich.

Nachdem das neue Insolvenzrecht die Hierarchie der Vorrechte einzelner Gläubiger beseitigt hat (§§ 38, 39 InsO)[23] wird zu fragen sein, ob wir durch die Aner-

---

21 Aus dieser Umschreibung des prozeßrechtlichen ordre public folgt m.E., daß die Konstruktion eines besonderen *ordre public international* überflüssig ist, vgl. oben zu Fn. 8. Siehe auch für das schweizerische Recht im gleichen Sinne: *W. Habscheid*, Die Schiedsgerichtsbarkeit und der ordre public in FS Keller 1989, 575 ff.

22 BGHZ 98, 70 (73 ff.).

kennung ausländischer Privilegien zu Lasten der deutschen Gläubiger gegen die Grundlagen unserer Rechtsordnung verstoßen würden. Und wenn wir diese Frage verneinen, wird zu klären sein, wie man etwa das Insolvenzprivileg eines Punitive Damages-Gläubigers nach amerikanischem Recht[24] *über die Anerkennung* des US-Konkurses in Deutschland akzeptieren kann, obwohl der BGH die Anerkennung und Vollstreckung eines Punitive Damages-Urteil – wie wir meinen mit Recht – abgelehnt hat[25].

Als Einzelfall einer Verletzung des deutschen ordre public wäre auch eine *Diskriminierung* deutscher Gläubiger im US-Verfahren zu prüfen. Eine solche Diskriminierung ist von *Schollmeyer*[26] behauptet worden.

Das Diskriminierungsverbot gehört zweifelsfrei zum ordre public[27]. Nur hat die Entscheidung im Fall Baumgart v. Fairchild Aircraft Corporation nichts mit einer Diskriminierung ausländischer Gläubiger zu tun; diese Entscheidung führt aber *Schollmeyer* für seine Diskriminierungsthese an.

Der Fairchild-Fall ist bereits im US-Teil der Arbeit dargestellt und die Entscheidung gewürdigt worden[28]. In den USA hatten Angehörige der Opfer des Absturzes einer Fairchild Maschine in Düsseldorf geklagt. Letzten Endes handelte es sich darum, daß das US-Gericht seine Jurisdiction in einem Schadensersatzfall, der vor dem Bankruptcy Court gelandet war, aussetzte, weil die deutschen Gerichte dem Streitfall näher stünden (*forum non conveniens*-Lehre). Dabei behielt es sich die Möglichkeit einer nochmaligen Befassung mit der Angelegenheit vor, wenn deutsche Gerichte keinen adäquaten Rechtsschutz böten.

Wieso hierin eine Diskriminierung liegen sollte, ist nicht ersichtlich. Denn die forum non conveniens-Lehre ist fester Bestandteil des US-Prozeßrechts. Auch ein US-Kläger kann so vor ein anderes als das angerufene Gericht „geschickt" werden.

Es ist allerdings nicht zu verkennen, daß die deutschen Kläger vor dem US-Court mit einer „besseren" Behandlung ihrer Schadensersatzforderungen rechnen konnten. Da die Produkthaftpflicht angesprochen war, wäre durch ein US-Gericht eine Verurteilung (wegen der Todesfolgen) zu Punitive Damages möglich. Vor den deutschen Gerichten nehmen sich die Schadensersatzansprüche der Angehörigen der Opfer hingegen viel bescheidener aus. Punitive Damages gibt es ohnehin nicht.

---

23 Vgl. auch BT-Drs. 12/2443, 90 zur Abschaffung der allgemeinen Konkursvorrechte.

24 Vgl. oben § 37 II, § 39 und unten § 79 II 3, § 84 V, § 81 III, IV.

25 BGHZ 118, 312 ff., 334 ff. (343, 345).

26 Diskriminierung deutscher Gläubiger im amerikanischen Insolvenzverfahren, ZZP 108 (1995) 525 ff.

27 Das hat unlängst das schweiz. BG festgestellt (BGE 116 II 636), gilt aber auch für das deutsche Recht. Das BG nennt ferner das Verbot des Rechtsmißbrauchs, den Grundsatz von Treu und Glauben, den Schutz von Handlungsunfähigen, das Verbot entschädigungsloser Enteignung und den Grundsatz pacta sunt servanda.

28 Oben § 14 III, 2.

Nun hätte zwar ein zugunsten deutscher Kläger lautendes Punitive Damages-Urteil *in den USA*[29] vollstreckt werden können. Daß daraus nichts wurde, weil der Rechtsstreit (zunächst) an die deutschen Gerichte gelangte, und zwar aufgrund des forum non conveniens-Prinzips, stellt jedenfalls keine Diskriminierung ausländischer Gläubiger dar.

III. Die „Einbettung" in die deutsche Rechtsordnung

1. Erneut: BGHZ 95, 256 (269, 270)[30]

Der BGH stellt fest, daß die Anerkennung des Auslandskonkurses im Inlande „in das Gesamtgefüge der konkursrechtlichen Vorschriften und Rechtsgrundsätze eingebettet" werden müsse. Daraus folgert das Gericht einmal, daß es dabei bleiben müsse, daß § 237 I KO beim Auslandskonkurs die Einzelzwangsvollstreckung in Inlandsvermögen wegen bestehender Titel weiter zulasse und daß der inländische Sonderkonkurs dem ausländischen Verfahren vorgehe. Um diese Folgerungen zu ziehen, hätte es jedoch der „Einbettungstheorie" nicht bedurft. Hier liegen eben Schranken der Anerkennung vor.

Nicht gemeint mit der „Einbettung" ist die Gegenseitigkeit. Der BGH lehnt sie ausdrücklich ab und liegt dabei auf der Linie der Wissenschaft[31], jedenfalls zur Frage der Urteilsanerkennung. Ob man freilich bei der Insolvenz unbedingt soweit gehen muß, ist fraglich. Immerhin ist zu bedenken, daß das schweizerische IPRG bei der Urteilsanerkennung das Reziprozitätserfordernis aufgibt (Art 25 IPRG), es aber bei der Anerkennung des ausländischen Konkursdekrets beibehält (Art 166 lite IPRG)[32]. Nun mögen zwar (früher) hinter dem Gegenseitigkeitsdogma staatspolitische Gründe gestanden haben. Die Schweiz jedenfalls hält am „Gegenrecht" fest, um ihre Bürger zu schützen. Dies ist deshalb verständlich, weil einmal das ausländische Insolvenzverfahren eine andere Privilegienordnung hat, deren Durchführung den inländischen Gläubiger per se benachteiligt; denn der Erlös aus der Verwertung der Masse geht nur zu oft an die bevorrechtigten Gläubiger. Und es kann durchaus auch so sein, daß den inländischen Gläubigern ein Vorrecht, das er im Inlande hat, im Ausland verloren geht. Schließlich gibt es ausländische Rechtsordnungen, die inländische Gläubiger im Verfahren benachteiligen[33].

---

29 Nicht in Deutschland: BGHZ 118, 312.

30 Dazu *E. Habscheid*, KTS 1989, 605

31 Vgl. etwa – zu § 328 ZPO – *Geimer/Schütze*, Internationale Urteilsanerkennung Bd I, Hb 2, 1984, 1750 ff., ferner BGHZ 52, 251 (255 ff.).

32 Immerhin steht das Gegenseitigkeitserfordernis noch in § 328 Nr. 5 ZPO.

33 Hierauf weist der schweizerische Bundesrat in seiner Botschaft zum IPRG vom 10. 12. 1982 ausdrücklich hin (No. 210.2). Hier wäre die Frage der Diskriminierung zu stellen.

In diesem Sinne habe ich das „Einbettungserfordernis" als eine Art „konkursrechtlicher Gegenseitigkeit" bezeichnet[34], die jedenfalls in Fällen, in denen die ausländische Rechtsordnung dem Territorialitätsprinzp folgt, also für ihre Insolvenzen keine Wirkungserstreckung auf das Ausland beansprucht – hier *will* das ausländische Recht keine „Einbettung" – zur Nichtanerkennung führt. Dies ist für das japanische Recht mit Einschränkungen[35] der Fall, für das niederländische Recht aber zumindest zweifelhaft[36].

Hanisch[37] hat gemeint, die Einbettungsklausel schaffe die notwendige Flexibilität, um trotz allgemeiner Regelungen in der lex fori concursus deutsche Sonderanknüpfungen, etwa für die dingliche Sicherheiten und Arbeitsverhältnisse[38] vorzunehmen. Aber diese Sonderanknüpfungen sind auch anderweit möglich. Einmal muß sich der ausländische Verwalter bei der Durchsetzung seiner Ansprüche an das inländische Verfahrensrecht halten, und zum anderen ist es m.E. zumindest eine Frage des ordre public, daß etwa Hypotheken an deutschen Grundstücken deutschem Recht folgen und eigentumsrechtliche Prozesse vor dem ausschließlich zuständigen Gericht des forum rei sitae (§ 24 ZPO) ausgetragen werden; man denke etwa an die Grundbuchberichtigungsklage des Insolvenzverwalters.

Nach alledem wird man daher in dem Einbettungserfordernis einen Sondertatbestand des *ordre public*-Vorbehaltes erblicken müssen, vielleicht – wegen der rigiden Zuspitzung dieses Begriffs durch die neuere Rechtsprechung (oben zu II) um einen „largeren" Begriff des ordre public (etwa im Sinne des § 22 I GesO).

Schließlich ist zu bedenken, daß der Vorrang des gesonderten Insolvenzverfahrens[39] dem deutschen Gläubiger die Möglichkeit verschafft, sich – jedenfalls was in Deutschland belegenes Vermögen betrifft – einer ausländischen, für ihn nachteiligen Privilegienordnung zu entziehen.

2. Das neue Recht

Bereits die GesO hat das Einbettungserfordernis nicht übernommen (§ 22 I GesO). Gleiches gilt von Art 102 I EGInsO. Wenn man daran festhält, daß sich, wie oben dargelegt, Sonderanknüpfungen auch anders rechtfertigen lassen und daß ferner der Vorrang des deutschen Sonderinsolvenzverfahrens einen hinreichenden Schutz deutscher Gläubiger darstellt, kann in der Tat darauf verzichtet werden, eine besondere „Einbettung" des ausländischen Verfahrens und seiner Wirkungen in das Gesamtgefüge des deutschen Insolvenzrechts zu verlangen. Verfahren des

34 KTS 1989, 603, 605.

35 Siehe oben § 2 I.

36 Dazu *E. Habscheid*, KTS 1989, 606.

37 ZIP 1985, 1235.

38 Dazu der Entwurf 1992, BT-Drs. 12/2443, §§ 380, 381.

39 Dazu unten §§ 82 ff.

Auslands, die eine Zwangsliquidation aus anderen als Insolvenzgründen vorsehen, sind ohnehin nicht anerkennungsfähig.

Kapitel 2: Einzelne Insolvenzwirkungen: materiellrechtliche Wirkungen

Der mit der Konkurseröffnung – in den USA mit der Einbringung des Insolvenzantrags – eintretende Konkursbeschlag äußert eine materiellrechtliche Gestaltungswirkung (Bildung der Masse, repräsentiert durch den Verwalter). Diese Wirkung wird anerkannt. Auch inländisches Vermögen des Gmeinschuldners gehört zu dieser vom Verwalter administrierten Masse.

Die Anerkennung verschafft dem ausländischen Verwalter die Möglichkeit, im Inland gerichtlich oder außergerichtlich tätig zu werden.

§ 67 Ausländischer Insolvenzbeschlag, Gutglaubensschutz in Deutschland

Bedeutet die Eröffnung des Insolvenzverfahrens ein Veräußerungsverbot gegenüber dem Gemeinschuldner dem die Masse entzogen wird – nur so kann die Masse gesichert werden – so verdient doch der gutgläubig Erwerbende und der gutgläubig Leistende Schutz. Das erfordern die Interessen des Rechtsverkehrs[1].

I. Ausländisches Verfügungsverbot, die Regelung des Entwurfs 1992

1. Ausländischer Insolvenzbeschlag

Die Anerkennung des ausländischen Insolvenzverfahrens bedeutet Erstreckung des ausländischen Verfügungsverbots auf das Inland, und zwar *ex tunc*, d. h. vom Augenblick des Eintritts der Beschlagnahme im Ausland an. Das ist die Konsequenz des Universalitätsprinzips.

Für das US-Bankruptcy Recht bedeutet dies, daß die Wirkungen des im Automatic Stay[2] liegenden Verfügungsverbots auch nach Deutschland hineinreichen, jedenfalls soweit sie nicht gegen den ordre public verstoßen.

Nun sind die Einzelheiten der Regelung des Insolvenzbeschlags von Land zu Land verschieden. Liegen sie unter der Grenze des deutschen Rechts, so gilt das auch für das Inland. Was die USA betrifft, so ist die h.M. der Ansicht, daß Verfü-

1 Zum US-Recht, oben § 31.

2 Oben §§ 23 II, 29, 30.

gungen, die gegen die Beschlagnahme verstoßen, *void* (nichtig), nicht nur *voidable* (anfechtbar) sind[3]. Insofern entspricht der Automatic Stay in seiner Wirkung dem deutschen Beschlag[4].

Was den Schutz des guten Glaubens angeht, so muß auf alle Fälle die Kenntnis bzw. die grobfahrlässige Nichtkenntnis der Eröffnung des ausländischen Verfahrens genügen, um Bösgläubigkeit bezüglich eines Erwerbs vom Gemeinschuldner oder einer Leistung an den Gemeinschuldner herbeizuführen. Eine effektive Verhinderung eines solchen Erwerbs oder der Leistungsbefreiung – es wird ja der gute Glaube vermutet – führt zur Frage, welche Instrumente zur Verfügung stehen, um die Kenntnis von der ausländischen Verfahrenseröffnung im Inlande sicherzustellen.

2. *Internationales Privatrecht, Internationales Insolvenzrecht*

Die Frage nach dem Erwerb von Nichtberechtigten und der Wirkung der Leistung an einen Nichtberechtigten ist zunächst eine Frage des Privatrechts, im internationalen Kontext eine solche des internationalen Privatrechts, also der Regelung des EGBGB.

Sie ist jedoch beim ausländischen Insolvenzbeschlag mit einer Frage des internationalen Insolvenzrechts verbunden: Die Insolvenzeröffnung mit ihrer Beschlagnahmewirkung reicht in das Inland hinein und begründet ein dem inländischen Insolvenzbeschlag entsprechendes Verfügungsverbot. International-insolvenzrechtlich ist auch das Problem, *wie* die Eröffnung des ausländischen Verfahrens im Inlande bekanntgemacht wird, zu regeln, was wieder international-privatrechtlich die Frage nach dem guten und bösen Glauben lösen hilft. Internationalinsolvenzrechtlich ist ferner die Notwendigkeit der Einschaltung eines Gerichts, das die Anerkennung feststellt, jedenfalls im Grundstücksrecht, und die Eintragung des Insolvenzvermerks im Grundbuch anordnet, womit dann auch die grund*buch*rechtliche Frage gelöst ist. An dieser Frage des formellen Grundbuchrechts könnte sonst eine eilige Eintragung im Grundbuch scheitern.

3. *Die Regelung des Entwurfs 1992*

Wohl diese komplexe „Gemengelage“ führte zur Regelung des Entwurfs 1992. Sie wurde bereits beschrieben[5], sei aber wie folgt resümiert:

---

3 Oben § 29 II, 2; Mindermeinung, entsprechend dem Gesetzeswortlaut nur: *voidable*.

4 Der Meinungsstreit entspricht der Diskussion zu § 7 KO (vgl. *Kilger/Karsten Schmidt*, Anm. 3): absolute Nichtigkeit (so h.M. – allerdings nur für die Zwecke des Konkurses, *Kilger/Karsten Schmidt*, aaO m. Nw.,) oder nur relative Unwirksamkeit (eine Figur, die allerdings das US-Recht so nicht kennt, deren Ziele aber durch die Anfechtbarkeit in etwa erreicht werden).

5 Oben § 7.

Verfügungsbeschränkungen durch die ausländische Insolvenzeröffnung sind im Grundbuch mit ihren Einschränkungen *einzutragen* (§ 386 E); den Antrag stellt der ausländische Insolvenzverwalter. Er ist an das Insolvenzgericht zu richten, das die Eintragung anordnet. Entsprechendes gilt für Eintragungen im Schiffsregister, im Schiffsbauregister und im Register für Pfandrechte an Luftfahrzeugen. Insolvenzgericht ist jedes inländische Insolvenzgericht, in dessen Bezirk Vermögen des Schuldners belegen ist. Trifft ein Insolvenzgericht die Eintragungsanordnung, so werden alle sonst denkbaren Insolvenzgerichte unzuständig (§ 387 E).

Bei unbeweglichen Gegenständen (Grundstücke, Grundstücksrechte, Schiffe, Luftfahrzeuge, die Grundstücken gleichstehen) sieht § 388 E vor: Es gilt § 878 BGB, d. h.: sind die Erklärungen des Berechtigten grund*stücks*rechtlich wirksam und auch grund*buch*rechtlich bindend geworden, so schadet die nachfolgende Insolvenzeröffnung nicht ; der Erwerber wird eingetragen. Aber auch dann erwirbt dieser insolvenzfrei, wenn er gutgläubig im Hinblick auf die Verfahrenseröffnung war. Diesen guten Glauben gilt es durch die Eintragung des Insolvenzvermerks zu verhindern (§ 388 I, 387, 386 E. 1992).

Den Gutglaubenschutz des in Unkenntnis der Verfahrenseröffnung im Inlande an den ausländischen Gemeinschuldner Leistenden (= Befreiung von der Verbindlichkeit) regelt § 389 E. Allerdings: Erfolgte die Leistung vor der öffentlichen Bekanntmachung der ausländischen Insolvenzeröffnung nach § 385 E, so wird vermutet, daß der Leistende die Eröffnung des Verfahrens und damit die Verfügungsbeschränkung nicht kannte.

Alles in allem ist dies eine vernünftige Lösung einer Gemengelage aus internationalem Privatrecht, internationalem Insolvenzrecht und Grundbuchrecht. Dabei war – bezüglich der öffentlichen Bekanntmachung (§ 386 E) und den Eintragungen ins Grundbuch – die Einschaltung des Richters gewährleistet, der die tatsächlichen Voraussetzungen für die Anerkennung der Verfahrenseröffnung zu prüfen hatte (§ 386 II E 1992).

Die Regelung des Entwurfs ist nicht Gesetz geworden. Somit bleibt die Frage nach der Rechtslage bis zum Inkrafttreten der InsO und nach diesem Zeitpunkt.

II. Die aktuelle Rechtslage

Es sind folgende Problemkreise zu unterscheiden:

1. Internes Recht, internationales Privatrecht

Die Regelung des *gutgläubigen Erwerbs* ist eine Frage des bürgerlichen Rechts (Sachenrechts), im internationalen Kontext eine Frage des internationalen Privatrechts:

a) Bei Immobilien gilt die *lex rei sitae*, also deutsches Recht: „Die lex rei sitae regelt das gesamte Schicksal dinglicher Rechte und Pflichten und des Besitzes: Entstehung, Inhalt, Änderung und Untergang“[6]. Die lex rei sitae ordnet auch an, ob die dingliche Verfügung kausal oder abstrakt ist. Nach deutschem Recht ist sie abstrakt. Daher kann es sein, daß das zugrundeliegende Grundgeschäft (i.d.R. Kauf) anders anzuknüpfen ist. Die Eigentumsübertragung eines in Deutschland belegenen Grundstückes und die Begründung von Rechten an diesem Grundstück folgt jedenfalls deutschem Recht.

Das hat zur Folge, daß die Vorschriften der §§ 873, 892, 893 BGB gelten.

Damit ist ein Gleichlauf zum innerstaatlichen Insolvenzverfahren hergestellt. § 388 E erweist sich insoweit als deklaratorisch[7].

b) Im Mobiliarsachenrecht gilt für das deutsche Recht, daß der gute Glaube an die Verfügungsbefugnis des Gemeinschuldners nicht geschützt wird[8]; die §§ 932 ff. BGB sind in § 7 KO (= § 81 InsO) nicht genannt. Entsprechendes gilt für die Veräußerung von Wertpapieren und nicht eingetragenen Schiffen sowie für die Forderungsbegründung und Abtretung.

Da für das dingliche Verfügungsgeschäft auch hier die lex rei sitae gilt[9], ist die Frage, wenn die Sache bzw. der Gegenstand sich in Deutschland befand und daher deutschem Recht untersteht, internationalprivatrechtlich ebenfalls gelöst.

c) Bei der Leistung an den Gemeinschuldner nach Verfahrenseröffnung gibt es nach § 8 KO Befreiung des Schuldners nur, wenn das Geleistete in die Konkursmasse gekommen ist. Aber die öffentliche Bekanntmachung der Verfahrenseröffnung spielt auch eine Rolle. Erfolgte die Leistung vor der öffentlichen Bekanntmachung, so bedeutet dies Befreiung, wenn nicht bewiesen wird, daß dem Leistenden die Verfahrenseröffnung bekannt war. Erfolgte sie nach der Bekanntmachung, so wird der Erfüllende befreit, wenn er seine Unkenntnis der Verfahrenseröffnung beweist.

§ 82 InsO vereinfacht diese komplizierte Regelung. Er entspricht auch national § 389 des Entwurfs. Für die Befreiung kommt es nur darauf an, ob der Leistende die Eröffnung des Verfahrens kannte; hat er vor der öffentlichen Bekanntmachung geleistet, so wird vermutet, daß er die Eröffnung nicht kannte.

---

6 So *Kegel*, Internationales Privatrecht, 7. Aufl. 572 m. Nw., BGHZ 52, 239, NJW 1995, 59, OLG Düsseldorf NJW 1981, 529, OLG München NJW RR 1989, 664.

7 Es kann allerdings bei gutgläubigem Erwerb immer noch eine Anfechtung nach §§ 29 ff., 37 KO (§ 129 ff. InsO) infrage kommen.

8 *Henckel*, in *Jaeger/Henckel* § 7 Rdnr. 65, *Kilger/Karsten Schmidt*, § 7 Anm. 5,6.

9 *Kegel*, aaO, BGHZ 39, 173, BGH WPM 1980,413, BGHZ 100, 324, BGH NJW 1989, 2543. Dies gilt auch für Wertpapiere: BGHZ 108, 356 („Wertpapierstatut“). Die Möglichkeit einer Rechtswahl ist nach h.M. ausgeschlossen: Vgl. *Palandt/Heldrich*, 55. Aufl. m. Nw. zu Art. 38 EGBGB Anh. II Sachenrecht, Rdnr. 2, OLG Köln RIW 1994, 969.

Diese Regelung gehört *sachlich* in das Schuldrecht. Internationalprivatrechtlich gilt hier zunächst die Anknüpfung an den Parteiwillen (Art 27 EGBGB). Mangels feststellbaren Parteiwillens gelten die Art 28 EGBGB (Frage nach dem engsten Zusammenhang)[10]. Ist deutsches Recht anzuwenden, so gilt – denn bei den § 8 KO, 82 InsO handelt es sich *sachlich* um eine Frage des internationalen Privatrechts (Schuldbefreiung oder Leistungsverweigerungseinrede) – die hier getroffene Regelung.

2. *Internationales Insolvenzrecht*

Die internrechtliche Regelung des Gutglaubensschutzes beweist, wie wichtig die *öffentliche Bekanntmachung* ist. Internationalinsolvenzrechtlich war sie in § 385 E vorgesehen. Diese Rechtsgrundlage fehlt jetzt.

Die Antragsbefugnis für die öffentliche Bekanntmachung und für die Eintragung des Insolvenzvermerks (siehe § 386 E) ließe sich zwar auch ohne explizite gesetzliche Vorschrift für den Insolvenzverwalter aus dessen Stellung rechtfertigen. Was jedoch fehlt, ist eine Regel, die den unbedingt einzuschaltenden Richter bezeichnet. Sie fand sich im Entwurf und fehlt jetzt. Undenkbar ist, es dem Rechtspfleger zu überlassen, die „tatsächlichen Voraussetzungen für die Anerkennung der Verfahrenseröffnung“ festzustellen.

Hier liegt eine *Regelungslücke* vor. Sie muß geschlossen werden, wenn man die Auslandsinsolvenz wirklich zur universalen Geltung führen will.

Es ließe sich daher rechtfertigen, diese Lücke i.S. der §§ 385 - 387 des Entwurfs zu schließen.

3. *Allgemeines Prozeßrecht*

Zusätzlich und hilfsweise sollte erwogen werden, dem ausländischen Verwalter die Befugnis zuzusprechen, gegenüber einem potentiellen Erwerber ein Erwerbsverbot im Wege der einstweiligen Verfügung zu erwirken. Ein solches Erwerbsverbot ist zur Verhinderung einer Konvaleszenz im Falle des § 313 S. 2 BGB anerkannt. Es wäre im Grundbuch einzutragen. Im Immobiliarsachenrecht hätte es die Wirkung, daß der gute Glaube zerstört wird[11].

---

10 Vgl. *Kegel*, aaO, 471 ff.

11 Vgl. *W. Habscheid*, Richterliches Erwerbsverbot und Grundbuchrecht, in: FS Schiedermair, 245 ff.

§ 68 Die Einwirkungen des Insolvenzverfahrens auf Rechtsverhältnisse: Allgemeines

Der Gestaltungseffekt der Insolvenzeröffnung[1] besteht darin, daß eine einheitliche Masse gebildet wird, die der Verwalter zu administrieren hat. Der Gemeinschuldner verliert seine Verwaltungs- und Verfügungsbefugnis.

Diese Gestaltungswirkung trifft die Aktiv – wie die Passivmasse. Auch Rechtsverhältnisse zu Dritten, die an die Masse Forderungen haben und solche „der Masse" gegen Dritte werden umgestaltet (noviert). Das ist für den Inlandskonkurs gesetzlich fixiert, gilt aber auch für ausländische Insolvenzen. Die Problematik betrifft das internationale Privatrecht wie das internationale Insolvenzrecht. Die Frage, ob ein Rechtsverhältnis ausländischem Recht unterliegt, ist ein Problem des internationalen Privatrechts. Ob das Insolvenzverfahren dieses Rechtsverhältnis umgestaltet, bestimmt die lex concursus.

KO, VglO und GesO schweigen sich über diese internationalrechtliche Problematik aus.

I. Die Regelung des E 1992

Der E 1992[2] regelte den Problembereich teilweise:

1. Miete, Pacht

§ 380 E nimmt eine Gleichschaltung mit Art 27, 28, 34 EGBGB vor. Es ist auf das Recht der *rei lex sitae* abzustellen, auch für konkursrechtliche Einwirkungen.

2. Arbeitsverhältnisse

Auch hier erfolgt durch § 381 E eine Gleichschaltung mit dem internationalen Privatrecht. Das Recht des Staates ist insgesamt entscheidend, in dem die Arbeit verrichtet wird. Dieser Schutz des Arbeitnehmers ist obligatorisch; er kann ihm durch eine Rechtswahl nicht entzogen werden (Art 30 EGBGB).

3. Dingliche Rechte

§ 390 I E folgt der gleichen Linie. Dingliche Rechte – auch an Wertpapieren richten sich nach dem Recht des Ortes, an dem sich der Gegenstand zur Zeit der

---

[1] Dazu oben § 63.

[2] Zu Einzelheiten vgl. §§ 6 ff., insbes. §§ 7, 8 II. Die nachstehenden Darlegungen stellen eine Zusammenfassung dar.

Verfahrenseröffnung befand. Bei unbeweglichen Gegenständen bestimmt § 390 II, daß Rechte an inländischen unbeweglichen Gegenständen durch eine Eröffnung eines ausländischen Konkurses nicht mit Wirkungen belegt werden können, die im Inlande unbekannt sind.

4. Der E 1992 regelt ferner den Gutglaubensschutz (§ 388), macht die Vormerkung auch gegenüber dem Verwalter konkursfest (§§ 388 II, 120) und regelt die Leistung eines gutgläubigen Schuldners an den Gemeinschuldner (§ 399).

5. Die Insolvenzanfechtung wird doppelt angeknüpft

§ 382 E stellt auf das Recht der Verfahrenseröffnung und das Recht ab, das für die Wirkungen der Rechtshandlung maßgeblich ist. Das ist i.d.R. das inländische Recht.

II. Die Insolvenzordnung

1. Insolvenzanfechtung

Die Insolvenzordnung übernimmt in Art 102 II EGInsO nur die Regelung der Anfechtung. Hier heißt es jetzt:

„Eine Rechtshandlung, für deren Wirkungen ausländisches Recht maßgeblich ist, kann vom ausländischen Insolvenzverwalter nur angefochten werden, wenn die Rechtshandlung auch nach inländischem Recht angefochten werden kann oder aus anderen Gründen keinen Bestand hat[3]".

Damit ist der Streit um die Anknüpfung der Insolvenzanfechtung, der von der KO und der GEsO nicht entschieden worden war, erledigt.

Das ist ein Vorteil. Es zeigt aber auch, daß der Gesetzgeber die Möglichkeit hat, von sich aus Anknüpfungsprobleme zu lösen und daß er diese Möglichkeit nutzt.

2. Zu den Regelungen des E 1992

Daß er die Regelungen des Entwurfs nicht übernommen hat, ist daher zu bedauern. Sie hätten Rechtsklarheit gebracht.

Immerhin bringen sie Abweichungen von der Grundsatzaussage, daß das Internationale Privatrecht die Zuweisung an das ausländische materielle Recht, die *lex concursus* aber die konkursrechtlichen Einwirkungen auf das in seinem materiellen Recht angesiedelten Rechtsverhältnis bestimmt. Aber diese Abweichungen sind letztlich Schutzbestimmungen zugunsten der Arbeitnehmer, der Mieter und Päch-

3 Im einzelnen unten §§ 92, 93.

ter, der dinglich Berechtigten und Leistenden, der gutgläubig Erwerbenden und der Vormerkungsberechtigten, die zum ordre public zählen, der im Zivil- wie im Verfahrensrecht zu beachten ist.

Mithin gelten die Regelungen des Entwurfs sinngemäß auch als neues Recht[4].

3. Aufrechnung

Bezüglich der Aufrechnung im Insolvenzverfahren aber bleibt es bei der anerkannten Grundregel: Es ist materiellrechtlich auf das Recht der Forderung abzustellen, gegen die aufgerechnet wird. Ist dies das Recht des Konkursstaates, so entscheidet die lex concursus über die Modifikationen, welche infolge der Insolvenz einschlägig sind[5].

III. Die Abwicklung von Verträgen

1. Die Regelung von KO, GesO und InsO (Inlandskonkurs)

Sie ist von eminent praktischer Bedeutung: § 17 KO gibt bei zur Zeit der Konkurseröffnung von dem Gemeinschuldner und dem anderen Teil noch nicht vollständig erfüllten Verträgen dem Verwalter ein Wahlrecht: Er kann seinerseits den Vertrag erfüllen und Erfüllung auch von dem Vertragspartner verlangen; er kann aber auch die Erfüllung ablehnen mit der Folge, daß er Schadensersatz wegen Nichterfüllung (aber Konkursforderung) zu leisten hat[6]. Die GesO übernimmt diese Regelung sinngemäß in § 9, die InsO in § 103.

Es ist also auch hier so, daß der Konkurs die noch nicht abgewickelten gegenseitigen Verträge noviert.

2. Das US-Recht

Untersteht der Vertrag dem Recht der USA, so ist die Regelung von § 365 BC zu beachten, die dem Verwalter das Recht gibt, bei „*executory contracts and unexpired leases*"[7] den Vertrag zu erfüllen oder die Erfüllung abzulehnen. Allerdings ist der Trustee in seiner Wahl nicht frei. Er benötigt die Zustimmung des Gerichts (*the court's approval*).

---

4 Zum Gutglaubensschutz siehe § 67.

5 Unten zu § 91.

6 Vgl. statt aller die eingehende Kommentierung bei *Kilger/Karsten Schmidt*, 16. Aufl. § 17.

7 Vgl. dazu oben § 21 II, 3.

Die Regelung des § 365 BC ist im einzelnen sehr komplex. *Westbrook*[8] und *Epstein/Nickles/White*[9], der erste insbesondere im internationalen Recht, haben sich mit ihr und dem anschließenden Richterrecht auseinandergesetzt. Auf diese Darstellungen wird verwiesen.

Wie jede, so steht auch diese Anknüpfung unter dem Vorbehalt des *ordre public*. Zum ordre public gehören jedenfalls die Schutzvorschriften bei Miet- und Pachtverträgen sowie bei Arbeitsverhältnissen[10], ferner der Gutglaubensschutz und die Vormerkungswirkung[11].

3. Verweisung auf ein Drittrecht

Folgender Fall: Eine US-Anlagenbaufirma errichtet eine Industrieanlage in Deutschland. Der Vertrag wird schweizerischem Recht unterstellt. Das ist zulässig (freie Rechtswahl, Art 27 EGBGB). Die US Firma fällt in Konkurs und der Trustee steht vor der Frage, ob er den Vertrag fortsetzen oder die Fortsetzung ablehnen soll.

Auf diesen Sachverhalt schweizerisches Konkursrecht anzuwenden, verbietet sich. Denn in der Schweiz ist kein Konkurs eröffnet. Es käme also die Anwendung von US-Recht oder von deutschem Recht in Betracht, wobei im ersten Falle – vom deutschen Recht, das auf das US-Recht verweist – der Trustee die Zustimmung des Gerichts beibringen müßte, wohingegen das deutsche Recht dieses Erfordernis nicht kennt.

M.E. ist hier der Gedanke des Art 28 I EGBGB anzuwenden. Es ist auf das Recht des Staates abzustellen, mit dem der Vertrag die „engsten Bindungen" hat. Das wäre Deutschland; denn hier wird die Anlage gebaut[12].

§ 69 Rechtsgestaltung durch richterliche Entscheidung (Restschuldbefreiung, Sanierungskonkurs)

Die Konkurseröffnung führt zur Bildung einer einheitlichen, durch den Verwalter administrierten Masse. Diese Masse ist Aktivmasse und Passivmasse. Zu ihr gehören also Haben und Soll. Am Ende des Verfahrens wird beim Liquidationsverfahren die bereinigte Aktivmasse grundsätzlich gleichmäßig an die Gläubiger ver-

---

8 In, International Symposium, 303 ff.

9 S. 223 ff.

10 Oben I, 1, 2.

11 Oben I 4, 5.

12 Soweit ersichtlich, ist der Fall noch nicht in der Literatur diskutiert. Im Hinblick auf die Vermutungen in Art 28 II - IV EGBGB ließe sich jedoch auch argumentieren, es gelte das Recht der USA (Sitz der Hauptverwaltung).

teilt. In der Regel erhalten sie nur einen Teil ihrer Forderung, die Dividende. Soweit sie leer ausgehen, stellt sich die Frage, ob sie später – wenn der Schuldner wieder zu Vermögen gekommen ist – den Rest eintreiben können. Diese Frage ist grundsätzlich zu bejahen. Das deutsche Recht erhebt den Auszug aus der Tabelle zum Vollstreckungstitel (vgl. § 164 KO, § 201 InsO; § 257 InsO, § 194 KO).

Das US-Recht des Bankruptcy Code bestimmt, grob vereinfacht, daß ein Liquidations – bzw. Reorganisationsverfahren regelmäßig mit einer Restschuldbefreiung enden sollen (discharge, vgl. §§ 727, 1141 BC). Wird eine Discharge aus den dort niedergelegten Gründen aber nicht erteilt, so kann aus titulierten Forderungen wieder gegen den Schuldner vollstreckt werden (Umkehrschluß aus § 524 BC). Auch neue Klagen sind möglich. Der Grund hierfür ist wohl darin zu sehen, daß mit der Verfahrenseinstellung (§ 350 BC) der Automatic Stay (§ 362 BC) sein Ende findet, der Trustee vom Bankruptcy Court entlassen wird (§ 350 I BC) und etwa verbleibendes Vermögen des Gemeinschuldners diesem wieder zufällt (§ 554 (c) BC).

I. Die (rechtsgestaltende) Restschuldbefreiung

1. Die Fresh Start-Policy

Der Schuldner, der unter diesem Damoklesschwert leben muß, wird es schwer haben, wirtschaftlich wieder auf die Beine zu kommen. Es besteht kein Zweifel, daß es erwünscht wäre, dem vertrauenswürdigen Schuldner die Chance der Restschuldbefreiung einzuräumen.

Die InsO hat die Restschuldbefreiung in § 286 ff. nun auch für den deutschen Gemeinschuldner möglich gemacht. Erforderlich ist ein Gerichtsbeschluß auf einen Antrag des Schuldners hin (§ 287 InsO).

Wieder war es das US-Recht, das hier Pate stand. Dieses *fresh start*-Modell ist in den §§ 37 - 39 beschrieben worden.

2. Die Anerkennungsfrage

Die Restschuldbefreiung betrifft die Passivseite der einheitlichen Konkursmasse. Während die Masse in den USA ex lege mit der Einbringung des Konkursantrages entsteht, entsteht die Discharge erst mit dem richterlichen Entscheid gem. §§ 524, 727; §§ 524, 1141 BC.

Diese Entscheidung hat novierende, d. h. rechtsändernde Qualität. Sie ist ein Akt insolvenzrechtlicher Rechtsfürsorge, gehört also in den vom BGH betonten Kontext mit der Freiwilligen Gerichtsbarkeit. Der Discharge-Beschluß des Konkursgerichts ist eben keine Streitentscheidung.

Wenn es in Art 102 I EGInsO heißt, daß die Einheitlichkeit der Konkursmasse anerkannt wird, so bedeutet dies, daß Veränderungen im Massebestand – eben durch die Discharge, – auch anzuerkennen sind, wenn kein Anerkennungsversagungsgrund vorliegt.

3. Der ordre public

Daß sich hier ordre public-Probleme ergeben können, insbesondere zu den USA, wurde bereits vorgezogen[1] erörtert. Darauf sei verwiesen. Es handelt sich hierbei vor allem um die Problematik der Ausnahme der Steuerforderungen, insbesondere aber auch der Punitive Damages-Verurteilungen von der Discharge.

II. Das US-Reorganisationsverfahren

Diese Problematik stellt sich besonders bei dem bestätigten Reorganisationsplan.

1. Der Sanierungskonkurs

Die Schuldbefreiung (im engeren Sinne) kommt nur persönlichen Gläubigern, nicht juristischen Personen zugute. Für sie hält der BC den Chapter 11-Konkurs (*reorganization*) zur Verfügung[2]. Kern der „Rehabilitation" ist der Reorganisationsplan, der eine Art Zwangsvergleich ist, welcher der gerichtlichen Bestätigung bedarf. Diese Bestätigung ist konstitutiv.

Mit ihr wird die Schuldenseite der Masse noviert. Die Schulden werden teilweise erlassen, teilweise gestundet. Es werden Zahlungsfristen festgelegt und Zahlungen, ggf. pro rata entsprechend dem Plan angeordnet. Zu der Novation tritt hier der Leistungsbefehl.

2. Die Anerkennung des Sanierungsplans

Sie ist ein Spiegelbild der Frage nach einer Anerkennung der Restschuldbefreiung. Die Bestätigung des Plans ist wiederum ein Rechtsfürsorgeakt mit Bezug auf die Konkursmasse. Als solcher ist er anzuerkennen (Art 102 I EGInsO).

3. Der ordre public

Allerdings stellt sich auch hier wieder die ordre public-Frage. Dabei wird auf das US-Reorganisationsverfahren im einzelnen einzugehen sein; denn gerade hier

---

1 Eingehend oben § 37 II, 1, 2.

2 Oben § 19 II 3; auch „individuals with a regular income" steht ein vergleichbares Verfahren zur Verfügung; es hat aber geringere praktische Bedeutung, dazu oben § 19 II 1, 2.

stellen sich die ordre public-Probleme *in praxi*, besonders gegenüber einer durch Insolvenzprivilegien ausgepowerten Masse. Es sei daher auf die Darstellung in den §§ 77 ff. verwiesen, deren Ergebnisse auch auf die Restschuldbefreiung im Liquidationskonkurs übertragen werden können.

Kapitel 3: Prozessuale Wirkungen

Das Insolvenzverfahren hat auch prozessuale Wirkungen. Sie dienen dazu, die Masse zu sichern und so die Verfügungsmacht des Verwalters zu gewährleisten. Die Eröffnung des Insolvenzverfahrens bewirkt eine partielle Rechtsnachfolge. Zwar bleibt – aus der Sicht des deutschen Rechts – der Gemeinschuldner Rechts*inhaber*. Aber die Macht, über die Masse zu verfügen – auch, darüber Prozesse zu führen – steht nunmehr dem Verwalter zu.

Deshalb sieht das deutsche Recht die Unterbrechung von Prozessen – seien es nun Aktiv- oder Passivprozesse – vor. Diese Unterbrechung tritt *ex lege* ein. Sie dauert so lange fort, bis der Prozeß nach den Regeln des Insolvenzrechts wieder aufgenommen oder das Insolvenzverfahren aufgehoben wird (§ 240 ZPO).

Es stellt sich mithin die Frage, ob auch das ausländische Insolvenzverfahren zu dieser Prozeßunterbrechung führt.

§ 70 Die Unterbrechung von Prozessen in Deutschland durch die ausländische Insolvenzeröffnung: Grundfragen

Das Thema gehört zu einer der am meisten diskutierten Fragen des internationalen Insolvenzrechts.

I. Die Literatur

Die Frage der Prozeßunterbrechung im Inland aufgrund einer ausländischen Konkurseröffnung wird seit geraumer Zeit in Literatur und Rechtsprechung lebhaft diskutiert, wobei sich die Literatur[1] ganz überwiegend für eine generelle Prozeß-

1 Vgl. Nachweis bei *Aderhold*, 252, Fn 45; aus jüngerer Zeit seien insbesondere zu nennen, *Ackmann/Wenner*, IPRax 1989, 144 ff.; *Leipold*, FS Schwab, 295 ff.; *Koch*, NJW 1989, 3072. *Trunk*, ZIP 1989, 279; *E. Habscheid*, KTS 1990, 403 ff. m.NW. Die Feststellung von *Aderhold*, aaO, daß *E. Habscheid* , aaO, von der Exequatur ausgehe ist unzutreffend. Vielmehr wurde in dem Beitrag herausgearbeitet, daß die Prozeßunterbrechung grundsätzlich zu bejahen ist. Offengelassen, aber erstmals zur Diskussion gestellt wurde die Tatsache, daß das Institut der Prozeßunterbrechung in ausländischen Rechtsordnungen nicht einheitlich dem Prozeßrecht *oder* dem materiellen Konkursrecht zugeordnet wird. Auf diesen Problem-

unterbrechung ausspricht. Als Begründung wird vielfach angeführt, daß die „*Unterbrechung*" eine konkursrechtliche Wirkung des Verfahrens sei, so daß die Grundnormen des jeweiligen Eröffnungsstaates zu gelten hätten[2]. „Insoweit" – so heißt es – sei § 240 ZPO nicht Prozeß- sondern deutsches materielles Konkursrecht. Im Fall des Auslandskonkurses kommt aber nicht deutsches Konkursrecht, sondern das des Konkurseröffnungsstaates zur Anwendung"[3]. Oder man begnügt sich mit der Feststellung, daß der Gemeinschuldner seine *Prozeßführungsbefugnis* durch die ausländische Verfahrenseröffnung verloren habe. Diesem Wechsel in der Prozeßführung trägt § 240 ZPO Rechnung. Es sollte daher im Rahmen der Anerkennung des Auslandskonkurses genügen, wenn festgestellt werden kann, daß nach der lex fori concursus die Prozeßführungsbefugnis im genannten weiten Sinne auf den Konkursverwalter übergegangen ist, weil er jetzt Inhaber des Prozeßführungsrechts, Rechtsträger (Sachlegitimation) oder gesetzlicher Vertreter des Gemeinschuldners geworden ist – und ferner dieser Übergang auch zu einer Prozeßunterbrechung nach dem ausländischen Konkurs- oder Verfahrensrecht führt.

Dies wäre dann die „Einbettung in das deutsche Konkursrecht", die der IX. Zivilsenat des BGH fordert"[4].

II. Die Rechtsprechung

Richtig in Gang kam die Diskussion um die Prozeßunterbrechung aufgrund einer ausländischen Konkurseröffnung durch die Grundsatzentscheidung des IX. Zivilsenats des BGH vom 11. 07. 1985[5]. In ihr wurde erstmals festgestellt, daß eine Konkurseröffnung im Ausland auch das im Inland belegene Vermögen des Gemeinschuldners erfasse und im gegebenen Falle der belgische Konkursverwalter auch in der Bundesrepublik klagebefugt sei. Hieraus wurde höchstrichterlich in der Folgezeit aber nicht die Schlußfolgerung gezogen, daß ein anerkennungsfähiger Konkurs im Ausland auch generell zu einer Prozeßunterbrechung im Inland gem. § 240 ZPO führt.

---

kreis wird nachfolgend einzugehen sein, a.A. noch: *Baumbach/Lauterbach/Hartmann*, ZPO, 54. Aufl., § 240 Rdnr. 2. *Thomas/Putzo*, ZPO 19. Aufl., § 240 Rdnr. 3; *MüKo*, ZPO, § 240 Rdnr. 14.

2 *Arnold* in: Gottwald (Hrsg) Insolv. Hdb, 1270, Rdnr. 109.

3 *Ackermann/Wenner*, IPRax 1989, 144, 147.

4 *E. Habscheid*, KTS 1990, 403, 412; im Ergebnis ebenso *Aderhold*, 253, da § 240 ZPO Verfahrensrecht darstellt; a.A. *Ackermann/Wenner*, IPRax 1989, 144, 147, § 240 ZPO sei insoweit nicht Prozeß-, sondern deutsches materielles Konkursrecht. Er weist darauf hin, daß die Bestimmung des Übergangs der Prozeßführungsbefugnis vom Gemeinschuldner auf den Verwalter und Prozeßunterbrechung nach ausländischem Recht u.U. zu zeitraubend und schwierig sei. Das ist sicherlich richtig, aber die Parteifähigkeit bzw. Prozeßführungsbefugnis ist von Amts wegen *immer* zu bestimmen (§ 56 ZPO); dazu E. *Habscheid*, aaO, 423 - 425.

5 BGHZ 95, 256.

1. Aktivprozesse

Der VIII. Zivilsenat geht in seiner Entscheidung aus dem Jahre 1987[6] über die Klage eines französischen Konkursverwalters, der in der Berufungsverhandlung an die Stelle des bisherigen, in Konkurs gegangenen Gemeinschuldners getreten war – *also eines Aktivprozesses* – auf die Grundsatzentscheidung des BGH im 95. Band ein, wonach einem ausländischen Konkursverwalter die Befugnis zugestanden wurde, Inlandsvermögen des Gemeinschuldners im eigenen Namen zur Konkursmasse zu ziehen. Nach der Auffassung des VIII. Zivilsenats fehlte es hier aber an einer Feststellung des Berufungsgerichtes, daß das französische Recht (so der IX. Zivilsenat für das belgische Recht) das im Ausland belegene Vermögen des Gemeinschuldners zur Konkursmasse rechne, und daß zu den Befugnissen des Konkursverwalters auch die Forderungseinziehung gehöre und er berechtigt sei, als Partei im eigenen Namen Forderungen des Gemeinschuldners geltend zu machen (BGHZ 95, 261 (271)). Das Berufungsurteil sei daher schon – so der BGH – wegen der fehlenden Feststellungen zur Prozeßführungsbefugnis und Aktivlegitimation des Klägers aufzuheben und die Sache gem. §§ 565 I, IV, 549 ZPO zurückzuverweisen, damit die *Parteien hierzu vortragen* könnten und das Berufungsgericht die erforderlichen Feststellungen treffe[7].

Vom Ergebnis her wurde also vom VIII. Zivilsenat die Frage der Prozeßunterbrechung für Aktivprozesse eines ausländischen Konkursverwalters offen gelassen. Aber durch die Zurückweisung an das Berufungsgericht wegen fehlender Feststellungen wurde die Möglichkeit eröffnet, auch im Sinne der Unterbrechung zu entscheiden, wenn die oben aufgezeigten Rechtstatsachen (Auslandserstreckung der Konkursmasse, Recht zur Forderungseinziehung durch den ausländischen Verwalter und er ferner berechtigt ist, als Partei im eigenen Namen Forderungen des Gemeinschuldners geltend zu machen) gegeben sind.

Insoweit hat sich zumindest eine Öffnung hin zur Unterbrechung, vorsichtiger gesagt, zur Aufnahme durch den ausländischen Verwalter abgezeichnet.

2. Passivprozesse

Anders dagegen für den *Passivprozeß:* In einer Entscheidung des I. Zivilsenats des BGH aus dem Jahre 1988[8] wurde die Prozeßunterbrechung eines Passivprozesses gem. § 240 ZPO ausdrücklich verneint. Diese gelte auch dann, wenn der Auslandskonkurs nach der neueren Rechtsprechung des BGH das Inlandsvermögen erfasse:

„Das gilt insbesondere für die – hier in Rede stehende – *verfahrensrechtliche Frage der Unterbrechung* eines gegen einen ausländischen Gemeinschuldner im

---

6 BGH, KTS 1988, 326 = RIW 1989, 486.

7 Zum Sachverhalt, *E. Habscheid*, KTS 1990, 403 - 405.

8 BGH, NJW 1988, 3096 = KTS 1989, 113.

Inland geführten Prozesses. Die für die Einbeziehung des Gesamtvermögens, also des Inlands- und Auslandsvermögens, sprechenden Gründe der gleichmäßigen Befriedigung aller Gläubiger (vgl. BGHZ 95, 256 (273) = KTS 1986, 97) können – so der BGH – für die Beurteilung der *verfahrensrechtlichen Frage der Unterbrechung* eines (Passiv-)Prozesses nicht ohne weiteres herangezogen werden. Hier stehen Gründe der Rechtssicherheit im Vordergrund. Die Unterbrechung mit ihren weitreichenden Folgen für den weiteren Verlauf des anhängigen Verfahrens (vgl. § 249 I und II ZPO) tritt automatisch ein ...“[9].

Im Ergebnis ist demnach die Frage: Prozeßunterbrechung aufgrund eines Auslandskonkurses – ja oder nein – höchstrichterlich bis heute nicht einheitlich entschieden worden. Die Begründung der Grundsatzentscheidung des IX. Zivilsenats vom 11. 07. 1985 spricht für eine Prozeßunterbrechung. Die Entscheidung des VIII. Zivilsenats läßt die Frage im Ergebnis offen, da es an den notwendigen Feststellungen durch das Berufungsgericht fehle (vgl. oben). Der I. Zivilsenat lehnt die Prozeßunterbrechung für Passivprozesse ausdrücklich ab. Gegen die Prozeßunterbrechung gem. § 240 ZPO sollen Gründe der Rechtssicherheit sprechen.

3. Jüngere Entscheidungen der Instanzgerichte, der Anfragebeschluß des IX. Zivilsenats des BGH vom 13. 5. 1997

Die nicht einheitlichen Entscheidungen der Zivilsenate des BGH haben sich die Land- und Oberlandesgerichte in jüngeren Entscheidungen „nutzbar“ gemacht. Regelmäßig wurde eine Prozeßunterbrechung gem. § 240 ZPO aufgrund eines Konkursverfahrens im Ausland, unter Hinweis auf die Grundsatzentscheidung des IX. Zivilsenats des BGH vom 11. 07. 1985 und die Literatur bejaht, und die gegenteilige Auffassung des I. Zivilsenats (ausdrücklich) abgelehnt[10].

Der IX. Zivilsenat hat sodann mit einem Anfragebeschluß gem § 132 III GVG vom 13. 5. 1997[11] den Weg zu einer Vereinheitlichung der Rechtsprechung im BGH freigemacht[12] und an den I. Senat und den Kartellsenat[13] die Frage gerichtet, ob sie weiterhin die Anwendung des § 240 ZPO bei Auslandskonkursen ablehnen; der IX. Zivilsenat halte die Anwendung von § 240 ZPO generell für geboten. Der

9 Hervorhebung vom Verfasser. Der BGH stellt also fest, daß es sich um eine *verfahrensrechtliche* Frage handelt.

10 Vgl. LG München NJW-RR, 1994, 1150; LG Düsseldorf, ZIP 1994, 1616; LG Aachen, MDR 1993, 1235; OLG Karlsruhe, ZIP 1990, 665; OLG Karlsruhe MDR 1992, 707; OLG München ZIP 1996, 385.

11 KTS 1997, 645.

12 Das Verfahren nach § 132 III GVG dient der Vermeidung einer Anrufung der Vereinigten Zivilsenate. Da aber der BFH – allerdings in der Zeit vor der „Wenderechtsprechung“ des IX. Senats – den Standpunkt vertrat, ein ausländisches Konkursverfahren unterbreche keine deutschen Prozesse (BFH 123, 406/7), wird es wohl zur Befassung der Vereinigten Senate der Obersten Bundesgerichte kommen.

13 GRUR 1976, 204.

Senat begründet seine Ansicht ausführlich. Eindrucksvoll ist auch die Darstellung des Meinungsstreits in der Entscheidung.[14]

III. Die Wirkung der Unterbrechung

1. Eintritt ex lege

Die Unterbrechung des Rechtsstreits mit dem Beginn des Insolvenzverfahrens gem. § 240 ZPO tritt *ex lege* ein. Denn das unterscheidet die Unterbrechung von der eine Anordnung des Gerichts voraussetzenden Aussetzung[15].

Die Unterbrechung hat zur Folge, daß das Verfahren „rechtlich stillsteht“: Prozessuale Fristen hören zu laufen auf (§ 249 I ZPO), Handlungen der Parteien, die eine Partei während des Stillstands vornimmt, sind dem Prozeßgegner gegenüber unwirksam (§ 249 III ZPO), Gerichtshandlungen, die nach außen wirken – insbes. Ladungen und *Entscheidungen*, sind nichtig; sind sie trotzdem vorgenommen worden, so müssen sie nach Beendigung der Unterbrechung wiederholt werden[16]. Das alles ist unbestritten.

2. Keine begründeten Einwendungen

Nun mag man einwenden: Die Eröffnung eines inländischen Insolvenzverfahrens lasse sich – da sie ja veröffentlicht wird – ohne weiteres feststellen. Bei einem ausländischen Verfahren sei das aber nur mit Schwierigkeiten möglich[17]. Bei einem US-Verfahren aber fehle sogar jegliche Publikation[18].

Das trifft faktisch zu: Allerdings ist bei dem wichtigsten Unterbrechungsfall – der durch Tod (§ 239 ZPO) – die Sachlage auch nicht anders: Der Richter kann den Todesfall ex officio oft ebenfalls nicht feststellen. Oft kennt ihn auch der Prozeßgegner nicht. Er muß also „irgendwie“ in das Verfahren eingeführt werden. Und dann dauert es oft lange, bis der Erbe ermittelt ist und sich „einschalten“ kann. Bei einer Konkurseröffnung ist es nicht viel anders, auch wenn sie im Auslande erfolgt. So wie sich bei der Todesfall-Unterbrechung die Probleme *in praxi* lösen, werden sie sich auch im Insolvenzfalle lösen. Nur wegen der Publikationsprobleme eine Herabstufung auf die Aussetzung zu empfehlen, erscheint nach alledem nicht angezeigt.

---

14 Zum ganzen: *Edgar Habscheid,* Zum Anfragebeschluß des BGH IX. Zivilsenat gem § 132 III GVG vom 13. 5. 1997: § 240 ZPO bei ausländischen Insolvenzen und die dahinterstehenden Probleme der Universalität des Konkurses, KTS 1998, Heft 2.

15 Vgl. statt aller *Rosenberg / Schwab / Gottwald*, §§ 126, 127.

16 Wie Fn. 1, vgl. auch *Thomas / Putzo*, 19. Aufl. Vorbem. § 239 (präzise Zusammenfassung).

17 Daher sah der E 1992 die Publikation vor, siehe oben § 7 I, vgl. auch *E. Habscheid*, KTS 1990, 403 ff. (Unterbrechung oder Aussetzung bei ausländischen Konkursverfahren). Die dortige Stellungnahme wird nunmehr, wie oben dargelegt, fortgeschrieben.

18 Dazu oben § 13, §§ 15 ff.

IV. Die künftige Regelung in Art 15 des EU-Übereinkommens über Insolvenzverfahren (EUÜ)

1. Zu Art 15 EUÜ

Die vom BGH, den Oberlandesgerichten und Landgerichten bis heute entschiedenen Fälle betrafen ausnahmslos Fälle, in denen in einem EU-Staat ein Konkursverfahren eröffnet worden war[19]. In solchen Fällen wird künftig durch Art 15 des europäischen Übereinkommens über Insolvenzverfahren bestimmt:

„Für die Wirkungen des Insolvenzverfahrens auf einen anhängigen Rechtsstreit über einen Gegenstand oder ein Recht der Masse gilt ausschließlich das Recht des Vertragsstaates, in dem der Rechtsstreit anhängig ist".

Die Wirkungen des Insolvenzverfahrens auf anhängige Prozesse in Europa bestimmt sich also nach dem Recht des Staates, in dem der Prozeß anhängig ist. Im Ergebnis hat damit der Streit um die Begründung – Heranziehung der *lex fori concursus* des ausländischen Insolvenzrechtes[20]oder Bestimmung nach der *lex fori*, also des Rechts des Staates, in dem der Prozeß anhängig ist[21] – ein Ende gefunden. Deutsche Gerichte werden künftig nach ihrer *lex fori*, also § 240 ZPO, Prozesse aufgrund einer Konkurseröffnung im europäischen Ausland unterbrechen müssen[22].

2. Art 102 EGInsO und Art 15 des EUÜ

Art 102 EGInsO, der mit der InsO zum 01. 01. 1999 in Kraft treten wird – in dem nur noch eine Erfassung des im Inland befindlichen Vermögens des Gemeinschuldners durch die ausländische Konkurseröffnung vorgesehen ist – hat den ursprünglich in § 379 InsO-Entwurf[23] vorgesehenen Regelungsumfang erheblich eingeschränkt. Die ursprünglich in § 379 InsO-Entwurf vorgesehene *Wirkungserstrekkung* des Rechts des Staates, in dem das Insolvenzverfahren eröffnet worden ist, ist in die InsO nicht übernommen worden. Nicht übernommen wurde ebenfalls § 391 InsO-Entwurf[24], wonach die Prozeßunterbrechung aufgrund einer ausländischen

---

19 *Prütting*, ZIP 1996, 1277 (1282).

20 So im Ergebnis *Ackmann/Wenner*, IPRax 1989, 144 (147) und letztlich auch *Aderhold*, 253 wenn dort im Verhältnis zu den USA die Unterbrechungsnorm in § 362 BC gesehen wird. Hierauf wird nachfolgend im einzelnen einzugehen sein.

21 Nicht abschließend *E. Habscheid*, KTS 1990, 403 (412), wo aber aufgezeigt wird, daß die nationalen Rechtsordnungen die Prozeßunterbrechung im Falle eines Konkurses rechtssystematisch unterschiedlich zuordnen. So zählt etwa § 240 ZPO oder Art 369 C.P. der französischen Zivilprozeßordnung unstreitig zum Prozeßrecht. Demgegenüber ist die Prozeßunterbrechung nach österreichischem Recht (§ 7 Öster. KO) im Konkursrecht geregelt.

22 *Prütting*, ZIP 1996, 1277 (1282), *Hanisch*, EWiR 1996, 383, 384.

23 BT-Drs. 12/2443, 68.

24 BT-Drs., aaO, 69.

Konkurseröffnung, als materiell konkursrechtliche Regelung, vorgesehen war. Die Prozeßunterbrechung wird sich vielmehr für den *europäischen Bereich* künftig nach Art 15 des EU-Übereinkommens über Insolvenzverfahren nach der *lex fori* des Rechts des Staates bestimmen, in dem der Rechtsstreit anhängig ist. Ihre prozessuale Ansiedlung ist damit gesichert.

Diese Beschränkungen und Klarstellungen sind in mehrfacher Hinsicht zu begrüßen. Das Weniger ist hier ein Mehr und schafft darüber hinaus dogmatische Klarheit für den europäischen Bereich. Für den außereuropäischen Bereich, insbesondere für das hier interessierende Verhältnis Deutschland zu den USA, hätte die uneingeschränkte Wirkungserstreckung des US-Bankruptcy-Rechts in seiner Gesamtheit durch §·379 InsO-Entwurf, gepaart mit einer Prozeßunterbrechung im materiellen Konkursrecht (§ 391 InsO-Entwurf), mehr Probleme aufgeworfen als Lösungen angeboten. So führt etwa die mit der Konkursverfahrenseinleitung in den USA im Zusammenhang stehende umfassende *vis attractiva concursus* zu einer *Verfahrenskonzentration* vor den Bankruptcy Courts[25]. Sie ist uns aber in dieser Form unbekannt[26], so daß Konflikte mit der verfassungsmäßigen und gerichtsverfassungsmäßig garantierten Zuständigkeitsordnung vorprogrammiert gewesen wären.

Gleiches gilt erst recht für Fragen einer Prozeßunterbrechung aufgrund einer Konkurseröffnung in den USA. Der in diesem Fall nach US-Recht eingreifende Automatic Stay des § 362 BC[27] hat viel weitergehende Wirkungen als die rein prozessuale Vorschrift des § 240 ZPO. Der Automatic Stay ist *die* Schutzbestimmung für die Konkursmasse. Handlungen wie auch Prozesse, die sich *gegen* den Gemeinschuldner oder die Konkursmasse richten (nicht aber Aktivprozesse, werden untersagt (§ 362 (a) BC). Wissentliche Zuwiderhandlungen können mit Punitive Damages geahndet werden (§ 362 (h) BC). Der Automatic Stay wirkt weltweit[28].

Vor dem Hintergrund einer so verstandenen Wirkungserstreckung des ausländischen Insolvenzrechts gem. § 379 InsO-Entwurf wird verständlich, daß jüngere Beiträge[29] auch nach Unterbrechungsnormen im europäischen Ausland – ungeachtet dessen, ob sie im ausländischen Prozeßrecht oder materiellen Konkursrecht stehen – Ausschau gehalten haben. Derartige Untersuchungen sind sicherlich weiterhin sachdienlich, wenn – wie im Bereich der EU – die Mitgliedstaaten gegenseitig von der Universalität des Konkurses ausgehen und durch Art 15 des EU-Überein-

---

25 Vgl. oben § 15, 16, 17; vgl. eingehend nachstehend §§ 73, 74.

26 *Jahr*, in: Vorschläge und Gutachten zum Entwurf eines EG-Konkursübereinkommens (1988), 304 ff., (316) zum EG-Entwurf von 1980 und der dort in Art 15, 16 vorgesehenen vis attractiva concursus, die in der InsO keine Entsprechung hat: „als einen echten Skandal" bezeichnet.

27 Vgl. oben § 23 II, §§ 29, 30.

28 Zum Zusammenspiel von Automatic Stay und vis attractiva concursus eingehend § 17.

29 Zur Prozeßunterbrechung in Frankreich und Österreich, *E. Habscheid*, KTS 1990, 403 ff.; ferner *Mankowski*, ZIP 1994, 1577, 1584, 1585 zu Frankreich, England, Schottland, Italien, Osterreich, Schweiz, *Aderhold*, 253 - 256.

kommens über Insolvenzverfahren darüber hinaus klargestellt wird, daß sich die Prozeßunterbrechung nach der *lex fori* des Staates bestimmt, wo die Prozesse anhängig sind.

Diese Sichtweise versagt aber gegenüber dem *außereuropäischen* Ausland, da hier Art 15 des EU-Übereinkommens keine Anwendung findet. Dies gilt insbesondere gegenüber der USA, denn ein ausländischer Konkurs (etwa in Deutschland) wirkt nicht in die USA hinein[30].

V. Exkurs: Konkurseröffnung in Deutschland – keine Prozeßunterbrechung in den USA

1. Die Regelung des US-Rechts: Allgemein und im Passivprozeß

Die Eröffnung eines Insolvenzverfahrens in der Bundesrepublik Deutschland führt nicht automatisch zu einer Prozeßunterbrechung eines in den USA anhängigen Prozesses. Dies ergibt sich schon aus dem territorialen Schutz[31]. Das im Ausland (etwa die BRD) eröffnete Konkursverfahren hat keine Wirkungen in den USA.

Will der deutsche Konkursverwalter etwas in den USA „bewirken“, so kann er sich des Rechtshilfeverfahrens gem. § 304 BC bedienen[32] und dort einen Antrag auf Prozeßunterbrechung stellen.

Der Automatic Stay des § 362 BC gilt nicht im Rechtshilfeverfahren gem. § 304 BC[33]. Eine Prozeßunterbrechung nach § 362 BC in den USA tritt nur dann ein, wenn der Verwalter ein Vollverfahren gem. § 303(b)(4)BC in den USA einleitet, so daß dann eine eigenständige Konkursmasse in den USA gebildet wird[34].

Schließlich besteht noch die Möglichkeit, daß der ausländische Konkursverwalter – insbesondere in Passivprozessen[35] – vor Staats- und Bundesgerichten, gestützt auf die allgemeine Comity-Doktrin eine Untersagungsverfügung oder „*stay*“ erwirkt[36]. D.h. im Ergebnis: der vor einem Gericht der USA anhängige Prozeß wird aus Gründen des *forum non conveniens*[37] nicht fortgesetzt.

---

30 Unstreitig, vgl. *Scoles/Hay*, Conflict of Laws, 940.

31 *Scoles/Hay*, aaO,(der Konkurs etwa in Deutschland) „does not have any domestic effects as such“ in den USA.

32 Eingehend oben §§ 40,41, §§ 48, 49, § 51.

33 Oben § 48 II.

34 § 48 II, § 45.

35 Zu Aktivprozessen sogleich unten.

36 Oben § 48 I.

37 Oben 14 III; instruktiv auch die Entscheidung in Sachen *Maxwell*, dazu § 59, § 60 III selbst im Fall eines Vollkonkurses in den USA; ferner § 16 I 3.

2. *Aktivprozesse*

Insbesondere im Aktivprozeß des Gemeinschuldners, den der deutsche Konkursverwalter fortsetzen möchte, gilt das soeben Gesagte erst recht. Eine Prozeßunterbrechung – kraft Gesetzes – existiert zuerst einmal nicht.

Dies gilt selbst für den Fall, in dem ein (dt.) Verwalter ein Vollverfahren gem. § 303 (b)(4)BC einleitet. Prozesse des Gemeinschuldners, die bei Staats- oder Bundesgerichten anhängig sind und sich gegen „Dritte“ (also keine Konkursgläubiger!) etwa auf Schadensersatz wegen Vertragsbruch / unerlaubte Handlung stützen, werden nicht kraft Gesetzes unterbrochen. Die Zentralvorschrift des Automatic Stay gem. § 362 BC ist insoweit „einseitig“. D.h., sie soll die Konkursmasse vor der Aushöhlung[38] schützen, nicht aber vor Prozessen, die die Masse bereichern[39]. In Betracht kommt aber, daß aufgrund der *vis attractiva concursus* die Klage des Trustee (oder Debtor in Possession), der sie ggf. vom Gemeinschuldner „übernimmt“ vom Konkursgericht entschieden wird, wenn feststeht, daß andernfalls die Abwicklung des (US)Konkursverfahrens verzögert wird, 28 U.S.C. § 1334 (c)(2)[40].

Ansonsten kann der deutsche Konkursverwalter Aktivprozesse im Rahmen eines Rechtshilfeverfahrens gem. § 304 BC weiterverfolgen, soweit es sich um typische Herausgabebegehren (von Vermögenswerten die zur deutschen Konkursmasse zählen) handelt, § 304 (b) (2) BC. Hierbei ist die örtliche Zuständigkeit des Bankruptcy Court (28 U.S.C. § 1410 (b)) zu beachten[41].

Schließlich bleiben noch die Fälle, in denen der Gemeinschuldner seine Klage vor den Prozeßgerichten (Staats- oder Bundesgerichte) auf Schadensersatz / Vertragsbruch stützt und die der Verwalter – *außerhalb* eines US-Vollkonkursverfahrens gem. § 303 (b)(4) BC oder eines Rechtshilfeverfahrens gem. § 304 BC – weiterführen möchte. Derartige Prozesse könnte der deutsche Konkursverwalter aufgrund der allgemeinen Comity-Doctrin fortführen[42].

Auf keinen Fall existiert eine Prozeßunterbrechung in den USA kraft Gesetzes aufgrund eines außerhalb der USA eröffneten Konkursverfahrens. Dies ergibt sich schon aus der territorialen Sicht des US-Konkursrechts, wenn es um die „*Wirkungserstreckung in den USA*“ eines im Ausland eröffneten Konkursverfahrens

[38] Vgl. schon den Wortlaut von § 362(a)BC, § 29 I 3: Dem Automatic Stay unterliegen Klagen (wie auch tatsächliche Handlungen) *gegen* den Gemeinschuldner oder sein Vermögen, das die Konkursmasse (*estate*) bildet.

[39] Dazu sogleich unten § 71 I mit Nachweisen aus der Rechtsprechung; ferner zur Verfassungsproblematik derartiger „related to“ Fälle, § 22; zur Abgrenzung Core- und Non Core-Proceedings, § 16 II. Nur dieser Fall eines „*related-to*“ Prozesses ist gemeint.

[40] Zur „Enthaltung“ (abstention) des District Courts, wenn die Sache ohne Verzögerung vom Prozeßgericht entschieden werden kann, ebenfalls § 16 II. Primär zuständig ist also der District Court mit der Einleitung eines US-Konkursverfahrens.

[41] Eingehend oben § 47; zur Kasuistik des Rechtshilfeverfahrens gem. § 304 BC, §§ 50 - 53.

[42] *Riesenfeld*, FS Merz (1992), 497, 502; zur Comity Doctrin § 42 aber auch kritisch § 48 I.

geht: Ein ausländischer Konkurs (etwa in Deutschland) wirkt nicht in die USA hinein[43].

§ 71 Konkurseröffnung in den USA: Automatic Stay und vis attractiva concursus in ihren Wirkungen auf das Ausland

Zunächst eine Vorbemerkung:

I. Vorbemerkung

Was die Konkurseröffnung in den USA und ihre Ausstrahlungen ins Ausland betrifft, kann hier insgesamt auf die Ausführungen im II Teil der Arbeit verwiesen werden. Dort wurde insbesondere dargelegt, daß eine Verfahrenseinleitung in den USA *materiell* konkursrechtlich zur Bildung einer Konkursmasse (*estate*)[1] und zum Automatic Stay des § 362 BC führt[2]. Eine weitere Wirkung – verfahrensrechtlicher Art – ist die umfassende *vis attractiva concursus* zum District Court und den dort angehängten Bankruptcy Courts[3]. Es wurde ferner ausgeführt, daß der Automatic Stay den materiellen Konkursbeschlag schützen soll[4], so daß Handlungen, Prozesse, Vollstreckungsmaßnahmen gegen den Gemeinschuldner und sein Vermögen untersagt werden. Insoweit ist die Aussage von *Aderhold*[5] zumindest irreführend, wenn dort gesagt wird:

„Im US-Recht stoppt § 362 (a)BC bereits mit einem Konkursantrag *alle* laufenden Prozesse wie auch Zwangsvollstreckungsmaßnahmen betreffend die (potentielle) Konkursmasse...“[6].

Vielmehr unterliegen nur solche Prozesse dem Automatic Stay des § 362 BC, die sich *gegen* den Gemeinschuldner (oder dessen Vermögen, das hierauf die Konkursmasse bildet) richten[7]. Aktivprozesse des Gemeinschuldners werden folglich

---

43 *Scoles/Hay*, Conflict of Laws, 940.

1 Vgl. oben § 24 - 28.

2 Vgl. oben § 15 II, §§ 29 - 30.

3 Vgl. oben §§ 14 - 18; §§ 21,22.

4 Vgl. oben § 15 II.

5 S. 253.

6 Hervorhebung vom Verfasser.

7 Vgl. *Epstein/Nickles/White*, Practitioner Treatise, Vol. 1, 105, aaO, Vol. 2, 277 und Vol. 3, 207 - 209 zur Frage der Abstention des District Courts gem. 28 U.S.C. § 1334 (c)(2) wegen eines Aktivprozesses vor einem anderen Gericht. Die Rspr. ist eindeutig, Nachweis bei *Epstein/Nickles/White*, aaO, Vol. 1, 105 Fn 45.

Martin-Trigona v. Champion Federal Savings and Loan Assn‹', 892 F.2d 575, 577 (7th Cir.1989)(The stay is inapplicable to suits by the debtor.); Fitzgerald v. Critchfield, 744 F.2d 301 (Utah Ct.App. 1987)(The stay does not prevent the debtor from suing on a breach of contract claim); In re Micro Design, Inc., 120 B.R. 363 (E.D.Pa. 1990)(A lawsuit that the debtor files is not subject to the stay.); Rett White Motor Sales Co. v. Wells Fargo Bank,

nicht vom Automatic Stay gem. § 362 BC erfaßt. Aus diesem materiell konkursrechtlichen Gehalt des Automatic Stay – Schutz der Konkursmasse – wird deutlich, daß es nicht nur um die bloß verfahrensrechtliche Unterbrechung von Prozessen geht.

II. Wirkungen auf Passivprozesse (etwa in Deutschland anhängig)

1. Die Untersagung von Passivprozessen

Nach § 362 BC werden Handlungen, Prozesse, Sicherungs- und Vollstreckungsmaßnahmen untersagt, die sich gegen den Gemeinschuldner (oder dessen Vermögen) richten. Nach dem Willen des US-Gesetzgebers soll sich diese Wirkung des Automatic Stay nicht auf das Gebiet der USA beschränken[8], wobei (grundsätzlich) eine Verurteilung – der den Automatic Stay verletzenden Partei (hier etwa in Deutschland) – zu Zahlungen von Punitive Damages möglich ist (§ 362 (h) BC), wenn der Bankruptcy Court seine Jurisdiction bejaht[9].

2. Rechtstatsächliches

Bereits vom Ergebnis her fällt auf, daß die Entscheidung des I. Zivilsenats des BGH von 1988[10] nicht richtig sein kann.

Das Argument des BGH, *die verfahrensrechtliche Frage* einer Prozeßunterbrechung eines Passivprozesses verbiete sich im Falle einer ausländischen Konkurseröffnung aus Gründen der *Rechtssicherheit,* greift offensichtlich nicht, da die Fortsetzung der Klage u.U. sogar gefährlich sein kann, soweit sonstige Berührungspunkte (zwecks Begründung der US-Jurisdiction) zu den USA bestehen. Um der „Gewalt" des § 362 BC zu entgehen, bleibt dem Kläger nur die Möglichkeit, die Klage zurückzuziehen. Zumindest aber würde ein Titel geschaffen werden, der von den US-Bankruptcy Courts nicht anerkannt werden wird, da der Kläger als Konkursgläubiger in den USA seine Forderung dort anmelden und belegen muß[11]. Wird sie bestritten, so entscheidet der Bankruptcy Court über die Rechtmäßigkeit[12]. Das wird die „Regel" sein[13]; US-verfahrensmäßig ist es das Ergebnis der

99 B.R. 12, 15 (N.D.Cal. 1989) („There is simply no language in Section 362 (a) designed to stay actions initiated by the debtor.").

8 Vgl. § 17; sehr bildlich die dort dargestellte Entscheidung, In re Lean Industries, Inc. 68 B.R. 690 (Bankr. S.D.N.Y. 1986).

9 Oben § 17.

10 BGH, NJW 1988, 3096 = KTS 1989, 113.

11 § 501(a) BC: A creditor ... may file a proof of claim.

§ 502(a) BC: A claim or interest ...ist deemed allowed, unless a party in interest ... objects.

12 § 502 (b) BC: ... if such objection to a claim is made, the court, after notice and a hearing, shall determine the amount of such claim in lawful currency of the United States ....

umfassend verstandenen *vis attractiva concursus* in Verbindung mit dem Automatic Stay des § 362 BC eines Vollkonkursverfahrens in den USA, wonach regelmäßig alle diese Prozesse vor den Bankruptcy Court des District Courts gezogen werden[14].

Rein tatsächlich stellt sich weiterhin die Frage, ob man sich diesem aufgezwungenen Ergebnis, wonach die Fortsetzung von Prozessen in der Bundesrepublik aufgrund einer US-Konkurseröffnung und der damit verbundenen *vis attractiva concursus* und dem Automatic Stay nicht mehr in Betracht kommt, beugen sollte[15], und somit die inländische Prozeßzuständigkeit aufgrund der US-Konkurseröffnung von vornherein aufgibt. Die Argumente, die hiergegen in der Literatur[16] ausgeführt wurden, sind bekannt: Es gehe vorliegend letztlich um die *„Zuständigkeitgerechtigkeit"*. Wegen der sprachlichen und örtlichen Distanz, und letztlich auch den rechtlichen Orientierungsschwierigkeiten, könne es inländischen Gläubigern nicht zugemutet werden, vor dem Konkursgericht (hier also in den USA) statt vor dem deutschen Prozeßgericht zu klagen. Es bleibt hier nur noch aus verfassungsrechlicher Sicht hinzuzufügen, daß durch eine ausländische Zuständigkeitsordnung nicht in die bestehende inländische Zuständigkeitsordnung eingegriffen werden kann. Schließlich geht es um das verfassungsrechtlich verbriefte subjektive Recht auf den gesetzlichen Richter (Art 101 GG), also um den Anspruch des Bürgers auf den „ihm zustehenden" deutschen gesetzlichen Richter und der Einräumung rechtli-

13 Der Fall in Sachen Baumgart, vgl. oben § 14 III war ein Sonderfall: Wegen der Kritik von *Schollmeyer*, ZZP 108 (1995), 525 ff., Diskriminierung deutscher Gläubiger siehe § 14 III und § 66 II, 4.

14 Vgl. oben eingehend zur vis attractiva concursus eines US-Vollkonkursverfahrens, §§ 15 - 18.

15 Diese Konsequenz wegen der – Anerkennung der vis attractiva concursus eines US-Konkursverfahrens auch in der Bundesrepublik – müßte *Aderhold*, 253, 302 - 305 (unter Berufung auf *Hanisch*, dort Fn 118) im deutsch-amerikanischen Verhältnis ausdrücklich ziehen. Sie wurde so von *Hanisch*, Arbeiten zur Rechtsvergleichung 113, 18, 19 aber nicht gezogen, wenn von ihm ausgeführt wird, daß der Verlust des eigenen Gerichtsstandes zu erheblichen Benachteiligungen führen könne und rechtspolitisch eine „offene und heikle Frage sei". Schließlich hatte *Hanisch*, aaO, 18, 19 die *vis attractiva concursus* vor dem Hintergrund von Art 15 des EG-Übereinkommens von 1980 diskutiert, also einem völkerrechtlichen *Vertrags*entwurf der nicht Gesetz geworden ist (vgl. die Kritik von *Jahr*, in: Vorschläge und Gutachten zum Entwurf eines EG-Konkursübereinkommens, 316). Ein dahingehender völkerrechtlicher Vertrag existiert zwischen Bundesrepublik und der USA nicht. Es bleibt also nur bei der Feststellung von *Hanisch*, aaO, 18,19, daß die vis attractiva concursus sich nach der *„lex fori concursus"* bestimme. Nur diese Aussage ist m.E. kritikfähig: Nach der hier vertretenen Auffassung ist die vis attractiva concursus in erster Linie *nationales Verfahrensrecht* im Falle eines Konkurses (dazu unten, grundlegend § 74). Die Anerkennungsproblematik würde sich damit von vornherein nicht mehr stellen, zumal Art 102 Abs. 1 EGInsO nicht mehr von der „Wirkungserstreckung" ausländischen Konkursverfahrens (vgl. aber Art 379 InsO-Entwurf vom 15. 04. 1992 BT-Drs. 12/2443) spricht.

16 *Lüderitz*, JZ 1986, 96, 97 *Flessner*, Entwicklungen im internationalen Konkursrecht ZIP 1989, 749 ff. 753, *ders.*, IPRax 1991, 162, 164, *ders.*, FS Merz (1992), 93, 101; *Grasmann*, KTS 1990, 157, 175, *ders.*, Rev.crit.dr.internat.privé 79(3) 1990, 423, 463 *„Zuständigkeitsgerechtigkeit"*.

chen Gehörs[17]. Zudem kann eine ausländische Zuständigkeitsordnung – hier die umfassende *vis attractiva concursus* eines US-Konkursverfahrens – ohne völkerrechtliche Vereinbarung[18] nicht auf die innerdeutsche Zuständigkeitsordnung *rechtlich* einwirken und sie beschränken. Hierüber wird noch im einzelnen[19] detaillierter zu berichten sein.

In tatsächlicher Hinsicht – und darauf kommt es hier an – sind aber die Einwirkungen insbesondere für den *Kläger* (im Passivprozeß des Gemeinschuldners), erheblich.

III. Erlaß eines Leistungs- oder Festellungsurteils gegen den Gemeinschuldner

1. Keine Anerkennung in den USA

Ergeht in einem Passivprozeß, der Rechtsprechung des I. Zivilsenats des BGH[20] folgend, ein Urteil gegen den Gemeinschuldner, da eine Prozeßunterbrechung „gem. § 240 ZPO aus Gründen der Rechtssicherheit" nicht geboten sei, so wird dieses Urteil aus mehreren Gründen in den USA nicht anerkannt werden. Als ein Leistungsurteil verstößt es offensichtlich – da nach der Konkurseröffnung in den USA ergangen – gegen den Automatic Stay des § 362 BC und damit die *public policy*[21], also dem Sinn und Zweck der einheimischen Gesetze der USA, hier gegen den Bankruptcy Code, wonach *alle* Passivprozesse unterbrochen werden, § 362 (a)(1) BC.

2. Keine Beschränkung auf Leistungsurteile

§ 362 (a) (1) BC beschränkt sich dabei nicht nur auf Leistungsurteile; auch Feststellungsurteile werden vom Bankruptcy Court erlassen, § 502 (b) BC. Daneben ist freilich auch eine Verweigerung der Anerkennung aus Gründen einer fehlenden Jurisdiction[22] höchst wahrscheinlich (*lack of jurisdiction*). Dabei prüft das amerika-

---

17 *Leibholz/Rinck/Hesselberger*, GG-Kommentar, 7. Aufl. zu Art 101, Rdnr. 26 ff.; *Geimer*, Verfassung, Völkerrecht und Internationales Zivilverfahrensrecht, ZfRV 1992, 321 - 420 weiterführend zu den Wechselwirkungen im internationalen Bereich.

18 Problematisch die vis attractiva concursus in Art 15 des EG-Entwurf 1980, vgl. *Jahr*, in: Vorschläge und Gutachten, 316; selbst *Hanisch*, Arbeiten zur Rechtsvergleichung 113, 18, 19;

19 Unten § 74.

20 BGH NJW 1988, 3096 = KTS 1989, 113.

21 *Weinschenk*, Anerkennung und Vollstreckung von bundesdeutschen Urteilen in den USA, 122, 128 ff., wann ein Verstoß gegen die public policy vorliegt: Es müssen Grundwerte verletzt sein, § 362 BC zählt sicherlich dazu, vgl. insbesondere oben § 17, §§ 29, 30.

22 *Ehrenzweig*, Treatise, 206,: In Anglo-American terminology recognition and non-recognition of foreign judgments is largely phrased in terms of affirming or denying the rendering courts's jurisdiction.

nische Gericht nach *seiner* lex fori, ob die Zuständigkeit (im Sinne der *jurisdiction*) des deutschen Erstgerichts[23] und die Rechtmäßigkeit der Kompetenzausübung[24] gegeben waren. Beides ist aus US-Sicht zu verneinen: Die Jurisdiction ist mit der Konkursverfahrenseröffnung in der USA eine *ausschließliche* des District Court, die grundsätzlich vom Bankruptcy Court ausgeübt wird, 28 U.S.C. § 1334 (e) BC[25] . Die Feststellung streitiger Konkursforderungen erfolgt durch den Bankruptcy Court, § 501 (a), § 502 (a), (b) BC[26].

IV. Prozeßunterbrechung aufgrund der Konkurseröffnung

1. Unterbrechung – Aufnahme – Anerkennung in den USA

Nach den jüngeren Entscheidungen der Land- und Oberlandesgerichte[27] führt ein anerkennungsfähiger Konkurs zur Unterbrechung der Passivprozesse in der Bundesrepublik gem. § 240 ZPO. Der Kläger (und Konkursgläubiger) kann den unterbrochenen Prozeß (gem. § 146 III KO; § 180 II InsO, § 11 GesO) vor dem Prozeßgericht in der Bundesrepublik als Feststellungsklage aufnehmen. Die Klage richtet sich dann gegen den Trustee (bzw. Debtor in Possession) des Konkursverfahrens in den USA.

Schon unmittelbar aus dem soeben oben Gesagten ergibt sich aber, daß der Trustee (bzw. Debtor in Possession) sich auf das Verfahren in der Bundesrepublik ohne Genehmigung des Bankruptcy Courts wegen § 362 (h) BC nicht einlassen wird, weil ihm ein Urteil droht, das in den USA nicht anerkannt werden kann, da es gegen den „Automatic Stay" (§ 362 (a) BC) verstößt und darüber hinaus aus amerikanischer Sicht dem deutschen Prozeßgericht auch die Jurisdiction fehlt[28]. Zwar sieht § 362 (d) BC vor, daß der Automatic Stay unter den dort kasuistisch

23 *Ehrenzweig*, aaO, 208 - 209; vgl. auch *Weinstein*, aaO, 47 ff.; 57 ff.

24 *Weinschenk*, aaO, 47.

25 Vgl. § 17.

26 Ob daneben der Verstoß gegen die umfassende vis attractiva auch einem Verstoß gegen den formellen ordre public (public policy) nach US-Auffassung darstellt, mag hier dahin stehen.

27 LG München, NJW-RR 1994, 1150; LG Düsseldorf, ZIP 1994, 1616; LG Aachen MDR 1993, 1235; OLG Karlsruhe ZIP 1990, 665; OLG Karlsruhe MDR 1992, 707; OLG München ZIP 1996, 385.

28 Der Zugriff des Bankruptcy Court dürfte ferner noch stärker sein, wenn der Gläubiger vorsorglich seine Forderung in dem US-Konkursverfahren angemeldet hat und sich damit *freiwillig* in die Jurisdiction des US-Gerichts begibt. In diesem Fall kommt dann *daneben* eine Nichtanerkennung des bundesdeutschen Urteils aus Gründen des „forum non conveniens" und „sich widersprechendem Ersturteil" (zum Ganzen *Weinschenk*, Anerkennung und Vollstreckung bundesdeutscher Urteile, 111 ff.; 132 ff.) in Frage. Hat der Gläubiger seine Forderung im US-Konkursverfahren angemeldet, so dürfte dem Gläubiger regelmäßig sein Feststellungsinteresse fehlen, da das bundesdeutsche Urteil nicht in den USA anerkannt wird (so BGH WM 1982, 619; *Thomas/Putzo*, zu § 256 Anm. 5(d).

aufgezählten Voraussetzungen auf Antrag hin aufgehoben werden kann. Der im Ausland anhängige Feststellungsprozeß wird dort aber gerade nicht erwähnt. Als *party in interest* käme regelmäßig nur der Trustee bzw. Debtor in Possession in Frage. Diese werden aber den heimischen Gerichtsstand (in den USA) bevorzugen.

2. *Zwischenergebnis*

Die Begründung des BGH, daß trotz der grundsätzlichen Anerkennung eines ausländischen Konkursverfahrens ein im Inland (Bundesrepublik) anhängiger Prozeß gegen den Gemeinschuldner aus Gründen der „Rechtssicherheit" *nicht* unterbrochen wird, überzeugt nicht. Im Ergebnis werden damit Titel produziert, die in den USA nicht anerkannt werden. Die zu begrüßende Rechtsprechung der Instanzgerichte, wonach ein im Ausland eröffnetes Konkursverfahren zu einer Prozeßunterbrechung in der Bundesrepublik führt, geht in die richtige Richtung. Die Anerkennungsfähigkeit des ausländischen Konkursverfahrens wird damit dem Grunde nach auch verfahrensrechtlich abgesichert. Der inländische Gerichtsstand wird (formal) gewahrt.

Zwar werden die durch die Kläger (Konkursgläubiger) wieder aufgenommenen Prozesse und deren Urteile in den USA nicht anerkannt werden. Aus dieser Tatsache (Nichtanerkennung bundesdeutscher Urteile), läßt sich aber ein Verfassungsproblem im Hinblick auf Art 19 IV, 103, 97, 101 GG nicht entnehmen, da der inländische Gerichtsstand trotz ausländischer Konkurseröffnung und deren Anerkennungsfähigkeit de jure fortbesteht.

Die Nichtdurchsetzbarkeit derartiger Urteile im Ausland ist kein Verfassungsproblem, so lange der Zugang zu deutschen Gerichten trotz zweifelhafter ausländischer Anerkennungs- / Vollstreckungfähigkeit erhalten bleibt[29].

Die in der Literatur geprägte Formel von der *Zuständigkeitsgerechtigkeit* entpuppt sich somit im Ergebnis aber als eine Leerformel, da die Anerkennungsfähigkeit deutscher Urteile in den USA nicht im Machtbereich des deutschen Gesetzgebers liegt. Schließlich wird weder nach der Rechtsprechung des BGH (keine Prozeßunterbrechung) noch nach der der Instanzgerichte (Prozeßunterbrechung: ja) in die verfassungsmäßig garantierte Zuständigkeitsordnung eingegriffen, so daß Art 19 IV, 101, 103 GG nicht berührt wird.

Der Ausweg aus dem Dilemma – Prozeßunterbrechung und Wiederaufnahme trotz fehlender Anerkennungsfähigkeit (der deutschen Urteile) in den USA – wird künftig in dem räumlich-gegenständlich beschränkten Konkursverfahren, dem gesonderten Insolvenzverfahren gem. Art 102 III InsO zu suchen sein. Ein *rechtli-*

29 Zum gesetzlichen Richter, *Geimer*, ZfRV 1992, 323 Fn 14; zum Zugang zu deutschen Gerichten trotz fehlender Anerkennungsfähigkeit im Ausland, *ders.*, aaO, 330; und weiterführend zur Schutzpflicht des Staates, *ders.*, aaO, 403 ff. mit umfassenden Nachweisen aus der verfassungsrechtlichen Literatur.

ches Interesse (§ 14 InsO) der Gläubiger zur Einleitung eines solchen gesonderten Insolvenzverfahrens ist zu bejahen, so daß hierauf die unterbrochenen Prozesse gem. § 180 InsO gegen den (deutschen) Konkursverwalter wieder aufgenommen werden können[30].

§ 72 Die verfahrensrechtliche Einordnung der Prozeßunterbrechung

Diese Problematik hat im Schrifttum eine rege Diskussion ausgelöst.

I. Die Literatur[1]

Ergeben sich aus der rechtstatsächlichen Betrachtung der Prozeßunterbrechung im Falle einer Auslandsinsolvenz klare Ergebnisse, was die Frage der Fortsetzung der Prozesse gegen den Gemeinschuldner bzw. die Wiederaufnahme gegen den Trustee (bzw. Debtor in Possession) angeht, so bleibt die rechtliche Einordnung weiterhin verschwommen.

Aderhold[2] ordnet die Prozeßunterbrechung nach § 240 ZPO als verfahrensrechtlich ein, verweist dann aber auf die *lex fori concursus*, soweit es um die materiell konkursrechtlichen Voraussetzungen der Prozeßunterbrechung geht. Im deutsch-amerikanischen Verhältnis stellt sie auf den Automatic Stay des § 362 (a) BC ab[3].

Ackmann / Wenner[4] gehen noch einen ganzen Schritt weiter und sprechen gar davon, daß „§ 240 ZPO nicht Prozeß- sondern materielles Konkursrecht" sei. Immerhin aber ordnet der BGH die Prozeßunterbrechung dem Verfahrensrecht zu[5]. Im Falle eines Auslandskonkurses komme aber nicht deutsches Konkursrecht sondern das des Konkurseröffnungslandes zur Anwendung. Des weiteren – so liest man – die Auffassung[6], *die Wirkungen*[7] des Auslandskonkurses könnten im Inland nicht weiter gehen als das inländische Recht für seinen Konkurs zuläßt, sei „*obskur*"[8], weil das kollisionsrechtliche Territorialitätsprinzip auf diese Weise wieder eingeführt werde.

---

30 Zum Ganzen eingehend unten §§ 82 ff., dort §§ 83, 84.

1 Eine ausführliche Zusammenfassung findet sich im Anfragebeschluß des IX. Zivilsenats des BGH vom 13. 5. 1997, KTS 1997, 645.

2 *Aderhold*, 253.

3 AaO, 253, was aber unrichtig ist, da der Automatic Stay nur die Passivprozesse betrifft.

4 IPRax 1989, 144 (147).

5 Oben § 70 II, 2.

6 Vgl. *E. Habscheid*, KTS 1989, 593 (613).

7 Unterstreichung vom Verfasser.

8 So *Ackmann / Wenner*, IPRax 1990, 209. Bleibt nur anzumerken, daß der Gesetzgeber in § 102 II InsO zum Konkursanfechtungsecht künftig eine Kumulierung der Anfechtungsrechte vorsieht (in diesem Sinne *E. Habscheid*, KTS 1989, 613).

Folgt man *Ackmann/Wenner* in dieser ihrer Begründung[9], wonach § 240 ZPO *materielles* deutsches Konkursrecht sei (und folglich im Falle eines Auslandskonkurses keine Anwendung finden könne, vielmehr das Recht des Konkurseröffnungsstaates zur Anwendung komme), so ist man bei einer Konkurseröffnung in den USA direkt bei § 362 BC, dem Automatic Stay angelangt. Die Konsequenzen wären weitreichend: Nach § 362 (h) BC wären Punitive Damages und letztlich die umfassende „vis attractiva concursus" eines US-Bankruptcy-Verfahrens hinzunehmen[10]. Eine Differenzierung zwischen typisch nationalem Verfahrensrecht und materiellem Konkursrecht fände nicht mehr statt[11].

II. Gesetzliche Grundlagen im bundesdeutschen Recht

1. Zu § 391,379 InsOE und Art 102 I EGInsO

Diesen von *Ackmann/Wenner* vorgeschlagenen Systembruch hat der Gesetzgeber letztlich erkannt und in der künftig geltenden InsO *nicht* übernommen: Die Prozeßunterbrechung, geregelt in einer konkursrechtlichen Vorschrift und zwar in § 391 InsO-Entwurf[12] wurde ersatzlos gestrichen. Auch wurde der Grundsatz der *Wirkungserstreckung* (§ 379 InsO-Entwurf) nicht Gesetz, sondern nur die Aussage nach Art 102 I EGInsO, wonach das ausländische Insolvenzverfahren das im Inland befindliche Vermögen des Gemeinschuldners erfaßt. Darüber hinaus wurde durch Art 15 des EU-Übereinkommens über Insolvenzverfahren im Bereich der EU klargestellt, daß sich die Konkursunterbrechung nach der *lex fori des Staates richtet, wo die Prozesse anhängig sind*, also nach § 240 ZPO.

Damit wurde der „summarischen Zugrundelegung der lex concursus"[13] ohne Unterscheidung zwischen ausländischem Verfahrens- und ausländischem Konkursrecht vom Gesetzgeber eine „Abfuhr erteilt" , die deutlicher nicht hätte ausfallen können.

Die Entscheidung des Gesetzgebers war eine glückliche, da die Gegensätzlichkeit konkursrechtlicher Vorschriften im außereuropäischen Bereich hierzu zwingt. Man denke nur an die Durchschlagskraft des Automatic Stay, gepaart mit der vis attractiva concursus eines Vollverfahrens unter dem Bankruptcy Code[14], die im

---

9 Gemeint ist damit nicht die „Obskurität" i.S. der Argumentationshilfe von *Ackmann/Wenner*, aaO.

10 So *Aderhold*, 302 - 305 ausdrücklich zur vis attractiva concursus.

11 Dies ergibt sich aus der Begründung von *Ackmann/Wenner*, daß „§ 240 ZPO materielles Konkursrecht sei".

12 DT-Drs 12/2443 vom 15. 04. 1992.

13 Vgl. z. B. *Ackmann/Wenner*, IPRax 1990, 209 die selbst die Auffassung von OLG Köln ZIP 1989, 321 ablehnen – wonach dem deutschen Konkursverwalter kein Herausgabeanspruch gegen einen Gläubiger zusteht, der in einem ausländischen Parallelkonkursverfahren etwas erlangt hat. Das dort Erlangte wird nach der Auffassung des OLG-Köln (aaO) auf die Forderung des Gläubigers angerechnet; dazu unten § 90.

Falle einer Wirkungserstreckung (vgl. oben § 379 InsO-Entwurf) in den uneingeschränkten Anwendungsbereich der „lex fori concursus" gekommen wären.

2. *Nach der lex concursus (Bankruptcy Code) anzuwendende Vorschriften*

Läßt man die Sanktionsnorm des Automatic Stay (§ 362 BC) zunächst einmal unbeachtet und sucht nach Normen im Bankruptcy Code, die unmittelbar an den Übergang der Prozeßlegitimation auf den Trustee (bzw. Debtor in Possession) anknüpfen, wie wir sie auch im materiellen Konkursrecht kennen (§ 6 KO, § 80 InsO), so stößt man auf § 323 BC, wonach

„a) The trustee in a case under this title is the representative of the estate.

b) The trustee in a case under this title has capacity to sue and be sued."

Damit steht fest, daß auch nach dem Bankruptcy Code das Prozeßführungsrecht (*...representative of the estate*) für das die Konkursmasse umfassende Vermögen des Gemeinschuldners[15] in Aktiv- und Passivprozessen auf den Trustee übergeht (*... to sue and be sued*). Gleiches gilt für den Fall, daß in einem Chapter 11-Verfahren kein Trustee bestellt wird sondern der Gemeinschuldner als Debtor in Possession die Prozeßführungsbefugnis für die Konkursmasse erhält[16].

Ferner bestimmt § 541 (a) BC unmißverständlich, daß auch das im Ausland belegene Vermögen des Gemeinschuldners zur Konkursmasse (estate) zählt[17], beansprucht also Auslandswirkung. Insoweit deckt sich § 541 (a) BC mit Art 102 I EG InsO, der das im Inland (Deutschland) belegene Vermögen dem ausländischen Konkursverfahren, besser gesagt der ausländischen Konkursmasse, zurechnet, solange kein Inlandskonkurs eröffnet wird (Art 102 III EGInsO). Mehr braucht m.E. der ausländischen „lex fori concursus" nicht entnommen zu werden, da sich – die Rechtsfolge *verfahrens*rechtlicher Art – nach der *lex fori* des Staates bestimmt, in dem der Prozeß anhängig ist: *Das ist § 240 ZPO*. Diese Regelung wird ausdrücklich in Art 15 des EU-Übereinkommens über Insolvenzverfahren von 1995 akzeptiert und wird künftig die gesetzliche Kollisionsnorm im EU Bereich darstellen. Da ferner die umfangreichere *Wirkungserstreckung* des ausländischen Konkursverfah-

---

14 Der *Automatic Stay* dient dem Schutz der Konkursmasse und ist insoweit mit dem Konkursbeschlag (§§ 3, 14 KO; §§ 35, 38; 89 InsO), verbunden mit dem Einzelvollstreckungsverbot und der Unwirksamkeit von Rechtshandlungen des Gemeinschuldners nach Konkurseröffnung (§ 7 KO; 81 InsO) vergleichbar. Eine vis attractiva concursus zum Konkursgericht kennen wir nicht.

15 Vgl. schon oben § 21 II.

16 § 21 II, ferner, Notes of Committee on the Judiciary, Senate Report No. 95 - 989 zu § 323 (a) und (b) .... „If the debtor remains in possession in a chapter 11 case, section 1107 gives the debtor in possession these rights of the trustee: the debtor in possession becomes the representative of the estate, and may sue and be sued. The same applies in a chapter 13 case".

17 Vgl. oben §§ 24, 27, ,28.

rens gem. § 379 InsO-Entwurf (1992) nicht Gesetz geworden ist, sondern nach Art 102 I InsO nur „das Inlandsvermögen zur ausländischen Konkursmasse zählt", bleibt m.E. kein Raum – abweichend von Art 15 EU-Übereinkommen über Insolvenzverfahren – weiterhin auf die weiterreichende *lex concursus* (im Sinne einer „Wirkungserstreckung") zurückzugreifen.

Offenkundige Konflikte mit dem Automatic Stay des § 362 BC, die dann über den ordre public zu korrigieren wären, werden von vornherein vermieden.

3. Vermögensfürsorge durch den Verwalter

Die bis hierhin aufgezeigten Überlegungen decken sich auch mit der Einordnung eines Insolvenzverfahrens als Vermögensfürsorgeverfahren, das einem FGG-Verfahren ähnlich ist, so daß typische Gestaltungswirkungen in einem Insolvenzverfahren *inter omnes* wirken[18] und daher über die Landesgrenzen (der USA) hinaus anzuerkennen sind. Die Gestaltungswirkung betrifft hier die Bildung einer *weltweiten Konkursmasse* (§ 541 (a) BC) und die *statusrechtliche* Stellung des Trustee, wonach die Prozeßführungsbefugnis für die Konkursmasse und kraft Gesetzes (§ 323 (a) (b) BC) auf den Trustee (bzw. den Debtor in Possession) übergeht. Die Anerkennung einer weltweiten *Konkursmasse* wird künftig gesetzlich ausdrücklich anerkannt (Art 102 I EGInsO). Representiert wird die Konkursmasse durch den Trustee. Er hat das *Prozeßführungsrecht* aus der Sicht des deutschen Prozeßrechts. Um ihm zu ermöglichen, dieses Recht auszuüben, wird der Prozeß gem. § 240 ZPO unterbrochen.

III. Wirkungen auf Aktivprozesse (in Deutschland anhängig)

1. Auch hier § 240 ZPO

Im Ergebnis können die Ausführungen zum Passivprozeß sinngemäß auf den Aktivprozeß des Gemeinschuldners in Deutschland und seine Unterbrechung durch eine Konkurseröffnung in den USA herangezogen werden: Alle Aktivprozesse werden nach § 240 ZPO unterbrochen.

2. Automatic Stay: „falsches Geleis"

Auf ein falsches Geleis würde unter Zugrundelegung der lex fori concursus der Automatic Stay des § 362 BC führen: Danach unterliegen Aktivprozesse nach US-amerikanischem Konkursrechtsverständnis *nicht* dem Automatic Stay[19].

---

[18] Vgl. oben § 63.

[19] Vgl. oben § 71 Fn 7 zur US-Rechtsprechung.

Die US-Rechtslage wurde in ihrer Komplexität geschildert[20]. Würde man den deutschen Richter verpflichten, sie „irgendwie" zu beachten, würde man ihm Unmögliches zumuten. Dies spricht auch gegen die Akzeptierung der vis attractiva im deutschen Recht[21].

Der Grund für die Regelung des § 362 BC ist klar: Der Automatic Stay soll die Konkursmasse vor Handlungen jedweder Art schützen, die die Konkursmasse aushöhlen könnten. Sie werden nach § 362 (a) BC untersagt, und nach § 362 (h) BC sanktioniert; Verstöße gegen den Automatic Stay führen zur Anfechtbarkeit, richtiger (und h.M.) Nichtigkeit der Handlungen[22]. So gesehen, betrifft der Automatic Stay materielles Konkursrecht, also die Frage der Rechtsfolgen für Handlungen, die sich gegen den Gemeinschuldner und sein zur Konkursmasse zählendes Vermögen richten. Ähnliche Vorschriften haben wir in § 7 KO, § 81 InsO.

Was dagegen die Rechtsfolgen für Handlungen auf der Aktivseite – also Leistungen, an den Gemeinschuldner betrifft, so regelt das deutsche Recht diesen Komplex in § 8 KO, § 82 InsO. Sie sind wirksam, wenn die Leistung in die Konkursmasse gelangt bzw. der Leistende gutgläubig war.

Die „gleiche" Rechtsfolge wird im Bankruptcy Code dadurch erreicht, daß „Handlungen für die Konkursmasse" keinen Verstoß gegen den Automatic Stay darstellen können.

Für die eigentlich – hier – interessierende Prozeßunterbrechung läßt sich aus der Regelung über den Automatic Stay gem. § 362 BC aber nichts gewinnen[23]. Gestaltungsrechtlich und statusrechtlich maßgebliche Normen des Bankruptcy Code sind im Falle eines Aktivprozesses § 323 und § 541 BC: Gemäß § 323 (a) (b) BC werden alle Rechte für die US-Konkursmasse (§ 541 BC) vom Trustee wahrgenommen („... is the representative of the estate", 323 (a) BC). Ferner geht die Klagebefugnis auch für Aktivprozesse auf den Trustee über („the trustee ... has capacity to sue"). Insoweit tritt zweifelsfrei ebenfalls in einem Verfahren nach dem Bankruptcy Code ein Wechsel in der Verwaltungs- und Prozeßführungsbefugnis ein (vgl. § 6 KO, § 80 InsO).

IV. Verfahrensrechtliche Konsequenzen

1. Für Prozesse in Deutschland: § 240 ZPO

Die *prozeß*-(verfahrensrechtlichen) Konsequenzen aus dem Wechsel in der Sach- und Prozeßführungsbefugnis ziehen wir in Deutschland aus der *lex fori processus,* also nach § 240 ZPO: Die Aktiv- wie Passivprozesse werden unterbrochen.

---

20 Vgl. oben §§ 15, 16.

21 Vgl. dazu unten § 74.

22 Vgl. oben §§ 29, 30.

23 A.A. *Aderhold*, 253.

Es gilt deutsches Prozeßrecht. Diese Auffassung hat der IX. ZS der BGH in seinem Anfragebeschluß vom 13. 5. 1997[24], der nach Abschluß dieser Arbeit erging, mit paralleler Begründung wohl zur h.M. gemacht[25].

2. Noch einmal: die US-Regelung

Demgegenüber existiert nach US-amerikanischem Rechtsverständnis die viel umfassendere „vis attractiva concursus[26]„ wonach der District Court, der seine Entscheidungsbefugnisse regelmäßig an den Bankruptcy Court delegiert, mit der Konkurseinleitung zum Prozeßgericht wird, d. h., es tritt nach US-amerikanischem Prozeß- und Konkursrechtsverständnis ein Zuständigkeitswechsel (in der Jurisdiction) ein, und damit auf den Punkt gebracht: Es geht gar nicht um eine Unterbrechung, weil schon sprachlich nur „etwas" unterbrochen wird, was *danach* wieder aufgenommen werden kann. Es geht vielmehr in den USA um einen Wechsel in der gerichtlichen Zuständigkeit in einem laufenden Verfahren aufgrund der Konkurseinleitung: Die Frage einer Prozeßunterbrechung, so wie wir sie aus bundesdeutscher Sicht sehen würden, stellt sich also gar nicht.

Im Rahmen eines in der Bundesrepublik anhängigen Aktivprozesses, der nicht gegen den Automatic Stay verstoßen kann, wird darüber hinaus klar, daß man generell den Automatic Stay des § 362 BC für die Frage einer Prozeßunterbrechung (nach § 240 ZPO) nicht heranziehen oder mit § 240 ZPO gleichstellen kann: „Birnen sind nun mal keine Äpfel", auch wenn sie sich auf den ersten Blick gleichen. Schlagwortartig formuliert: Nach den Vorschriften der Zivilprozeßordnung der USA (unter 28 U.S.C.) führt die Einleitung eines Konkursverfahrens in den USA nicht zu einer bloßen Prozeßunterbrechung sondern zu einem gesetzlich angeordneten grundsätzlichen Zuständigkeitswechsel zu den District Courts, die regelmäßig ihre Entscheidungsbefugnisse an die Bankruptcy Courts delegieren[27].

V. Ergebnisse

1. Zusammenfassung

Verfahrensrechtliche Konsequenz- nach US-Prozeß und Konkursrechtsverständnis – einer Insolvenzverfahrenseinleitung in den USA ist nicht etwa eine Prozeßunterbrechung (im Sinne von § 240 ZPO), sondern ein Zuständigkeitswechsel aufgrund der *vis attractiva concursus.* Eine Beachtung dieser vis attractiva concursus aufgrund der kollisionsrechtlichen Bestimmung nach der *lex fori concursus* des Konkurseröffnungsstaates ist aus verfassungsrechtlichen Gründen nicht zulässig,

---

24 BGH, KTS 1997, 645.

25 Dazu *Edgar Habscheid,* KTS 1998, Heft 2.

26 Vgl. eingehend §§ 14 - 18.

27 Vgl. eingehend §§ 14 - 18.

da hierdurch in die verfassungsrechtlich verbriefte Zuständigkeitsordnung (Art 101 GG) ohne völkerrechtlichen Vertrag eingegriffen wird[28].

Sie ist auch rechtssystematisch nicht geboten, da nicht einzusehen ist, daß entgegen der Normierung in Art 15 des EU-Übereinkommens über Insolvenzverfahren (1995), wonach sich die Prozeßunterbrechung nach dem Recht des Staates richtet, in dem der Prozeß anhängig ist (lex fori), im deutsch-amerikanischen Verhältnis aber plötzlich auf die *lex fori concursus* des US-Verfahrens abgestellt werden sollte. Gegen eine so verstandene „*Wirkungserstreckung*" spricht auch die Tatsache, daß die Regelung in § 379 InsO-Entwurf (1992), wo eine Wirkungserstrekkung vorgesehen war, in die InsO nicht übernommen worden ist. Art 102 EGInsO beschränkt sich auf die Feststellung, daß ein Konkursverfahren im Ausland auch das im Inland belegene Vermögen des Gemeinschuldners erfaßt.

Aufgrund der gestaltungs- und statusrechtlichen Veränderung der Zuordnung des Vermögens des Gemeinschuldners zur ausländischen Konkursmasse (§ 541 BC, Art 102 I EG InsO) und dem damit verbundenen Übergang der Prozeßführungsbefugnis auf den Trustee (oder Debtor in Possession) gem. § 323 (a) (b) BC werden Aktivprozesse in Deutschland zugunsten der Konkursmasse (nach der *lex fori*) ebenso wie Passivverfahren gem. § 240 ZPO unterbrochen.

2. Unterbrechung auch von Klauselerteilungsverfahren?

Damit aus einem Urteil die Zwangsvollstreckung erfolgen kann, muß es mit der Vollstreckungsklausel versehen werden. Diese erteilt der Urkundsbeamte der Geschäftsstelle (§ 725 ZPO).

Es ist die Frage aufgeworfen worden, ob das mit dem Antrag an den Urkundsbeamten (Rechtspfleger) eingeleitete Klauselerteilungsverfahren durch die Eröffnung eines Auslandsinsolvenzverfahrens unterbrochen wird. Das OLG Saarbrücken hat diese Frage zu Recht verneint[29]; denn bereits bei einem Inlandskonkurs wird das Klauselerteilungsverfahren nicht nach § 240 ZPO unterbrochen; es ist eben kein Rechtsstreit. Die Konkurseröffnung hindert nicht die Klauselerteilung[30].

Abgesehen davon, daß man schließlich nicht dem Urkundsbeamten der Geschäftsstelle die Entscheidung über die Anerkennung einer Auslandsinsolvenzeröffnung zuweisen kann: Selbst wenn die Klausel erteilt ist, gilt selbstverständlich[31] § 14 KO (§§ 7 III GesO, 89 InsO), wonach eine Zwangsvollstreckung unzulässig ist, wenn in der Zwischenzeit der Konkurs eröffnet ist. Erfolgt sie dennoch, wird sich der Verwalter gem. § 771 ZPO (Drittwiderspruchsklage) zur Wehr setzen.

---

28 Dies sei hier im einzelnen vorausgeschickt, vgl. dazu unten § 74.

29 ZIP 1994, 1609 mit Anm. *Mankowski*, ZIP 1994, 1577.

30 OLG Saarbrücken ZIP 1994, 1609, 1610, unter Hinweis auf w.Nw. bei *Baumbach/Lauterbach/Albers/Hartmann*, 51. Aufl. § 724 Rn. 11 und *MüKo/Wolfsteiner*, ZPO, § 724 Rn. 37.

31 So mit Recht *Prütting*, ZIP 1996, 1280.

§ 73 Aufnahme des unterbrochenen Prozesses durch den Verwalter (oder Debtor in Possession)

Hier sind Aktiv- und Passivprozesse zu unterscheiden.

I. Aktivprozeß

1. §§ 10 KO, 85 InsO

Im Falle von Aktivprozessen ist die Frage der Aufnahme in § 10 KO, § 85 InsO geregelt, so daß grundsätzlich der prozeßführungsbefugte US-Trustee den Rechtsstreit wieder aufnehmen kann. Sowohl in der KO als auch in der InsO ist vorgesehen, daß im Falle der Ablehnung der Aufnahme durch den Verwalter der Rechtsteit vom Gemeinschuldner bzw. dem Gegner aufgenommen werden kann. Eine Aufnahme durch den (US) Gemeinschuldner wird wohl regelmäßig ausscheiden, was für den Fall der Aufnahme durch den Gegner nicht immer gesagt werden kann.

2. US-Fälle

Dabei ist ohne größere Phantasie folgender Fall denkbar: Der Trustee erkennt, daß seine Erfolgsaussichten in den USA größer sind oder ein US-Schadensersatz nicht so kümmerlich ausfällt, wie im deutschen Recht. Der Gegner seinerseits erkennt, daß er nach der ersten mündlichen Verhandlung vor der Prozeßunterbrechung mit einer Klageabweisung rechnen dürfte, oder was den Schadensersatz betrifft, wohl nur mit einem blauen Auge „davonkommt“.

Das Ergebnis ist klar: Hat der Gegner auch Vermögen in den USA so wird der Trustee die Aufnahme des Prozesses in der Bundesrepublik u.U. ablehnen, und sein Glück (vgl. 28 U.S.C. § 1334 (c) (1) (2))[1] in den USA suchen, und er wird mit dem Zuständigkeitswechsel Erfolg haben, da der District Court (als Konkursgericht) davon ausgehen wird, daß durch seine Sachentscheidung die Gefahr der Verzögerung der Abwicklung des Konkursverfahrens in den USA verringert wird[2].

Dieser Standpunkt wird regelmäßig für rein nationale Verfahren in den USA eingenommen; *erst recht* dürfte dies für den internationalen Bereich gelten, in dem das Prozeßgericht im Ausland liegt. Auf jeden Fall: Kommt der District Court zu dem Ergebnis, daß er sich nicht seiner Zuständigkeit (i. S. d. Jurisdiction) „enthält“, so wird die Aufnahme durch den Gegner in der Bundesrepublik „wertlos“, da mit einer Anerkennung des hierauf ergehenden Urteils in den USA nicht zu

---

1 Für 28 U.S.C. § 1334 (c)(2) wäre freilich vorab zu entscheiden, ob es sich um einen Prozeß der „nur“ related-to handelt, d. h. der nur in einem „mittelbaren Zusammenhang mit dem Konkursverfahren steht; zu diesem Kunstbegriff vgl. § 16.

2 Vgl. oben § 16 II.

rechnen ist. Aus amerikanischer Sicht fehlt dem deutschen Gericht insoweit die Jurisdiction[3].

Abschließend lassen sich aber die Fragen um die Anerkennung oder Nichtanerkennung des deutschen Urteils nicht abstrakt bestimmen. Es kommt letztlich auf den Einzelfall an[4].

II. Der Passivprozeß als Streit um die Aussonderung

1. Der Fall

Interessant ist auch der umgekehrte Fall, in dem ein Aussonderungsrecht zwischen den Parteien streitig ist und der Trustee den in Deutschland anhängigen, aber gem. § 240 ZPO unterbrochenen Prozeß gegen den Gemeinschuldner seinerseits nicht aufnehmen möchte (§ 11 KO, § 86 InsO), da er mit keiner Klageabweisung rechnet. Der Gegenstand befindet sich (in den „Händen" des (US)Gemeinschuldners) in Deutschland (Art 102 I EGInsO).

2. Einwendungen des Trustee

Der Trustee seinerseits erhebt gegen die Aufnahme des Prozesses durch den Kläger drei Einwendungen: Da die Klage aus US-Sicht zu einem Verstoß gegen den Automatic Stay führe, könne der Trustee sich auf die Klage nicht mehr einlassen. Ferner verbiete die vom deutschen Prozeßgericht zu beachtende *lex fori concursus* des US-Konkursverfahrens die Fortsetzung des Prozesses in Deutschland. Für Streitigkeiten um die Zugehörigkeit eines Gegenstands zur ausländischen Konkursmasse sei mit der Eröffnung des Konkurses in den USA der District Court in den USA *ausschließlich* zuständig (vgl. 28 U.S.C. § 1334 (e)... „shall have exclusive jurisdiction of all of the property, whereever located...") letztlich fordere auch die Anerkennung der „vis attractiva concursus" die Unzustandigkeit des deutschen Prozeßgerichtes.

3. Ergebnis

Mit diesen Einwendungen kann der Trustee freilich nach dem Gesagten nicht durchdringen. Der Fall belegt aber die Richtigkeit der bis jetzt herausgearbeiteten Ergebnisse: D.h. keine Anwendung des Automatic Stay bzw. der vis attractiva concursus in der Unterbrechungsfrage. Die internationale Zuständigkeit eines deutschen Prozeßgerichtes bestimmt sich (grundsätzlich) nach seiner örtlichen Zuständigkeit. Ist die Zuständigkeit eines deutschen Prozeßgerichts im Zeitpunkt der Klageerhebung gegeben, so bleibt sie bestehen. Mehr ist nicht zu fordern. Ein Zustän-

---

3 *Weinstein*, aaO, 46 ff.; 57 ff., ferner oben § 71 III, 2, 3 Fn 28.

4 *Ders.*, zur Rechtskraftwirkung, 105 ff. und widersprechenden Ersturteilen, 111 ff.

digkeitswechsel im Sinne der vis attractiva concursus in die USA ist der ZPO unbekannt und auch aus verfassungsrechtlichen Gründen unzulässig, mag er aus US-rechtlicher Sicht auch konkursrechtlich geboten sein.

Er berührt für uns die Zuständigkeitsordnung nach ZPO und GVG und verfassungsrechtlich geschützte Verfahrensrechte (Art 19 IV GG; Art 101, 103, GG) und entzieht sich damit der Anerkennungsmöglichkeit[5].

Im übrigen belegt die hier vertretene Auffassung die prozessuale Notwendigkeit des Fortbestehens der inländischen Gerichtszuständigkeit trotz ausländischer Konkurseröffnung, wodurch auch dem ausländischen Trustee ein inländisches Forum für ein Erkenntnisverfahren erhalten bleibt, ohne ihn auf den für ihn u.U. unsicheren Weg einer Urteilsanerkennung verweisen zu müssen.

Das wäre „Universalität" im prozeßrechtlichem Sinne. Sie ist geboten und nicht Jurisdiction mit Weltgeltungsanspruch – eine Meinung die zwangsläufig zu einer „Nationalisierung", nicht aber zu Universalität führen würde.

III. Exkurse

1. Klageerhebung in der Bundesrepublik trotz Konkurses in den USA

a) Übertragung der Ergebnisse

Die bis hierin gefundenen Ergebnisse lassen sich auch für Klagen nutzbar machen, die sich auf in der Bundesrepublik belegene Vermögensgegenstände der ausländischen Konkursmasse (Art 102 I EGInsO) beziehen.

Die inländischen Gerichtsstände bleiben trotz ausländischer Konkurseröffnung unberührt. Insbesondere können aus- und absonderungsberechtigte Gläubiger ihre Rechte weiterhin in Deutschland gerichtlich geltend machen[6]. Die Frage, ob hierdurch gegen den Automatic Stay § 362 (a) BC verstoßen wird, hat sich der deutsche Richter nicht zu stellen, da eine dahingehende „Wirkungserstreckung" des amerikanischen Konkursverfahrens Art 102 I EGInsO nicht zu entnehmen ist.

Eine andere Frage ist, ob insbesondere US-Gläubiger oder deutsche Gläubiger, die der US-Jurisdiction unterliegen, tatsächlich Klage erheben werden, da sie – ohne ausdrückliche Gestattung durch den Bankruptcy Court – wegen vorsätzlichen Verstoßes gegen den Automatic Stay unter Umständen mit einer „Strafe" rechnen müssen (§ 362 (h) BC).

---

5 Vergleiche den nachfolgenden § 74.

6 So schon *E. Habscheid*, KTS 1990, 403, 420 ff.

b) Klagen des Trustee

Für Klagen des Trustee auf Herausgabe in der Bundesrepublik belegener Vermögensgegenstände sind demnach trotz der Konkurseröffnung in den USA die inländischen Gerichtsstände weiterhin gegeben.

c) Feststellungsklagen von Konkursgläubigern

Für Feststellungsklagen von Konkursgläubigern gibt es keinen ausschließlichen Gerichtsstand i.S.v. § 146 I KO / § 180 InsO, da es an einem inländischen Konkursverfahren fehlt, so daß auf die allgemeinen und besonderen Gerichtsstände in der ZPO zurückgegriffen werden kann (72 KO, § 4 InsO). Die hierauf ergehenden Urteile werden aber den Klägern regelmäßig wenig nützen, da sie von den Gerichten in den USA nicht anerkannt werden[7]. Dennoch hat der deutsche Richter keine „Gestaltungsmacht", sich seiner Zuständigkeit zu *„enthalten"*[8].

d) Leistungsklagen von Konkursgläubigern

Und was letztlich Leistungsklagen von Konkursgläubigern betrifft, so sind sie zwar an sich zulässig, aber regelmäßig durch Sachurteil als unschlüssig und damit unbegründet abzuweisen, wenn vom Kläger keine hinreichenden Tatsachen gem. Art 102 I Nr. 2 EGInsO vorgetragen worden sind, wonach die Anerkennung des ausländischen Konkursverfahrens gegen den ordre public verstößt.

2. Regelung nach Art 4 I, II (f) HS 1 des EU-Übereinkommens über Insolvenzverfahren 1995:

Was die Frage des Erhalts der inländischen Zuständigkeit deutscher Prozeßgerichte trotz ausländischer Konkurseröffnung betrifft, so kann auch aus dem EUÜ kein Argument gegen die hier vertretene Meinung bezogen werden. Zwar spricht Art 4 I EUÜ von einer *Wirkungserstreckung*, wonach „für das Insolvenzverfahren und seine Wirkungen das Insolvenzrecht des Vertragsstaats, in dem das Verfahren eröffnet wird, (gilt)". Und in Art 4 II (f) wird bestimmt, daß das „Recht des Staates

---

7 Vgl. oben § 71 II 2, III. § 74.

8 Ein Loch hat freilich der BGH schon mit seiner Rspr. zum „fehlenden Inlandsbezug" als ungeschriebenes Tatbestandsmerkmal zu § 23 ZPO gerissen. Es bleibt abzuwarten, ob er es noch vergrößern möchte, etwa für den vorliegenden Fall. Zu denken ist hier an Art 101 GG, aber auch Art 16 II GG. Eine andere Frage ist, inwieweit inländischen Klägern auf Feststellung deren Feststellungsinteresse zu verneinen ist, da mit einer Anerkennung in den USA nicht zu rechnen ist (vgl. BGH WM 1982, 619; *Thomas/Putzo*, zu § 256 Anm. 5 (d). Am Feststellungsinteresse wird es wohl regelmäßig fehlen, wenn der klagende Gläubiger seine Forderung in den Konkursverfahren in den USA angemeldet hat.

der Verfahrenseröffnung regelt ... wie sich die Eröffnung eines Insolvenzverfahrens auf Rechtsverfolgungsmaßnahmen einzelner Gläubiger auswirkt".

Aber: Hier handelt es sich um einen völkerrechtlichen (europarechtlichen) Vertrag zwischen den Staaten der EU, der *gegenseitig* eine Wirkungserstreckung vorsieht. Eine entsprechende Vereinbarung zwischen den USA und der Bundesrepublik existiert nicht. Auch läßt die USA keine Wirkungen eines ausländischen Konkursverfahrens ohne eine ausdrückliche US-gerichtliche Gestattung in die USA hinein. Umgekehrt sieht Art 102 I EGInsO nur eine *Vermögenserfassung* – nicht aber eine Wirkungserstreckung – durch das ausländische Konkursverfahren vor. Eine Übertragung der Regelungen in Art 4 I des EU-Übereinkommens verbietet sich folglich für das Verhältnis Deutschland – USA. Erst recht gilt dies für die Regelung in Art 4 II (f), wonach sich die Zuständigkeitsordnung nach dem Recht der Verfahrenseröffnung richtet. Ein solcher Verzicht auf die eigene Zuständigkeitsordnung zugunsten derjenigen der Verfahrenseröffnung – kraft völkerrechtlicher Vereinbarung – existiert zwischen der Bundesrepublik und den USA ebenfalls nicht. Eine Übertragung der Regelungen in dem EU-Übereinkommen auf das Verhältnis Bundesrepublik – USA scheidet daher insgesamt aus.

§ 74 Die vis attractiva des ausländischen Insolvenzverfahrens

Ausländische Konkurse, insbesondere das US-Verfahren nach dem BC, kennen die vis attractiva des Konkurses:[1] Nicht nur das Konkursverfahren (Case) ist in den USA nach dem Bankruptcy Code abzuwickeln. Vielmehr gehören auch alle mit der Insolvenz zusammenhängenden Fragen vor dieses Gericht. Diese All-Kompetenz ist unserem Recht unbekannt. Dennoch ist der Standpunkt vertreten worden, Anerkennung besage auch, daß die vis attracitva für deutsche Beteiligte zu gelten habe; denn es handele sich um eine Frage des internationalen Privatrechts. Da nach seinen Regeln hier das ausländische (US-amerikanische) Recht gelte, müsse die vis attractiva auch nach Deutschland hineinwirken. Die Frage wurde bereits mehrfach angesprochen, sie bedarf aber grundsätzlicher Beantwortung.

I. Vis attractiva eine Frage des internationalen Privatrechts?

1. Der Meinungsstand

Im Bereich des internationalen Konkursrechts führt das Dogma der „Universalität" einer ausländischen Konkurseröffnung – nach welchem die lex fori concursus neben der Erfassung des ausländischen Vermögens des Gemeinschuldners auch zur Anwendung der vis attractiva concursus führe –, zwangsläufig zur Frage des Eingriffs in die deutsche internationale Zuständigkeitsordnung. Die Stellungnahmen

1 Oben §§ 15 - 17.

hierzu sind recht einseitig. Gerade jüngere Stimmen[2] nehmen einen unmißverständlichen, anscheinend problemlosen Standpunkt ein. So heißt es etwa: „Die vis attractiva concursus ist konkursrechtlich zu qualifizieren" und unterliege somit der Herrschaft der lex fori concursus.

Mit Aussagen wie dieser wird die wohl vorherrschende Tendenz in der Diskussion wiedergegeben, wonach der Einheitskonkurs *ubiquitär*[3] nach seiner lex fori concursus den Umfang der vis attractiva concursus bestimme, und damit zu einem Verlust von nach eigenem Recht gegebenen Gerichtsständen eines Konkursbeteiligten führe[4]. Damit wird rechtssystematisch auch nach deutschem Recht die vis attractiva concursus aufgrund international privatrechtlicher Überlegungen dem Kollisionsrecht zugeordnet.

Die hieran anschließende Kritik[5] wegen der Benachteiligung von Konkursbeteiligten die auf ihre inländische Zuständigkeitsordnung vertrauen durften, schuf zwar Begriffe wie den von „Zuständigkeitsgerechtigkeit"[6]. Derartige Begriffe geben zumindest zunächst ein Rechtsgefühl wieder, das zu einer Korrektur und Einschränkung der ausländischen vis attractiva concursus führen muß. Die vorgenommene Einordnung – vis attractiva concursus als Teil der lex fori concursus – wird hierdurch aber nicht geändert. Diese Einordnung ist mithin auch eine tragende Begründung für die Schaffung eines *sekundären* Konkursverfahrens geworden[7]. Da ein solches auf alle Fälle vorgeht, wäre ein Konflikt mit ausländischen Rechtsordnungen beseitigt.

Diese Einordnung der vis attractiva concursus – als rein konkursrechtlich – soll auch im Bereich des künftigen EU-Übereinkommens über Insolvenzverfahren[8] gelten, wenn es heißt: Es werden *„einheitliche Kollisionsnormen"* geschaffen[9]. Art 4 II EU-Übereinkommen 1995 nennt zunächst exemplarisch eine Reihe von Materien, die *„als insolvenzrechtlich qualifiziert"* und (damit) dem Recht des Staates der Verfahrenseröffnung unterworfen werden[10].

Das Ergebnis ist also klar: Zum Beispiel bestünde keine Zuständigkeit eines deutschen Prozeßgerichts für Feststellungsklagen wegen einer ausländischen Kon-

---

2 *Aderhold*, 305.

3 *Hanisch*, Probleme des internationalen Insolvenzrechts (1982), 18.

4 *Hanisch*, aaO, weist darauf hin, daß der Verlust von Gerichtsständen zu einer Benachteiligung von Konkursbeteiligten führen kann und damit für manche Vertragsstaaten eine rechtspolitisch offene und sehr heikle Frage sei; vgl. der nicht Gesetz gewordene Art 15 des EG-Konkursabkommens (Entwurf 1980).

5 *Lüderitz*, JZ 1986, 96, 97.

6 *Grasmann*, KTS 1990, 157, 175, *ders.*, Rev.crit.dr.internat. privé 79 (3) 1990, 421, 463, unter Hinweis auf *Flessner*, ZIP 1989, 749, 753; es wird „legitimes Vertrauen in bestehende Zuständigkeiten mißachtet", *Flessner*, IPRax 1991, 162, 164.

7 *Hanisch*, Probleme zum internationalen Insolvenzrecht, 18.

8 Abgedruckt ZIP 1996, 976.

9 *Balz*, ZIP 1996, 948, 950.

10 *Balz*, aaO, 950.

kurseröffnung im EU-Bereich (Art 4 II (h) EU-Übereinkommen 1995). Klar scheint auch die rechtssystematische Einordnung nach h.M. zu sein: Aufgrund der *gesetzlichen* Wirkungserstreckung (Art 4 I) ist die lex fori concursus des Konkurseröffnungsstaates und damit dessen vis attractiva concursus auch im Bereich der Bundesrepublik kollisionsrechtlich zu berücksichtigen. Ein Ausweg aus dem Eingriff in die inländische Zuständigkeitsordnung besteht im EU-Bereich nur durch die Eröffnung einer Sekundärinsolvenz (Art 27), die zur Anwendung inländischen Rechts (Art 28) und damit zu dessen Zuständigkeitsordnung führt[11].

2. *Kritik: Die eigene Meinung: Eingriff in Justizgrundrechte*

Was den Bereich der EU betrifft, kann hier vom Ergebnis her dahinstehen, wie man die vis attractiva einordnet:

Das EU-Übereinkommen über Insolvenzverfahren ist ein Staatsvertrag und enthält damit *gesetzliche* Grundlagen auch für einen Zuständigkeitswechsel über Staatsgrenzen hinweg, unabhängig davon, ob dieser Zuständigkeitswechsel aufgrund von Kollisionsnormen[12] bewerkstelligt wird, oder rein verfahrensrechtlich als eine Übertragung der Zuständigkeit auf ein ausländisches Gericht durch völkerrechtlichen Vertrag zu qualifizieren ist, so daß einem inländischen Prozeßgericht aufgrund der ausländischen Konkurseröffnung die internationale Zuständigkeit generell fehlt.

Ohne gesetzliche Grundlage würde m.E. aber die schlichte Zulassung der vis attractiva concursus aufgrund der ausländischen Konkurseröffnung und der ausländischen lex fori concursus in inländische, auch *verfassungsrechtlich* (justizgrundrechtlich) geschützte Bereiche – wie die Rechtsweggarantie (Art 19 IV GG), das Recht auf den gesetzlichen Richter (Art 101 GG) und das Recht auf rechtliches Gehör (Art 103 GG) – eingreifen. Es existiert jedoch kein übergeordneter, also völker(gewohnheits)rechtlicher Rechtssatz, der im Falle einer ausländischen Konkurseröffnung zur Beachtung der zugrundeliegenden ausschließlichen Zuständigkeitsordnung des Konkursstaats zwingt. Dem Gesetz, also der ZPO, dem GVG oder Art 102 I EGInsO kann eine Zuständigkeits*norm* zugunsten des ausländischen Forums im Falle eines Auslandskonkurses nicht entnommen werden.

Es bleibt noch zu unterstreichen, daß die bisherige Diskussion über die Anerkennung des Auslandskonkurses und dessen vis attractiva concursus aufgrund des lex fori concursus-Grundsatzes allein auf kollisionsrechtliche Überlegungen des internationalen Privatrechts gestützt wurde, so daß die verfassungsrechtlichen Fragen keine Beachtung fanden. Begriffe wie „Zuständigkeitsgerechtigkeit" und „Vertrauen auf die inländische Zuständigkeitsordnung" helfen nicht weiter. Es geht hier um eine Verminderung der *Justiz*grundrechte der deutschen Partei.

---

11 So schon *Hanisch*, Probleme zum internationalen Insolvenzrecht, 18.

12 So *Balz*, ZIP 1996, 948, 950.

Nach der hier vertretenen Auffassung werden also die genannten Hilfsüberlegungen (Zuständigkeitsgerechtigkeit, Vertrauen in die Zuständigkeitsordnung) nicht benötigt, da eine ausländische Konkurseröffnung die *gesetzlich* verankerte inländische internationale Zuständigkeitsordnung, die letztlich das Recht auf den gesetzlichen Richter konkretisiert, nicht berühren kann. Die vis attractiva concursus des Konkurseröffnungsstaates kann als *verfahrensrechtliche Regelung* nur mit *gesetzlicher* Ermächtigung des Staates Beachtung finden, dessen *Gerichtsbarkeit* (besser gesagt: dessen internationale Zuständigkeit seiner Gerichte) wegen der ausländischen Konkurseröffnung eingeschränkt werden soll. Ein dahingehender Verzicht auf eigene Zuständigkeiten wegen der Konkurseröffnung in einem Mitgliedsstaat der EU läßt sich – kraft Gesetzes – für den EU-Bereich zwar aus Art 4 II EU-Übereinkommen über Insolvenzverfahren (1995) entnehmen.

Für den außereuropäischen Bereich, insbesondere im Verhältnis Deutschland – USA, fehlt dagegen eine dahingehende gesetzliche Grundlage. Schließlich wird nunmehr auch ausdrücklich die „Wirkungserstreckung" eines ausländischen Konkursverfahrens in Art 102 I EGInsO umschrieben: Danach erfaßt ein ausländischer Konkurs auch *im Inland belegenes Vermögen des Gemeinschuldners*. Von einer darüber hinausgehenden Wirkungserstreckung ist dort keine Rede mehr. Der Wortlaut des Gesetzes in also unmißverständlich, und er trägt der hier vertretenen Auffassung Rechnung.

II. Vis attractiva als Problem des internationalen Zivilprozeßrechts (Gerichtsverfassungsrechts)

1. Vorbemerkung

Der Entwurf eines Übereinkommens über den Konkurs, Vergleiche und ähnliche Verfahren der Kommission der Europäischen Gemeinschaft von 1980[13] (nachfolgend Entwurf 1980) war der im Bereich der EU am weitestgehende Versuch einer Vereinheitlichung und damit Abwicklung des Konkurses am Ort der Konkurseröffnung. Er ist bekanntlich wegen seiner Kompliziertheit gescheitert[14]. Dieser Vertrag enthielt in Art 15 Entwurf (1980) eine Regelung zur vis attractiva concursus aufgrund der umfassenden Wirkungserstreckung des einheitlichen und universellen Konkurses (Art 2 Entwurf 1980).

2. Die Ansicht von Jahr

Eine abgeschwächte Fassung der *gesetzlich* geregelten vis attractiva concursus findet sich nunmehr in Art 4 II EU-Übereinkommen 1995[15]. Sie wird hingenom-

13 EG-Dok. III / O / 72 / 80-DE (von 1980).

14 Vgl. Darstellung bei *Metzger*, 3 ff.

15 EU-Übereinkommen über Insolvenzverfahren, abgedruckt, ZIP 1996, 976.

men, da ein Ausweg durch die Eröffnung eines Niederlassungskonkurses (bloßes Vermögen genügt nicht!; Gegensatz zu Art 102 III EGInsO) besteht. Trotz dieses künftigen Ausschlusses der vis attractiva concursus durch die Eröffnung eines Niederlassungskonkurses (Art 3 II EU-Übereinkommen 1995) hat sich an der kritischen Äußerung von *Jahr*[16] zur vis attractiva concursus in Art 15 des Entwurfs 1980 nichts geändert. Er nannte das Kind beim Namen: Es gehe bei der vis attractiva concursus um die Begründung einer *ausschließlichen Zuständigkeit* und damit *Akzeptierung fremder Gerichtsbarkeit*[17]. Zwecks Erleichterung der einheitlichen Konkursverwaltung würden diejenigen, die durch die verdrängten Gerichtsstandsbestimmungen geschützt werden sollen, zurückgesetzt. Ohne ein Wort der Begründung sei aber eine solche Regelung „*ein echter Skandal*"[18].

Diese Kritik von *Jahr* hat an Aktualität bis zum heutigen Tag nichts verloren. Sie sei noch einmal akzentuiert: *Es handelt sich um einen Eingriff in Justizgrundrechte!*

Um so mehr überrascht es, mit welchem Freimut weiterhin einfach von der konkursrechtlichen Qualifikation der vis attractiva concursus[19] oder einheitlichen Kollisionsnormen, die insolvenzrechtlich zu qualifizieren seien[20], gesprochen wird. Diese Problemblindheit läßt sich nur damit erklären, daß die richtige Klassifizierung von *Jahr*: Begründung einer ausschließlichen Zuständigkeit unter „Konsumption fremder Gerichtsbarkeit"[21] als *verfahrensrechtliche* Konsequenz einfach hingenommen wird, ohne daß die verfassungsrechtliche Ebene überhaupt Erwähnung findet. Reine Zweckmäßigkeitsüberlegungen einer einheitlichen Konkursverwaltung oder kollisionsrechtliche Überlegungen führen als „*Ausnahmerecht*"[22] zum Ausschluß der internationalen Zuständigkeit deutscher Prozeßgerichte und sollen eine Umstülpung des deutschen Gerichtsverfassungsrechts (dort ist die sachliche Zuständigkeit geregelt) bewirken.

Gegenüber den USA führt eine solche Auffassung zu einem sehr einseitigen Verhältnis, wenn man sich spiegelbildlich vor Augen hält, daß eine Konkurseröffnung in Deutschland nach amerikanischem Rechtsverständnis *niemals* eine US-Gerichtsbarkeit (Jurisdiction) „konsumieren" kann.

---

16 Vorschläge und Gutachten zum Entwurf eines EG-Konkursübereinkommens 304, 316.

17 aaO, 316.

18 aaO, 316.

19 *Aderhold*, 305.

20 *Balz*, ZIP 1996, 948, 950.

21 aaO, 316.

22 aaO, 317.

3. Keine gesetzliche Grundlage für eine ausschließliche Zuständigkeit amerikanischer Konkursgerichte im deutsch-amerikanischen Verhältnis

Unstreitig besteht keine *gesetzliche* Kodifikation im deutsch-amerikanischen Verhältnis, in der ausdrücklich geregelt wäre, daß aufgrund eines Normenapparats die ausschließliche Zuständigkeit eines US-Konkursgerichts unter Konsumption der deutschen Gerichtsbarkeit begründet wird, wenn in den USA ein Konkursverfahren eröffnet worden ist. Das richtige – verfahrensrechtliche – Ergebnis liegt „an sich offen zu Tage": Art und Umfang der Gerichtsbarkeit / Jurisdiction bestimmt sich aus deutscher Sicht – es geht um den Justizgewährungsanspruch – ausschließlich nach den Normen der deutschen lex fori[23], so daß die umfassende vis attractiva concursus eines US-Konkursverfahrens für den deutschen Richter bei der Prüfung seiner internationalen Zuständigkeit unbeachtlich ist.

Es geht hier also um Fragen der gerichtlichen Zuständigkeit, nicht aber um eine Regelung im Sinne des IPR-Kollisionsrechts, die aus der Gesamtheit aller Rechtsregeln zu bestimmen versucht, wessen Staates *Privat*recht anzuwenden ist[24]. Mag man auch den Zusammenhang zwischen IPR und IZPR als sehr eng bezeichnen[25], so ist IPR wie auch IZPR *nationales Recht* und damit aus deutscher Sicht die vis attractiva concursus nicht ein konkurs-*sachrechtliches* (so die USA) sondern ein *verfahrens*rechtliches Problem, da anderenfalls deutsche Gerichtsbarkeit „konsumiert" würde. Mit[26] – aber erst recht *ohne* gesetzliche Kodifikation wie hier – sieht sich die internationale privatrechtliche Betrachtung der vis attractiva concursus der Pflicht gegenüber, die verfassungsrechtliche Unbedenklichkeit insbesondere an Hand von Art 19 IV, 97, 101, 103 GG nachzuweisen, da inländische Gerichtsbarkeit konsumiert, also Staatsgewalt auf einen anderen Staat übertragen wird. Aber darüber haben die Vertreter dieser Meinung kein Wort verloren. Noch folgendes ist zu unterstreichen: Die Regelung der *Gerichtsbarkeit, des Rechtsweges und der sachlichen Zuständigkeit* sind Fragen des Gerichtsverfassungsrechts. Dieses hat gegenüber dem Recht der ZPO eine weitere Qualität. Geht es in der ZPO um das *Procedere*, so ist hier die Frage nach dem gesetzlichen Richter konkretisiert. Insoweit ist das Recht des GVG Verfassungsrecht oder doch angewandtes Verfassungsrecht[27].

Dieses klare Ergebnis, wonach die vis attractiva concursus nach nationalem (deutschem) IZPR als verfahrensrechtlich und zwar auch gerichtsverfassungsrechtlich einzuordnen ist und damit dem lex fori Grundsatz des deutschen Verfahrensrechts unterliegt, so daß – auch wenn von Seiten der USA ein ausschließlicher Jurisdictionsanspruch erhoben wird – inländische Gerichtsstände durch die Konkurs-

---

23 *Geimer*, IZPR, 338.

24 *Kegel*, Internationales Privatrecht, 3; *v. Bar*, Internationales Privatrecht, Bd. 1, Rdnr. 1.

25 *Rauser*, 120.

26 Zu den Anforderungsvoraussetzungen für die Übertragung von Hoheitsgewalten auf einen anderen Staat, *Rauser*, 117, 237, 284, 305, 319; *Geimer*, IZPR, Rdnr. 924, 925.

27 Dazu *Schilken*, Gerichtsverfassungsrecht, 1990; *M. Wolf*, Gerichtsverfassungsrecht 5. Aufl. 1987, 4.

eröffnung in den USA *nicht* berührt werden, wird auch durch Stimmen[28], die im internationalen Verfahrensrecht ein „Verfahrenskollisionsrecht“ fordern, nicht in Frage gestellt.

Formeln wie die, „ob nicht im Interesse einer möglichst weitgehenden Verwirklichung des materiellen Rechts das jeweils dazugehörende Verfahrensrecht mit anzuwenden ist“[29], führen zumindest im internationalen Konkursrecht in eine Sackgasse. Sie verlieren die verfassungsrechtliche Problematik aus den Augen. Hier geht es zuerst einmal um die *Vorfrage*, ob durch eine ausländische Konkurseröffnung auf inländische Gerichtsstände eingewirkt werden kann, eine Frage die ohne gesetzliche Grundlage zu verneinen ist[30], so daß die sich hieran anschließende Frage, ob denn vom deutschen Prozeßgericht „US-amerikanische Verfahrensgrundsätze“ zu berücksichtigen sind, offengelassen werden kann[31]. An dieser Stelle muß die Feststellung genügen, daß die US-Konkurseröffnung die deutsche Zuständigkeitsordnung unberührt läßt.

III. Ergebnis

1. Keine Erstreckung einer ausländischen vis attractiva

Die vis attractiva concursus mag nach amerikanischem Rechtsverständnis als rein konkursrechtlich und damit der lex fori concursus zuzurechnen sein. Nach deutschem international-verfahrensrechtlichen Grundsätzen bleibt aber die (inländische) internationale Zuständigkeit deutscher Prozeßgerichte unberührt. Eine rein international-privatrechtliche Einordnung der vis attractiva concursus würde zur „Konsumption“ inländischer Gerichtsbarkeit ohne gesetzliche Grundlage führen. Das wäre eine Rechtsfolge die den verfassungsrechtlich verbürgten Justizgewährungsanspruch aushöhlen würde ohne aber die Frage der verfassungsrechtlichen Zulässigkeit zu beantworten. Sie wird daher hier ausdrücklich abgelehnt.

Ferner steht sie auch im unbestreitbaren Widerspruch zur spiegelbildlichen Betrachtung einer Konkurseröffnung außerhalb der Grenzen der USA und deren „Wirkung“ auf das Hoheitsgebiet der Vereinigten Staaten: Ein solcher Konkurs hat *de lege* keine Wirkungen in den USA. Auch im Wege eines Rechtshilfeverfahrens (Comity, § 304 BC) zugestandener Rechtsschutz vor US-Gerichten[32], läßt die US-

---

28 *Grunsky*, ZZP 89 (1976), 249; *Isaak Meier*, in Schlosser, Materielles Recht und Prozeßrecht (1992), 42; *Szasy*, International (Civil Procedure (1967), 225; ablehnend, *Geimer*, IZPR, Rdnr. 331 - 333.

29 *Grunsky*, ZZP 89 (1976), 249.

30 *Geimer*, IZPR, 341, 924, 925.

31 M.E. eine *fast utopische* Forderung, wenn man sich den Ablauf eines US-Konkursverfahrens ansieht. Die „Anknüpfungsakrobatik des IPR“ (*Schack*, IZVR, Rdnr. 18) würde damit um eine neue Variante bereichert; zum Grundsatz „forum regit processum“, *Geimer*, IZPR, Rdnr. 319.

32 Dazu oben §§ 46 ff.

Jurisdiction unberührt, wo immer die Anerkennungsfähigkeit im Einzelfall geprüft wird.

2. *Nochmals: Zur beabsichtigten EU-Regelung*

Die bisherige Diskussion hat nicht (genügend) beachtet, daß es bei der Erstrekkung der *vis attractiva* auch um den Bereich des Gerichtsverfassungsrechts und der Justizgrundrechte geht: „Niemand darf seinem gesetzlichen Richter entzogen werden" (Art 101 GG). Über die Einhaltung dieser Garantie wacht das Bundesverfassungsgericht. Sollte es europarechtlich zu einer Anerkennung der vis attractiva kommen, so wäre der Europäische Gerichtshof in Luxemburg der Garant[33].

IV. Hilfserwägung: Ordre public

1. *Das „Panorama" der vis attractiva-Lehre*

Man stelle sich vor: Ließe man die vis attractiva des US-Konkurses nach Deutschland hinein, so wären:

- Alle an sich in Deutschland zu beginnenden Core Proceedings und Related to – Proceedings[34] beim US-Konkursgericht anhängig zu machen; der deutsche Kläger hätte seinen deutschen gesetzlichen Richter „verloren";
- Alle in Deutschland anhängigen Verfahren wären an die USA abzugeben.

Daß dies nicht richtig sein kann, zeigt – zur ersten Gruppe von Fällen – die Regelung des Art 102 II EGInsO. Denn der US-Richter, vor dem die Anfechtungsklage erhoben wird, wird in einem US-Konkursverfahren nicht nachprüfen, ob auch die Voraussetzungen der Anfechtung nach deutschem Recht gegeben sind[35]. Was die zweite Fallgruppe angeht, so könnte man zwar daran denken, hier den Grundsatz der *perpetuatio fori* (§ 261 III 2 ZPO) anzuwenden. Aber einmal ist es keineswegs unbestritten[36], ob er für die internationale Zuständigkeit generell gilt. Und dann handelt es sich hier letztlich um eine *Frage der Gerichtsbarkeit*, um den Rechtsweg vor die deutschen ordentlichen Gerichte (§ 13 GVG). Noch einmal sei hier auf die Ausführung von *Jahr*[37] hingewiesen.

Man sieht: bereits die Durchführung dieser Verweisungen würde zu (fast) unlösbaren Konsequenzen führen. Von Verfahrenssicherheit würde nichts übrig bleiben.

---

33 Daß das Gericht die Grundrechte schützt, hat das BVerfG in der Solange II – Entscheidung (BVerfG 73, 339 ff.) anerkannt.

34 Oben § 16.

35 Zur Anfechtung unten § 92, 93.

36 Für die Anwendung der perpetuation fori bei der internationalen Zuständigkeit BAG JZ 1969, 647 m. Amm. *Geimer*, differenzierend aber *Stein/Jonas/Schumann*, § 261 Rdnr. 86, 88 .

37 Oben II, 2.

Denn der US-Richter hätte immer die Möglichkeit, sich auf die forum non conveniens-Lehre zu berufen, um den (lästigen) Prozeß abzuwehren[38].

2. *Ordre public*

Bei der Erstreckung der vis attractiva geht es letztlich um einen Eingriff in das Gerichtsverfassungsrecht und hier um die Frage des gesetzlichen Richters (Art 101 GG).

Seine Bestimmung bedarf einer *gesetzlichen* Grundlage. Diese muß eindeutig sein. Diese Eindeutigkeit liegt bei einem bloßen Prinzip (Universalität) nicht vor. Sie ist auch nicht mit Art 102 EGInsO gegeben.

Wenn der Standpunkt vertreten wird, daß das alles genüge, so wäre es in die Hand des *ausländischen* Gesetzgebers gegeben, den *deutschen* gesetzlichen Richter zu bestimmen, und zwar in dem Sinne, daß dies der ausländische Konkursrichter sei.

Eine solche Wirkung des ausländischen Konkurses nach Deutschland hinein würde dem deutschen Verständnis der Grundrechte widersprechen. Sie würde also spätestens am ordre public scheitern.

Kapitel 4: Gerichtliche Vergleichs-(Sanierungs-)Verfahren als Sonderformen ausländischer Insolvenzverfahren

Die Insolvenzordnung stellt in Deutschland die Einheit der Insolvenzverfahren wieder her. Daß sie seit der Konkursordnung vom 10. Februar 1877 verloren gegangen war, ist eine Folge der Erkenntnis, daß Insolvenzen nicht immer, oder sogar nur selten, auf eine Unfähigkeit des Gemeinschuldners zur Verwaltung seines Betriebes (Vermögens) sondern auf Umstände zurückzuführen sind, für die der Schuldner keine Verantwortung trägt, wie etwa wirtschaftliche Krisen, Währungsturbulenzen, aber auch persönliches Mißgeschick. Gerade in solchen Fällen ist Sanieren gerechter und wirtschaftlich sinnvoller als Liquidieren.

§ 75 Die Sonderformen ausländischer Insolvenzverfahren

I. Die Sonderformen (gerichtliche Vergleichsverfahren)

1. *Von der Konkursordnung zu Vergleich und Vertragshilfe*

Die KO von 1877 folgte dem Beispiel des napoleonischen Code de Commerce[1]. Für ihn war der Konkurs (la faillite) eine Art Strafprozedur gegen den *Defraudator*,

---

38 Oben § 14 III.

1 Vgl. *Ripert, Roblot*, Droit Commercial II, 14. Aufl. nos 2790 ff., insbes. 2792/94.

der aus dem Wirtschaftsleben wegen seiner Unfähigkeit, einen Betrieb zu führen, entfernt werden sollte. Sein Vermögen war zu liquidieren. Er selbst und seine Familie erlitten Einschränkungen ihrer bürgerlichen Rechte. Es heißt hierzu bei *Ripert/Roblot*; „ *la réhabilitation était très difficile à obtenir*“[2]. Zwar fehlte es in Frankreich bald nicht an kritischen Stimmen, die sich in Gesetzen von 1838 und 1898 niederschlugen[3], aber erst 1967, 1984 und 1985 kam es zu einer Gesetzgebung, die mit dem „*redressement judiciaire*“ die *Sanierung des Unternehmens* in den Vordergrund rückte[4].

Die KO war zwar von Anfang an weniger rigoros als der Code de Commerce. Aber auch sie hatte zunächst nur die Liquidation im Auge und wurde so zu einem „Wertevernichter schlimmster Art und obendrein zum teuersten Schuldentilgungsverfahren“[5]. Zwar sieht die KO in ihren §§ 173 ff. die Möglichkeit eines konkursbeendenen Zwangsvergleichs vor, aber in der Praxis hat die Möglichkeit einer Sanierung notleidend gewordener Betriebe keine entscheidende Rolle gespielt. Die Kreditwürdigkeit des Gemeinschuldners war in aller Regel durch die Konkurseröffnung so angeschlagen, daß sie nicht mehr wiederhergestellt werden konnte. Die Vergleichsordnung vom 26. 02. 1935 versuchte, indem sie ein Verfahren des konkurs*abwendenden* Zwangsvergleichs einführte, der Kreditschädigung und damit der Vergleichswürdigkeit des Schuldners, wie sie bei der Konkurseröffnung eintritt, vorzubeugen und so die Möglichkeit einer Sanierung erhaltens – und sanierungswürdiger Unternehmen zu schaffen. Zwar wird die Möglichkeit eröffnet, das Verfahren in einen Anschlußkonkurs überzuleiten, wenn sich die Erwartung, daß es „gerettet“ werden kann, nicht erfüllt (§ 102 ff. VglO). Dennoch sind mit Hilfe dieses Verfahrens nach der VglO viele Unternehmen, die nach der KO hätten liquidiert werden müssen, gerettet worden.

In den europäischen Nachbarländern verlief die Entwicklung ähnlich. Neben den Konkurs treten weniger diskriminierende Sonderformen von Insolvenzverfahren. Was die USA betrifft, so findet sich der Reorganisationskonkurs neben dem Liquidationskonkurs im Bankruptcy Code. Er spielt in der Praxis die weitaus dominierendere Rolle. Aus dem Blick des US-Rechts ist dieses Sanierungsverfahren daher der wichtigste Fall[6]. Beide Konkurse – Reorganisation und Liquidationsverfahren sind die zwei Formen des Bankruptcy-Rechts. Die USA haben daher ein einheitliches Insolvenzverfahren. Mit dem Inkrafttreten der InsO ergeben sich demnach keine besonderen Probleme für die Anerkennung von US- Reorganisationsverfahren mehr. Unter der Herrschaft von KO und GesO aber fragt sich, ob die Universalitätsrechtsprechung des BGH auch für diese „Sonderformen“ gilt.

2 *Ripert/Roblot*, nos 2794.

3 Wie Fn 3, aber auch nos 2795 ff.

4 Vgl. wie Fn 2, insbes. nos 2822.

5 So *Lent*, in Jaeger/Lent, 8. Aufl., § 38 I

6 Vgl. oben § 19 II; unten § 76, § 77.

Aber auch abgesehen davon bleibt es so, daß auch ein Sanierungsverfahren gerichtlicher Art die Überlebenschancen des betroffenen Unternehmens schmälert.

2. *Privatrechtliche Sanierungs- und Liquidierungsinstrumente*

Bereits vor der Einführung der VglO[7] besann sich daher die Praxis auf die Möglichkeiten des privatrechtlichen Vergleichs (§ 779 BGB). Wenn es gelingen würde, alle Gläubiger zu einem solchen Vergleich zu bringen – primär mit Stundung und Teilerlaß eine Sanierung, notfalls aber auch eine Liquidierung herbeizuführen (Sanierungsvergleich, Liquidierungsvergleich), wäre ein effektiverer, schnellerer und billigerer Weg zur Lösung einer Insolvenz eröffnet. Dieses Verfahren spielt in der Praxis eine nicht unerhebliche Rolle – nicht nur in Deutschland[8] sondern weltweit[9].

Das Problem für diese Form eines außergerichtlichen Vergleichs, der häufig durch Banken und Treuhandfirmen betrieben wird, liegt jedoch darin, die grundsätzlich erforderliche Einstimmigkeit der Gläubiger herbeizuführen. In *praxi* gibt es immer Akkordstörer. Daher hat bereits das RG[10] betont, beim außergerichtlichen Vergleich träten die Gläubiger dem Schuldner nicht als Einzelpersonen sondern „in ihrer Gesamtheit gegenüber“. Von dieser Feststellung führt der Weg zu einer neuen Lehre[11], die auch in der Rechtsprechung[12] ihren Niederschlag gefunden hat: Die Gläubigerschaft tritt hier als eine Art Gesellschaft, die durch Abstimmung ihren Gesamtwillen ermitteln muß, auf. Eine Minderheit von Gläubigern – es sind 10% der Forderungen vorgeschlagen worden[13] – soll dabei überstimmt werden können. Ohne Rechtsfortbildung wird sich diese These jedoch de lege lata dennoch wohl nicht aufrechterhalten lassen. Ein Hindernis im deutschen Recht für eine Sanierung durch Übernahme des „angeschlagenen“ Unternehmers stellt jedoch § 419 BGB (Haftung des Vermögensübernehmers) dar. Art 33 Nr. 16 EGInsO schafft aber § 419 BGB mit Inkrafttreten der InsO (1. 1. 1999) ab. Damit entfällt dieses Hemmnis für Sanierungsvergleiche. Der außergerichtliche Vergleich wird an Bedeutung zunehmen.

---

7 Vgl. insbes. *Emmerich*, Die Sanierung, 1930.

8 Vgl. hierzu etwa *Künne*, Außergerichtliche Vergleichsordnung 7. Aufl. 1968, *ders.*, Liquidationsvergleich, DB 1968, 1253 u. 1300, KTS 1971, 235 *Mühl*, Der außergerichtliche Liquidationsvergleich NJW 1956, 401, *W. Habscheid*, Zur rechtlichen Problematik des außergerichtlichen Sanierungsvergleichs, Gedächtnisschrift Bruns 1980, 253 ff., *Behmer*, Der außergerichtliche Sanierungsvergleich, Rechtsnatur und Stellung der Beteiligten, Diss. Würzburg 1983; aus der Komm. Lit. *Jaeger/Lent*, 8. Aufl., § 181 Rdnr. 1, *Mentzel/Kuhn*, KO, 7. Aufl., § 181 Anm. 13, *Bley/Mohrbutter*, VglO, § 8 Anm. 41.

9 Der Öffentlichkeit bleiben diese Fälle – die Banken bemühen sich um eine möglichst reibungslose Abwicklung – meist verborgen.

10 RG JW 1938, 178.

11 Wie Fn. 8.

12 OLG Celle NJW 1965, 399.

13 W. Habscheid (wie Fn 8) 263.

Dennoch gab es auch ohne diese Reform viele gelungene außergerichtliche Vergleiche. Wenn man nachfragt, weshalb das so sei, lautet die Antwort, daß widerspenstige Gläubiger – und es sind regelmäßig Kleingläubiger – relativ großzügig abgefunden werden. Hierzu hat *Emmerich*[14] bereits 1930 bemerkt, die Sonderbefriedigung einzelner Gläubiger sei eine zwar manchmal mit Mißbilligung angesehene, aber geduldete Erscheinung. Der Verkehr rechne damit und lasse sie – wenn auch widerwillig – als Begleiterscheinungen des außergerichtlichen Verfahrens zu.

Dieses außergerichtliche Vergleichsverfahren, bei dem kein staatlicher Richter mitwirkt, gehört nicht zum Thema dieser Abhandlung. Dennoch sollte auf seine Bedeutung – auch im internationalen Verkehr – hingewiesen werden. Unregelmäßigkeiten bei diesen Verfahren sind im ordentlichen Rechtsweg im Rahmen einer Klage, in welcher der Vergleich Streitgegenstand oder Vorfrage ist, auszutragen.

Das außergerichtliche Vergleichsverfahren wird nach Inkrafttreten der Insolvenzordnung an Bedeutung gewinnen. Denn es hat den Vorteil eines rein privatrechtlichen Verfahrens ohne gerichtliche Interventionen. Anerkennungsprobleme stellen sich nicht. Denn der so geschlossene Vergleich ist ein privatrechtlicher Vertrag.

3. Die InsO stellt mit dem 1. 1. 1999 die Einheit des Insolvenzrechts wieder her

Nun liegen jetzt die Akzente anders. Zwar definiert § 1 Satz 1 InsO, daß das Insolvenzverfahren dazu diene, „die Gläubiger eines Schuldners gemeinschaftlich zu befriedigen, indem das Vermögen des Schuldners verwertet und der Erlös verteilt wird". Aber Satz 2 betont im Sinne der Sozialstaatsidee, die Interessen des Schuldners und seiner Familie sowie die Interessen der Arbeitnehmer des Schuldners seien angemessen zu berücksichtigen. Dem redlichen Schuldner wird die Gelegenheit gegeben, sich von seinen restlichen Verbindlichkeiten zu befreien. Und Satz 1 HS 2 gibt den Beteiligten Gelegenheit, ihre Rechte in einem Insolvenzplan abweichend von den gesetzlichen Vorschriften zu regeln.

Insolvenzverfahren dieser Art sind in der Tat konkursbeendende und konkursabwendende Zwangsvergleiche. Da die InsO Sanierungsverfahren und Liquidationsverfahren vorsieht, wird sie insofern zum Spiegelbild des US Bankruptcy Code.

II. Ausländische Sonderformen

Der legislatorische Fortschritt in Deutschland ab 01. 01. 1999 schafft jedoch nicht aus der Welt, daß ausländische Rechte den Liquidationskonkurs oft als Regelform und daneben verschiedene Sonderformen vorsehen, die der Sache nach Vergleichsverfahren sind. Sind sie ab 01. 01. 1999 durch das deutsche Insolvenzrecht

---

14 Wie Fn 7, 59, 87.

insofern gedeckt, als in Art 102 EGInsO einheitliche Regeln für die Anerkennung gelten, so muß jedoch bis dahin die Frage gestellt werden, ob die durch die Rechtsprechung für Konkurse nach der KO aufgestellten Regeln auch für sie gelten.

1. Beispiele für ausländische Sonderverfahren

Das EU-Übereinkommen über Insolvenzverfahren von 1995, das nach seinem Inkrafttreten für die Staaten der Union ein europäisches Insolvenzverfahren schafft, findet auf eine Fülle nationaler Sonderformen Anwendung. Das folgt aus Art 2 in Verbindung mit dem Anhang A, der diese Sonderverfahren im einzelnen aufführt.

Aber hier interessieren vor allem das schweizerische Nachlaßvertragsverfahren[15] und der US-amerikanische Reorganisationskonkurs[16].

2. Gemeinsamkeiten

Allen diesen Sonderformen ist – wie dem deutschen Vergleichsverfahren nach der VglO – eigen, daß die Verfahren u.U. weniger stark in die zivilrechtliche und verfahrensrechtliche Stellung des Schuldners eingreifen als der Konkurs. Vor allem aber werden sie durch einen Vergleich unter Mitwirkung der Beteiligten, insbesondere der Gläubiger, geregelt. Mag dieser Vergleich auch der Mitwirkung des Gerichts bedürfen, so ist er „weniger Staatsakt" als der Abschluß einer Zwangsliquidation. Hieraus folgt, daß für die Anerkennung *auf keinen Fall* strengere Regeln gelten können als für die Anerkennung eines Liquidationskonkurses.

§ 76 Die Anerkennung ausländischer Sonderformen von Insolvenzverfahren (gerichtliche Vergleichsverfahren)

Astrid *Stadler*[1] hat in einer eingehenden, wohldokumentierten Studie die Frage der Anerkennung des schweizerischen Nachlaßvertrags im deutschen Recht untersucht und sie de *lege lata* als auch nach Inkrafttreten der InsO bejaht. Um es zu wiederholen: Nach dem Inkrafttreten der InsO ist die Rechtslage klar. Denn dazu werden alle dem deutschen Insolvenzverfahren vergleichbaren ausländischen Verfahren nach Art 102 EGInsO anerkannt. Das schweizerische Nachlaßvertragsverfahren aber ist ein Sanierungsverfahren im Falle der Insolvenz.

---

15 Oben § 3 VIII.

16 Oben § 19 II; unten §§ 77 - 79.

1 Der schweizerische Nachlaßvertrag, Auswirkungen und Anerkennung nach deutschem Recht, KTS 1995, 539 ff. Nun auch: Anmerkung ausländischer (Zwanhs-)Vergleiche IPRax 1998, 91 ff.

Beim schweizerischen Nachlaßvertragsverfahren handelt es sich um eine Art Gegenstück zum konkursbeendenden Zwangsvergleich nach der KO und dem konkursabwendenden Zwangsvergleich nach der VglO[2] und – *demnächst*: dem Sanierungsverfahren nach der InsO. Die Rechtsprechung des schweizerischen Bundesgerichts sieht in diesem Verfahren eine konkursähnliche Institution[3], mögen auch die Einschnitte in die Rechte des Schuldners materiell- wie verfahrensrechtlich weit weniger einschneidend sein. Entscheidend ist, daß es sich um ein öffentliches Verfahren handelt und daß der am Ende stehende „Nachlaßvertrag" – wie der Vergleich nach der VglO und der Plan nach der InsO – gerichtlich approbiert wird.

I. Die Geltung des Universalitätsprinzips (BGHZ 95, 256)

Die von Astrid *Stadler* für die Frage der Anerkennung des schweizerischen Nachlaßvertrages entwickelten Grundsätze lassen sich verallgemeinern. Dabei sollte allerdings – für die Schweiz – von einer Anerkennung des Nachlaßvertragsverfahrens gesprochen werden; denn der Nachlaßvertrag ist – wie der Vergleich nach der Vergleichsordnung oder der bestätigte Plan nach der InsO – das Ende des Verfahrens. Es findet eine Stundung oder / und ein Teilerlaß statt. Das Nachlaßvertragsverfahren entfaltet jedoch bereits von seiner Eröffnung an bestimmte Wirkungen, bei denen zu fragen ist, ob sie im Inlande Beachtung finden.

1. Universalität auch für konkursähnliche Verfahren

Das argumentum a maiore ad minus

Das durch BGHZ 95, 256 für ausländische Konkurse bekräftigte Universalitätsprinzip gilt auch für konkurs / insolvenzrechtliche Verfahrenssonderformen. Zwar spricht der BGH das dort noch nicht ausdrücklich aus. Es ist aber allgemeine Meinung und wird nun auch vom BGH anerkannt[4].

Der BGH hat dies klargestellt, wenn er in seiner Entscheidung vom 11. 01. 1990 ausführt[5]: Die Konkurseröffnung im Ausland erfasse auch das Inlandsvermögen

---

2 Siehe bereits oben § 4, VIII.

3 BGE 109 III 59, 60 E 3d; 105 III 95 E 2b; 107 III; 109 E 3c: „Une procédure de droit public apparentée á la faillite, à laquelle elle se substitue généralement".

4 Vgl. etwa OLG Saarbrücken, ZIP 1989, 1145 ff. (1146), *Flessner*, ZIP 1989, 749 (755 ff.); *Hanisch*, ZIP 1985, 1233 ff. (1240), *ders.*, SZIER 1992, 3 (21), *Baur / Stürner*, Zwangsvollstreckungs-Konkurs- und Vergleichsrecht, Bd. II 12. Aufl. Rdnr. 37, 43. In diesem Sinne jetzt BGH v. 14. 11. 96, dazu Astrid *Stadler*, IPRax 1998, 91 ff..

5 So (unter Hinweis auf BGHZ 95, 256 ff.) der BGH „mit einem Satz" zu einem Chapter 11 Reorganisationsverfahren in den USA, vgl. IPRax 1991, 183 = KTS 1990, 429. Das Chapter 11-Verfahren über United States Lines Inc. wurde oben in § 17 ausführlich dargestellt. Zur

des Gemeinschuldners. Voraussetzung einer solchen Anerkennung sei allerdings, daß das ausländische Verfahren nach deutschen Rechtsgrundsätzen überhaupt als „Konkurs" anzusehen sei (BGHZ 95, 256 (270) ...). Daß dies für das Verfahren nach Chapter 11 des Bankruptcy Code (1978) zutreffe, das in erster Linie auf eine Reorganisation (Sanierung) des in Zahlungsschwierigkeiten geratenen Unternehmens abziele, hatte das Berufungsgericht zwar nicht entschieden, *„kann hier aber unterstellt werden"*.

Der BGH schließt also nicht aus, daß das US-Reorganisationsverfahren anzuerkennen ist. Die Entscheidung vom 14. 11. 1996[6] brachte dann die endgültige Klarstellung, daß auf ausländische Zwangsvergleiche im Grunde die gleichen Grundsätze anzuwenden sind wie auf Insolvenzen. Das Urteil erging nach Abschluß dieser Arbeit. Seine Begründung deckt sich mit unserem Standpunkt:

Die Rechtsprechung des Reichsgerichts hatte[7] noch angenommen, ausländische Vergleichswirkungen seien für deutsche Gläubiger irrelevant; sie seien nicht anzuerkennen. Aber das war Ausdruck des Territorialitätsprinzips für das ausländische Insolvenzverfahren. Diese dogmatische Konzeption gilt nicht mehr. Wenn der BGH sie für Konkurse i.e.S. außer Kraft setzte, so muß dies erst recht im Sinne eines *argumentum a maiore ad minus* für die im Vergleich zum Liquidationskonkurs milderen Formen der Sonderarten des Insolvenzverfahrens gelten. Abgesehen davon wäre die Ausklammerung dieser Verfahren rechtspraktisch unsinnig; denn es kann nicht darauf ankommen, ob ein ausländisches Recht nur ein einheitliches Insolvenzverfahren kennt oder ob es neben einen grundsätzlich die Liquidierung des Vermögens des Gemeinschuldners anstrebenden Konkurs, ein Verfahren stellt, das prinzipiell auf die Erhaltung von Unternehmen abzielt[8].

2. Anerkennung der materiellen Verfahrenswirkungen

Anerkennung bedeutet auch hier Anerkennung der materiellen Verfahrenswirkungen von der Eröffnung des Verfahrens an bis zum Abschluß durch eine Art von Vergleich mit Stundung und / oder Teilerlaß. Damit werden auch Erlaß und Stundung anerkannt. Diese Wirkungen sind von Land zu Land und von Verfahren zu Verfahren verschieden, aber sie liegen, was die materiellrechtlichen Wirkungen anbetrifft, u.U. unter der Konkursschwelle. Folgendes läßt sich aber zusammenfassend und klarstellend sagen:

Ein *laufendes* Chapter 11 – Reorganisationsverfahren führt zum Automatic Stay des § 362 BC. Die Prozeßführungsbefugnis geht auf den Trustee (oder Debtor in

---

eigentlich dort interessierenden Arrestproblematik trotz Auslandskonkursverfahren unten §§ 80, 81.

6 Rpfleger 1997, 179 ff (IX. ZS) = IPRax 1998, 102.

7 RGZ 52, 155.

8 *Astrid Stadler*, aaO, 553 stellt nur auf diesen praktischen Gesichtspunkt ab.

Possession) über, § 323 BC. Die Konkursmasse in einem derartigen Reorganisationsverfahren bestimmt sich ebenfalls nach § 541 BC, d. h. also, für den Konkursbeschlag, Verfügungs- und Prozeßführungsbefugnis des Trustee gelten die gleichen Grundstätze wie in einem Liquidationsverfahren. Gleiches gilt damit auch für die Anerkennungsbreite, die sich künftig nach Art 102 I EGInsO bestimmt: Es geht um die Erfassung des im Inland belegenen Vermögens des Gemeinschuldners durch das Chapter 11 – Reorganisationsverfahren, nicht aber um eine darüber hinausgehende „Wirkungserstreckung". Letztlich sind daher *hier* die prozeßverfahrensrechtlichen Fragen – wie etwa die Prozeßunterbrechung, die Nichtberücksichtigung der vis attractiva concursus, eine Bejahung / Verneinung eines vorläufigen inländischen Rechtsschutzes trotz ausländischem Reorganisationsverfahren – grundsätzlich wie in einem laufenden Liquidationsverfahren zu beantworten. Ein Unterschied läßt sich prinzipiell nicht ausmachen.

Der Vergleich muß gerichtlich *bestätigt* werden; wobei die Nachprüfungsbreite von Land zu Land verschieden ist. Charakteristisch ist insgesamt, daß es sich um eine „unter Mitwirkung des Gerichts zustandegekommene" (privatrechtliche) „Abmachung zwischen dem Schuldner und der Mehrheit seiner Gläubiger" handelt, der mit gerichtlicher Bestätigung „Allgemeinverbindlichkeit" und „Eigenschaft als Vollstreckungstitel zuerkannt wird"[9].

II. Anerkennung in toto oder Anerkennung einzelner Verfahrenswirkungen?

1. Das „sowohl als auch"

Auch hier gilt, was bereits zur Konkursanerkennung i.e.S. ausgeführt wurde: Es kann sein, daß dem Verfahren *in toto* die Anerkennung versagt werden muß. Es kann aber auch sein, daß – insbesondere bei ordre public Verstoß – nur eine einzelne Verfahrensverwirkung nicht anerkannt wird. Dies ist von Fall zu Fall zu prufen.

Das Ergebnis des Verfahrens eine Art „Vergleich" ist anzuerkennen, gleichviel, ob man es – wie in der Schweiz[10] – als eine Art Zwangsvollstreckung ansieht, oder, ob man von einem novierenten schuldrechtlichen Vertrag spricht. Denn es gilt auch hier, daß die Qualifizierung – materiellrechtlich oder prozeßrechtlich – wie etwa bei der Aufrechnung – der *lex fori* folgt[11], sich also nach deutschem Recht als dem Recht des Anerkennungsstaates richtet. Und diese, also die deutsche Auffassung, sieht in dem Vergleich, der mit einer bestimmten Mehrheit der Gläubi-

---

[9] So *F. Baur*, Konkurs- und Vergleichsrecht, 2 Aufl. 1983, 170, 171. Im einzelnen unten §§ 77, 78.

[10] Dazu *Volken*, in Heini / Keller / Siehr / Vischer / Volken, IPRG Komm. Art 175 Rdnr. 3; *Fritzsche / Walder*, Schuldbetreibung und Konkurs, § 71 Rdnr. 1 sowie BGE wie zu Fn 3.

[11] Siehe hierzu § 91.

ger unter Beachtung bestimmter Verfahrensregeln und unter Mitwirkung des Gerichts oder einer gerichtsähnlichen Behörde zustandegekommen ist, das Ergebnis einer besonderen Form des Insolvenzverfahrens und damit eines Verfahrens der Zwangsvollstreckung (§§ 217 ff. InsO für das Insolvenzplanverfahren).

Die Anerkennung dieser Verfahrensergebnisse – also z. B. des schweizerischen Nachlaßvertrages, der etwa eine Stundung der Forderungen nach bestimmtem Zeitplan vorsieht – wird im Vordergrund stehen. Bei einer solchen Stundung gilt der Nachlaßvertrag zufolge seiner Anerkennung auch für deutsche Gläubiger. Läuft der Nachlaßvertrag auf einen sogenannten „Dividendenvergleich" hinaus – hier wird ein Teil der Forderungen erlassen – so sind auch deutsche Gläubiger gebunden. Kommt es zu einem Liquidationsvergleich, stellt also der Schuldner einen Teil seines Vermögens oder sein ganzes Vermögen den Gläubigern zur Befriedigung ihrer Ansprüche zur Verfügung, so bewirkt die Anerkennung, daß diese Liquidationsverfügung auch für deutsche Anspruchsinhaber gilt[12].

2. *Vorfrageweise Anerkennung*

Wie bei der Konkursanerkennung, erfolgt auch die Anerkennung der Wirkungen konkursähnlicher Verfahren *incidenter*. Das deutsche Recht kennt kein Exequaturverfahren.

Daher erfolgt auch die Anerkennung von Verfahrenswirkungen vor dem Vergleichsschluß *ex tunc*. Dies gilt insbesondere für den Vergleich, der das Verfahren beendet.

Um ein Beispiel zu bilden: In einem Nachlaßvertrag wird verfügt, daß die Forderungen um 50% reduziert sind. Ein deutscher Gläubiger klagt aber in einem deutschen Gerichtsstand – der unterstellt werden soll –, seine Forderung zu 100% ein. Der Beklagte beruft sich auf den Nachlaßvertrag. Der deutsche Richter fragt hier , ob der ausländische Vergleich anzuerkennen ist. Bejaht er diese Frage, weist er die Klage zur Hälfte ab; denn mit dem Vergleich ist die Forderung zur Hälfte erlassen. Oder: Tritt der Gläubiger die Forderung ab, so geht sie in ihrem reduzierten Umfang auf den Zessionar über. Macht dieser sie aber voll geltend, so wird seine Klage zur Hälfte abgewiesen. Benutzt er sie als Beklagter zur Aufrechnung, so ist sie nur in der Höhe des Vergleichs existent und damit aufrechnungsfähig[13].

Entsprechendes gilt, wenn in einem US-amerikanischen Reorganisationsverfahren Forderungen gestundet oder herabgesetzt wurden.

---

12 Vgl. dazu *Astrid Stadler*, aaO, 540, 541.

13 Dazu *Astrid Stadler*, aaO, 560 ff., Aufrechnung einer reduzierten Forderung vor einem deutschen Gericht: hier gibt es, anders als im Konkurs, keine Restriktionen.

III. Die Anerkennungsvoraussetzungen

Astrid *Stadler*[14] hat im einzelnen dargetan und exemplifiziert, wie die von BGHZ 95, 256 entwickelten Grundsätze, auf den schweizerischen Nachlaßvertrag bezogen, zu adaptieren sind. Danach kann eine ausländische Sonderform eines Insolvenzverfahrens unter folgenden Voraussetzungen anerkannt werden.

(1) Vergleichbare Funktion des Verfahrens mit Wirkungserstreckung auf das Ausland

Es muß sich, *beurteilt nach inländischen Grundsätzen* um ein besonderes Insolvenzverfahren handeln. Da wir im konkursbeendenden Zwangsvergleich nach den §§ 173 ff. KO, 16 GesO und im konkursabwendenden Zwangsvergleich nach der VglO Sonderformen eines Insolvenzverfahrens mit weniger rigider Zielsetzung (nicht Liquidierung sondern Sanierung steht im Vordergrunde) besitzen, wird die Vergleichbarkeit einfach sein. Dies gilt erst recht nach der InsO.

Das Verfahren muß im Auslande wirksam eröffnet und ggf. wirksam abgeschlossen sein. Denn nur dann kann von einem anzuerkennenden Verfahren gesprochen werden.

Es gibt ausländische Insolvenzrechte, die eine Wirkungserstreckung auf das Ausland nicht wollen. Das beste Beispiel ist das japanische Recht, das nach der lex scripta konsequent am Territorialitätsprinzip festhält[15].

Was für Konkurse i.e.S. gilt, muß folgerichtig auch für Sonderformen von Insolvenzverfahren gelten.

Der BGH hat in BGHZ 95, 256 diesen Problemkreis – oktroyiert das deutsche Recht dem ausländischen eine nicht gewollte Außenwirkung? – nicht angesprochen. Seine allgemeinen Aussagen schienen aber – mit ihrer generellen Bejahung der Universalität des Konkurses – diese Konsequenz nicht auszuschließen.

Der BGH hat nunmehr aber für die Auslandsgeltung des schweizerischen Insolvenzverfahrens klargestellt, es sei nicht darauf abzustellen, ob das *ganze* Verfahren Auslandswirkung beanspruche, sondern, ob gerade die *einzelne Rechtsfolge* auch im Auslande wirken solle, BGHZ 122, 373 (376). Damit ist klargestellt, daß generell ein ausländisches Insolvenzverfahren nicht anerkannt wird, wo dieses Verfahren keine Anerkennung im Auslande will. Beim schweizerischen Nachlaßverfahren ist das nicht der Fall. Die gegenteilige Ansicht[16] ist überholt.

---

14 AaO, 552 ff.

15 Vgl. oben zu Japan § 2 I. Unterstrichen sei auch hier, daß die Rechtsprechung des OLG Tokyo von diesem Standpunkt abgerückt ist. Eine Entscheidung des OGH steht aus.

16 Unter der Herrschaft des Territorialitätsprinzips nahm die schweizerische Lehre an, der Nachlaßvertrag wirke als exekutionsrechtliches Institut nicht im Auslande (so noch *Walder*, in Fritzsche / Walder, Schuldbetreibung und Konkurs nach schweizerischem Recht, Bd II, 1984, § 75 II Rdnr. 15). Nach dem IPRG ist das jedoch anders. Da Art 175 II IPRG die Aner-

In BGHZ 122, 373 (376) ging es um die Restschuldbefreiung des ausländischen Konkurses[17], für die das schweizerische Recht in Art 265 SchKG eine Sondervariante liefert: Nach dem Recht der Schweiz findet gegen den früheren Gemeinschuldner eine erneute Rechtsverfolgung nur statt, wenn er „zu neuem Vermögen" gekommen ist. Dies (negativ) ist durch Einrede geltend zu machen. Hierunter ist „nennenswertes Vermögen[18] zu verstehen. Der Schuldner soll sich wieder „erholen" können. Der BGH hat sich für die Anerkennung dieser Konkurswirkung auch in Deutschland ausgesprochen. Sie widerspricht nicht dem ordre public, da das Recht der InsO mit seiner Restschuldbefreiung weiter reicht[19] . Das ist wiederum ein Beleg für die These, daß nach der Anerkennung der einzelnen Rechtsfolgen eines ausländischen Insolvenzverfahrens zu fragen ist.

(2) Internationale Zuständigkeit

Anerkannt werden ausländische Sonderverfahren nur, wenn das ausländische Gericht, vor dem sie durchgeführt wurden, unter Anlegung der Maßstäbe des deutschen Rechts international zuständig war. Es gilt also die Spiegelbildtheorie[20].

(3) Der ordre public darf der Anerkennung nicht entgegenstehen

Auch hier gilt das zur Anerkennung von ausländischen Insolvenzverfahren generell Gesagte entsprechend, auch daß der *ordre public* verlangt, daß die Anerkennung des ausländischen Verfahrens und insbesondere des Vergleichs keine Verletzung von Grundrechten darstellt. Ebenso ist auch hier zwischen dem verfahrensrechtlichen und dem materiellrechtlichen ordre public zu differenzieren, die beide geschützt sind. Es ist dabei auf den deutschen ordre public abzustellen, nicht auf den ausländischen.

Das OLG Saarbrücken[21] hatte die *ordre public* – Problematik bei der Anerkennung eines Vergleichs im französischen Verfahren des *redressement judiciaire* angesprochen: Eine deutsche Gläubigerin hatte ihre Forderung nicht angemeldet, obwohl sie Kenntnis von dem Verfahren hatte. Dies war jedenfalls die Meinung des Gerichts. Der Sohn der Gläubigerin hatte seine Forderungen aber angemeldet, und das OLG war der Meinung, alle Anzeichen sprächen dafür, daß er seine Mutter benachrichtigt habe. Ohne Mitwirkung der Gläubigerin kam es so zu einem Vergleich. Das Unterbleiben der Anmeldung im Verfahren des redressement judiciaire führte das Erlöschen der Forderung herbei.

---

kennung ausländischer Nachlaßverträge vorsieht, wird man auch eine Wirkungserstreckung inländischer Verträge auf das Ausland postulieren müssen – das insbesondere deshalb, weil das IPRG vom Reziprozitätsprinzip ausgeht (dazu auch *Stadler*, aaO, 555).

17 Zur Restschuldbefreiung im US-Recht: oben §§ 37 - 39; vgl zu BGH 122, 373, *Paulus*, Restschuldbefreiung und Internationales Insolvenzrecht, ZEuP 1994, 301.

18 Dazu *Fritzsche/Walder*, Bd II, § 53 Rdnr. 5 ff.

19 §§ 286 ff. InsO.

20 Vgl. etwa *Rosenberg/Schwab/Gottwald*, § 157 Anm. I 3. (b) m. Nw.

21 ZIP 1989, 1145.

Das OLG ist der Auffassung, diese Sanktion halte sich noch im Rahmen eines Konkurs- und Vergleichsverfahrens; denn es solle durch sie eine möglichst umfassende und gleichmäßige Schuldenregelung ermöglicht werden.

Offenbar will Astrid *Stadler*[22], wenn auch mit Bedenken, diese Ansicht akzeptieren. Sie meint unter Berufung auf *Arnold*[23], daß die Möglichkeit der Kenntnisnahme genügen müsse. Allerdings sieht sie auch, daß die öffentliche Bekanntmachung im Auslande[24], die Möglichkeit einer Kenntnisnahme zwar für ausländische Gläubiger schafft, nicht aber für inländische; sie erfahren häufig nichts von dem Verfahren.

Das führt jedenfalls *Arnold*[25] dazu festzustellen, für die Anerkennung einer Stundungs- und Erlaßwirkung des Vergleichs (gleiches müßte für eine Restschuldbefreiung gelten) reiche die Publikation im Erlaßstaat nicht aus.

Nun trifft es zwar zu, daß gerade diese Wirkungen des Verfahrens in die Vermögensphäre des betroffenen Gläubigers, in sein verfassungsmäßig geschütztes Eigentumsrecht eingreifen. Weiterhin geht es bei dem Erfordernis der Publikation darum, den Betroffenen den Weg zur Teilnahme am Verfahren zu eröffnen.

Der BGH hat mit Recht das Insolvenzverfahren mit einem Verfahren der Freiwilligen Gerichtsbarkeit verglichen[26]. Hier aber sieht § 16 a Ziff. 2 FGG vor, daß eine ausländische Entscheidung nicht anerkannt wird, wenn das „verfahrensrechtliche Schriftstück nicht ordnungsgemäß und so rechtzeitig mitgeteilt wird", daß der Beteiligte seine Rechte wahrnehmen konnte. Es handelt sich hierbei um sein fundamentales *right to notice*[27] . § 16a FGG hebt dieses Recht ausdrücklich neben dem allgemeinen ordre public Vorbehalt hervor.

Die InsO (Art 102 EGInsO) kennt jedoch diesen besonderen Anerkennungsversagungsgrund nicht.

Das US-Insolvenzverfahren nach dem BC kennzeichnet sich dadurch, daß es mit der Einreichung des Konkursantrags beim Bankruptcy Judge beginnt[28]. Es ist dann die Sache des Gläubigers, seine Rechte wahrzunehmen. In der Regel wird er „irgendwie" von der Insolvenz erfahren. Erfährt er nichts und nimmt er nicht teil, so wird er grundsätzlich doch von den Verfahrenswirkungen getroffen.

Das *right to notice* ist also nicht unter allen Umständen gewahrt. Aber der Trustee ist nicht nur „Amts"-Person, sondern auch *Vertreter der Gläubiger*[29] . Er wird

22 aaO 556/557.

23 In Gottwald (Hrsg), Insolv. Hdb. 1990, § 122 Rdnr. 128, § 123 Rdnr. 20.

24 Die *Hanisch*, ZIP 1985, 1223, 1241, offenbar genügen läßt.

25 Wie Fn (22), *Hanisch*, ZIP 1985, 1223.

26 Dazu oben § 63.

27 Dazu *W. Habscheid*, Les princpes fondamentaux du droit judiciaire privé: *Storme/Casman*, Towards Justice with a human face, Antwerpen 1978, S. 29 ff., S 8.

28 Vgl. oben § 13 III. Es gibt keine Publikation.

29 Dazu oben § 21 II.

sich also mit den Gläubigern, von deren Existenz er – etwa aus den Geschäftsunterlagen – Kenntnis erlangt, in Verbindung setzen. So erhalten sie die Möglichkeit der Teilnahme. Das gilt auch für ausländische Gläubiger.

Diese Ausgestaltung des US-Insolvenzrechts rechtfertigt m.E. keine Versagung der Anerkennung, insbesondere von Reorganisationsvergleichen, unter dem Gesichtspunkt der *offensichtlichen* Unvereinbarkeit mit dem ordre public und dem Grundrecht wegen einer Verletzung des right to notice. Das OLG Saarbrücken[30] hat daher im Ergebnis recht, wenn es bereits zur geltenden Rechtslage meint, die vom französischen redressement judiciaire-Verfahren vorgesehene Sanktion für den Nichtteilnehmer halte sich noch im Rahmen eines Konkurs- und Vergleichsverfahrens; denn das neue Recht der InsO bringt keine neue ordre public – Lage mit sich.

(4) Die Einpassung in das Gesamtgefüge des deutschen Insolvenzrechts

Daß ausländische Vergleichs- und Sanierungsverfahren sich in das Gesamtgefüge des deutschen Insolvenzrechts einpassen lassen, wie es BGHZ 95, 256 verlangt, dürfte nicht in Zweifel zu ziehen sein. Dies gilt umsomehr, als der Weg weg von der Liquidierung hin zu der Sanierung führt. Wo freilich deutsche Gläubiger in ausländischen Verfahren *diskriminiert* werden, wäre auch hier[31] Nichtanerkennung aus dem Gesichtspunkt der ordre public Verletzung geboten. Die Einfügung „in das Gesamtgefüge des deutschen Rechts" spielt mit dem Inkrafttreten des Art 102 EGInsO als Anerkennungsvoraussetzung keine besondere Rolle mehr. Denkbare Zweifelsfälle wären unter dem Gesichtspunkt des ordre public zu prüfen.

IV. Das US-Reorganisationsverfahren nach Chapter 11 BC

Das US-Reorganisationsverfahren hat eine lange Tradition[32]. Der Bankruptcy Code behandelt es in Chapter 11 (§§ 1101 1174 BC). Es eröffnet die Möglichkeit, ein notleidend gewordenes Unternehmen zu sanieren statt zu liquidieren[33]. *In praxi* spielt es eine größere Rolle als der Liquidationskonkurs.

Das in die InsO aufgenommene Insolvenzplanverfahren (§§ 217 ff. InsO) hat dieses US-Verfahren zum Vorbild genommen. Hierauf hat unlängst *Bork* hingewiesen[34]. Allerdings bestehen Unterschiede grundsätzlicher Art: Nach dem BC wird das Chapter 11 Verfahren regelmäßig vom Gemeinschuldner durch bloßen Antrag eingeleitet, *ohne* daß eine Zahlungsunfähigkeit oder Überschuldung gesondert fest-

30 ZIP 1989, 1145.

31 Zur Frage der Diskriminierung, §§ 66 II 4.

32 Vgl. oben § 44 II für den hier interessierenden internationalen Bereich im Verhältnis USA – Kanada, die Entscheidung des Supreme Courts in Sachen Southern Railway v. Gebhard aus dem Jahre 1883.

33 Zur Reorganisation bei „induviduals with a regular income" (Chapter 13 – Konkurs, die geringere Bedeutung hat, oben § 19 II, 1.

34 ZZP 109 (1996) 473 ff.

gestellt werden muß[35]. Dem gegenüber sieht die InsO nur vor, daß das Planverfahren mit der Vorlage des Insolvenzplans eingeleitet wird und führt nicht automatisch zur Einstellung von Verwertungshandlungen. Hierzu bedarf es vielmehr eines Gerichtsbeschlusses, der gegen den Willen des Verwalters und der Gläubiger nicht ergehen kann (§ 233 S. 2 InsO)[36]. Sonstige Unterschiede sind weitgehend technischer Art. Sie sollen hier nicht im einzelnen verfolgt werden. Denn dies würde den Rahmen der Arbeit sprengen.

Worauf es ankommt, ist die Feststellung, daß der US-Reorganisationskonkurs im Vergleich zur geltenden Rechtslage nach der KO und der GesO eine Sonderform des Insolvenzverfahrens ist, der Ähnlichkeiten zum Verfahren nach der VglO aufweist und mit Inkrafttreten der InsO im Insolvenzplanverfahren sein Gegenstück findet.

Bork nennt allerdings die Anlehnung des Insolvenzplanverfahrens an Chapter 11 BC einen „Schwachstellenimport". Damit wirft er implizit die Frage der ordre public-Gemäßheit eines US-Verfahrens auf. Dieser Frage ist, dem Zweck dieser Arbeit entsprechend, nunmehr nachzugehen[37].

§ 77 Das US-Reorganisationsverfahren nach Chapter 11 BC und der deutsche ordre public

Bork[1] vertritt den Standpunkt, US-Schuldner stellten den Antrag auf „Reorganisation" oft nur, um eine „Atempause" zu erlangen. Der Antrag verschafft ihnen gesetzlichen Vollstreckungsschutz für 120 Tage.

Das sind Vorwürfe, denen nachzugehen ist. Denn treffen sie zu, so müßte man fragen, ob der US-Reorganisations-„Vergleich" jedenfalls in Fällen dieser Art dem deutschen ordre public standhält, also anerkannt werden kann.

---

35 Vgl. oben §§ 13 I, II; 19 II; 23 I, II, III; zu dieser Problematik auch BGH ZIP 1991, 1014 im Hinblick auf den Begriff der Zahlungseinstellung: Es ging dort auch um die Frage, ob im Zeitpunkt der Eröffnung des Chapter 11 Verfahrens in den USA über USL am 24. Nov. 1986 eine Zahlungseinstellung vorlag. Sie wird vom BGH „festgestellt" (aaO, 1015, 1 (b)). Letztlich mit Recht: Denn der Automatic Stay *untersagt* Zahlungen nach Antragstellung. Die entscheidende Frage, ob ein Chapter 11 Verfahren einem Konkursantrag gleichzustellen ist, wird dort nicht ausdrücklich entschieden. Ein Hinweis auf BGHZ 95, 256 ff. und BGH NJW 1990, 990 = KTS 1990, 460 = ZIP 1990, 246 fehlt aber nicht. In letztgenannter Entscheidung wurde das Chapter 11 Verfahren über USL einem Konkursverfahren *„unterstellt* gleichgestellt".

36 *Funke*, FS Helmrich (1994), 627 ff., 632; *Bork*, ZZP 109 (1996) 473, 484.

37 Dazu folgend in § 77.

1 Auf der Münsteraner Tagung der deutschen Zivilprozeßrechtslehre 1996, veröffentlicht ZZP 109 (1996), 473 ff., 480, 483. Grundlegend zum amerikanischen Reorganisationsverfahren, *Riesenfeld*, KTS 1983, 85 - 101, *ders.*, Neuere Entwicklungen im Reorganisationsverfahren der Vereinigten Staaten, in Birk / Kreuzer (Hrsg), Das Unternehmen in der Krise, 1986, 135 ff.

Da in den USA diese Problematik internrechtlich keine Rolle spielen kann, sie also bei der Erörterung des US-Rechts[2] vernachlässigt wurde, ist es erforderlich, hier auf das Chapter 11-Verfahren unter diesem Gesichtspunkt näher einzugehen, nachdem *Bork* die Problematik „auf den Tisch gelegt hat".

Wie gesagt: Von der grundsätzlichen Anerkennung des bestätigten US-Reorganisationsplans nach der Rechtsprechung des BGH und jetzt auch nach Art 102 I EGInsO ist auszugehen. Es fragt sich nun, ob in den genannten „Mißbrauchsfällen" die Anerkennung zu versagen ist. Und da – nach *Bork* – solcher Mißbrauch nicht gerade selten geschieht, ist dies eine Frage von praktischer Bedeutung.

I. Mißbrauchsverhütung in Chapter 11-Verfahren

1. Die Regelung des BC

Es erscheint zweifelhaft, ob ein Schuldner sich wirklich „wissentlich" auf ein derartig gefährliches Spiel, nur wegen der Atempause ein Reorganisationsverfahren zu beantragen, einlassen wird. Zwar ist es einfach, ein Liquidationsverfahren nach Chapter 7 oder ein Reorganisationsverfahren nach Chapter 11 durch bloßen Antrag zu eröffnen, *„um so schwieriger ist es aber aus diesen Verfahren herauszukommen"*[3]. Der Antrag kann nicht etwa „formlos" zurückgenommen werden. Vielmehr bedarf es stets einer gerichtlichen Verfahrenseinstellung. Sie bestimmt sich nach § 305 (a) (1), § 1112 (b) BC. Legt der Schuldner im Reorganisationskonkurs keinen Sanierungsplan innerhalb der 120 Tage-Frist des § 1121 (b) BC vor, so kann etwa auf Antrag eines Gläubigers (*party in interest*) durch den Bankruptcy Court das Verfahren in einen Liquidationskonkurs übergeleitet[4] werden, wenn hierdurch „den Interessen der Gläubiger am besten gedient wird" (§ 1112 (b) (4) BC)[5]. Spielt der Schuldner also bloß auf Zeit, so ist das ein äußerst gefährliches Unterfangen. Ohne es zu wollen, findet er sich u.U. in einem Liquidationsverfahren wieder und kann nichts mehr dagegen unternehmen: Er würde ein „Eigentor schießen".

---

2 Oben 19 II, 69 II.

3 *Epstein/Nickles/White*, Practitioner Treatise Series, Vol. 1, 53 ... how easy it is to get into Chapter 7 or Chapter 11 ... It is important to remember also that it ist not that easy to get out of Chapter 7 or Chapter 11.

4 *Bork*, aaO, 484 hatte freilich gemeint, in diesen Fällen drohe „nur" die Überleitung in einen Liquidationskonkurs, in dem der Schuldner „immer noch nachweisen kann, daß er nicht insolvent ist".

5 Vgl. die übrigen Voraussetzungen von § 1112 (b) (1) – (10) BC, allgemein gesagt: Legt der Schuldner keinen Plan vor, oder verhält er sich sonstwie incooperativ, so droht ihm unmißverständlich die Liquidation seines Vermögens.

2. *Falsche Angaben zwecks Eröffnung eines Verfahrens nach Chapter 11*

Will der Gemeinschuldner nach Beantragung eines Chapter 11-Verfahrens „seinen Hals dadurch retten", daß er einräumt, die „gemachten Angaben bei Antragsstellung seien nicht so ganz richtig" gewesen, so blüht ihm zusätzliches:

Zwar erfolgt die Verfahrenseröffnung durch bloßen Antrag (*petition*). Ein *wirksamer* Antrag des Schuldners erfordert aber die Ausfüllung des „Formblatts Nr. 1"[6] mit Angaben zur Person, Zahl der Gläubiger, Vermögen und Verbindlichkeiten, und einem „Kreuz an der richtigen Stelle", daß der Schuldner beabsichtigt, innerhalb der gesetzlichen Frist einen Reorganisationsplan vorzulegen. Dieser Antrag ist zu datieren und mit der Erklärung

„I declare under *penalty of perjury* that the information in this petition is true and correct."

zu unterschreiben. Eine derartige Erklärung wird nach Rule 1008[7], als – *unsworn declaration* – i.S.v. 28 U.S.C. § 1746 behandelt und führte somit kraft Gesetzes im Falle von vorsätzlichen Falschangaben zu einem Meineid (*perjury*)[8] mit seinen strafrechtlichen Folgen[9].

Dies alles sind Mißbrauchsverhütungsregeln, die jeder deutschen ordre public-Prüfung standhalten.

3. *Die Verwerfung eines Chapter 11-Antrags durch Gerichtsentscheidung*

Es ist zwar richtig, daß für den Antrag auf Einleitung eines Chapter 11 Verfahrens nicht ausdrücklich vorgeschrieben wird, daß er vom Schuldner nur mit – „*good faith*" – eingeleitet werden kann. Ein dahingehendes Erfordernis, wie es noch im Bankruptcy Act von 1898 für ein Chapter X Verfahren (section 141) ausdrücklich angeordnet war, wurde in den Bankruptcy Code von 1978 nicht übernommen. Die Einstellungsgründe in § 1112 BC beziehen sich in erster Linie auf das Verhalten des Gemeinschuldners *nach* Antragstellung[10].

Dennoch werden nach der Rechtsprechung der Bankruptcy Courts[11] und unter der Herrschaft des Bankruptcy Code die Beweggründe für die Antragstellung im

---

6 Vgl. Bankruptcy Code, Rules and Forms, West Publishig Co. 1996, 860 - 865.

7 Bankruptcy Code, Rules and Forms, aaO, 581, 582.

8 Black's Law Dictionary, 789, perjury. For unsworn declarations under penalty of perjury, see 28 U.S.C. § 1746.

9 Die in dem Strafverfahren verhängte Geldbuße könnte freilich u.U. einen Konkursantrag nachträglich „nötig machen oder substantiieren". Das wollte der Schuldner aber sicherlich nicht.

10 Es wird auf einen größeren Gebrauch von § 1112 BC gedrängt, vgl. In re Timbers of Inwood Forest Associates, Ltd., 808 F.2d 363, 371 - 372 (5th Cir. 1987), cert. granted, 481 U.S. 1068, 107 S.Ct. 2459, 95 L.Ed.2d; betrifft aber Handlungen des Schuldners *nach* Antragstellung.

Rahmen einer Verfahrensablehnung (dismiss) nach § 1112 BC mit berücksichtigt. Es gilt wohl allgemein der in re Northwest Recreational Activities, Inc.[12] niedergelegte Grundsatz:

> Good faith ... is merged into the power of the court to protect its jurisdictional integrity from schemes of improper petitioners seeking to circumvent jurisdictional restrictions and from petitoners with demonstrable frivolous purposes absent any economic reality.

Danach bleiben zwar die einzelnen Voraussetzungen, also wann genau ein Antrag nach Chapter 11 „rechtsmißbräuchlich" (bösgläubig i.S.v. *lack of good faith*) gestellt ist, der richterlichen Entscheidung vorbehalten. Aber das ist bei Generalklauseln immer so. Eine rechtsmißbräuchliche Antragstellung für ein Verfahren nach Chapter 11 wird in den Fällen diskutiert, in denen der Antrag von einem

a) finanziell „starken" Unternehmen gestellt wurde, oder

b) die Antragstellung eine Einzelvollstreckung auf einen einzigen Vermögensgegenstand abwehren sollte, oder

c) der Antrag kurz nach Übertragung von Vermögenswerten auf eine neue Rechtspersönlichkeit gestellt wurde[13]. In den letzten beiden Fällen wurde die Rechtsmißbräuchlichkeit einer Antragstellung bejaht[14].

4. Kein Mißbrauch im Falle fehlender Insolvenz

Kritisch bleiben danach Anträge von Schuldnern für ein Verfahren nach Chapter 11, die *noch* als „finanziell stark" einzuordnen sind[15].

In der Entscheidung in Sachen *Johns-Manville*[16] wurde der Antrag von Gläubigern, das Chapter 11 Verfahren von Johns-Manville zu verwerfen, vom Bankruptcy Court abgelehnt und herausgestellt, daß die „finanzielle Stärke" des Schuldners keinen Grund für die Verwerfung eines Verfahrens nach Chapter 11 abgibt. Die Insolvenz des Gemeinschuldners ist eben keine Rechtmäßigkeitsvoraussetzung für die Eröffnung eines Verfahrens nach Chapter 11[17].

---

11 Zur Rspr. in der Literatur: *Ordin*, The Good Faith Principle in the Bankruptcy Code: A Case Study, 38 Bus.Law. 1795 (1983); *Ponoroff & Knippenberg,* The Implied Good Faith Filing Requirement: Sentinel of an Evolving Bankruptcy Policy, 85 Nw.U.L.Rev. 919 (1991).

12 4 B.R. 36, 39 (Bankr. N.D.Ga. 1980).

13 Vgl. *Epstein/Nickles/White*, Practitioner Treatise Series, Vol. 1, 59 ff.

14 *Zu b)* In re Phoenix Piccadilly, Ltd., 849 F.2d 1393 (11th Cir. 1988); *zu c)* Carolin Corp. v. Miller, 886 F.2d 693 (4th Cir 1989), In re Yukon Enterprises, Inc., 39 B.R. 919 (Bankr. C.D. Cal. 1984), mit weiteren Nachweisen *Epstein/Nickles/White*, aaO, 62 ff.

15 Kann dagegen ein Schuldner in einem Chapter 7 Verfahren „noch zahlen", so kommt regelmäßig eine Einstellung wegen „substantial abuse" nach § 707 (b) BC in Frage; vgl. *Epstein/Nickles/Withe*, aaO, 56 ff.

16 36 B.R. 727 (Bankr. S.D.N.Y 1984), 39 B.R. 234 (S.D.N.Y 1984).

17 *Epstein/Nickles/White*, aaO, 60.

Der Schuldner braucht eben nicht mit seinem Antrag auf Eröffnung eines Chapter 11 Verfahrens so lange zu warten, bis sich seine wirtschaftliche Situation soweit verschlechtert hat, daß eine Rettung durch ein Reorganisationsverfahren nicht mehr möglich ist.[18] Hieraus folgt:

II. Fehlende Insolvenz des Schuldners: regelmäßig kein Verstoß gegen den ordre public in Art 102 I EGInsO

1. Zu Art 102 I, 2 EGInsO

Der Standpunkt, daß eine Insolvenz des Schuldners für seinen Antrag auf Einleitung eines Reorganisationsverfahrens nicht gefordert wird, im internationalen Bereich ein Anerkennungsproblem nach § 102 I Nr. 2 EGInsO nach sich ziehen kann, soll für Einzelfälle nicht generell in Abrede gestellt werden. Es müßten aber m.E. besondere Umstände hinzutreten. Nicht auf den Einzelfall bezogen ist aber ein Verstoß gegen den ordre public wegen fehlender Insolvenz grundsätzlich zu verneinen. Es läßt sich nämlich nicht leugnen, daß ein „Warten" bis zur Zahlungsunfähigkeit i.S.v. § 17 II InsO regelmäßig eine Sanierung / Reorganisation behindern kann. Dies hat auch der deutsche Gesetzgeber erkannt. Er hat nämlich angeordnet, daß auf Antrag des Schuldners hin schon bei *drohender* Zahlungsunfähigkeit i.S.v. § 18 II InsO ein Insolvenzverfahren eingeleitet werden kann[19].

Insoweit hat sich die InsO über § 18 II, also durch die zeitliche Verlagerung einer Insolvenzeröffnung, dem Bankruptcy Code angenähert. Der US-Seite muß eingeräumt werden, daß die Bankruptcy Courts rechtsmißbräuchliche Anträge sehr wohl wegen – *lack of good faith* – als unzulässig nachträglich verwerfen können und werden. Abstrakt gesehen, läßt sich jedenfalls hinsichtlich des Schuldnerantrags nach Chapter 11 unter Zugrundelegung der Rechtsprechung der Bankruptcy Courts zur rechtsmißbräuchlichen Antragstellung ein ordre public Verstoß nicht unmittelbar ausmachen. Im Ergebnis wird er sich nur in extremen Einzelfällen fest stellen lassen können.

2. Gesondertes Insolvenzverfahren

Es bleibt noch anzumerken, daß im Hinblick auf eine fehlende Insolvenzlage des US-Gemeinschuldners ein vermeintlicher ordre public Verstoß in einem Chapter 11 Verfahren durch die Eröffnung eines gesonderten Insolvenzverfahrens nach § 102 III EGInsO obsolet wird. Das gesonderte Insolvenzverfahren richtet sich

---

18 36 B.R. 727, 737; aaO, ferner : Manville's good faith filing is measured by the existence of massive unmanageable real debt owed to real claimants".

19 Vgl. BT-Drs. 12/2443, 114, 115 zu § 22; ferner *Schmidt-Räntsch*, zu § 18 InsO auch zum Begriff der „drohenden Zahlungsunfähigkeit".

ausschließlich nach deutschem Recht; am inländischen Verfahren beteiligte Gläubiger werden durch die *Sperrwirkung* des gesonderten Insolvenzverfahrens geschützt[20]; schließlich braucht nach § 102 III HS. 2 EGInsO der Insolvenzgrund im US Verfahren ausdrücklich nicht nachgewiesen werden.

III. Gesondertes Insolvenzverfahren und US Insolvenz

Die Probleme des gesonderten Insolvenzverfahrens werden uns nachfolgend beschäftigen (§§ 80 ff.). Hier sei jedoch folgender Aspekt wegen des Sachzusammenhangs vorgezogen:

1. Grundsätzliches

Es ist für deutsche Gerichte unerheblich, ob aus amerikanischer Sicht ein später im Chapter 11 Verfahren erlassener vom Bankruptcy-Judge bestätigter Insolvenzplan § 1129 BC alle am deutschen gesonderten Insolvenzverfahren beteiligten Gläubiger erfassen will. Denn das deutsche Verfahren geht vor (Art 102 III EGInsO).

2. Die Bindungswirkung der Forderungsfeststellung und der Dividendenverteilung im gesonderten Insolvenzverfahren

Das besondere Insolvenzverfahren ist ein Verfahren nach der KO bzw. der GesO und ab 01. 01. 1999 nach der InsO, das sich von der Regelinsolvenz durch die territoriale Beschränkung der Konkursmasse unterscheidet[21]. Die Forderungen sind zur Tabelle anzumelden (§ 145 KO, § 178 II InsO). Die Eintragung in die Tabelle ist bindend. Aufgrund der Eintragung erfolgt im Verteilungsplan die Dividendenzuteilung. Bezüglich des Ausfalls erhält der Gläubiger einen Auszug aus der Tabelle, dem die Qualität eines rechtskräftigen Titels zukommt[22], aus dem gegen den früheren Gemeinschuldner die Zwangsvollstreckung betrieben werden kann. Ein früherer Vollstreckungstitel wird „aufgezehrt". Er bildet keine geeignete Grundlage für eine Zwangsvollstreckung mehr[23]. Das bedeutet, auf einen Fall übertragen: Hat ein Gläubiger im gesonderten Insolvenzverfahren etwa 50% seiner Forderung als Dividende erhalten, so hat er einen vollstreckbaren Titel in Gestalt des Tabellenauszuges in Händen. Ein früheres Urteil auf 100% ist so „eliminiert".

---

20 Vgl. unten §§ 80 ff., § 84.

21 Siehe unten §§ 80 ff.

22 *Kilger/Karsten Schmidt*, § 164 Anm. 2.

23 RGZ 112, 300, 132, 115; *Kilger/Karsten Schmidt,* aaO, a.A. *Gaul*, FS Weber, 178: der alte Titel wird, ohne Beeinträchtigung seiner Rechtskraftwirkung, durch einen neuen ersetzt.

Bei dieser Rechtslage ist festgestellt, daß die ursprüngliche 100%-Forderung durch die Dividende in Höhe von 50% erloschen ist. Dem Gläubiger kann andererseits seine 50% Dividende nicht mehr streitig gemacht werden. Forderungsfeststellung und Dividendenverteilung aufgrund des Verteilungsplanes sind somit bindend, und zwar gegen jedermann, also auch gegen einen Gläubiger aus dem US-Verfahren, der seine magere Dividende im nachhinein „aufstocken" möchte. Hierauf wird zurückzukommen sein. Vorher sei jedoch die Frage angeschnitten, wie diese Bindungswirkung (oder -wirkungen) rechtlich einzuordnen ist (sind).

Der Eintragung in die Tabelle und dem Verteilungsplan materielle Rechtskraft i.S. von § 322 ZPO zuzusprechen, verbietet allein die Tatsache, daß diese Akte keine Entscheidungen eines Richters über zivilrechtliche Ansprüche sind. Es handelt sich vielmehr um Rechtsfürsorgeakte, die als solche eine Gestaltungswirkung zeitigen und *inter omnes* wirken[24]. Die Zuteilung der Dividende kann daher nicht mehr, von wem auch immer, in Zweifel gezogen werden, wenn der Verteilungsplan bestandskräftig[25] geworden ist. Daß der Auszug aus der Tabelle einen Vollstrekkungstitel bildet, steht dem nicht entgegen; selbst Akte der Freiwilligen Gerichtsbarkeit können vollstreckbar sein (§ 33 FGG). Auf keinen Fall hat der Tabellenauszug die Qualität eines materiellrechtskräftigen Urteils. Er ist lediglich Vollstrekkungstitel.

Die Bindungswirkung der „Feststellungs- und Verteilungsakte" des Insolvenzgerichts, die von jedermann zu beachten ist, würde ich daher aus ihrer Qualität *als konkursspezifische Gestaltungsakte ableiten.*

Das bedeutet, um auf unsere Frage zurückzukommen: Sollte ein US-Gläubiger, der, etwa in den USA wegen der amerikanischen Privilegienordnung (insbesondere wegen des Vorrangs der Fiskusforderungen oder der Punitive Damages-Ansprüche) weniger erhalten hat als ein deutscher Gläubiger im gesonderten Insolvenzverfahren, versuchen, diesem einen Teil der Dividende wieder „abzujagen", um Dividendengleichheit herzustellen, so müßte er sich die Bindungswirkung der deutschen Dividendenzuteilung entgegenhalten lassen. Abgesehen davon hatte er sich ja auch an dem deutschen besonderen Insolvenzverfahren beteiligen können.

3. Benachteiligung durch US-Reorganisationsplan

Dies gilt auch, wenn der US-Gläubiger seine Benachteiligung einem Reorganisationsplan „zu verdanken" hätte. Denn auch hier geht das deutsche gesonderte Insolvenzverfahren in dem skizzierten Sinne vor.

---

24 Vgl. zu § 63.

25 Der Verteilungsplan unterliegt wie die Tabelleneintragung (Klage gegen den Plan, Feststellungsstreit) gerichtlicher Kontrolle. Auf diese Klagen ergehen Urteile, die materielle Rechtskraft zeitigen.

§ 78 Die Rechtsqualität von Chapter 11-Plan und Insolvenzplan

I. Der Insolvenzplan nach § 217 ff. InsO

1. Darstellender und gestaltender Teil

Der Insolvenzplan nach der InsO setzt sich aus einem darstellenden und einem rechtsgestaltenden Teil zusammen. Im gestaltenden Teil kann in die Rechtsstellung von absonderungsberechtigten Gläubigern, Insolvenzgläubigern und in die Rechtsstellung des Gemeinschuldners eingegriffen werden (§ 221 InsO), wobei zwischen den einzelnen Gläubigergruppen aus sachlichen Gründen differenziert werden kann[1].

Der gestaltende Teil des Plans bedarf der Zustimmung des Schuldners (§ 247 InsO) und der Annahme durch die erforderliche Mehrheit der Gläubigergruppen (§ 245 InsO), wobei aber die fehlende Mehrheit einer Gläubigergruppe[2] dann unerheblich ist, wenn die Gläubiger dieser Gruppe durch den Plan nicht schlechter gestellt werden, als sie ohne den Plan stehen würden (Obstruktionsverbot[3], § 245 I Nr. 1 InsO), oder wenn die Gläubiger *dieser* Gruppe – angemessen – an dem Erlös teilnehmen (Gleichbehandlungsgrundsatz) und die Mehrheit der Gläubigergruppen dem Plan zugestimmt haben (§ 245 I Nr. 2, II InsO)[4].

Wurde ein ordnungsgemäß vom Schuldner oder Verwalter errichteter Insolvenzplan dem Insolvenzgericht vorgelegt, so bedarf es zu seiner Wirksamkeit der gerichtlichen Bestätigung gem. § 248 InsO.

2. Die gerichtliche Bestätigung

Mit formeller Rechtskraft der Bestätigung des Insolvenzplanes treten die im gestaltenden Teil festgelegten Wirkungen für und gegen alle Beteiligten ein (§ 245 I S. 1 InsO). Das Insolvenzverfahren wird aufgehoben, (§ 258 InsO). Insolvenzgläubiger können aus dem rechtskräftig bestätigten Insolvenzplan in Verbindung mit der Eintragung in der Tabelle die Zwangsvollstreckung gegen den Gemeinschuldner, wie aus einem vollstreckbaren Urteil betreiben. Rechte der Insolvenzgläubiger gegen Mitschuldner bzw. Bürgen des Gemeinschuldners bleiben unberührt (§ 254 II InsO). Ist schließlich ein Gläubiger weitergehender befriedigt worden als er nach

---

1 Zum Ganzen *Bork*, ZZP 109 (1996), 473, 478 ff.). Im Vorfeld zur InsO, *Reinhart*, Sanierungsverfahren im internationalen Insolvenzrecht (1995), 150 ff.

2 Die Mehrheit der Gläubigergruppen muß aber zugestimmt haben, *Schmidt-Räntsch*, zu § 245 Rdnr. 6.

3 Dazu unten § 79.

4 *Schmidt-Räntsch*, zu § 245 weist ausdrücklich auf die amerikanischen Wurzeln dieser Regelung hin; die Kommentierung zu § 245 I Nr. 2, II umschreibt lediglich nochmals den Gesetzeswortlaut, aaO, Rdnr. 3.

dem Plan fordern konnte, so begründet dies keine Pflicht zur Rückgabe des Erlangten (§ 254 III InsO)[5].

Das Ergebnis ist klar: erst die *rechtskräftige* gerichtliche Bestätigung des Insolvenzplans durch Beschluß (§ 252 I InsO) zeitigt gestaltungsrechtliche Wirkungen nicht nur für und gegen alle Beteiligte am Insolvenzverfahren, sondern auch gegenüber Insolvenzgläubigern, die ihre Forderungen nicht angemeldet haben, und auch für Beteiligte, die dem Plan widersprochen haben (§ 254 I S. 3 InsO). Damit sind praktisch alle Interessierten in die Gestaltungswirkung einbezogen; insofern wirkt der Plan *inter omnes*.

3. Die rechtsgeschäftliche Seite

Die aufgrund des Insolvenzplanverfahrens (§§ 217 InsO) unter Beachtung der Schutzvorschriften in §§ 244 - 247 InsO getroffene rechtsgeschäftliche Vereinbarung zwischen den Beteiligten wird erst mit der rechtskräftigen gerichtlichen Bestätigung wirksam. Es ist also der gerichtliche Beschluß, der konstitutiv rechtsgestaltend auf die Rechtsverhältnisse zwischen den Beteiligten einwirkt, so daß man versucht sein könnte, von einer gerichtlichen *Entscheidung* zu sprechen, die *Urteilscharakter*[6] hat.

Eine dahingehenden Einordnung muß sich aber entgegenhalten lassen, daß das Insolvenzgericht keine eigene Entscheidung trifft, sondern sich auf eine reine Inhaltskontrolle an Hand der Schutzvorschriften der InsO beschränkt. So gesehen, wird die Inhaltskontrolle des vorgegebenen Insolvenzplans durch die Schutzvorschriften der InsO konkretisiert, und das Insolvenzgericht beschränkt seine Inhaltskontrolle dabei nicht auf die Untersagung des Insolvenzplans wegen eines Verstoßes gegen die Generalklauseln des BGB (§ 134, 138). Die Inhaltskontrolle ist insoweit zwar weitergehend. Dennoch steht die Überprüfung einer Vereinbarung zwischen den Beteiligten des Insolvenzplans durch die gerichtliche *Bestätigung* (§ 254 I InsO) im Vordergrund, wodurch die Insolvenzgläubiger aufgrund des Insolvenzplans in Verbindung mit ihrer Eintragung in der Tabelle die Zwangsvollstreckung gegen den Gemeinschuldner (§ 257 I InsO) nach Verfahrenseinstellung (§ 258 I InsO) wieder betreiben können.

Der *Vertragscharakter* des Insolvenzplans[7] läßt sich insoweit nicht leugnen. Allerdings kommt dieser Vertrag nicht privatautonom zustande, da einzelne Gläubiger überstimmt werden können. Insofern trägt er Zwangscharakter.

---

5 Die Regelung hat in den geltenden Insolvenzgesetzen kein Vorbild, vgl. dazu *Schmidt-Räntsch*, zu § 254 Rdnr. 5; gedacht wird dabei insbesondere an Fälle, wo der Verwalter während des Verfahrens einzelne Gläubiger (etwa Kleingläubiger; absonderungsberechtigte Gläubiger) schon befriedigt hat. Mit Aufhebung des Verfahrens werden diese Gläubiger keinem Rückgewähranspruch ausgesetzt.

6 *Jaeger/Weber*, KO, 8. Aufl. zu § 173 Rdnr. 6 mit Nachweisen; zwischen Urteils- und Vertragscharakter, *Kühn/Uhlenbruck*, KO zu § 173 Rdnr. 1 c ff.

4. *„Prozeßvergleich"?*

Da aber diese rechtgestaltende Vereinbarung, um wirksam zu werden, einer gerichtlichen Bestätigung bedarf, die rechtsfürsorgerischen Charakter hat, könnte manches dafür sprechen, den Insolvenzplan nach der InsO zumindest wie einen Prozeßvergleich[8] zu behandeln. Mit dem rechtskräftigen Insolvenzplan wird das Insolvenzverfahren durch Beschluß aufgehoben (§ 258 InsO); die Rechte zwischen Gläubiger und früherem Gemeinschuldner bestimmen sich nun unter Zugrundelegung der novierenden Wirkung des Plans.

Allerdings sind die Unterschiede zum Prozeßvergleich[9] doch gravierend. Dieser kommt privatautonom ohne Zwangscharakter zustande. Das Gericht prüft nicht nach, bestätigt den Vergleich also nur; es amtiert als Beurkundungsbehörde[10]. Der Vergleich bleibt also, auch bezüglich seiner Bestandskraft, materielles Rechtsgeschäft, das als solches auch ohne Beurkundung wirksam bleibt. Anders der bestätigte Plan: Erst durch die Bestätigung entfaltet er seine Gestaltungswirkung. Diese Bestätigung erfolgt aufgrund einer rechtlichen Prüfung des Gerichts.

Die Gestaltung erfolgt also letztenendes durch das Gericht. Der bestätigte Plan ist daher ein konkursrechtlicher Rechtsgestaltungsakt[11].

II. Der Reorganisationsplan in einem Chapter 11-Verfahren

1. *Vergleich mit der InsO*

Hinsichtlich eines Vergleiches zwischen Insolvenzplan nach der InsO und einem Reorganisationsplan insbesondere in einem Chapter 11-Verfahren lassen sich zwar Unterschiede im Hinblick auf die Verfahreneinleitung ausmachen[12]. Die rechtlichen Anforderungen an den US-Reorganisationsplan (insbesondere Obstruktionsverbot und gerichtliche Bestätigung) wurden aber in die InsO weitgehend übernommen. Die InsO hat sich insoweit an den Reorganisationsplan „amerikanischer Strickart" angelehnt.

---

7 BGH, KTS 1961, 152 (153); RGZ 152, 65 (67); 127, 372 (375): 77, 404 und h.M. in der Lit. *Jaeger/Weber*, KO, 173 Rdnr. 5; *Böhle/Stamschräder*, VerglO, 9. Aufl., § 3 Anm. 2; *Bley/Mohrbutter*,VerglO, 4 Aufl., § 8 Rdnr. 1 ff.

8 Die Frage wird von *Reinhart*, Sanierungsverfahren im internationalen Insolvenzrecht, 212 - 248 nur dahingehend im Rahmen der Anerkennung ausländischer Sanierungspläne beantwortet, daß ein gerichtlich bestätigter Plan *verfahrensrechtlich* und nicht etwa kollisionsrechtlich als ausländische *„Entscheidung"* anzuerkennen sei.

9 Zum Prozeßvergleich etwa *Rosenberg/Schwab/Gottwald*, § 131 III 1 (c).

10 Anders in Zürich. Hier erläßt das Gericht einen Abschreibungsbeschluß, der den Prozeßvergleich zum Urteil „erhebt", dazu *W. Habscheid*, Lb N. 430.

11 Vgl. oben § 63.

12 Vgl. oben § 76 IV.

2. Das US-Verfahren

Der Reorganisationsplan wird zwar grundsätzlich vom Schuldner vorgelegt[13] und sein Inhalt[14] muß von den Gläubigergruppen mit der erforderlichen Mehrheit angenommen werden[15]. Danach findet eine gerichtliche Anhörung über den Plan statt, in der Betroffene dem Plan widersprechen können[16]. Die gerichtliche Bestätigung des Plans (confirmation of plan) ist in § 1129 BC detailliert geregelt und enthält in § 1129 (a) (7) (8) BC das Obstruktionsverbot, welches sich in § 245 I Nr. 1 InsO wiederfindet und das nach Stimmen aus der Kommentarliteratur[17] auf das amerikanische Vorbild zurückgeht. Der in der InsO näher konkretisierte Begriff einer „angemessenen Beteiligung der Gläubiger einer Gruppe" (§ 245 I Nr. 2, II InsO) findet sich in § 1129 (b) BC als unbestimmter Rechtsbegriff wieder, wonach der Plan vom Gericht zu bestätigen ist, wenn der Plan eine Gläubigergruppe, die den Plan nicht angenommen hat, nicht diskriminiert und – „*fair and equitable*"[18] – ist. Wird der Plan schließlich vom Gericht bestätigt, so werden alle materiell Beteiligten des Reorganisationsverfahrens – also auch diejenigen, die nicht teilgenommen haben – durch den gerichtlich bestätigten Plan gebunden (vgl. § 1141 (a) (b) BC)[19].

Soweit nichts anderes bestimmt wird, geht die Masse auf den Schuldner über.

Insoweit führt die verfahrenrechtliche Ausgestaltung eines US-Reorganisationsplans unter Chapter 11 zu denselben rechtlichen Wirkungen wie ein Insolvenzplan: Die privatrechtliche Vereinbarung zwischen den Beteiligten, die wegen der Überstimmungsmöglichkeit Zwangscharakter hat, bindet erst mit der gerichtlichen *Bestätigung* durch den Bankruptcy Court; *diese ist das konstitutive Element*. Es handelt sich nicht um eine Streitentscheidung durch den Bankruptcy Court, sondern um eine Inhaltskontrolle aufgrund der Schutzvorschriften des Bankruptcy Code,

---

13 § 1121 (b) BC; nach Fristablauf von 120 Tagen ist auch ein Gläubiger oder ein ernannter Trustee vorlageberechtigt, vgl. § 1121 (c) BC.

14 § 1123 BC.

15 § 1126 BC.

16 § 1128 BC.

17 *Schmidt-Räntsch*, zu § 245 Rdnr. 1

18 Hierzu kritisch *Bork*, ZZP 109 (1996), 473, 480 ff.; *Kemper*, Die US-amerikanischen Erfahrungen mit „Chapter 11" – Ein Vergleich mit dem Insolvenzplan der neuen InsO (1996), 162 ff.

19 § 1141. Effect of confirmation

„(a) Except as provided in subsections (d) (2) and (d) (3) of this section, the provisions of a confirmed plan bind the debtor, any entity issuing securities under the plan any entity acquiring property under the plan, and any creditor, equity security holder, or general partner in the debtor, whether or not the claim or interest of such creditor, equity security holder, or general partner is impaired under the plan and whether or not such creditor, equity security holder, or general partner has accepted the plan.

(b) Except as otherwise provided in the plan or the order confirming the plan, the confirmation of a plan vests all of the property of the estate in the debtor."

wobei dem Obstruktionsverbot eine besondere Rolle zukommt. Auch hier handelt es sich um einen konkursrechtlichen Gestaltungsakt[20], der die Rechtsverhältnisse regelt und zur Beendigung des Insolvenzverfahrens führt.

III. Die Pläne – konkursgerichtliche Gestaltungsakte: Der Anerkennungs- und Vollstreckungsweg

1. Anerkennung und Anerkennungsweg

Verglichen mit der KO und der GesO ist der US-Reorganisationsplan eine rechtsgestaltende Entscheidung in einer Sonderform eines Insolvenzverfahrens, vergleichbar mit einem Vergleich nach der VglO. Verglichen mit der InsO handelt es sich schlichtweg um das Gegenstück zum deutschen Plan nach der InsO.

Es gilt daher das, was generell zur Anerkennung entsprechender Gestaltungsakte ausgeführt wurde[21]: Die Anerkennung erfolgt aufgrund der universalen Erstrekkung ausländischer Insolvenzen. Die einheitliche Insolvenzmasse, deren Verwaltung, Entwicklung und Bereinigung sich nach ausländischem US-Recht richtet, wird durch den Plan umgestaltet: es erfolgt eine Stundung oder / und Herabsetzung der Passiva und die Auskehrung einer Dividende.

Ob dies anerkannt wird, richtet sich förderhin nach Art 102 I EGInsO[22]. Bis dahin gilt aufgrund des Universalitätsgrundsatzes (§ 22 GesO) dasselbe.

Die Anerkennungsfrage stellt sich im Prozeß *incidenter*.

Klagt etwa nach einem US-Reorganisationsplanverfahren ein „unzufriedener" Gläubiger in Deutschland gegen den früheren Gemeinschuldner, so wird dieser auf den Plan verweisen. Ist er anzuerkennen und hat der Gläubiger alles erhalten, was ihm aus dem Plan zusteht, so ist die Klage abzuweisen, wenn der Planvergleich anerkannt wird.

Um es zu wiederholen: Der bestätigte Rehabilitationsplan ist kein urteilsgleicher Akt[23], der seine Anerkennung über § 328 ZPO oder analog § 328 ZPO suchen müßte. Er bedarf auch vielfach keiner Vollstreckung, weil er sich *qua* Gestaltungsakt mit Bindungswirkung „selbst vollstreckt".

---

20 A.A. *Reinhart*, 218 ff., der die *urteils*ähnlichen Elemente betont und deshalb im Rahmen der Anerkennung ausländischer Pläne an §§ 328 ZPO, 16a FGG anknüpfen möchte.

21 Vgl. oben §§ 64 - 66, § 76.

22 Anders beim englischen Company voluntary arrangement, das keiner gerichtlichen Bestätigung bedarf (dazu *Reinhart*, 219 - 221). Dieses ist (lediglich) materiellrechtlicher Vergleich.

23 So aber wohl *Reinhart*, 218, 219.

2. *Die Vollstreckungsproblematik*

Der US-Reorganisationsplan legt, wie der Plan nach der InsO, dem Schuldner bestimmte Leistungsverpflichtungen, etwa Zahlung von Raten, ggf. nach Stundung auf. Er hat *insoweit* einen vollstreckungsfähigen Inhalt.

Hier könnte man an eine Analogie zum Urteil als Vollstreckungstitel denken. Aber für das deutsche Recht enthebt uns die InsO (§ 257) und die VglO (§ 85, 86) der Problematik, indem sie diesen „Vergleich" als Vollstreckungstitel anerkennt. Immerhin aber könnte man hier von einer Feststellung eines Anspruchs und so von einer Entscheidung sprechen.

§ 322 E 1992 sah generell für „Entscheidungen" die Erwirkung eines Vollstrekkungsurteils entsprechend §§ 722 II, 723 I ZPO vor[24]. Die Regierungsbegründung zum Entwurf verweist dabei ausdrücklich auf ausländische Vergleiche und Insolvenzpläne[25]. Aber hier wird wegen der Anerkennung nicht auf § 328 ZPO sondern auf die Konkursanerkennung verwiesen. Es ging also nur um die Erstellung eines Vollstreckungstitels.

M.E. wird die Anerkennung auch des ausländischen Leistungsbefehls durch Art 102 I EGInsO bestimmt. Denn auch dieser Leistungsbefehl beruht auf einem insolvenzrechtlichen Rechtsfürsorgeakt. Daher kann auch so eine Vollstreckbarerklärung analog §§ 722 II, 723 ZPO i.V. mit Art 102 I EGInsO erfolgen. Bis zum Inkrafttreten der Insolvenzordnung gilt dasselbe wegen des konkursrechtlichen Universalitätsprinzips, das der BGH und § 22 GesO anerkannt haben.

§ 79 Das Obstruktionsverbot, die Ausnahme vom Plan und der ordre public

Es wurde schon erwähnt, daß der Gedanke eines Obstruktionsverbotes in § 245 InsO sich an die US-amerikanische Regelung anlehnt[1], die in den wesentlichen Punkten von der InsO übernommen wurde.

I. Das Obstruktionsverbot

1. *Die gesetzliche Regelung in den USA*

Im § 1129 (b) BC heißt es vereinfacht gesagt, daß im Falle der Erfüllung aller Voraussetzungen des Absatzes (a), eine fehlende Zustimmung oder Beeinträchtigung unbeachtlich ist, wenn der Plan ansonsten insgesamt als *„fair and equitable"*

24 Dazu oben § 8 III

25 BT-Drs. 12/2443, 244, 245.

1 *Schmidt-Räntsch*, zu § 245 Rdnr. 1.

im Hinblick auf jede Gläubigergruppe zu bezeichnen ist (vgl. dazu § 245 I Nr. 1 und Nr. 2 InsO).

2. *Der ordre public-Ansatz*

Kritisch[2] bleibt in diesem Zusammenhang im Hinblick auf den ordre public , daß im Gegensatz zu § 245 I Nr. 3 InsO einem Chapter 11 Plan nicht zumindest die Mehrheit der Gläubigergruppen dem Plan zugestimmt haben muß, die fehlende Zustimmung vielmehr durch die Feststellung des Bankruptcy Court gem. § 1129 (b), daß der Plan „fair and equitable" sei, ersetzt werden kann[3].

Dennoch bleibt nach § 1129 (b) BC der Mindestbehalt für jede Gläubigergruppe: Der Plan darf eine Gläubigergruppe nicht schlechter stellen als im Falle einer Liquidation. Dieser Grundsatz wird durch § 1129 (b) BC nicht durchbrochen, da alle Voraussetzungen in § 1129 (a) – außer (a) (8) – erfüllt sein müssen[4]. In § 1129 (a) (7) (ii) BC wird ausdrücklich festgelegt, daß Berechtigte einer Gläubigergruppe durch den Plan nicht schlechter gestellt werden dürfen als im Falle einer Liquidation[5]. Im Ergebnis können zwar die fehlenden Mehrheiten der Gläubigergruppen (Beispiel: Von den 5 Gläubigergruppen haben 4 dem Plan nicht zugestimmt) durch die gerichtliche Bestätigung des Plans durch den Bankruptcy Court ersetzt werden. Nicht ersetzt werden kann aber das Absinken einer Gläubigergruppe im Plan unter die Befriedigungsgrenze in einem Liquidationsverfahren[6].

---

2 *Bork*, ZZP 109 (1996), 473, 485.

3 Zur umfassenden Kasustik, *Epstein/Nickles/White*, 762 ff.

4 § 1129 (b) (1) BC: Notwithstanding section 510 (a) of this title, if all of the applicable requirements of subsection (a) of this section other than paragraph (8) are met with respect to a plan, *the court,* on request of the proponent of the plan, shall confirm the plan notwithstanding the requirements of such paragraph if the plan does not discriminate unfairly, and *is fair and equitable*, with respect to each class of claims or interests that is impaired under, and not accepted, the plan.

5 § 1129 (a) (7) BC: With respect to each impaired class of claims or interests – (A) each holder of a claim or interest of such class –

(i) has *accepted* the plan; *or*

(ii) *will receive* or retain under the plan on account of such claim or interest property of a value, as of the effective date of the plan, *that is not less than the amount that such holder would so receive or retain if the debtor were liquidated under chapter 7 of this title on such date*; or ... (Hervorhebungen vom Verfasser).

6 *Epstein/Nickles/White*, 761, 762 „Note that the best interest test applies to creditors, irrespective of class votes. If liquidation will bring 10 percent, each nonconsenting creditor must get 10 percent or the plan fails even if such creditor's class votes for the plan". Ferner schon *Riesenfeld*, KTS 1983, 85, 98.

3. Garantie des Liquidationswertes im deutschen Recht § 245 I Nr. 2 InsO?

Die Kritik[7], die an der die Gläubigergruppenmehrheit ersetzenden gerichtlichen Bestätigung des Bankruptcy Courts (§ 1129 (b) BC) ansetzt, läßt außer Acht, daß nach der InsO gem. § 245 I Nr. 2, 3 zwar die Zustimmung der Mehrheit der Gruppen vorliegen muß, wenn im Falle des § 245 I Nr. 2 InsO eine Gruppe „angemessen" an dem wirtschaftlichen Wert beteiligt wird. Die angemessene Beteiligung einer Gläubigergruppe – was man auch immer in Zukunft darunter verstehen wird[8] – in § 245 I Nr. 2 InsO setzt aber nach dem Wortlaut von § 245 I Nr. 1 und Nr. 2 InsO nicht voraus, daß die „angemessen beteiligten Gläubiger" im Falle einer Zustimmungsmehrheit der Gruppen *zumindest* neben der Erfüllung der Kriterien in § 245 II InsO den Liquidationswert erhalten müssen[9].

Die Nummern 1 und 2 des § 245 InsO sind eben nicht mit dem Wörtchen *„und"* verknüpft. Letztlich wird die künftige Rechtsprechung zeigen müssen, ob durch einen Plan, trotz mehrheitlicher Zustimmung der Gruppen, *eine* ablehnende Gruppe nach § 245 I Nr. 2 und 3 InsO mit der Befriedigung ihrer Forderung *unter* den Liquidationswert gedrückt werden kann. M.E. ist dies nicht statthaft. Die Eigentumsgarantie in Art 14 GG würde insoweit nicht ausreichend beachtet. Aber dies ist eine Kritik am deutschen Gesetz, nicht an der Regelung des Bankruptcy Code. Denn der BC ist mit seiner Garantie klar.

4. Garantie des Liquidationswerts über § 251 InsO

Eine etwaige Grundrechtsproblematik im Hinblick auf die Unterscheidung des Liquidationswertes wird aber durch § 251 I InsO zumindest „formal" entschärft: Auf *Antrag eines Gläubigers* ist die Bestätigung des Plans zu versagen, wenn der Gläubiger zu Protokoll der Geschäftsstelle oder im Abstimmungstermin dem Plan widerspricht. Der Antrag ist aber nur zulässig, wenn *der Gläubiger* glaubhaft macht, daß er durch den Plan schlechter gestellt wird.

Der entscheidende Unterschied zur US-amerikanischen Regelung besteht also darin, daß nach dem Bankruptcy Code sozusagen „von Amts wegen", durch das Konkursgericht die Beachtung der Liquidationsgarantie im Rahmen des Planbestätigungsverfahrens zu überprüfen ist.

Eine dahingehende materielle Überprüfung des Plans im Hinblick auf die Beachtung der Liquidationsgarantie findet nach der InsO – von Amts wegen – nicht statt. Sie beschränkt sich nach § 250 InsO auf Verstöße gegen Verfahrensvorschriften. Ein nicht unbeachtlicher Unterschied, da nach der InsO dem widersprechen-

---

7 *Bork*, aaO, 473, 484 ff.

8 Ist das der Liquidationswert? Wenn ja, weshalb hier nicht „Liquidationswert"?

9 *Schmitd-Räntsch*, zu § 245; BT-Drs. 12/2443 zu § 290 des Entwurfs, 208, 209 erhalten keine ausdrücklichen Aussagen; mit Recht zum InsO Entwurf, *Reinhart*, 316.

den Gläubiger die Glaubhaftmachung der Schlechterstellung auferlegt wird (vgl. § 251 II). Sie kann für ihn aber u.U. mit nicht unerheblichen Schwierigkeiten tatsächlicher Art befrachtet sein, da regelmäßig der *Konkursverwalter* Ertrags-, Fortführung- und schließlich Liquidationswerte am besten bestimmen kann. Die *Sachkenntnis* liegt bei *ihm* und natürlich beim *Konkursgericht*. Die Übergehung von Gläubigern wird folglich nicht von vornherein ausgeschlossen, so daß ein unwidersprochener, gegen die Liquidationsgarantie verstoßender Insolvenzplan bestandskräftig wird.

5. Ergebnis

Die Ähnlichkeit zwischen dem Obstruktionsverbot nach dem Bankruptcy Code und der InsO ist trotz aller Unterschiede nicht zu leugnen. Ein unter Beachtung des US-amerikanischen Obstruktionsverbot bestätigter Chapter 11 Plan wird aber – von der Gesetzeskonstruktion her – kaum Anlaß für einen Verstoß gegen den deutschen ordre public geben können. Beide Lösungen – die amerikanische wie die deutsche – wollen eine Obstruktion einzelner Gläubigergruppen unmöglich machen. Die US-Lösung ist insofern besser als die der InsO, als sie die Beachtung des Liquidationswerts immer garantiert.

Demgegenüber wird ein nach § 251 InsO unwidersprochener Insolvenzplan bestandskräftig. Einwendungen des Gläubigers, daß der Insolvenzplan den Liquidationswert im Sinne von § 245 Nr. 1 InsO nicht ausreichend beachtet habe, sind danach ausgeschlossen.

II. Die Ausnahmen vom Plan nach Chapter 11

1. Keine Erstreckung auf Steuerforderungen und Punitive Damages?

Wie festgestellt[10], werden alle materiell Beteiligten am Reorganisationsverfahren durch den Plan gem. § 1141 (a) BC gebunden, soweit nicht nach § 1141 (d) (2) und (d) (3) BC Verbindlichkeiten des Gemeinschuldners betroffen sind, die kraft Gesetzes von der Restschuldbefreiung (discharge) nicht erfaßt werden. Der Gesetzestext in § 1141 (d) (2), (d) (3) BC ist unmißverständlich[11]. Es handelt sich hierbei insbesondere um die in Teil II erwähnten Verbindlichkeiten des Gemeinschuld-

---

10 Vgl. oben § 78 Fn 19 zum Gesetzestext von § 1141 (a) BC.

11 § 1141 (d) (2) The confirmation of a plan does not discharge an individual debtor from any debt excepted from discharge under section 523 of this title.

(d) (3) (A) ...

(B) ...

(C) The confirmation of a plan does not discharge a

debtor if – the debtor would be denied a discharge under section 727 (a) of this title if the case were a case under Chapter 7 of this title.

ners hinsichtlich von Steuerforderungen des Fiskus[12] und Verbindlichkeiten aus der Verurteilung zu Punitive Damages[13] oder aufgrund eines betrügerischen Verhaltens im weitesten Sinne im Zusammenhang mit dem (bevorstehenden) Insolvenzverfahren[14]. Bereitet die letzte Gruppe weniger Probleme, da auch nach der InsO aus Gründen, die sich auf ein strafbares, betrügerisches oder arglistiges Verhalten stützen, eine Restschuldbefreiung zu versagen ist (§ 290 InsO), tritt die Anerkennungsproblematik in Hinblick auf US-Steuerforderungen und Punitive Damages auch in einem Chapter 11 Reorganisationsplanverfahren wieder zutage[15].

Es kann also sein, daß die Masse letztlich oder zumindest vorrangig auch im bestätigten Reorganisationsplan der Befriedigung der vorrangigen Gläubiger, insbesondere des Fiskus und der Punitive Damages-Berechtigten dient und auch die volle Einzelvollstreckung nach Ende des Verfahrens zugesichert wird. Dies geht zu Lasten der anderen Gläubiger.

2. *Keine ordre public-Widrigkeit des Fiskusprivilegs*

Das ist zweifellos eine Verletzung des Prinzips des klassenlosen Konkurses, dem sich die InsO verschrieben hat. Aber man sollte nicht übersehen: Auch in der KO und der GesO sind öffentlichrechtliche Forderungen privilegiert. Man kann daher nicht zuletzt im Hinblick auf die europäischen Rechtsordnungen, die öffentlichrechtliche Ansprüche bevorzugen, nicht generell sagen, diese Rechte und ihre Auswirkungen verletzten den deutschen ordre public *offensichtlich*, wie es Art 102 I EGInsO für die Nicht-Anerkennung (hier eines ausländischen Vergleichs) fordert. Auf diese Weise würde man auch die kommende EU-Insolvenzkonvention aushebeln.

3. *Das Punitive Damages-Problem*

Somit bleibt die Bevorzugung der Punitive Damages-Gläubiger. Wenn das deutsche Recht Punitive Damages-Urteile grundsätzlich nicht anerkennt und daher nicht zur Vollstreckung zuläßt[16], ist es konsequent bei der Anerkennung eines ausländischen Insolvenzplanverfahrens entsprechend vorzugehen, wenn die Masse durch Punitive Damages verringert oder gar aufgezehrt wird. Die Nichtanerkennung ließe dann Arreste und Klagen von Gläubigern in Deutschland und die Einzelvollstreckung in Schuldnervermögen im Inland zu[17].

---

12 Vgl. oben § 20 II, IV; 38.

13 Vgl. oben § 37 I, II; § 39; zur fehlenden Anerkennungsfähigkeit eines Punitive Damages-Urteils BGHZ 118, 312 ff.

14 Vgl. oben § 37 III.

15 Oben zu § 37 II, § 39.

16 BGHZ 118, 312 ff.

Bleibt dann noch der Fall, daß erst der bestätigte Insolvenzplan „enthüllt", daß der einfache (deutsche) Gläubiger in seiner Quote durch Punitive Damages-Berechtigte beschnitten werden. Hier wäre aus ordre public Gründen die schuldbefreiende Wirkung des Plans „insoweit"[18] zu versagen.

Was schließlich die fehlende Discharge – also: keine Restschuldbefreiung *von* Punitive Damages – betrifft, wird neues Vermögen des Gemeinschuldners in der Bundesrepublik nach Erstellung des Insolvenzplanverfahrens durch die Rspr. des BGH[19] geschützt. Punitive Damages Urteile können hier nicht vollstreckt werden.

Kapitel 5: Fragen des einstweiligen Rechtsschutzes

Daß der ausländische Verwalter im Inlande einen Arrest oder eine einstweilige Verfügung beantragen kann, um die Konkursmasse zu sichern, ist selbstverständlich. Er handelt hierbei als Repräsentant der Masse zu deren Sicherung.

Es wird teilweise davon gesprochen, er habe die Sachlegitimation (Aktivlegitimation). Sieht man diese aber als Frage des materiellen Rechts – der Begründetheit der Klage[1] – an, so ist diese Formulierung, obwohl sie immer wieder auftaucht, nicht korrekt. Vielmehr geht es darum, jedenfalls nach deutschem Prozeßrecht, ob der ausländische Verwalter das *Prozeßführungsrecht* in Bezug auf die Masse hat. Nur dann sind seine Klage oder sein Antrag auf einstweiligen Rechtsschutz zulässig[2].

Der sachlich Legitimierte – also der dem das Recht zusteht – ist auf alle Fälle grundsätzlich – wenn kein Insolvenzverfahren vorliegt, auch prozeßführungsberechtigt. Dem Konkursverwalter stehen aber in aller Regel nicht die Rechte an der Masse zu; wohl aber ist er „ihr Vertreter" oder Vertreter der Beteiligten, auf alle Fälle aber ist er materiell für die Masse verfügungsbefugt und er hat das Recht, Prozesse für die Masse zu führen. Der Gemeinschuldner hat dieses Recht für den Lauf des Verfahrens grundsätzlich verloren. So ist es auch im US Recht. Diese Rechte stehen jetzt dem Trustee zu[3]. Wir spechen daher künftig von der Prozeßführungsbefugnis des Verwalters – gerade auch dort, wo in Literatur und Rechtsprechung von Sachlegitimation (Aktiv- und Passivlegitimation) die Rede ist.

---

17 Vgl. auch unten die Begründung zu § 81 III.

18 Wobei das „insoweit" bedeutet, daß wohl die Klage sich nur auf den Betrag der Dividende richten darf, die der Gläubiger ohne die Punitive Damages erhalten hätte. Ist das Schuldnervermögen in Deutschland bereits „aufgeteilt worden", wird der Gläubiger mit seiner Klage freilich zu spät kommen.

19 BGHZ 118, 312 ff.

1 So *Rosenberg / Schwab / Gottwald*, 15. Aufl. § 46 I, 2.

2 So *Rosenberg / Schwab / Gottwald*, 15. Aufl. § 46 I, 2.

3 Zur Rechtsstellung des US-Trustees oben § 21 II.

Diese Klarstellung dürfte notwendig sein. Andererseits aber stellen sich Probleme für den einstweiligen Rechtsschutz hauptsächlich *für die Gläubigerseite.* Diesen Fragen soll nachfolgend nachgegangen werden.

§ 80 Arrest / Einstweilige Verfügung (und Hauptverfahren) auf Antrag des Gläubigers trotz Konkurses im Ausland

Die Frage, ob ein Arrest oder eine einstweilige Verfügung trotz ausländischer Konkurseröffnung bezüglich von im Inland belegenen Vermögens des Gemeinschuldners in Frage kommt, ist in der Literatur[4] vor dem Hintergrund von § 237 I KO diskutiert worden.

I. Die Literatur

Ein Teil der Lehre möchte die Zulässigkeit eines Arrests oder einer einstweiligen Verfügung aus Gründen des Rechtsschutzes bejahen[5]. Die aber wohl überwiegenden Stimmen des Schrifttums wollen einen Arrest / (einstweilige Verfügung)eines Gläubigers in inländisches Vermögen des Gemeinschuldners wegen der ausländischen Konkurseröffnung nicht mehr zulassen[6]. Nachfolgend soll es nicht darum gehen, diese Diskussion mit all ihren Facetten erneut aufzurollen. De lege ferenda spricht allerdings gegen die Argumentation aus § 237 KO die Tatsache, daß die Vorschrift zum 01. 01. 1999 ersatzlos entfallen wird. In der zum 01. 01. 1999 in Kraft tretenden InsO ist eine Regelung im Sinne von § 237 KO nicht mehr vorgesehen. Schon aus dieser künftig geltenden Rechtslage könnte man vordergründig den Schluß ziehen, daß künftig erst recht ein inländischer Arrest ausscheide, wenn im Ausland ein Konkurs über das Vermögen des Gemeinschuldners eröffnet worden ist.

---

4 *Flessner*, ZIP 1989, 749, (753), *ders.*, IPRax 1991, 162, (163 ff.) zu BGH, Urt. 11. 01. 1990 – IX ZR 27 / 89 = IPRax 1991, 183 = KTS 1990, 429, dem Konkurs von United States Lines, Inc., die zur „Mareva Injunction" in England führte, Felixstowe Dock and Railway Co.v. United States Lines Inc., (1988) 2 All E.R. 77 und deren amerikanische Seite (In re Lean Industries, Inc., 68 B.R. 690 (Bankr. S.D.N.Y 1986) in § 17 ausführlich nachgezeichnet worden ist; *ders.*, FS Merz (1992), 93 ff.; *Arnold*, in Insolv. Hdb. zu § 122, Rdnr. 40 ff.; *Grasmann*, KTS 1990, 157, 175 ff., *ders.*, Rev.crit.dr.internat. privé 79 (1990), 421 (463).

5 *Flessner*, FS Merz (1992), 93 ff.; ablehnend *Riesenfeld*, FS Merz (1992), 497 (509) unter Bezugnahme auf Flessner, aaO.

6 *Hess / Kropshofer*, § 237, Rdnr. 25; *Kilger / Karsten Schmidt*, § 237, Rdnr. 7; *Kühn / Uhlenbruck (Lüer)*, §§ 237, 238, Rdnr. 84; *Riegel*, 216; *Aderhold*, 244 m.w.Nw. und insbesondere unter Hinweis auf *Pielorz*, 96; *Summ*, 107, möchte titulierten Gläubigern wegen § 237 KO die Möglichkeit eines Arrests nicht entziehen.

II. Rechtsvergleichend: Die gesetzlichen Grundlagen im Bereiche des EU-Übereinkommens

1. Zu Art 4 I, II (f) EUÜ

Daß dem im außereuropäischen Bereich – also hier insbesondere im Verhältnis Amerika – Deutschland nicht so ist, werden die nachfolgenden Überlegungen aufzeigen. Für den europäischen Bereich hat eine Klarstellung in Art 4 I, II (f) EU-Übereinkommen über Insolvenzverfahren stattgefunden[7]. Danach bestimmt sich das Insolvenzverfahren und seine Wirkungen nach dem Staat in dem das Verfahren eröffnet wird (Art 4 I EU-Übereinkommen). Und schließlich bestimmt auch das Recht des Staates der Verfahrenseröffnung, „wie sich die Eröffnung eines Insolvenzverfahrens auf Rechtsverfolgungsaufnahmen einzelner Gläubiger auswirkt".

Es sei an dieser Stelle nochmals unterstrichen, daß das EU-Übereinkommen über Insolvenzverfahren eine völkerrechtliche Vereinbarung zwischen den Mitgliedstaaten der EU darstellt. Aufgrund dieser gesetzlichen Grundlage bestimmt sich das „Insolvenzverfahren und seine Wirkungen" nach dem Recht „des Staates der Verfahrenseröffnung". Dessen (ausländisches) Insolvenzrecht bestimmt insbesondere die *Wirkungen auf Rechtsverfolgungsmaßnahmen* im (bundesdeutschen) Inland.

Es geht m.E. selbst im EU-Bereich somit auch um die Frage, ob sich die inländische „Zuständigkeit" aufgrund der ausländischen Konkurseröffnung verändert hat (oder verändern kann?). Selbst im EG-Bereich bleiben unter Zugrundelegung des EU-Übereinkommens über Insolvenzverfahren erhebliche Zweifel, ob die Vertragsstaaten so weit gehen wollten, auch Arreste durch inländische Gerichte zu verbieten. Die Wirkungserstreckung erfolgt zwar ohne weitere Förmlichkeiten (Art 17 I EU-Übereinkommen), solange kein Sekundärkonkurs eröffnet worden ist. Art 25 EU-Übereinkommen verweist ferner für den Bereich der Vollstreckung von Entscheidungen in Insolvenzverfahren auf die einschlägigen Vorschriften des EuGVÜ, also Art 31 - 51 (ohne Art 34 II) EuGVÜ.

Unverändert bleibt aber ansonsten der Anwendungsbereich des EuGVÜ, das auf Konkurse ansonsten keine Anwendung findet (Art 1 Nr. 2 EuGVÜ). Im Ergebnis wird nur für den vollstreckungsrechtlichen Bereich auf die Regelungen in EuGVÜ zurückgegriffen (Art 31 - 51 EuGVÜ). Die Frage der *Zuständigkeiten*, so könnte man meinen, sollte dagegen unberührt bleiben.

2. Zulässigkeit im Inlande im Falle einer Anerkennungsüberprüfung trotz Art 4 II EU-Übereinkommen

Folglich könnte selbst im EG-Bereich der vom Gläubiger angestrebte Arrestprozeß „zulässig" sein. Zulässig eben deshalb, weil die internationale Zuständigkeit

[7] Vgl. Dazu und im Rahmen der Prozeßunterbrechungsproblematik, oben § 70 IV.

(§§ 12 ff.; 23 ff. ZPO) weiterhin gegeben sein muß, wenn es um die Feststellung geht, daß dieses konkrete Insolvenzverfahren gegen den *ordre public* verstößt und damit nicht anerkannt werden kann (Art 26 Hs 1 EU-Übereinkommen). Andernfalls – ohne inländischen Gerichtsstand – wäre eine inzidente Anerkennungsüberprüfung für Konkursgläubiger (im Inland) nicht mehr möglich. Ein inländisches Forum muß hierfür erhalten bleiben; auch ist das Rechtsschutzbedürfnis insoweit unproblematisch, da im Falle fehlender Anerkennungsfähigkeit die Einzelrechtsverfolgung zulässig ist[8]. Andernfalls wäre eine Anerkennungsüberprüfung von Entscheidungen in Insolvenzverfahren alleine auf die Vollstreckungsseite beschränkt und könnte insoweit nur vom „Schuldner" verlangt werden (vgl. Art 26 Hs 2, Art 25 I EU-Übereinkommen i.V.m. Art 36 ff. EuGVÜ). Schon hier kristallisiert sich selbst für den Bereich der Europäischen Gemeinschaft heraus, daß sich die Feststellung in Art 4 II (f) EU-Übereinkommen auf typische (Konkurs-)Rechtsverfolgungsmaßnahmen beschränken muß, bei denen *nicht* die Anerkennungsfähigkeit des ausländischen Konkursverfahrens aufgrund konkreter Tatsachen in einem konkreten Verfahren in Frage gestellt wird.

a) Kein Rechtsschutz für inländische Klagen

Erwähnt werden in Art 4 II des EU-Übereinkommens in seinen Absätzen (g) und (h) ausdrücklich etwa die Anmeldung, Prüfung und Feststellungen von Forderungen. Insoweit wäre tatsächlich die Erhebung einer bloßen Feststellungsklage durch einen Konkursgläubiger unzulässig: Der Kläger hätte kein berechtigtes Interesse (Rechtsschutzbedürfnis) an einem inländischen Feststellungsurteil[9], da die Anerkennungsfrage nicht berührt wird, so daß kraft völkerrechtlicher Vereinbarung Rechtsschutz von den nach dem Recht der Konkurseröffnung zuständigen Stellen gewährt wird.

b) Internationale Zuständigkeitsregelung in Art 4 II EU-Übereinkommen

Ein anderer Ansatz – der ebenfalls eine allgemeine Prozeßvoraussetzung betrifft – ist die Frage, ob sich durch die Regelung gem. Art 4 II (f) Hs 1 des EU-Übereinkommens für den *europäischen* Bereich die internationale Zuständigkeit, die sich ja grundsätzlich nach der örtlichen bestimmt[10], ändert, da sich die Zuständigkeit

---

8 Eine Nichtanerkennung im EG-Bereich dürfte aber die Ausnahme sein. Regelmäßig wäre der Arrestantrag unschlüssig, da es an einem hinreichenden Tatsachenvortrag für die *Nicht*anerkennungsfähigkeit fehlt, so daß der Arrest durch Sachentscheidung als unbegründet abgewiesen wird.

9 Vgl. auch *Thomas / Putzo*, zu § 256 Rdnr. 5 (d) unter Hinweis auf BGH WM 1982, 619, das Feststellungsinteresse fehle, wenn das Urteil in einem ausländischen Rechtsstreit verwendet werden soll, dort aber nicht mit einer Anerkennung zu rechnen ist.

10 Allgemein, *Thomas / Putzo*, zu § 253 Vorbem. III A 1; Vorbem. II 4 vor § 1.

jetzt ausschließlich nach dem Recht des Staates der Konkurseröffnung richten soll. Es geht also um die Frage, ob aus deutscher Sicht ein ausländischer EU-Staat ausschließlich international zuständig ist, so daß sich deutsche Gerichte einer Sachentscheidung zu enthalten haben[11]. Grundsätzlich könnte dies der deutsche Gesetzgeber anordnen, soweit verfassungsrechtliche Grenzen nicht überschritten werden[12]. Im außerkonkursrechtlichen Bereich der EU geschah dies etwa in Art 16 des EuGVÜ *durch Staatsvertrag*[13] für die dort bezeichneten ausschließlichen Gerichtsstände. Nur die internationale Zuständigkeit („Gerichte der Vertragsstaaten"), nicht etwa die örtliche Zuständigkeit, ist dort geregelt[14] worden.

Eine so geartete ausdrückliche Regelung in dem Sinne, daß von einer international ausschließlichen Zuständigkeit gesprochen werden kann, läßt sich dem EU-Übereinkommen über Insolvenzverfahren (1995) in Art 4 jedenfalls nicht wörtlich entnehmen. Unstreitig dürfte aber sein, daß das EU-Übereinkommen als ein *völkerrechtlicher Vertrag* zwischen den Vertragsstaaten eine *Wirkungserstreckung* des Konkursverfahrens in einem Mitgliedsstaat und damit verbunden seine Zuständigkeitsordnung etwa beim Konkursgericht oder beim Prozeßgericht am Ort des Konkursgerichts (so in § 146 II KO; 180 I InsO) sicherstellen möchte. Hierauf hat man sich im Bereich der EU staatsvertraglich einigen wollen, so daß vieles für eine internationale Zuständigkeit der Gerichte des Konkurseröffnungsstaates spricht und sich deutsche Gerichte damit einer Sachentscheidung zu enthalten haben, solange die Anerkennungsfähigkeit als solche nicht bezweifelt wird. Schließlich geht es hier auch nicht etwa um die Problematik der Anerkennung einer ausschließlichen internationalen Zuständigkeit fremder Staaten *durch deutsches* Recht (wie etwa in § 24 ZPO – grundsätzlich im Ausland – und § 29 a ZPO)[15].

3. Internationale Zuständigkeit eines ausländischen Gerichts kraft gesetzlicher oder staatsvertraglicher Regelung

Aus dem soeben Gesagten muß m.E. als Mindestvoraussetzung oder „Bench Mark" für die Begründung einer ausschließlichen internationalen Zuständigkeit ei-

---

11 Differenzierend *Geimer*, IZPR, Rdnr. 864 - 866.

12 Zur Verfassungsproblematik *Geimer*, ZfRV (5) 1992, 321, 345 ff., kein Eingriff in die Justizhoheit der Länder (a.A. *Rauser*, Übertragung von Hoheitsrechten auf ausländische Staaten, 353, 355 ff., der eine Zustimmung der Länder fordert), da der Bund im Rahmen der konkurrierenden Gesetzgebungskompetenz (Art 74 Nr. 1 GG) von seiner Gesetzgebungskompetenz im Verfahrensrecht (ZPO und GVG) Gebrauch gemacht hat, so daß eine Verletzung der Gesetzgebungskompetenz der Länder nicht möglich ist.

13 Als Beispiel; das EuGVÜ findet aber bekanntlich auf Konkursverfahren keine Anwendung (Art 1 Nr. 2 EuGVÜ).

14 *Kropholler*, zu Art 16, Rdnr.1, 3 ff.; vgl. auch *Geimer*, IZPR, 968; 864, 929 der hinsichtlich §§ 24, 29 a ZPO aber nicht „rundweg" von einer internationalen *Un*zuständigkeit deutscher Gerichte spricht.

15 Kritisch hierzu mit Recht *Geimer*, IZPR, Rdnr. 929.

nes ausländischen Gerichts gefordert werden, daß sich die internationale Zuständigkeit eines ausländischen Gerichts entweder aus den *gesetzlichen* Regelungen der ZPO (vgl. §§ 24, 29 a ZPO) direkt[16] oder aber aus einer völkerrechtlichen Vereinbarung (EuGVÜ; EU-Übereinkommen für den konkursrechtlichen Bereich) ergibt, also aus einem Staatsvertrag, aus dem sich eine internationale Zuständigkeit des ausländischen Gerichts entnehmen läßt. Fehlt dagegen eine solche gesetzliche Regelung im inländischen Verfahrensrecht (ZPO) oder existiert keine völkerrechtliche Vereinbarung, so ist man wieder bei dem allgemeinen Grundsatz, daß die Inanspruchnahme einer ausschließlichen internationalen Zuständigkeit durch einen ausländischen Staat für den deutschen Richter irrelevant ist[17].

Die inländische Zuständigkeitsordnung bleibt unberührt. Dies gilt auch für den einstweiligen Rechtsschutz.

III. Außer EU-Bereich: Keine Wirkungserstreckung des Auslandskonkurses auf die inländische Zuständigkeitsordnung

1. Die Rechtslage in den USA

Das zum EU-Übereinkommen Gesagte läßt sich auch für den außereuropäischen Bereich nutzbar machen. Es springt dabei sofort ins Auge, daß es etwa im deutsch-amerikanischen Verhältnis an einer völkerrechtlichen Vereinbarung fehlt, wonach sich die internationale Zuständigkeit verändert „haben könnte".

Darüber hinaus läßt die USA – spiegelbildlich gesprochen – einen deutschen Konkurs und alles was damit zusammenhängt, wie etwa die Zulässigkeit von Arresten, gerichtliche Zuständigkeiten usw., gerade nicht in die USA „hineinwirken". Selbst eine gesetzliche Regelung i.S.v. Art 102 I EGInsO, die sich nur auf die Aussage beschränkt, daß ein ausländisches Konkursverfahren im Inland belegenes Vermögen „erfaßt", fehlt im Bankruptcy Code. Rechtsschutz existiert für den ausländischen Konkursverwalter nur in dem *gerichtlichen* Rechtshilfeverfahren nach § 304 BC oder aufgrund der allgemeinen Comity Doctrin, wobei Dreh- und Angelpunkt für eine Untersagungsverfügung durch ein US-Gericht – etwa gegen einen Arrest – *immer* die Frage der Anerkennungsfähigkeit des konkreten ausländischen Konkursverfahrens ist.

2. Die deutsche Literatur

Anders dagegen Stimmen in der deutschen Literatur, die, was die Frage der Anerkennung eines Konkurses im Ausland (hier in den USA) betrifft, m.E. „das Pferd von hinten aufzäumen" und dabei gar formulieren, daß

---

16 *Thomas / Putzo*, zu § 253 Vorbem. III A 1, Vorbem. II 4 vor § 1; kritisch *Geimer*, IZPR, 864, 929 ff.

17 Vgl. etwa oben §§ (14 II, 15 III, 16 II) 17 zu 28 U.S.C. § 1334 (e); *Geimer*, IZPR, Rdnr. 924

„die Anerkennung eines Auslandskonkurses nicht dadurch unterlaufen werden darf, daß einzelne Gläubiger das Inlandsvermögen des Gemeinschuldners durch Arrest auf Eis legen“.[18]

So geartete Formulierungen lassen erkennen, daß Bedenken gegen Eingriffe in die verfassungsrechtlich verbriefte inländische Zuständigkeitsordnung (Art 101; Art 103 I GG) aufgrund der bloßen Konkurseröffnung im Ausland (hier in den USA) mit Begründungen wie die: – ein inländischer Arrest (in Deutschland) würde zu einer „Unterlaufung“ der Anerkennung eines ausländischen Konkursverfahrens führen – überdeckt werden.

3. Zu Art 102 I EGInsO

Eine solche Betrachtungsweise findet jetzt in Art 102 I EGInsO keine Stütze mehr. Denn eine so verstandene *Wirkungserstreckung* ist in Art 102 I EGInsO – im Gegensatz zum EU-Übereinkommen über Insolvenzverfahren (1995), (vgl. dort Art 4 I, II des EU-Übereinkommens) – nicht aufgenommen worden. Im Ergebnis ist also die Zauberformel einer (umfassenden) Wirkungserstreckung, die sich nach der *lex fori concursus* bestimmt *und* konkurs*verfahrens*rechtlich zur vis attractiva concursus[19] eines amerikanischen Konkursverfahrens führen müßte (vgl. 28 U.S.C. § 1334 (e)), nicht in ein Gesetz eingegangen. Das wird zusätzlich dadurch belegt, daß die in § 379 InsO-Entwurf[20] vorgesehene Wirkungserstreckung, die insbesondere die Konkurseröffnung im außereuropäischen Bereich regeln sollte, nicht in die InsO und dessen Einführungsgesetz übernommen worden ist.

M.E. hat daher die Formulierung von *Flessner*[21], wonach Bedenken gegen die Zulassung eines Arrests im Inlande unbegründet sind, weiterhin ihre Berechtigung. Dies gilt trotz der Streichung von § 237 KO in der InsO:

„Wenn es überhaupt zu einem vollstreckbaren Urteil in der Hauptsache kommen durfte, weil der ausländische Konkurs nicht anerkannt wurde, dann hat auch das im deutschen Zwangsvollstreckungsrecht geltende Prioritätsprinzip wieder seine Berechtigung“[22].

---

18 *Aderhold*, 244 unter Hinweis auf *Pielorz*, 96, *Thieme*, RabelsZ 37 (1973), 702; *Pielorz*, aaO, unter Hinweis auf *Thieme*, aaO, er ist aber vorsichtiger gewesen, wenn er sagt, daß „*wegen* Anerkennung der ausländischen Prozeßsperre im Inland ... die Geltung des ausländischen Prozeßverbots nicht durch die Zulassung von Arresten unterlaufen werden darf“; also „irgendwo“ vor einem inländischen Gericht muß aber doch die Anerkennungsüberprüfung stattfinden können.

19 So *Aderhold*, 302 ff., (305); ablehnend oben § 74.

20 Vgl. BT-Drs. 12/2443.

21 FS Merz (1992) 93 ff. (103), *ders.*, IPRax 1991, 162 ff., *ders.*, ZIP 1989, 749 ff. (753); in diesem Sinne auch *Roth*, IPRax 1996, 324, 326; *Otto*, RabelsZ 58 (1994), 292 - 324.

22 AaO, Unterstreichung vom Verfasser.

4. Praktische Folgen, Beispiele

Folgendes Beispiel: Greift ein Gläubiger des Gemeinschuldners den ausländischen Konkursbeschlag, der gem. Art 102 I InsO das in Deutschland belegene Vermögen erfassen würde, mit der glaubhaft gemachten Begründung an, daß der ausländische Konkurs nicht anerkannt werden könne, weil etwa das US-Konkursverfahren auf einer Verurteilung des Gemeinschuldners zu Zahlungen von „Punitive Damages“ beruhe, die Verurteilung ein Vielfaches des eigentlichen Schadens ausmache, die Punitive Damages nicht der US-Restschuldbefreiung unterliegen[23], seine Forderung aber von der Discharge erfaßt werden solle, so wirft dieser Vortrag die Frage des *ordre public* auf (Art 102 I Nr. 2 InsO).

In dem an das Arrestgesuch anschließende Hauptsacheverfahren (§ 926 ZPO) müßte der deutsche Richter im *Erkenntnisverfahren* den Verstoß gegen den ordre public bejahen oder verneinen. Der Arrest schützt den Kläger vor einer für ihn nachteiligen Änderung seiner Rechtsposition, nämlich der Einleitung der Einzelrechtsverfolgung, da der ausländische Konkurs gegen den ordre public verstößt und folglich nicht anerkannt werden kann.

Oder ein anderes Beispiel: Ein Gläubiger kann glaubhaft machen, ihm stehe ein dingliches Recht an einer in Deutschland belegenen Sache zu, welches ihn zu einer Ab- oder Aussonderung berechtigt. Gegen die begründete Gefahr einer Veräußerung / Verbringung des Gegenstands in die USA möchte er sich mit einem Arrest (§ 916 ZPO) bzw. einer einstweiligen Verfügung (§ 935 ZPO) schützen. Abstrakt gesehen macht hier der Arrestgrund / Verfügungsgrund keine größeren Probleme. Für den Arrest ergibt er sich m.E. schon aus § 917 II ZPO, da das durch einen inländischen Titel[24] verbriefte Aus- oder Absonderungsrecht vor einer (unsicheren) Vollstreckung im Ausland geschützt wird. Gleiches gilt für den Verfügungsgrund, soweit eine Veräußerung, Wegschaffung usw.[25] zu befürchten ist. Dies ergibt sich schon aus dem Umstand, daß der Trustee Vermögenswerte in Deutschland verwerten bzw. wegschaffen wird.

Ob darüber hinaus ein Arrestanspruch / Verfügungsanspruch vorliegt, ist eine Frage der Berechtigung des Anspruchs, die endgültig im Hauptsacheverfahren (§ 926 ZPO), dem Erkenntnisverfahren, zu klären ist. Beim einstweiligen Rechtsschutz genügt Glaubhaftmachung.

Die Klagen wären regelmäßig am Vermögensgerichtsstand (§ 23 ZPO) vor dem deutschen Prozeßgericht[26] anhängig zu machen und dort zu entscheiden. Unerheblich ist für die Frage der Bestimmung des zuständigen deutschen Gerichts, daß

---

23 Vgl. oben §§ 37 - 39.

24 *Baumbach / Lauterbach / Albers / Hartmann*, ZPO, zu § 917, Rdnr. 9, 10.

25 *Thomas / Putzo*, ZPO, zu § 935 Rdnr. 3.

26 Vgl. *E. Habscheid*, KTS 1990, 403, 420; a.A. *Aderhold*, 304, die wegen der vis attractiva concursus selbst Prozesse um Aussonderungs- und Vorrechte unterschiedslos an das ausländische Konkursgericht verweisen will.

nach amerikanischem Recht eine ausschließliche internationale Zuständigkeit[27] des dortigen District Court (28 U.S.C. § 1334 (e)) gesetzlich vorgesehen ist. Auch bestehen keine völkerrechtlichen Vereinbarungen zwischen der Bundesrepublik und den USA, wonach anders zu entscheiden wäre[28], und selbst für den Bereich der Mitgliedsstaaten der Europäischen Gemeinschaft bestimmt Art 5 des EU-Übereinkommens über Insolvenzverfahren, daß dingliche Rechte eines Gläubigers oder Dritter, die sich in einem anderen Staat als dem der Insolvenzverfahrenseröffnung befinden, durch die Eröffnung des Verfahrens nicht berührt werden. Für den hier interessierenden außereuropäischen Bereich für Konkursverfahren zwischen den USA und Deutschland bleibt es bei dem Grundsatz, daß sich die internationale Zuständigkeit eines deutschen Prozeßgerichts nach seiner örtlichen Zuständigkeit zu bestimmen hat[29].

Diese Beispiele betreffen Fälle, in denen etwa ein Arrest / eine einstweilige Verfügung wegen der fehlenden Anerkennungsfähigkeit eines konkreten Konkursverfahrens in den USA ergehen *oder* ein inländischer Leistungstitel geschaffen werden soll, der Aus- und Absonderungsrechte von Gläubigern betrifft und dessen Durchsetzung durch eine einstweilige Verfügung bzw. einen Arrest gesichert werden soll. Hier hat die Gestattung derartiger vorläufiger Sicherungsmaßnahmen trotz ausländischer Konkurseröffnung m.E. zwei sehr wichtige praktische Folgen: Inländische Gläubiger werden hinreichend geschützt, und der ausländische Konkursverwalter wird zur Prozeßpartei vor inländischen Gerichten, da inländische Zuständigkeiten durch die ausländische Konkurseröffnung nicht berührt werden.

§ 81 Die Sicherung inländischer Gläubiger durch einstweiligen Rechtsschutz

Ohne einen effektiven einstweiligen Rechtsschutz durch die an sich zuständigen deutschen Gerichte wären inländische Gläubiger weitgehend rechtlos gestellt.

I. Das Verhältnis zu den USA

Im Verhältnis zu den USA fällt auf, daß dem Bankruptcy Court durch den Bankruptcy Code scharfe Waffen in die Hand gegeben wurden, um die gesetzlich verbriefte Weltgeltung eines US-Konkurses durchzusetzen. Rechtspersönlichkeiten, die sich einem Konkursverfahren in den USA anschließen, etwa durch die eigene Forderungsanmeldung (§§ 501, 502 BC) oder gar nur der US-Jurisdiction (ohne sonstige Beteiligung am Verfahren) unterliegen[1], werden als Antragsteller für ei-

---

27 *Geimer*, IZPR, Rdnr. 924.

28 Vgl. oben § 74 aber auch unten § 81 III.

29 *Thomas / Putzo*, Vorbem. II Nr. 4 a zu § 1.

nen Antrag auf einstweiligen Rechtsschutz im Auslande wegen fehlender Anerkennungsfähigkeit eines US-Konkursverfahrens bzw. der Geltendmachung von Aus- und Absonderungsrechten regelmäßig – rein tatsächlich – nicht in Frage kommen, da sie mit einem derartigen Prozeß offensichtlich gegen den „Automatic Stay“ des § 362 BC verstoßen[2] und vom Bankruptcy Court zu Zahlungen von Punitive Damages verurteilt werden können. Die Arreste in Sachen „USL“ in Hongkong waren wegen Verstoßes gegen den Automatic Stay (§ 362 (h) BC) täglich $ 5000 „wert“[3].

Es bleiben also tatsächlich nur solche *inländischen* Gläubiger übrig, die auf den inländischen Geschäftsverkehr und damit natürlich auch auf die inländische Zuständigkeitsordnung besonders vertrauen durften, weil Gründe des deutschen ordre public eine Anerkennung ausschließen *oder* Rechte an im Inland belegenem Vermögen betroffen sind, dieses Vermögen aber grundsätzlich zur ausländischen Konkursmasse gezählt wird (nunmehr ausdrücklich Art 102 I EGInsO).

II. Schutz dinglicher Rechte (§ 390 I, II InsO-Entwurf (1992) Art 5 I des EU-Übereinkommens)

1. Einschränkung des Universalitätsprinzips

Ein besonderer Schutz derartiger dinglicher Rechte war in § 390 I, II InsO-Entwurf (1992)[4] ausdrücklich vorgesehen. Gleiches gilt künftig für den EU-Bereich in Art 5 I des EU-Übereinkommen über Insolvenzverfahren (1995), wonach

> „dingliche Recht(e) eines Gläubigers oder eines Dritten an körperlichen oder unkörperlichen, beweglichen oder unbeweglichen Gegenständen des Schuldners, die sich zum Zeitpunkt der Eröffnung des Insolvenzverfahrens im Gebiet eines anderen Vertragsstaates befinden, von der Eröffnung des Verfahrens nicht berührt“ (werden).

§ 390 I, II InsO-Entwurf (1992), und für den Bereich der EU Art 5 I des Übereinkommens, beschränken die im InsO-Entwurf (1992) in § 379 und in Art 4 I des EU-Übereinkommens vorgesehene „Wirkungserstreckung des ausländischen Konkursverfahrens“, wonach ein Insolvenzverfahren und seine Wirkungen, soweit sich aus den gesetzlichen Vorschriften nichts anderes ergibt, sich nach dem Recht des Staates richtet, in dem das Insolvenzverfahren eröffnet worden ist.

---

1 Vgl. oben § 17.

2 Vgl. oben §§ 29, 30.

3 Vgl. zur deutschen Seite dieses Chapter 11 Verfahren in den USA, BGH, KTS 1990, 460 und BGH ZIP 1991, 1014 ff., zur englischen Seite, Felixstowe Dock and Railway Co.v. United States Lines Inc., (1988) 2 All E.R. 77. In diesem Verfahren hatten die arrestierenden Gläubiger insoweit Glück, als sie nicht von der Jurisdiction des Bankruptcy Courts erfaßt wurden; anders dagegen GAC Marine, die über eine Tochtergesellschaft ein Büro in den USA unterhielt, vgl. oben § 17.

4 Vgl. BT-Drs. 12/2443 vom 15. 04. 1992.

2. *Der Schutz dinglicher Rechte*

Durch diese Beschränkung der Wirkungserstreckung soll der inländische Rechtsverkehr vor den Wirkungen eines ausländischen Insolvenzverfahrens *auf dingliche Rechte* an Gegenständen, die im Inland belegen sind, geschützt werden[5]. § 390 InsO-Entwurf (1992) – gleiches gilt künftig nach Art 5 I des EU-Übereinkommens – schränkt das Universalitätsprinzip ein[6].

An dieser Einschränkung des Universalitätsprinzips hat sich auch ohne eine ausdrückliche gesetzliche Normierung, wie in § 390 InsO-Entwurf (1992) vorgesehen, nichts geändert.

Vom reinen Gesetzestext her, bleibt nur noch hinzuzufügen, daß Art 102 I EGInsO ausdrücklich nicht mehr von einer Wirkungserstreckung, wie in § 379 InsO-Entwurf (1992) vorgesehen, spricht. Art 102 I EGInsO regelt nur noch die „Erfassung des inländischen Vermögens durch die ausländische Konkurseröffnung". Dies ist eine ganz erhebliche Einschränkung der vormals vorgesehenen *Wirkungserstreckung* eines ausländischen Konkurses. Aus dieser Umorientierung des Gesetzgebers für den außereuropäischen Bereich kann man auch den Schluß ziehen:

Da von einer Wirkungserstreckung des ausländischen Konkursverfahrens im Gesetz nicht mehr die Rede ist, sondern Art 102 I EGInsO nur noch von der Erfassung auch des inländischen Vermögens spricht, bedarf es keiner Ausnahmeregelung (wie in § 390 InsO-Entwurf; Art 5 I EU-Übereinkommen) zum Schutze von dinglichen Rechten, mit denen das inländische Vermögen belastet ist, da der Fortbestand der dinglichen Rechte durch die bloße Erfassung auch des Inlandsvermögens aufgrund der ausländischen Konkurseröffnung nicht berührt wird. Eine Sicherstellung dieser dinglichen Rechte durch einstweilige Rechtsschutzmaßnahmen ist immer möglich.

III. Rechtsweggarantie und deutsche Zuständigkeitsordnung

1. *Die Zuständigkeit deutscher (Prozeß-)Gerichte*

Die soeben aufgezeigten Überlegungen wären freilich weitgehend theoretischer Art, wenn durch die Konkurseröffnung in den USA auf inländische Gerichtsstände in Deutschland eingewirkt würde. Daß dem aber nicht so ist, wurde mehrfach aufgezeigt. Die vom amerikanischen Gesetzgeber, etwa in 28 U.S.C. § 1334 (e), bestimmte ausschließliche internationale Zuständigkeit, ist für die Bestimmung der Zuständigkeit eines *deutschen* Gerichts nicht zu beachten[7]. Dies gilt für das Erkenntnisverfahren wie für den Arrest- und einstweilige Verfügungsprozeß. Die

---

5 Vgl. BT-Drs. 12/2443 vom 15. 04. 1992, die Regierungsbegründung zu § 390, 243.

6 AaO, 244.

7 Vgl. *Geimer*, IZPR, Rdnr. 924.

„vis attractiva concursus" eines Konkursverfahrens in den USA ist für uns nicht erheblich, da es an deutschen gesetzlich verankerten Zuständigkeitsregeln fehlt[8]. Von einer Wirkungserstreckung eines ausländischen außereuropäischen Konkursverfahrens wird künftig ausdrücklich im Gesetz (Art 102 I EGInsO) nicht mehr gesprochen, so daß der Weg zu deutschen Gerichten auch aus diesem Gesichtspunkt nicht eingeschränkt wird. Die deutschen Gerichte haben die Frage zu entscheiden, ob ein konkretes ausländisches Konkursverfahren gegen Grundsätze des ordre public verstößt und damit nicht anerkannt werden kann[9] oder ob im Fall der Anerkennung eines ausländischen Konkursverfahrens dingliche Rechte an inländischen Vermögensgegenständen der ausländischen Konkursmasse zu schützen sind. Wegschaffung oder Veräußerungen durch den Trustee können den Bestand derartiger dinglicher Rechte gefährden, so daß dinglich Berechtigte am Inlandsvermögen ihre Rechte durch einen Arrest (im Falle von Absonderungsrechten) bzw. eine einstweilige Verfügung schützen können.

2. *Rechtliches Interesse (wegen Möglichkeit der Eröffnung eines räumlich gegenständlich beschränkten Konkursverfahrens)*

Ausgehend von dieser Bestandsaufnahme drängt sich sofort die Frage auf, ob das Rechtsschutzbedürfnis der oben aufgezeigten Gläubiger an vorläufigen Sicherungsmaßnahmen nicht dadurch in Zweifel zu ziehen ist, daß *ihnen* die Möglichkeit der Eröffnung eines gesonderten Insolvenzverfahrens in Deutschland eingeräumt wird (Art 102 III EGInsO). M.E. ist die Frage zu verneinen:

Der Weg zu den Prozeßgerichten (im Erkenntnisprozeß und im Bereich des einstweiligen Rechtsschutzes) besteht *unabhängig* von der Möglichkeit der Eröffnung eines räumlich-gegenständlich beschränkten gesonderten Insolvenzverfahrens. Die dinglich gesicherten Gläubiger besitzen zudem eine rechtlich geschützte Position, die es ihnen ermöglicht, sich im Wege der Einzelrechtsverfolgung[10] aus dem Gegenstand zu befriedigen (§ 47 KO; §§ 49 ff. InsO). Insoweit sind sie keine Konkursgläubiger im eigentlichen Sinne, so daß das *rechtliche* Interesse für die Eröffnung eines gesonderten Insolvenzverfahrens i.S.v. Art 102 III EGInsO i.V.m.

---

8 Vgl. oben § 74; aA. *Aderhold*, 302 ff. Nach *Ackmann / Wenner*, IPRax 1990, 209 sind alle ausländischen Konkurswirkungen zu beachten; Beschränkungsversuche werden ohne Begründung als – „*obskur*" – bezeichnet. § 240 ZPO sei im übrigen materielles Konkursrecht (!), *dieselben*, IPRax 1989, 144 (147); oben § 74.

9 Vgl.auch Art 26 EU-Übereinkommen über Insolvenzverfahren (1995). Dort wird in Hs. 1 klargestellt, daß die Frage der Anerkennungsfähigkeit nicht etwa nur im Rahmen der *Vollstreckung* an Hand des ordre public zu überprüfen ist. D.h. neben der Anerkennungsüberprüfung im Vollstreckungsverfahren muß es auch eine Anerkennungsüberprüfung im Erkenntnisverfahren geben. Im letzeren Fall können dann Gläubigerrechte berücksichtigt werden.

10 Unproblematisch; Einzelvollstreckungsverbot in § 14 KO bezieht sich nur auf die Konkursgläubiger, nicht aber auf Vollstreckungsmaßnahmen von aus- und absonderungsberechtigten Gläubigern, vgl. *Kilger / Karsten Schmidt*, zu § 14 Anm. 9.

§ 14 InsO zweifelhaft ist, wenn *nur* die dingliche Seite durchgesetzt werden soll. M.E. wäre das rechtliche Interesse gem. § 14 I InsO für die Eröffnung eines gesonderten Insolvenzverfahrens zu verneinen, wenn es nur um die Durchsetzung der dinglichen Berechtigung geht. Die Gläubiger sind insoweit keine „echten" Konkursgläubiger[11].

Gleiches gilt auch für *ungesicherte Gläubiger*, die eben geltend machen, *keine* Konkursgläubiger zu sein, weil der ausländische Konkurs nicht anerkennungsfähig ist, da er gegen den deutschen ordre public verstößt. Art 102 III EGInsO verzichtet nur auf den Nachweis der Zahlungsunfähigkeit bzw. Überschuldung, mehr nicht. Wenn es aber an der Anerkennungsfähigkeit fehlt, so besteht die Möglichkeit der Einzelrechtsverfolgung fort[12]. Auch diesen Gläubigern geht es darum, daß kein gesondertes inländisches Konkursverfahren eröffnet wird. Eine Verweisung auf einen Sekundärkonkurs scheidet folglich aus, da das *rechtliche* Interesse (i.S.v. § 14 InsO) dieses Gläubigers hier gerade nicht auf die Eröffnung eines gesonderten Insolvenzverfahrens gerichtet ist. Ihm geht es genau darum, kein Konkursgläubiger zu sein, da kein anerkennungsfähiger Auslandskonkurs vorliegt[13].

IV. Der Trustee als Prozeßgegner

1. Allgemeines

Ein anderer wichtiger Gesichtspunkt ist die Tatsache, daß der Trustee zur Prozeßpartei wird: Im Arrestprozeß wie im Hauptsacheverfahren. Er muß sich bereits dem Arrestprozeß stellen, will er nicht im Anschluß an das einstweilige Rechtsschutzverfahren Rechtsnachteile in Kauf nehmen. Der Hinweis auf die Verletzung des Automatic Stay (§ 362 BC) durch die Verhängung der einstweiligen Sicherungsmaßnahme, auf die Verfahrenskonzentration vor dem District Court (28

---

11 Sogleich unten § 81 IV für absonderungsberechtigte Gläubiger, soweit der der dinglichen Sicherung zugrundeliegende Anspruch streitig ist: Auch hier bleibt das deutsche Forum trotz ausländischem Konkurs erhalten. Keine „Verweisung" an den Bankruptcy Court zwecks Feststellung des Anspruchs.

12 A.A. wohl *Metzger*, 146, 147, wenn dort von der „Ersatzfunktion" eines Sonderinsolvenzverfahrens die Rede ist. Die Ansicht ist abzulehnen. Fehlt es an der Anerkennungsfähigkeit, so fehlt auch ein Grund *konkursrechtlicher* Art für die Durchführung eines gesonderten Insolvenzverfahrens; vgl. auch BT-Drs. 12/2443, 246 zu § 396 InsO E 1992: Die Eröffnung eines gesonderten Insolvenzverfahrens setze einen *anerkannten* Auslandskonkurs voraus.

13 Vgl. auch oben § 79 II der Fall einer Konkurseröffnung in den USA aufgrund eines Punitive Damage-Urteils, das zu einem nicht anerkennungsfähigen US-Konkurs führt. Es wäre anachronistisch, sonstige Gläubiger deren Forderungen quasi durch das Punitive Damages Urteil und den hierauf eingeleiteten US-Konkurs wertlos werden, auf ein gesondertes Insolvenzverfahren zu verweisen. Letztlich würde damit der ordre public – und ein Verstoß dagegen – keine Rolle spielen: Das Ergebnis wäre mit oder ohne ordre public Verstoß immer das gleiche: Die Eröffnung eines gesonderten Insolvenzverfahrens. Das kann aber nicht sein (a.A *Metzger*, aaO) und steht auch im Widerspruch zu BGHZ 118, 112 ff.; aber unten § 84 IV, 4.

U.S.C. § 1334) und die Delegierung aller Streitigkeiten an den Bankruptcy Court (28 U.S.C. § 157) findet keine Beachtung vor deutschen Gerichten. Die deutsche internationale Zuständigkeit bestimmt sich implizit nach den Regeln über die deutsche örtliche Zuständigkeit. Die international ausschließliche Zuständigkeit des District Courts (28 U.S.C. § 1334) ist unbeachtlich. Eine Verletzung des Automatic Stay ist für den deutschen Richter ebenfalls unbeachtlich, da Art 102 I EGInsO eben keine *Wirkungs*erstreckung des US-Konkursverfahrens vorsieht[14].

Auch ohne Heranziehung von Art 102 I EGInsO ist zudem eine Verletzung des Automatic Stay durch vorläufige Sicherungsmaßnahmen für die deutschen Richter unerheblich. Der Automatic Stay dient dem Schutz der US-Konkursmasse und der Verfahrenskonzentration zum District Court (vis attractiva concursus). Die letztere würde aber ganz offensichtlich ohne innerstaatliche Legitimation in verfassungsrechtlich garantierte Zuständigkeitsregeln eingreifen. Hier gilt das soeben zu 28 U.S.C. § 1334 Gesagte.

Was den Schutz der US-Konkursmasse betrifft, so ist sie für den deutschen Richter unbeachtlich, wenn der US-Konkurs insgesamt nicht anerkannt werden kann *oder* dingliche Rechte an dem inländischem (Konkurs)vermögen betroffen sind (vgl. § 390 InsO-Entwurf 1992; Art 5 EU-Übereinkommen über Insolvenzverfahren 1995). Hier wird das Universalitätsprinzip eingeschränkt[15].

2. *Die Einschränkung der Universalität*

Diese Einschränkung der Universalität des Konkurses ist auch notwendig. Sie dient dem Schutz *berechtigter inländischer Interessen*, die nicht auf dem Altar der Universalität des Konkurses geopfert werden können. Deren Sicherung und Durchsetzung dient insbesondere die inländische Zuständigkeitsordnung. Im übrigen sei erneut festgestellt: Nach amerikanischem Rechtsverständnis hat ein deutscher Konkurs keine Wirkungen in den USA und ein Konkursverwalter *muß* sich der Möglichkeiten nach dem Bankruptcy Code bedienen. Für alle konkursrechtlich relevanten Fragen wird der ausländische Verwalter ggf. Beteiligter (§ 306 BC) im Verfahren vor dem Bankruptcy Court. Universalität im Sinne einer „Wirkungserstreckung" gibt es nicht.

3. *Aus- und Absonderungsprozesse*

Schließlich dürfte die Prozeßgegnerschaft des Trustee in Aus- und Absonderungs-rechtsstreitigkeiten vor deutschen Gerichten unproblematisch sein, da seine statusrechtliche Stellung anzuerkennen ist[16]. Sie ergibt sich ferner auch aus den

14 Vgl. auch oben § 72 II – V.

15 Vgl. BT-Drs. 12/2443 zu § 390, 244; in diesem Sinne auch *E. Habscheid*, KTS 1989, 593 (613), *ders.*, KTS 1990, 419.

Regelungen des Bankruptcy Code. Nach § 541 BC erfaßt die US-Konkursmasse auch das im Ausland belegene Vermögen des Gemeinschuldners[17] und dem Trustee steht die Verwaltungs- und Klagebefugnis zu, § 323 (a) (b) BC[18]. Die Erfassung auch des in Deutschland belegenen Vermögens wird durch Art 102 I EGInsO *gesetzlich* sichergestellt und die Anknüpfung an die Person des Trustee (oder des Debtor in Possession) ist § 323 BC zu entnehmen. Mehr benötigt man nicht, um seine Konkurslegitimation zu bestimmen. Sie ist von Amts wegen vom deutschen Richter zu ermitteln und zu berücksichtigen[19]. Geht es im übrigen in einem Rechtsstreit betreffend Absonderungsrechte um die Vorfrage, ob ein gültiger schuldrechtlicher Anspruch der dinglichen Berechtigung zugrunde liegt, kann der Kläger nicht etwa wegen der „Feststellung des Anspruchs" auf das Verfahren der (Konkurs)Forderungsbestimmung nach dem BC verwiesen werden (§ 502 (b) BC).

Der Anspruch, der dem Absonderungsrecht zugrunde liegt, ist vom deutschen Prozeßgericht voll überprüfbar. Er liegt dem auf Absonderung gerichteten Leistungsbegehren – außerhalb des Konkurses[20] – zugrunde. Gleiches gilt erst recht dann, wenn im Rahmen eines Leistungsbegehrens im Inland (Absonderung) „Feststellungen" getroffen werden, für die ein ausländisches Gericht eine ausschließliche internationale Zuständigkeit in Anspruch nimmt (Bankruptcy Court für die Forderungsfeststellung, § 502 (b) BC). Die inländische internationale Zuständigkeit des deutschen Prozeßgerichts wird durch die ausländische (außereuropäische) Konkurseröffnung nicht berührt.

4. Prozeßführungsrecht und Nichtanerkennung: zur Rspr. des BGH

Es bleibt also noch die Frage, gegen wen das Arrestbegehren und das Hauptsacheverfahren des Gläubigers zu richten ist, der geltendmachen kann, ein bestimmtes Konkursverfahren in den USA könne aus Gründen des deutschen ordre public nicht anerkannt werden, so daß Rechtsverfolgung und Einzelvollstreckung in der Bundesrepublik weiterhin zulässig seien[21]. Richtet sich also das Arrestbegehren

---

16 Vgl. oben § 63.

17 Vgl. oben § 24 ff.

18 Vgl. oben § 21 II.

19 Vgl. *E. Habscheid*, KTS 1990, 403, (425) zu §§ 55, 56 ZPO.

20 *Kilger/Karsten Schmidt*, zu § 14 Anm. 9.

21 Grundsätzlich ablehnend und gegenüber Arresten gestützt auf § 237 KO trotz ausländischer Konkurseröffnung, *Kilger/Karsten Schmidt*, zu § 237 Anm. 7; Ackmann/Wenner, IPRax 1991, 166, 168 Fn 25; Ebenroth, ZZP 101 (1988) 121, 131; *Kuhn/Uhlenbruck/Lüer*, KO, zu § 237 Rdnr. 84. M.E. mit Recht die Zulässigkeit bejahend, *Flessner*, FS Merz (1992), 93, 100 - 103; *Arnold*, in Insolv.Hdb. zu § 122, Rdnr. 40; auch ist der Hinweis von *Kilger*, aaO, irreführend wonach das Urteil des BGH IPRax 1991, 183 = KTS 1990, 429 = ZIP 1990, 246 in Richtung auf eine Unzulässigkeit von Arresten hinweist. Das Gegenteil ist der Fall: Der BGH hatte ausdrücklich aus der Konkursverfahrenseröffnung über USL in den USA *keine* unmittelbare Schlußfolgerung auf die Wirksamkeit von Arresten in der BRD gezogen, so auch *Flessner*, IPRax 1991, 162 (164).

oder die Hauptsacheklage gegen den Schuldner oder den ausländischen Verwalter also den Trustee (bzw. Debtor in Possession)? Diese Frage wird in der Literatur nicht beantwortet[22] oder unter Hinweis auf die Rechtsprechung zur Prozeßunterbrechung – wonach Passivprozesse nicht unterbrochen werden – dahingehend entschieden, daß der *Gemeinschuldner* eines ausländischen Konkursverfahrens im Inland weiterhin zu verklagen sei[23]. Der BGH seinerseits geht in der USL-Entscheidung[24] unproblematisch von *dessen* Beklagtenrolle aus. Sie wird in der Entscheidung nicht in Frage gestellt, obwohl nach der Auffassung des BGH das Chapter 11 Konkursverfahren über das Vermögen von USL *anzuerkennen* sei.

Insoweit ist die Entscheidung aber angreifbar, da ein anerkennungsfähiger US-Konkurs und damit sein Konkursbeschlag (§ 541 BC) in der Bundesrepublik belegenes Vermögen des Gemeinschuldners erfaßt (künftig ausdrücklich in Art 102 I EGInsO; nach inzidenter Überprüfung BGHZ 95, 256 ff.) und damit die Prozeßlegitimation auf den Trustee (bzw. den Debtor in Possession) übergeht (§ 323 (a) (b) BC). Diese Änderung der Prozeßlegitimation des Schuldners – aufgrund eines *anzuerkennenden Konkurses* über sein Vermögen im Ausland – hätte vom Arrestgericht berücksichtigt werden müssen. Die Verhängung des Arrests gegen den *Schuldner* war demnach in zweifacher Hinsicht rechtswidrig: Zum einen fehlte dem Schuldner die Prozeßführungsbefugnis. Sie war mit der (anerkannten) Konkurseröffnung auf den Trustee (bzw. Debtor in Possession) übergegangen (§ 323 (a) (b) BC). Insoweit wurde die Arrestanordnung gegen die falsche Partei ausgesprochen. Zum anderen wird durch die *Vollziehung* des Arrests rechtswidrig auf Vermögenswerte in der Bundesrepublik zugegriffen, die zur ausländischen Konkursmasse zählen (Art 102 EGInsO; BGHZ 95, 256) oder zumindest zählen können.

Der BGH entzieht sich einer detaillierten Stellungnahme zu dieser m.E. zwingenden Konsequenz mit dem ungenügenden Hinweis[25], daß eine unerlaubte Handlung des niederländischen Arrestantragstellers in Bremen abzulehnen sei, weil ausdrücklich auf das US Konkursverfahren hingewiesen worden sei. Solange aber die Arrestentscheidung nicht aufgehoben werde, seien aufgrund ihrer Bestandswirkung die darauf beruhenden Pfändungen wirksam und gerechtfertigt[26].

Schließlich ist noch zu bemerken: „das Arrestgericht in Bremen hätte (wegen der Anerkennungsfähigkeit des Konkursverfahrens über USL in den USA)[27] die mögliche Unzulässigkeit eines Arrests erkennen und USL hätte das *Verfahrenshindernis* durch Widerspruch geltend machen können“[28].

---

22 *Flessner*, FS Merz (1992), 93 (101).

23 *Kilger/Karsten Schmidt*, zu § 237, Anm. 237.

24 BGH KTS 1990, 460 = ZIP 1990, 246 = IPRax 1991, 183; zum USL-Konkurs in den USA, vgl. oben § 17.

25 BGH KTS 1990, 460 (463).

26 BGH, aaO, unter Hinweis auf LM § 890 ZPO Nr. 4 = WM 1988, 1710.

27 Hinzufügung vom Verfasser.

Die Begründung des BGH ist aber vom Ergebnis her nicht zu beanstanden. Sie trägt gleichzeitig der prozessualen Waffengleichheit zwischen den Parteien Rechnung: Steht die Anerkennungsfähigkeit des US-Konkursverfahrens nicht auf dem Prüfstand, dann hätte USL im Wege des Widerspruchs gegen die Arrestanordnung, die insoweit vom Arrestgericht vorausgesetzte *Passiv*legitimation (richtiger: Prozeßführungsbefugnis) des Schuldners mit Erfolg bestreiten können: Sie ist mit dem anerkannten US-Konkurs auf den Trustee (bzw. Debtor in Possession) übergegangen (§ 323 (a) (b) BC). *Gegen* diesen hätte aber kein Arrest verhängt werden dürfen, da insoweit unzulässig auf zur ausländischen Konkursmasse zählende Vermögensgegenstände zugegriffen wird. Unklar ist insoweit nur, was der BGH mit „Verfahrenshindernis“ in diesem Zusammenhang meinte.

Nicht behandelt wird in der Entscheidung des BGH die hier im Vordergrund stehende Frage, wie zu verfahren ist, wenn der Arrestantragsteller (einer unstreitigen Forderung) die *Nicht*anerkennungsfähigkeit des ausländischen Konkurses *glaubhaft machen konnte*. In diesem Fall kann nicht in Zweifel gezogen werden, daß das Verfahren sich gegen den Gemeinschuldner zu richten hat. Da vom Antragsteller glaubhaft gemacht wird, daß etwa aus Gründen des ordre public die Anerkennung zu versagen ist (Art 102 I Nr. 2 EGInsO), entfällt im Rahmen des einstweiligen Rechtsschutzverfahrens der Konkursbeschlag im Inland und damit auch die Möglichkeit des Übergangs der Prozeßführungsbefugnis auf den Trustee. Der Arrest ist auf Antrag des Gläubigers gegen den Schuldner und sein nicht zur US-Konkursmasse zählendes Vermögen in der BRD anzuordnen. Der Schuldner seinerseits kann gegen die Anordnung Widerspruch einlegen und so das Urteilsverfahren herbeiführen, §§ 924, 925 ZPO. Gleiches gilt auch für seinen Rechtsnachfolger und den Konkursverwalter[29], der geltend macht, der ausländische Konkurs sei doch anzuerkennen. War der Verwalter nicht in das Verfahren einbezogen, so kann er die Nebenintervention erklären (§ 66 ZPO).

5. Widerspruch durch den Verwalter, Drittwiderspruchsklage

Für den Konkursverwalter wird die Berechtigung zum Widerspruch bejaht, soweit durch ihn Rechte geltend gemacht werden, die dem Gemeinschuldner aufgrund der Konkurseröffnung zustehen[30]. Ob dies so pauschal und auch für den ausländischen Konkursverwalter anzunehmen ist, erscheint zweifelhaft. Die Prozeßlegitimation des Trustee beruht auf einem ausländischen Rechtsakt, den wir zwar anerkennen. Die ihm insoweit eingeräumte Berechtigung läßt ihn aber eher als *Dritten*[31] erscheinen, der gerade geltend macht, daß der im Inland belegene Gegen-

---

28 BGH, aaO; Hervorhebung vom Verfasser.

29 *Thomas/Putzo*, zu § 924 Anm. 1; *Baumbach/Lauterbach/Albers/Hartmann*, zu § 924 Rdnr. 7.

30 *Baumbach/Lauterbach/Albers/Hartmann*, zu § 924 Rdnr. 7.

31 AaO, Rdnr. 7; *Thomas/Putzo*, zu § 924 Anm. 1, 4.

stand zu einem Sondervermögen[32], eben der ausländischen Konkursmasse zähle; insoweit geht es nicht um Rechte des *Gemeinschuldners*, die ihm aufgrund der Konkurseröffnung zustehen.

Weiteren Rechtsschutz wird dem ausländischen Konkursverwalter gegen die *Vollziehung* des Arrestes[33] durch die Möglichkeit der Erhebung einer Drittwiderspruchsklage eingeräumt, da durch die Vollziehung des Arrests in zur Konkursmasse zählende Vermögenswerte eingegriffen wird (Art 102 I EGInsO), wenn der ausländische Konkurs anzuerkennen ist.

V. Ergebnisse

Dem Trustee steht die Drittwiderspruchsklage zur Verfügung um die Rechte der Masse zu wahren. Durch diese prozessuale Gestaltungsklage[34] kann seine Berechtigung unter Ausschöpfung aller Beweismittel festgestellt werden. Bis zur rechtskräftigen Entscheidung im Arrestprozeß oder Hauptsacheverfahren blieben aber Gläubiger, die die Anerkennungsfähigkeit in Frage stellen oder ihre dingliche Berechtigung glaubhaft machen konnten, durch Arrestanordnung und Vollziehung vorläufig geschützt.

Die Anerkennungsfähigkeit eines ausländischen Konkurses kann somit auf alle Fälle einer vollen richterlichen Überprüfung unterzogen werden. Insbesondere werden so Gläubiger, die nicht der Strafdrohung des § 362 (h) BC unterliegen, hinreichend geschützt, wenn die Anerkennungsfähigkeit in Zweifel gezogen werden muß. Dieser vorläufige Rechtsschutz kann nicht durch die pauschale Ablehnung eines Arrests oder einer einstweiligen Verfügung aufgrund einer ausländischen Konkurseröffnung ausgehebelt werden. Vielmehr muß die Anerkennungsfrage stets vor einem inländischen Gericht aufgeworfen werden können, auch im Verfahren des einstweiligen Rechtsschutzes.

Kapitel 6: Das gesonderte Insolvenzverfahren

Das deutsche Recht kennt bereits in der KO (§ 238) einen räumlich-gegenständlich beschränkten Konkurs, der nur das im Inlande befindliche Vermögen des Gemeinschuldners umfaßt, für den also das Territorialitätsprinzip gilt[1]. Die Bedeutung dieses Verfahrens ist jedoch deshalb relativ gering, weil Voraussetzung ist,

---

32 *Thomas/Putzo*, zu § 771, Anm. 6 (f). *Baumbach/Lauterbach/Albers/Hartmann*, zu § 771 Rdnr. 21.

33 *Thomas/Putzo*, zu § 924, Anm. 4 (b).

34 *Rosenberg/Gaul*, § 41 II 2; a.A. *Prütting/Weth*, JuS 1988, 505.

1 Ähnlich die Regelung in der Schweiz, § 50 SchKG, vgl. oben § 5.

daß der Gemeinschuldner im Inlande eine gewerbliche Niederlassung, aber keinen allgemeinen Gerichtsstand hat. Ist das nicht der Fall, so ist Voraussetzung, daß er im Inlande ein mit Wohn- und Wirtschaftsgebäuden versehenes Gut als Eigentümer, Nutznießer oder Pächter bewirtschaftet. Liegen diese Voraussetzungen nicht vor, etwa wenn der Gemeinschuldner ein Konto bei einer deutschen Bank besitzt, so kommt ein solcher Sonderkonkurs nicht in Frage.

Daß ein solches Verfahren den Bedürfnissen der modernen Wirtschaft nicht entspricht, liegt auf der Hand. § 22 II, III GesO sieht daher für dieses Sonderverfahren, jedenfalls vom Gesetzestext her, Erleichterungen vor. § 22 II GesO spricht davon, daß im Inlande ein gesondertes Verfahren eröffnet werden kann, das nur das inländische Vermögen ergreift und Abs. 3 besagt, daß es in einem solchen Fall nicht des Nachweises der Zahlungsunfähigkeit oder der Überschuldung bedarf, wenn ein ausländisches Insolvenzverfahren eröffnet ist. Von der Voraussetzung der gewerblichen Niederlassung oder des „Guts" ist keine Rede mehr.

Rechtsprechung zu dieser Sonderinsolvenz nach der GesO ist nicht bekannt. Es soll daher nicht herausgearbeitet werden, wo im Detail der Unterschied zur KO Regelung liegt[2]. Denn die eigentliche Problematik besteht in folgendem: Das neue Insolvenzrecht (Art 102 III EGInsO) ordnet die räumlich-gegenständlich beschränkte Sonderinsolvenz neu. Die Beschränkung auf gewerbliche Niederlassung und Gut des Schuldners entfällt. Es bedarf nicht des Nachweises der Zahlungsunfähigkeit oder der Überschuldung, wenn ein ausländisches Verfahren eröffnet ist. Somit dürfte die GesO Pate bei der Formulierung des Art 102 III EGInsO gestanden haben.

Das räumlich-gegenständlich beschränkte Insolvenzverfahren ist ein inländisches Verfahren. In BGHZ 95, 256 hat der BGH neben seinem Bekenntnis zum Universalitätsprinzip aber auch festgestellt, *daß dieses Sonderinsolvenzverfahren dem ausländischen Konkurs vorgeht.* Dies war zwar im Blick auf § 238 KO gemeint, gilt aber auch für die neue Regelung. Denn ein solches Verfahren macht nur Sinn, wenn Kollisionen mit dem Auslandskonkurs ausgeschaltet werden. Daher muß das einmal eröffnete Sonderinsolvenzverfahren die ausländische Insolvenz grundsätzlich „vom deutschen Boden" verdrängen.

Es liegt auf der Hand, daß mit diesen Feststellungen die Probleme dieses Verfahrens nicht „ausgestanden" sind. Sie bedürfen einer näheren Untersuchung. Dabei ist von vornherein im Auge zu behalten, daß diese Sonderinsolvenz auch isoliert denkbar ist. Schwebt daneben aber ein ausländisches Konkursverfahen, so wird die Sonderinsolvenz zum bevorrechtigten *Parallel*verfahren.

Die rudimentäre Regelung dieses Verfahrens im Gesetz erfordert eine eingehende Darstellung. Das gesonderte Insolvenzverfahren ist ein deutscher Inlandskonkurs. Den Auslandsbezügen eines Konkursverfahrens im Inland ist der 2. Abschnitt

---

[2] Die Kommentarliteratur gibt hierzu nichts her, vgl. etwa *Kilger/Karsten Schmidt*, 16. Aufl. zu § 22 GesO Anm. 3, 4.

dieses Hauptteils gewidmet[3]. Wenn dennoch das gesonderte Insolvenzverfahren bereits im 1. Abschnitt – am Ende – behandelt wird, so deshalb, weil es einmal insbesondere inländischen Beteiligten[4] dazu dienen wird, Nachteile der Erstrekkung von Auslandskonkursen abzuwehren und weil es wohl seine besondere Berechtigung neben einem Auslandskonkurs – als Parallelinsolvenz – hat.

§ 82 Das gesonderte Insolvenzverfahren gem. Art 102 III EGInsO

Die Möglichkeit der Eröffnung eines gesonderten Insolvenzverfahrens gem. Art 102 III EGInsO ist mithin zentrale Vorschrift des neuen Rechts.

I. Der Regelungsgehalt des Art 102 III EGInsO

Er ist insoweit unmißverständlich, als sich dieses Inlandsinsolvenzverfahren auf im Inland belegenes Vermögen des Gemeinschuldners beschränkt, also zu einem räumlich gegenständlich beschränkten Verfahren führt. Es wird nur das im Inland belegene Vermögen des Gemeinschuldners erfaßt. Insoweit deckt sich die Vorschrift mit § 238 KO für den Niederlassungskonkurs.

Nach dem Wortlaut von Art 102 III EGInsO wird künftig aber auf das Vorhandensein einer Niederlassung ausdrücklich verzichtet. Es ist nur mehr von der *Vermögensbelegenheit* im Inland die Rede, so daß es auf das Vorhandensein einer „ Niederlassung, erst recht eines „Landgutes“, nicht mehr ankommt[5].

Bereits der Ausdruck „gesondertes Insolvenzverfahren“ weist darauf hin, daß es nur dort zulässig ist, wo eine deutsche Vollinsolvenz nicht in Frage kommt, wo also nach der KO weder gewerbliche Niederlassung oder allgemeiner Gerichtsstand (§ 71 KO), nach der GesO Wohnsitz oder Sitz (§ 1 GesO) und nach der InsO allgemeiner Gerichtsstand oder Mittelpunkt der selbständigen wirtschaftlichen Tätigkeit des Gemeinschuldners (§ 3 InsO) im Inland nicht gegeben sind. Dieses Verfahren erhebt keinen universalen Geltungsanspruch. Es ist auf das Inland beschränkt. Es geht aber andererseits ausländischen Konkursen vor.

---

3 Vgl. §§ 89, 90.

4 Die Schweiz erreicht den Schutz „ihrer“ Gläubiger durch das Rechtshilfeverfahren nach dem IRG vgl.dazu oben §§ 4, 5.

5 Im Gegensatz zu Art 3 II EU-Übereinkommen über Insolvenzverfahren 1995 (abgedruckt ZIP 1996, 978), wo an dem Vorhandensein einer Niederlassung für die Eröffnung eines Sekundär- bzw. Partikularinsolvenzverfahren festgehalten wird. Das bloße Vorhandensein von Vermögen des Gemeinschuldners genügt nicht; zum Ganzen *Balz*, ZIP 1996, 948, 953 für den EU-Bereich.

3. Gericht der Niederlassung oder des Vermögens

Daß aber der Gesetzgeber keinen so begrenzten Anwendungsbereich für ein gesondertes Insolvenzverfahren i.S.v. Art 102 III EGInsO gesetzlich verankern wollte, sondern das Verfahren überall dort eröffnet werden kann, wo sich Vermögen des Gemeinschuldners bzw. eine Niederlassung des Gemeinschuldners befindet, läßt sich m.E. schon aus § 3, § 4 InsO entnehmen: Da gem. § 3 InsO die örtliche Zuständigkeit nicht in den Fällen, in denen sich nur Vermögen des Gemeinschuldners bzw. eine Niederlassung im Inland befindet, gesetzlich in der InsO geregelt worden ist, finden gem. § 4 InsO die Vorschriften der ZPO entsprechende Anwendung. Zu denken ist folglich für die bloße Vermögensbelegenheit an § 23 ZPO und für die Niederlassung an § 21 ZPO. Da beide Vorschriften besondere Gerichtsstände betreffen, besteht gem. § 35 ZPO ein Wahlrecht für den Kläger[15], wenn Niederlassung und Vermögen des Gemeinschuldners im Inland auseinanderfallen[16]. Es erweist sich hier, daß bei aller Kritik an § 23 ZPO[17] der Gerichtsstand des Vermögens für ein gesondertes Insolvenzverfahren seinen guten Sinn behält.

IV. Das Antragsrecht zur Eröffnung eines gesonderten Insolvenzverfahrens

1. Schuldner und Gläubiger; der ausländische Verwalter

Konnte die oben behandelte Frage der örtlichen Zuständigkeit des Konkursgerichts bzw. die Zulässigkeit eines Partikularkonkurses aus dem Gesetz nach §§ 3, 4 InsO bzw. Art 102 III S. 2 EGInsO beantwortet werden, so ist nunmehr der Kreis der Berechtigten für die Eröffnung eines gesonderten Insolvenzverfahrens im Außer-EU-Bereich näher zu bestimmen. Der im Gesetz niedergelegte Ausgangspunkt für die Bestimmung des Berechtigten sind die Vorschriften der §§ 13, 14 InsO: Zur Eröffnung eines „Insolvenzverfahrens" bedarf es einmal eines *Antrags*. Antragsberechtigt sind die Gläubiger und der Schuldner (§ 13 InsO). Es kommt nicht darauf an, daß Antragsberechtigte Inländer sind. Ferner fordert § 14 InsO nunmehr darüber hinaus, daß der Antrag eines Gläubigers nur dann zulässig ist, wenn der Gläubiger ein rechtliches Interesse an der Eröffnung des Insolvenzverfahrens hat (im Gegensatz um geltenden § 105 KO) und seine Forderung und den Eröffnungsgrund glaubhaft macht.

---

15 Vgl. *Baumbach/Lauterbach/Albers/Hartmann*, Zu § 35 Rdnr. 1 - 2.

16 *Leipold,* FS Henckel, 540 möchte unter Hinweis auf § 393 II RegEInsO dem Ort der Niederlassung den Vorrang einräumen. Leider läßt sich eine klare Zuständigkeitsregelung i.S.v. § 393 II RegEInsO der InsO nicht mehr unternehmen. Ein Rückgriff auf die Regierungsbegründung des Entwurfs 1992 sollte wegen des Gesetz gewordenen § 4 InsO abgelehnt werden.

17 Dazu unter § 84 II – IV. Das gilt nur für das gesonderte Verfahren. Für die Vollinsolvenz bleibt es bei §§ 71 KO, 1 GesO, 3 InsO.

Da ferner § 13 InsO ohne Unterscheidung allgemein von „Insolvenzverfahren" spricht, müssen von dieser Vorschrift auch die räumlich gegenständlich beschränkten „gesonderten Insolvenzverfahren" im Rahmen von Art 102 III EGInsO erfaßt werden. Anderenfalls hätte man keine Antragsberechtigten für ein Verfahren nach Art 102 III EGInsO. Antragsberechtigt sind folglich neben dem Schuldner alle Gläubiger, die ein so zu verstehendes rechtliches Interesse an der Eröffnung eines gesonderten Insolvenzverfahrens besitzen (§ 14 InsO). Das vormals im Regierungsentwurf[18] 1992 vorgesehene *besondere* Interesse gem. § 396 II InsO-Entwurf 1992 (neben dem rechtlichen Interesse in § 16 I InsO-Entwurf 1992, wortgleich mit § 14 InsO) ist vom Gesetzgeber ersatzlos gestrichen worden, so daß hinsichtlich der Bestimmung der Antragsberechtigung auf die allgemeinen Vorschriften in § 13, 14 InsO zurückgegriffen werden muß. Auf die hinter dem Regierungsentwurf stehende Begründung[19] zum „*besonderen Interesse*" im Sinn von § 396 II InsO-Entwurf wird nachfolgend aber einzugehen sein. Hier sollen aber zunächst einmal die künftig geltenden gesetzlichen Grundlagen genügen.

Auch der ausländische Verwalter ist antragsberechtigt. Diese Problematik bedarf besonderer Erörterung[20].

2. Die Regelung in § 14 InsO (rechtliches Interesse des Gläubigers)

Bereits aus dem Wortlaut von § 14 InsO ist zu entnehmen, daß das rechtliche Interesse eines antragstellenden Gläubigers zu belegen ist (..."rechtliches Interesse hat"). Nach dem Regierungsentwurf von 1992 zum wortgleichen § 16 InsO-Entwurf 1992 ist der Antrag nur dann zulässig, „wenn der Gläubiger im Falle der Eröffnung des Insolvenzverfahrens an diesem Verfahren beteiligt ist"[21]. Das sind grundsätzlich zuerst einmal alle Konkursgläubiger[22], aber auch absonderungsberechtigte Konkursgläubiger hinsichtlich ihrer persönlichen Forderung. Ein vorheriger Verzicht auf abgesonderte Befriedigung wird nach der Konkursordnung nicht gefordert;[23] gleiches wird nach der künftigen InsO gelten müssen.

Dagegen sei aber der Antrag eines Gläubigers beispielsweise „wegen Fehlens dieses rechtlichen Interesses" unzulässig, der als Aussonderungsberechtigter seine Rechte innerhalb wie außerhalb des Verfahrens in gleicher Weise geltend machen kann[24].

---

18 BT-Drs. 12/2443, 113 zu §§ 15, 16 des Regierungsentwurfs.

19 BT-Drs. 12/2443, 237, 246.

20 Unten § 87 I.

21 BT-Drs. 12/2443, 113 zu § 16.

22 Allgemein, *Bork*, Einführung in das neue Insolvenzrecht, 36 ff.

23 *Kilger/Karsten Schmidt*, zu § 103 KO, Anm. 1a.

24 BT-Drs. 12/2443 zu § 15.

3. Kein „besonderes" Interesse i.S.v. § 396 II InsO-Entwurf 1992 nach § 14 InsO

Sind nach der künftigen in der InsO geltenden gesetzlichen Regelung in § 14 InsO – allgemein gesprochen – alle Konkursgläubiger wie auch alle absonderungsberechtigten Gläubiger zur Stellung eines Konkursantrags berechtigt, so wurde dieser Kreis der allgemein konkursantragsberechtigten Gläubiger im Hinblick auf die Eröffnung eines gesonderten Insolvenzverfahrens nach dem Regierungsentwurf von 1992[25] durch § 396 II InsO-Entwurf 1992 erheblich eingeschänkt. Neben dem allgemeinen rechtlichen Interesse (§ 16 I InsO-Entwurf 1992 ist wortgleich mit § 14 InsO) wurde ein *besonderes Interesse* für die Eröffnung eines gesonderten Insolvenzverfahrens gefordert.

Diese Einschränkung der Antragsberechtigung im Regierungsentwurf von 1992 durch das zusätzliche Erfordernis eines besonderen Interesses eines Gläubigers zur Eröffnung eines gesonderten Insolvenzverfahrens wurde damit begründet, daß zusätzliche Insolvenzverfahren weitgehend vermieden werden sollten, wenn die Abwicklung des gesamten in- und ausländischen Vermögens des Gemeinschuldners „ in einem einheitlichen ausländischen Insolvenzverfahren die wirtschaftlichste und zweckmäßigste Lösung ist"[26].

Auf der anderen Seite wird das *besondere Interesse* zur Eröffnung eines gesonderten Insolvenzverfahrens dann bejaht, „wenn der Gläubiger im ausländischen Verfahren voraussichtlich erheblich schlechter stehen wird als in einem inländischen Verfahren, z. B. weil ihm in diesem Verfahren so viele bevorrechtigte Gläubiger vorgehen, daß er nicht mit einer Befriedigung rechnen kann"[27]. Es wird damit „der geforderte *Schutz inländischer Interessen* gewahrt: Ein Sonderinsolvenzverfahren kann auch von den Gläubigern erreicht werden, wenn die Teilnahme nur an dem ausländischen Verfahren zu einer erheblichen *Schlechterstellung* dieser Gläubiger führen würde"[28].

Es ging also seinerzeit in dem Regierungsentwurf von 1992 auch ausdrücklich um den geforderten Schutz inländischer Interessen, wenn die ausschließliche Teilnahme an dem ausländischen Verfahren zu einer erheblichen Schlechterstellung dieser Gläubiger führen würde. Verständlich wird dieses „besondere Interesse" eines Gläubigers vor dem Hintergrund der damaligen Generalklausel in § 379 InsO-Entwurf 1992, soweit dort von der Wirkungserstreckung des ausländischen Konkursverfahrens die Rede war, so daß hierin ein verfassungsrechtlich problematischer Eingriff in die inländische Zuständigkeitsordnung (da ohne Gesetz oder völkerrechtlichen Vertrag) enthalten gewesen war. § 396 II InsO- Entwurf milderte einen eventuellen Verfassungskonflikt insoweit ab, als der Schutz inländischer Interessen die Eröffnung eines gesonderten Insolvenzverfahrens zulassen würde.

---

25 BT-Drs. 12/2443.

26 BT-Drs. 12/2443, 246 die Begründung zu § 396.

27 AaO, 237.

28 AaO, 246; Hervorhebung vom Verfasser.

Diese Problematik ist aber vor dem Hintergrund von Art 102 I EGInsO insoweit überholt, als dort von einer generellen Wirkungserstreckung eben nicht mehr die Rede ist[29]. Der Gedanke einer Berechtigung zur Eröffnung eines gesonderten Insolvenzverfahrens im Inland, wenn eine erhebliche Schlechterstellung im Ausland zu befürchten ist, bleibt freilich fortbestehen und kann künftig dem rechtlichen Interesse i.S.v. § 14 InsO direkt entnommen werden. Das rechtliche Interesse war auch nach der Gesetzessystematik des InsO-Entwurf 1992 (dort § 16) ein „Minus" gegenüber dem besonderen Interesse i.S.v. § 396 II InsO-Entwurf 1992, so daß eine „erhebliche Schlechterstellung" auch nach der künftigen InsO im Rahmen § 14 InsO einen Gläubiger zur Eröffnung eines gesonderten Insolvenzverfahrens berechtigen wird.

4. Fortbestand des Schutzzwecks gem. § 396 II InsO-Entwurf 1992 im Rahmen von § 14 InsO: Das „rechtliche Interesse" umfaßt das „besondere Interesse"

Neben der verfahrensrechtlichen Seite – Eröffnung der Insolvenz zu den inländischen Gerichten durch die Eröffnung eines gesonderten Insolvenzverfahrens – führte der Begriff des „besonderen Interesses eines Gläubigers" auch zu einer grundsätzlichen Konfliktslösung bei der Anerkennungsproblematik: Die Zulassung der Eröffnung eines gesonderten inländischen Insolvenzverfahrens läßt die grundsätzliche Anerkennung des ausländischen Konkurses an sich unberührt. Eine Verletzung des „ordre public" wird insoweit mit Recht gerade nicht gefordert. Nur geht das deutsche gesonderte Insolvenzverfahren vor. In diesem Sinne muß auch künftig das Zusammenspiel und die Grenzziehung zwischen Eröffnung eines gesonderten Insolvenzverfahrens nach Art 102 EGInsO i.V. m. § 14 InsO gegenüber der Prüfung eines Verstoßes gegen den ordre public in Art 102 I Nr. 2 EGInsO erfolgen. Beispiel: Auch unter Herrschaft der künftig geltenden InsO muß der Gläubiger – dessen Forderung unstreitig ist – mit dem Vortrag gehört werden, daß das *konkrete* Konkursverfahren in den USA aufgrund der Rechte besonderer US-Gläubiger, die im US-Verfahren Privilegien genießen wie etwa der Fiskus[30], oder Gläubiger, die ihre Berechtigung auf Punitive Damages-Urteil[31] stützen, zu einer erheblichen Schlechterstellung eines Gläubigers führen kann. Gleiches gilt freilich auch für solche inländischen Gläubiger, deren Forderungen in dem Konkursverfahren in den USA nicht berücksichtigt werden oder deren Berücksichtigung mit erheblichen Zweifeln behaftet sind, wie etwa Forderungen des deutschen Fiskus[32].

Durch die Eröffnung eines gesonderten Insolvenzverfahrens werden dann verfahrensrechtlich wie auch materiellrechtlich insbesondere inländische Gläubiger[33] geschützt, ohne daß vom Antragsteller die Anerkennungsfähigkeit des Konkurs-

---

29 Siehe oben § 63 III, 4.

30 Vgl. oben § 20 I – V, § 38 und unten § 85.

31 Vgl. oben § 37, 39.

32 Vgl. oben § 20 VI und unten § 85.

verfahrens in den USA aus Gründen des ordre public (Art 102 I Nr. 2 EGInsO) in Zweifel gezogen werden muß. Im Ergebnis eine einfache Lösung: Auf den „Knüppel" des ordre public braucht nicht zurückgegriffen werden[34].

§ 83 Die Antragsberechtigung der inländischen Gläubiger insbesondere

Hier stellen sich Fragen, die der Erörterung bedürfen.

I. Gläubiger mit einem „besonderen Interesse"[1]

1. Beispiele

Hinsichtlich der antragsberechtigten „Gläubiger mit einem besonderen Interesse", das auf alle Fälle „rechtliches Interesse" ist, wird es regelmäßig um – nach inländischen Maßstäben – zu bestimmende Gläubigergruppen handeln, die aufgrund der Qualität ihrer Forderungen (etwa der deutsche Fiskus) mit einer Benachteiligung oder „Diskriminierung" im Ausland rechnen müssen[2]. Gleiches gilt aber allgemein auch für solche – regelmäßig einfache – Gläubiger mit *unstreitigen* Forderungen, denen aufgrund konkreter Umstände dieses speziellen Auslandskonkurses eine Verweisung an den Auslandskonkurs nicht zugemutet werden kann[3]. Insbesondere im letzten Fall wird die Feststellung eines „besonderen Interesses" Bereiche des materiellen ordre public berühren. Genannt wurde das Beispiel einer US-Konkursmasse, die vorrangig von privilegierten Forderungen[4] ausgehöhlt wird (US-Fiskus; Punitive Damages-Urteile).

---

33 US-Gläubiger unterliegen regelmäßig dem Automatic Stay des § 362 BC, so daß sie als Antragsteller *rein tatsächlich* nur selten in Frage kommen, vgl. §§ 29, 30; zum Schutz außerhalb eines gesonderten Insolvenzverfahrens oben zur Prozeßunterbrechung §§ 70 - 73 und zum Arrest §§ 80, 81; zum *rechtlichen* Interesse sogleich unten §§ 83, 84.

34 Aber zum „Arrest" oben § 81 III, wo die Anerkennungsfrage als solche zur Prüfung stand. In diesem Fall entsteht dann ein Konflikt, wenn ein Dritter eine gesonderte Insolvenz beantragt, ohne daß der ordre public (wie hier gesagt) in Zweifel gezogen wird. Ob damit aber ein berechtigter Arrest wegen des ordre public Verstoßes eines Auslandskonkurses seine Legitimierung verliert, erscheint äußerst zweifelhaft. Vgl. oben zur Begründung § 81 III Fn 12 und 13.

1 Im Sinn von E 1992: daß es dieses besonderen Interesses nach § 14 InsO nicht mehr bedarf, ist oben § 82 IV 3 ausgeführt.

2 Also Forderungen öffentlichrechtlicher Art im weitesten Sinne.

3 So im Ergebnis auch *Leipold*, FS Henckel (1995), 533, 541.

4 Dies wird nach InsO künftig eine Rolle spielen, da die deutschen Konkursprivilegien in § 61 Abs. 1 KO nicht übernommen wurden und künftig vom *„klassenlosen Konkurs"* nach der InsO die Rede sein wird, vgl. auch BT-Drs. 12/2443, 90.

Dennoch braucht eine im Ergebnis abwertende Feststellung eines Verstoßes gegen den ordre public nicht ausdrücklich getroffen zu werden. Die grundsätzliche Anerkennung des ausländischen Konkurses wird also durch die Eröffnung eines gesonderten Insolvenzverfahrens nicht in Frage gestellt. Eine ganz andere Frage ist freilich die spiegelbildliche, ob die oben genannten *privilegierten* Gläubiger auch am gesonderten Insolvenzverfahren teilnehmen können. Die Frage ist, ob ihr Teilnahmerecht – ggf. inwieweit – zu verneinen sein wird[5].

2. *Ausländische Gläubiger*

Um es zu unterstreichen: In der Regel werden inländische Gläubiger die Sonderinsolvenz beantragen. Nichts aber steht grundsätzlich einem Antrag ausländischer Gläubiger entgegen. Doch wird darauf zurückzukommen sein[6].

II. Aussonderungsberechtigte Gläubiger

1. *Grundsätzlich: kein rechtliches Interesse*

Ein rechtliches Interesse aussonderungsberechtigter Gläubiger zur Eröffnung eines gesonderten Insolvenzverfahrens hinsichtlich von in der Bundesrepublik belegener Sachen sollte *regelmäßig* verneint werden[7] (Art 102 III EGInsO, § 14 InsO). Im Ergebnis geht es in solchen Fällen um Rechtsstreitigkeiten, die sich darauf beschränken, daß ein Gegenstand nach der Behauptung des Klägers nicht zur (ausländischen) Konkursmasse zu rechnen ist (§ 43 KO; § 47 InsO). Die Klage ist dabei in der Bundesrepublik gegen den (ausländischen) Trustee (bzw. Debtor in Possession) zu richten, da hier nicht um die Anerkennungsfähigkeit des ausländischen Insolvenzverfahrens gestritten wird, sondern nur geltend gemacht wird, daß der Gegenstand nicht zur ausländischen Konkursmasse zu rechnen und daher herauszugeben ist. Von der Prozeßlegitimation des Trustee (bzw. Debtor in Possession) ist auszugehen, so daß Sicherungsmaßnahmen und Hauptsacheverfahren gegen ihn zu richten sind[8].

2. *Drittantrag*

Wird im Zuge des Verfahrens auf Antrag von dritter Seite ein gesondertes Insolvenzverfahren eröffnet, so werden Prozesse um Aussonderungsrechte gem. § 240

---

5 Vgl. sogleich unten § 84 V. § 85 und der „Verständigungsweg“, dort III.

6 Allgemein unten § 84, § 85.

7 Dazu sogleich unten III zu den Absonderungsberechtigten am Ende; ferner oben § 81 II - V.

8 Vgl. oben § 81 II – V; grundlegend oben Kapitel 2, §§ 70 - 74.

ZPO unterbrochen. Sie können dann gegen den inländischen Verwalter wieder aufgenommen werden.

III. Absonderungsberechtigte Gläubiger

1. Beteiligung wegen persönlicher Forderung

Hinsichtlich der absonderungsberechtigten Gläubiger ist die Berechtigung am zur ausländischen Konkursmasse zählenden Gegenstand (Art 102 I EGInsO) aber eine andere. Im Gegensatz zu den aussonderungsberechtigten Gläubigern einer im Inland belegenen Sache, bei der die rechtliche Zuordnung des (absoluten) dinglichen Rechts im Streit steht und sie somit nicht als Konkursgläubiger angesehen werden (§ 43 KO; 47 InsO), sind absonderungsberechtigte Gläubiger wegen ihrer persönlichen Forderung am Konkursverfahren beteiligte Gläubiger und damit zur Stellung eines Konkursantrags berechtigt (§ 103 II KO; 13 I InsO)[9].

Gleiches gilt auch nach dem künftig geltenden Gesetzestext der InsO. Ein „besonderes Interesse" eines Gläubigers, wie vormals in § 396 II InsO-Entwurf 1992 vorgesehen, wird, wie gesagt, als zusätzliche Zulässigkeitsvoraussetzung für die Eröffnung eines gesonderten Insolvenzverfahrens gerade nicht mehr gefordert[10]. Es muß daher auf das *rechtliche Interesse* i.S.v. § 14 InsO – wortgleich mit § 16 InsO-Entwurf 1992 – zurückgegriffen werden, wonach ein Antrag nur dann zulässig ist, „wenn ein Gläubiger im Falle der Eröffnung des Insolvenzverfahrens an diesem beteiligt ist"[11]. Dies ist bei absonderungsberechtigten Gläubigern der Fall, so daß ihr rechtliches Interesse zur Eröffnung eines gesonderten Insolvenzverfahrens gem. § 102 III EG InsO regelmäßig zu bejahen ist.

2. Fehlendes Interesse

Geht es dem absonderungsberechtigten Gläubiger aber nicht um die „Beteiligung an diesem Verfahren", d. h. ist seine Forderung im US-Konkursverfahren angemeldet *und* festgestellt worden, so kann sein „rechtliches Interesse" an der Eröffnung eines gesonderten (inländischen) Insolvenzverfahrens in Zweifel gezogen werden, da es ihm in diesem Fall nur mehr um die Realisierung seiner dinglichen Sicherheit geht, die im Inland belegen ist und nach § 4 II KO (vgl. auch §§ 49 ff. InsO) die Befriedigung aus dem Pfand unabhängig vom Konkursverfahren erfolgt[12].

---

9 Vgl. *Kilger/Karsten Schmidt*, zu § 103 Anm. 1a.

10 Hinsichtlich der Weitergeltung des Gedankens in § 396 II InsO-Entwurf 1992, *Leipold*, FS Henckel 533, 541; dazu sogleich unten.

11 BT-Drs. 12/2443, 113 zu § 16.

12 Ein ganz anderes Problem ist freilich, daß ein derartiger absonderungsberechtigter Gläubiger gegen den „Automatic Stay" verstößt (vgl. §§ 17, 29, 30) und deswegen vom Bankruptcy Court gem. § 362 (h) BC bestraft werden kann.

Hat der absonderungsberechtigte Gläubiger die Sache selbst in Händen, so steht ihm regelmäßig ein Selbstverwertungsrecht zu (§§ 127 II KO, 173 InsO), auch wenn der Gegenstand wegen Art 102 I EGInsO zur Konkursmasse zählt.

Im Falle unbeweglicher Gegenstände kommt sowieso nur eine Verwertung nach dem ZVG in Frage (§ 126 KO; § 165 InsO) und im Falle der Verwertung beweglicher Gegenstände (§ 127 I KO; § 166 InsO) kann sie künftig nach der InsO auch freihändig durch den Verwalter erfolgen. Er unterliegt in diesem Fall dann aber den Schutz- und Mitteilungspflichten gem. §§ 167 - 170 InsO. Es geht also um bloße Verwertungshandlungen des Gläubigers bzw. des „Verwalters", die in der Bundesrepublik durchzuführen sind. Da es sich ferner um im Inland belegene Gegenstände handelt, findet auf die Verwertung der ihnen anhaftenden und nach deutschem Recht begründeten dinglichen Belastungen deutsches Recht Anwendung[13]. Schließlich wird durch Art 102 I EGInsO auch die Prozeßlegitimation des ausländischen Trustee (bzw des Debtor in Possession) anerkannt (§§ 541, 323 BC)[14].

Damit ist die prozessuale Legitimation des Trustee in der Bundesrepublik sichergestellt. Sie wäre daher auch von einem (inländischen) absonderungsberechtigten Gläubiger zu beachten, so daß einem Antrag eines absonderungsberechtigten Gläubigers auf Eröffnung eines gesonderten Insolvenzverfahrens gem. Art 102 III EGInsO das rechtliche Interesse i.S.v. § 14 InsO abzusprechen ist, wenn der Antrag *nur das Ziel* verfolgt, dem Trustee im Wege von Art 102 III EGInsO seine Legitimation im Inland wieder zu entziehen.

Etwas anderes gilt aber dann wiederum, wenn der Trustee aufgrund einer nationalen Sichtweise – Allzuständigkeit des Bankruptcy Court oder wegen des Automatic Stays gem. § 362 BC[15] – sich auf ein inländisches Verfahren mit den absonderungsberechtigten Gläubigern aus tatsächlichen oder US-rechtlichen Gründen nicht einläßt[16]. Hier hätte der Gläubiger ebenfalls wieder ein rechtliches Interesse

---

13 Vgl. BT-Drs. 12/2443, 243, 244 zu § 390; künftig im EU Bereich Art 5 des Übereinkommens über Insolvenzverfahren, abgedr. ZIP 1996, 976.

14 Grundlegend oben Kapitel 2; dort etwa § 72 II, III.

15 Vgl. oben §§ 14, 15, 16, 17, ff. 29, 30. Aber keine Berücksichtigung in der Bundesrepublik, oben Kapitel 2, zusammenfassend dort § 74.

16 Oder der Bankruptcy Court zum „Knüppel des § 362 (h) BC" greift. Dies von vornherein zu unterstellen, ginge freilich zu weit. Dennoch besteht die US-prozessuale Möglichkeit Gläubiger auch außerhalb der Staatsgrenzen der USA im Inland (USA) zum US-freundlichen Verhalten mittels zivilstrafrechtlicher Mittel – wegen Verstoßes gegen den Automatic Stay § 362 (h) BC – zu zwingen. Absonderungsberechtigte Gläubiger sollten sich daher eine bloße Forderungsanmeldung in den USA vorher „gut überlegen", auch wenn § 508 BC von einer Anrechnungspflicht dessen spricht, was in einem ausländischen (deutschen) Konkursverfahren erlangt wurde. Liest man § 508 BC „vorsichtig", so bezieht er sich auf das, was in einem ausländischen Verfahren erlangt wurde (*foreign proceeding*). Unter einem Foreign Proceeding wird nach der Definition in § 101 (23) BC insbesondere ein Verfahren verstanden, das nach konkursrechtlichen Regeln (oder außerhalb des Konkurs gesehen) „zum Zwecke einer Liquidation einer *Konkursmasse*" durchgeführt wird (... for the purpose of liquidating an

i.S.v. § 14 InsO. Das gesonderte Insolvenzverfahren unterliegt ausschließlich nationalem Verfahrensrecht, so daß die Abwicklung (und Durchsetzung) von Absonderungsrechten materiell wie auch verfahrensrechtlich sichergestellt wird.

3. Nochmals: Aussonderungsrechte

Gleiches müßte auch in den oben beschriebenen Fällen gelten, in *denen Aussonderungsrechte* geltend gemacht werden: Zieht sich der Trustee auf den Rechtsstandpunkt zurück, daß gem. Art 102 I EGInsO, §§ 541, 323 BC die Zugehörigkeit zur US-Konkursmasse sich ausschließlich nach den Regeln des US-Konkursrechts bestimme und der Bankruptcy Court ausschließlich zuständig sei, er sich folglich auf den Rechtsstreit in Deutschland nicht einlasse, so hat der Aussonderungsberechtigte ein rechtliches Interesse an der Eröffnung eines gesonderten Insolvenzverfahrens, ohne daß die Anerkennungsfähigkeit des US-Konkursverfahrens als solche in Frage gestellt werden muß.

IV. Einfache Gläubiger

1. Grundsätzliches

Hier deckt sich vieles mit dem, was an anderer Stelle[17] schon gesagt worden ist, und es bedarf insoweit keiner Wiederholung. Im Grunde läßt sich die Frage der Antragsberechtigung einfacher Gläubiger zur Eröffnung eines gesonderten Insolvenzverfahrens darauf konzentrieren, ob im Außer-EU-Bereich aufgrund kollisionsrechtlicher Überlegungen aus dem IPR inländische Gerichtsstände durch die Konkursverfahrenseröffnung in den USA pauschal *konsumiert*[18] werden und damit auch das rechtliche Interesse i.S.v. § 14 InsO für die Eröffnung eines gesonderten Insolvenzverfahrens entfällt. Um einer „Konsumierung“ vorzubeugen, wurde in der Literatur mit Begriffen wie dem von der Zuständigkeitsgerechtigkeit[19] gearbei-

---

estate ...). Überspitzt (?) formuliert: Die Geltendmachung von Aus- und Absonderungsrechten dient aber nicht zweifelsfrei der Liquidation einer Konkursmasse. Sie werden vielmehr außerhalb des Konkursverfahrens geltend gemacht. Die Anwendung von § 508 BC heilt damit nicht unbedingt einen Verstoß gegen § 362 BC, wenn Absonderungsberechtigte in Deutschland (regelmäßig inländische Gläubiger) ihre Rechte geltend machen. § 508 BC bezieht sich ausdrücklich nur auf die „Forderung“ eines Gläubigers (.... „Creditor“ means ... entity that has a claim ... § 101 (10) BC) die in einem ausländischen Verfahren geltend gemacht wird. Die Durchsetzung von dinglichen Rechten „im Ausland“ und deren Folgen im Inland (USA) wird dort nicht geregelt.

17 Zusammenfassend oben zur vis attractiva concursus: eine Frage des IPR oder eine Frage des IZPR, § 74 und die sonstigen Ausführungen im Kapitel 2 und 4 der Arbeit.

18 Mit Recht kritisch *Jahr*, in Vorschläge und Gutachten zum Entwurf eines EG-Konkursübereinkommens, 304, 316.

19 *Grasmann*, KTS 1990, 157, 175, *ders.*, Rev. crit. dr. internat. privé 79 (3) 1990, 421, 463 unter Hinweis auf *Flessner*, ZIP 1989, 749, 753; es wird legitimes Vertrauen in bestehende Zuständigkeiten mißachtet, *ders.*, IPRax 1991, 162, 164; *Lüderitz*, JZ 1936, 96 (97).

tet, wonach inländische Gläubiger mithin auf die bundesdeutsche Zuständigkeitsordnung „vertrauen dürfen", so daß etwa die Feststellung einer Forderung weiterhin im Inland begehrt werden kann. Solche Erwägungen führen aber gerade im deutsch-amerikanischen Verhältnis in eine Sackgasse. Die in derartigen Feststellungsprozessen ergehenden Titel sind regelmäßig wertlos, da sie in den USA nicht anerkannt werden[20].

Aus deutscher Sicht können aufgrund ausländischer Konkurseröffnung über Art 102 I EGInsO – wegen der damit verbundenen Erfassung des inländischen Vermögens des Gemeinschuldners – Leistungsklagen nicht mehr erhoben werden: Der weltweite Konkursbeschlag eines US-Konkursverfahrens (§ 541 BC) wird über Art 102 I EGInsO im Inland anerkannt, so daß Leistungstitel[21] nicht mehr begehrt werden können. Aber auch ein fortbestehendes Feststellungsinteresse soll angeblich dann verneint werden, wenn das Urteil in einem ausländischen Rechtsstreit verwendet werden soll, dort aber mit einer Anerkennung nicht zu rechnen ist[22]. Legt man hier den Begriff „ausländischen Rechtsstreit" weit aus, so könnte hierunter auch das Feststellungsverfahren vor den Bankruptcy Courts verstanden werden: Ein m.E. nicht zu billigendes Ergebnis, soweit die Gläubiger sich noch nicht dem US-Konkursverfahren durch eine anerkannte Forderungsanmeldung (§§ 501, 502 BC) unterworfen haben. Nur im Falle einer anerkannten Forderungsanmeldung kann das Feststellungsinteresse für eine Feststellungsklage im Inland mit Recht in Zweifel gezogen werden. Aber selbst in diesem Fall ist noch nicht geklärt, ob damit auch das rechtliche Interesse an der Eröffnung eines gesonderten Insolvenzverfahrens i.S.v. Art 102 III EGInsO entfällt.

Der Begriff des Feststellungsinteresses i.S.v. § 256 ZPO deckt sich nicht mit dem rechtlichen Interesse i.S.v. § 14 InsO i.V.m. Art 102 I EGInsO, zumal nach der Regierungsbegründung von 1992[23] zu § 16 InsO-Entwurf 1992 – wortgleich mit § 14 InsO – ein Antrag dann zulässig sein soll, „wenn der Gläubiger im Falle der Eröffnung des Insolvenzverfahrens an diesem Verfahren beteiligt ist". Diese Frage ist stets bejahend zu beantworten, unabhängig davon, ob eine Forderungsanmeldung in einem ausländischen Konkursverfahren erfolgte oder nicht, da ein zusätzliches besonderes Interesse i.S.v. § 396 II InsO-Entwurf 1992 in die künftig geltende InsO gerade nicht übernommen worden ist. Damit sollte in einem derartigen Fall eine im US-Konkursverfahren anerkannte Forderung sicherlich auch den deutschen Konkursverwalter „binden", soweit sie anerkennungsfähig ist[24].

---

20 Vgl. oben, zur Prozeßunterbrechung § 73 III, ferner § 71 II, III 2, § 74.

21 Zur Besonderheit eines Arrests, soweit ein ausländisches Konkursverfahren nicht anerkannt werden kann, § 81 III, IV.

22 So allg. BGH WM 1982, 619; *Thomas/Putzo*, zu § 256 Anm. I 5d.

23 BT-Drs. 12/2443, 113 zu § 16.

24 Beispiel: Wäre – entgegen der Anweisung des Bankruptcy Courts – in Sachen Baumgarten (dazu § 14 III; *Schollmeyer*, ZZP 108 (1995) 525 ff.) in einem Jurytrial vor US-Gerichten „Punitive Damages" ausgeurteilt worden, so hätten solche Forderungen nicht vor deutschen Gerichten Anerkennung finden können (vgl. BGHZ 118, 312 ff. = BGHZ ZIP 1992, 1256 =

Ob aber darüber hinaus die anerkannte Forderungsanmeldung im Ausland das rechtliche Interesse i.S.v. § 14 InsO an der Eröffnung eines gesonderten Insolvenzverfahrens entfallen läßt, ist sogleich zu erörtern[25].

2. Kein zusätzliches „besonderes Interesse"

Leipold[26] möchte ein rechtliches Interesse i.S.v. § 14 InsO bereits dann verneinen, „wenn nach den Umständen des konkreten Falles dem antragstellenden Gläubiger die Beteiligung an einem bereits eröffneten ausländischen Verfahren *zugemutet* werden kann und er dort mit einer vergleichbaren Stellung rechnen kann, wie bei einem inländischen Sonderverfahren". Letztlich wird damit das rechtliche Interesse an dem im Regierungsentwurf von 1992 in § 396 II InsO-Entwurf 1992 niedergelegten „besonderen Interesse" ausgerichtet. Dieses besondere Interesse ist aber ebensowenig wie die in der Generalklausel vorgesehen Wirkungserstreckung in § 379 InsO-Entwurf 1992 in die künftig geltende InsO übernommen worden. Ein besonderes Interesse sollte auch nicht als ungeschriebenes Tatbestandsmerkmal für die Eröffnung eines gesonderten Insolvenzverfahrens zusätzlich in § 14 InsO hineininterpretiert werden, zumal die Frage, ob einem Gläubiger die Teilnahme am ausländischen Verfahren zuzumuten sei und er dort mit einer vergleichbaren Stellung wie in einem gesonderten Insolvenzverfahren rechnen könne, nicht hinreichend konkret beantwortet werden kann.

Demgegenüber läßt sich ein rechtliches Interesse immer konkret bestimmen, wenn ein Antragsrecht grundsätzlich all denjenigen Gläubigern zugestanden wird, denen auch ein Beteiligungsrecht am gesonderten Insolvenzverfahren zusteht. Ein „besonderes Interesse" würde dagegen grundsätzlich alle einfachen Gläubiger mit ihren Forderungen und deren Feststellung – *ausschließlich* – an das ausländische Verfahren verweisen, so daß es im Ergebnis zu der verfassungsrechtlich problematischen Konsumierung von inländischen Gerichtsständen kommen kann.

3. Gleichheit von Antragsrecht und Beteiligungsrecht

Letztlich würde die Einführung eines besonderen Interesses auch zu einem Auseinanderfallen von Antragsberechtigung und Beteiligungsrecht in dem eröffneten Konkursverfahren führen. Wird nämlich hinsichtlich der Antragsberechtigung zusätzlich ein besonderes Interesse gefordert, so können sich nach Eröffnung des gesonderten Insolvenzverfahrens dennoch alle in- und ausländischen Gläubiger an

EWiR 1992, 827 (*Geimer*) = ZZP 106 (1993), 79 ff. Mit Anmerkung von *Schack* (aaO, 104 ff.); vgl. *Geimer*, IZPR Rdnr. 2974 m.w.Nw.

25 Unten 2 und § 84.

26 FS Henckel (1995) 533, 541.

diesem Verfahren beteiligen[27], auch wenn ihnen ein so verstandenes besonderes Interesse fehlt.

Es macht aber wenig Sinn, sonstige Gläubiger zunächst einmal – ausschließlich – auf das ausländische Verfahren zu verweisen, ihnen dann aber im Nachhinein eine Teilnahme an dem gesonderten Insolvenzverfahren gestatten zu müssen, weil ein Dritter mit eigenen – aber besonderen Interessen – erfolgreich ein gesondertes Insolvenzverfahren eröffnet hat.

Sinnvolles Anknüpfungsmoment und Regulat ist die deckungsgleiche Bestimmung von Antragsrecht und Beteiligungsrecht. Das Antragsrecht muß sich nach der Beteiligungsberechtigung richten. Fehlt die Beteiligungsberechtigung, so entfällt auch das Antragsrecht. Einseitig können keine höheren Anforderungen an das Antragsrecht gestellt werden. Der Beteiligungsberechtigte hat grundsätzlich ein rechtliches Interesse für die Eröffnung eines gesonderten Insolvenzverfahrens. Das gilt insbesondere – alleine schon wegen der Privilegienregelung des BC – im deutsch-amerikanischen Verhältnis.[28]

Ob ein ausländischer Gläubiger (insbes. ein US-Gläubiger) anders behandelt werden darf als ein deutscher Antragsteller, ist im nächsten Abschnitt[29] zu untersuchen.

§ 84 Antragsberechtigung und Teilnahmerecht ausländischer Gläubiger

I. Allgemeines

1. Gleichbehandlung

Sowohl die KO wie auch die InsO gehen vom Grundsatz der gleichen Berechtigung *aller* Gläubiger an einem inländischen Verfahren aus. Dieser unstreitige Grundsatz findet in der geltenden Konkursordnung in § 5 KO seinen gesetzlichen Niederschlag. In die InsO wurde eine Vorschrift im Sinne von § 5 KO nicht übernommen, im Grunde eine Selbstverständlichkeit[1], da insbesondere die bloße Ausländereigenschaft i. S. d. Staatsangehörigkeit kein Recht zu einer unterschiedlichen Behandlung im Konkurs begründen kann. Auf eine gesetzliche Normierung konnte daher ausdrücklich verzichtet werden, und die Regierungsbegründung zum Entwurf einer InsO von 1992[2] stellte darüber hinaus ausdrücklich klar, daß alle in-

27 Unstreitig, vgl. BT-Drs. 12/2443, 237 zur allgemeinen Begründung des internationalen Insolvenzrechts.

28 Siehe dazu oben § 20 im Gegensatz zum klassenlosen Konkurs nach der InsO, oben Fn 4.

29 Anschließend § 84.

1 *Kilger/Karsten Schmidt*, zu § 5 Anm. 1.

2 BT-Drs. 12/2443, 237.

und ausländischen Gläubiger zur Teilnahme an einem gesonderten Insolvenzverfahren berechtigt sind.

2. *Antragsrecht, Beteiligungsrecht*

Wurde nach der hier vertretenen Ansicht, ein „besonderes Interesse" für die Eröffnung eines gesonderten Insolvenzverfahrens i.S.v. § 396 II InsO-Entwurf 1992 nicht etwa als ungeschriebenes Tatbestandsmerkmal in die künftig geltende InsO übernommen, so bestimmt sich auch für den ausländischen Gläubiger (i.S. der Staatsangehörigkeit bzw. der Forderungsbelegenheit) das Antragsrecht nach dem Beteiligungsrecht i.S.v. § 14 InsO. Diese Gläubiger müssen für die Eröffnung eines gesonderten Insolvenzverfahrens ihr rechtliches Interesse nachweisen. Es ist *regelmäßig* nachgewiesen, wenn sie an diesem Verfahren zu beteiligen sind[3]. Dieser Grundsatz gilt also nach deutschem Recht unterschiedslos für In- und Ausländer, auch wenn letztere u.U. als US-Gläubiger an der Beantragung eines gesonderten Insolvenzverfahrens nach US-Recht (wegen Verstoßes gegen den *automatic stay,* § 362 BC)gehindert werden. Nehmen sie dennoch teil, so nimmt der deutsche Richter von dem US-Verbot keine Notiz.

II. Örtliche Zuständigkeit des Insolvenzgerichts

1. *§ 23 ZPO*

Eine Besonderheit besteht hierüber insoweit, als nach der InsO im Falle der bloßen Vermögensbelegenheit die örtliche Zuständigkeit nicht § 3 InsO entnommen werden kann. Gem. § 4 InsO finden die Vorschriften der ZPO – soweit die InsO nichts anderes bestimmt – entsprechende Anwendung, so daß sich die örtliche Zuständigkeit bei reiner Vermögensbelegenheit im Inland nach § 23 ZPO bestimmt. Dies gilt, um es erneut zu unterstreichen, nur für das gesonderte Insolvenzverfahren.

2. *Inlandsbezug?*

Nach der neueren Rechtsprechung des BGH[4] soll aber der Vermögensgerichtsstand gem. § 23 ZPO *für Klagen* – regelmäßig im Rahmen von Rechtsstreitigkeiten zwischen Ausländern – ausgeschlossen sein, wenn neben der Vermögensbelegenheit kein hinreichender Inlandsbezug nachgewiesen wird. Das „*ausreichende* inländische Vermögen", im Ergebnis also das reine Vollstreckungsinteresse an den

3 BT-Drs. 12/2443, 113 zu § 16 InsO-Entwurf 1992.

4 BGHZ 115, 90 = NJW 1991, 3092, kritisch *Geimer*, NJW 1991, 3072; *Schütze*, DWiR 1991, 239, *Schack*, JZ 1992, 51, a.A. *Schlosser*, IPRax 1992, 140 unter Hinweis auf die Rspr. US Supreme Court Shaffer v. Heitner, 433 U.S. 186 (1977), dazu *Weinschenk*, 79 ff.

im Inland belegenen Vermögensgegenständen, wurde vom BGH ausdrücklich für die Bestimmung des hinreichenden Inlandsbezuges *nicht* nutzbar gemacht[5]. Überträgt man diese Feststellungen des BGH zum ungeschriebenen Tatbestandsmerkmal eines hinreichenden Inlandsbezugs, neben der Vermögensbelegenheit für Klagen am Vermögensgerichtsstand gem. § 23 ZPO, auf das rechtliche Interesse i.S.v. § 14 InsO für die Eröffnung eines gesonderten Insolvenzverfahrens, so ergibt sich folgendes „schiefe Bild“:

III. Kein rechtliches Interesse?

1. Unterschiedliche Behandlung nach § 14 InsO?

Im Ergebnis käme man sogesehen nach der Rspr. des BGH[6] zu einer Differenzierung zwischen „Inländern und Ausländern“ aufgrund des ungeschriebenen Tatbestandsmerkmals eines hinreichenden Inlandsbezuges. Ein Antragsrecht eines „Ausländers“ auf Eröffnung eines gesonderten Insolvenzverfahrens gem. Art 102 III EGInsO i.V.m. § 14 InsO würde ausscheiden, weil der „Streit um die Forderung“ – also etwa die Beteiligung zwischen US-Gemeinschuldner und US-Gläubiger im US-amerikanischen Konkursverfahren zu klären sei; einem US-Gläubiger würde insoweit der „hinreichende Inlandsbezug“ für die Feststellung seiner Forderung gegen den US-Gemeinschuldner vor einem deutschen *Prozeß*gericht fehlen. Konsequenterweise müßte dann auch diesem Gläubiger das Antragsrecht zur Eröffnung eines gesonderten Insolvenzverfahrens am Ort der Vermögensbelegenheit abgesprochen werden.

Diese Konsequenz wurde zwar, soweit ersichtlich, noch nirgends gezogen. Aber dieses Ergebnis wäre denkbar, soweit Gläubiger und Gemeinschuldner dem US-Konkursverfahren i. S. d. *jurisdiction*[7] unterliegen. Ein Konflikt mit der umfassenden *vis attractiva concursus* eines US-Konkursverfahrens[8] und eines Verstoßes gegen den Automatic Stay (gem. § 362 BC)[9] aufgrund der Eröffnung eines gesonderten Insolvenzverfahrens wäre dann auf rein verfahrensrechtlichem Wege von vornherein ausgeschlossen. Auch würde mit dieser verfahrensrechtlichen Unterscheidung zwischen antragsberechtigten Gläubigern, je nachdem ob sie einen hinreichenden Inlandsbezug besitzen, der grundsätzlich anzustrebenden Einheit des Konkursverfahrens (Art 102 I EGInsO) gedient werden, solange nicht von dritter Seite ein gesondertes Insolvenzverfahren eröffnet wird:

---

5 Vgl. BGHZ 115, 90 (93) „Es wird festgestellt, daß die Beklagte über *ausreichendes* inländisches Vermögen verfügte ...“.

6 BGHZ 115, 90.

7 Hierunter fallen auch „deutsche Gläubiger“, die ihre Forderung in dem US-Konkursverfahren angemeldet haben.

8 Oben §§ 15 - 18; ferner § 74.

9 Oben §§ 29 - 30.

Ein zugegebenermaßen überraschendes Ergebnis, das sich wohl rechtfertigen ließe, solange die verfahrensrechtlich unterschiedlich beantwortete Frage der Antragsberechtigung nicht zu einer Ungleichbehandlung von gleichen Gläubigergruppen führen würde.

2. *Die Rechtsprechung des BGH zum Inlandsbezug*

Dieses Zwischenergebnis soll nachfolgend noch anhand von zwei Entscheidungen des IX. Zivilsenats des BGH zum „fehlenden Inlandsbezug" überprüft werden: Zum einen hinsichtlich der Einschränkung der internationalen Zuständigkeit im Erkenntnisverfahren[10] – dies betrifft *im übertragenen Sinne* die Antragsberechtigung i.S.v. § 14 InsO und zum anderen hinsichtlich der Beteiligungsberechtigung: Dort geht es letztlich um die Anerkennung[11] der Forderungsfeststellungen durch den Bankruptcy Court, wenn sie gleichzeitig im gesonderten Insolvenzverfahren angemeldet werden.

3. *Der fehlende Inlandsbezug und seine Übertragung auf das Antragsrecht gem. § 14 InsO*

Der BGH[12] folgt in seiner Entscheidung zum fehlenden Inlandsbezug im Rahmen des Vermögensgerichtsstandes (§ 23 ZPO) der Lehre[13], wonach ein Rechtsstreit einen über die reine Vermögensbelgenheit hinausgehenden Inlandsbezug aufweisen müsse, um seine ansonsten als exorbitant und als Kampfgerichtsstand kritisierte Ausgestaltung „völkerrechtskonform" zu begrenzen[14]. Im weiteren geht der BGH dann ausdrücklich auf die bestehende völkerrechtliche Vertragspraxis ein, wonach etwa nach dem EuGVÜ der Vermögensgerichtsstand insgesamt ausgeschlossen wird[15]. Nach Auffassung des BGH[16] ist daher „angesichts dieser *völkerrechtlichen Tendenzen* eine an seinem eigentlichen *Sinn und Zweck orientierte Auslegung* des § 23 ZPO notwendig, soweit die internationale Zuständigkeit berührt ist. ... (da § 23 ZPO) als *Inländerschutzvorschrift* nicht etwa dazu dienen sollte, Ausländern einen Gerichtsstand zur Austragung von Streitigkeiten zu verschaffen, die ihren Ursprung ausschließlich im Ausland haben und nach ausländischem Recht zu entscheiden sind."

---

10 BGHZ 115, 90.

11 BGHZ 118, 312.

12 BGHZ 115, 90.

13 *Stein/Jonas/Schumann*, § 23 Rdnr. 31 c; *Schumann*, FS Tullio Liebmann, 839 (866); *ders.*, ZZP 93 (1980), 408 (442); *Hausmann*, IPRax 1982, 51 (52); *Kropholler*, Handbuch des IZVR; I (1982), Rdnr. 343; a.A. mit Recht, *Geimer*, IZPR, Rdnr. 1077 a; 1346 ff. ; *Schütze*, dt. IZPR (1985), 62 ff.; *Fischer*, RiW 1990, 794 (795).

14 BGHZ 115, 90 (93) unter Hinweis auf BVerfGE 64, 1, 20.

15 BGHZ 115, 90 (95 ff.).

16 BGHZ 115, 90 (97).

4. Die Kritik und ihre Berechtigung

Die Entscheidung ist in der Literatur[17] mit Recht heftig kritisiert worden: Sie führe zu einem Auftrieb für die *forum non conveniens*-Lehre[18]; zu einer Einschränkung des Justizgewährungsanspruchs, wonach In- und Ausländer strikt gleich zu behandeln seien[19]; fördere die Rechtsunsicherheit, da nicht vorausgesagt werden könne, wann ein hinreichender Inlandsbezug vorliege[20] und ziehe zeitraubende Zuständigkeitsstreite nach sich[21].

Diese Kritik ist m.E. berechtigt, ohne daß sie hier im Einzelnen weiter verfolgt zu werden braucht. Offensichtlich ist aber, daß „völkerrechtliche Tendenzen" alleine keinen Rechtssatz beinhalten können, wodurch die internationale Zuständigkeit eines deutschen Gerichts beschränkt wird. Schließlich beruhten die vom BGH zitierten Beschränkungen des Vermögensgerichtsstandes *ausschließlich* auf völkerrechtlichen Verträgen, und nicht etwa auf einer nach „Sinn und Zweck orientierten Auslegung".

Dennoch ist der Gedanke des „hinreichenden Inlandsbezuges" im internationalen Verfahren im Bereich des Internationalen Insolvenzrechts interessant, soweit er sich – mittels gesetzlicher Vorschriften – konkretisieren läßt.

5. Der Inlandsbezug? Folgerungen für das Sonderinsolvenzverfahren

Kraft Gesetzes wird künftig gem. Art 102 I EGInsO das im Inland belegene Vermögen des Gemeinschuldners von der ausländischen Konkurseröffnung erfaßt. Die Erfassung des Vermögens im Inland wird grundsätzlich konkursrechtlich nach dem Recht des Staates der Verfahrenseröffnung abgewickelt, *soweit* nicht „rechtlich (schutzwürdige) Interessen" von Gläubigern i.S.v. § 14 InsO berührt werden, die zur Eröffnung eines gesonderten Insolvenzverfahrens ermächtigten und dann auch geführt haben. Dann wird eine exklusive inländische Masse gebildet (Art 102 III EG InsO i.V.m. § 14 InsO).

Man könnte nun sagen: Gläubiger, die der US-Bankruptcy Jurisdiction unterlägen, regelmäßig also alle Gläubiger, die ihre Forderung in dem Konkursverfahren in den USA angemeldet haben, hätten kein rechtliches Interesse i.S.v. § 14 InsO

---

17 *Geimer*, NJW 1991, 3072; *Schack*, JS 1992, 51; *Schütze*, DWiR 1991, 239; zustimmend aber *Schlosser*, IPRax 1992, 140.

18 *Geimer*, NJW 1991, 3074.

19 *Geimer*, IZPR, Rdnr. 1366.

20 *Geimer*, IZPR, Rdnr. 1360.

21 *Geimer*, NJW 1991, 3074; gerade letzter Einwand sollte zu denken geben: Für Civil Law-Juristen ist es frustrierend, daß jede „zweite Entscheidung" sich ausführlichst mit Zuständigkeitsfragen auseinandersetzen muß, so daß Sachentscheidungen oftmals in den Hintergrund treten. Damit werden Ressourcen auch falsch eingesetzt. Die Entscheidung des BGH geht ebenfalls in diese Richtung.

an der Eröffnung eines gesonderten Insolvenzverfahrens im Inland (Art 102 III EGInsO).

Durch die gesetzlich gestattete Einbeziehung des im Inland belegenen Vermögens des Gemeinschuldners zur Konkursmasse in den USA (Art 102 I EGInsO) *und* die Unterwerfung der oben bezeichneten Gläubiger unter die US-Jurisdiction des Bankruptcy Court i. S. sachlicher Entscheidungszuständigkeit fehle ihnen das rechtlich schutzwürdige Interesse an der Eröffnung eines gesonderten Insolvenzverfahrens .

Man könnte also formulieren: Art 102 I EGInsO schließe für diese Gläubigergruppe den hinreichenden Inlandsbezug aus; das rechtliche Interesse i.S.v. § 14 InsO für die Beantragung eines gesonderten Insolvenzverfahrens sei hier nicht gegeben. Letztere Begründung wäre vorzuziehen, da bei allen Interpretationsversuchen aus Art 102 I EGInsO i.V.m. § 14 InsO eine ausdrückliche internationale Zuständigkeitsregelung nicht entnommen werden kann.

Allerdings hätte diese Argumentation einen entscheidenden Haken: Wer eine ausländische Jurisdiction anerkennt, „verzichtet" – soweit ein Verzicht in Frage kommt, nicht auf die inländische[22].

IV. Die Gleichbehandlung im gesonderten Insolvenzverfahren

1. Verfahren von dritter Seite

Die oben aufgestellte These, daß sich das Antragsrecht i.S.v. § 14 InsO nach dem Beteiligungsrecht richtet, hilft freilich bei Verneinung dieses Rechts aufgrund des „Interesses" dann nicht mehr weiter, wenn von *dritter Seite* ein gesondertes Insolvenzverfahren eröffnet worden ist. Es springt daher sofort ins Auge, daß Gläubiger die der US-Jurisdiction unterliegen, nicht von vornherein von der Teilnahme an dem gesonderten Insolvenzverfahren in der Bundesrepublik ausgeschlossen werden können, weil ihnen das Antragsrecht mangels rechtlichen Interesses i.S.v. § 14 InsO fehle.

2. Keine Unterscheidung zwischen in- und ausländischen Gläubigern

Schon in dem Regierungsentwurf zur InsO von 1992 wurde unmißverständlich klargestellt, daß zur Teilnahme an dem gesonderten Insolvenzverfahren alle in- und ausländischen Gläubiger berechtigt sind. Eine Unterscheidung zwischen in- und ausländischen Gläubigern sollte also gerade nicht stattfinden.

Hieraus hat sich auch nach der InsO nichts geändert. Wird in der Bundesrepublik ein gesondertes Insolvenzverfahren nach § 102 III EGInsO eröffnet, so können

---

22 Zum *jurisdiction*-Begriff in den USA zu § 14.

sich Gläubiger eines Konkursverfahrens in den USA auch an dem gesonderten Insolvenzverfahren beteiligen, d. h. ihre Forderungen in Deutschland nach den Regeln der InsO anmelden.

3. Verhältnis zu den USA

Da es sich hierbei im Verhältnis zu den USA regelmäßig um Gläubiger handelt, deren Forderung nach den Regeln des US-Konkursverfahrens gem. § 501, § 502 BC festgestellt wurden[23], stellt sich hieran anschließend die Frage der Anerkennung der durch den Bankruptcy Court festgestellten Forderungen. Da die Anerkennung in Art 102 I EGInsO nur pauschal von der „Erfassung des im Inland belegenen Vermögens" durch die Konkurseröffnung im Ausland spricht, diese Erfassung aber durch die Eröffnung eines gesonderten Insolvenzverfahrens wieder aufgehoben wird und somit eine eigene Konkursmasse im Inland gebildet wird (Art 102 III EGInsO), läßt sich aus Art 102 I EGInsO nichts für die Anerkennung der *Sachentscheidung* des Bankruptcy Court über eine im US-Konkursverfahren angemeldete Forderung entnehmen. Es muß daher auf die allgemeinen Anerkennungsvorschriften zurückgegriffen werden.

4. Anerkennung nach § 328 ZPO oder analog § 16 a FGG

Eine Anerkennung analog § 16a FGG käme grundsätzlich nur dann in Frage, wenn es sich dabei um Entscheidungen handelt, die rechtliche Wirkungen für die Beteiligten äußern und *nicht* dem streitigen Verfahren zuzurechnen sind[24], nach deutschem Rechtsverständnis also zunächst alle Entscheidungen von Zivilgerichten, die der „Rechtsfürsorge" dienen und durch Gesetz den Gerichten der Freiwilligen Gerichtsbarkeit zugewiesen oder sonst dem FGG-Verfahren unterstellt werden oder auf die analog die Grundsätze der Freiwilligen Gerichtsbarkeit anzuwenden sind[25]. Hierzu zählen insbesondere Gerichtsentscheidungen, die aufgrund der in der Entscheidung ausgesprochenen Gestaltungswirkung inter omnes wirken und die statusrechtliche Stellung von Personen neu bestimmen, so zum Beispiel, Ausspruch und Aufhebung von Adoption oder Vormundschaft, Sorgerechtsentscheidungen, Ehelichkeitserklärung, Umgangsregelungen. Daneben aber auch die Anordnung und Aufhebung einer Pflegschaft, § 1909 ff. BGB, die eine „Vermögensfürsorge" mit umfaßt.

---

23 Würde die Forderung vom Bankruptcy Court nicht zugelassen, so wäre die Forderungsanmeldung zwar „zulässig", die Forderung müßte aber aufgrund des US-Titels vom deutschen Verwalter(!) bestritten werden können. Erhebt der Gläubiger Klage auf Feststellung, so wäre der Rechtsstreit gem. § 148 ZPO auszusetzen, bis über die Anerkennung gem. § 328 ZPO der Nichtzulassung der Forderung entschieden worden ist (*Stein-Jonas*, zu § 148, Rdnr. 162; *Thomas/Putzo*, zu § 148, Anm. 2b).

24 *Keidel/Kuntze/Winker*, zu § 16 a Rdnr. 2.

25 Oben § 63.

So gesehen wird auch durch eine Konkurseröffnung und die hierauf ergehenden Entscheidungen (deutscher) Konkursgerichte über Verfahrenseröffnung oder Einstellung, Bestätigung des Insolvenzplans (vgl. § 254 InsO) und Anordnung einer Restschuldbefreiung (§ 286 ff. InsO) gestaltend auf die Rechtsstellung des Gemeinschuldners und sein Vermögen eingewirkt, so daß diese Entscheidungen aufgrund ihres Gehalts in die Nähe von Entscheidungen in der Freiwilligen Gerichtsbarkeit gerückt werden können[26]. Dies gilt entsprechend für ausländische Entscheidungen.

Anders dagegen, soweit *streitige Sachentscheidungen* über eine Forderung, die Bestimmung von Aus- und Absonderungsrechten oder eine Konkursanfechtung durch (deutsche) Prozeßgerichte getroffen werden. Mögen solche streitigen Sachentscheidungen nach amerikanischem Rechtsverständnis aufgrund der vis attractiva concursus eines US-amerikanischen Konkursverfahren vom US-Konkursgericht (Bankruptcy Court) zu treffen sein, so wird hierdurch die in Deutschland anzuerkennende Rechtsqualität der Entscheidung als eines Urteils nicht geändert.

Es handelt sich um „gewöhnliche" Leistungs- und Feststellungsurteile zwischen den Prozeßparteien die keine Vermögensfürsorge oder Statusfrage regeln sollen, so daß eine Anerkennung entsprechend § 16 a FGG – insbesondere wegen des dort nicht enthaltenen Erfordernisses der Gegenseitigkeit – nicht in Frage kommen kann.

5. Anerkennung nach § 328 ZPO

Allgemein bleibt vorauszuschicken:

Im Ergebnis bleibt danach nur eine Anerkennung einer vor dem Bankruptcy Court vorgenommenen Forderungsfeststellung auch bei einem gesonderten Insolvenzverfahren über § 328 ZPO. Da insoweit nur die Anerkennung einer Forderung begehrt wird, bedarf es keines Vollstreckungstitels i.S.v. §§ 722, 723 ZPO. Die Anerkennung über § 328 ZPO ergibt sich zum einen aus der Sperrwirkung des gesonderten Insolvenzverfahrens gem. Art 102 III EGInsO, wonach „inländisches Vermögen nach den Vorschriften des inländischen Insolvenzrechts zu verwerten und zu verteilen ist[27]. Und zum anderen daraus, daß die „Wirkungserstreckung" i.S.v. § 379 InsO-Entwurf 1992[28] nicht übernommen worden ist, d. h. die Zulassung einer Forderung im US-Konkursverfahren (gem. § 501, § 502 BC) nicht einfach im

[26] Zum Ganzen oben § 63.

[27] BT-Drs. 12/2443, 237, wenn man i.S.v. § 379 InsO Entwurf von der *nicht* Gesetz gewordenen kollisionsrechtlichen Wirkungserstreckung des ausländischen Konkursverfahrens ausgeht.

[28] Vgl. § 379; aber § 384 InsO-Entwurf 1992, wo in § 392 für Vollstreckungsurteil ausdrücklich auf § 722 II; § 723 I ZPO verwiesen worden ist; das Gegenseitigkeitserfordernis in § 328 I Nr. 5 ZPO ist in § 384 InsO-Entwurf 1992 nicht übernommen worden.

Wege der kollisionsrechtlichen lex fori concursus-Anknüpfung als materiell konkursrechtliche Wirkung auch im Inland hinzunehmen ist.

Es geht hier also um die reine *Urteils*anerkennung, bei der es keines besonderen Anerkennungsaktes (Exequatur) bedarf[29], soweit die gesetzlich in § 328 ZPO niedergelegten Voraussetzungen erfüllt sind[30] und, wie hier, keine Vollstreckungswirkungen im Raum stehen (dann wäre freilich §§ 722, 723 ZPO zu beachten[31].

Nicht zur Diskussion steht – das sei nochmals hervorgehoben – die des öfteren kritisierte *Wirkungserstreckung* des ausländischen Konkursverfahrens i. S. d. vormals vorgesehenen Generalklausel in § 379 InsO-Entwurf 1992, wonach über die kollisionsrechtliche Anknüpfung, d. h. über die lex fori concursus, das gesamte ausländische Konkursverfahrensrecht (z. B. die vis attractiva concursus) in das Inland hineinwirken sollte[32]. Für den außereuropäischen Bereich hat die so verstandene „Wirkungserstreckung des ausländischen Konkursverfahrens" keinen Niederschlag in Art 102 EGInsO gefunden und würde damit als – rein kollisionsrechtliche Regelung – in die internationale Entscheidungszuständigkeit eingreifen[33]. Sie ist daher erneut abzulehnen.

Es geht hier also nicht um Fragen des Eingriffs in Entscheidungszuständigkeiten, sondern die Anerkennung von Urteilswirkungen; beide Fragen sind streng auseinander zu halten[34].

---

29 *Geimer*, IZPR, Rdnr. 2796.

30 *Geimer*, aaO, 3522 zur Rechtslage nach dem InsO-Entwurf 1992; sie ist aber durch die 1994 verabschiedete InsO überholt.

31 *E. Habscheid*, KTS 1989, 553, 610 ff.; *Geimer*, IZPR, Rdnr. 3368.

32 *Aderhold*, 299, 302 ff.; zum Meinungsstand nach dem InsO-Entwurf 1992, *Geimer*, IZPR 3364 ff.; 3373 ff.; kritisch dazu Kapitel 2. und 4.

33 Vgl. oben §§ 72 - 74 und zur Kritik am fehlenden Inlandsbezug oben Fn 4.

34 Auf diese Unterscheidung hat *Geimer*, NJW 1991, 3072 in seiner Kritik an der Entscheidung des BGH (BGHZ 115, 90 ff. = NJW 1991, 3092) zum ungeschriebenen, aber vom BGH hinzuinterpretierten „hinreichenden Inlandsbezug" in § 23 ZPO mit Nachdruck hingewiesen. Darüber hinaus werden künftig Inländer und Ausländer ungleich behandelt, soweit der BGH (BGHZ 115, 97) § 23 ZPO unmißverständlich als eine *„Inländerschutzvorschrift"* bezeichnet und somit selbst Ausländer mit begründeten Vollstreckungsaussichten in Deutschland (weil der hinreichende Inlandsbezug *neben* der Vermögensbelegenheit gegeben sein muß) auf ausländische Gerichtsstände (i. S. d. Entscheidungszuständigkeiten) verweist. Ein gewisser Ausgleich erfolgt dann aber im Hinblick auf die Urteilsanerkennung, wenn gesagt wird, daß der ordre public in § 328 I Nr. 4 ZPO im Rahmen einer Verhältnismäßigkeitsprüfung nicht so schnell verletzt werde, wenn der Inlandsbezug nur gering sei (BGHZ 118, 347 ff.). Auf der Kehrseite der Medaille bleibt aber das Unbehagen bestehen: Der Justizgewährungsanspruch i. S. d. Entscheidungszuständigkeit reduziert sich damit mehr und mehr auf „hinreichende Inlandsbeziehungen", also letztlich doch Justizgewährungsanspruch i.S.v. *jurisdiction*, wo ungeschminkt inländische Interessen geschützt werden? Einmal, um sich vor Ausländern und deren Klagen im Inland (USA) gegen Inländer zu schützen (Forum non conveniens – Lehre) oder umgekehrt, um Ausländer trotz ausländischer Sachverhalte vor inländischen Gerichten (USA) wegen Verletzung eines Inländers zu verurteilen (vgl. zum 1. Fall, in Sachen *Baumgart*, oben § 14 III zur *forum non conveniens*-Lehre; vgl. zum 2. Fall, Sachen

V. Punitive Damages

1. Allgemeines

Forderungen eines Gläubigers gegen den Gemeinschuldner, die auf einem Punitive Damages-Urteil beruhen, genießen in einem US-Konkursverfahren einen besonderen Schutz. Neben dem im Urteil ausgesprochenen kompensatorischen Schadenersatzanspruch werden auch die Punitive Damages im US-Konkursverfahren als Konkursforderungen anerkannt[35]. Der Bankruptcy Court ist an die Tatsachenfeststellungen eines State Court aufgrund der inneren Rechtskraftwirkung (collateral estoppel) gebunden[36], und die Forderung wird hinsichtlich ihres punitiven Gehalts nach § 726 (a) (4) BC im Verteilungsverfahren berücksichtigt. Daneben unterliegen nach h.M. sowohl der kompensatorische Schadensersatzanspruch wie auch die Punitive Damages nicht der Restschuldbefreiung in dem Konkursverfahren in den USA[37].

2. Keine Beachtung im deutschen Recht

Unproblematisch dürfte auch sein, daß durch die Zulassung im US-Konkursverfahren und der damit einhergehenden konkursrechtlichen Qualifizierung als Konkursforderung, die Forderung nicht etwa aus Gründen der lex fori concursus im gesonderten Insolvenzverfahren automatisch zu berücksichtigen ist.

Im Vordergrund steht weiterhin die Anerkennung aufgrund eines State Court-Urteils. Derartige Punitive Damages-Urteile können aber hinsichtlich ihres punitiven Gehalts – im Gegensatz zum rein kompensatorischen Schadenersatz – in der Bundesrepublik nicht anerkannt werden. Dies sei erneut hervorgehoben: In einer sehr eingehenden Entscheidung hat der BGH[38] die Anerkennung von Punitive Damages-Urteilen wegen Verstoßes gegen den materiellen ordre public in § 328 I Nr. 4 ZPO zurückgewiesen, da mit Punitive Damages die strafrechtlichen Ziele von „Abschreckung und Bestrafung" verfolgt werden, die aber dem Strafmonopol eines Staates zuzurechnen sind. Die Funktionen von Abschreckung und Bestrafung sind aber mit zivilrechtlichen Funktionen eines Schadensersatzes nicht zu vereinbaren[39]. Schließlich führe auch – so der BGH – eine Anerkennung von Punitive Damages zu einer Besserstellung von Gläubigern der wenigen Staaten in der Welt,

---

Frummer, oben § 17 II zur in personam-Jurisdiction): Für beide Fälle wird mit „*Inlandsbeziehungen*", i.S.d. Zuständigkeitsbegründung oder nicht von US-Gerichten gearbeitet. Ausländische Interessen werden dabei regelmäßig frustriert.

35 Vgl. oben § 37 I, II; § 39.

36 Oben § 39 II b.

37 Oben § 39 III.

38 BGHZ 118, 312 ff.

39 BGHZ 118, 312, 334 ff., (343) mit umfassenden Nachweisen aus der Literatur.

die einen Strafschadenersatz verhängen, die nach der deutschen Rechtsordnung aber keinen Schutz verdienen[40].

Die Entscheidung hat in der Literatur[41] hinsichtlich der Zurückweisung von Punitive Damages mit Recht Zustimmung gefunden.

3. Widerspruch und Weg der Anerkennungsprüfung

Da derartige Punitive Damages-Urteile sich nur insoweit automatisch auf das Inland erstrecken können als die Anerkennungsvoraussetzungen in § 328 ZPO gegeben sind, müßte „irgendwo" außerhalb der Vollstreckbarkeitserklärung gem. §§ 722, 723 ZPO die fehlende Anerkennungsfähigkeit gerichtlich festgestellt werden.

Erkennt der deutsche Verwalter des gesonderten Insolvenzverfahrens den punitiven Gehalt des US-Urteils, so wird er der Feststellung spätestens im Prüfungstermin widersprechen (§ 144 KO; § 178 InsO). Der Gläubiger (bzw. Trustee) müßte folglich den Umfang der Anerkennungsfähigkeit im Wege einer Feststellungsklage geltend machen[42].

In Frage käme aber auch ein anderer Weg: § 146 VI KO, § 179 II InsO bestimmt zwar, daß im Falle eines mit einer Vollstreckungsklausel versehenen Schuldtitels die Feststellungsklage vom Widersprechenden zu verfolgen ist. Fehlt dagegen – was hier regelmäßig ja der Fall ist – eine vollstreckbare Ausfertigung und Vollstreckungsklausel, wäre auch die gerichtliche Feststellung wegen des Widerspruchs des deutschen Verwalters vom US-Gläubiger zu betreiben.

Da ferner einer bloßen Vollstreckbarkeitserklärung und Klauselerteilung eine Vollstreckungswirkung nicht zukommt[43], wäre sie nicht wegen Verletzung von § 14 KO, § 89 InsO unzulässig[44]. „Der Umstand, daß bei Erteilung der Klausel während der Dauer des Konkursverfahrens eine Einzelzwangsvollstreckung der Antragstellerin gem. § 14 KO, nicht erfolgen kann, stellt als nur vorübergehendes Vollstreckungshindernis keinen zureichenden Grund dar, ein Verfahren zur Erteilung der für eine Vollstreckung nach Wegfall des Hindernisses erforderlichen Vollstreckungsklausel durchzuführen"[45]. Letztlich wird auch durch Eröffnung eines Konkursver-

---

40 BGHZ 118, 345.

41 Vgl. *Schack*, ZZP 106 (1993), 104, 112; *Schütze*, RIW 1993, 139; *Bungert*, ZIP 1992, 815 ff., *ders.*, ZIP 1992, 1707.

42 *Thomas/Putzo*, zu § 328 Anm. 1. *Baumbach/Lauterbach/Albers/Hartmann*, zu § 328 Rdnr. 1; BGH 22, 26; RGZ 167, 380.

43 *Kuhn/Uhlenbruck*, KO, 10. Aufl. Zu § 14 Rdnr. 2; *Hess*, KO, 4. Aufl. zu § 14 Rdnr. 8; a.A. *Kilger/Karsten Schmidt*, zu § 14 Rdnr. 2.

44 Vgl. zum Ganzen hinsichtlich § 240/ZPO, OLG Saarbrücken, ZIP 1994, 1609 ff.

45 OLG Saarbrücken, ZIP 1996, 1610; a.A. *Geimer/Schütze*, Int. Urteilsanerkennung, Bd I; Hb 1, § 150 Abschnitt XIX, 1140.

fahrens gegen den Gemeinschuldner die Erteilung einer Vollstreckungsklausel gegen ihn nicht verhindert[46].

Im deutsch-amerikanischen Verhältnis scheidet freilich eine Vollstreckbarkeitserklärung[47] durch Beschluß wegen Fehlens zwischenstaatlicher Vollstreckungsabkommen aus. Nach Widerspruch des deutschen Konkursverwalters müßte der US-Gläubiger folglich auf Erlaß eines Vollstreckungsurteils gem. § 722, 723 ZPO klagen.

VI. Zusammenfassung

Nach alledem ist festzuhalten: Deutsche und ausländische Gläubiger sind im gesonderten Insolvenzverfahren gleichzubehandeln. Die Lehre vom Inlandsbezug wirkt sich abgesehen von ihrer Fragwürdigkeit grundsätzlich nicht auf das Recht ausländischer Gläubiger zur *Teilnahme* an einem gesonderten Insolvenzverfahren aus. US-Konkursgläubigern mit dort angemeldeten, ggf. festgestellten Rechten wird ein rechtlich schutzwürdiges Interesse für den Antrag auf Eröffnung eines gesonderten Insolvenzverfahren i.S.v. § 14 InsO regelmäßig *nicht* fehlen[48]. Punitive Damages-Forderungen hingegen sind auch im gesonderten Insolvenzverfahren ausgeschlossen[49].

§ 85 Die Behandlung ausländischer Steuerforderungen im gesonderten Insolvenzverfahren

Das Problem verdient insbesondere im deutsch-amerikanischen Verhältnis eine eingehende Untersuchung.

I. US-amerikanisches Recht

Neben den Punitive Damages-Urteilen ist auch die Anerkennung von US-Steuerforderungen im gesonderten Insolvenzverfahren problematisch. Dies wurde bereits allgemein ausgeführt[1]. Rechtvergleichend fällt auf, daß die Gerichte in den

46 Vgl. *Baumbach/Lauterbach/Albers/Hartmann*, zu § 724 Rdnr. 11; *MüKo/Wolfsteiner*, ZPO, zu § 724 Rdnr. 37.

47 *Thomas/Putzo*, zu §§ 722, 723, Rdnr. 1 a, 2.

48 In praktischer Hinsicht dürfte ein solcher Antrag eines US-Konkursgläubigers äußerst selten sein, da der Konkursgläubiger mit einem dahingehenden Antrag „in gröbster Weise" gegen den Automatic Stay des § 362 BC verstößt. Mit der Eröffnung des gesonderten Insolvenzverfahrens wird das im Inland belegene Vermögen des US-Gemeinschuldners der US-Konkursmasse „entzogen", Art 102 III EGInsO. M.E. hat das deutsche Recht ein dahingehendes „Antragsverbot" aber nicht zu berücksichtigen.

49 Öffentlich-rechtliche Forderungen, auch Steuerforderungen können jedoch – allerdings ohne Privilegierung – teilnehmen, auch ausländische, dazu sogleich in § 85.

1 Oben § 20 IV, wo auf die Fragwürdigkeit der h.M. hingewiesen wurde.

USA unabhängig von der Qualifikation derartiger öffentlich-rechtlicher Abgaben, in der Entscheidung *Overseas Inns. S.A.*[2] eine klare und unmißverständliche Sprache sprechen: US-Steuerforderungen erfahren in einem Konkursverfahren in den USA eine privilegierte Befriedigung, daneben bestehen regelmäßig gesetzliche Pfandrechte (statutory liens)[3]. Werden aber US-Steuerforderungen in einem ausländischen Konkursverfahren (Overseas betraf einen luxemburgischen Reorganisationsplan) nur als einfache Forderungen berücksichtigt, könne – so die Rechtsprechung – die gerichtliche Bestätigung des Reorganisationsplans durch den luxemburgischen Konkursrichter wegen der Nichtbeachtung von US-Privilegien in den USA aus Gründen des ordre public nicht anerkannt werden. Dem Reorganisationsplan könne daher die Anerkennung im Wege der Comity nicht erteilt werden.

Der Grundsatz der *gerichtlichen* Nichtanerkennung ausländischer Steuerforderungen wird neben der Rechtsprechung auch vom Restatement (1986)[4] durchgehalten, wo es in § 483 (Recognition and Enforcement of Tax and Penal Judgements) heißt:

„Courts in the United States are not required to recognize or to enforce judgments for the collection of taxes, or penalties rendred by the courts of other states."

Ebenfalls eine klare Aussage: US-*Gerichte* brauchen *Urteile* zur Durchsetzung von Steuerforderungen nicht anzuerkennen. In der Anmerkung des American Law Institute wird ausgeführt, daß der Grundsatz der Nichtanerkennung selbst zwischen „Schwesterstaaten" bis zur Entscheidung des Supreme Courts[5] im Jahre 1935 fortgalt. Seit diesem Zeitpunkt werden Endurteile eines „Schwesterstaates" wegen des verfassungsrechtlich verbrieften Anerkennungsgrundsatzes zwischen Staaten der USA von – Full Faith and Credit Clause – anerkannt[6]. Demgegenüber bliebe es aber bei der Regel, daß ein Staat Forderungen eines anderen Staates, beruhend auf Straf- oder Steuergesetzen, nicht durchsetzen werde. Dieser Grundsatz scheint den Widerwillen der Gerichte widerzuspiegeln, ausländisches öffentliches Recht einer gerichtlichen Prüfung zu unterziehen, kombiniert mit dem Widerstreben, Rechte durchzusetzen, die mit eigenen fundamentalen Rechtsgrundsätzen (public policy) in Konflikt geraten können[7], eine Betrachtungsweise, die sich mit der von *F.A. Mann*[8] aus völkerrechtlicher Sicht vertretenen Meinung deckt, daß sich kein Staat zum Vollstreckungsgehilfen öffentlich rechtlicher Forderungen eines anderen Staa-

2 Vgl. oben § 20 V zur Entscheidung im einzelnen.

3 Vgl. oben § 20 III.

4 Restatement of the Law (Third) (1986), The American Law Institute at Washington D.C., American Law Institute Publishers, 1987, zu § 483.

5 Milwaukee County v. M.E. White Co., 296 U.S. 268, 56 S.Ct. 229, 80 L.Ed. 220 (1935).

6 Restatement, aaO, 612 - 614.

7 Restatement, aaO, 613.

8 Öffentlich-rechtliche Ansprüche im internationalen Rechtsverkehr, Rabels Z 21 (1956) 1 ff., (7 ff.).

tes macht. Ausländische öffentlich rechtliche Forderungen können im Inland nicht vollstreckt werden, soweit völkerrechtliche Vereinbarungen fehlen. Jüngere Stimmen[9] aus der angloamerikanischen Literatur weisen demgegenüber darauf hin, daß in einer Zeit, wo quasi Vermögenswerte augenblicklich von einem Ort an einen anderen transferiert werden können und alle Staaten Steuerforderungen erheben und einfordern, Gründe für eine Nichtanerkennung weitgehend obsolet geworden sind. Schließlich fördert die Nichtanerkennung auch Steuerhinterziehungen[10], rechtspolitische Argumente also, für die gute Gründe sprechen.

II. Die Behandlung von ausländischen Steuerforderungen nach deutschem Recht

1. Die KO

Unter der Herrschaft der KO werden inländischen Steuerforderungen die Privilegien in § 61 Ziffer 2 und 3 zugestanden. Eine Privilegierung die in der InsO ausdrücklich verworfen wird. Die InsO spricht hier künftig vom „klassenlosen Konkurs“[11]. Entscheidender Grund für die künftige Einführung eines klassenlosen Konkurses war das Ziel, daß die Masse nicht mehr durch zum Teil willkürliche Privilegien ausgehöhlt wird und damit einfache Gläubiger wieder mehr an den Verfahren beteiligt werden, eine gesetzliche Regelung die insgesamt – insbesondere vor dem Wildwuchs ausländischer Privilegienordnungen[12] – nur begrüßt werden kann. Was schließlich die Zulassung *ausländischer* Steuerforderungen in einem deutschen Konkursverfahren nach der KO betrifft, wird allgemein festgestellt, daß Konkursvorrechte schlechthin Auslandsstaaten nicht zustünden[13]. Etwas anderes könne zwar durch Staatsverträge bestimmt werden; ohne staatsvertragliche Vereinbarung sei aber eine Geltendmachung insgesamt ausgeschlossen, da eine Einzelvollstreckung wegen ausländischer öffentlich rechtlicher Abgaben im Inland nicht stattfinden könne[14].

Den Gläubigern von Forderungen, die sich nach ausländischem Abgabenrecht (Steuerrecht usw.) beurteilen, wird in Deutschland jedwedes (subjektives) Vollstreckungsrecht, also auch das Konkursteilnahmerecht, versagt[15].

---

9 Note, „The Nonrecognition of Foreign Tax Judgements: International Tax Evasion, 1981 U.Ill. L. Rev. 241.

10 Restatement, aaO, 614.

11 Zum Regierungsentwurf 1992 vgl. BT-Drs. 12/2443, 90.

12 Vgl. oben § 20 IV; II.

13 *Kilger/Karsten Schmidt*, zu § 61, Anm. 5d, obwohl die KO sie für deutsche Steuerforderungen kennt.

14 *Nußbaum*, Deutsches Internationales Privatrecht (1932), 385 ff.

15 *Jeager/Jahr*, zu §§ 238 Rdnr. 394. Zur Vorfrage der Anerkennung fremdstaatlicher Steuervollstreckungsakte, *Kreuzer*, IPRax 1990, 365 ff.

2. *Grundsatz der „Nichtanerkennung“*

Vom Ergebnis her werden also sowohl nach der deutschen wie auch nach der US-amerikanischen h.M. Steuerforderungen eines ausländischen Fiskus im eigenen Land nicht anerkannt. An dieser Auffassung hat sich seit *Nußbaum* und *F.A. Mann* nichts geändert und sie findet auch im Restatement (Third) weiterhin ihren Niederschlag, auch wenn jüngere Stimmen in der US-Literatur[16] sich für eine Lokkerung aussprechen möchten. In der deutschen Literatur wird jüngst ebenfalls Stellung für eine Lockerung bezogen[17], wonach zwar eine US-Privilegienordnung wegen Verstoßes gegen den ordre public (Art 102 I Nr. 2 EGInsO) nicht zu berücksichtigen sei, in Betracht käme aber eine Berücksichtigung von US-Steuerforderungen im deutschen Verfahren als einfache Insolvenzforderung. Begründet wird dies damit, daß § 5 KO (wie auch die InsO[18]) die Gleichbehandlung von in- und ausländischen Gläubigern fordere und im Konkurs auch Gläubiger mit öffentlich rechtlichen Forderungen berücksichtigt würden. „Es handele sich also um eine Gesamtvollstreckung, die öffentlich rechtliche Ansprüche ebenso abdecke wie privatrechtliche“[19].

3. *Kritik*

Unstreitig dürfte sein, daß die US-amerikanische Privilegienordnung[20] keine Geltung in der Bundesrepublik fordern kann. Dies ergibt sich künftig aus Art 102 I Nr. 2 EGInsO, wonach der klassenlose Konkurs zu den Grundfesten des deutschen Konkursrechts gehören wird. Eine wie auch immer ausgestaltete ausländische Privilegienordnung konkursrechtlicher Art kann in einem gesonderten Insolvenzverfahren (Art 102 III EGInsO) keine Geltung beanspruchen. Dies ergibt sich außerhalb des gesonderten Insolvenzverfahrens aus dem ordre public und innerhalb eines gesonderten Insolvenzverfahrens (Art 102 III EGInsO) aus der Tatsache, daß dieses Verfahren alleine nach den inländischen konkursrechtlichen Bestimmungen abzuwickeln ist (Sperrwirkung des gesonderten Insolvenzverfahrens[21]).

Was darüber hinaus die Zulassung von öffentlich rechtlichen Forderungen des US-Fiskus als einfache Konkursforderungen im gesonderten Insolvenzverfahren betrifft, zielt die Argumentation von *W. Habscheid*[22] zwar in die richtige Richtung, sie geht aber m.E. einen Schritt zu weit, wenn er im Ergebnis unter Außerachtlas-

---

16 *Note*, vgl. Fn 9.

17 *W. Habscheid*, KTS 1996, 201, 206.

18 BT-Drs. 12/2443, 237.

19 *W. Habscheid*, aaO, II 4.

20 Vgl. oben §§ 20, 38 II.

21 Dazu sogleich unten § 86. Ob staatsvertraglich in der EU etwas anderes gelten kann, sei hier nicht erörtert.

22 KTS 1996, aaO II 4.

sung von § 328 ZPO die Teilnahmeberechtigung des US-Fiskus alleine aus dem Grundsatz der Gleichbehandlung von in- und ausländischen Gläubigern herzuleiten sucht. Auf der anderen Seite gehen *Jeager/Jahr*[23] in der entgegengesetzten Richtung ebenfalls zu weit, wenn dort alleine aus der Qualifikation als öffentlich rechtliche Forderung – also wegen des Fehlens des Vollstreckungsrechts – die Konkursteilnahmeberechtigung verneint wird.

III. Gegenseitige Zulassung von Steuerforderungen außerhalb der Urteilsanerkennung: Der Verständigungsweg

1. Anerkennung und Einzelvollstreckung

Unstreitig können nach §§ 328, 722, 723 ZPO Entscheidungen ausländischer Verwaltungsbehörden, Straf- und Verwaltungsgerichte nicht nach § 328 ZPO anerkannt werden, wenn in ihnen nicht über rein zivilrechtliche Ansprüche entschieden wird[24].

Ausländischen öffentlich rechtlichen Forderungen fehlt die Klagbarkeit im Inland. Daneben können ausländische Abgaben, die in einem Bescheid (bzw. Urteil) niedergelegt sind, im Inland nicht vollstreckt werden. Dies gilt außerhalb des Konkurses, aber erst recht auch innerhalb eines Konkurses. Werden z. B. US-Steuerforderungen im gesonderten Insolvenzverfahren vom deutschen Konkursverwalter bestritten, so werden sie damit eben nicht im inländischen Feststellungsverfahren klagbar gestellt. Es handelt sich weiterhin um öffentlich rechtliche Forderungen, die durch die Konkurseröffnung keine Umqualifizierung erfahren haben. Dieser gesetzliche Spielraum (keine Klagbarkeit und Vollstreckbarkeit ausländischer Steuerforderungen) ist zuerst einmal klar umrissen und nicht überschreitbar. Gleichwohl wird von *W. Habscheid* mit dem Hinweis auf die Gleichbehandlung in- und ausländischer Gläubiger ein Fingerzeig in die richtige Richtung gegeben. Er ergibt sich konkursrechtlich aus § 5 KO und prozeßrechtlich im übertragenen Sinne aus § 328 I Nr. 5 ZPO, der „Gegenseitigkeit“.

2. Das Konkursproblem

Der deutsche Fiskus würde z. B. ungleich behandelt werden, wenn seine öffentlichrechtliche Forderung in einem Hauptkonkursverfahren in den USA als unzulässig zurückgewiesen würde, der US-Fiskus aber mit seiner „dicken Forderung“ unter Berufung auf die Gleichbehandlung (§ 5 KO) am Inlandskonkurs teilnehmen könnte. Dem US-Fiskus ein dahingehendes Teilnahme*recht* einzuräumen, würde letztlich zu einer Diskriminierung inländischer öffentlich rechtlicher Forderungen

---

[23] Zu §§ 237, 238 Rdnr. 394.

[24] *Geimer*, IZPR, Rdnr. 2870 - 2873.

in den USA führen, solange deren Zulässigkeit im ausländischen Verfahren nicht sichergestellt wird. Eine „Gleichbehandlung“ wird folglich nur durch eine „Gegenseitigkeit“ der Teilnahmeberechtigung sichergestellt.

Zwar läßt sich eine „Gleichbehandlung durch Gegenseitigkeit“ im Hinblick auf öffentlich rechtliche Forderungen nicht mit einseitigen gesetzgeberischen Mitteln durchsetzen; sie läßt sich dennoch zumindest durch ein Miteinander von in- und ausländischem Verwalter verwirklichen.

In praktischer Hinsicht käme folgendes Zusammenwirken der Verwalter in Frage: Nach deutschem Konkursrecht wird eine Forderung eines Konkursgläubigers „anerkannt“ – ohne daß es eines Urteils bedarf (§ 178 I InsO; § 144 KO) – wenn gegen die Forderung im Prüfungstermin (oder im schriftlichen Verfahren nach § 177 InsO) kein Widerspruch erhoben wird. Sie gilt damit als festgestellt. Dem deutschen Verwalter steht hier also eine gewisse „Gestaltungsmacht“ zu. Widerspricht er (oder ein anderer Gläubiger) *nicht* der Forderungsanmeldung des US-Fiskus, so gilt die Forderung als festgestellt, unabhängig davon, daß der Forderung ausländisches öffentliches Recht zugrunde liegt. Eine darüber hinaus gehende gerichtliche Prüfung findet nicht statt.

3. Das Problem zu den USA

Von dieser Möglichkeit zur Wahrung einer Gleichbehandlung durch Gegenseitigkeit, sollte der deutsche Verwalter aber nur dann Gebrauch machen, wenn der US-Trustee unter Mitwirkung des Bankruptcy Court ebenfalls die Zulassung deutscher Fiskalforderungen im Hauptkonkurs in den USA sicherstellt. Eine Angleichung könnte hier im Verhandlungswege erfolgen. Im Falle des Scheiterns, also der Verweigerung einer Zulassung öffentlich rechtlicher Forderung im US-Konkursverfahren, müßte der deutsche Verwalter der Zulassung von US-Fiskalforderungen im deutschen Konkursverfahren ebenfalls widersprechen können.

Diese Sichtweise deckt sich im übrigen auch mit den Normierungen im Bankruptcy Code. Zwar existiert – wie nach deutschem Recht – keine *Urteils*anerkennungsfähigkeit von deutschen Fiskalforderungen durch US-Gerichte[25]. Dennoch werden – wie dargelegt – nach dem Gesetzestext des Bankruptcy Code Forderungen in einem Konkursverfahren in den USA zugelassen und damit – ohne eine gerichtliche Entscheidung – „anerkannt“, wenn gegen die Forderung kein Widerspruch erfolgt[26].

Vorausgesetzt werden freilich „Forderungen eines Gläubigers“. Sieht man sich daraufhin den Definitionskalender in § 101 BC im einzelnen an, so ergibt sich folgendes Bild: In § 101 (10) BC wird bestimmt

---

25 Vgl. dazu oben § 483 des Restatement (Third).

26 § 501 (a) A creditor ... may file proof of claim ....
§ 502 (a) A claim ... is deemed allowed, unless a party in interest ..., objects.

„creditor“ means –

(A) entity that has a claim against the debtor ...[27]

Gläubiger sind danach alle Rechtspersönlichkeiten (entity), die eine Forderung gegen den Gemeinschuldner besitzen. „Entitys“ werden in § 101 (15) BC dahingehend definiert, daß hierunter auch eine „governmental unit“ – fällt. Und eine „governmental unit“ umfaßt nach § 101 (27) BC:

„United States; ... *foreign state*; department, agency, or instrumentality of the United States ..., a State, ... a municipality, or *a foreign state*“ (Hervorhebung vom Verfasser)

Folglich werden nach dem Gesetzestext des BC auch „Forderungen von ausländischen Staaten gegen den Gemeinschuldner erfaßt“, so daß hierunter auch Steuerforderungen ausländischer Staaten fallen können. Im Ergebnis versperrt sich damit der BC nicht grundsätzlich der Zulassung von ausländischen Steuerforderungen in einem Konkursverfahren in den USA.

Die Feststellung – Zulassung ausländischer öffentlich rechtlicher Forderungen nach dem BC in einem US-amerikanischen Konkursverfahren – steht nicht unbedingt mit der oben beschriebenen Entscheidung in Sachen *Overseas*[28] im offenen Widerspruch.

In Sachen *Overseas* ging es um die US-gerichtliche Anerkennung eines ausländischen Reorganisationsplans in dem US-Steuerforderungen *außerhalb* eines US-Konkursverfahrens nur als einfache Konkursforderungen anerkannt wurden.

Hier geht es aber umgekehrt um ausländische Steuerforderungen, die in einem inländischen (US)-Konkursverfahren nach dem Bankruptcy Code geltend gemacht werden und zwar *ohne* daß eine gerichtliche Entscheidung im Wege der Urteilsanerkennung über eine ausländische öffentlich rechtliche Forderung durch ein Gericht der USA gefällt werden soll.

Die Crux besteht freilich auch hier – wie im deutschen Konkursrecht – darin, daß im Falle eines Widerspruchs eine Anerkennung wegen der in § 483 Restatement (Third) niedergelegten Rechtsauffassung seitens der Praxis regelmäßig nicht in Frage kommen wird. Dennoch wäre man mit der hier vertretenen Ansicht, Gleichbehandlung durch Gegenseitigkeit, einen ganz erheblichen Schritt weiter, wenn sich in- und ausländische Verwalter über die gegenseitige Zulassung öffentlichrechtlicher Forderungen in beiden Konkursverfahren einig sind und der Zulassung nicht widersprechen, so daß die Forderungen als festgestellt gelten. Was schließlich den Widerspruch trotz Einigkeit der Verwalter durch einen Dritten (z. B. Gläubiger) betrifft, so wäre er insoweit rechtsmißbräuchlich, als damit *nur* das Ziel des Ausschlusses eines Gläubigers unter Verletzung des Grundsatzes der Gläubigergleichbehandlung bezweckt werden soll (aus deutscher Sicht der US-Fis-

---

27 Auszugsweise; Unterstreichung vom Verfasser.

28 Vgl. oben § 20.

kus in gesonderten Insolvenzverfahren), ohne daß eigene Rechte des Gläubigers berührt werden.

IV. Ergebnis

Unter den oben aufgezeigten Prämissen können US-Steuerforderungen als *einfache* Konkursforderungen im gesonderten Insolvenzverfahren berücksichtigt werden, wenn umgekehrt gleiches für deutsche Fiskalforderungen im amerikanischen Hauptkonkurs gilt. Durch die gegenseitige Berücksichtigung wird letztendlich auch der Grundsatz der Gläubigergleichbehandlung mit Leben erfüllt. Gleiches gilt auch für ein in Deutschland durchgeführtes Hauptkonkursverfahren[29].

§ 86 Wirkung der Eröffnung eines gesonderten Insolvenzverfahrens nach Art 102 III EGInsO

Die Eröffnung eines gesonderten Insolvenzverfahrens hat weitreichende Wirkungen. Wurde *vor* Einführung von § 102 I EGInsO der Umfang der „Wirkung des Universalkonkurses" regelmäßig alleine in der Begriffswelt kollisionsrechtlicher Anknüpfungen[1] gesucht, wonach das Insolvenzstatut, zu bestimmen nach der lex concursus, sich in drei Bereiche einteilen lasse[2] – das Konkursvermögensstatut, das Konkursverwaltungsstatut und schließlich das Konkursverteilungsstatut – so geht der in Art 102 I EGInsO anerkannte „Universalkonkurs" nicht mehr so weit.

I. Allgemeines

1. Die Regelung von Art 102 III EGInsO

Von einer „Wirkungserstreckung" im Sinne dieser Begriffsbestimmung bzw. nach dem Regierungsentwurf von 1992 in § 379 InsO-Entwurf 1992 ist in Art 102 I EGInsO nicht mehr die Rede. Der Regierungsentwurf wurde „abgespeckt"[3]. Nach dem Gesetzeswortlaut wird in Art 102 I EGInsO ausdrücklich nur mehr von der Erfassung des inländischen Vermögens durch die ausländische Insolvenzeröff-

---

29 Vgl. dazu *W. Habscheid,* KTS 1996, 201 ff.

1 Vgl. *Kuhn/Uhlenbruck,* §§ 237, 238 Rdnr. 76 ff.; 88 ff.; 92 ff.; *Lüer,* in Stoll, Vorschläge, 116; *Arnold,* in Gottwald Insolvenzhandbuch (1990), zu § 122 Rdnr. 88, 90; *Geimer,* IZPR, Rdnr. 3373 - 3378.

2 „Kollisionsrechtlich ergibt sich hieraus zwanglos, daß sich das Konkursstatut zusammensetzt aus dem Vermögensstatut, dem Verwaltungsstatut und dem Verteilungsstatut", *Lüer,* aaO, 116.

3 Bork, Einführung, 440, 443.

nung gesprochen. Die hieran anschließenden Rechtsfolgen werden sich zwar weiterhin „in erster Linie“[4] nach ausländischem Recht richten. Zugestanden wird eine so verstandene Wirkungserstreckung hinsichtlich der statusrechtlichen Stellung des ausländischen Verwalters[5] im Hinblick auf seine Prozeßlegitimation und der materiell konkursrechtlichen Wirkungen, die nach inländischem Recht nicht gegen den ordre public verstoßen, insbesondere verfassungsrechtlich geschützte Rechte nicht verletzen[6]. Insoweit führte die Normierung in Art 102 I EGInsO (unter Streichung von § 379 InsO-Entwurf 1992) zu einer weitergehenden Rechtsklarheit.

2. *Keine Einwirkung auf das Verfahrensrecht*

Ob *Geimer*[7] an seiner Aussage: „Die Maßgeblichkeit der lex concursus gilt sowohl für das Verfahrensrecht der Insolvenzabwicklung als solche wie auch grundsätzlich für die damit oft eng verwobenen und daher von den prozeßrechtlichen schwer abschichtbaren materiell rechtlichen Wirkungen des Insolvenzverfahrens“ festhalten wird, etwa im hier interessierenden deutsch-amerikanischen Verhältnis, bleibt abzuwarten. Nach der in dieser Arbeit vertretenen Auffassung[8] hat eine Abgrenzung der prozessrechtlichen Seite von der materiell konkursrechtlichen – bestimmt nach der lex concursus – immer dahingehend zu erfolgen, daß in die inländische Zuständigkeitsordnung nicht kraft ausländischer lex fori concursus eingegriffen werden kann. Eine wie auch immer verstandene Wirkungserstreckung der lex fori concursus läßt die inländische Zuständigkeitsordnung unberührt und beinhaltet damit auch kein Anerkennungsproblem. Gleiches gilt für das Verfahren vor deutschen Gerichten als solches. Hier gilt die ZPO insbesondere zur Frage der Prozeßunterbrechung[9]. Dies sei noch einmal unterstrichen.

---

4 *Bork*, aaO, 443.

5 Vgl. oben § § 63, fener § 72, abzustellen ist auf §§ 541, 323 BC.

6 Vgl.oben Kapitel 2 zur vis attractiva §§ 71, 74; zur Prozeßunterbrechung §§ 72, 73; zum Arrest; §§ 81, 82 und im Rahmen des rechtlichen Interesses zur Eröffnung eines gesonderten Insolvenzverfahrens gem. § 14 InsO, oben § 84.

7 IZPR, Rdnr. 3536 unter Berufung auf *Aderhold*, 221, 234; ferner 3373, die Heranziehung der lex fori concursus vermeide „elegant für die Rechtsanwendung die Schwierigkeiten der Unterscheidung zwischen prozeß- und materiellrechtlichen Wirkungen des Insolvenzverfahrens“.

8 Vgl.oben Fn (6); noch offengelassen, *E. Habscheid*, KTS 1990, 403 ff., die dort vertretene Auffassung wird vor dem Hintergrund der vorliegenden Untersuchung berichtigt.

9 Vgl. oben §§ 72, 73. .

II. Das gesonderte Insolvenzverfahren

1. Die „Verdrängung" des ausländischen Konkursbeschlages

Für die hier interessierende Eröffnung eines gesonderten Insolvenzverfahrens nach § 102 III EGInsO kann diese Begrenzung der Wirkungserstreckung eines ausländischen Universalkonkursverfahrens insoweit dahinstehen, als durch die Eröffnung eines gesonderten Insolvenzverfahrens das ausländische „Konkursvermögensstatut und Konkursverwaltungsstatut"[10] insgesamt verdrängt werden.

2. Bildung einer deutschen Masse

Es wird eine eigene (räumlich gegenständlich beschränkte) Konkursmasse unter Zugrundelegung der InsO gebildet. Auch richtet sich die Konkursverwaltung nach deutschem Recht. Es wird ein inländischer Insolvenzverwalter eingesetzt, dem die Verwaltungs- und Verfügungsbefugnis nach den Regeln der InsO zusteht und der Massegegenstände nach dem Recht der InsO verwertet. Übrig bleibt also nur, daß nach Durchführung der Verwertung der Konkursmasse nach den Regeln der InsO, im Rahmen der Verteilung[11] Gläubiger sich dasjenige anrechnen lassen / herausgeben müssen, was sie in einem ausländischen Verfahren erlangten[12].

3. „Kein Sonderkonkurs"

Bei dem gesonderten Insolvenzverfahren in Art 102 III EGInsO handele es sich nicht um einen „Sonderkonkurs"[13], da alle in- und ausländischen Gläubiger mit ihren Forderungen hieran teilnehmen können[14]. Wenn wir dennoch von einem Sonderinsolvenzverfahren gesprochen haben und sprechen, dann deshalb, weil wir „Sonderkonkurs" im Sinne von *gesonderten* Verfahren [= räumlich gegenständlich beschränktes Verfahren] verstehen.

Ohne die Frage der Anrechnung des in einem ausländischen (Konkurs)Verfahren Erlangten führt die Eröffnung des gesonderten Insolvenzverfahrens zu einer umfassenden *Sperrwirkung* in konkursrechtlicher und prozeßrechtlicher Hinsicht. Der ausländische Konkursverwalter verliert mit der Eröffnung des gesonderten Insolvenzverfahrens die Prozeßlegitimation mit Bezug auf die nunmehr zur inländischen Insolvenzmasse zählenden Vermögensgegenstände (Art 102 III EGInsO). Die Prozeßlegitimation steht dem inländischen Konkursverwalter zu. Prozesse

---

10 *Kuhn / Uhlenbruck*, zu §§ 237, 238 Rdnr. 105; *Geimer*, IZPR, Rdnr. 3376 ff.

11 *Kuhn / Uhlenbruck*, zu § 237, 238 Rdnr. 92, 105, *Geimer*, aaO, spricht vom Konkursverteilungsstatut.

12 Dazu unten § 90 IV – VI.

13 *Geimer*, IZPR, Rdnr. 3392, *Arnold*, in Gottwald, Insolv. Hdb., § 122 Rdnr. 57.

14 So auch BT-Drs. 12 / 2443, 237.

werden nach § 240 ZPO unterbrochen. Materielles Konkurs- und Prozeßrecht richten sich unstreitig nach nationalem inländischem Recht.

4. Territorialität und Universalität

Die Begriffsschablone von der „Territorialität“ im Gegensatz zur „Universalität des Konkurses“, bewahrheitet sich im Rahmen des räumlich gegenständlichen Insolvenzverfahrens i.S.v. Art 102 III EGInsO im Sinne des Satzes von *Jaeger* erneut[15]:

> „Die Universalität führt zur Einheit des Konkurses, die Territorialität ermöglicht eine Mehrheit von Konkursen“.

Die *Sperrwirkung* nach Art 102 III EG InsO ist umfassend, und sie untersagt alle Einwirkungen (von Gläubigern oder dem ausländischen Konkursverwalter) auf die inländische Konkursmasse. Eine gesetzliche Regelung der Zusammenarbeit zwischen in- und ausländischem Konkursverwalter i.S.v. § 398 InsO-Entwurf 1992 wurde *leider* nicht übernommen[16].

§ 87 Die Kooperation bei Parallelinsolvenzen

Nach alledem wird es häufig zu Parallelinsolvenzen kommen, etwa – im deutsch-amerikanischen Verhältnis – eine Vollinsolvenz in den USA und eine gesonderte Insolvenz in Deutschland. Wie bereits ausgeführt, wird auch hier der US-Beschlag an sich anerkannt, aber das deutsche Verfahren geht vor und erfaßt das im Inland belegene Vermögen des Gemeinschuldners, d. h. es kommt zu einer Mehrheit von Konkursen[1]. Wird es aber vorzeitig beendet, so ist der US-Verwalter nicht mehr gehindert, im Inland voll zu instrumentieren.

Bereits hieraus ergibt sich, daß beide Verfahren nicht beziehungslos nebeneinander laufen.

I. Rechte und Kooperation der Verwalter

Wenn der BGH den Vorrang des inländischen Verfahrens unterstreicht, der auch nachträglich durch einen Antrag während des Schwebens des ausländischen Insolvenzverfahrens hergestellt werden kann, so bedeutet das also nicht, daß beide Verfahren voneinander völlig zu isolieren seien. Der E 1992[2] hatte in seinen §§ 395 ff.

---

15 *Jaeger/Jahr*, zu § 237, 238, Rdnr. 44

16 Siehe aber zur Kooperation unten § 87, aber auch oben § 85 III.

1 Vgl. oben § 86 II 4.

2 BT-Drs. 12/2443.

Vorschriften über die Koordination beider Verfahren aufgestellt und insbesondere eine Zusammenarbeit der Insolvenzverwalter vorgesehen (§ 398). Insbesondere wurde für den Fall des Parallelverfahrens vorgesehen, daß ein eventueller Überschuß dem Verwalter zur ausländischen Masse herauszugeben sei (§ 399).

Das EGInsO hat diese Regeln nicht übernommen. Es bleibt insoweit auf der Linie des § 238 KO und des § 22 GesO, die zu der Frage einer Abstimmung beider Verfahren – gewiß unter Vorrang des inländischen Sonderinsolvenzverfahrens – schweigen.

1. Rechte des ausländischen Verwalters

War es folgerichtig, unter der Herrschaft des Territorialitätsprinzips vor BGHZ 95, 256 den Standpunkt zu vertreten, der Sonderkonkurs sei eine rein inländische Angelegenheit, so kann dies jetzt nicht mehr uneingeschränkt gelten. Denn wenn das ausländische Verfahren anzuerkennen ist, dann kann diese Anerkennung nicht ohne Auswirkung auf die Inlandsinsolvenz bleiben.

Man wird daher (so ausdrücklich § 397 I, 1 E 1992) dem ausländischen Verwalter, der – unbeschadet der nationalen Konstruktion seiner Stellung[3] die ausländische Masse und damit die Gläubiger und Schuldnerinteressen seines Verfahrens „repräsentiert" – das Recht zuerkennen müssen, Antrag auf Eröffnung des räumlich-gegenständlich beschränkten gesonderten Verfahrens zu stellen.

Wenn er als „Vertreter" der Gläubiger aber auch des Schuldners zur Antragstellung befugt ist, muß man ihm auch das Recht zubilligen, sich in ein bereits anhängiges Verfahren einzuschalten.

Da er – für die angelsächsische Insolvenzkonzeption selbstverständlich[4] – seine Rechtsstellung treuhänderisch für Schuldner und Gläubiger innehat, wird man ihm das Recht zusprechen müssen, Forderungen, die in seinem Verfahren angemeldet sind, auch in Sonderverfahren geltend zu machen und die Stimmrechte dieser Gläubiger wahrzunehmen, falls diese nicht selbst an der Abstimmung teilnehmen.

Voraussetzung ist freilich, daß das ausländische Verfahren anerkannt wird. Dies wird das Insolvenzgericht incidenter prüfen, wenn es über den Antrag des Verwalters oder seinen Beitritt zum Verfahren entscheidet. Nur der Verwalter eines ausländischen Verfahrens, das im Inlande anerkannt wird, hat also ein Teilnahmerecht.

Man wird nach alledem *grosso modo* sagen müssen, daß die Regelung des § 397 E 1992 aus allgemeinen Erwägungen auch für das Verfahren nach der KO, der GesO und der EGInsO gilt.

---

3 Das US-Recht bezeichnet den Verwalter ausdrücklich als Vertreter der Gläubiger, siehe oben § 21 II, 2, 3.

4 Dazu oben, Fn 3.

2. Die US-Problematik

Der US-Trustee bedarf allerdings zum Antrag auf Eröffnung eines deutschen gesonderten Verfahrens – er wird sonst gegen den Automatic Stay verstoßen – der Einwilligung des Bankruptcy Judge[5].

3. Zusammenarbeit der Verwalter

Ob man eine solche generelle Pflicht auch ohne die technisch ausgefeilte Norm des § 398 E stipulieren kann, ist zweifelhaft[6]. Dies gilt insbesondere von der Möglichkeit, daß der ausländische Verwalter eine Aufsichtsmaßnahme des Insolvenzgerichts gegen den inländischen Verwalter bei einer Pflichtverletzung herbeiführen kann. Aber das wiegt nicht schwer, denn auch ohne ausdrückliches Recht hat der ausländische Verwalter – wie jedermann – die Möglichkeit, das Insolvenzgericht auf ein fehlsames Verhalten der Verwaltung hinzuweisen. Immerhin aber wird man – eben weil auch der inländische Verwalter die Anerkennung des parallel laufenden ausländischen Verfahrens respektieren muß – verlangen müssen, daß der ausländische Verwalter über die wichtigen Stadien des Verfahrens nach der InsO: Eröffnung des Inlandsverfahrens, Vermögensübersicht, Ergebnisse des allgemeinen Prüfungstermins, Verteilung, Masseunzulänglichkeit, Aufhebung oder Einstellung des Verfahrens usw. informiert werden muß. Und da der ausländische Verwalter ein Teilnahmerecht an der Gläubigerversammlung hat, er folglich auch dazu zu laden ist, besitzt er die Einflußmöglichkeiten eines jeden Beteiligten.

Die Begründung zu § 398 E 1992[7] weist darauf hin, daß eine Kooperation beider Verwalter vorteilhaft sein könne, wenn es darum gehe, das Vermögen des Schuldners in seiner Gesamtheit an einen Dritten zu veräußern. Der E 1992 hatte daher in seinem § 398 I, 2 dem ausländischen Verwalter ein Vorschlagsrecht mit Bezug auf die Verwertung oder sonstige Verwendung der Insolvenzmasse eingeräumt. Wenn dieses Recht auch nicht Gesetz geworden ist, so wird man diese Kooperation und wird man die Beachtung von Vorschlägen des ausländischen Verwalters auch *de lege lata* aufgrund der dem inländischen Verwalter obliegenden *diligentia* fordern müssen. Schließlich ist zu verlangen, daß dem ausländischen Verwalter ein Insolvenzplan entsprechend § 232 InsO zur Stellungnahme zugeleitet wird.

Mit anderen Worten: Aus der Anerkennung des ausländischen Verfahrens und der Stellung des Insolvenzverwalters der Hauptinsolvenz folgt, daß die Grundzüge der Regelung des E 1992 (§§ 395 ff.) auch ohne Positivierung gelten.

---

5 Vgl. oben §§ 29, 30, zur Prozeßunterbrechung oben § 73 III.

6 Daß sie nicht Gesetz geworden ist, kann man aber nur bedauern.

7 BT-Drs. 12/2443, 246.

II. Ein Sonderproblem: Anhängige Prozesse

Die Eröffnung des Insolvenzverfahrens im In- wie im Auslande führt zur Unterbrechung der anhängigen Prozesse. Dies gilt für Aktiv- wie für Passivprozesse gem. § 240 ZPO[8]; inländische Zivilprozesse werden also unterbrochen.

1. Aufnahme durch deutschen Sonderinsolvenzverwalter

Daß das gesonderte Insolvenzverfahren diese Wirkung hat, versteht sich aus unserer Sicht von selbst. Wie aber ist zu entscheiden, wenn ein deutsches Verfahren durch eine ausländische Insolvenz unterbrochen war, dann vom ausländischen Verwalter aufgenommen wurde und später das gesonderte Insolvenzverfahren Platz greift.

Aus dem Vorrang des deutschen Verfahrens folgt hier, daß der Prozeß in die Zuständigkeit des deutschen Verwalters übergeleitet werden muß.

Meinen Vorschlag[9], etwa anhängige Verfahren dann als in der Hauptsache erledigt anzusehen, weil die Klage des ausländischen Verwalters wegen Wegfalls seiner Prozeßführungsbefugnis unzulässig würde, halte ich nicht aufrecht. Diese Lösung wäre einmal unpraktisch, weil dann ein neuer Prozeß begonnen werden müßte, den der deutsche Verwalter anzustrengen hätte. Zudem trägt sie nicht der Tatsache Rechnung, daß der deutsche Verwalter infolge des Vorrangs des deutschen Verfahrens an die Stelle des ausländischen tritt.

2. Ergebnisse des Verfahrens

Der deutsche Verwalter hat also aufzunehmen und der Rechtsstreit kann fortgesetzt werden. So bleiben die bereits erreichten Ergebnisse des Verfahrens erhalten.

III. Überschuß bei der Schlußverteilung

Es ist denkbar, daß bei der Schlußverteilung in der deutschen Sonderinsolvenz ein Überschuß verbleibt.

1. Regelung des E 1992

Der E 1992 hatte hierzu in § 399 vorgesehen, daß der Überschuß dem ausländischen Verwalter herauszugeben sei. Das war eine eindeutige Regelung.

---

8 Vgl. oben §§ 72, 73.

9 KTS 1990, 619 in Anlehnung an *W. Habscheid*, FS Lent 1957, 153 ff.

2. Rechtslage nach der InsO

Daß diese Regelung nicht Gesetz geworden ist, muß bedauert werden. Dennoch bleibt die Rechtslage die gleiche. Mit der Schlußverteilung endet der Vorrang des deutschen Sonderinsolvenzverfahrens[10]. Damit greift der ausländische Konkursbeschlag: Der Überschuß gehört daher in die Masse, ist also dem ausländischen Verwalter herauszugeben.

IV. Zwei konkurrierende Vollverfahren: das US-Problem

1. Das US-Problem

Es wurde – auch beim E 1992 – nicht bedacht, daß die USA ein gegenständlich beschränktes Verfahren nicht kennen. Jedes Konkursverfahren ist Vollinsolvenz mit weltweitem Geltungsanspruch, mag auch das „eigentliche" Vermögen des Gemeinschuldners im Auslande liegen[11].

Wird in Deutschland ebenfalls ein Vollkonkurs eröffnet, weil der Schuldner in Deutschland domiziliert ist oder seinen geschäftlichen Mittelpunkt hat[12], so konkurrieren zwei Vollverfahren miteinander.

2. Vorrang der Inlandsinsolvenz

Gilt schon bei einer räumlich – beschränkten Sonderinsolvenz der Vorrang des Inlandsverfahrens, so gilt er hier erst recht.

3. Überschuß

Bleibt im Inlands-Insolvenzverfahren ein Überschuß, so ist er an den ausländischen Verwalter herauszugeben, wenn der Auslandsbeschlag im Inlande anerkannt wird. Es gilt das zur räumlich beschränkten Sonderinsolvenz Gesagte[13].

4. US Vollkonkurs bei bloßer Vermögensbelegenheit

Allerdings muß auch hier gesagt werden: Läßt das deutsche Recht – so bei reiner Vermögensbelegenheit – nur ein räumlich gegenständliches gesondertes Insolvenz-

---

10 Richtiger wohl: mit dem Ende des Verfahrens. Aber man könnte diesen Zeitpunkt ohne Schaden „vorziehen".

11 Vgl. dazu oben Teil II, insbes. §§ 24 ff.

12 Vgl. i.e. §§ 71 KO, § 1 II GesO, § 3 InsO

13 Ob das ausländische Recht „ebenso handelt", ist unerheblich.

verfahren zu, so stellt sich die Frage der Konkurrenz nicht, da wir die US Vollinsolvenz wegen Fehlens der internationalen Zuständigkeit nicht anerkennen[14]. Immerhin bleiben aber genügend Konkurrenzproblemfälle, so etwa, wenn der Gemeinschuldner sowohl in Deutschland wie auch in den USA seinen Wohnsitz / Sitz hat; hier sind zwei Vollkonkurse denkbar.

§ 88 Zusammenfassung: Der ausländische Insolvenzverwalter in Deutschland

Um es zu wiederholen: Sieht man von Sonderformen der Insolvenzprozedur nach dem Vorbild des deutschen konkursvorbeugenden Vergleichs nach der VglO oder des schweizerischen Nachlaßverfahrens ab[1], so kann wohl generell gesagt werden, daß die Eröffnung des Insolvenzverfahrens dazu führt, daß der Schuldner sein Verwaltungs- und Verfügungsrecht über sein Vermögen, soweit es nicht „konkursfrei" ist, verliert und dieses Recht nunmehr dem Verwalter zusteht, der dieses Vermögen zu „admassieren"[2] und dann der Verteilung zuzuführen hat . Dem Verwalter steht zu diesem Zwecke die Prozeßführungsbefugnis zu. Diese Beschränkungen des Schuldners und diese Rechte des Verwalters machen den Kerntatbestand der materiell-rechtlichen Insolvenzwirkungen aus.

Gleichviel, wie man die Masse einordnet – als juristische Person oder als Sondervermögen – und wie man den Verwalter qualifiziert – als Partei kraft Amtes, als Vertreter des Schuldners oder der Gläubiger, oder als Treuhänder – rechtspraktisch ist er es , der die dem Schuldner (bisher) zustehenden Rechte wahrzunehmen und ggf. Prozesse zu führen hat. Das trifft auch auf den ausländischen Verwalter zu. Seit BGHZ 95, 256 ff. ist anerkannt, daß ausländische Konkursverfahren insoweit grundsätzlich anzuerkennen sind, also eine einheitliche Masse entsteht. Der ausländische Verwalter kann daher im Inlande für die Masse, die auch das inländische Vermögen des Schuldners ergreift, „instrumentieren". Er kann auch ein deutsches Sonderverfahren beantragen und auch ohne Antrag an ihm teilnehmen[3].

All dies sei als Ergebnis des ersten Abschnitts noch einmal in den wesentlichen Punkten zusammengefaßt:

---

14 Oben § 66 I, 2.

1 Nach der VglO und (für die Schweiz nach Art 293 ff. SchKG).

2 Schweizerischer Ausdruck: Vgl. etwa *Fritzsche / Walder*, Schuldbetreibung und Konkurs, 3. Aufl. § 41 Rdnr. 5, § 46 Rdnr. 8 § 77 A 51.

3 Dazu oben § 87.

I. Tätigwerden außerhalb eines gerichtlichen Verfahrens

1. Allgemeines

Der ausländische Verwalter kann zunächst, ausgewiesen durch seine Bestallung, im Inlande außergerichtlich tätig werden. Inländische Schuldner können freiwillig an ihn leisten.

Allerdings tragen sie das Risiko, daß die ausländische Insolvenzeröffnung nicht anerkannt wird. Dies wird häufig zu dem – unerwünschten – Ergebnis führen, daß der Schuldner zunächst einmal nicht zahlt.

Der E 1992 (§ 385) hatte hier die Möglichkeit vorgesehen, daß die ausländische Verfahrenseröffnung öffentlich durch Beschluß des Insolvenzgerichts bekanntgemacht wird, wobei das Gericht nachzuprüfen hatte, ob die Voraussetzungen der Anerkennung gegeben waren. Dem ausländischen Verwalter war eine Ausfertigung des Beschlusses auszuhändigen.

Er hätte sich also auf diese Weise – durch Vorlage der Beschlußausfertigung – legitimieren können.

Es ist zu bedauern, daß § 385 E 1992 nicht Gesetz geworden ist. So fehlt es an einer Rechtsgrundlage für eine deutsche „Bestallung“ des ausländischen Verwalters. § 56 II InsO dürfte bei dieser Gesetzesgeschichte wohl kaum analog anwendbar sein, bleibt also auf den inländischen Verwalter beschränkt.

Da man wohl dem inländischen Gläubiger, der Zweifel an der Anerkennung hat, nicht zumuten kann, gegen den Verwalter negative Feststellungsklage zu erheben – es sei denn, er bestreitet die Schuld – wird man ihm, wenn der ausländische Insolvenzverwalter nicht selbst klagt, – nur den Rat geben können, den Schuldbetrag zunächst gem. § 372 BGB zu hinterlegen.

2. Eintragung in öffentliche Register

Das Fehlen einer öffentlichen Bekanntmachung im Anerkennungsrecht nach der KO, der GesO und des EGInsO führt auch dazu, daß die notwendige Eintragung der durch die Insolvenz eintretenden Verfügungsbeschränkung in öffentliche Register – Grundbuch, Schiffsregister, Schiffsbauregister und Register für Pfandrechte an Luftfahrzeugen – erschwert wird.

§ 386 E 1992 hatte vorgesehen, daß das Insolvenzgericht – das die Anerkennung nachzuprüfen hatte – auf Antrag des ausländischen Insolvenzverwalters die Registerbehörde ersucht, die Verfügungsbeschränkungen einzutragen. Besonders wichtig ist diese Eintragung, um die Gefahr eines gutgläubigen Erwerbs abzuwenden (vgl. §§ 892, 893 BGB i.V. § 388 E 1992). Der Entwurf ist jedoch nicht Gesetz geworden.

Die Frage ist, wie diese Lücke geschlossen werden soll. Ein Antrag des ausländischen Insolvenzverwalters direkt an das Grundbuchamt scheidet mangels gesetzlicher Grundlage in der GBO aus. Zudem ist der Grundbuchrechtspfleger nicht befugt, die Frage der Anerkennung eines ausländischen Eröffnungsbeschlusses oder gar den Eintritt des Insolvenzbeschlags nach US-Recht[4] zu prüfen. Da jedoch die Verfügungsbeschränkung bei anzuerkennender Insolvenz außerhalb des Grundbuchs eintritt, ist dieses unrichtig geworden. Gem. §§ 894, 899 BGB ist daher auf Antrag des ausländischen Verwalters insoweit ein Widerspruch gegen die Richtigkeit des Grundbuchs aufgrund einer einstweiligen Verfügung einzutragen. Diese ist vom Richter gem. §§ 935, 940 ZPO anzuordnen. Der Richter wiederum hat die Anerkennungsfrage zu prüfen, und nur, wenn er diese Frage bejaht, wird er die Eintragung anordnen.

Lösen läßt sich also unser Problem. Aber diese Lösung ist nur um den Preis eines umständlichen Procedere zu erreichen. Abgesehen davon wäre der Insolvenzrichter des § 386 E 1992 besser in der Lage, die Anerkennungsfrage zu beurteilen, als der Verfügungsrichter der §§ 935, 940 ZPO.

3. Antragsrecht auf deutsches gesondertes Insolvenzverfahren

Hier darf auf die bereits gemachten Ausführungen verwiesen werden[5].

II. Rechtsverfolgung durch den ausländischen Insolvenzverwalter

1. Vollstreckung gegen den Konkursschuldner

Es ist denkbar, daß der Schuldner in Deutschland Vermögensgegenstände hat, die er dem Verwalter nicht freiwillig herausgibt. Der deutsche Verwalter hat im Inlandsverfahren nicht das Recht, von diesen Vermögensgegenständen eigenmächtig Besitz zu ergreifen. Weigert sich der Schuldner, sie herauszugeben, so dient gem. § 794 I Nr. 3 ZPO der vollstreckbare Eröffnungsbeschluß als Vollstreckungstitel, mit dessen Hilfe die Herausgabevollstreckung analog §§ 883, 885 ZPO durchgeführt werden kann[6]. Diese Rechtslage ist unter der InsO gleichgeblieben.

Es liegt auf der Hand, daß diese Kautelen auch für den ausländischen Verwalter gelten müssen, daß er also nicht das Recht haben kann, eigenmächtig Besitz zu ergreifen.

---

4 Mit Einbringung des Antrages beim Bankruptcy Court, oben § 13.

5 Vgl. oben § 87 I.

6 (Fast) einhellige Meinung: RGZ 37, 399, BGHZ 12, 389; BGH KTS 1962, 171, OLG Stuttgart NJW 1953, 389, *Kilger/Karsten Schmidt*, zu § 117 Anm. 2. Zur Literatur vgl. die Angabe bei Kilgen aaO.

§ 392 E 1992 sah daher *expressis verbis* ein Vollstreckungsurteil analog §§ 722 II, 723 I ZPO vor. Hier ist der Richter berufen, die Anerkennung des ausländischen Verfahrens festzustellen, bevor er den Vollsteckungstitel erteilt.

Die Analogie zu §§ 722 II, 723 I ZPO ist auch im Verfahren nach Art 102 I EGInsO zu ziehen. Denn es geht um die Anerkennung einer urteilsgleichen Entscheidungswirkung[7]. Eine analoge Anwendung des § 794 I Nr. 3 ZPO kommt hingegen nicht in Betracht, weil der ausländische Eröffnungsbeschluß keine Entscheidung ist, die mit der (deutschen) Beschwerde anfechtbar wäre.

2. *Prozesse gegen Dritte*

Schuldner des Gemeinschuldners im Inlande kann der Insolvenzverwalter im Inland verklagen und nach Erwirkung eines Titels gegen sie die Zwangsvollstreckung betreiben. Dies gilt für alle Klagen: schlichte Leistungsklagen, Anfechtungsklagen. Feststellungsklagen und Gestaltungsklagen sind ebenfalls denkbar, bedürfen aber keiner Vollstreckung. Dies alles gilt auch – mutatis mutandis – für Passivprozesse. Die Frage, wer Kläger ist und gegen wen die Klage gerichtet werden muß – die Masse, vertreten durch den Verwalter, den Gemeinschuldner oder die Gläubiger, vertreten durch den Verwalter oder gegen den Verwalter als solchen – wird allerdings im jeweiligen Auslandsrecht verschieden beantwortet.

Wer zulässigerweise klagt, das ist ein Problem der Prozeßführungsbefugnis, und diese gehört dem Prozeßrecht an[8]. Nach deutschem Verfahrensrecht ist – so die h.M.[9] – der Verwalter Partei kraft Amtes. Daher sollte genügen, wenn der Verwalter für die Masse klagt. Der deutsche Richter verfährt eben nach seinem Prozeßrecht. Um jedoch allen Eventualitäten zu begegnen, sollte die Parteibezeichnung auch die Vertreterlösungen einschließen, also etwa lauten für oder gegen den Verwalter hinsichtlich der Konkursmasse.

Das Ergebnis lautet mithin, daß die Stellung des Verwalters im deutschen Prozeß durch die *lex fori* bestimmt wird. Der ausländische Insolvenzverwalter klagt als *Partei kraft Amtes*. Damit ist gewährleistet, daß alle Prozesse ausländischer Verwalter nach den gleichen Regeln ablaufen, daß also der Verwalter nie als Zeuge gehört werden kann, was etwa dann anzunehmen wäre, wenn er als Vertreter anzusehen ist.

---

7 Vgl. auch zu § 63.

8 Dazu statt aller *Rosenberg / Schwab / Gottwald*, § 46 m. Nw.

9 Vgl. *Rosenberg / Schwab / Gottwald*, § 40 II. Die Meinung, die Amtswalter, so auch der Insolvenzverwalter, seien Vertreter im Konkurs, der Verwalter sei gesetzlicher Vertreter des Gemeinschuldners (Nw. bei *Rosenberg / Schwab / Gottwald*, aaO, die der Vertretertheorie zuneigen), sei hier nicht diskutiert. Es wird vielmehr von der Praxis ausgegangen, welche die Amtstheorie anwendet.

In dem vom Verwalter zu führenden Verfahren wird *incidenter* die Anerkennung der ausländischen Insolvenz festzustellen sein. Nur dann ist die Klage zulässig; denn die Prozeßführungsbefugnis ist Prozeßvoraussetzung[10].

Dies gilt zunächst für Aktivprozesse, die der Verwalter beginnt. Es gilt dies auch für die Aufnahme eines unterbrochenen Verfahrens[11]. Und schließlich gilt es für Zivilprozesse, die gegen den Verwalter zulässig sind oder die nach Unterbrechung aufgenommen werden (Passivprozesse).

---

10 *Rosenberg / Schwab / Gottwald*, § 46 statt aller.

11 *Rosenberg / Schwab / Gottwald*, aaO.

Zweiter Abschnitt

Insolvenzverfahren in Deutschland, Vermögen im Ausland (Auslandsbezüge deutscher Verfahren)

Der Problemkreis, der nachstehend zu erörtern ist, betrifft die Auslandsbezüge und die Auslandswirkung eines deutschen Vollinsolvenzverfahrens. Das räumlich-gegenständlich beschränkte Sonderverfahren[1] nimmt eine solche Außenwirkung grundsätzlich nicht in Anspruch, obwohl es ausländische Gläubiger in demselben Umfange wie inländische zur Teilnahme zuläßt.

Die wissenschaftliche Behandlung der Außenwirkung deutscher Insolvenzverfahren stand bisher im Schatten der Diskussion um die Einwirkungen ausländischer Konkurse und Vergleiche in das deutsche Recht. Der Aufsatz von *Prütting* über „Aktuelle Entwicklungen des internationalen Insolvenzrechts"[2] belegt aber, daß auch hier Bewegung in erstarrte Fronten gekommen ist.

Kapitel 7: Grundfragen

Im Vordergrunde steht, daß das Insolvenzverfahren dem Universalitätsprinzip folgt. Das ergibt sich, für den universalen Geltungsanspruch des deutschen Insolvenzverfahrens zweifelsfrei, aus § 1 KO, 1 GesO und 35 InsO[3], und ist auch grundsätzlich nie in Zweifel gezogen worden. Die praktische Umsetzung dieses Postulats war jedoch lange Zeit eine andere Sache. Erst die Entscheidung BGHZ 88, 147, auf die im einzelnen einzugehen sein wird, brachte von Seiten der Praxis den erforderlichen Impuls, mit dem Universalitätsprinzip „Ernst zu machen", es wirklich durchzusetzen[4].

---

1 Oben §§ 82 IV, 83, 84, 86.

2 ZIP 1996, 1277 ff., insbes. 1279 / 1281.

3 Siehe auch oben § 62 zur Universalität ausländischer Konkurse und Vergleiche.

4 Unten § 90.

§ 89 Das Universalitätsprinzip

Das Universalitätsprinzip enthält ein Durchsetzungsgebot an die Insolvenzorgane. Auch ausländisches Massevermögen ist vom Verwalter zur Masse zu ziehen und zu verwerten (§ 117 KO, § 8 GesO ,§§ 159, 148 InsO).

I. Die Selbstbeschränkung des deutschen Rechts

1. Universalität und Durchsetzbarkeit

Die Rechtsprechung[5] und jedenfalls ein Teil der Literatur[6] vertraten jedoch den Standpunkt, das deutsche Recht könne nur insoweit seine universale Wirkung entfalten, wie das deutsche Verfahren vom Ausland akzeptiert werde. Dies führte etwa das OLG Koblenz[7] dazu, mit Rücksicht auf das „Land S.“, in dem das Territorialiätsprinzip herrscht, den Gemeinschuldner – der dem Konkursverwalter zur Auskunft verpflichtet ist (§ 100 KO) – nicht für verpflichtet zu erachten, auf diesen eine Vollmacht auszustellen, die ihn ermächtigte, über ausländisches Massevermögen zu verfügen und Auskünfte einzuholen. Es gebe, so das OLG keine

„allgemeine Pflicht des Schuldners, im erforderlichen Umfange daran mitzuwirken, daß der Konkursverwalter das im Auslande belegene Vermögen zur Konkursmasse ziehen kann“.

Offenbar war „das Land S.“ die Schweiz. Die schweizerische Rechtsprechung hat aber vor dem IPRG trotz Territorialitätsprinzips den ausländischen Verwalter als (quasi-privatrechtlichen) Vertreter akzeptiert. Heute kann der ausländische Verwalter trotz Weiterbestehens des Territorialitätsgrundsatzes Antrag auf ein schweizerisches Hilfskonkursverfahren stellen[8].

Der Fall zeigt zweierlei: Einerseits gibt es auch in den dem Territorialitätsprinzip verpflichteten Ländern Möglichkeiten zur Durchsetzung ausländischer Insolvenzen. Zum zweiten aber verwechselt die genannte Rechtsprechung Rechtsgeltung und Durchsetzbarkeit. Den Anspruch des deutschen Rechts, die Insolvenzfolgen auch im Auslande durchzusetzen, ist die Aufgabe des Insolvenzverwalters. Gegen diese Amtspflicht verstößt ein Gericht, das dem Verwalter die Durchsetzungsinstrumente verweigert.

---

5 Vgl. etwa RGZ 54, 193; BayObLG LZ 08, Sp. 550 ff. = Seuff A 63 (1908) 320 ff. zu § 14 I.

6 *Mentzel/Kuhn*, 8 Aufl. § 237, 1 Abs. 2.

7 KTS 1980, 68, aufgegeben durch den Beschluß IPrax 1994, 370.

8 Vgl. oben §§ 3 ff.

2. *Durchsetzung der universalen Geltung durch den Insolvenzverwalter*

Die universale Geltung des deutschen Insolvenzrechts durchzusetzen ist also Sache des Verwalters. Das von ihm angerufene Gericht hat seine Entscheidung nicht von der Durchsetzbarkeit abhängig zu machen. Diese obliegt dem Verwalter, und es ist von Land zu Land verschieden, wie der Verwalter vorgehen muß. Herrscht im Auslande das uneingeschränkte Universalitätsprinzip, so hat es der Verwalter leicht. Herrscht der strikte Territorialitätsgrundsatz, so hilft die Rechtsfigur des Vertreters manchmal weiter. Aber selbst bisher streng am Territorialitätsprinzip ausgerichtete Rechtsordnungen liberalisieren sich, indem sie – wie die Schweiz[9] – Rechtshilfeverfahren zur Verfügung stellen und dem Verwalter Antragsrechte einräumen.

Was die USA betrifft, so sei resümiert[10], daß dem ausländischen Trustee Comity gewährt werden kann; ferner kann er den Rechtshilfeweg des Art 304 BC beschreiten.

Schließlich sei bemerkt: Ein Gemeinschuldner kann Vermögen in verschiedenen Ländern haben. Es geht aber nicht an, ihm im Falle des Universalitätsprinzips die notwendige Gerichtshilfe zu gewähren, sie aber beim Territorialitätsprinzip zu verweigern. Die Gerichte würden hier auch überfordert. Die Übergänge zwischen beiden Grundsätzen sind fließend, und selbst dort, wo wie in Japan die *lex scripta* klar im Sinne der Territorialität lautet, beginnen die Obergerichte eigene universalistische Wege zu gehen[11].

3. *Auslandswirkungen inländischer Sicherungsanordnungen des Insolvenzgerichts*

Zur Sicherung der Konkursmasse kann das Konkursrecht Sicherungsanordnungen treffen (§ 106 KO, §§ 21, 22 InsO). Es kann u. a. bereits vor der Verfahrenseröffnung ein allgemeines Veräußerungsrecht erlassen werden.

Es ist die Frage aufgeworfen worden, ob diese Sicherungsanordnung nach *deutschem* Recht Auslandswirkungen zeitigt, also den deutschen Verwalter verpflichtet, sie durchzusetzen. Diese Frage ist vom BGH[12] zu Recht bejaht worden. Die Wirkungen des durch die Konkurseröffnung eintretenden Konkursbeschlags werden hier vorverlagert, da nur so die Masse gesichert[13] und die Gleichbehandlung der Gläubiger gewährleistet werden kann[14].

---

9 Oben § 3.

10 Oben §§ 42 - 44, 46, 49 - 50.

11 Oben § 2 I.

12 BGHZ 118, 151; BGH ZIP 1992, 781 m. Anm. *Hanisch*, EWiR 1992, 589 = IPRax 1993 m. Anm. *Hanisch*, IPRax 1994, 69, siehe auch *Prütting*, Aktuelle Entwicklungen, ZIP 1996, 1279.

13 BGHZ 118, 151 (159 ff.); BGH ZIP 1992, 781, 783, 784.

II. Auskunftspflicht, Mitwirkungspflicht des Gemeinschuldners

1. Auskunftspflicht

Nach alledem bezieht sich die Auskunftspflicht auf das ganze im Ausland belegene Vermögen des Gemeinschuldners[15] ohne Rücksicht auf das ausländische Insolvenzregime. Der Verwalter wird so in die Lage versetzt, eine Übersicht über die Sollmasse zu gewinnen und sich über die Schritte zu ihrer „Admassierung" klar zu werden.

2. Allgemeine Mitwirkungspflicht[16]

Aus §§ 6, 117 KO (entsprechend §§ 3, 8 GesO[17], §§ 80 159, 148 InsO) ergibt sich aber über die Verpflichtung zur Auskunft hinaus die allgemeine Pflicht des Gemeinschuldners, den Konkursverwalter (Insolvenzverwalter) „mitwirkend bei der Verwaltung und Verwertung der Masse zu unterstützen", die „einschließt ..." *ihn zu bevollmächtigen*, Auskünfte (nicht nur zu erteilen), „sondern auch im Auslande einzuholen". Ferner resultiert daraus:

3. Pflicht zur Erteilung einer Vertretungsvollmacht[18]

Also einer Vollmacht zur Verwertung des Auslandsvermögens, die dem Konkursverwalter die Möglichkeit gibt, als Vertreter des Gemeinschuldners dort aufzutreten, wo man von deutschen Insolvenzverfahren keine Notiz nehmen will.

Der vom OLG Koblenz in diesem Sinne entschiedene Fall[19] weist die tatbestandliche Eigenheit auf, daß die Frage eines Zugriffs auf luxemburgische Bankkonten zu lösen war. Das luxemburgische Bankgeheimnis, so das OLG, verwehrte es dem Konkursverwalter, *kraft seines Amtes* den Umfang des Auslandsvermögens festzustellen. Da aber der Anspruch aus § 117 KO (§§ 148, 159 InsO) den Gemeinschuldner verpflichte, dem Verwalter Besitz und Verwaltung zu überlassen und dem Verwalter gebiete, das Massevermögen zu verwerten – so das Oberlandesgericht – , sei der Gemeinschuldner eben zur Erteilung einer entsprechenden *Voll-*

---

14 *Prütting*, aaO, 1279 weist hier zu Recht auf BGHZ 41, 98, 101, BGHZ 88, 147, 153 hin.

15 BGHZ 68, 16, 17; 88, 147, 150; 95, 256, 264 u. IPRax 1993, 87.

16 OLG Köln ZIP 1986, 384, 658, bestätigt BVerfG ZIP 1986, 1336, OLG Koblenz IPRax 1994, 370 unter Aufgabe von KTS 1980, 68.

17 Die GesO spricht in § 3 von Verpflichtungen gegenüber dem Gericht. Diese gelten aber auch dem Verwalter gegenüber (arg. § 8 GesO).

18 Wie Fn 13.

19 IPRax 1994, 370.

macht zu verurteilen. Das ist eine auch pragmatisch richtige, den Streit um Amtstheorie und Vertretertheorie ausklammernde Lösung.

Mit Recht betont auch das OLG, dem Masseverwalter, der auf diese Weise vorgehe, mangele es nicht am Rechtsschutzbedürfnis, ein Gedanke, der wenn auch unausgesprochen hinter seiner aufgegebenen Judikatur[20] stand; denn es kann nicht einem wohlverstandenen Rechtsschutzbedürfnis widersprechen, wenn der Verwalter vom Gericht Instrumente begehrt, deren er zur Erfüllung seiner Aufgaben bedarf.

§ 90 Die Herausgabe / Anrechnung des in ausländischer Vollstreckung Erlangten

§ 383 I E 1992 bestimmte, daß ein Konkursgläubiger das im Auslande im Wege der Einzelrechtsverfolgung Erlangte an die Masse herauszugeben hat[1]. Diese Vorschrift wollte die Entscheidung des BGH vom 13. Juli 1983 (BGHZ 88. 147) in Gesetzesrecht umsetzen. Daneben stellt sich die Frage, wie es sich mit der Dividende verhält, die ein Konkursgläubiger in einer ausländischen Gesamtvollstreckung, also einem ausländischen Insolvenzverfahren, erhalten hat.

I. Die Herausgabe des im Wege der Einzelvollstreckung Erlangten

1. Das Urteil des BGH vom 13. Juli 1983 (BGHZ 88, 147)

Der Kern des vom BGH entschiedenen Falles betraf folgenden Sachverhalt: Ein deutscher Konkursgläubiger hatte in der Schweiz, nach dortigem Recht völlig legal, im Wege der Zwangsvollstreckung Massevermögen erlangt. Die Frage war, ob der deutsche Konkursverwalter Ablieferung an die Masse verlangen konnte. Der BGH hat diese Frage bejaht, da ungerechtfertigte Bereicherung vorliege[2].

Die alte Rechtsprechung[3] hatte die Herausgabepflicht abgelehnt: Wenn das ausländische Vollstreckungsstatut die Zwangsvollstreckung zulasse, müsse es dabei bleiben. Mit Recht hat der BGH dagegen auf das deutsche Konkursstatut und seinen Universalitätsanspruch hingewiesen. Ähnliches gilt nunmehr auch für ein vor Eröffnung des Konkursverfahrens in der Sequestrationsphase erlassenes Veräußerungsverbot[4]. Der auf diese Weise „im Alleingang" vorgehende Gläubiger ist ge-

20 OLG Koblenz KTS 1980, 68.

1 Vgl. dazu oben § 8 III.

2 Vgl. die Darstellung von *Arnold*, in Insolv. Hdb., 1261 ff.

3 RGZ 54, 193; OLG Köln KTS 1978, 249.

4 Vgl. BGHZ 118, 151 wo die Rechtsprechung des BGH 88, 147; 95, 256 auch für das Sequestrationsstadium fortgeschrieben worden ist. Da zur Konkursmasse auch das Auslands-

genüber *der Masse* ungerechtfertigt bereichert und hat die Bereicherung herauszugeben.

Mit diesem Grundsatz hat der BGH allgemeine Anerkennung gefunden. Er ist in § 383 I E 1992 wiederholt worden und gilt auch für das Recht der InsO. Auf eine Kurzformel gebracht: Die Herausgabepflicht richtet sich nach der *lex concursus*. Oder anders ausgedrückt: Das Gesamtvollstreckungsstatut verdrängt das Einzelvollstreckungsstatut.

2. Beschränkung der Herausgabepflicht auf Inländer?

Demgegenüber hatte ich[5] – in dem vom BGH entschiedenen Fall handelte es sich um einen Inländer – für Ausländer den Vorrang der lex concursus vor der lex executionies specialis *in einen Sonderfall* eingeschränkt. Eine Einschränkung solle dort gelten, wo die ausländische Rechtsordnung ausnahmsweise dem strengen Territorialitätsprinzip folge. In diesem Falle solle sich ausnahmsweise das Insolvenzstatut nicht gegenüber dem Statut der Einzelzwangsvollstreckung (Vollstreckungsstatut) durchsetzen können. Der Grund für die Unterscheidung sei darin zu sehen, daß der Fall des im Ausland ansässigen sich von dem des im Inland domizilierten Gläubigers „durch seinen geringeren Inlandsbezug unterscheide". Komme dann noch das ausländische Territorialitätsprinzip hinzu, so sollte bezüglich des fehlenden Rechtsgrundes in § 812 BGB sich das Insolvenzstatut nicht gegenüber dem Vollstreckungsstatut durchsetzen können. Hinter dieser Begründung standen letztlich auch Praktikabilitätsgesichtspunkte: Warum sollen deutsche Gerichte Titel produzieren, denen wegen fehlender Anerkennungsfähigkeit im Ausland die Durchsetzbarkeit entzogen wird?

Diese Auffassung gebe ich auf: Mit dem „fehlenden Inlandsbezug" hat der BGH einen „Rechtsbegriff" ohne Konturen geschaffen[6]. Im Insolvenzrecht würde er zur Ungleichbehandlung führen. Dies belegt die vorliegende Untersuchung einmal mehr. Der „fehlende Inlandsbezug" berührt häufig verfassungsrechtlich verbriefte Verfahrensgrundrechte, in unserem Fall das Recht auf ein Urteil. Dies geschieht ungeschminkt nach angloamerikanischem Rechtsdenken im Rahmen der *forum non conveniens*-Lehre[7] oder neuerdings im internationalen Konkursrecht als Aus-

---

vermögen zählt, muß ein vor Eröffnung des Konkursverfahrens erlassenes Veräußerungsverbot nach § 106 I KO das im Ausland belegene Vermögen des Gemeinschuldners erfassen und zwar unabhängig davon, ob das ausländische Recht die Sicherungsmaßnahmen anerkennt oder nicht (aaO, 159). Die Begriffe „Masse", § 106 KO und „Konkursmasse", § 1 I KO sind in gleicher Weise zu verstehen, auch vgl. *Jaeger/Weber*, KO, 8. Aufl. § 106 Rdnr. 3, *Kilger*, in FS 100 Jahre KO (1977), 189, 194, *Kuhn/Uhlenbruck*, KO, 10. Aufl. zu § 106 Rdnr. 6; vgl. auch oben § 89 I 3, II.

5 KTS 1989, 593, 597.

6 Vgl. oben §§ 73 III, 1, c, 84 II, III.

7 Vgl. dazu oben § 84 III, 3 - 4 ; § 80 III; § 74.

druck „fortschrittlichen Denkens“ mit Hilfe der *vis attractiva concursus*[8]. Entscheidend bleibt hier: Besteht die internationale örtliche Zuständigkeit eines deutschen Prozeßgerichts, so kann der deutsche Konkursverwalter den Ausländer auf Herausgabe wegen ungerechtfertigter Bereicherung verklagen. Das Prozeßgericht hat den Herausgabeanspruch nach deutschem *materiellen* Recht (Konkursrecht; § 812 BGB) zu bestimmen. Einer Rücksichtnahme in irgendeiner Form auf das ausländische Territorialitätsprinzip bedarf es nicht. Schließlich kann auch der im Ausland ansässige Gläubiger Vermögen in Deutschland besitzen , in welches dann vollstreckt werden kann. Unerheblich ist auch, ob der Ausländer sich am deutschen Insolvenzverfahren beteiligt.

So, wie außerhalb des Konkurses die Lehre vom fehlenden Inlandsbezug oder im angloamerikanischen Rechtskreis die *forum non conveniens*-Lehre zu einer Diskriminierung von Ausländern, zumindest aber zu einer Ungleichbehandlung von In- und Ausländern führen kann, würde innerhalb eines Konkurses eine Ungleichbehandlung in umgekehrter Form erfolgen. Im Inland und im Ausland ansässige *Konkurs*gläubiger würden gegenüber Gläubigern, die im Ausland ansässig sind und *nicht* an dem im Inland stattfindenden Konkursverfahren teilnehmen, benachteiligt werden, da nur die Konkursgläubiger das Erlangte an die Konkursmasse herausgeben bzw. sich das Erlangte auf die Konkursquote anrechnen lassen müßten[9]. Solche Unterscheidungen zwischen „aus- und inländischen Gläubigern“ bzw. zwischen „Gläubigern die an dem Konkursverfahren teilnehmen und solche die nicht teilnehmen“ lassen sich nicht aufrecht erhalten, wie die anschließende Analyse zeigen wird.

3. Die Auffassung von Arnold: Beachtung des ausländischen Vollstreckungsakts

Eine andere Begründung für die Beachtung des ausländischen Territorialitätsprinzips im Hinblick auf den ausländischen *Vollstreckungsakt* hat *Arnold*[10] versucht. Seine Kritik an der Rechtsprechung des BGH (BGHZ 88, 147) legt m.E. die Problematik offen an den Tag. Der Gläubiger erlange den Erlös aufgrund des Rechts, das nach den Regeln des internationalen Zivilprozeßrechts (lex fori als Statut der Einzelvollstreckung) und des internationalen Privatrechts (*lex rei sitae* als Vermögensstatut der einer Zwangsvollstreckung unterliegenden Sache; bei Forderungen Forderungsstatut) auf diesen Erwerbsvorgang anzuwenden sei. Die „Mißbilligung“ dieses Erwerbs und die der Vollstreckung ... komme einer Mißbilligung des *ausländischen Vollstreckungsaktes* gleich und setze sich in Widerspruch zu *der*

---

8 Vgl. oben § 74.

9 So letztlich *Arnold*, in Insolv. Hdb., 1264 Rdnr. 85: in- und ausländische *Konkurs*gläubiger müßten sich das Erlangte auf die Konkurs*dividende* anrechnen lassen. Folglich: nehmen die Gläubiger aber nicht an dem Konkursverfahren teil, so könnten inländische und ausländische das Erlangte behalten, da eine Ablieferungspflicht an die Konkursmasse verneint wird.

10 In Insolv. Hdb., 1262 - 1264, Rdnr. 79 - 83.

Rechtsordnung, welcher der Erwerbsvorgang aufgrund von Anknüpfungskriterien unterstellt ist. Gründe der Rechtssicherheit und des Vertrauensschutzes im internationalen Rechtsverkehr ließen es nicht zu, daß eine zulässige ausländische Zwangsvollstreckung nachträglich im Inland für ungerechtfertigt erklärt werde, weil die deutsche Konkursordnung eine Zwangsvollstreckung während des Konkurses verbiete und den Erwerb aus der Zwangsvollstreckung mißbillige. Nach dem „*völkerrechtlichen Prinzip der Achtung des fremden Souveränitätsbereichs*" erscheint es nicht unbedenklich, den im Vollstreckungsstaat durch den Hoheitsakt wirksam entzogenen und abgeschlossenen Rechtserwerb als ungerechtfertigt zu behandeln[11].

Im Ergebnis wird so eine Ablieferungspflicht zur Konkursmasse verneint. In- und ausländische *Konkurs*gläubiger[12] müssen sich aber das Erlangte auf die Konkursdividende anrechnen lassen. Daß diese Auffassung nicht zu billigen ist, ergibt sich bereits aus den Darlegungen zu 2). M.E. kann dabei nicht von einer Mißachtung eines ausländischen Souveränitätsakts gesprochen werden. Auch ausländische Urteile, die wohl die „stärksten" Souveränitätsakte sind, können im Inlande u.U. nicht anerkannt werden (§ 328 ZPO).

II. Die US-amerikanische Regelung: Keine Rücksichtnahme auf ausländische Vollstreckungsakte und somit Ablieferungspflicht

1. Verstoß gegen den Automatic Stay

Ein Gebot der Rücksichtnahme aus Gründen der „Rechtssicherheit bzw. des Vertrauensschutzes" gegenüber *Vollstreckungsakten im Auslande* kennt der Bankruptcy Code *ausdrücklich* nicht. Im Gegenteil: Ist in den USA ein Konkursverfahren nach dem Bankruptcy Code eröffnet worden, so wird jede Handlung durch den Automatic Stay – insbesondere Vollstreckungsakte – im Ausland gar *dreifach* sanktioniert, wenn derartige Akte die amerikanische Konkursmasse (*property of the estate*) beeinträchtigen.

- Ein in den USA eröffnetes Konkursverfahren wirkt weltweit und erfaßt das im Ausland liegende Vermögen des Gemeinschuldners, § 541 (b) BC. Im Ausland belegenes Vermögen des Gemeinschuldners zählt zur Konkursmasse in den USA (property of the estate). Das im Wege einer Einzelvollstreckung im Ausland Erlangte ist an den Trustee herauszugeben[13]. Auf die Rechtmäßigkeit des ausländischen Vollstreckungsakts kommt es eben nicht an.

---

11 Unter Hinweis auf *Dahm*, Völkerrecht, Bd. I, (1958), § 48 III, *Geimer*, IZPR Rdnr. 162 - 165.

12 *Arnold*, in Insolv.Hdb., 1264, Rdnr. 85. Folglich brauchen nicht nur im Ausland ansässige Gläubiger sondern auch Gläubiger im Inland nicht eine Herausgabe wegen ungerechtfertigter Bereicherung befürchten, wenn sie wegen der erfolgreichen Einzelvollstreckung im Ausland „dankend" auf eine Teilnahme am inländischen Konkursverfahren verzichten. Eine Ablieferungspflicht existiert eben nicht.

- Eine Einzelrechtsverfolgung (erst recht der hieraus ergehende Vollstreckungsakt) ist ein Verstoß gegen den *automatic stay*, § 362 (a) (1) - (7) BC. Der Automatic Stay wirkt nach amerikanischem Konkursrechtsverständnis weltweit. Ein Verstoß gegen den Automatic Stay führt zur Nichtigkeit des Erwerbsvorgangs, zumindest aber zur Anfechtbarkeit durch den Trustee. Schließlich besteht die Möglichkeit, den gegen den Automatic Stay verstoßenden Gläubiger – ohne daß dieser an dem Konkursverfahren in den USA teilnimmt – zu bestrafen. Ein wissentlicher Verstoß gegen den Automatic Stay kann den Erlaß eines Punitive Damages-Urteils rechtfertigen, § 362 (h) BC[14].
- Schließlich wird eine Forderung eines Gläubigers in dem Konkursverfahren durch den Bankruptcy Court nicht zugelassen, bis der Gläubiger das im Ausland im Wege der Einzelvollstreckung Erlangte an den Trustee herausgegeben hat, § 502 (d) BC[15].

2. *Zusammenfassung*

Im Ergebnis kann nach US-amerikanischen internationalem Konkursrechtsverständnis festgehalten werden: Die Rechtmäßigkeit einer Einzelvollstreckung im Ausland ist für den inländischen Konkurs unbeachtlich. Ein ausländischer Einzelvollstreckungsakt wird mißbilligt, da er die Konkursmasse beeinträchtigt.

Diese Auffassung ist konsequent, da ein Konkursverfahren in den USA – wie auch ein Konkursverfahren in Deutschland – hinsichtlich der Konkursmasse das auch im Ausland belegene Vermögen des Gemeinschuldners erfaßt. Auf die Rechtmäßigkeit eines ausländischen Einzelvollstreckungsakts, der der Masse Vermögen entzieht, kann keine Rücksicht genommen werden, da andernfalls der Weltgeltungsanspruch der US-Konkursmasse nach § 541 (a) BC ausgehöhlt werden würde.

III. Kritik und Ergebnis

Nach alledem läßt sich die Auffassung von *Arnold*[16] nicht länger halten. Angelpunkt ist auch nach amerikanischen internationalem Konkursrechtsverständnis das nationale materielle Konkursrecht, wenn im Ausland im Wege einer Einzelrechtsverfolgung auf Vermögen des Gemeinschuldners – und damit der Konkursmasse –

---

13 § 542 (a) BC ... an entity ... shall deliver to the trustee ... such property or *the value of such property* ... to the estate. (Hervorhebung vom Verfasser); vgl. i.e. oben, § 28; dazu auch *Nadelmann*, 29 Harv. Int'l. L.J. (1988) 27 ff., 34.

14 Vgl. oben § 28, 29 - 31.

15 § 502 (d) BC ... the court shall disallow any claim of any entity from which property is recoverable under section 542 ... ,so schon *Nadelmann*, 33 I.C.L.Q. (1984), 431, 435 dort Fn. 30.

16 In Insolv.Hdb., 1261 ff.

zugegriffen wird. Gleiches gilt auch nach deutschem Konkursrechtsverständnis spätestens seit BGHZ 88, 147. Das im Ausland belegene Vermögen des Gemeinschuldners zählt zur Konkursmasse (§ 1 KO; § 35, 36 InsO). Zwar enthält die Konkursordnung im Gegensatz zum Bankruptcy Code (wie auch jetzt die InsO im Gegensatz zu § 383 I E 1992) keinen eigenen – starken – Herausgabeanspruch. Der Rechtsverlust (der Konkursmasse) wird aber zumindest im Wege der Eingriffskondiktion nach § 812 BGB ausgeglichen[17].

Auch existiert – wie der Vergleich mit den USA belegt – kein Satz des Völkergewohnheitsrechts, wonach ausländische Vollstreckungsakte zu respektieren sind. „Extraterritoriale Wirkungen fremder Hoheitsakte" begründen keine Pflicht zur Anerkennung nach Völkergewohnheitsrecht[18].

Bleibt nur noch anzumerken, daß der Einzelvollstreckungsakt – als ausländischer Hoheitsakt – schon rein tatsächlich nur in den Grenzen des Staatsgebiets wirkt, wo die Zwangsvollstreckungsmaßnahme zur Befriedigung einer Geldforderung eines Gläubigers in das *ausländische* Vermögen des Gemeinschuldners betrieben wird. Die materielle inländische Rechtsordnung wird durch den Vollstrekkungsakt im Ausland nicht berührt. Hatte ursprünglich der Gemeinschuldner Vermögensgegenstände im Ausland an den Konkursverwalter herauszugeben (§§ 1, 6 KO; §§ 35, 36, 80 InsO), so trifft diese Pflicht nunmehr *alle* Gläubiger, die im Wege einer Einzelzwangsvollstreckungsmaßnahme auf im Ausland belegenes Vermögen des Gemeinschuldners Zugriff genommen haben, unabhängig davon, ob sie an dem Konkursverfahren teilnehmen oder nicht. Die Herausgabeverpflichtung ergibt sich nach amerikanischem Recht unmittelbar aus dem Bankruptcy Code. Nach deutschem Recht aufgrund der Eingriffskondiktion nach § 812 BGB[19]. So gesehen ist die deutsche Regelung gegenüber der amerikanischen gar „behutsamer". Die rechtliche Wirksamkeit der ausländischen Einzelzwangsvollstreckung wird nicht verneint. Vielmehr soll nur der nach materiellem Recht zu *mißbilligende* Erfolg im Wege des Bereicherungsrechts ausgeglichen werden, jedenfalls dann, wenn nicht „stärkere" Anspruchsgrundlagen zur Verfügung stehen.

IV. Herausgabe an die Masse oder Anrechnung des in einem ausländischen Insolvenzverfahren Erlangten, insbes. das deutsch-amerikanische Problem

1. Vorbemerkung und Regelung nach dem Entwurf 1992

Stehen sich zwei Insolvenzverfahren gegenüber – etwa ein Vollkonkurs in der Bundesrepublik und ein Chapter 7 Verfahren nach dem Bankruptcy Code in den

17 BGHZ 88, 147, 156. Daneben können andere Anspruchsgrundlagen in Frage kommen, so unechte Geschäftsführung ohne Auftrag (§ 687 II BGB), Delikt (§§ 823 ff. BGB) vgl. *Hanisch*, ZIP 1989, 1289 ff.

18 *Geimer*, IZPR, Rdnr. 165, 161, *Martiny*, Bd. I, Rdnr. 156, *Kreuzer*, IPRax 1990, 366.

19 BGHZ 88, 147, 154, 156; Zum Ganzen insbesondere Hanisch, ZIP 1983, 1289 ff.

USA – so stellt sich die Frage, wie eine Koordinierung erfolgt, wenn Gläubiger in beiden Verfahren teilnehmen. Muß das vom Gläubiger des US-Liquidationsverfahren Erlangte an die deutsche Masse herausgegeben werden oder erfolgt eine Anrechnung auf die Forderung oder nur eine Anrechnung auf die Konkursquote des Gläubigers im deutschen Vollkonkursverfahren.

Eine gesetzliche Regelung einer Herausgabe bzw. Anrechnung fehlt in der Konkursordnung. Gleiches gilt auch für die künftig geltende InsO. Die im Regierungsentwurf zur InsO vorgesehene Regelung in § 383 II E 1992 wurde in die InsO nicht übernommen; danach dürfte „der Gläubiger behalten, was er in einem besonderen Insolvenzverfahren erlangt hat, das in einem anderen Staat eröffnet worden ist und nur das in diesem Staat belegene Vermögen erfaßt[20]“. Das im Ausland in dem besonderen Insolvenzverfahren Erlangte ist auf die *Quote* anzurechnen, die der Gläubiger in dem inländischen Verfahren erhält[21]. Hinsichtlich der Anrechnung wurde in dem Regierungsentwurf 1992 der Streit im Hinblick auf die Anrechnung auf die Gläubiger*forderung*[22] oder nur auf die Konkursquote[23] (im deutschen Konkursverfahren) i.S. der zuletzt genannten Auffassung gelöst.

Das in einem besonderen Insolvenzverfahren im Ausland Erlangte müßte der Gläubiger sich also auf seine Konkursquote im deutschen Verfahren anrechnen lassen.

2. Fehlen eines räumlich-gegenständlich beschränkten Konkursverfahrens nach dem Bankruptcy Code

Im deutsch-amerikanischen Verhältnis stellt sich vorab ein grundsätzliches Problem: Ein Konkursverfahren nach dem Bankruptcy Code – auch wenn vom deutschen Konkursverwalter nach § 303 (b) (4) BC eingeleitet (!)[24] – ist immer ein „Vollkonkurs“ ohne eine räumlich gegenständliche Beschränkung auf die USA[25].

Dennoch bleibt auch nach der InsO u.U. ein Anerkennungsproblem bezüglich des US-Konkursverfahrens wegen § 102 I Nr. 1 EGInsO (internationale Zuständig-

20 BT-Drs. 12/2443.

21 BT-Drs. 12/2443 zu § 383 II S. 2, 240.

22 So OLG-Köln v. 31. 01. 1989, ZIP 1989, 321.

23 *Hanisch*, ZIP 1989, 278; *Grasmann*, KTS 1990, 157, 179 Fn. 79

24 Vgl. dazu oben § 11 II, 45 ff.

25 Sehr kritisch mit Recht zu dem Universalitätsanspruch eines Konkursverfahrens in den USA, wenn sich nur Vermögensgegenstände des Gemeinschuldners in den USA befinden, *Nadelmann*, 29 Harv. Int'l. L.J. (1988), 27, 33 ... it is not merely „territorialistic“ but even imperialistic ..., da ein Auslandskonkurs nicht in die USA hineinwirkt (vgl. auch *Scoles/Hay*, Conflict of Laws, 940) aber umgekehrt einzelne Vermögensgegenstände des Gemeinschuldners in den USA (ohne in den USA einen Wohnsitz zu haben) für die Eröffnung eines Vollkonkurses ausreichen, vgl. § 109 (a) i.V.m. § 541 (a) BC; zur Anerkennungsproblematik oben, § 66 I 2.

keit). Es ist in einem solchen Fall[26] festzuhalten: Da der Geschäftswohnsitz des Gemeinschuldners sich in der Bundesrepublik befindet, kann gem. § 3 InsO ein Vollkonkursverfahren nur in der Bundesrepublik durchgeführt werden. Folglich „hätte" in den USA – aus deutscher Sicht – kein Vollkonkursverfahren eröffnet werden dürfen, da dem Bankruptcy Court in den USA die internationale Zuständigkeit nach Art 102 I Nr. 1 EGInsO fehlt. Folglich wäre das im Ausland (USA) Erlangte möglicherweise nach den bisherigen bereicherungsrechtlichen Grundsätzen an den Konkursverwalter und damit an die deutsche Konkursmasse herauszugeben[27].

3. Dualität von Universal- und gesondertem Insolvenzverfahren: Die Regelung für grenzüberschreitende Fälle nach deutschem Recht

Bei näherer Betrachtung muß das letztere Ergebnis aber abgelehnt werden. Art 102 I Nr. 1 EGInsO verbietet hier nur die Erfassung des in Deutschland belegenen Vermögens des Gemeinschuldners mit Wohn / Geschäftssitz in Deutschland durch das Konkursverfahren in den USA. Wenn darüber hinaus der deutsche Konkursverwalter selbst von der Möglichkeit der Eröffnung eines Konkursverfahrens in den USA (§ 303 (b) (4) BC) Gebrauch gemacht hat, kann er nicht nachträglich das an die Gläubiger des US-Konkursverfahren Ausgeschüttete an die deutsche Konkursmasse herausverlangen.

Vielmehr ist der US-Universalkonkurs – wegen des deutschen Universalkonkurses – aus deutscher Sicht *wie ein räumlich gegenständlicher Konkurs zu behandeln.* Mehr gibt Art 102 I Nr. 1 EGInsO schon nach seinem Wortlaut nicht her: Er verbietet eben nur die Erfassung des in Deutschland belegenen Vermögens des in Deutschland ansässigen Gemeinschuldners durch das Konkursverfahren in den USA. Im Ergebnis wird der US-Universalkonkurs (nach amerikanischem Recht) wie ein räumlich gegenständliches beschränktes Konkursverfahren in den USA behandelt, weil eine Erfassung des in Deutschland belegenen Vermögens wegen Art 102 I Nr. 1 EGInsO ausscheidet.

Die sonstigen Wirkungen des Konkursverfahrens in den USA – wie etwa die hier in Frage stehende Verteilung im amerikanischen Konkursverfahren – sollten nicht bezweifelt werden können. Mehr zu fordern – etwa in dem Sinne, daß das im US-Verfahren Erlangte an die Konkursmasse des deutschen „Universalkonkurses" herausgegeben werden muß – stünde im Widerspruch zu der eigenen Gesetzeskon-

---

26 Also der Gemeinschuldner hat Wohn / Geschäftssitz nur in der Bundesrepublik. In den USA befinden sich aber erhebliche Vermögenswerte des Gemeinschuldners, so daß der deutsche Verwalter ein Liquidationsverfahren nach § 303 (b) (4) BC beantragt hat.

27 Das Problem der Anerkennung des US-Vollkonkurses in den Fällen, in denen ein deutscher Vollkonkurs eröffnet oder zu eröffnen ist, stellte sich bereits im Rahmen der Frage der Anerkennungsvoraussetzung der internationalen Zuständigkeit und ist dort beantwortet worden, dazu oben § 66 I, 2.

zeption: Die Eröffnung eines Konkursverfahrens im Ausland läßt die Möglichkeit der Eröffnung eines *gesonderten* Verfahrens in Deutschland unberührt, Art 102 III EGInsO. Gleiches muß auch für den umgekehrten Fall gelten: Konkursverfahren in Deutschland und gesondertes Insolvenzverfahren im Ausland. Dies ist die internationale Konzeption für grenzüberschreitende Konkursfälle nach deutschem Konkursrecht. Art 102 I Nr. 1 EGInsO bestimmt als allseitige Kollisionsnorm daher nur, ob der ausländische Konkurs in Konkurrenz zu einem deutschen Vollkonkurs als ein Universalkonkurs aufzufassen ist oder nicht. Ist das wie nach dem vorliegenden Sachverhalt nicht der Fall, so wird der US-Konkurs „wie ein gesondertes Insolvenzverfahren behandelt". Dies ergibt sich aus Art 102 I Nr. 1 EGInsO. In diesem Sinne hätte auch der nicht Gesetz gewordene § 383 II E 1992 berichtigend gelesen werden müssen.

4. Keine Eingriffskondiktion zugunsten des deutschen Verwalters durch räumlich gegenständliche Beschränkung des US-Konkursverfahrens zufolge Art 102 I Nr. 1 EGInsO

Es bleibt nur noch die Frage zu klären, ob dem deutschen Konkursverwalter unter Zugrundelegung der Rechtsprechung des BGH (BGHZ 88, 147), nicht nur im Falle einer Einzelzwangsvollstreckung, sondern auch im Falle eines nach deutschem Recht räumlich gegenständlich „zu beschränkenden" Konkursverfahrens im Ausland (hier den USA), ein Anspruch wegen Eingriffs in den Zuweisungsgehalt eines fremden Rechts (Eingriffskondiktion) nach § 812 BGB zusteht.

Ein dahingehender Anspruch ist – im Gegensatz zum Falle einer Einzelzwangsvollstreckung – zu verneinen. Ein Konkursverfahren in den USA – und damit verbundene Gesamtvollstreckung in das *dortige* Vermögen des Gemeinschuldners zugunsten seiner Gläubiger – kann keinen Eingriff in den Zuweisungsgehalt eines *fremden* Rechts darstellen, da nach deutschem Recht im Falle eines grenzüberscheitenden Konkurses, ein Auslandskonkurs die Möglichkeit der Eröffnung eines gesonderten Insolvenzverfahrens in Deutschland unberührt läßt, Art 102 III EGInsO.

Gleiches muß auch im umgekehrten Fall eines Universalkonkurses und eines gesonderten Insolvenzverfahrens im Ausland gelten. Mit anderen Worten: Der Zuweisungsgehalt eines *fremden Rechts* – die grenzüberschreitende Erfassung des Vermögens des Gemeinschuldners – wird mit der Eröffnung eines gesonderten Insolvenzverfahrens im Ausland (hier das „als gesondert zu behandelndes Insolvenzverfahren" in den USA) beschränkt. Das dort belegene Vermögen des Gemeinschuldners kann nicht mehr zur deutschen Konkursmasse gezählt werden. Ein Herausgabeanspruch existiert also nicht.

V. Die Anrechnung des im ausländischen Konkurs Erlangten

1. Anrechnung auf Gläubigerforderung oder Konkursquote

Es bleibt noch die Frage zu klären, ob das in einem ausländischen Konkursverfahren Erlangte auf die inländische Konkursquote[28] oder aber auf die Gläubiger-*forderung*[29] anszurechnen ist. *Beispiel*: Ein Gläubiger hat eine Forderung von 100.000. Er erhält in dem Konkursverfahren in den USA eine Quote von 50%, wohingegen im deutschen Hauptkonkurs seine Quote nur 25% beträgt. Im Falle der Anrechnung auf die Quote könnte er im deutschen Konkursverfahren nicht mehr erhalten, da er im US-Verfahren 50.000 erhält. Erfolgt dagegen eine Anrechnung auf die Forderung, so vermindert sich die Forderung über 100.000 um die 50.000 aus dem Verfahren in den USA. Von den verbleibenden 50.000 erhält er noch 25% im deutschen Konkursverfahren, also immerhin noch 12.500.

2. Die „Hotchpot-Rule" im § 508 BC

Die Anrechnung auf die Gläubigerforderung wird in der US-Literatur[30] unter Hinweis auf die amerikanische *marshalling provision* oder *hotchpot rule* in § 508 BC kritisiert[31]. Nach dieser Regelung im Bankruptcy Code wird ein Gläubiger in einem Konkursverfahren in den USA erst dann berücksichtigt, wenn die Gläubiger im US-Konkursverfahren gleich viel erhalten haben[32]. Es erfolgt danach also eine Anrechnung auf die Konkursquote. Eine dahingehende Regelung war auch in dem Regierungsentwurf von 1992[33] ausdrücklich in § 383 II E 1992 vorgesehen gewesen.

3. Anrechnung auf die Forderung

Aus Gründen der Symmetrie – besser gesagt, im Sinne eines einheitlich verstandenen Gläubigergleichbehandlungsgrundsatzes – spricht wohl mehr für eine Anrechnung auf die Quote als auf die Forderung. Ungeachtet dessen bleiben aber rechtssystematische und praktische Bedenken, die gegen eine Anrechnung (des in einem ausländischen Konkursverfahren Erlangten) auf die Quote im deutschen Konkursverfahren sprechen.

---

28 *Hanisch*, ZIP 1989, 278 ff.; *Grasmann*, KTS 1990, 157, 179, Fn. 79.

29 OLG-Köln v. 31. 01. 1989, ZIP 1989, 321.

30 *Hanisch*, aaO; 278 ff.; *Grasmann*, aaO, Fn 79.

31 Vgl. dazu § 28 II – IV.

32 *Nadelmann*, 33 I.C.L.Q. (1984), 431, 435.

33 BT-Drs. 12/2443, 240.

Eine Quotenanrechnung ergibt sich m.E. zwingend aus dem *Einheitskonkurskonzept* amerikanischer Prägung. Der US-Konkurs erfaßt das Weltvermögen (§ 541 BC); *ohne* eine Regelung i.S.v. § 508 BC müßten Gläubiger, die etwas in einem ausländischen Konkursverfahren erhalten haben, das Erlangte (oder den Wert) wegen §§ 541, 542 BC wieder an die Konkursmasse in den USA herausgeben. Ein „gesondertes Insolvenzverfahren" ist dem Bankruptcy Code unbekannt.

Nach deutschem Konkursrecht und erst recht nach der InsO, gilt das *Pluralitätssystem* von in- und ausländischen Konkursverfahren (Art 102 I, III EGInsO). Stehen sich zwei Konkursverfahren in zwei Ländern (Deutschland, USA) gegenüber, so sind letztlich beide Konkursverfahren hinsichtlich der Reichweite der Konkursmasse (im Verhältnis dieser beiden Länder untereinander) auf den räumlich gegenständlichen Bereich des eigenen Landes begrenzt.

M.E. spricht daher mehr für die Anrechnung auf die Forderung. Erhält ein Gläubiger etwas in einem ausländischen Konkursverfahren, „so darf er es behalten" (d. h. das Erlangte wird nur auf die Gläubiger*forderung* angerechnet). Dahinter steht der Gedanke und das Prinzip paralleler Konkursverfahren. So gesehen kann es eine „doppelte Gleichbehandlung" in beiden Verfahren nicht geben; man muß sich konkret damit begnügen, daß die Gläubiger in *beiden* Verfahren teilnehmen können.

Demgegenüber fordert eine „*einheitliche* Gleichbehandlung *aller* Gläubiger in zwei Konkursverfahren" etwas fast unmögliches: Im Sinne der entspechenden Literaturmeinung[34] führt dies doch dazu, daß sich der Universalkonkurs (Art 102 I EGInsO) im Rahmen des Verteilungsverfahrens gegenüber dem gesonderten Insolvenzverfahren (Art 102 III EGInsO) durchsetzen muß, „um die Gleichbehandlung der an zwei Konkursverfahren teilnehmenden Gläubiger zu gewährleisten". Damit würde aber die Abwicklung des gesonderten Insolvenzverfahrens am Ende doch konterkariert werden: Die Idee läge nahe, daß das im gesonderten Insolvenzverfahren Erlangte, soweit es die Quote im Hauptkonkurs übersteigt (= 25%), an den Hauptkonkurs herauszugeben sei. So gesehen, hätte man sich die Einführung eines gesonderten Insolvenzverfahrens i.S.v. Art 102 III EGInsO gleich ersparen können.

4. Anrechnung zwischen in- und ausländischen Insolvenzplänen

Auf eine eingehende Untersuchung zum Zwecke der Harmonisierung des Erlangten zwischen in- und ausländischen Insolvenzplänen[35] muß hier verzichtet werden. Sie würde eine neue Arbeit erfordern. Untersuchungen wie die von *Reinhart*[36] mußten sich wegen des Fehlens eines einheitlichen Insolvenzplanverfahrens

34 *Hanisch*, ZIP 1989, 278; *Grasmann*, KTS 1990, 157, 179.

35 Vgl. oben §§ 75 ff. zum deutschen Insolvenzplan und zum Reorganisationsplan nach Chapter 11 des BC.

am Ende mit der Feststellung begnügen, daß sich „nicht lösbare Probleme ergeben", wenn Gläubiger an mehreren Insolvenzplänen teilnehmen. Es bestünden „große Schwierigkeiten, das, was dem Gläubiger in den einem Insolvenzplan zugesprochen wurde, auf einen anderen Insolvenzplan anzurechnen".

Bleibt man zum Zwecke der Vereinfachung bei dem gewählten Beispiel eines Gläubigers mit einer Forderung in Höhe von 100.000, der aber (umgekehrt) in einem deutschen Insolvenzplan 50% und in dem US-Reorganisationsplan 25% erhalten soll, so ergäbe sich folgendes Bild, wenn der Gemeinschuldner seinen Sitz in Deutschland hat: Die Ausführungen zum Liquidationskonkurs würden trotz aller Unterschiede entsprechend gelten. Hat der Bankruptcy Court *erkannt*, daß der Gläubiger 50% nach dem Insolvenzplan erhält, so darf er im Reorganisationsplan nicht mehr berücksichtigt werden. Dies ergibt sich aus der Quotenanrechnung nach § 508 BC[37]. Ein Trustee könnte freilich den Mehrerlös im deutschen Verfahren in Höhe von 25% nicht mittels einer Klage gegen den Gläubiger in Deutschland durchsetzen. Der Gläubiger hat die 50% nach dem Insolvenzplan in Deutschland „mit Rechtsgrund und *ohne* Eingriff in den Zuweisungsgehalt eines fremden Rechts" erlangt, da die Erfüllung des Insolvenzplans nach deutschem Konkursrecht aus zwei getrennten Insolvenzmassen erfolgt (Art 102 III EGInsO). Es fehlt insoweit an einem Eingriff in den Zuweisungsgehalt eines *fremden* Rechts[38].

Wurde das Verfahren in den USA als Erstes abgewickelt, so muß sich der Gläubiger die 25% aus dem US-Reorganisationsplan (= 25.000) auf die *eigene Forderung* anrechnen lassen (100 - 25 = 75.000). Von der verbleibenden Forderung i.H.v. 75.000 erhält er dann nach dem Insolvenzplan 50%, also 37,500. Im Falle der Anrechnung auf die Quote im Insolvenzplan (50 - 25 = 25.000) erhielt er danach nur 25.000.

Obwohl er also nach der Forderungsanrechnungsmethode mehr als nach der Quotenanrechnung erhält, liegt m.E. kein Verstoß gegen den Grundsatz der Gläubigergleichbehandlung vor.

5. Ergebnis: Anrechnung auf die Forderung

Mit der Eröffnung des gesonderten Insolvenzverfahrens wird eine eigene inländische Masse gebildet, die von der US-Konkursmasse nach § 541 BC getrennt wird, § 102 III EGInsO. Die Bildung der inländischen Masse geht auf die Gestaltungswirkung des Eröffnungsbeschlusses[39] über das gesonderte Insolvenzvermögen zurück und entzieht damit dem Trustee den Zugriff auf das im Inland (Deutschland) belegene Vermögen des Gemeinschuldners über Art 102 I EGInsO.

36 Sanierungsverfahren im internationalen Insolvenzrecht (1995), 322.

37 Oben zu 2. und § 28.

38 Vgl. so im Ergebnis BGHZ 88, 147, 154, 156.

39 Vgl. zum gesonderten Insolvenzverfahren §§ 82 ff., 86; ferner § 63.

Das im Inland belegene Vermögen des Gemeinschuldners wird nicht mehr von der US-Konkursmasse erfaßt.

Der vermeintliche Einwand, das hier gefundene Ergebnis ließe sich nicht mit dem Grundsatz der Gläubigergleichbehandlung in Einklang bringen, trägt also aus zwei Gründen nicht.

Die Einleitung eines gesonderten Insolvenzverfahrens führt – nach dem Willen des Gesetzgebers – zu einer Trennung der Konkursmassen, der Anwendung inländischen Insolvenzrechts *und* deren Verteilungsordnung. Insoweit wird der Grundsatz der Gläubigergleichbehandlung zwangsläufig *eingeschränkt* und darauf reduziert, daß am inländischen Insolvenzverfahren *alle* Gläubiger teilnehmen können *und* in diesem gesonderten Verfahren „gleich" behandelt werden.

Für einen *billigkeitsrechtlichen* Ausgleich im Wege des Bereicherungsrechts bleibt insoweit kein Raum mehr.

VI. Die Kosten für die „Erlangung"[40]

1. Ausländische Einzelvollstreckung

Der Gläubiger, der gem. § 812 BGB (BGHZ 88, 147) im Auslande Erlangtes an den Verwalter abzuliefern hat, wird dafür Kosten aufgewendet haben. Er kann sie abziehen, denn insoweit ist er nicht bereichert.

Auch aufgrund unechter Geschäftsführung ohne Auftrag (§ 687 II BGB) kann er die Kosten als Aufwendungsersatz (§§ 687 II, 683, 684 BGB) einbehalten. Bei einem Schadensersatzanspruch (etwa aus unechter Geschäftsführung [§§ 687 II, 678 BGB] oder aus Delikt) wäre zu fragen, ob dem Verwalter die Kosten nicht entstanden wären, wenn er „die Sache in die Hand genommen" hätte.

2. Ausländisches Insolvenzverfahren

Erfolgt die Anrechnung des im Auslandskonkurs Erlangten auf die Dividende und verbleibt dem Gläubiger ein Rest, so müssen m.E., da das „Erlangte" auch den anderen Gläubigern zugute kommt, die Kosten der Teilnahme am ausländischen Verfahren in die Rechnung mit einbezogen werden. Bleibt bei der Anrechnung der Dividende kein Rest, so hat der Gläubiger das Nachsehen.

Erfolgt die Anrechnung auf die Forderung, so erhöht sich diese m.E. um die Kosten der Teilnahme an dem ausländischen Verfahren.

---

40 Zur US-Problematik oben § 28 II, III, IV.

Dritter Abschnitt

Internationale Insolvenzaufrechnung, internationale Insolvenzanfechtung

Kapitel 8: Internationale Insolvenzaufrechnung, internationale Insolvenzanfechtung

Wie bei den entsprechenden Instituten des US-Rechts[1] liegt die rechtliche Problematik zunächst darin, daß es sich um materielle Rechtsgeschäfte und um Institute des Insolvenzrechts handelt. Dies ist zunächst eine reine internrechtliche Frage. Diese wird aber international, sobald sich die Forderung, gegen die aufgerechnet wird, nach fremdem Recht richtet. Das gilt für Voll- und für gesonderte Insolvenzverfahren gleichermaßen. Dann stellt sich die Frage, ob die insolvenzrechtlichen Modifikationen des Aufrechnungs- und des Anfechtungsrechts aufgrund fremden Rechts zu beachten sind.

Eine andere Frage ist, unter welchen Voraussetzungen ein deutscher Verwalter im Auslande anfechten und wie im Ausland gegen eine vom deutschen Verwalter erhobene Klage oder ein Rechtshilfebegehren aufgerechnet werden kann. Die Beantwortung dieser Frage richtet sich nach ausländischem Recht. Für die USA ist sie beantwortet worden[2].

§ 91 Die internationale Insolvenzaufrechnung

Nachdem das Insolvenzrecht der InsO in den §§ 94, 95 eine neue Regelung bringt, erscheint es erforderlich, zunächst auf die allgemeine nationale Regelung einzugehen, auf der dann die internationale Variante aufbaut.

Wer Kredit empfangen hat, soll in gleicher Höhe Kredit gewähren können. Das ist eine Kaufmannsregel, ohne die laufende Geschäftsbeziehungen ein unkalkulierbares Risiko wären. Die bei einander gegenüberstehenden Forderungen eintretende Aufrechnungslage (§§ 387 ff. BGB) soll daher „reale Deckung“ verschaffen.

---

1 Oben § 56, §§ 57 - 60.

2 Oben § 56, §§ 57 - 60.

I. Die Aufrechnung in deutscher Insolvenz

1. Voraussetzungen nach § 387 BGB und §§ 94, 95 InsO (§ 53, 54 KO)

§ 387 BGB stellt folgende Voraussetzungen der Aufrechnung auf: Die gegenseitigen Forderungen müssen ihren Gegenständen nach gleichartig sein. Die Gegenforderung, mit der aufgerechnet wird, muß wirksam und fällig sein, die Hauptforderung gegen die aufgerechnet wird, muß erfüllbar sein. Durch Vereinbarung können diese Voraussetzungen der Aufrechnung – etwa zur Frage der Gleichartigkeit der Forderungen – geändert werden.

Im Konkurs bleibt diese Aufrechnungslage erhalten (§ 94 InsO, § 53 KO). Beim Eintritt der Aufrechnungslage im Insolvenzverfahren tritt mit § 95 InsO gegenüber § 54 KO eine Änderung ein: Die Aufrechnung ist erst zulässig, wenn ihre Voraussetzungen – Eintritt einer aufschiebenden Bedingung sowie der Fälligkeit[3] – eingetreten sind. Galt nach der KO, daß im Konkurse die Gleichartigkeit der Leistungen nicht erforderlich war, soweit die Gläubigerforderung in Frage stand – sie war, etwa als Sachleistungsforderung, in Geld umzurechnen (§ 54 I, IV KO) – ist diese Umrechnung zum Zwecke der Aufrechnung nun in § 95 InsO ausgeschlossen. Dies ist gegenüber dem alten Rechtszustand eine *Einengung* des Aufrechnungsrechts. § 95 I S. 3 InsO fügt eine weitere Einschränkung hinzu: Die Aufrechnung wird fürderhin ausgeschlossen, wenn die Hauptforderung – also die der Masse – unbedingt und fällig war, bevor die Aufrechnung erfolgen konnte. Hier hat der Gläubiger zur Masse zu leisten. Seine Forderung ist lediglich Konkursforderung.

Aus dieser Beschreibung der Rechtslage nach der InsO ergibt sich, daß im Gegensatz zu § 54 KO, der die Aufrechnungslage im Konkurse zugunsten des Gläubigers erweiterte, diese Privilegierung nun zurückgenommen und in § 95 I S. 3 InsO sogar das Aufrechnungsrecht nach § 387 BGB beschnitten wird.

2. Unzulässigkeit der Aufrechnung nach Verfahrenseröffnung

Die Regelung der InsO erhält also insoweit dem Gläubiger seine Aufrechnungsbefugnis, soweit sie vor Konkurseröffnung bestand. Tritt sie erst nach Verfahrensbeginn ein, so wird sie auch gegenüber dem alten Recht der KO eingeschränkt.

Dennoch besteht die Gefahr und ist die Versuchung für den Gläubiger groß, sich nach der Eröffnung des Verfahrens von einem anderen Gläubiger eine aufrechenbare Forderung zu verschaffen. § 96 InsO schiebt dem einen Riegel vor: Eine so erworbene Forderung ist zur Aufrechnung ungeeignet (§ 96 Nr. 2). Aber auch dann, wenn ein Insolvenzgläubiger erst nach Eröffnung des Verfahrens etwas zur Masse schuldig wurde (Nr. 1), wenn er die Möglichkeit der Aufrechnung durch

---

3 Hier war nach § 54 KO die Aufrechnung bei Nichtfälligkeit ein Zwischenzins abzuziehen (Abs. 2); bei aufschiebend bedingten Forderungen kann Sicherheitsleistung verlangt werden.

eine anfechtbare Handlung erlangte (Nr. 3) und wenn der Gläubiger eine Forderung hat, die aus dem freien Vermögen des Schuldners zu erfüllen ist, während er andererseits etwas zur Masse schuldet (Nr. 4), ist die Aufrechnung unzulässig. Dies ist eine Änderung gegenüber der Regelung von § 55 KO, die z.T. auch recht umständlich formuliert war.

3. Folgen

In all diesen Fällen ist die Aufrechnung unzulässig. Die Forderung des Gemeinschuldners wird zur Masse gezogen, der Gläubiger des Gemeinschuldners wird auf die Anmeldung seiner Forderung als Konkursforderung verwiesen.

Gegenüber dem alten Recht trifft insbesondere den Gläubiger einer Sachforderung – etwa auf Lieferung einer Ware – ein Rechtsverlust. Seine Sachforderung kann er zwar, in Geld umgerechnet (§ 45 InsO), im Konkurse anmelden. Die Aufrechnung ist jedoch versperrt, wenn nicht aus der Sachforderung – etwa gem. § 326 BGB – eine Geldforderung geworden ist[4].

4. Ausübung des Aufrechnungsrechts

Das Recht zur Aufrechtung ist nach § 388 BGB ein Gestaltungsrecht, dessen Ausübung gem. § 389 BGB zum Erlöschen von Forderungen und Gegenforderungen zum Zeitpunkt der Aufrechenbarkeit führt. Der Gläubiger übt dieses Recht außerhalb des Verfahrens (§ 94 InsO, § 53 KO) durch einseitige empfangsbedürftige Willenserklärung gegenüber dem Verwalter aus. Denkbar ist, insbesondere wenn die Gegenforderung die der Masse übersteigt, die gesamte Gegenforderung zur Masse anzumelden. Dann wird der Gläubiger mit der Anmeldung die Aufrechnung verbinden[5]. Nur der überschießende Forderungsteil nimmt bei erfolgreicher Aufrechnung am Verfahren teil.

II. Internationale Fälle

1. Zwei Fälle sind zu unterscheiden

Fall 1: Konkursverfahren in Deutschland, ein Schuldner der Masse wohnt im Auslande. Er müßte voll zur Masse zahlen, verschafft sich aber eine Forderung gegen die Masse in einer unzulässigen Weise. Es gelingt ihm auch „eine nach dem

---

4 Die Aufrechnungsproblematik wird praktisch nur bei Geldforderung gegen Geldforderung. Sie ist jedoch auch denkbar, wenn sich andere gleichartige Forderungen gegenüberstehen.

5 Vgl.dazu bereits RGZ 56, 364, *Jaeger/Lent* zu § 54 Anm. 25, *Kilger/Karsten Schmidt* zu § 53 Anm. 7.

Recht des Auslandes zulässige Aufrechnung mit der ihm abgetretenen Forderung geltend zu machen" (so der Wortlaut des § 56 KO): Das kann nur heißen, daß es ihm gelingt, bei einer Klage des deutschen Konkursverwalters im Auslande die Aufrechnung durchzusetzen oder sonst die Forderung zu Lasten der Masse zu liquidieren. In diesem Falle gilt § 56 KO entsprechend: Der Gläubiger ist der Konkursmasse schadenersatzpflichtig.

Soweit ersichtlich, mußten sich die Gerichte bisher mit dieser Konstellation nicht auseinandersetzen. Die InsO hat den Fall daher gestrichen. Er bedarf auch keiner gesetzlichen Sonderregelung. Denn die Aufrechungsristriktionen des deutschen Insolvenzrechts gelten auch international. Daher hat die im Auslande erklärte Aufrechnung keine Wirkung. Der deutsche Verwalter wird also die weiterhin bestehende Forderung der Masse beizutreiben suchen. Entsprechendes gilt für die anderweitige Liquidation.

Fall 2: Er ist der wichtigere: Konkurs im Auslande, ein deutscher Konkursschuldner wird aufgrund der Anerkennung des Konkurses im Inlande vom ausländischen Verwalter als Kläger in Deutschland zur Kasse gebeten. Er rechnet nun mit seiner Gegenforderung auf. Über die Aufrechnung hat also *der deutsche Richter* zu entscheiden.

2. Die Frage nach dem Aufrechnungsstatut

Hier stellt sich zunächst die Frage: Beurteilt sich die Aufrechnung nach dem Recht der Hauptforderung (ausländisches Recht, regelmäßig dem Recht der Verfahrenseröffnung) oder nach dem Recht der Gegenforderung (regelmäßig deutsches Recht).

Es ist zunächst herrschende Meinung[6], daß das Statut der Hauptforderung, gegen die aufgerechnet wird, Aufrechnungsstatut ist. Das würde also bedeuten, daß dann, wenn die Forderung ausländischem Recht untersteht, dieses ausländische Recht das Aufrechnungsstatut stellt. Es kann etwa sein, daß die Hauptforderung, z. B. der belgischen Partei nicht belgischem sondern deutschem oder englischem Recht untersteht. Dann wäre deutsches oder englisches Recht einschlägig. Auch wäre eine Rückverweisung (*renvoi*) des ausländischen Rechts zu beachten.

Allerdings: Eine Forderung der Konkursmasse unterliegt den Wirkungen des Konkursbeschlags. Und wie im deutschen Recht, so regeln auch ausländische Rechte durchweg[7], die Aufrechnung im Insolvenzverfahren gegenüber der allge-

---

[6] Vgl. statt aller *Kegel*, Intern. Privatrecht, 7. Aufl. 1995, 561 ff. m. Nw. aus der Rspr., siehe BGHZ 38, 254 ff. (256). Auch in der Schweiz, vgl. *W. Habscheid*, Zur Aufrechnung (Verrechnung) mit einer Forderung mit englischem Schuldstatut im Zivilprozeß, eine deutsch-schweizerische rechtsvergleichende Skizze in FS Neumayer, 1985, 263 ff. m. Nw. auch zur Rechtsprechung.

[7] Vgl. etwa für die Schweiz (Verrechnung): SchKG 213, OR 120 - 125 dazu *Ammon*, LB § 40 Rdnr. 47 ff. m. Hw.), für die USA oben §§ 32, 56.

meinen Rechtslage restriktiv, um einer Ausplünderung der *Masse* vorzubeugen. Diese Restriktionen ergeben sich, wie im deutschen Recht, aus dem einschlägigen Insolvenzrecht.

Was sie betrifft, kann also – will man mit der „Wirkungserstreckung" des ausländischen Konkurses im Sinne von Art 102 I EGInsO ernst machen – nur auf das *Konkursstatut* abgestellt werden, dem die Forderung unterliegt.

In diesem Sinne hat auch der BGH in BGHZ 95, 256 entschieden. Er beruft sich auf die h.M.[8] und erkennt auch an, daß ggf. eine Rückverweisung in Frage komme.

Die Zulässigkeit der Aufrechnung richtet sich, so der BGH, nach der *lex fori concursus*. In *casu* war so belgisches Recht anzuwenden. Das belgische Recht aber läßt im Konkurs nur „wechselseitige Forderungen aus demselben Rechtsverhältnis" zur Aufrechnung zu, ist also insoweit restriktiver als das deutsche Recht. Der Gläubiger kam so mit seiner Aufrechnung nur teilweise zum Zuge. Von der konkursrechtlichen Zulässigkeit der Aufrechnung – so der BGH – ist die *materiellrechtliche Wirksamkeit* zu unterscheiden. Sie bestimmt sich nach dem *Schuldstatut* der Hauptforderung[9]. Im gegebenen Falle unterstand auch die Hauptforderung belgischem Recht. Es wäre aber denkbar, daß sie deutschem oder englischem Recht unterstanden hätte. Dann wäre insofern dieses Recht zu befragen.

Um es zu wiederholen: Die konkursrechtliche Zulässigkeit der Aufrechnung i.S. der BGH-Rechtsprechung richtet sich nach dem Konkursstatut; dies gilt auch, soweit konkursrechtliche Restriktionen des Aufrechnungsrechts in Frage kommen. Im übrigen aber ist das Schuldstatut der Aufrechnung Aufrechnungsstatut.

Dies ist in BGHZ 95, 256 ff., 271 ff. nicht herausgearbeitet, ergibt sich aber aus dem vom Gericht hervorgehobenen Gesichtspunkt, daß es darum geht, die „konkursrechtliche Zulässigkeit" der Aufrechnung deshalb dem Konkursstatut zuzuweisen, um die Konkursgläubiger gleich zu behandeln. Der Entscheidung des BGH ist also im Ergebnis zuzustimmen, wenn auch die Benutzung des Begriffs „Zulässigkeit" nicht bedenkenfrei ist. Denn es handelt sich im Sinne der hier vertretenen Grundkonzeption um eine materiellrechtliche Erweiterung oder Einschränkung des Aufrechnungsrechts. Die Einwendung der Aufrechnung wäre also im gegebenen Falle als unbegründet zurückzuweisen. Das wäre für die Rechtskraft nach § 322 II ZPO von Bedeutung.

---

8 Vgl. BGHZ 95, 256, 271 - 273 unter Hinweis auf *Jaeger/Jahr, Soergel/Kegel, Reithmann/v. Hoffmann, Thieme.*

9 BGHZ 95, 256, 273 unter Hinweis auf BGHZ 38, 254, *Jaeger/Jahr* zu §§ 237, 238 Rdnr. 399, 404.

3. Aufrechnung: Frage des materiellen oder des Prozeßrechts?

Nach deutschem Recht ist die Aufrechnung ein Institut des materiellen Rechts. Das anglo-amerikanische Recht[10], sieht jedoch, zumindest weitgehend[11], vor, daß die Aufrechnung durch eine Art Widerklage geltend zu machen sei. Auf alle Fälle kann sie grundsätzlich nur im *Prozeß* erfolgen. Diese Frage betrifft also nicht das Konkursstatut.

Die nach ausländischem Aufrechnungsstatut (Schuldstatut) vorgesehene Geltendmachung der Aufrechnung – im Prozeß vor dem dortigen Gericht – ist für den deutschen Richter im Ergebnis aber unerheblich.

Der deutsche Richter prozediert bei der Entscheidung über die Aufrechnung nach *seinem* Zivilprozeßrecht. Über die Wirksamkeit der Aufrechnung wird in den Urteilsgründen entschieden, die aber insoweit in Rechtskraft erwachsen (§ 322 II ZPO)[12]. Die Aufrechnungsforderung durch Gegenklage (*counterclaim*) geltend zu machen, ist zwar auch nach deutschem Recht nicht unzulässig, da die Gegenklage ein Widerklage wäre. Voraussetzung einer solchen wäre jedoch zumindest die Zuständigkeit des Gerichts der Klage für die Widerklage, wobei für die konnexe Widerklage die Zuständigkeit stets gegeben ist (§ 33 I ZPO). Die Aufrechnung setzt aber jedenfalls nach deutschem Recht, aber auch nach ausländischen Rechten[13], Konnexität nicht voraus.

Die Rechtsprechung[14] sieht im übrigen überwiegend die Konnexität auch als Zulässigkeitsvoraussetzung der Widerklage an. Ein nicht konnexer Counterclaim wäre daher stets unzulässig.

Es wird also stets Fälle geben, in denen eine Gegenklage als Widerklage nicht zulässig wäre.

Im übrigen fragt sich, was gewonnen wäre, wenn eine zulässige Gegenklage dieser Art Erfolg hätte, die ausländische Masse also verurteilt würde. Ein solches Urteil könnte, wenn überhaupt, nur mit Schwierigkeiten im Ausland durchgesetzt werden.

Aus diesen Gründen ist der Rechtsprechung des BGH und der h.M. zu folgen, die eine nach dem anwendbaren ausländischen Recht prozeßrechtlich zu qualifizierende Aufrechnung nach deutschem Recht *materiellrechtlich einordnet*, sie also im

---

10 Vgl. *W. Habscheid,* wie zu Fn 6, *Heldrich/Palandt*, 55. Aufl., EGBGB zu Art 32 Rdnr. 6, Einl. zu Art 3 Rdnr. 27, BGH 1960, 1720, BGHZ 38, 254 ff., 256.

11 Zu der Unterscheidung *setoff* und *counterclaim* im englischen Recht siehe *W. Habscheid*, wie Fn. 6: im Grunde sind jedoch beide Formen der Aufrechnung im englischen Recht prozeßrechtliche Institute; ferner *Kegel*, § 18 V; für die USA oben §§ 32, 56.

12 Vgl. zum Urteil, das – positiv oder negativ – über die Aufrechnung entscheidet: *Rosenberg/Schwab/Gottwald*, § 154, III b; BGH 36, 316; *W. Habscheid*, Lb N. 496, 497.

13 Für das Schweizer Recht siehe OR Art 120 ff.

14 BGH 40, 187; zum Streit, ob die Konnexität Zulässigkeitsvoraussetzung der Widerklage ist vgl. etwa *Rosenberg/Schwab/Gottwald*, § 99 II 2 ; auch *Thomas/Putzo,* § 33 Anm. 2.

Wege der prozeßrechtlichen Einwendung zur Entscheidung annimmt[15]. Die Entscheidung über die Aufrechnung ist dann stets Sachentscheidung.

4. Aufrechnung im Prozeß, internationale Zuständigkeit

Wird die Aufrechnung erst im Prozeß, also nach Erhebung der Klage, geltend gemacht, so ist sie nach deutschem Recht auch Prozeßhandlung. Es gelten zusätzliche Regeln. Diese aber stellen keine *konkursrechtlichen* und *internationalrechtlichen* Besonderheiten dar. Es ist daher hier darauf nicht einzugehen, mit Ausnahme des Problems der internationalen Zuständigkeit.

Erhebt – das dürfte wohl der Hauptanwendungsfall sein – der ausländische Verwalter in Deutschland Klage gegen einen deutschen Schuldner der Masse und dieser Schuldner erklärt mit einer Gegenforderung die Aufrechnung, so darf der deutsche Richter über die Aufrechungsforderung nur entscheiden, wenn er zu dieser Entscheidung international zuständig ist[16]. Denn die Aufrechnung ist, im Prozeß erklärt, eine „kleine Widerklage"[17]. Dies wird allein schon dadurch bestätigt, daß die Entscheidung über die Aufrechnung gem. § 322 II ZPO in materielle Rechtskraft erwächst.

Da die örtliche Zuständigkeit die internationale indiziert[18], ist die internationale Zuständigkeit für die Entscheidung über die *konnexe* Aufrechnung – wie bei der konnexen Widerklage – gegeben[19].

III. Ergebnisse

1. Allgemein

Die internationale Konkursaufrechnung erfolgt – wie die „nationale" – außerhalb des Konkurses. Ihre internationalprivatrechtliche Zulässigkeit richtet sich nach dem *Schuldstatut* (Aufrechnungsstatut) der Hauptforderung, d. h. der Forderung gegen die aufgerechnet wird. Ihre konkursrechtliche Zulässigkeit, die hinzutreten muß, bestimmt die *lex fori concursus*.

Für den deutschen Richter ist die vor ihm erklärte Aufrechnung stets materiellrechtlich zu qualifizieren. Sie ist ein Institut des Sachrechts.

---

15 BGH NJW 1960, 1720, ferner wie Fn. 10.

16 Dazu *Kegel*, 7. Aufl., 562.

17 Dazu *W. Habscheid*, Lb N 497, *Rosenberg/Schwab/Gottwald,* § 154 III 3 m. Nw.

18 Dazu oben § 74 II – IV; *Geimer*, IZPR Rdnr. 319, 341, 924, 925.

19 So auch *Kegel*, aaO, 562. Für die Parallelproblematik zum GVÜ: BGH IPRax 1994, 115 mit Beitrag von *Geimer*, 82 - 85 = ZZP 94, 211 mit Anm. *Leipold*.

Der deutsche Richter darf über die Aufrechnung nur entscheiden, wenn er bezüglich der Forderung, gegen die aufgerechnet wird, international zuständig ist. § 33 ZPO (Forum für die konnexe Widerklage) gilt auch für die Entscheidung über die Aufrechnung, begründet also die internationale Zuständigkeit.

2. Folgerungen für eine US-Recht unterstehende Gegenforderung

Untersteht die Forderung, gegen die aufgerechnet wird, US-amerikanischem Recht und ist in den USA ein Bankruptcy-Verfahren eingeleitet (also folgender Fall: US-Verwalter klagt in Deutschland, Beklagter erklärt die Aufrechnung mit einer deutschem Recht unterstehenden Gegenforderung) so hat der deutsche Richter die materiell – wie die Bankruptcy-rechtlichen Vorschriften des amerikanischen Rechts anzuwenden[20].

§ 92 Überblick über das nationale Insolvenzanfechtungsrecht

Das internationale Recht der Gläubigerbenachteiligungsanfechtung baut auf dem „nationalen" Recht, d. h. dem Recht für die Tatbestände ohne Auslandsbezug, auf. Die Kenntnis dieses „nationalen" Rechts, das ohnehin genügend Probleme aufzeigt, muß hier vorausgesetzt werden. Es kann in dieser Arbeit nicht detailliert dargestellt werden[1]. Dennoch ist ein Überblick geboten – und zwar auch deshalb, weil die InsO eine Änderung der Tatbestände mit sich bringt und weil diese Änderung sich auch international auswirkt.

I. Die Regelung von KO und GesO

1. Die KO

Die KO kennt folgende Anfechtungsgründe:

- Konkursanfechtung (§ 30 KO).

  Sie ist nur im Konkurse möglich (entsprechendes gibt es nicht im AnfG). Es geht um einen Schutz der Konkursgläubiger gegen eine Vereitelung des Gleichbehandlungsgrundsatzes durch Rechtsgeschäfte oder Rechtshandlungen des Gemeinschuldners nach der Zahlungseinstellung oder dem Antrag auf Eröffnung des Verfahrens[2].

---

20 Oben §§ 32, 56.

1 Verwiesen werden soll auf die „gängigen" Darstellungen, etwa: *Baur/Stürner*, Insolvenzrecht, § 21; *Huber*, in Insolv. Hdb., 7. Abschnitt §§ 48 - 54; *Häsemeyer*, Insolvenzrecht, Kapitel 21.

- *Absichtsanfechtung (§ 31 KO)* bezüglich von Rechtshandlungen, die der Gemeinschuldner in der dem anderen Teil bekannten Absicht der Gläubigerbenachteiligung vorgenommen hat[3]. Entgeltliche Verträge des Schuldners, die dieser im letzten Jahre vor der Verfahrenseröffnung mit seinem Ehegatten und nahen Angehörigen geschlossen hat, unterliegen der Anfechtung, wenn der Erwerber nicht beweist, daß ihm die Benachteiligungsabsicht des Gemeinschuldners unbekannt war (Umkehr der Beweislast).
- *Schenkungsanfechtung (§ 32 KO)* bei Schenkungen, die im letzten Jahre vor der Eröffnung des Verfahrens erfolgten und bei denen es sich nicht um „gebräuchliche Gelegenheitsgeschenke" handelt; bei Ehegatten wird der Zeitraum auf zwei Jahre erweitert. Hier gilt das Schlagwort: wer seine Schulden nicht zahlen kann, hat nichts zu verschenken.
- *Kapitalersetzende Darlehn (§ 32 a KO)*

  Die Kasuistik sei hier nicht aufgeführt[4].
- Wechsel- und Scheckzahlungen: Sondervorschrift des § 34 KO.

2. *Die GesO*

Die GesO regelt das Anfechtungsrecht in § 10, also in einer einzigen Vorschrift. Sie weicht in ihren vier Tatbeständen von der Regelung der KO ab, etwa, indem sie bei der Schenkungsanfechtung die Diskriminierung des Ehepartners, deren Verfassungsmäßigkeit in der KO zweifelhaft ist[5], streicht und nur noch von „nahestehenden Personen" spricht, ohne eine Abgrenzung dieser Personen zu geben.

Vor allem aber ist die allgemeine Frist zur Anfechtung auf zwei Jahre seit der Verfahrenseröffnung festgesetzt (§ 10 II). Das ist ein Fortschritt gegenüber der KO: (§ 41: „bis zu 30 Jahren"!)

II. Die Regelung der InsO

1. *Übersicht*

Die Insolvenzordnung formuliert in ihren §§ 129 ff. die Gläubigerbenachteiligungsanfechtung neu. Es gibt forthin Anfechtung:

---

2 Hier handelt es sich also um die Entstehung des Anspruchs durch die Eröffnung des Insolvenzverfahrens; *Huber*, aaO, § 49 Rdnr. 1.

3 Diese, wie auch die Schenkungsanfechtung, gibt es auch in § 3 Nr. 1 und Nr. 2 AnfG. Es liegt also Novation vor.

4 Die Vorschrift schließt am § 32 a GmbH an. *Kilger/Karsten Schmidt,* § 32 a Vorbem. 1 (3) bemerken bereits hierzu, das Schrifttum sei „unübersehbar"; allg. *Huber*, aaO, § 52.

5 Verstoß gegen Art 6 GG? Immerhin sind nach der Rechtsprechung „gebräuchliche Gelegenheitsgeschenke" auch unter Ehegatten „konkursfest", so bereits RGZ 124, 60.

- *bei Fällen kongruenter Deckung* in § 130 für die jeweiligen Gläubiger, die sich beim Schuldner noch „kurz vor Toresschluß" eine Sicherung oder Befriedigung verschafft haben, die sie zwar beanspruchen konnten, die aber, da der Gläubiger das nahende Insolvenzverfahren kannte, im Hinblick auf die dort gebotene Gleichbehandlung nicht gerechtfertigt war.
- *Der Tatbestand der inkongruenten Deckung* (§ 131 InsO) trifft die Gläubiger, die vor der Eröffnung des Verfahrens vom Schuldner gezielt bevorteilt wurden.
- Auch die *Insolvenzgläubiger unmittelbar benachteiligende Rechtshandlungen* (§ 132 InsO) sind anfechtbar, ferner
- *jede vorsätzliche Benachteiligung* in den letzten 10 Jahre vor der Verfahrenseröffnung (§ 133 InsO);
- *unentgeltliche Leistungen* (§ 134 InsO), die vier Jahre vor der Eröffnung liegen, sind ebenfalls anfechtbar.
- Auch das kapitaleinsetzende Darlehn (§ 135 InsO) und die Wechsel- und Scheckzahlungen (§ 137 InsO) tauchen wieder auf, ergänzt
- durch Regelungen für die stille Gesellschaft (§ 136 InsO).

Immerhin: Die „nahestehenden Personen", die u.U. „schärfer angefaßt" werden, finden sich in § 138 InsO definiert.

Wichtig sind ferner die Fristenregelungen, in den Paragraphen 88, 130 - 136, 139 InsO.

2. Bewertung

Das neue Insolvenzrecht der InsO schafft nichts „grundsätzlich" Neues. Es systematisiert die Anfechtungsgründe neu und macht sich dabei die Ergebnisse der KO-Rechtsprechung dienstbar. Aber solche Randberichtigungen haben ihre Tükken. Manches wird neu zu interpretieren sein. Und – der Überblick zeigt es bereits auf – die Fristen haben sich verändert. Das wird gerade auch in internationalen Fällen zu beachten sein.

§ 93 Die internationale Konkursanfechtung nach Art 102 II EGInsO

Das Recht der Anfechtung von Rechtshandlungen des Gemeinschuldners, die sich zu Lasten der Gläubiger – *in fraudem creditorum* – auswirken, ist eine Folge der Konkurseröffnung, die es entstehen läßt[1]. Es handelt sich also um eine typische

[1] Vgl. Dies gilt für die Konkurs- bzw. Insolvenzanfechtung, für die § 30 KO Modell ist. Soweit das Anfechtungsrecht als solches bereits nach dem AnfG bestand, wird es durch die Konkurseröffnung „umgewandelt" (Novation). Auch das ist Rechtsgestaltung.

Gestaltungswirkung. Daß sie im US-Recht besondere Bedeutung hat, wurde dargetan[2]. Auch das durch die – anzuerkennende – Eröffnung eines ausländischen Verfahrens entstandene oder novierte Anfechtungsrecht ist grundsätzlich anzuerkennen; denn es beruht auf der Gestaltungswirkung des ausländischen Rechtsaktes[3]. Eine andere Frage ist, ob die nationale Rechtsordnung durch ihr internationales Insolvenzrecht hier nicht weitere Schranken zieht, die sich auswirken, wenn der ausländische Verwalter im Inlande durch einen Anfechtungsprozeß einen Anspruch auf Rückerstattung zur Masse durchzusetzen sucht. Gewiß würde auch hier der ordre public-Vorbehalt greifen. Aber es steht dem Gesetzgeber frei, und es ist sogar wünschenswert, die Grenzen der Anfechtung in diesem Falle genauer zu ziehen. Denn nur so läßt sich der Streit um das *Ob* der Anfechtung entschärfen und nicht auf den ordre public verlagern.

Bei grenzüberschreitenden Tatbeständen stellt sich also die Frage nach dem anzuwendenden Anfechtungsrecht. Man stelle sich daher etwa folgende Fälle vor:

1. Kurz vor der Stellung des Konkursantrages verkauft und übereignet ein US-Debtor seine Villa in Santa Barbara / Kalifornien einem deutschen Fernseh-Moderator zu einem „günstigen" Preise. Der Käufer beabsichtigt, dort von Zeit zu Zeit „Sonne zu tanken".

2. Der US-Debtor besaß ein Grundstück in Deutschland. Kurz vor Stellung des Konkursantrags in den Staaten verkauft und übereignet er es – die Verträge werden vor dem deutschen Konsul in San Francisco abgeschlossen – an einen deutschen Geschäftsfreund, um es nicht in die Masse gelangen zu lassen.

Oder:

3. Der US-Debtor hat kurz vor der Eröffnung des Verfahrens in den USA durch die Deutsche Bank in München, bei der er ein Konto hatte, seinem bevorzugten deutschen Geschäftsfreund den Betrag von 1 Mio DM überwiesen.

Aber auch, als Fall in umgekehrter Richtung:

4. Der deutsche Gemeinschuldner, der ein Konto bei der City Bank in New York unterhielt, überwies kurz vor der Eröffnung des Insolvenzverfahrens in Deutschland seinem in den USA lebenden Sohn schenkweise 100 000 Dollar.

Das alles sind internationale Tatbestände, welche die Frage nach einer Anfechtung nahelegen. Die Frage ist: Welches Recht kommt zur Anwendung: amerikanisches, deutsches oder beides?

Die Antwort war in Literatur und Rechtsprechung umstritten. Art 102 II EGInsO beendet diesen Streit. Es ist davon auszugehen, daß die Rechtsprechung bis zum Inkrafttreten der InsO am 01. 01. 1999 dem Modell des Art 102 II EGInsO, das die auch bislang in der Literatur h.M. widerspiegelt, folgt.

---

2 Oben §§ 33 - 36; §§ 57, 60.

3 Dazu Grundsätzliches oben 63.

I. Die Frage nach dem anzuwendenden Recht

1. Die gesetzliche Regelung in Art 102 II EGInsO

Mit der künftig nach Art 102 II EGInsO geltenden Regelung wird der Streit in der Literatur um die Frage, welches Konkursanfechtungsrecht in grenzüberschreitenden Fällen durch den deutschen Richter anzuwenden ist, mit gesetzgeberischen Mitteln zu einem Ende gebracht. War es bisher streitig, ob sich die Konkursanfechtung *nur* nach dem Recht des Staates der Konkurseröffnung[4] bzw. nach dem Wirkungsstatut der angefochtenen Rechtshandlung[5] richtete, bestimmt Art 102 II EGInsO nunmehr ausdrücklich, daß ein ausländischer Verwalter eine dem inländischen Wirkungsstatut unterliegende Rechtshandlung („eine Rechtshandlung, für deren Wirkungen inländisches Recht maßgebend ist"), nur dann anfechten kann, wenn der Rechtsvorgang nach ausländischem Recht (lex concursus) *und* nach inländischem Recht anfechtbar (oder nichtig oder unwirksam[6]) wäre. Beide Rechte wären also zu kumulieren. Im letztgenannten Sinne nunmehr auch der BGH[7] in einer nach Abschluß der Arbeit veröffentlichten Entscheidung. Sie deckt sich mit der hier vertretenen Auffassung.

Im Ergebnis folgt damit der Gesetzgeber der von *Jaeger/Jahr*[8] schon vor mehr als 20 Jahren vertretenen Auffassung von der Kumulation der Anfechtungsrechte, wonach „ein Erwerbsvorgang nur dann der Konkursanfechtung unterliegt, wenn er sowohl nach dem Konkursrecht des Konkursstaates als auch nach dem Konkursrecht des Staates, dessen Recht für den Erwerbsvorgang als solchen maßgeblich ist (lex rei sitae), anfechtbar ist".

Zunächst grob gezeichnet folgendes: Auf die vorangestellten Beispiele bezogen, bedeutet das:

Der Fall 1: (Villa Santa Barbara) richtet sich ausschließlich nach US-Recht. Der US Verwalter käme auch nicht auf den Gedanken, in Deutschland eine Anfechtungsklage zu erheben. Er wendet sich an den Bankruptcy Court. *Fall 2*: (Grund-

---

4 Also der lex concursus: *Hanisch*, ZIP 1985, 1233, *ders.*, IPRax 1993, 69, 72, *ders.*, Internationale Zuständigkeit und Rechtsanwendung in neueren europäischen Insolvenzabkommens-Entwürfen, FS Walder (1994), 483, 502, *ders.*, FS Jahr (1993), 455, 470 ff.; *Aderhold*, 264 ff.; *Kuhn/Uhlenbruck/Lüer*, 10. Aufl. (1986), §§ 237, 238 Rdnr. 79, *Trunk*, KTS 1994, 33, 37 und *Leipold*, FS Henckel, 533, 546 zur Neuregelung des Insolvenzrechts.

5 *Henckel*, Die internationalprivatrechtliche Anknüpfung der Konkursanfechtung, FS Nagel (1987), *ders.*, in Stoll, Stellungnahmen und Gutachten (1992), 156 ff.; zustimmend *v. Bar*, IPR, 2 Bd. (1991) Rdnr. 551.

6 Zur richtigen Lesart von Art 102 II EGInsO wegen seines Hs 2, *Leipold*, Miniatur oder Bagatelle? Das Internationale Insolvenzrecht im deutschen Reformwerk 1994, FS Henckel (1995) 532, 545 ff.

7 BGH, KTS 1997, 140 ff eingehend mit weiteren NW.

8 *Jaeger/Jahr*, zu §§ 237, 238 Anm. 250; *Arnold*, in Insolv. Hdb. (1990) § 122 Rdnr. 121; *Baur/Stürner*, Rdnr. 37.9 u. 37.10; *Häsemeyer*, Insolvenzrecht (1992), 864; *Kilger/Karsten Schmidt* zu § 37 Anm. 16.

stück in Deutschland): Es gilt prima vista gem Art 102 II EGInsO US-Recht und deutsches Anfechtungsrecht. Das Grundstück ist in Deutschland belegen.

Dasselbe würde für *Fall 3* gelten. Was *Fall 4* betrifft, so drängt sich die Lösung auf, daß jedenfalls, die Schenkung ging von Deutschland aus, deutsches Recht gilt. All diese Antworten sind zunächst vorläufig.

2. Exkurs: Die (demnächstige) Regelung in der Europäischen Union

Für den innereuropäischen Bereich findet sich künftig eine ähnliche Regelung wie in Art 102 II EGInsO in den Art 4 II und 13 des Europäischen Insolvenzübereinkommens vom 23. Nov. 1995[9]. Zwar bestimmt Art 4 II (m) des Übereinkommens ausdrücklich, daß sich die Insolvenzanfechtung prinzipiell nur nach der lex concursus richtet. Das (inländische) Wirkungsstatut wird in dem EU-Übereinkommen aber im Wege einer *Einrede* des Anfechtungsgegners berücksichtigt.

Der Anfechtungsgegner kann sich gegen die Anfechtbarkeit mit der Einrede wehren, „daß die Rechtshandlung nach dem auf sie anwendbaren Recht in keiner Weise materiell angreifbar ist“[10]. Hierbei sind nicht nur die Regelungen zur Insolvenzanfechtung nach der *lex causae* sondern auch die Vorschriften über Willensmängel, Sittenwidrigkeit und andere Nichtigkeitsgründe zu würdigen[11].

Interessant ist insoweit die gesetzestechnische unterschiedliche Berücksichtigung des (inländischen) Wirkungsstatuts. Für den hier interessierenden *außereuropäischen* Bereich hat der Richter *von Amts wegen* gem. Art 102 II EGInsO (trotz Anfechtbarkeit nach der lex concursus) die Rechtmäßigkeit des Erwerbsvorgangs nach dem Wirkungsstatut zu berücksichtigen, wohingegen nach dem Europäischen Insolvenzübereinkommen vom 23. Nov. 1995 der Anfechtungsgegner die Unanfechtbarkeit (nach dem Wirkungsstatut) geltend machen muß. So gesehen ist eine allseitige Kollisionsnorm für den Bereich der Europäischen Union in Art 4 II (m) des Übereinkommens enthalten, wonach sich die Konkursanfechtung nach der lex concursus bestimmt. Das Wirkungsstatut, das dem Erwerbsvorgang zugrunde liegt, wird dagegen nur im Wege einer vom Anfechtungsgegner geltend zu machenden Einrede berücksichtigt (Art 13 EUÜ).

Die Regelung für den Bereich der Europäischen Union geht insoweit *weiter* als Art 102 II EGInsO.

3. Die Kritik an der Kumulierung der Anfechtungsrechte nach Art 102 II EGInsO

Für den hier interessierenden außereuropäischen Bereich wurde die Kumulierung der Anfechtungsrechte in Art 102 II EGInsO in der Literatur kritisiert. Es

---

9 Abgedruckt ZIP 1996, 976.

10 *Balz*, Das neue Europäische Insolvenzübereinkommen, ZIP 1996, 948, 951.

11 *Balz*, aaO, 951.

wurde geltend gemacht, mit der Kumulationslösung werde der Abwehrgedanke weit überzogen[12]. Hinter einer derartigen Lösung würden sich „territorialistische Ängste" verbergen[13] und „wer trotz allem noch zaghaft bliebe, dem solle die US-amerikanische Haltung einen Anstoß geben", die eindeutig zugunsten der lex fori concursus ausfalle[14].

Aderhold, auch eine Kritikerin der deutschen Lösung, fragt daher[15]: „Wieso sollen wir einem ausländischen Verwalter unser Anfechtungsrecht zur Verfügung stellen, wenn die Anfechtung des ausländischen Verwalters allein der Durchführung des Auslandsverfahrens dient". Schon vorher hat *Hanisch*[16] seine Kritik an der Kumulierung der Anfechtungsrechte auf den Punkt gebracht: Es könne nur unter der Voraussetzung des „geringsten gemeinsamen Nenners" angefochten werden. Eine dahingehende Anfechtungsvoraussetzung stelle keines der beiden Rechte auf und es entstünden damit Schwierigkeiten, die regelmäßig zu Lasten der Insolvenzanfechtung gingen. Daher sei im Internationalen Privatrecht die Kumulierung generell zu vermeiden, wenn sie ohne Not vermeidbar ist.

4. Die eigene Meinung

Auch wenn die soeben aufgezeigte Kritik in der Literatur in praktischer Hinsicht durch die künftige gesetzliche Regelung in Art 102 II EGInsO überholt wird, bleibt die Frage nach dem Grund einer derartigen Kumulierung der Konkursanfechtungsrechte auch nach Inkrafttreten der InsO weiterhin aktuell.

Bei näherem Hinsehen – hier im Wege eines Rechtsvergleichs mit den USA – läßt sich die auf die Idealisierung amerikanischen internationalen Konkursrechtsverständnisses stützende Kritik in der Literatur[17] aber nicht länger aufrecht erhalten: Der Hinweis auf die Rechtsprechung der Bankruptcy Courts in den Rechtshilfeverfahren nach § 304 BC[18] ist kein ausreichender Beleg für die *ausschließliche* Heranziehung der lex concursus nach amerikanischem Konkursanfechtungsrecht. Rechtsvergleichend muß die Schlüsselfrage vielmehr konkret lauten: Wie soll sich nach amerikanischem Rechtsverständnis ein *Konkursverfahren in den USA* auf Erwerbsvorgänge im Ausland (hier die Bundesrepublik), im Hinblick auf die Anfechtbarkeit des Erwerbsvorgangs, auswirken? So gesehen ist die Entscheidung in

12 *Leipold*, FS Henckel (1995), 532, 546.

13 *Aderhold*, 267.

14 AaO, 267.

15 AaO, 267.

16 *Hanisch*, FS Jahr (1993) 455, 471.

17 *Aderhold*, 267.

18 *Aderhold*, 88 ff., zum Rechtshilfeverfahren nach § 304 BC, vgl. oben eingehend §§ 46 ff., und zur Anwendung des Konkursanfechtungsrechts § 57 III; Ferner die Kritik an der Rechtsprechung der Bankruptcy Courts in der US-Literatur, oben §§ 57 III, 59 III, 60,.

Sachen *Maxwell*[19] ein unmißverständlicher Beleg für die *territoriale Begrenzung des Konkursanfechtungsrechts nach dem Bankruptcy Code*. Das bedeutet – und das ist h.M. in den USA: Im US-Vollkonkurs gilt immer US-Anfechtungsrecht; im Rechtshilfeverfahren wendet die zwar nicht unbestrittenene, aber herrschende Meinung ausländisches Recht an. Das ist ein ganz anderer Ansatzpunkt als Art 102 II EGInsO. Dies sei hierzu resümiert.

5. *Die territorial begrenzte Konkursanfechtung nach dem BC*

In Sachen *Maxwell*[20] wurde für die hier interessierende Frage der Reichweite der Konkursanfechtung nach dem Bankruptcy Code die Auffassung des Bankruptcy Court[21] durch den District Court[22] insgesamt bestätigt, daß die Reichweite der Konkursanfechtung nach dem Bankruptcy Code sich auf Erwerbsvorgänge in den Grenzen der USA beschränkt. Ein Trustee kann folgerichtig weder in den USA eine Konkursanfechtungsklage nach US-Recht mit dem Ziel der Herausgabe von „anfechtbaren Übertragungen in Deutschland" erheben; dies verbietet die territoriale Begrenzung des Konkursanfechtungsrechts nach dem Bankruptcy Code im Sinne der Entscheidung in Sachen Maxwell. Noch könnte er seine Konkursanfechtungsklage in Deutschland „alleine" auf §§ 547 ff. BC stützen, *da die Anfechtung gem. dem BC eben nur die anfechtbaren Übertragungen in den USA erfaßt*. Diese territoriale Begrenzung des Konkursanfechtungsrechts nach dem BC muß auch vom deutschen Richter beachtet werden. Insoweit fehlt es schon an einer „Anspruchsgrundlage". Es kommt aber noch hinzu:

Anfechtbare Rechtsgeschäfte im Ausland sind nicht Gegenstand der Konkursmasse im Sinne von § 541 BC[23]. Etwa in der Bundesrepublik belegene anfechtbare Übertragungen zählen nach der Rechtsprechung der amerikanischen Gerichte[24] noch nicht zur (eigentlichen) amerikanischen Konkursmasse nach § 541 BC. Sie werden erst dann von ihr erfaßt, wenn die Rechtshandlung wirksam angefochten worden ist. Die bloße Anfechtbarkeit begründet insoweit noch kein Vermögen, das zur amerikanischen Konkursmasse zählt. Insoweit hilft die bloße *lex fori concursus* ebenfalls noch nicht weiter. Denn Art 102 I EGInsO will nur das zur ausländischen Konkursmasse zählende Vermögen im Inland schützen.

---

19 Vgl. eingehend oben § 59.

20 Vgl. oben § 59.

21 In re Maxwell Communication Corp. PLC, 170 B.R. 800 (Bankr. S.D.N.Y. 1994).

22 Voll bestätigt durch den District Court, 186 B.R. 807 (S.D.N.Y. 1995).

23 Wenn der „Inlandsbezug" zur (USA) unbedeutend ist, vgl. § 59, dort Fn. 5, 13, 15, 21.

24 Vgl. oben § 59 III 1, dort 186 B.R. 820 unter Hinweis auf die Entscheidung In re Colonial Realty Co., 980 F. 2d 125, 135 (2d Cir. 1992).

6. Schlußfolgerung und Ergebnis

Man kann daher zunächst die Kumulierung der Konkursanfechtungsrechte in Art 102 II EGInsO auch als ein Mittel in den amerikanisch-deutschen Beziehungen betrachten, um nationale Begrenzungen der Konkursanfechtungsrechte (hier der USA nach seiner lex concursus) zu überwinden, weil der Erwerbsvorgang im Ausland liegt. So gesehen, führt die Kumulierung nicht zu einer Anfechtung nach dem geringsten gemeinsamen Nenner, sondern *ermöglicht* erst die Anfechtung in der Bundesrepublik *durch den Trustee nach dem Recht des Wirkungsstatuts*, weil die Vorschriften des nationalen Konkursanfechtungsrechtes im Bankruptcy Code nur innerhalb der Landesgrenzen der USA wirken sollen, dem deutschen Richter also nicht „zur Verfügung" stehen.

Eine internationale Konkursanfechtung wird hier erst durch das Anfechtungsrecht des Staates ermöglicht, in dem die Wirkungen nach dessen Recht eingetreten sind. Das ist eine gesetzgeberisch vertretbare Lösung, die neben dem Schutz des inländischen Rechtsverkehrs bzw. dem Vertrauensschutz im allgemeinen[25] ein grenzüberschreitendes Konkursanfechtungsinteresse hinreichend berücksichtigt.

II. Art 102 II InsO einseitige oder allseitige Kollisionsnorm

1. Einseitige Kollisionsnorm

Um es nochmals klarzustellen: Es geht hier um den Fall einer Konkursanfechtung des ausländischen Verwalters vor einem deutschen Prozeßgericht[26]. Art 102 II EGInsO gibt dem deutschen Richter eine einseitige Kollisionsnorm an die Hand. Er wird aber nach der gesetzlichen Regelung in Art 102 II EGInsO nicht davon entbunden, zu bestimmen, ob im deutsch-amerikanischen Verhältnis nach der lex concursus des Bankruptcy Codes ein anfechtbarer Rechtserwerb vorlag[27], der aber, als in der Bundesrepublik „belegen" anzusehen ist, so daß *auch* nach dem nationalen Konkursanfechtungsrecht der Bundesrepublik ein anfechtbarer Erwerb vorliegen muß. Der Trustee, der für die US-Masse prozeßführungsbefugt ist, kann daher vor einem deutschen Gericht die Anfechtungsklage erheben. Diese seine Klage darf nicht mit der Begründung abgewiesen werden können, da der Erwerbsvorgang in der Bundesrepublik liege (z. B. ein deutsches Grundstück kurz vor Konkurseröffnung in den USA veräußert wurde), die Konkursanfechtung nach dem Bankruptcy Code aber nur in den Grenzen der USA möglich sei, müsse ein deutsches

25 Vgl. schon BT-Drs. 12/2443, 239; BT-Drs. 12/7303, 118; vgl. früher schon *Henckel*, in Stoll Stellungnahmen und Gutachten, 156 mit Recht kritisch zur reinen Anknüpfung an das Insolvenzstatut und zur Kumulation der Konkursanfechtungsrechte.

26 Bei einer Anfechtung vor einem US Bankruptcy Court wird der US-Richter ohnehin *nur* US-Recht befragen (vgl. oben zu I).

27 Vgl. zur Konkursanfechtung nach dem Bankruptcy Code, oben §§ 33 ff.

Prozeßgericht die nationale Begrenzung des Konkursanfechtungsrechts nach dem Bankruptcy Code berücksichtigen und daher die Klage wegen des Fehlens eines Anfechtungsgrundes abweisen.

Ein solches Ergebnis ist nach richtiger Lesart von Art 102 II EGInsO gerade zu vermeiden, um den Gläubigergleichbehandlungsgrundsatz in grenzüberschreitenden Fällen ausreichend berücksichtigen zu können. Die Konkursanfechtung richtet sich hier nur nach deutschem Recht. Für den deutschen Richter hat dies den Vorteil, daß er nicht das an Komplexität kaum zu überbietende US-Anfechtungsrecht befragen muß. Die Legitimation des US Trustee zur Erhebung der Anfechtungsklage nach deutschem Recht steht außer Frage.

Im Widerspruch zum ausdrücklichen Willen des Gesetzgebers des Bankruptcy Codes ist eine Ausdehnung der im Bankruptcy Code bestimmten Konkursanfechtungsrechte (etwa auf ein in Deutschland erworbenes Grundstück) über die Staatsgrenzen der USA hinaus, also ihre Anwendung durch ein deutsches Prozeßgericht, nicht möglich. Die Kodifizierung eines deutschen Konkursanfechtungsrechts zum Zwecke der Ausfüllung des Gläubigergleichbehandlungsgrundsatzes, ausgerichtet am Wirkungsstatut, steht dem aber nicht entgegen.

Begrenzt auf das amerikanisch-deutsche Verhältnis wäre es folglich eine Überlegung mehr wert gewesen, warum man nicht gleich *nur* auf das Wirkungsstatut für die Bestimmung des anzuwendenden Konkursanfechtungsrechts abgestellt hat[28]. Mit einer dahingehenden gesetzlichen Regelung würde man darüber hinaus von vornherein dem deutschen Richter die ihm nach Art 102 II EGInsO prima vista zugemutete Bestimmung des Konkursanfechtungsrechts nach dem Bankruptcy Code[29] ersparen, ohne sich dem Vorwurf einer nationalen Abschottung auszusetzen. Damit wäre zusätzlich der Rechtssicherheit gedient worden. Im Ergebnis spielt dies aber im Hinblick auf die nationale Begrenzung des US-Anfechtungsrechts keine Rolle mehr. Im übrigen wird der US-Trustee, wo er nur kann, den Anfechtungsprozeß vor dem Bankruptcy Court führen; denn das US-Recht gilt als sehr anfechtungsfreundlich. Viele Konkurse werden überhaupt nur in den USA begonnen, um dort anzufechten[30]. Sollte es dann notwendig sein, die Anfechtungsentscheidung in einem *core proceeding* zwangsweise im Auslande durchzusetzen, so wäre dieses Urteil gem. § 328 ZPO anzuerkennen[31].

---

28 So mit Recht *Henckel*, FS Nagel (1987), 93 ff., *ders*., in Stoll, Stellungnahmen und Gutachten, 157 (162).

29 Vgl. dazu §§ 33 - 36.

30 Vgl. dazu in Sachen *Axona*, § 58.

31 Dazu oben – zur Anerkennung von Streitentscheidungen – § 65.

2. Allseitige Kollisionsnorm?

Letztlich bleibt noch die Kritik an der Kumulationslösung im Hinblick auf eine allseitige Auslegung. Gefragt wird im umgekehrten Fall: „Warum sollte bei einem in Deutschland eröffneten Konkurs das Recht des ausländischen Wirkungsstatuts limitierend wirken, wenn doch das deutsche Anfechtungsrecht den gleichsam idealen Maßstab darstellt“[32].

So hatte der BGH[33] für den Fall eines in Deutschland eröffneten Konkursverfahrens eine kumulative Anwendung des ausländischen Statuts abgelehnt, da in dem konkreten Fall ein „überwiegender Inlandsbezug“ der angefochtenen Wandlung zugrunde lag. In einem vom OLG Hamm[34] entschiedenen Fall wurde hingegen das Konkursanfechtungsrecht allein nach der lex concursus des in Luxemburg eröffneten Konkursverfahrens bestimmt und die Frage, ob die Geschäftsbeziehungen einem anderen Recht unterstanden, nicht für notwendig erachtet.

Als idealtypisch wurde bis dahin die Anwendung des Konkursstatus des Konkurseröffnungsstaats angesehen. Das ist allerdings eine Grundaussage, mit der Art 102 II EGInsO wegen der Kumulierung der Anfechtungsrechte nicht in Einklang gebracht werden kann[35].

3. Wirkungsstatut und gleiches Konkursanfechtungsrecht

Dennoch überwiegen m.E. die Gründe, die dafür sprechen, auf das Wirkungsstatut abzustellen. Gründe des Vertrauens- und Verkehrsschutzes können mit Recht eine Verneinung der Konkursanfechtung fordern, wenn das fragliche Geschäft eben dort, wo es wirkt, den Rechtsverkehr betrifft. Im Falle einer Bejahung der Konkursanfechtung nach dem Wirkungsstatut wird dabei die Haftungsverwirklichung zugunsten des Schuldnervermögens auch in solchen grenzüberschreitenden Fällen sichergestellt, in denen das Konkursstatut versagt, inländische Verkehrs- oder Vertrauensschutzinteressen gegen die Anfechtung aber nicht bestehen.

De lege ferenda wäre also eine allseitige Kollisionsnorm unter ausschließlicher Heranziehung des Wirkungsstatuts vorzuziehen gewesen. Damit wäre aus deutscher Sicht eine einheitliche, gleiche Konkursanfechtung von Erwerbsvorgängen in der Bundesrepublik (besonders plastisch bei Grundstücken) im Falle eines ausländischen Universalkonkurses wie auch im Falle eines gesonderten Insolvenzverfahrens in der Bundesrepublik geschaffen worden. Die Anwendung eines schwierig zu konkretisierenden ausländischen Konkursanfechtungsrechts, wie nach dem Bankruptcy Code[36], durch einen deutschen Richter würde von vorne herein ver-

---

32 *Leipold*, FS Henckel, 533, 546.

33 BGH IPRax 1993, 87, 92.

34 OLG Hamm NJW 1977, 504.

35 *Leipold*, FS Henckel, 533, 546, jetzt BGH, KTS 1997, 140 ff m. Nw.

mieden. Demgegenüber führen anfechtbare Erwerbsvorgänge in den USA im Falle eines Konkurses in Deutschland – aus amerikanischer Sicht – zu keinem einheitlichen und gleichen Konkursanfechtungsrecht. Ein (deutscher) Konkursverwalter sollte sich daher zuerst einmal darüber im klaren sein, ob er sein Glück in einem US-Vollverfahren[37] nach § 303 (b) (4) BC oder in einem Rechtshilfeverfahren[38] nach § 304 BC sucht: Im ersten Fall kommt das Konkursanfechtungrecht des Bankruptcy Code[39] und im letzteren das der ausländischen Insolvenzordnung[40] zur Anwendung. Das bedeutet: auf den selben Sachverhalt – den anfechtbaren Rechtserwerb – wird zweierlei Konkursanfechtungsrecht angewendet. Ausländische Verwalter werden also offiziell zum *forum shopping*[41] eingeladen. Die in den USA dazu geführte Diskussion[42] läßt sich nicht spiegelbildlich auf Erwerbsvorgänge in Deutschland übertragen. Im Gegenteil: Sie ist ein ernüchternder Beleg, der eher zur Vorsicht mahnt.

4. Nochmals: das Verhältnis zu den USA

Aber wie bereits dargelegt: Der deutsche Richter ist bei deutschem Wirkungsstatut dieser Probleme deshalb enthoben, weil das US-Konkursanfechtungsrecht nach dem Willen des US-Gesetzgebers und der Praxis der Gerichte *territorial begrenzt* ist, der deutsche Richter es also nicht anwenden darf. Für das Verhältnis zu anderen Rechtsordnungen aber will Art 102 II EGInsO eine Kumulierung, die dann auch dazu führen kann, daß bei einem im Vergleich zum deutschen Recht strengeren ausländischen Anfechtungsrecht die Anfechtungsklage in Deutschland abgewiesen werden muß, wenn dessen Voraussetzungen nicht erfüllt sind. Die Rechtsprechung wird hier in Extremfällen nach Möglichkeiten suchen müssen, einem solchen Ergebnis – etwa mit Hilfe des ordre public – vorzubeugen.

---

36 Vgl. dazu oben §§ 33 ff.

37 Vgl. oben §§ 11, § 40 II; §§ 33 - 36 und §§ 58, 59.

38 Vgl. oben §§ 40, 41; §§ 46 ff.

39 Vgl. oben §§ 33 - 36.

40 Vgl. oben §§ 57 II, III und Axona-Entscheidung § 58 wegen Einstellung nach § 305 BC; Axona war aber ein US-Vollverfahren nach § 303 (b) (4) BC.

41 § 58.

42 §§ 57; *aber* § 58 II, III und § 51 V, Fn. 41, 43: das Mißtrauen gegenüber dem kontinental europäischen Kollisionsrecht in Teilen der US-amerikanischen Literatur und Rechtsprechung.

Schluß

§ 94 Zu den Ergebnissen der Arbeit

Die vorliegende Untersuchung verfolgt zunächst das wissenschaftliche Ziel, einen Beitrag zur theoretischen Durchdringung des grenzüberschreitenden Insolvenzrechts, insbesondere im deutsch-amerikanischen Verhältnis zu leisten. Sie will aber auch der juristischen Praxis – und hier insbesondere dem deutschen Insolvenzverwalter und dem US Trustee – ein Arbeitsmittel, auf das sie sich verlassen kann, an die Hand geben. Diese zweifache Zielsetzung hat die Art und Methode der Darstellung bestimmt:

I. Im Allgemeinen: Der „Duktus" der Arbeit

Einerseits hätte eine rein oder doch überwiegend rechtstheoretische Arbeit manches – etwa in einem Allgemeinen Teil zum US- und zum deutschen Teil – zusammenfassen, also komprimieren können, andererseits erschließt eine am kontinental-europäischen Vorbild ausgerichtete sehr detaillierte Gliederung auch für das US-Recht dem Leser den recht komplexen Stoff in verständlicherer Weise. Dabei war – jeder Paragraph sollte in sich lesbar und verständlich sein – in Kauf zu nehmen, daß manche Darstellungen resümiert wiederholt werden mußten; der „neugierige" Benutzer wird dabei durch Verweisungen auf weitere Fundstellen verwiesen.

Die Darstellung betrifft zwar vornehmlich das Internationale Insolvenzrecht im deutsch-amerikanischen Verhältnis. Dieses wird jedoch nicht isoliert erörtert. Es wird in den Zusammenhang der europäischen Reformbestrebungen gestellt. So werden im I. Teil das Internationale Insolvenzrecht – das des schweizerischen IPRG und der Entwurf einer deutschen InsO 1992 mit seinem internationalen Teil, vorausgeschickt, und das kommende Insolvenzübereinkommen der Europäischen Union wird immer wieder herangezogen. Die Lösungen dieser Gesetze / Entwürfe erweisen sich dabei oft als Hilfen für eine Interpretierung des geltenden Rechts und des Rechts der InsO.

Breiten Raum nimmt in den §§ 10 - 60 das US-Recht ein. Dabei mußte ein Durchblick auch durch den US-Inlandskonkurs erfolgen. Denn dieser steht – in weiterem Umfang als auf dem Kontinent – auch für Tatbestände zur Verfügung, die ihren eigentlichen Schwerpunkt im Ausland haben. Dies wurde bei den bisherigen deutschsprachigen Veröffentlichungen nicht genügend beachtet.

Das Recht des US Bankruptcy Code ist dem kontinentaleuropäischen Juristen nicht gerade einfach zugänglich. Das gilt bereits für den kasuistischen Stil des Gesetzes. Einzelne Paragraphen ziehen sich über viele Großformat-Seiten hin. Dennoch ging die Arbeit das Wagnis ein, diese Paragraphen – wenn auch meist verkürzt – in den Text aufzunehmen. Die Deduktion erfolgte dann unter Verarbeitung der einschlägigen Gerichtsentscheidungen , wobei die „leading cases" möglichst vollständig, die anderen Urteile in einer – allerdings auf typische Fälle bezogenen – Auswahl dargestellt wurden. So sollte vermieden werden, daß der Leser „vor lauter Bäumen den Wald nicht mehr sieht". In diesen Zusammenhang wurde auch die Diskussion in der Literatur gestellt. Dabei ist die h.M. herausgearbeitet worden. „Belehrungen" an die US Seite zu erteilen, war nicht im Sinn der Arbeit, Unausgewogenheiten aber sollten nicht verschwiegen werden, mochten dies auch Unausgewogenheit aus kontinental-europäischer Sicht sein.

Auf diese Weise ergab sich ein geschlossenes System des US Bankruptcy Rechts mit Auslandsberührung, vom Inlandskonkurs, der (auch) der ausländischen Masse „zuarbeitet", bis zum Rechtshilfeverfahren nach § 304 BC.

Im Teil III (§§ 61 - 93), der dem grenzüberschreitenden Insolvenzrecht der Bundesrepublik Deutschland gewidmet ist, sollte die besondere Zielsetzung und die Einwirkungen des US-Rechts beachtet werden.

Es war und ist nicht die Absicht der Arbeit, „voll" in die andauernde Diskussion über das aktuelle und das nach Inkrafttreten der InsO bestehende Internationale Insolvenzrecht „einzusteigen". Wohl aber sollte auf Fragen eingegangen werden, die deutsch-amerikanisch diskutiert werden oder doch nach einer Lektüre der Darstellung des US-Teils offenkundig sind.

Dabei war aber – gerade wegen der Anerkennung des US Insolvenzverfahrens in Deutschland – auf grundsätzliche theoretische Fragen einzugehen, deren Erkenntnis den Weg zu Lösungen in einer Anzahl vor Streitfragen freimachten, die letztenendes darin begründet liegen, daß die international*prozeßrechtliche* Sichtweise von der international*privatrechtlichen* in der bisherigen Diskussion an den Rand gedrängt wurde. Das Insolvenzverfahren ist jedoch zunächst ein „processus", ein Verfahren.

II. Fünf Punkte zum amerikanischen und fünf Punkte zum deutschen Recht

Die Arbeit in Thesen oder gar Konklusionen zu resümieren, ist – bei der Komplexität des Themas – nicht möglich. Allerdings wird der Leser in allen Abschnitten Schlußfolgerungen und Zusammenfassungen finden. Bei Konfliktsituationen, die neu auftauchen sollten, wird sich die Lösung häufig „self-executing" ergeben. Folgende Punkte, die nicht vollständig und nicht spiegelbildlich sind, aber neue

oder doch nicht selbstverständliche Erkenntnisse beschreiben dürften, sollen aber herausgestellt werden.

1. Zunächst zum Recht der Vereinigten Staaten

(1) Die US-Konkursgerichtsbarkeit

Nicht nur in theoretischer, sondern auch in praktischer Hinsicht ist es wichtig, sich Klarheit darüber zu verschaffen, an welches US-Gericht sich der inländische Insolvenzverwalter, der inländische Gläubiger und der inländische Schuldner in den USA wenden müssen, um entweder das Konkursverfahren auszulösen oder Rechtsschutz und Rechtshilfe zu erlangen. Der District Court und die in ihm amtierenden Bankruptcy-Judges sind die zuständigen Gerichte. Ihre umfassende Zuständigkeit wird von der *vis attractiva concursus* bestimmt und bezieht sich auch auf Rechtsstreitigkeiten, die aus dem Konkurs erwachsen, also die mit ihm zusammenhängen, *core-* und *non-core-proceedings*. Dabei ist die Frage, ob der Court entscheidungszuständig ist, oder diese Zuständigkeit auch an die Bankruptcy Judges abgegeben werden kann, vorerst – nach einem Spruch des Supreme Court – dahin entschieden, daß der Konkurs als solcher (*case*) und Core-Proceedings stets vor den Bankruptcy-Judge gehören, wohingegen in Non-Core- (also *related to*) Proceedings die letztlich zu ergehende Sachentscheidung vom District Court zu fällen ist. Hier spielt die Frage nach der Unabhängigkeit des Bankruptcy Judge die entscheidende Rolle (§ 22).

Die konkursrechtliche, durch die vis attractiva bestimmte Zuständigkeit ist allerdings nicht definitiv. Sie kann durch die forum non conveniens-Theorie in Frage gestellt werden (zu allem §§ 14 - 18).

(2) Das Konkursverfahren

Ein Konkursgrund (Insolvenz) ist nicht erforderlich, eine öffentliche Bekanntmachung erfolgt nicht. Der Liquidationskonkurs wie das Reorganisationsverfahren werden durch den Antrag beim Konkursgericht eröffnet. Die Insolvenz spielt jedoch in anderer Beziehung – etwa bei der Konkursanfechtung – eine Rolle (§§ 13, 23 ff.).

Die Konkurseröffnung führt zur Bildung einer Konkursmasse (*property of the estate*), von der auf Antrag des Gemeinschuldners durch richterlichen Beschluß konkursfreies Vermögen exemiert werden kann (§§ 24 ff.). Der Sicherung der Masse dient der mit der Konkurseröffnung eintretende materiellrechtlich verstandene Automatic Stay (§§ 29 ff.), der universale Geltung beansprucht. Wer zuwiderhandelt, muß mit Schadensersatzforderungen und Punitive Damages rechnen. Der Verstoß gegen den Automatic Stay führt zur Nichtigkeit der Rechtshandlung.

Die US-Gerichte sind bestrebt, diese Sanktionen weltweit durchzusetzen.

(3) Territorialität des US-Konkurses

Trotz dieses universalen Geltungswillens ist das US-Konkursrecht durch territoriales Denken gekennzeichnet. Ausländischen Insolvenzverfahren wird zwar Rechtshilfe geleistet, im Wege der Comity, aber auch durch das Rechtshilfeverfahren nach § 304 BC (§§ 42 ff., §§ 47 ff.). Die weite Öffnung des Inlandskonkurses für grenzüberschreitende Tatbestände auch mit der Zuerkennung eines Antragsrechts für den ausländischen Representative schließt eine denkbare Rechtsschutzlücke weitgehend (§§ 11 ff., §§ 45 ff.).

Der territoriale Ansatz des US-Rechts zeigt sich auch bei der Konkursanfechtung. Sie geht im *Inlands*konkurs besonders weit. Die US-Gerichte betonen daher ihre Beschränkungen auf *diesen* Insolvenzfall (§§ 57, 59). Deshalb suchen ausländische Konkursverwalter den Weg eines US-Inlandskonkurses oft nur, um Anfechtungsrechte durchzusetzen. Folgerichtig werden ausländische Anfechtungstatbestände nur im Rechtshilfeverfahren nach § 304 BC beachtet (§ 57 II).

(4) Bankenkonkurs

In Reaktion auf den Herstatt-Konkurs des Jahres 1974 hat die US-Gesetzgebung für ausländische Banken, die nicht in den USA Geschäfte betreiben, aber hier Vermögen haben, die Möglichkeit der Eröffnung eines Inlandskonkurses geschaffen, der auch den Bedürfnissen des ausländischen Verwalters entgegenkommt. Er kann den Inlandskonkurs beantragen, ohne sich damit für die Folge auch sonst amerikanischer Jurisdiction unterstellt zu haben (§§ 12, 55).

(5) Privilegienrecht

Der US- Konkurs kennt im Gegensatz zum klassenlosen Konkurs nach der InsO eine Unzahl von Privilegien einzelner Gläubiger. Unter ihnen sind die Privilegien des Fiskus hervorzuheben. Die US-Praxis verlangt, daß diese Privilegien auch in ausländischen Insolvenzverfahren anerkannt werden (§§ 20).

Die privilegierten Rechte werden grundsätzlich nicht von einer Restschuldbefreiung erfaßt.

2. Deutsches Recht

(1) Die „Anerkennung" von ausländischen, insbesondere von US-Insolvenzverfahren

Im Anschluß an die „Wenderechtsprechung" des BGH ist häufig von der Anerkennung der *Wirkungen* des ausländischen *Insolvenzverfahrens* durch das deutsche Recht gesprochen worden. Eine genaue Lektüre der Rechtsprechung und jetzt auch der Wortlaut von Art 102 I EG InsO machen jedoch klar, daß diese Formel irreführend ist. Es heißt in Art 102 I EGInsO: das *„ausländische Insolvenzverfahren er-*

faßt auch das im Inland befindliche Vermögen des Schuldners". Es entsteht also eine *einheitliche Konkursmasse*, die vom Konkursverwalter verwaltet und im Prozeß „vertreten" wird. *Das ist die „Anerkennung" ausländischer Konkurse.* Anerkannt werden diese materiellrechtliche Rechtsgestaltung mit Bezug auf die Masse durch die Eröffnung des Verfahrens und durch die darauf sich beziehenden Entscheidungen (Genehmigungen, Verteilungspläne, Restschuldbefreiungen) des Konkursgerichts.

Die „Anerkennung" erfolgt jedoch unter der Voraussetzung, daß kein Anerkennungsversagungsgrund vorliegt (§§ 62, 66 ff.). Im Vordergrund steht die Verweigerung der Anerkennung bei Verstoß gegen den *ordre public*.

(2) Rechtsfürsorgeakte

Die Akte des ausländischen Insolvenzgerichts (Insolvenzakte) sind Rechtsfürsorgeakte für das Vermögen (Vermögensfürsorge) des Gemeinschuldners und zur Sicherung der Vermögensinteressen der Gläubiger. Sie beziehen sich auf die materiellen Rechte und Pflichten des Gemeinschuldners, eben auf die Masse, die durch sie umgestaltet wird, und sind so den Rechtsfürsorgeakten der Freiwilligen Gerichtsbarkeit verwandt. Rechtsfürsorgeentscheidungen aber sind inter omnes und über Landesgrenzen hinweg anzuerkennen. Das ist die dogmatische Begründung des Universalitätsprinzips.

Wo diese Gestaltungswirkung bezüglich der Konkurseröffnung ex lege eintritt – wie in den USA – muß der gesetzliche Gestaltungsakt einer richterlichen Gestaltungsverfügung gleichgestellt werden (§ 63).

(3) Streitentscheidungen; die Anwendung von deutschem Prozeßrecht

Das deutsche Prozeßrecht entscheidet, in welcher Weise die Interessen an der einheitlichen Masse in Deutschland zu schützen sind.

Einmal hat der ausländische Verwalter zur Durchsetzung seiner Rechte gegen den Widerstand einer Drittpartei den Weg des Zivilprozesses zu beschreiten. Hier entscheidet der Prozeßrichter im Wege der Vorfrage über die „Anerkennung" (§§ 64 ff.).

Sodann sind Streitentscheidungen der US-Konkursgerichte in Core- und Non-Core-Sachen *Urteile* i.S. der ZPO. Sie unterliegen der Anerkennung und Vollstrekkung nach §§ 328, 722 - 724 ZPO (§ 65).

Dies alles folgt aus dem Grundsatz, daß der deutsche Richter nach *deutschem Prozeßrecht* prozediert. Hieraus ergibt sich auch, daß bei ausländischen Konkursen ein *einstweiliger Rechtsschutz* im Inlande zulässig sein muß (§§ 80, 81 ff.).

Vor allem aber findet so das Problem der Prozeßunterbrechung infolge einer ausländischen Insolvenz seine Lösung. Sie richtet sich also auch bezüglich ausländischer Konkurse nach § 240 ZPO (§§ 72 ff.) und nicht nach ausländischem Recht.

Nach deutschem Prozeßrecht bestimmt sich auch, wie diese Verfahren aufzunehmen sind. Was die vis attractiva des US-Konkurses betrifft, so kommt sie gegenüber deutschen Verfahren nicht in Betracht. In Deutschland anhängige Zivilprozesse werden zwar unterbrochen, aber nicht „irgendwie" ins Ausland „transportiert". Dem deutschen Kläger und seinem Beklagten bleibt aber auch sonst der deutsche Rechtsschutz erhalten. Das ausländische Verfahren berührt weder die deutsche Gerichtsbarkeit noch die internationale Zuständigkeit (§§ 74 ff.). Letztlich würde eine solche Ingerenz bedeuten, daß den deutschen Beteiligten ihr gesetzlicher Richter streitig gemacht wird. Das wäre ein Verstoß gegen Art 101 I GG.

(4) Gesondertes Insolvenzverfahren

Das dem ausländischen Konkurs vorgehende gesonderte Insolvenzverfahren (vgl. Art 102 III EGInsO) wird in Zukunft gesteigerte Bedeutung erlangen, insbesondere um Benachteiligungen deutscher Gläubiger durch ausländische Privilegienordnungen abzuwehren (§§ 80 ff., insbes. § 84). Ist dieses Sonderinsolvenzverfahren eine Parallelinsolvenz, so ergeben sich Fragen wegen der Kooperation der Verwalter (§ 87), aber auch bei der Anrechnung des Dividendenbezugs im Auslande (§ 90 IV).

(5) Anfechtung

Das Recht der Konkursanfechtung im internationalen Kontext (dazu Art 102 II EGInsO) wird im deutsch-amerikanischen Recht dadurch praktikabel, daß ein Anfechtungstatbestand nach deutschem Konkursanfechtungsrecht vorliegen muß, da die Anfechtung nach dem Bankruptcy Code sich auf das Gebiet der Vereinigten Staaten beschränkt und daher US-Gerichten vorbehalten bleibt.

Alle diese Beispiele – die keine Zusammenfassung der Arbeit sind – zeigen, daß die vorliegende Schrift vor dem Inkrafttreten der InsO am 01. 01. 1999 angezeigt war. In der Diskussion und in der Praxis werden sich neue Probleme ergeben. Die Arbeit dürfte aber, so hofft es der Verfasser, auch bei neu auftretenden Fragen Lösungsansätze vermitteln.

Literaturverzeichnis

(Nur vereinzelt genannte Publikationen sind nicht aufgenommen. Sie ergeben sich aus den Fußnoten; der Erscheinungsort wird nur bei ausländischen Büchern angegeben)

Ackmann / Wenner: Auslandskonkurs und Inlandsprozeß: Rechtssicherheit contra Universalität im deutschen Internationalen Konkursrecht?, IPRax 1989, 144 - 148

– Inlandswirkung des Auslandskonkurses: Verlustscheine und Restschuldbefreiungen, IPRax 1990, 209 - 214

– Ausländerarrest (§ 917 Abs. 2 ZPO) bei Vollstreckung in einem EuGVÜ-Staat?, IPRax 1991, 166 ff.

Amonn: Grundriß des Schuldbetreibungs- und Konkursrechts, 5. Aufl. Bern 1993

Aderhold, Eltje: Auslandskonkurs im Inland: Entwicklung und System des deutschen Rechts mit praktischen Beispielen unter besonderer Berücksichtigung des Konkursrechts der Vereinigten Staaten von Amerika, Englands, Frankreichs sowie der Schweiz, 1992 (Schriften zum Wirtschaftsrecht, Bd. 72)

Arnold: Der deutsch-österreichische Konkursvertrag, 1987

– in: Insolvenzrechtshandbuch, hrsg.v. Peter Gottwald, 1990, zit.: Insolv. Hdb.

Atkin: Permissive Withdrawal of Bankruptcy Proceedings under 28 U.S.C. Section 157 (d), 11 Bankruptcy Developments Journal, 447 ff. (1995)

Baird: Jury Trials After Granfinanciera, 65 American Bankruptcy Law Journal, 1 ff. (1991)

Balz: Zur Reform des französischen Insolvenzrechts, ZIP 1983, 1155, 1175

– Kurzkommentar zu BGH, Urt.v.11. 01. 1990, EWiR 1990, Art 1 Eu GVÜ 1 / 90, 257 - 258

– Das neue Europäische Insolvenzübereinkommen, ZIP 1996, 948 - 955

Bankruptcy Code, Rules and Forms: Including: Federal Rules of Civil Procedure and Federal Rules of Evidence, 1996 Edition St. Paul Minn. 1996

Bar v.: Internationales Privatrecht, Bd. 1 und Bd. 2, 1987 / 1991

Bassin: Where do I go for Help? The Debtor's Plight for Proper Venue in Cases Ancillary to the Foreign Proceeding, 10 Bankruptcy Developments Journal,171 ff. (1993 / 94)

Bason: Bankruptcy Highlights, in: Bankruptcy Code, Rules and Forms, St. Paul Minn. 1996, IX – XXVIII

Batiffol / Lagarde: Droit international privé, Bd. 1 und Bd. 2, 7. Aufl. Paris 1981 / 1983

Baumbach / Lauterbach / Albers / Hartmann: Zivilprozeßordnung, 54. Aufl. 1996

Baur / Stürner: Zwangsvollstreckungs-, Konkurs und Vergleichsrecht, Band II Insolvenzrecht, 12. Aufl. 1990

Becker: Transnational Insolvency Transformed, 29 American Journal of Comparative Law, 706 ff. (1981)

Berti: Beiträge in Honsell / Vogt / Schnyder (Hrsg), Kommentar zum IPRG, Basel 1996

Birk / Kreuzer (Hrsg): Das Unternehmen in der Krise, Probleme der Insolvenzvermeidung aus rechtsvergleichender Sicht, 1986

Black's Law Dictionary with Pronounciations, Abridged 6th edition, St. Paul Minn. 1991

Blumenwitz: Einführung in das anglo-amerikanische Recht, 5. Aufl. 1991

Booth: Recognition of Foreign Bankruptcies: An Analysis and Critique of the Inconsistent Approaches of United States Courts, 66 American Bankruptcy Law Journal, 135 - 232 (1992)

Bork: Insolvenzordnung – Gegenüberstellung InsO mit KO, EGInsO in Auszügen, 1995
- Der Insolvenzplan, ZZP 109 (1996), 473 ff.
- Einführung in das neue Insolvenzrecht, 1995
- Die Wirkungen des Insolvenzplans nach §§ 290 bis 305 RefE, in: Insolvenzrecht im Umbruch, hrsg v. Leipold, 1991, 51 ff.

Bosch: Konkurs, Vergleich, Vertragshilfe, 1949

Boshkoff: United States Judicial Assistance in Cross-Border Insolvencies, 36 International and Comparative Law Quarterly, 729 - 750 (1987)
- The American Judicial System And Cross-Border Insolvencies, Cross-Border Insolvency: Comparative Dimensions, The Aberystwyth Insolvency Papers, hrsg.v. Jan F. Fletcher, London 1990, 59 - 68

Bowmar: Avoidance Of Judicial Liens That Impair Exemptions In Bankruptcy: The Workings Of 11 U.S.C. § 522 (f) (1), 63 American Bankruptcy Law Journal, 375 ff. (1989)

Breitenstein: Internationales Insolvenzrecht der Schweiz und der Vereinigten Staaten, Zürich 1990

Bruce / Ely jr.: Cases and Materials on Property Law, 3 rd ed. St. Paul Minn. 1994

Bull: Der Bankruptcy Reform-Act: das neue amerikanische Konkursgesetz von 1978, ZIP 1980, 843 - 851

Bumiller / Winkler: Freiwillige Gerichtsbarkeit, 5. Aufl. 1992

Bungert: Vollstreckung US-amerikanischer Schadensersatzurteile in exorbitanter Höhe in der Bundesrepublik, ZIP 1992, 1707 ff.
- Inlandsbezug und Vollstreckbarkeit US-amerikanischer Produkthaftungsurteile, ZIP 1993, 815 ff.

Carlson: Guarantees on Section 548 (a) (2) of the BC, 52 University of Chicago Law Review, 194 ff. (1985)
- Leveraged Buyouts in Bankruptcy, 20 Georgia Law Review 73, 86 ff (1985)

Chenaux: Un survol de l'action révocatoire en droit international suisse, SJZ 92 (1996), 232 ff.

Collier: Collier on Bankruptcy 15. edition N.Y. 1990 - 1996, Loseblattsammlung, zit.: (nach Bänden, 1, 2 usw. Collier und Jahrgang)
- Practice Guide, 1992

Collins: Floating Charges, Receivers and Managers and the Conflict of Laws, 27 International and Comparative Law Quarterly, 691 - 710 (1978)

Countryman: A History of American Bankruptcy Law, 81 Connecticut Law Journal, 226 ff. (1976)

– The Concept of a Voidable Preference in Bankruptcy, 38 Vanderbilt Law Review, 713, ff

– The Bankruptcy Judges: Jurisdiction by Neglect, 92 Connecticut Law Journal, 1 ff. (1987)

Cry: The Right To Trail By Jury in Bankruptcy: Which Judge Is To Preside, 63 American Bankruptcy Law Journal, 53 ff. (1989)

Cross: The Application of Section 522 (f) of the Bankruptcy Code in Cases involving Multiple Liens, 6 Bankruptcy Developments Journal, 309 ff. (1989)

Cross-Border Insolvency: National and comparative studies, hrsg.v. Jan F. Fletcher, 1992

Cueras: Due Process and Adequate Representation in a Chapter 11 Case: The Appointment and Removel of Members of the Creditors Commitee in a Corporate Reorganization, 24 New England Law Review 333 (1989)

Dahm: Völkerrecht Bd. 1, 1958

Dalhuisen, J.H.: Dalhuisen on International Insolvency and Bankruptcy, Vol. 1 und Vol. 2, New York 1986

Deutcsh, Barbara Ann / Morales: Bankruptcy Code Section 304 and U.S. Recognition of Foreign Bankruptcies: The Tyranny of Comity, 39 Business Lawyer, 1573 ff. (1984)

Deutscher Bundestag: 12. Wahlperiode, Gesetzentwurf der Bundesregierung, Entwurf einer Insolvenzordnung (InsO), Drucksache 12 / 2443, zit.: BT-Drs. 12 / 443

– Gesetzentwurf der Bundesregierung, Entwurf eines Einführungsgesetzes zur Insolvenzordnung (EGInsO), Drucksache 12 / 3803, zit.: BT-Drs. 12 / 3803

– Beschlußentwurf der Bundesregierung – Drucksache 12 / 2443 – zit.: BT – Drs. 12 / 7302

– Beschlußempfehlung und Bericht des Rechtsausschusses zu dem Gesetzesentwurf der Bundesregierung – Drucksache 12 / 3803, zit.: BT-Drs. 12 / 7303

Dicey and Morris: on Conflict of Laws, 11. Aufl. London 1987

Dilger: Die Zugriffsrechte des deutschen Konkursverwalters an Massevermögen in der Schweiz, WM 1988, 849 - 852

Drobnig: Vorrechte, Sicherheiten und Eigentumsvorbehalt im EG-Konkursübereinkommen, in: Vorschläge und Gutachten zum Entwurf eines EG-Konkursübereinkommens, hrsg.v. Gerhard Kegel und bearb.v. Jürgen Thieme, 1988, 91 - 110, zit.: Vorschläge und Gutachten

– Security Rights in Cross-Border Insolvencies, in: Comparative Dimensions, The Aberystwyth Insolvency Papers, hrsg.v. Jan F. Fletcher, London 1990, 216 - 219

Dutoit: Commentaire de la loi fédérale du 18 déc. 1987, Basel 1996

Ebenroth: Die Inlandswirkung der ausländischen lex fori concursus bei Insolvenz einer Gesellschaft, ZZP 101 (1988), 121 - 151

Entwurf einer Insolvenzordnung (InsO): Deutscher Bundestag 12. Wahlperiode, Drucksache 12 / 2443 vom 15. 04. 1992. Gesetzentwurf der Bundesregierung, zit.: BT-Drs. 12 / 2443, 1 - 269, (siehe auch unter Deutscher Bundestag)

Epstein / Nickles / White: Bankruptcy, Practitioner Treatise Series, Vol 1, Vol 2, Vol 3, St. Paul Minn. 1992
– Bankruptcy, reprinted from Epstein, Nickles & White, Bankruptcy, Practitioner Treatise Series Vols. 1 - 3 (West, 1992), St. Paul Minn. 1993, zit.: Epstein / Nickles / White

Farnsworth / Hannold / Harris / Mooney jr. / Reitz: Commericial Law Cases and Materials, 5th ed. St. Paul Minn. 1994

Fasching: Zivilprozeßordnung (Lehrbuch), 2. Aufl. Manz Wien 1988

Festschriften
– für Hans Dölle, hrsg.v.v.Caemmerer / Nikisch, 1963
– für Friedrich Weber, hrsg.v. Bökelmann / Henckel / Jahr, 1975
– für Friedrich Wilhelm Bosch, hrsg.v.Walther J. Habscheid, 1976
– Einhundert Jahre Konkursordnung 1877 - 1977, hrsg.v. Uhlenbruck, 1977
– für Murad Ferid zum 70. Geburtstag, hrsg.v. Heldrich u. a., 1978
– Für Schnitzer: Liber Amicorum Adolf F. Schnitzer, édité par la Faculté de droit, Genéve 1979
– für Riesenfeld zum 75. Geburtstag, hrsg. von Erik Jayme, 1983
– für Karl H. Neumayer zum 65. Geburtstag, hrsg.v. Barfuß, 1985
– für Wolfram Müller-Freienfels, hrsg.v. Dieckmann u. a., 1986
– für Heinrich Nagel zum 75. Geburtstag, hrsg.v. Walther J. Habscheid / K.H.Schwab, 1987
– für Gerhard Kegel zum 75. Geburtstag, hrsg.v. Musielak u. a., 1987
– zum 30jährigen Jubiläum des Instituts für Rechtsvergleichung der Waseda-Universität, Tokyo 1988
– für Karl Heinz Schwab zum 70. Geburtstag, hrsg.v. Gottwald u. a., 1990
– Essays in honor of John Henry Merryman on his seventieth birthday, hrsg.v. David S. Clark u. a., Berlin 1990
– für Gottfried Baumgärtel zum 70. Geburtstag, hrsg.v. Prütting u. a., 1990
– für Zentaro Kitagawa zum 60. Geburtstag, hrsg.v. Leser / Tamotsu Isomuro, 1992
– für Franz Merz zum 65. Geburtstag, hrsg.v. Gerhardt u. a., 1992
– für Günther Jahr zum 70. Geburtstag, hrsg.v. Martinek u. a., 1993
– für Ulrich Walder zum 65. Geburtstag hrsg.v. Riemer / Weimar, Zürich 1994
– für Hans Hanisch, hrsg.v. Aderhold, 1994
– für Wolfram Henckel zum 70. Geburtstag, hrsg.v. Gerhardt u. a., 1995
– für Hideo Nakamura zum 70. Geburtstag, hrsg.v. Heldrich / Uchida, Tokyo 1996
– für Hans Friedhelm Gaul zum 70. Geburtstag, hrsg. v. Schilken u. a., 1997

Ferriell: Constitutionality of the Bankruptcy Amendments and Federal Judgeship Act of 1984, 63 American Bankruptcy Law Journal, 109 ff. (1989)
– Core Proceedings in Bankruptcy Court, 56 UMKC Law Review, 47 ff. (1987)

Flaschen / Watkins: Section 304 and Related Provisions – United States Treatment of Foreign Insolvencies, 1994 - 1995 Annual Survey of Bankruptcy Law, 285 ff.

Flessner: Unternehmenserhaltung und EG-Konkursübereinkommen, in: Vorschläge und Gutachten zum Entwurf eines EG-Konkursübereinkommens, hrsg.v. Gerhard Kegel und bearb.v. Jürgen Thieme, 1988, 403 - 411, zit.: in, Vorschläge und Gutachten
- Entwicklungen im internationalen Konkursrecht, besonders im Verhältnis Deutschland – Frankreich, ZIP 1989, 749 - 757
- Zusammenhänge zwischen Konkurs, Arrest und internationaler Zuständigkeit (zu BGH, 11. 01. 1990 – IX ZR 27/89), IPRax 1991, 162 - 166
- Ausländischer Konkurs und inländischer Arrest, in: Festschrift für Merz zum 65. Geburtstag, 1992, 93 - 104
- Internationales Insolvenzrecht in Deutschland nach der Reform, JPRax 1997, 1 ff.

Fletcher: General Report and Comparative Studies, in: Cross-Border-Insolvency: National and Comparative studies, hrsg.v. Jan F. Fletcher, 1992
- Cross-Border Cooperation in Cases of International Insolvency: Some Recent Trends Compared, 6 Tulane Civil Law Forum, 171 ff. (1991)
- Hrsg.v. Cross-Border Insolvency: National and Comparative studies, Montreal 1990, Tübingen 1992

Förger: Die Stellung des Konkursverwalters im internationalen Privatrecht, 1969

Fritzsche / Walder: Schuldbetreibung und Konkurs, Bd. II, 3. Aufl. Zürich 1984

Gaa: Harmonization of International Bankruptcy Law and Practice: Is it Necessary? Is it Possible?, 2 Journal of Bankruptcy Law & Practice, 31 ff. (1993)

Gallagher & Hartie: The Effectiveness of § 304 in Achieving Efficient and Economic Equity in Transnational Insolvency, Annual Survey of Bankruptcy Law, 1 (1983)

Gaillard, Emanuel: Four Models for International Bankruptcy, 41 American Journal of Comparative Law, 573 ff. (1993)

Geimer: Internationales Zivilprozeßrecht, 2. Aufl. 1993 zit.: IZPR
Verfassung, Völkerrecht und Internationales Zivilverfahrensrecht, ZfRV 1992, 321 - 421-
Internationale Urteilsanerkennung, Bd. I, 2 Hbde, 1983, 1984
- Rechtsschutz in Deutschland künftig nur bei Inlandsbezug (zu BGH 115, 90), NJW 1991, 3072 ff.

Gerhardt, Walter: Neuere Rechtsprechung zum Insolvenzrecht, 1994

Gilliéron: Les dispositons de la nouvelle loi fédérale de droit international privé sur la faillite internationale, CEDIDAC 18, Lausanne 1991

Giltin / Flaschen / Grimes: United States Treatment of Foreign Insolvency Proceedings, Hartford 1989
- American Reports (b) United States Treatment of Foreign Insolvency Proceedings, in: Cross-Border Insolvency: Comparative Dimensions, The Aberystwyth Insolvency Papers, hrsg.v. Jan F. Fletcher, London 1990, 69 - 94

Gilten / Flaschen: The International Void in the Law of Multinational Bankruptcies, 42 Business Lawyer 307 (1987)

Ginsberg: Bankruptcy, 2nd ed. St. Paul Minn. 1989

Given / Vilaplana: Comity Revisited: Multinational Bankruptcy Cases under Section 304 of the Bankruptcy Code, Arizona State Law Journal, 325 - 340 (1983)

Glosband / Katucki: Claims and Priorities in Ancillary Proceedings under Section 304, 17 Brooklyn Journal of International Law, 477 ff. (1991)
- US Court Declines Recognition of Australian Insolvency Proceedings, 2 Int'l Creditors Rts & Insolvency Rep., 4, 5 (1990)

Goodman / Friedman / Schrag: Use of United States Bankruptcy Law in Multinational Insolvencies: The Axona Litigation – Issues, Tactics, and Implications for the Future, 9 Bankruptcy Developments Journal, 19 ff. (1992)

Gottwald: Auslandskonkurs und Registereintragung im Inland, IPRax 1991, 168 - 172
- Gewillkürte Prozeßstandschaft kraft Ermächtigung eines ausländischen Konkursverwalters (zu BGH, 24. 02. 1994 – VII ZR 34 / 93), IPRax 1995, 157 - 158
- Grenzüberschreitende Insolvenzen (1997)
- Grundfragen der Anerkennung und Vollstreckung ausländischer Entscheidungen in Zivilsachen, ZZP 102 (1990), 256 ff.
- siehe auch Insolvenzhandbuch (Hrsg.)

Grasmann: Inlandswirkungen des Auslandskonkurses über das Vermögen eines im Konkurseröffnungsstaat ansässigen Gemeinschuldners, KTS 1990, 157 - 182
- Effets nationaux d'une proécedure d'exécution collective étrangère (redressement ou liquidation judiciaire, faillite, concordat), Rev.crit.dr.internat.privé, 79 (1990), 421 - 480
- Das Erlöschen von Insolvenzforderungen nach Schuld- oder Insolvenzstatut, in: Festschrift für Zentaro Kitagawa, hrsg.v. Leser / Tamotsu Isomuro, 1992, 117 ff.

Großfeld: Internationales Insolvenzrecht im Werden?, ZIP 1981, 925 - 931

Grothe: Exorbitante Gerichtszuständigkeiten – Konfliktsquelle im deutsch-amerikanischen Rechts- und Wirtschaftsverkehr, in: Herausforderungen des Internationalen Zivilverfahrensrecht, hrsg.v. Heldrich / Kono, 1994

Grunsky: Einführung in das Zwangsvollstreckungs- und Konkursrecht, 1992
- Lex fori und Verfahrensrecht, ZZP 89 (1976), 249

Habscheid, Edgar: Staatshaftung für fehlsame Bankenaufsicht?: Zu den Grenzen der Regelungsbefugnis des Gesetzgebers, 1988
- Internationales Konkursrecht und Einzelrechtsverfolgung, KTS 1989, 593 - 623
- Unterbrechung oder Aussetzung des Inlandsprozesses bei ausländischen Konkursverfahren, KTS 1990, 403 - 427
- Zum Anfragebeschluß des BGH, IX. ZS gem. § 132 III GVG vom 13. 5. 1997: § 240 ZPO bei ausländischen Insolvenzen und die dahinterstehenden Probleme der Universalität des Konkurses, KTS 1998, Heft 2

Habscheid, Walther: Schweizerisches Zivilprozeß- und Gerichtsorganisationsrecht, 2. Aufl. 1990, zit.: Lb
- Freiwillige Gerichtsbarkeit, 7. Aufl. 1983.
- Das neue schweizerische internationale Konkursrecht, KTS 1989, 283 ff.
- Entwicklungstendenzen des internationalen Konkursrechts, ZaöRV (1990), 292 ff.
- Aufrechnung (Verrechnung) wegen einer Forderung mit englischem Schuldstatut im Zivilprozeß, Festschrift Neumayer 1985, 263 ff.
- Öffentlichrechtliche Forderungen, insbesondere Steuerforderungen im Konkurs, KTS 1996, 201 ff.
- Jurisdiction, Gerichtsbarkeit und Zuständigkeiten im internationalen Kontext, eine rechtsvergleichende Skizze Deutschland / Schweiz-USA, Festschrift Gaul 1997, 167 ff.

Hahn, C.: Die gesammelten Materialien zu den Reichsjustizgesetzen, Bd. 4, Materialien zur Konkursordnung, 1881

Hanisch: Rechtszuständigkeit der Konkursmasse, 1973
- Parallel-Insolvenzen und Kooperation im internationalen Insolvenzfall, Festschrift für Friedrich Wilhelm Bosch, 1976, 381 - 392
- Auslandsvermögen des Schuldners im Inlandsinsolvenzverfahren und vice versa, Festschrift Einhundert Jahre Konkursordnung, 1977, 139 - 167
- Aktuelle Probleme des internationalen Insolvenzrechts, Schweiz. Jb.f. int. Recht XXXVI (1980), 109 - 136
- Probleme des internationalen Insolvenzrechts, in: Arbeiten zur Rechtsvergleichung Bd. 113, hrsg.v. Marschall v. Bieberstein, Probleme des Internationalen Insolvenzrechts (1982), 9 - 29; 51 - 58
- Deutsches Internationales Insolvenzrecht in Bewegung, ZIP 1983, 1289 - 1301
- Die Wende im deutschen Internationalen Insolvenzrecht, ZIP 1985, 1233 - 1243
- Anwendbares Recht und Konkurswirkungen, in: Vorschläge und Gutachten zum Entwurf eines EG-Konkursübereinkommens, hrsg.v. Gerhard Kegel und bearb.v. Jürgen Thieme, 1988, 313 - 339
- Erlöse aus der Teilnahme an einem ausländischen Parallel-Insolvenzverfahren, Ablieferung an die inländische Konkursmasse oder Anrechnung auf die Inlandsdividende ZIP 1989, 273 - 279
- Grenzüberschreitende Nachlaßinsolvenzverfahren, ZIP 1990, 1241 - 1251
- Report for Germany, in: Cross-Border Insolvency: National und Comparative studies, hrsg.v. Jan Fletcher, 1992, 104 - 127
- Vollmacht und Auskunft des Insolvenzschuldners über sein Auslandsvermögen, IPRax 1994, 351 - 354
- Allgemeine kollisionsrechtliche Grundsätze im internationalen Insolvenzrecht, in: Festschrift für Günther Jahr, 1993, 455 - 475
- Einheit oder Pluralität oder ein kombiniertes Modell bei grenzüberschreitenden Insolvenzverfahren, ZIP 1994, 1 ff.

Hartwieg: Forum Shopping zwischen Forum Non Conveniens und „hinreichendem Inlandsbezug", JZ 1996, 109 ff.

Häsemeyer: Insolvenzrecht, 1992

Hay: Auslandskonkurs und Inlandsfolgen aus amerikanischer Sicht, in: Festschrift für Müller-Freienfels, 1986
- Scoles / Hay, Conflict of Laws, 2. Aufl. St. Paul Minn. 1992

Heini / Keller / Siehr / Vischer / Volken: IPRG Kommentar, Zürich 1992

Heldrich: Internationale Zuständigkeit und anwendbares Recht, 1969

Heldrich / Kono (Hrsg): Herausforderungen des Internationalen Zivilverfahrensrechts, 1994

Henckel: Die internationalprivatrechtliche Anknüpfung der Konkursanfechtung, in: Festschrift für Nagel, 1987, 93 - 111
- in: Stellungnahmen und Gutachten zur Reform des deutschen Internationalen Insolvenzrecht, hrsg.v. Hans Stoll, 1992, 157 ff.
- Insolvenzanfechtung, in: Insolvenzrecht im Umbruch (siehe unter I) 239 ff.

Herbert & Pacitti: Down and Out in Richmond Virginia: The Distribution of Assets in Chapter 7 Bankruptcy Proceedings Closed in 1984 - 1987, 22 University of Richmond Law Review, 303 ff. (1988)

Herbert: Understanding Bankruptcy, Times Mirror Books 1995

Herzfeld: Probleme des internationalen Steuerrechts, Vierteljahreszeitschrift für Steuer- und Finanzrecht, 1932, 422 ff.

Herzog Asa S. / King: 1 Collier, Bankruptcy Code, New York 1990

Hess / Kropshofer: Kommentar zur Konkursordnung, 4. Aufl. 1993

Hofmeister: Forschungsband Franz Klein, Manz Wien 1988

Hohloch: Gläubigeranfechtung international, IPRax 1995, 306 ff.

Honsberger: Conflict of Laws and the Bankruptcy Reform Act 1978, 30 Case Western Reserve Law Review, 631 - 675 (1980)

Honsell / Vogt / Schnyder: IPRG – Kommentar, Basel 1996

Hughnes: An Australian Perspective on Interpool, 2 Int'l Insolvency & Creditors Rts. Rep., 32 ff. (1990)

Huguenin, Claire: Das internationale Nachlaßvertragsrecht in der Schweiz und den USA, SAG 1989, 61 - 71

International Symposium on Civil Justice in the Era of Globalization, edited by the Editional Board of the ISCJ, Tokyo 1993, zit.: International Symposium

Insolvenzhandbuch, hrsg.v. Peter Gottwald, 1990, Nachtrag 1993, zit.: in: Insolv. Hdb.

Ito Makoto, Report for Japan, in: Cross-Border Insolvency: National and Comparative Studies, hrsg.v. Jan Fletcher, 1992, 178 - 185

Insolvenzrecht im Umbruch, Analysen und Alternativen, hrsg.v. Leipold, 1991 (KTS-Schriften zum Insolvenzrecht, Bd. 1)

Jacquemont: Anmerkung zur Entscheidung der Cour de cassation, Première chambre civile, vom 25. Feburar 1986, Journal du Droit International (J.D.I.) 2, 1988, 425 ff., 431 ff.

Jaeger: Lehrbuch des deutschen Konkursrechts, 8. Aufl. 1932
- Konkursordnung mit Einführungsgesetz, 8. Aufl Bd. 1, 1958; Bd. 2, 2 Halbband (§§ 208 - 244), bearb.v. Friedrich Lent, Ulrich Klug, Friedrich Weber, Günther Jahr, 1973, zit.: Jaeger / Bearbeiter, 8. Aufl.
- Konkursordnung mit Einführungsgesetz, 9. Aufl. 1977, zit.: Jaeger / Bearbeiter, 9. Aufl.

Jahr: Die gerichtliche Zuständigkeit für das Konkursverfahren und für die Entscheidung von Streitigkeiten, die mit dem Konkursverfahren zusammenhängen, ZZP 79 (1966), 347 - 386
- Vereinheitlichtes internationales Konkursrecht in der Europäischen Wirtschaftsgemeinschaft, RabelsZ 36 (1972), 620 - 652
- Vis attractiva concursus in: Vorschläge und Gutachten zum Entwurf eines EG-Konkursübereinkommens, hrsg.v. Kegel und bearb.v. Thieme, 1988, 305 - 317, zit.: in: Vorschläge und Gutachten
- Kommentierung der §§ 237, 238 in Jaeger / Jahr 9. Aufl. 1977
- Internationales Konkursrecht, in: Lüke / Prütting, Lexikon des Rechts-Zivilverfahrensrecht, 2. Aufl. 1995, 139 -146

James: International Bankruptcy: Limited Recognition in the New U.S. Bankruptcy Code, 3: 221 Houston Journal of International Law, 241 ff. (1981)

Jayme: Sanierung von Großunternehmen und internationales Konkursrecht, Festschrift für Stefan Riesenfeld, 1983

Kaplan: The Role of the Examiner: Some Observations, 4 Bankruptcy Developments Journal, 439 ff. (1987)

Kegel: Internationales Privatrecht, 7. Aufl. 1995

Kegel / Seidl-Hohenveldern: Zum Territorialitätsprinzip im internationalen öffentlichen Recht, Festschrift für Murad Ferid, 1978

Keidel / Kuntze / Winkler: Freiwillige Gerichtsbarkeit, Teil A Kommentar zum FGG, 13. Aufl. 1992

Kennedy: The Commencement of a Case under the Bankruptcy Code, 36 Washington & Lee Law Review, 923, 977 (1977)

Kilger / Karsten Schmidt: Konkursordnung, 16. Aufl. 1993

King: A Chart of Bankruptcy Jurisdiction for Admiralty Lawyers, 59 Tulane Law Review, 1264 ff. (1985)

Kleinstück: Due Process-Beschränkungen des Vermögensgerichtsstands durch hinreichenden Inlandsbezug und Minimum Contacts, 1994

Koch: Auslandskonkurs und Unterbrechung des Inlandsprozesses, NJW 1989, 3072 - 3073

Kohler: Lehrbuch des Konkursrechts, 1891

Kreuzer: Habent sua fata horologia – Zur Vorfrage der Anerkennung fremdstaatlicher Steuervollstreckungsakte, IPRax 1990, 365 ff.

Kropholler: Internationales Privatrecht, 1990
– Europäisches Zivilprozeßrecht, Kommentar zum EuGVÜ, 2. Aufl. 1987

Kuhn / Uhlenbruck: Kommentar zur Konkursordnung, 10. Aufl. 1986

Lau: Zur Änderung der Rechtsprechung des Bundesgerichtshofs über die Wirkung des Auslandskonkurses im Inland, BB 1986, 1450 - 1453

Law in East and West: Festschrift zum 30jährigen Jubiläum des Instituts für Rechtsvergleichung der Waseda Universität, hrsg.v. Institute of Comparative Law Waseda University, Tokyo 1988

Leipold: Wege zu einem funktionierenden internationalen Konkursrecht, in: Law in East and West, 1988
– Ausländischer Konkurs und inländischer Zivilprozeß, in: Festschrift für Karl Heinz Schwab, 1990
– Zur internationalen Zuständigkeit im Insolvenzrecht, in: Festschrift für Gottfried Baumgärtel, 1990
– Miniatur oder Bagatelle? das internationale Insolvenzrecht im deutschen Reformwerk 1994, in: Festschrift für Wolfram Henckel zum 70. Geburtstag, 1995

Lemontey, Jacques: Bericht über das Übereinkommen über den Konkurs, Vergleiche und ähnliche Verfahren, in: Vorschläge und Gutachten zum Entwurf eines EG-Übereinkommens, 3 - 211

Lempert Nina: Punitive Damages – The Dischargeability Debate Continues, 11 Bankruptcy Developments Journal, 707 - 753 (1995)

Lüderitz: Anmerkung zu BGH Urt.v. 11. 07. 1985, JZ 1986, 96, 97

Lüer: Einheitliches Insolvenzrecht innerhalb der Europäischen Gemeinschaften, Die Quadratur des Kreises?, KTS 1981, 147 - 165
- Allgemeine Wirkungen des Konkurses, in: Vorschläge und Gutachten zum Entwurf eines EG-Konkursübereinkommens, 1988, 314 - 356
- Überlegungen zu einem künftigen deutschen internationlen Insolvenzrecht, KTS 1990, 77 - 402

Lüke, Gerhard: Zu neueren Entwicklungen im deutschen internationalen Konkursrecht, KTS 1986, 1 - 19

Mankowski: Inlandskonkurs und Vollstreckbarerklärungsverfahren, ZIP 1994, 1577 ff.
- Konkursgründe beim inländischen Partikularkonkurs, ZIP 1995, 1650 ff.

Mann, F.A.: Öffentlich-rechtliche Ansprüche im internationalen Rechtsverkehr, RabelsZ 21 (1956), 1 - 20

Marrion: Core Proceedings and the „New" Bankruptcy Jurisdiction, 35 DePaul Law Review, 675 ff. (1986)

Martiny: Anerkennung ausländischer Entscheidungen nach autonomen Recht (Handbuch des Internationalen Zivilverfahrensrechts Bd. III / 1), 1984

Matthews: The Right to Jury Trial in Bankruptcy Courts: Constitutional Implications in the Wake of Granfinanciera S.A.v. Nordberg, 65 American Bankruptcy Law Journal, 43 ff. (1991)

Mehren v. & Trautman: Jurisdiction to Adjudicate: A Suggested Analysis, 79 Harvard Law Review, 1121 ff. (1966)

Meili, F.: Lehrbuch des Internationalen Konkursrechts, Zürich 1990

Mentzel / Kühn / Uhlenbruck: Konkursordnung, Kommentar, 9. Aufl. 1979

Merz: Problem bei Insolvenzverfahren im internationalen Rechtsverkehr, ZIP 1983, 136 - 140

Metzger, Ingrid: Die Umsetzung des Istanbuler Konkursübereinkommens in das neue deutsche Internationale Insolvenzrecht, 1994

Mohrbutter, Jürgen: Ausländische Konkurswirkungen im Inland, DB 1984, 2235 ff.
- Handbuch der Konkurs- und Vergleichsverwaltung von Jürgen und Haro Mohrbutter, 6. Aufl. 1990

Moltrecht: Das Anschlußverfahren nach § 304 BC des amerikanischen Konkursgesetzes, RIW 1985, 543 ff.

Morales / Deutcsh, Barbara Ann: Bankruptcy Code Section 304 and U.S. Recognition of Foreign Bankruptcies, The Tyranny of Comity, 39 Business Lawyer, 1573 - 1593 (1984)

Mueller, Wolfgang: Bankruptcy *In Rem* Jurisdiction Redefined Within The Constitutional Boundaries, 64 American Bankruptcy Law Journal, 201 ff. (1990)

Müller-Freienfels: Auslandskonkurs und Inlandsfolgen, in: Festschrift für Hans Dölle, 1963

Münchner Kommentar zum BGB, (Müko) / Verfasser, 2. Aufl. 1992

Nadelmann: The National Bankruptcy Act and the Conflict of Laws, 59 Harvard Law Review, 1025 - 1059 (1946)
- Compositions – Reorganizations and Arrangements in the Conflict of Laws, 61 Harvard Law Review, 804 ff. (1948)
- Concurrent Bankruptcies and Creditor Equality in the Americas, 96 University of Pennsylvania Law Review, 171 - 187 (1948)
- Codification of Conflicts Rules for Bankruptcy, 30 Schweizerisches Jahrbuch für internationales Recht, 57 ff. (1974)
- Rehabilitating International Bankruptcy Law: Lessons Taught by Herstatt and Company, 52 New York University Law Review, 1 - 35 (1977)
- Internationales Insolvenzrecht: Die Kosmos-Entscheidung des Reichsgerichts, Leopold Levy und Josef Kohler, KTS 1979, 221 - 229
- A Reflection on Bankruptcy Jurisdiction: News from the European Common Market, the United States and Canada, 27 McGill Law Journal, 541 - 555 (1982)
- Bankruptcy Jurisdiction: News from the Common Market and a Reflection for Home Consumption, 56 American Bankruptcy Law Journal, 65 ff. (1982)
- The Lure of „International Bankruptcies“ of Assets Located Abroad, 33 International and Comparative Law Quarterly, 431 - 436 (1984)
- The Bankruptcy Reform Act and Conflict of Laws: Trial-and-Error, 29 Harvard International Law Journal, 27 - 47 (1988)

Newman / Burrows: The Practice of International Ligitation, 2nd ed., Juris Publishing N.Y. 1998

Nielsen, Anne Norby: Section 304 of the Bankruptcy Code: Has it Fostered the Development of an „International Bankruptcy System?“, 22 Columbia Journal of Transnational Law, 541 - 573

Nimmer: Security Interests in Bankruptcy, An Overview of Section 547 of the Code, 17 Houston Law Review 289 - 299 (1980)

Nussbaum, Arthur: Deutsches Internationales Privatrecht, 1932

Nussbaum, Werner: Das schweizerische internationale Insolvenzrecht, SSIR 63, Zürich 1985, 7 ff.

O'Donnell: Bankruptcy Law-Transnational Insolvencies-Comity not granted to foreign bankruptcy plan which characterized Internal Revenue Service as unsecured creditor; Overseas Inns.v. United States 911 F. 2d (5 th Cir. 1990, 15 Suffolk Transnat'l L.J., 747 ff. (1992)

Odgers: Principles of Pleading and Practice, 19. Aufl. Oxford 1966

Oertzen v.: Inlandswirkungen eines Auslandskonkurses, 1990

Opetit: De la Codification, Receuil Dallos Sirey, Paris 1996, 33 ff.

Ordin: The Good Faith Principle in the Bankruptcy Code: A Case Study, 38 Business Lawyer 1795 (1983)

Orelup: Avoidance of Preferential Transfers Under the Bankruptcy Reform Act 1978, 65 Iowa Law Review, 209 ff.

Palandt: Bürgerliches Gesetzbuch, 55. Aufl. 1996, zit.: Palandt / Bearbeiter

Paulus Christoph: Restschuldbefreiung und Internationales Insolvenzrecht, die Entscheidung des BGH vom 27. Mai 1993, ZEuP 1994, 301 ff., 309 - 317

– A New German Decision on International Insolvency Law, 41 American Journal of Comparative Law, 667 ff. (1993)

Pielorz: Auslandskonkurs und Disposition über Inlandsvermögen, 1977

– Inlandsvermögen im Auslandskonkurs, ZIP 1980, 239 - 245

– Wende im deutschen internationalen Insolvenzrecht, IPRax 1984, 241 - 244

Pitts: Rights to Future Payment as Property of the Estate, 64 American Bankruptcy Law Journal, 61 (1990)

Ponoroff & Knippenberg: The Implied Good Faith Requirement, 85 Northwestern University Law Review, 919 (1991)

Prütting: Aktuelle Entwicklungen im internationalen Insolvenzrecht, ZIP 1996, 1277 ff.

Rauser: Die Übertragung von Hoheitsrechten auf ausländische Staaten, 1991

Reinhart: Sanierungsverfahren im internationalen Insolvenzrecht, 1995

Reinhart, Stefan: Zur Anerkennung ausländischer Insolvenzverfahren, ZIP 1997, 1734 ff.

Reiser: Allgemeine Voraussetzungen der Anerkennung ausländischer Konkursdekrete in der Schweiz, in: Aspekte des Wirtschaftsrechts, hrsg.v. Walder / Jaag / Zobl, Zürich 1994

Restatement of the Law (Third): The Foreign Relations Law of the United States, Vol 1 §§ 1 - 488, by the Amerikan Law Institute at Washington, D.C., St. Paul Minn. 1987

Riesenfeld: Creditors' Remedies and Debtors' Protection, 4. Aufl. St. Paul Minn. 1987 und Supple-ment 1990, zit.: Creditors'Remedies

– The Status of Foreign Administrators of Insolvent Estates: A Comparative Survey, 24 American Journal of Comparative Law, 288 - 306 (1976)

– Domestic effects of foreign liquidation and rehabilitation proceedings in the light of comparative law, in: Festschrift für Kegel, 1977, 433 - 449

– Transnational Bankruptcy Law: Recent Developments in Argentina and the United States, Festschrift für Kegel, 1987, 483 - 504

– Probleme des internationalen Insolvenzrechts aus der Sicht des neuen Konkursreformgesetzes der Vereinigten Staaten, in: Arbeiten zur Rechtsvergleichung 113, Probleme des Internationalen Insolvenzrechts, hrsg.v. Marschall v. Bieberstein, 1982, 39 - 49

– Das amerikanische Sanierungsverfahren – Ein rechtsvergleichender Überblick, KTS 1983, 85 ff.

– Neue Entwicklungen im Reorganisaitionsrecht der Vereinigten Staaten, in: Das Unternehmen in der Krise, Probleme der Insolvenzvermeidung aus rechtsvergleichender Sicht, hrsg. v. Birk / Kreuzer, 1986

– Transnational Bankruptcies in the Late Eighties: A Tale of Evolution and Atavism, in: Comparative and private international law: essays in honor of John Henry Merryman on his seventieth birthday, hrsg.v. David S. Clark, Berlin 1990, 409 - 429, zit.: FS Merryman (1990)

– Das neue Gesicht des deutschen Internationalen Konkursrechts aus ausländischer Sicht, in: Festschrift für Franz Merz, hrsg.v.W. Gerhardt / Henckel / Kilger / Kreft, 1992, 497 - 513

Rimel, Melissa S.: American Recognition of International Insolvency Proceedings: Deciphering Section 304 (c), 9 Bankruptcy Developments Journal, 453 ff. (1992)

Ripert / Roblot: Traité de droit commercial, tome 2, 14 me éd. Paris 1994

Romain, Alfred: Wörterbuch der Rechts- und Wirtschaftssprache, Teil I, Englisch – Deutsch, 1989

Rosenberg / Schwab / Gottwald: Zivilprozeßrecht 15. Aufl. 1993

Rosenberg / Gaul / Schilken: Zwangsvollstreckungsrecht, 10. Aufl. 1987

Roth, Herbert: Auslandskonkurs und individuelle Rechtsverfolgung im Inland, IPRax 1996, 324 ff.

Schack: Internationales Zivilverfahrensrecht, 1996
- Einführung in das US-amerikanische Zivilprozeßrecht, 1988
- Anmerkung zu BGH Urt. V. 04. 06. 1992, ZZP 106 (1993), 104 ff.

Schlosser: Konkurs und konkursähnliche Verfahren im geltenden Europarecht, in: Festschrift für Friedrich Weber, 1975
- Einschränkung des Vermögensgerichtsstandes (zu BGH Urt. vom 02. 07. 1991 – XI ZR 206/90), IPRax 1992, 140 ff.
- Das Recht der internationalen privaten Schiedsgerichtsbarkeit, 2. Aufl. 1989

Schmid, Markus: Überschuldung und Sanierung, Freiburg Schweiz 1984

Schmidt, Jürgen: System des deutschen internationalen Konkursrechts, 1972

Schmidt, Karsten: Unterbrechung und Fortsetzung von Prozessen im Konkurs einer Handelsgesellschaft – Fragen und Thesen zu §§ 240 ZPO, KTS 1994, 309 ff.

Schmidt-Räntsch, Ruth: Insolvenzordnung mit Einführungsgesetz, Erläuternde Darstellung des neuen Rechts anhand der Materialien, 1. Aufl. 1995
- Die Restschuldbefreiung im Regierungsentwurf einer Insolvenzordnung, in: Festschrift für Hanisch, 1994

Schnyder, Anton K.: Internationales Konkursrecht der Schweiz – unter Berücksichtigung des US-amerikanischen Rechts, in: Herausforderungen des Internationalen Zivilverfahrensrecht, hrsg.v.Heldrich / Kono, 1994, 119 ff.

Schnyder: The Examiner in the Reorganization Process: A Need to Modify, 45 Business Lawyer, 35 ff. (1989)

Schollmeyer: Diskriminierung deutscher Gläubiger im amerikanischen Insolvenzverfahren ZZP 108 (1995), 225 ff.

Schütze: Die Anerkennung und Vollstreckung US-amerikanischer Schadensersatzurteile in Produkthaftungssachen in der Bundesrepublik Deutschland, in: Festschrift für Nagel, 1987, 392 ff.
- Anmerkung zu BGH Urt. 04.Juni 1992 (BGH 118, 312), RIW 1993, 139

Scoles, Eugene F. / Hay, Conflict of Laws, 2nd Edition St. Paul MN 1992

Seligson: Preferences under the Bankruptcy Act, 15 Vanderbilt Law Review, 115 ff. (1961)

Siehr: International Aspects of Bankruptcy, General-Report, Internationaler Kongreß für Prozeßrecht Taormina, 1995 (nicht veröffentlicht)

– Four Models for International Bankruptcy, 41 American Journal of Comparative Law, 573 ff. (1993)

Wimmer: Die UNICITRAL-Modellbestimmungen über grenzüberschreitende Insolvenzverfahren, ZIP 1997, 222

Yamamoto, Katumi: Japanisches internationales Insolvenzrecht, in: Herausforderungen des Internationalen Zivilverfahrensrechts, hrsg.v. Heldrich / Kono 1994, 137 - 162

Young: Preference Under the Bankruptcy Reform Act of 1978, 54 American Bankruptcy Law Journal, 221 ff. (1980)

Zaretsky: Transnational Insolvency: A Multinational View of Bankruptcy, 37 Brooklyn Journal of Int'l Law 473 ff. (1990)

Zöller: ZPO Kommentar, 19. Aufl. 1995

Sachverzeichnis

Die Hinweise beziehen sich auf Paragraphen und deren Untergliederungen. Die Hauptfundstellen sind kursiv gesetzt. Das Sachverzeichnis führt auch die US-leading Cases auf.